# 행동수정이론에 기초한 2판
# 행동지원

양명희 저

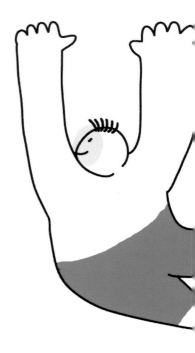

학지사

이 책『행동수정이론에 기초한 행동지원(2판)』은 행동문제를 보이는 학생들을 체계적이고 전문적으로 지원하는 방법을 설명한 책이다. 제1부에서는 행동지원의 기초를 다지기 위해 행동지원 개념의 변천 과정과 학교 차원의 긍정적 행동지원의 개요를 설명했다. 제2부에서는 행동이론에서 출발한 행동지원의 변천 과정을 설명하고, 문제행동에 대한 접근을 개별화하는 데 필요한 행동의 기능평가와 가설 세우기, 행동의 정의와 목표 세우기, 행동의 관찰과 측정 방법, 그래프 그리기와 자료분석, 개별대상연구 방법을 소개하였다. 제3부에서는 실제 문제행동에 행동이론을 적용하는 방법으로 문제행동의 예방 방법, 바람직한 행동의 증가 방법, 새로운 행동의 습득 방법, 바람직하지 않은 행동의 감소 방법, 행동의 일반화와 유지 방법, 자기관리 기술 등을 제시하였다.

이 책은 행동문제를 다루는 방법에 대해 처음 공부하는 사람들을 위한 것이다. 행동이론에 기초하여 행동문제를 다루려면 반드시 행동원리와 그 적용 방법을 알고, 그 원리를 각 학생에게 개별화할 수 있어야 한다. 그래서 이 책에서는 행동문제를 개별화하는 방법과 행동이론과 그 적용 방법을 기초적인 수준에서부터 쉽게 설명하였으며, 행동이론에만 국한하지 않고 문제행동의 기능평가와 문제행동의 예방방법 등을 종합하여 제시하였다. 따라서 이 책이 더 깊은 수준의 탐구를 위한 행동지원의 입문서와 같은 역할을 할 것으로 기대한다.

지금까지 현장에서는 문제행동이란 없애거나 감소시켜야 할 '문제'로만 보고 전통적인 행동이론을 적용한 접근들이 많이 시행되어 온 것이 사실이다. 그러나 이 책에서는 그러한 접근과는 달리 문제행동을 학생의 한 의사소통 방법으로 이해하여 문제행동의 기능에 따른 중재 적용을 강조하고, 문제행동의 예방을 위해 문제행동의 원인이 될 수 있는 환경의 재구성과 문제행동을 대체할 수 있는 기술의 교수를 강조하였다. 그러므로 학생들의 행동문제에 대해 과학적이고 체계적으로 접근할 수 있도록 도와줄 것이다.

이 개정판(2판)에서는 긍정적 행동지원을 '개인'에서 '학교'라는 기관으로 확장하여 적용하는 '학교 차원의 긍정적 행동지원'에 대한 올바른 이해를 돕고자 그 내용을 하나의 장으로 묶어서 2장에 제시하였다. 또한 제3부에서는 1판의 '행동이론의 적용'에 관해 미흡했던 설명을 보충했다. 이 과정에서 이론의 핵심을 더 심도 있게 설명하고 새롭고 다양한 실제적인 예를 많이 제시하고 싶었으나 마음만큼 잘되지 못했음을 고백하면서 다음을 약속할 수밖에 없음을 송구스럽게 생각한다.

사람의 행동문제를 해결하려는 다양한 시도와 연구는 지금도 계속되고 있다. 이런 사실은 여전히 계속되는 수많은 연구에도 불구하고 어떤 접근도 사람의 행동문제를 말끔히 해결해 주지 못하고 있음을 보여 주는 것이다. 이 책에서 제시하는 중재 방법들도 행동문제에 대한 만병통치약이나 절대적 처방일 수 없는 지극히 인간적인 접근의 하나임을 고백한다. 그럼에도 불구하고 이 책을 내놓는 것은 이 책에서 제시하는 행동지원 방법이 장애학생을 포함한 다양한 학생들이 있는 현장에서 학생들의 문제행동에 대한 기능평가를 적용하여 문제행동의 실효를 경감시키고, 바람직한 행동을 격려하고 지원해 주는 환경을 조성하는 데 도움이 되리라고 생각하기 때문이다. 특별히 이 책을 통해 교육과 임상현장에서 학생의 행동문제를 다룰 때 가장 많이 적용되고 있는 접근 중 하나인 행동수정의 원리, 문제행동의 기능평가를 통한 예방적 접근과 대체기술 교수, 행동문제에 대한 개별화 교육의 원리 등에 대한 바른 이해가 이루어지기를 바란다. 행동이론이 가지고 있는 한계와 제한점을 잊지 않고, 그러한 한계를 극복하려고 노력한 부분도 꼼꼼히 살펴보고 그 부분을 함께 고민할 것을 독자들에게 당부한다.

이 책이 나오기까지 보이지 않는 수고와 인내로 지켜봐 주신 많은 분들과 가족에게 진심으로 감사를 드린다. 또한 이 개정판을 참고 기다리며 여러 가지 방법으로 격려해 주신 수많은 독자들과 기꺼이 출판을 허락해 주신 학지사 김진환 사장님과 적지 않은 원고를 보기 좋고 읽기 편한 책으로 애써 다듬어 주신 관계자 여러분께 깊이 감사드린다.

> 일의 결국을 다 들었으니 하나님을 경외하고 그의 명령들을 지킬지어다.
> 이것이 사람의 본분이니라. (전도서 12:13)

2016년의 더위를 떠나보내면서
양명희

# 차 례

# I 행동지원의 기초

# 행동지원의 이론적 배경

## 제1장

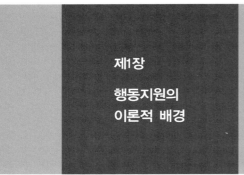

**제1장**

**행동지원의
이론적 배경**

### 학습목표

- 행동지원의 역사적 배경을 설명할 수 있다.
- 행동지원의 변화에 따른 특성을 설명할 수 있다.
- 행동지원의 윤리적 문제를 설명할 수 있다.

### 핵심용어의 정의

- **행동수정**: 인간행동을 지배하는 행동 원리를 적용하여 인간의 부적응행동을 감소 · 제거하고, 적응행동을 습득 · 유지하게 하려는 것이다.

- **응용행동분석**: 인간행동을 설명하는 행동 원리를 특정 행동에 적용해 보고, 그 행동 원리가 실제로 행동의 변화를 가져오는지 평가하기 위해 행동을 체계적으로 관찰하고 측정하며, 행동의 변화에 따른 또 다른 중재를 결정하기 위한 평가를 하는 전 과정을 뜻한다.

- **긍정적 행동지원**: 행동의 기능평가에서 나온 결과를 사용하며, 문제행동의 원인이 될 수 있는 환경을 재구성하여 문제행동을 예방하고, 문제행동을 대체할 수 있는 기술을 가르치고, 문제행동에 대해 적절히 반응하는 종합적이고 체계적인 문제해결 접근법이다.

예로부터 사람의 행동을 설명하려는 연구는 다각적인 측면에서 계속되어 왔다 (Kessler, 1966; Lewin, 1951; Thomas & Birch, 1984; Werry, 1986). 사람의 행동을 체액, 체격, 혈액형 등의 기질과 같은 유전적 요인이나 생화학적 요인 또는 뇌의 손상 등에 따라 설명하는 생물리학적 이론(biophysical theory), 인간행동을 신체적 발달단계에 따라 설명하는 발달이론(developmental theory), 문제행동이 인간 내적인 심리적 사건이나 동기적 요인에 의해 발생한다고 보는 심리역동이론(psychodynamic theory), 종합적 사태 파악으로 행동학습이 이루어진다고 설명하는 인지이론(cognitive theory) 등이 그것이다. 인간행동을 설명하는 또 다른 이론인 행동이론(behavioral theory)은 자극과 반응의 관계로 행동을 설명하고, 행동이 학습되는 것으로 본다. 행동이론은 행동을 통제하는 법칙들을 의미하는 행동 원리(behavioral principles)와 바로 이 행동 원리들에 근거한 구체적인 행동교수 및 행동관리 기법들로 만들어진 행동주의 절차(behavioral procedures)로 구성되어 있다(Baer, Wolf, & Risely, 1968). 이 장에서는 이러한 행동이론을 중심으로 하는 행동지원의 역사적 배경을 살펴보고, 행동지원에 대한 접근의 변화와 함께 그에 대한 윤리적 문제를 다루고자 한다.

이 장은 필자(2012)의 논문 내용을 수정 · 보완하여 확장한 것이다.

## **1** 행동이론의 역사적 배경

### 1) 행동이론의 발전

행동주의의 철학적 뿌리는 프랑스의 철학자 Auguste Comte가 제안한 실증주의에서 찾아볼 수 있다. Auguste Comte는 인간의 감각에 의해 객관적으로 관찰될 수 있는 것만이 유용한 것이라고 주장했으며, 그는 자기의 주장대로 직접 관찰에 의한 사실만을 타당한 지식으로 받아들였다(Schultz, 1969). 행동주의에 영향을 준 또 다른 철학은 Charles Darwin에게 영향을 받은 동물심리학(animal psychology)에 기원을 두고 있다(Boring, 1950). 동물심리학은 동물의 행동과 사람의 행동 사이의 연계성을 강조하면서, 동물을 관찰함으로써 인간을 좀 더 잘 이해할 수 있다고 주장했다. 동물심리학은 신체적 구조가 환경에 어떻게 적응해 가는지에 초점을 맞추었다. 이러한 초점은 신체적 구조뿐 아니라 정신적 과정에도 동일한 관심을 불러일으켜 기능주의로 발전하게 되었다(Schultz, 1969). 실제 유용한 것만을 최고의 가치로 여기는 기능주의는 행동주의 발달에 영향을 준 세 번째 철학으로서, 인간행동에 대한 내성적(introspective)이며 이론적인 접근을 실질적이고 관찰할 수 있는 것으로 바꾸는 데 도움을 주었다.

이러한 철학적 배경을 지닌 행동이론이 형성되는 데 기초를 제공한 것은 Pavlov를 중심한 고전적/반응적 조건형성(classical/respondent conditioning)이론과 Skinner를 중심한 조작적 조건형성(operant conditioning)이론이다. 그에 덧붙여 1970년대에 등장한 Bandura를 대표로 하는 관찰학습이론과 Meichenbaum을 대표로 하는 인지행동수정이론 등도 중요한 행동이론이다. 이와 같이 인간행동에 대한 다양한 이론은 연구자에 따라 조금씩 차이가 있다. 최근 현장에서 아동의 행동을 지도하는 전문가들은 어느 한 가지 이론만을 고집하지 않고 각 이론을 절충한 중재 기법들을 사용하고 있는 것이 현실이다. 다음에서는 행동이론의 기반을 제공했던 중요 인물들을 그들의 이론을 중심으로 소개한다.

## 2) 행동이론의 주요 인물 소개

### (1) Pavlov의 고전적/반응적 조건화

러시아의 생리학자 Ivan Pavlov가 개들의 소화기능을 연구하던 중에, 실험실에 있는 개에게 밥을 주는 사람이 나타나면 개가 마치 음식을 먹을 때처럼 위산을 분비하고 입안에 침이 고이면서 전 소화 체계가 영향을 받는 것을 발견하게 되었다(Pavlov, 1927). 그는 이 발견을 통하여 자극과 반응의 관계로 행동이 학습되는 것을 연구했다. 그가 개를 대상으로 했던 실험은 당시의 심리학과 교육학에 막대한 영향을 끼쳤다. 또한 그가 실험을 하면서 사용한 자세한 관찰과 체계적 측정 방법은 오늘날까지 행동실험 연구의 바람직한 모델이 되고 있다.

그의 고전적/반응적 조건화 실험은 음식(개에게 자동적으로 침을 흘리게 하는 것)과 메트로놈의 소리(개가 침을 흘리도록 하는 데 효과가 없는 것−중성자극)를 짝짓는 것이었다. 배고픈 개에게 음식을 보이면 개는 침을 흘린다. 이때 음식은 무조건자극 (unconditioned stimulus), 침은 무조건반사(unconditioned reflex)라고 한다. Pavlov는 음식(무조건자극)을 메트로놈의 소리(중성자극)와 짝지어 계속 반복하여 제시하면 나중에는 메트로놈의 소리(중성자극)만 단독으로 주어져도 개가 침(무조건반사)을 흘리게 되는 것을 발견했다. 즉, 개(유기체)의 노력이 없이도 환경 속에서 반복하여 주어지는 자극에 의해 자연스럽게 학습이 일어난 것이다. 이렇게 학습이 이루어지면 이때 메트로놈의 소리는 조건자극(conditioned stimulus), 침은 조건반사(conditioned reflex)라 한다. Pavlov가 이렇게 무조건반사가 중성자극으로 조건화될 수 있음을 증명한 원리를 다음 [그림 1−1]과 같이 나타낼 수 있다.

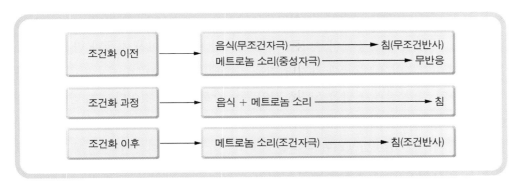

[그림 1−1] **Pavlov의 고전적/반응적 조건화 과정**

이런 고전적/반응적 조건형성 원리는 조건화된 부적응행동을 수정하는 방법의 기초가 되었다. 행동치료에서는 흡연, 과식, 폭주 등의 습관을 바꾸고 싶어 하는 사람들을 도울 때 고전적/반응적 조건형성의 원리를 이용했다(Lazarus, 1971, 1976).

## (2) Thorndike의 시행착오설

Pavlov만큼 행동주의에 영향을 준 또 다른 연구자는 고양이의 문제상자 실험을 통해 시행착오설을 체계화한 Edward Thorndike다(Thorndike, 1931). 여기에서 시행착오란 문제해결을 위해 여러 반응을 시도하다가 우연히 성공하게 되는 것으로, 이와 같은 과정을 반복하면서 자극과 반응 사이에 결합이 이루어지게 되고, 성공했던 반응을 더 자주 반복하게 되어 새 행동이 습득된다는 것이 시행착오설이다. Thorndike는 굶주린 고양이를 문제상자 속에 넣고 먹이가 있는 상자 밖으로 탈출하는 과정을 실험했다. 상자 안에 있는 고양이가 끈을 잡아당긴다든가 발판을 밟는다든가 하는 특정한 동작을 하면 상자의 문이 열려 그 상자 밖으로 나갈 수 있도록 장치하고, 상자 밖에는 목표물인 먹이를 놓아두었다. 고양이는 다양한 반응을 보이다가 우연히 문이 열려 탈출에 성공하게 된다. 이런 반응과정을 반복하면 고양이에게 탈출에 필요한 반응은 남고 그것과 관계가 없는 반응들은 사라지게 된다. 즉, 고양이는 자신이 시행해서 성공했던 행동양식에 의해 문제를 해결한 것이다. 다시 설명하면, 유기체가 새로운 문제 상황에 당면하였을 때 유기체는 본능적인 반응이나 기득된 반응에 의하여 새로운 상황에 순응하려고 여러 종류의 반응을 시도하는데, 이와 같은 여러 반응은 그 결과가 성공하기도 하고 실패하기도 하지만 최종적으로는 문제해결을 하게 되며 목표에 도달하게 된다. 이러한 행동양식을 '시행착오'라고 한다.

   Thorndike는 실험을 통하여, 행동과학에 커다란 영향을 미친 자극과 반응의 결합을 강화시키는 요인에 대한 세 가지 법칙을 찾아냈다. 첫째는 '효과의 법칙'으로, 자극과 반응의 결합 결과가 만족스러운 것일수록 강화된다는 것이다. 즉, 만족스러움을 가져다주는 상황에서의 어떤 행동은 그런 상황이 재현되면 재현되기 이전보다 훨씬 더 쉽게 반복되어 발생하게 된다는 것이다. 이 법칙에 의하면 어떤 행동이 긍정적 결과를 가져오면 그 행동은 다시 나타날 가능성이 높아지고 부정적인 결과를 가져오는 행동은 감소하게 된다는 것이다. 이는 행동주의 원리의 정적 강화 원리나 벌 원리와 비슷하다(9장, 11장 참조). 두 번째는 '연습의 법칙'으로, 연습을 하면 할수록 자극과 반응 사이의 결합이 강화된다는 것이다. 예를 들어, 50번 미로를 통과한 쥐는 20번 미로를 통과한 쥐보다 미로를 통과하는 시간이 짧게 걸릴 것이다. 실제로 실험을 통해 시행 횟수가 증가함에 따라 고양이가 문제상자에서 탈출하는 데 걸리는 시간이 빨라졌다. 이는 자극통제 원리와 비슷하다(10장 참조). 세 번째는 '준비성의 법칙'으로, 어떤 행동 단위는 행동할 준비가 되어 있을 때 자극과 반응 사이의 결합이 만족스럽게 진행되고 준비가 되어 있지 않을 때 그 결합이 만족스럽지 못하다는 것이다. 예를 들어, 배가 고프지 않은 쥐보다는 배가 고픈 쥐가, 미로 찾기 연습을 적게 한 쥐보다는 연습을 많이 한 쥐가 준비도가 높다는 것이다. 이는 부분적으로는 강화제의 효과적 사용 원리에서 강화제의 포화 상태를 주의해야 한다는 것과 비슷하다(9장 참조).

### (3) Watson의 자극-반응 심리학

John Watson은 '행동주의'라는 용어를 처음 사용한 학자다(Watson, 1925). Watson은 인간행동에 대한 예측과 통제 가능성을 지나치게 과장하여 문제를 일으키고 비난을 받기도 했지만 행동에 대한 연구를 객관화하고 과학의 수준으로 올려놓은 것은 지금까지 높이 평가받고 있다. 그는 심리학을 과학으로 보기 시작한 사람으로, 보이지 않는 마음, 감정 같은 '심리 상태'가 아닌 겉으로 드러나서 볼 수 있는 '행동'을 다루고자 했다. 따라서 그는 마음, 통찰, 사고, 감정 같은 개념을 쓸모없고 불필요한 것으로 여겼으며, 심리학에서 직접 관찰한 것이 아니면 어떤 데이터도 쓸모없는 것이라고 주장했다. Watson과 Raynor(1920)는 흰 쥐(조건자극)와 큰 소리(무조건자극)를 짝지어 Albert라는 유아의 놀라는 반응을 조건화시켰다. 이 실험에서는 원래 흰 쥐를 좋아하는 아이에게 큰 소리와 함께 흰 쥐를 반복하여 제시하였다. 그러자 큰 소리 때문에 자연적으로 생기는 공포반응이 흰 쥐에게 전이되어 아이가 흰 쥐만 보아도 공포반응을 나타냈다. 나중에는 흰색 토끼와 같은 흰색 털이 있는 다른 동물들을 보아도 같은 공포반응을 나타냈을 뿐 아니라, 흰색 가운을 입은 간호사를 보고도 공포반응을 나타냈다. 이 실험을 통해, 그들은 두려움 같은 모든 '감정적' 반응이 이와 비슷한 방법으로 조건화되는 것이라고 강력히 주장했다. 그들의 실험은 공포와 같은 정서반응이 환경적 자극에 의해 조건형성될 수 있음을 입증한 것이다.

그의 이론을 따라 Watson의 제자인 Mary C. Jones는 공포감을 치료하는 실험을 하였다(Jones, 1924). 그녀는 무조건자극이 없이 조건자극만을 제시하면 조건반응이 감소된다는 조건형성 원리에 따라 아이를 공포 대상에 반복해서 노출시켰지만 큰 효과를 보지 못했다. 그러나 조건자극에 점진적으로 접근시켜 공포라는 조건반응을 감소시킬 수 있었다. 실험에서 그녀는 흰색 토끼를 무서워하는 3세의 아이에게 멀리서 토끼를 보여 주는 것부터 시작하여 토끼를 아이에게 점진적으로 접근시켜서 결국에는 아이가 토끼를 두려워하지 않고 편안히 토끼를 안고 놀 수 있게 해 주었다. 또한 그녀는 유쾌한 반응을 유발하는 자극에 공포를 유발하는 조건자극을 점차적으로 결합시켜 공포증을 감소시켰다. 실험에서는 아이들이 좋아하는 과자를 먹는 동안에 공포를 유발하는 동물을 점진적으로 소개하여, 전에 공포를 느끼게 했던 조건자극이 있어도 공포를 느끼지 않게 되었던 것이다.

### ⑷ Skinner의 조작적 조건형성

Burrhus Frederic Skinner는 반응적 조건형성과 조작적 조건형성을 명확히 구별해 낸 것으로 유명하다(Skinner, 1938). 다시 말하면, 자극에 의해 유발된 행동과 결과에 의해 통제된 행동을 명확히 구분한 것이다. 그는 Pavlov와 Watson이 설명한 반응적 조건형성이론과 Thorndike가 설명한 효과의 법칙을 구별하여 체계적으로 설명했다. Pavlov와 Watson이 설명한 것은 수동적 조건형성이다. 행동은 행동 전에 발생한 자극들에 의해 나타나며, 이를 조건화된 반응이라고 한다. 대부분 이런 행동은 반사적이어서 자의적 통제하에서는 나타나지 않기 때문에 반응적 행동(respondent behavior)이라고도 한다. 그러나 Thorndike가 설명한 효과의 법칙은 조작적 조건형성으로 설명될 수 있다. 이는 행동이 행동 이후에 나타나는 결과에 의해 자발적으로 나타나게 된다는 것이다. 즉, 행동의 결과가 만족스러운 것이면 그 행동을 자의적으로 자주 하게 된다는 것이다. 이렇게 자의적으로 하는 행동을 조작적 행동(operant behavior)이라고 한다. 반응적 조건형성과 조작적 조건형성의 분명한 구별과 함께 Skinner는 조작적 행동에 대한 인간행동 원리를 증명하기 위해 많은 실험을 하였다.

예를 들어, 그는 실험상자 안에 쥐를 넣어 두고 쥐가 우연히 상자 안의 지렛대를 밟으면 먹이가 나오도록 했다. 여기에서 쥐는 우연히 지렛대를 밟았을 때 먹이를 얻게 되는 경험을 반복하면서, 지렛대를 밟는 것과 먹이가 나오는 것의 관계를 알게 된다는 것이다. 그러면 쥐는 먹이(행동의 결과)를 얻기 위하여 자의적으로 지렛대를 밟는 행동을 자주 하게 된다. 이렇게 쥐에게 주어지는 선행자극(지렛대)과 쥐의 행동(지렛대 밟기) 사이에 예측이 가능한 관계, 즉 기능적 관계가 성립하게 된다. 쥐는 지렛대를 보면 지렛대를 밟는 행동을 더 자주 하게 될 것이다. 왜냐하면 지렛대를 밟을 때 먹이가 주어지는 결과를 경험했기 때문이다. 이렇게 선행사건(지렛대)과 행동(지렛대 밟기)과 결과(먹이) 사이의 일시적인 기능적 관계가 성립된다. 이런 관계를 유관(contingency)이라고 한다. Skinner는 이런 실험을 통하여 쥐가 보다 빨리 지렛대를 누를 수 있도록 지렛대를 누르는 근접행동을 할 때마다 보상을 주는 방법으로 목표행동(지렛대 누르기)을 형성(shaping)하기도 했다. 또한 그는 보상을 주는 시기를 조정하는 것으로 행동을 강화하고 유지하도록 하는 강화계획(reinforcement schedule) 원리를 발견하기도 했다.

### (5) Bandura의 관찰학습

Albert Bandura는 고전적 또는 조작적 조건화 과정과 관찰학습을 결합한 사회학습이론을 개발하였다(Bandura, 1977). 그는 아동이 보상이나 처벌 없이도 주위 사람들의 행동을 관찰하고 따라함으로써 공격적 행동, 긍정적인 사회적 행동 등을 습득하게 된다고 했다. 아동들을 두 집단으로 나누어 한 집단에게는 인형을 공격적으로 다루는 장면을 보게 하고 다른 집단에게는 인형을 비공격적으로 다루는 장면을 보게 했을 때, 공격적으로 인형을 다루는 장면을 본 아동들이 실제로 인형을 더 공격적으로 다룬 것이 관찰되었다. 이렇게 아동 자신이 환경 속에서 다른 사람의 행동을 관찰하거나 모방하는 것을 통해 행동을 학습하는 것을 관찰학습이라고 하는데, 관찰학습이 사회학습이론의 핵심이다. 관찰학습이 이루어지는 과정은 먼저 관찰자가 주어진 모델의 자극에 주의를 기울여야 하고, 주의 집중한 자극을 내면화하기 위해 모델 행동을 상징적 표현 형태로 변화시켜서 정신적으로 보유하고 있다가, 동기를 유발하는 조건을 만나면 내적 또는 외적으로 그것을 사용하게 되는 것이다. 즉, 외적 강화 없이 관찰만으로도 학습이 일어남을 의미한다. 이렇게 관찰학습이 이루어지는 동안 아동이 모델의 행동에 강화가 주어지는 것을 관찰하게 되면 대리강화가 이루어지고, 모델의 행동을 따라서 하는 과정에서 스스로 판단하고 평가하여 환경을 통제해 가는 과정에서 자기강화가 이루어진다.

Bandura의 사회학습이론에서는 행동이 세 가지의 조절체제에 의해 습득되고 유지된다고 본다. 세 가지 조절체제란 외적 자극, 외적인 후속 강화, 인지적 중재과정이다. 이때 인지과정이 한 사람으로 하여금 어떤 환경에 주목하여 지각하게 하며, 이는 행동에 어떤 영향을 미칠 것인지를 결정하게 된다. 즉, 인간의 행동과 인지과정과 환경이 서로서로 영향을 주고받는다는 것이다. 이렇게 사회학습이론은 아동의 행동이 외부 자극에 영향을 받는다는 것을 인정하기는 하지만 아동의 인지가 행동에 미치는 영향을 강조한 점이 두드러진 특징이다.

### (6) Meichenbaum의 인지적 행동주의 중재

인지적 행동주의 중재는 인지적 활동이 행동에 영향을 주어 행동 변화를 가져올 수 있을 뿐 아니라, 인지적 활동은 조절되고 변화될 수 있다고 가정한다(Dobson & Block, 1988). 따라서 인지적 행동주의 중재의 목적은 아동의 사고를 변화시켜 스스로 행동 변화를 주도하게 하는 것이다. 즉, 아동이 외적 중재로부터 점점 더 독립적이 되어 자기 행동을 스스로 관리하게 하는 데 그 목적이 있다. 대부분의 자기관리 기법은 인지적 행동주의 중재의 원리에 기초하고 있다.

Donald Meichenbaum은 자기교수와 같은 인지적 행동주의 중재 기법을 아동에게 가장 먼저 적용한 연구자 중 한 명이다(Meichenbaum, 1977). 인지적 행동주의 중재는 아동이 바람직한 행동을 하기 위해서 내적인 심상을 활용할 수 있다고 전제하고 언어, 심상 또는 사고와 같은 인지적 사상을 강조한 것이다. 자기교수 기법을 사용한 대부분의 연구에서는 Meichenbaum과 Goodman(1971)이 개발한 자기교수 기법의 절차를 적용하고 있다. Meichenbaum과 Goodman이, 충동적 행동을 많이 해서 과잉행동장애로 진단을 받은 2학년 아동이 주어진 학습과제에 더 집중하고 실수하지 않도록 하기 위하여 개발한 자기교수의 다섯 단계는 다음과 같다.

- 성인 모델이 자기 자신에게 큰 소리로 자기 행동을 안내하는 말을 하면서 주어진 과제를 수행한다.
- 아동은 성인 모델이 큰 소리로 하는 지시와 안내를 따라 같은 과제를 수행한다.
- 아동은 자기 혼자서 큰 소리로 자기를 안내하면서 과제를 수행한다.
- 아동은 자기 혼자서 속삭이면서 자기를 안내하면서 과제를 수행한다.
- 아동은 자기 혼자서 속으로 자기를 안내하는 말을 하면서 과제를 수행한다.

이때 성인 모델이 과제를 수행하면서 사용하는 자기교수의 내용은 다음과 같다.

- 문제를 정의함: "내가 해야 하는 게 뭐지?"
- 문제에 집중하고 행동을 안내함: "어떻게 하면 될까? 그래, 천천히 다시 한번 …… 살펴보고…… 해야지."
- 자기강화: "좋아, 난 지금 잘하고 있어."
- 자기평가: "어떻게 해냈지?" 또는 "왜 틀렸을까?"

아동은 이러한 자기교수 과정을 거치면서 스스로의 행동을 변화시켜 나갈 수 있다고 본 것이다. 자기교수 이외에도 자기기록, 자기관찰, 자기평가 등의 여러 자기관리 기법들은 인지적 행동주의 중재의 원리를 담고 있다. 인지적 행동주의 중재에 관해서는 제13장에서 자세히 다루고 있다.

## 3) 행동주의 절차의 기본 원리

이 책에서 소개하는 대부분의 행동지원 전략이 뿌리를 두고 있는 행동주의 절차의 기본 원리를 소개하겠다. 각 원리에 대해서는 행동중재를 구체적으로 설명하는 부분에서 자세히 다루었기 때문에 여기에서는 각 원리의 개념만 간단히 설명하고자 한다.

- ◪ 정적 강화의 원리: 행동 뒤에 따라오는 후속결과가 긍정적인 것이면 행동이 증가 또는 유지된다는 것이다.
- ◪ 부적 강화의 원리: 행동의 결과로서의 부정적인 자극을 피할 수 있으면 행동이 증가 또는 유지된다는 것이다.
- ◪ 정적 벌의 원리: 행동 뒤에 부정적인 자극을 제시하면 행동이 감소된다는 것이다.
- ◪ 부적 벌의 원리: 행동 뒤에 긍정적인 자극을 제거하면 행동이 감소된다는 것이다.
- ◪ 소거의 원리: 어떤 행동에 대해 강화가 주어지지 않으면 그 행동은 감소하거나 사라지게 된다는 것이다.
- ◪ 자극 통제의 원리: 어떤 행동 이전에 주어지는 특정 자극에 따라 어떤 행동이 발생할 가능성이 높아진다는 것이다. 즉, 어떤 행동과 선행사건 간의 예측되는 관계를 말한다.
- ◪ 모방의 원리: 다른 사람의 행동을 보고 그 행동의 결과를 관찰하는 것을 통해 행동을 따라 하게 되는 학습이 일어난다는 것이다.
- ◪ 행동형성의 원리: 목표행동에 점점 더 근접한 행동을 체계적으로 강화하면 목표하는 행동을 학습하게 된다는 것이다.

원리란 종합적이고 근본적인 법칙이나 원칙을 의미한다. 그러므로 위에서 소개한 여덟 가지 원리는 적절한 행동이나 부적절한 행동 모두에 적용된다. 다시 말하자면,

부적절한 행동도 정적 강화의 원리가 적용되면 증가하게 되고, 적절한 행동도 소거의 원리를 적용하면 사라지게 된다는 뜻이다. 따라서 원리를 목적에 맞게 올바르고 체계적으로 사용하여야 할 것이다. 각 원리는 책의 뒷부분에서 자세히 다루었다.

## 2 행동지원에 대한 접근의 변화

### 1) 행동지원에 관한 용어와 행동수정

행동주의 원리를 적용하여 인간행동을 변화시키려는 방법에 대한 용어는 계속적으로 변화해 왔다. 이러한 각 용어들은 사람의 행동문제를 어떤 관점에서 보는지를 반영해 준다. 즉, 문제행동을 바라보는 시각, 문제행동을 하는 사람에 대한 철학적 인식이 반영되면서 용어에도 변화가 있어 왔다. 행동주의 원리를 적용하여 인간행동을 지원하는 것에 대한 용어에는 전통적으로 사용해 오던 행동치료/행동요법(behavior therapy), 행동수정/교정(behavior modification)을 비롯하여, 행동관리(behavior management), 행동지도(teaching of behavior), 응용행동분석(applied behavior analysis), 긍정적 행동지원(positive behavior support) 등이 있다.

'행동치료'라는 용어를 처음 사용한 사람은 Lindsley와 Skinner, Solomon(1953)이 었다. 하지만 1960년대에 들어서부터 이 용어는, 주로 Pavlov의 고전적/반응적 조건 형성이론을 추종하는 사람들이 사무실이나 치료실에서 행동심리학자나 정신과 의 사들이 수행하는 행동처치를 행동치료라고 지칭하면서 그 분야에서 더욱 적극적으로 사용하게 되었다(Martin & Pear, 2003). '행동수정'이라는 용어를 최초로 사용한 사 람은 Watson(1962)이었으며, 이 용어는 주로 Skinner의 조작적 조건형성이론을 따르는 행동전문가들이 그 원리를 적용하여 인간행동을 실험실에서 분석한 것에 대해 사용했다. 그러다가 학교나 가정 등의 자연스러운 환경에서 수행하는 행동처치를 부르는 일반적 명칭으로 사용되기 시작했다(Martin & Pear, 2003). 현대에도 두 용어 는 여전히 사용되고 있는데 '행동치료'는 심각한 문제행동을 치료하는 임상현장에서 주로 사용되며, '행동수정'은 행동 원리를 적용하여 모든 행동을 개선한다는 의미로 좀 더 폭넓게 사용되고 있다. 한편, Martin과 Pear(2012)는 역기능적인 행동을 다룰 때는 행동치료나 인지행동수정이라는 용어를 사용하고, 역기능적이지 않은 행동을 다룰 때는 응용행동분석이나 행동수정이라는 용어를 사용하는 것이 적절하다고 구분하기도 했다.

교육현장에서는 전통적으로 문제행동을 지도하는 방법으로 '행동수정'이라는 용어를 사용해 왔다. 이때 '행동수정'이라는 용어는 그 뿌리를 Skinner의 이론에 두고 있다. Skinner는 동물의 행동을 계속적으로 관찰하고 체계적으로 분석하였고, 동물 행동을 지배하는 원리가 인간행동에도 적용되는지 알아보고자 실험실에서 인간행동 원리를 연구했다. 그가 발견한 행동 원리를 심리학과 교육학 영역에서 사람의 행동문제를 개선하는 데 사용하면서 '행동수정'이라는 명칭을 사용하기 시작한 것이다. 행동수정은 Skinner의 조작적 조건형성 원리를 응용해서 바람직하지 못한 행동을 하게 하는 요인을 제거하여 바람직한 행동으로 변화시켜서 그 행동이 유지되게 하는 것이다. 즉, 새로운 적절한 행동을 발달·유지하도록 하기 위해서는 정적 강화의 원리, 모방의 원리, 변별 원리 등을 적용하고, 부적절한 행동을 감소·제거하기 위해서는 소거 원리, 차별강화 원리, 벌 원리 등을 적용하는 것을 행동수정이라고 불러 왔다.

그 외에도 '행동관리'나 '행동지도'라는 용어는 주로 교육기관에서 행동수정의 이론을 적용하여 학생들의 행동을 다루는 방법을 지칭하는 또 다른 용어들이다. 즉, 심리가나 행동전문가보다는 학교와 같은 기관의 교사가 중심이 되어 학생의 행동을 관리하고 지도한다는 의미를 담고 있다.

살펴본 바와 같이 문제행동을 다루는 것과 관련된 다양한 용어가 있는데, 그중에서 가장 중심이 되어 온 용어는 '행동수정'이라고 볼 수 있다. 그리고 '응용행동분석'과 '긍정적 행동지원'이라는 용어는 행동수정이 더욱 발전하면서 등장한 개념이다. 용어들의 개념을 요약하자면 '행동수정'은 행동 원리를 적용하여 사람의 구체적 행동을 체계적으로 변화시키는 것을 지칭하는 용어로 그 중심이 되는 이론은 행동주의다. 반면에, 1960년대 말에 등장한 '응용행동분석'이라는 용어는 행동수정의 내용에 개별화의 원리가 합해지면서 행동의 기능에 대한 관심이 더해진 개념이지만 여전히 주축이 되는 이론은 행동주의다. 그런데 2000년대에 등장한 '긍정적 행동지원'이라는 용어는 응용행동분석의 내용에 행동의 기능분석과 문제행동 예방의 원리가 더해진 개념으로, 행동주의적 관점 위에 생물리적 관점, 인지적 관점, 발달적 관점, 사회 및 환경적 관점 등이 종합된 것으로 볼 수 있다. '응용행동분석'이나 '긍정적 행동지원'이라는 용어에 대해서는 이어서 더 구체적으로 소개하겠다.

## 2) 응용행동분석의 등장

행동수정을 자연스러운 실제 상황에서 적용하는 일이 점점 더 많아지면서 '응용행동분석'이 등장했다. 응용행동분석은 1968년에 학술지『Journal of Applied Behavior Analysis』의 첫 번째 호 출판과 함께 시작되었다고 볼 수 있다. 이 학술지는 응용행동분석을 적용한 연구 결과를 주로 출판하는 학술지다.

Baer와 Wolf, Risely(1968)는『Journal of Applied Behavior Analysis』의 창간호에서 응용행동분석을 다음과 같이 정의했다.

> "응용행동분석이란 어떤 특정 행동의 향상을 위해 가설적인 행동 원리를 적용해 보고, 동시에 그러한 적용이 행동의 변화를 가져오는지, 변화가 있다면 어떤 부분 때문에 변화가 있었는지를 평가하는 과정이다. 한마디로, 행동을 연구하는 전체 과정을 검증하는 분석적 행동주의 절차의 적용을 의미한다." (p. 91)

위의 정의에서도 볼 수 있듯이 응용행동분석은 다음 세 가지 요소를 포함하고 있다. ① 인간행동을 설명하는 규칙인 행동 원리, ② 행동을 관찰하고 평가하기 위한 체계적인 행동측정 방법, ③ 행동 변화에 따른 또 다른 중재를 결정하기 위한 평가 기법 등이다. 즉, 행동수정에서 적용하는 행동 원리에 행동의 관찰과 측정, 평가의 방법을 추가한 것으로 볼 수 있다. 행동의 관찰, 측정, 평가에 관한 부분이 바로 개별화 원리와 부합한다.

응용행동분석이라는 명칭을 구성하는 각 단어가 내포하는 의미를 종합해 보면 그 명칭의 전체적 의미를 발견할 수 있다. 먼저 '응용(applied)'이란 단어는 실험실 상황이 아닌 자연스러운 일상생활의 실제 상황에서 발생하는 행동을 다룬다는 의미를 내포하고 있다. 다음으로 '행동(behavior)'이란 단어는 인간의 내면세계가 아닌 표면화되어 나타나는 행동을 다룬다는 뜻을 가지고 있다. 마지막으로 '분석(analysis)'이란 단어는 분석적 행동주의 절차를 따른다는 것을 뜻한다. 종합하면 응용행동분석이란 실생활에서 나타나는 중요한 행동에 행동의 법칙, 즉 행동이론을 적용하는 것을 의미한다.

Baer와 Wolf, Risely(1987)는 응용행동분석의 본질적 특성을 일곱 가지로 나누어 설명하고 있다. 첫째, 응용행동분석은 '실용적'이다. 즉, 실제 문제를 다룬다는 것이다. 지금까지 응용행동분석은 실제로 학교에서의 학습과 행동문제뿐만 아니라 공포증, 쓰레기 투기 문제, 음주 문제, 전화번호 안내 과다 사용 문제, 비만증, 결혼 문제, 과속 운전 문제 등 다양한 유형의 문제행동을 다루어 왔다. 둘째, 응용행동분석은 '행동 중심'이다. 그 뜻은 정말로 사람들이 행하고 있는 행동에 초점을 둔다는 것이다. 셋째, 응용행동분석은 '분석적'이다. 이는 적용된 기법이 아동에게 효과적인지의 여부를 결정하기 위해 사용되는 행동 측정 방법과 결정 절차를 사용함을 의미한다. 넷째, 응용행동분석은 '기술'을 강조한다. 즉, 소개하는 중재는 개념적인 것이 아니라 실제 적용할 수 있는 구체적인 것이어야 한다는 뜻이다. 따라서 중재는 중재자가 그 내용대로 따라 할 수 있을 만큼 명확하고 구체적인 단계별 설명으로 제시되어야 한다. 다섯째, 응용행동분석은 '개념상으로 체계적'이다. 이는 응용행동분석이 행동 원리를 포함한 학습이론으로부터 도출된 기법들로 이루어졌음을 뜻한다. 여섯째, 응용행동분석은 '효과적'인 기법을 추구한다. 즉, 아동에게 실질적인 가치가 있는 변화를 가져오는 기법을 찾는다는 것이다. 일곱째, 응용행동분석은 '일반화' 효과를 지향한다. 일반화란 아동이 습득한 행동/기술을 여러 상황에서 사용할 수 있는 것을 의미한다.

응용행동분석은 특수아동의 문제행동을 변화시키려는 교사들에게 특별한 환영을 받았다. 왜냐하면 첫째는 응용행동분석의 개별화 원리가 특수아동의 개인차 문제를 다루어 주기 때문이다. 응용행동분석은 행동 원리를 적용하여 그 효과를 결정하기 위해 행동을 정의하고 관찰하고 측정하고 평가하는 절차를 포함한다. 그러한 절차는 문제가 되는 행동마다 적용되는 것이므로 개별적으로 이루어진다. 그런데 특수아동은 개인차로 인해 각 아동의 문제행동이 각기 다르기 때문에 개별 접근을 해야 하는 어려움이 있다. 따라서 응용행동분석은 아동마다 다양한 종류와 수준으로 문제행동의 개인차를 보이는 특수아동에게 적용하기에 적절한 방법으로 환영을 받았다. 둘째로 응용행동분석은 교사가 아동의 행동을 개선하기 위해 노력한 결과를 객관적으로 입증해 줄 수 있는 방법을 제공하기 때문에 환영을 받았다. 사실 특수아동에게 적용한 중재의 효과는 두드러진 차이를 나타내지 않는 경우도 많아서 행동의 변화 정도에 대한 구체적 자료 없이는 효과를 입증하기가 어려웠다. 그런데 응용행동분석은 개별적으로 적용한 중재 효과를 체계적으로 명확하게 평가할 수 있도록 행동을 관찰하고, 측정하고, 측정된 데이터를 그래프에 옮겨 분석하는 방법 등을 제공하기 때문에 객관적 입증 방법으로 사용될 수 있다.

### 3) 긍정적 행동지원의 소개

#### (1) 긍정적 행동지원 개념의 등장

응용행동분석은 특수아동의 많은 부적응 문제를 해결하는 데 큰 성과를 이루었다. 그러나 혐오자극으로 부적절한 행동을 통제하거나 보상 체계로 적절한 행동을 강화하는 것만으로 문제행동이 사라지고 적절한 행동이 온전히 습득되는 것은 아니었다. 뿐만 아니라 혐오자극 사용의 부작용과 그와 관련된 인권 문제 등이 나타나기 시작하면서 중재의 제한적인 사용보다는 비혐오적 접근을 모색하려는 노력이 시작되었다(Horner et al., 1990; Meyer & Evans, 1989). 또한 문제행동의 원인과는 상관없이 후속결과만으로 문제행동을 완화시킬 수 있다는 행동분석가들의 주장에 대한 비난과 함께, 몇몇 행동분석가들은 문제행동의 원인에 대한 이해가 중요함을 강조하기 시작했다. 이때 행동분석가들이 말하는 문제행동의 원인이란 인간 내적 원인이 아니라 환경적 원인을 의미한다. 1980년대 초부터 문제행동에는 의사소통 기능이 있다는 것이 밝혀지기 시작하면서 문제행동을 유지하게 하거나 강화하는 환경적 요인을 찾아내는 문제행동의 기능평가를 시도하기 시작했다(Iwata, Dorsey, Slifer, Bauman, & Richman, 1982). 즉, 비혐오적 중재와 행동의 기능평가는 응용행동분석의 발전 과정에서 나오게 된 개념이다.

이러한 응용행동분석 영역의 움직임들과 함께 긍정적 행동지원이라는 용어가 등장했다. 공식적으로 긍정적 행동지원이라는 용어가 사용되기 시작한 역사적 배경은 미국 장애인교육법(IDEA: Individuals with Disabilities Education Act)의 개정안이 1997년 6월에 공법(P.L.105-17)이 되면서부터다(Sugai et al., 2000). P.L.105-17은 학교의 규율을 어기거나 대인관계에서 바람직한 사회적 행동 규범을 어기는 학생의 행동이 자신이나 다른 사람의 학습을 방해하는 경우에 긍정적 행동지원을 포함하는 전략을 고려하도록 요구하고 있다. 또한 이 법에서는 문제행동에 대해 긍정적 행동지원과 함께 행동의 기능평가(functional behavior assessment)를 하도록 규정하고 있기 때문에 행동의 기능평가는 긍정적 행동지원을 대표하는 특성으로 이해되고 있다(이대식 외, 2006). 그러나 행동의 기능평가는 응용행동분석의 발전 과정에서 생성된 개념이므로 긍정적 행동지원이 가지는 독특한 특성이라고 보기는 어렵다(Alberto & Troutman, 2003). 사실 1994년 『Journal of Applied Behavior Analysis』의 27권 2호에서 처음으로 행동의 기능분석을 소개했다(Iwata, Pace, Dorsey, Zarcone et al., 1994). 따라서 응용행동분석이 행동의 기능평가를 행동지원 체계 내로 끌어들이는 일을 했고, 긍정적 행동지원은 행동의 기능평가를 제도화하여 실질적으로 실행되도록 했다고 볼 수 있다. 행동의 기능평가는 3장에서 자세히 다루었다.

　Sugai와 동료들(2000)은 긍정적 행동지원이란 사회적으로 의미 있고 중요한 행동을 변화시키기 위한 방법으로 긍정적 행동중재와 체계를 적용하는 것을 뜻하는 일반적 용어라고 했다. 그들은 긍정적 행동지원이 행동에 대한 어떤 새로운 중재나 이론이 아니라고 주장하면서, 학교와 가정과 사회의 능력을 신장시켜서 연구에 근거한 실제가 교수와 학습이 이루어지고 있는 환경에 잘 연결되도록 하는 체계를 적용하는 것을 의미한다고 했다. 따라서 긍정적 행동지원은 학생의 문제행동이 덜 효과적이게 만들고 바람직한 행동이 더 잘 기능하도록 하여 학생의 실제 생활을 향상시켜 주는 환경을 만들고 유지하는 것에 초점을 둔다. 즉, 문제행동의 예방을 강조하는 종합적 중재 접근이다. Sugai와 동료들(2000)은 이러한 예방을 위해 아동에게 기대되는 적절한 행동을 직접 가르치고, 문제를 가져올 만한 환경을 변화시키고, 기대되는 행동을 하도록 동기와 보상을 제공할 것을 제안하면서, 이러한 예방적 접근은 장애학생뿐 아니라 학교 안의 모든 학생을 대상으로 실시하는 것이 바람직하다고 했다.

　긍정적 행동지원이 중요한 의미를 지니게 된 것은 자해나 공격적 행동과 같은 심각한 행동장애를 지닌 학생들에게 사용된 혐오적 중재의 역효과와 윤리적 문제로 인해 그에 대한 대체 중재로 긍정적 행동지원이 사용되면서부터다. 지금까지 교사들은 학생들의 문제행동이 발생하면 혐오스러운 후속결과를 적용하는 방법들을 자주 사용하였다(Sugai & Horner, 2002). 혐오자극을 적용하는 전통적 방법은 문제행동이 이미 발생한 후에 반응하는 것이므로 문제행동을 예방하지 못한다. 또한 그러한 전통적 방법들은 처음에는 문제행동의 즉각적인 감소를 가져다주는 것처럼 보이지만, 그러한 감소는 일시적이며 문제행동이 다시 나타나게 되는 경우가 많다. 효과가 있는 경우에도 전통적 방법이 시행되는 장소에서만 효과가 있을 뿐 다른 상황에서는 그 효과가 일반화되지 않는 경우도 많다. 뿐만 아니라 문제행동이 일어난 후에 반응하는 방법은 교사의 많은 시간과 자원을 요구한다. 그러한 시간을 절약할 수 있다면 교사는 아동을 교수하는 데에 시간을 더 효과적으로 사용할 수 있을 것이다. 무엇보다도 전통적 방법은 문제행동의 원인이나 환경적 영향을 고려하기보다는 행동의 유형이나 형태에 따라 접근해 왔다(Carr, Robinson, & Palumbo, 1990). 그렇게 되면 문제행동을 하는 이유가 남아 있는 한, 아동의 문제행동은 중단되지 않고 계속되거나 다른 형태로 나타나게 된다. 즉, 전통적인 방법은 문제행동의 기능을 무시하고 비기능적인 방법을 주로 사용해 온 것이다. 그 외에도 벌과 같은 혐오적인 후속결과는 수많은 부작용을 가져온다. 예를 들면, 벌주는 분위기 자체가 문제행동을 유발하는 환경이 되기도 하고, 문제행동을 더욱 악화시키기도 하며, 벌주는 교사와 학생이 불쾌한 관계를 갖게 되기도 한다. 더 나아가 문제행동에 대해 혐오적인 후속결과만 주게 되면 문제행동은 감소할지 모르지만 학생들이 더 바르게 행동하는 방법을 학습하게 되는 것은 아니다. 따라서 Sugai와 동료들(2000)은 아동의 문제행동에 대해 반사적이고 혐오적인 방법을 취하지 않으려면 다음과 같은 내용의 긍정적 행동지원을 해야 한다고 하면서, 긍정적 행동지원을 개인적 차원을 넘어서 학교 차원으로 확대할 것을 주장했다.

- 학교에 입학한 모든 학생은 행동지원이 필요하므로 학교는 모든 학생을 위해 행동지원을 해야 한다.
- 효과적이고 효율적인 것으로 입증된 절차를 우선순위로 채택해야 한다.
- 모든 학생이 학습과 행동에서 성공할 수 있도록 통합적 교육을 실시해야 한다.
- 안전하고 지원적인 학교 분위기를 만들고 유지해 가도록 예방을 강조해야 한다.
- 효과적인 실제를 학교뿐 아니라 지역사회로 확대 실시해 가야 한다.
- 복합적인 지역사회 지원체계들(예: 교육, 청소년 재판, 지역 정신건강, 가족, 의료)과 협력을 증대해 나가야 한다.
- 팀 협력과 문제해결 기술이 기대되고, 지도되고, 강화되는 학교 환경을 만들어 가야 한다.

이렇게 긍정적 행동지원을 학교 차원에서 실행하기 위해서 모든 아동들에게는 기대되는 바람직한 행동을 가르치고, 위험요인이 있는 아동을 대상으로는 문제행동을 나타내지 않도록 집중적으로 지원(예: 멘토링, 사회적 기술 훈련 등)하고, 심각한 문제행동을 나타내는 아동에게는 더욱 전문적이고, 체계적이고 지속적인 중재를 개별적이며 계획적으로 지원하는 것이 필요하다(Sugai et al., 2000). 즉, 1차적으로는 모든 학생에게 보편적 중재를 적용하고, 2차적으로는 위험 가능성이 있는 학생들에게 목표행동에 대한 중재를 적용하고, 3차적으로는 만성적이고 심각한 문제를 지닌 소수의 학생들에게 강력하고 지속적인 중재를 체계적으로 적용하는 것을 뜻한다. 이렇게 하면 학생들의 전반적인 문제행동을 예방하고 개별화 지원이 요구되는 학생의 수를 줄일 수 있게 될 것이다. 학교 차원의 긍정적 행동지원에 대해서는 2장에서 구체적으로 설명했다.

### (2) 긍정적 행동지원의 특징

중도 장애인에게 혐오적 중재를 가해 온 것에 대한 윤리적 문제의 비판에 뿌리를 두고 있는 긍정적 행동지원이 응용행동분석과 다른 점은 비윤리적인 것으로 비판받아 온 혐오적 중재에 대한 효과적이면서도 긍정적인 대안이 있다는 기본적 믿음을 바탕으로 한다는 점이다. 응용행동분석과 또 다른 점은 긍정적 행동지원은 표적이 되는 행동 자체를 변화시키는 것뿐 아니라 학생 개인의 삶의 질을 향상시키는 것과 같은, 보다 폭넓게 영향력을 미치는 것을 장기적인 목표로 삼고 행동중재를 사용한다는 것이다. 즉, 긍정적 행동지원에서는 개인의 사회적, 직업적, 육체적 성공에 큰 장애가 되는 문제행동을 감소시키는 것뿐 아니라 삶의 질을 향상시킬 수 있는 적절한 행동을 신장시키는 것에도 초점을 둔다는 점이다. 앞에서 말한 것처럼 긍정적 행동지원은 행동에 대한 지원을 긍정적인 방법으로 할 것을 의미하기도 하고, 긍정적인 행동을 지원할 것을 의미하기도 하다. 긍정적 행동지원이 특별히 강조하는 것은 ① 개인의 필요와 구체적 지원을 잘 연결해 주기 위한 행동의 기능평가 사용, ② 환경의 재구성을 통한 문제행동의 예방, ③ 문제행동과 동일한 기능을 하는 바람직한 행동의 적극적 교수, ④ 부적절한 행동을 감소시키고 바람직한 행동을 증진시키는 후속결과의 체계적 사용이다.

Sugai와 동료들(2000)은 긍정적 행동지원의 주요 특징을 행동 과학, 실용적 중재, 사회적 가치, 체계의 변화로 나누었다. 그에 대한 구체적 내용은 〈표 1-1〉과 같다. 〈표 1-1〉을 중심으로 긍정적 행동지원의 기본이 되는 특징을 살펴보면, 첫째, 긍정적 행동지원은 '행동은 학습된다.'는 원리에 근거한다. 일반적으로 인간행동은 여러 요인들에 의해 영향을 받으며 의도하지 않은 학습과정을 거쳐 학습된다. 따라서 행동 과학은, 인간행동은 이해될 수 있는 것이고, 그러한 인간행동에 대한 지식이 커지면 더욱 바람직하고 기능적인 행동을 가르칠 수 있게 된다는 이론을 주장한다. 즉, 행동은 학습되는 것이므로 잘못된 행동도 학습에 의해 바뀔 수 있으며 바람직한 행동도 학습에 의해 습득될 수 있다는 것이다.

둘째, 긍정적 행동지원은 실용적인 중재를 강조한다. '실용적'이라는 표현은 문제행동과 문제행동이 발생하는 환경과 적용되는 중재 간의 상황적 적합성을 강조하는 전략을 의미한다. 긍정적 행동지원은 행동의 기능평가를 강조하는 것 외에 환경을 조정하고 새로운 행동 기술을 가르치고 문제행동을 유지하게 하는 강화요인을 제거하는 것도 강조한다. 긍정적 행동지원은 학생의 행동 변화를 위한 핵심이 가르침에 있으며 그 변화가 의미 있게 유지되게 하려면 환경의 재조정이 필요함을 강조한다.

❖ 〈표 1-1〉 긍정적 행동지원의 특징

| 행동 과학 | 실용적 중재 | 사회적 가치 | 체계의 변화 |
|---|---|---|---|
| • 인간행동은 사회적, 물리적, 생리적, 행동적, 환경적 요인에 의해 영향을 받는다.<br>• 인간행동의 대부분은 의도하지 않은 학습 기회와 관련되어 있다.<br>• 인간행동은 학습되며, 변화될 수 있다. | • 행동지원 계획을 세우기 위해 행동의 기능평가를 한다.<br>• 중재는 환경과 교과과정을 재설계하는 것과 문제행동을 유지하게 하는 강화요인을 제거하는 것을 강조한다.<br>• 행동을 변화시키는 핵심은 가르침(교수)에 있다.<br>• 연구에 바탕을 둔 중재를 사용할 것을 강조한다.<br>• 중재에 대한 모든 결정은 데이터에 근거한다. | • 행동의 변화는 사회적으로 중요하며, 포괄적이고, 지속적이며, 적절해야 한다.<br>• 긍정적 행동지원의 목표는 삶과 학습이 향상되는 것이다.<br>• 긍정적 행동지원 과정은 사회/문화적으로 적절해야 하며, 최소 제한 환경에서 실행해야 한다.<br>• 학생/가족/교사가 지니는 가치와 긍정적 행동지원의 절차는 서로 적절하게 맞아야 한다.<br>• 비혐오적 중재(고통이나 피부 손상, 수치감이 없음)를 사용한다. | • 지원의 질과 지속성은 학생이 가장 오래 생활하는 환경에서 제공하는 지원의 수준과 직접적으로 관련이 있다.<br>• 중재의 결정과 실행은 정책적으로 행해진다.<br>• 예방과 효과적 중재의 계속적 사용을 강조한다.<br>• 문제해결을 위해 팀 접근을 사용한다.<br>• 적극적 행정 참여를 강조한다.<br>• 다양한 체계(학교 전체, 교실, 가족, 학생 개인, 지역사회)를 고려한다.<br>• 계속적 행동지원을 강조한다. |

출처: Sugai et al. (2000).

문제행동의 변화를 위해 적용하는 중재는 단지 심각한 문제가 있는 학생뿐 아니라 모든 학생에게 적용될 수 있는 것이어야 하며, 연구에서 그 효과를 입증한 것이어야 한다. 학생의 현재 수준, 중재가 행동에 미치는 영향, 중재 결과가 학생의 삶에 가져온 향상의 정도 등을 알아보기 위해서는 데이터를 측정해야 한다. 그리고 중재에 대한 모든 결정은 데이터에 근거해야 한다.

셋째, 긍정적 행동지원은 사회적 가치에 초점을 둔다. 학생의 행동 변화가 사회적으로 의미 있어야 한다는 것은 행동의 변화가 학생의 하루 생활의 전 시간대와 장소에서 영향을 미치고 그 효과가 지속적이며 궁극적으로 현재와 미래의 삶에 긍정적 영향을 미쳐야 한다는 것이다. 또한 행동의 변화를 위해 적용하는 중재도 학생에게 직접적인 고통을 가하지 않으며, 학생이 속한 문화에서 받아들여지는 것이어야 한다.

넷째, 긍정적 행동지원은 문제행동을 지도하는 개인이 아닌 체계에 초점을 맞춘다. 학생의 문제행동에 대해 학교의 어느 한 전문가가 개입하여 문제를 해결하는 방법은 장기적인 문제를 해결해 주지 못하므로, 학교 안의 모든 사람들이 협력하여 학생의 문제행동에 접근하는 체계의 변화가 요구된다. 이를 실행하기 위해서 학교에는 강력한 지도력이 요구된다. 학교뿐 아니라 청소년 정신건강, 청소년 범죄 재판, 가족 서비스 등과 관련된 체계의 협조도 절대적으로 필요하다.

요약하자면 긍정적 행동지원은 문제행동에 접근하는 체계적 접근을 강조한다. 이를 위한 모든 절차와 과정은 행동 과학, 실용적 중재, 사회적 가치에 그 바탕을 두는 것이어야 한다. 긍정적 행동지원의 목표는 행동의 기능평가에서 나온 결과를 사용하여, 문제행동의 실효를 경감시키고 바람직한 행동을 격려하고 지원하는 교수/학습 환경을 조성해 가는 데 있다. 따라서 긍정적 행동지원은 단순히 아동의 행동만 변화시키는 것이 아니라 장기적으로 아동의 삶의 질을 향상시킬 수 있으며, 아동을 지도하는 교사와 학교의 체계에도 긍정적 변화를 가져올 수 있게 하는 것을 목표로 한다.

긍정적 행동지원에 대한 이해를 좀 더 돕기 위해 Bambara와 Kern(2008)이 설명하는 긍정적 행동지원의 여덟 가지 구성 요소를 〈표 1-2〉에 소개하였다.

❖ 〈표 1-2〉 긍정적 행동지원의 주요 요소

| 주요 요소 | 긍정적 행동지원의 주요 요소의 설명 |
|---|---|
| 생태학적 접근 | 문제행동은 장애 때문이 아니라 환경적 사건이나 조건 때문에 발생할 수 있으며, 문제행동은 개인에게 자신이 원하는 결과를 주는 역할을 하기도 한다는 전제하에, 문제행동을 이해하기 위해 환경을 살필 것을 요구한다. |
| 진단을 기반으로 하는 접근 | 환경적 사건들과 그에 대한 반응을 분석하여 문제행동의 기능을 이해하고, 학생의 선호도와 강점을 강조한다. |
| 맞춤형 접근 | 중재는 학생 개인의 필요와 학생이 처한 환경에 맞추어 실제적이고 현실적으로 구성한다. |
| 예방 및 교육 중심의 접근 | 학생이 어려워하는 환경에 변화를 주어 문제행동을 예방하고, 학생에게 문제 상황에 대처하거나 그 상황을 바꿀 수 있는 기술을 교육한다. |
| 삶의 방식 및 통합 중심의 접근 | 문제행동의 감소만을 목적으로 하는 것이 아니라, 삶의 방식이 변하는 좀 더 넓은 성과를 목적으로 한다. |
| 종합적 접근 | 문제행동의 예방, 대체기술의 교수, 문제행동에 대한 반응, 개인 삶의 방식의 개선을 이루기 위해 다양한 중재를 적용한다. |
| 팀 접근 | 중재의 목표와 가치에 동의하는 팀의 협력이 요구된다. |
| 대상을 존중하는 접근 | 학생의 입장에서 문제행동을 이해하고 학생의 필요와 선호도에 관심을 갖는다. |

출처: Bambara & Kern (2008).

지금까지 설명한 긍정적 행동지원에 대한 내용을 종합하면 긍정적 행동지원은 행동을 지도하고 관리하는 긍정적인 기법들을 모아 놓은 것만을 의미하는 것이 아님을 알 수 있다. 긍정적 행동지원은 학생의 삶의 질을 향상시킬 수 있는 의미 있고 오래 지속되는 변화를 가져오기 위해 문제행동의 원인이 될 수 있는 환경을 재구성하고, 문제행동을 대체할 수 있는 기술을 가르치고, 문제행동에 대해 적절히 반응하는 종합적인 문제해결 접근법임을 알 수 있다.

# 3 | 행동지원의 기초

## 1) 개별화된 행동지원 교수 모델의 필요

특수교육 대상 아동은 현재 수행 능력의 일탈 정도가 심해서 그들의 교육적 욕구를 충족시키기 위해서는 특별한 교육 프로그램이 요구된다. 또한 특수교육 대상 아동은 서로 많은 개인차를 보이기 때문에 각 특수아동에 대한 조직적이고 체계적인 교수 방법이 필요하다. 이런 점이 개별화 교육의 필요성을 설명해 준다. 개별화 교육이란 개별 아동이 가지고 있는 독특한 교육적 욕구를 그 능력에 따라 충족하게 해 줄 수 있는 적절한 교육 조치를 의미한다(김정권, 1996).

개별화 교육의 원리는 아동의 학습뿐 아니라 사회적 행동에 있어서도 동일하게 적용된다. 문제행동을 보이는 각 아동은 자신만의 독특한 학습 방식과 학습역사 (learning history)를 갖고 있기 때문에 한 가지 행동주의 절차에 대해서 저마다 독특한 반응을 보인다. 따라서 다수의 아동을 대상으로 사용되고 있는 행동주의 절차가 특정 개별 아동에게는 효과적이지 않을 수도 있다. 말하자면, 아동의 행동을 효과적으로 지도하는 데 있어서 단순히 어떤 특정한 행동 원리와 행동주의 절차를 사용하는 것만으로는 충분하지 않다. 그러므로 개별화 지도의 필요성이 강조된다. 개별화를 통해 각 아동의 개별적 필요가 구체화되고, 이런 독특한 개별적 요구와 아동이 보이는 향상 정도에 맞추어 행동지원 방법이 적절히 수정될 수 있다. 문제행동이 심한 아동일수록 행동 원리와 그 기법들을 적용하고 그 효과를 평가하는 데 있어서 더욱 조직적이고 체계적이어야 한다. 즉, 아동의 독특한 교육적 욕구를 그 능력에 따라 충족시켜 주기 위해 개별화 교육 프로그램을 계획하는 것처럼 아동의 문제행동에 대해서도 만성적이고 심각한 문제행동일수록 개별화 행동지원 계획이 구체적으로 세워지고 실행되어야 한다.

긍정적 행동지원이 어떤 새로운 전략이나 이론을 뜻하는 것이 아닌 일반적 용어임에도 불구하고 긍정적 행동지원에서 강조하는 체계의 변화나 팀 접근, 아동 삶의 질적 변화를 위한 장기적 접근 등을 위한 구체적 내용을 이 책에서 많이 다루지 않았기 때문에, 독자들의 '긍정적 행동지원'에 대한 총체적 이해를 저해하지 않기 위해 이 책의 내용에 국한하여 '행동지원'이라는 용어를 사용한다.

## 2) 행동지원에 필요한 기술

교사들이 교육현장에서 아동의 다양한 문제행동을 지각하고 있음에도 불구하고, 문제행동에 대한 대처방안은 전문적이지 못하고 그 효과 또한 매우 미흡한 것으로 조사되고 있다(이대식, 2003). 그런데 아동의 행동문제는 체계적이고 전문적인 접근이 필요하고, 문제행동에 따라서는 장기적인 접근이 요구되기도 한다.

아동의 문제행동을 지원하기 위해서 교사에게는 두 가지 기술이 필요하다. 하나는 학습이론과 실험연구에서 나온 행동주의 원리에 대한 지식과 그 적용 기술이며, 다른 하나는 각 아동의 요구를 평가하고, 목표를 명시하고, 행동을 분석하고, 데이터를 수집하고 아동을 감독하는 데 필요한 지식과 그 적용 기술이다. 간단히 말하자면 교사는 행동이론에 대한 지식과 적용 기술뿐만 아니라, 개별화 교육 방법에 대한 지식과 적용 기술을 모두 지니고 있어야 한다. White(1977)는 흔히 교사교육은 이 두 가지 기술 중에서 한 가지만 집중하여 가르치는 경향이 있다고 지적했는데, 그 지적은 오늘날도 유효하다. 예를 들어 어떤 학과목이나 강좌에서는 강화, 체벌, 소거 등을 가르치고 그것들을 어떻게 성공적으로 실행할 수 있는지를 가르친다. 이러한 접근의 기본 가정은, 수많은 중재와 절차들이 개발되고 현장에서 실험을 통하여 입증되어 왔으므로 이런 정보를 제공해 주면 교사가 개별 아동에게 적용할 절차를 선택할 수 있다는 것이다. 반면에, 또 다른 학과목이나 강좌에서는 아동의 향상 정도를 분석하고 평가하는 방법에 치중하여 가르치고 있다. 이런 접근의 기본 가정은, 모든 아동은 서로 다르기 때문에 능력 있는 교사는 개별 아동의 필요를 정확하게 진단하고 개별화된 교수 전략을 적용하고, 세심한 관찰과 감독을 통해 교수 전략의 효과를 평가할 수 있다는 것이다.

위에서 언급한 두 가지 접근이 독자적으로 사용될 때 각각의 장단점이 있다. White(1977)가 제안하는 것은 행동주의 원리의 접근이 교사에게 즉각적인 영향을 끼친다는 것이다. 교사는 행동 원리에 따라 효과가 입증된 구체적 기법들을 즉시 적용할 수 있고, 많은 아동에게 있어서 상당히 효과를 볼 수도 있다. 그러나 행동주의 원리만을 적용하여 아동의 행동문제에 접근하면 각 아동이 지니는 독특한 필요를 알기 어렵다는 단점이 있다. 교사가 수많은 기법은 가지고 있는데 그 기법들이 제대로 효과를 보지 못한다면 안타까운 일이다. 행동 원리와 그 기법을 익히는 것이 교사에게 많은 정보를 제공해 주지만 이것을 단독으로 사용하였을 때는 특정 절차에만 의존하게 되어 교수 전략 사용에 있어서의 독립성과 융통성이 줄어들게 된다.

비록 교수에 있어서 즉각적인 효과가 크지 않고, 두 가지 접근의 모든 절차를 배우는 데 시간이 많이 걸린다고 해도, 그것은 가치 있는 일이다. 이런 절차의 필요성과 중요성에 대해 여러 연구들이 계속해서 강조하고 있다. 예를 들어 Fuchs와 Fuchs(1986)는 21개의 연구를 분석한 결과, 형성평가와 함께 행동주의 원리를 적용한 것이 형성평가만 적용했을 때보다 큰 효과를 보였음을 보고했다. 특수아동의 행동을 지원할 때, 교사는 일반적인 행동주의의 원리와 적용 방법을 알고, 그런 원리를 각 아동에게 개별화하여 적용할 수 있으며, 아동을 위해 자신이 선택한 구체적 절차의 효과를 평가할 수 있어야 한다.

행동 원리에 입각한 중재를 문제행동을 지닌 학생에게 적용할 때 학습을 지원하는 것과 동일하게 학생의 필요에 따라 목표의 설정부터 적용과 평가에 이르기까지 개별적이고 체계적으로 지원할 필요를 보여 주기 위해 Wolery와 Baily, Sugai(1988)는 〈표 1-3〉과 같은 내용을 제시했다. 〈표 1-3〉은 행동지원에 있어서 교수 모델의 각 단계들과 적용 사례를 일반적인 학습지도의 단계들과 비교하여 제시하고 있다. 〈표 1-3〉의 '예 1'은 학습지도 교수 모델의 한 예이고, '예 2'는 행동지도 교수 모델의 예다. 아동을 지도하는 교수 모델의 단계는 다음과 같은 순서로 이루어진다.

❖ 〈표 1-3〉 학습과 행동 지원의 교수 모델의 예

| 단계 | 절차 | 예 1: 학습지원 | 예 2: 행동지원 |
|------|------|----------------|----------------|
| 1 | 포괄적인 문제 진술로 목표 설정 | • 영희는 수학에서 뒤떨어져 있다. | • 철수는 자기 자리에서 얌전히 앉아 있지 않는다. |
| 2 | 문제에 관한 구체적인 자료 수집 | • 영희는 합이 10을 넘지 않는 한 자리 수의 덧셈은 할 수 있지만, 받아올림이 있으면 못한다. | • 철수는 매 시간 평균 15번 자기 자리를 이탈한다. |
| 3 | 구체적인 학습목표 설정 | • 영희는 받아올림이 있으면서 합이 20을 넘지 않는 덧셈 문제를 최소한 분당 5개의 정답률로 풀 수 있다. | • 철수가 자기 자리를 이탈하는 행동은 매 시간 평균 5번 이하가 될 것이다. |

(계속)

| 4 | 중재 프로그램의 적용 | • 영희는 합이 20을 넘지 않으면서 받아올림이 있는 덧셈을 연습한다. 받아올림의 절차에 대해 교사가 설명하고 시범을 보인다.<br>• 일일 평가 과제에서 90% 이상을 맞았을 때, 영희는 특별 보너스(예: 자유놀이 시간)를 받는다. | • 철수가 허락 없이 자기 자리를 이탈할 때마다 5분간의 타임아웃을 적용한다. |
|---|---|---|---|
| 5 | 아동의 행동 관찰 | • 교사는 평가 과제의 정답률을 매일 기록한다. 매주 금요일에는 1분간 문제를 얼마나 많이, 정확히 푸는지 측정한다. | • 교사는 철수의 자리 이탈 행동의 빈도를 매일 측정한다. |
| 6 | 아동의 학습 또는 행동 평가 | • 교사는 매주 정답률 데이터로 그래프를 작성하여 새로운 프로그램 개발의 필요성 여부를 결정하는 자료로 사용한다. | • 교사는 매일 자리 이탈 행동 데이터를 그래프에 기재하여, 3일 연속 향상이 없으면 새 후속 자극을 찾는다. |

출처: Wolery, Bailey, & Sugai (1988).

◼ **전체적인 문제 찾기:** 기술의 습득 영역(예: 읽기, 산수, 자조, 사회적 상호작용)이나 어떤 부적절한 행동(예: 떠들기, 공격적 행동, 자리 이탈)의 감소에 관련된 문제 진술이 여기에 해당한다.

◼ **문제에 관한 구체적 정보 수집하기:** 예를 들어, 기술 획득에 관한 문제라면 아동의 발달이나 학습 면에서의 폭넓은 평가로 그 문제를 좀 더 구체화시킬 필요가 있다. 감소 대상 행동에 대해서는 그 행동이 정말로 문제인지를 분석할 필요가 있다. 문제가 되는 행동이나 기술의 현재 수준을 알기 위해서, 나아가서는 교수 효과를 결정하는 자료 제시를 위해 기초적 데이터를 모아야 한다.

◼ **학습목표 명시하기:** 일반적 목표 진술과는 달리, 학습목표는 그 아동이 행할 것으로 기대되는 기술, 그러한 기술이 표현될 상황 조건(예: 재료, 문제 유형, 읽기 수준, 환경), 기대되는 기술의 숙달 수준(수량화할 수 있는 구체적 기준) 등을 명시한다. 목표는 측정 가능해야 하며, 중재를 통해 성취 가능한 것이어야 한다.

◼ **중재 프로그램 계획하고 실행하기:** 중재는 아동에 따라 다양하게 계획될 것이다. 예를 들어, 아동이 그 기술을 전혀 모른다면 학습할 것을 작게 여러 단계로 나누고, 각 단계 수행에 교사의 도움이 필요할 것이다. 어떤 아동이 그 기술은 알

고 있는데 일정한 수준으로 나타내지 못한다면 좀 더 구조적인 프로그램이 필요할 것이고, 행한 결과에 대해 주어질 명백한 결과를 경험하게 하는 제도가 필요할 것이다. 또한 중재는 학습목표가 행동 감소인지, 기술 획득인지, 획득된 기술의 유지인지, 새로운 상황에서의 일반화인지에 따라 달라질 것이다.

◤ **형성평가하기**: 프로그램 실행과 함께 필요한 것은 아동의 향상에 대한 계속적인 관찰과 평가다. 평가는 목표에 진술된 내용을 기준으로 이루어진다. 중재 도중에도 수시로 이루어지는 형성평가는 다음 단계에 중요한 정보를 제공해 줄 수 있다.

◤ **중재 방법 수정하기**: 수집된 데이터의 규칙적인 평가를 통해 향상의 목표 수준이나 교수 전략을 바꿀 것인지를 결정하는 것이다. 아무리 잘 세워진 목표라 해도 아동의 반응 효과가 나타나지 않는다면 목표나 중재의 내용을 수정해야 한다. 효과가 나타나지 않는 이유는 목표가 적절하지 못하든지 아니면 중재가 적합하지 않기 때문이다. 그러므로 교사는 중재 프로그램을 그대로 계속할 것인지, 좀 더 쉬운 단계로 내려갈 것인지, 좀 더 어려운 단계로 올릴 것인지, 아니면 목표를 달성하기 위한 중재 프로그램 자체를 수정할 것인지를 결정해야 한다.

행동에 대한 정의, 관찰, 측정과 중재 효과에 대한 자료 분석과 평가 등 행동지원의 개별화에 대한 내용은 이 책의 3장, 4장, 5장, 6장, 7장에서 다루고 있다.

## 3) 행동지원의 절차

앞에 제시한 Wolery와 Bailey, Sugai(1988)의 행동지도 교수 모델은 긍정적 행동지원이 소개되기 전까지 아동의 문제행동지도에 주로 적용되던 모델이다. 그러한 교수 모델에는 언급한 바와 같이 행동 원리의 적용(예: 타임아웃)과 개별적 접근(예: 목표 진술, 정보 수집, 평가)은 있지만, 문제행동의 원인을 찾아 그에 따라 선행사건을 조정하거나 환경을 바꾸거나 대체기술을 직접 교수하는 것은 없고 문제행동에 대한 사후 반응만 있을 뿐이다. 그러나 긍정적 행동지원이 소개되면서 이런 문제들을 보완한 행동지원 절차들이 소개되고 있다. 이 책에서 '중재'는 단일 전략을 의미하고, '행동지원'은 다양하고 종합적인 접근을 의미하는 것으로 사용된다.

Sugai와 동료들(2000), Kerr와 Nelson(2006), Bambara와 Kern(2008)이 제안하는

행동의 기능평가를 중심으로 한 행동지원 절차를 종합하면 [그림 1-2]와 같이 나타
낼 수 있다. [그림 1-2]의 내용은 다음과 같이 요약할 수 있다. 첫 번째 단계에서는
무엇보다도 발견된 문제행동이 반드시 중재할 필요가 있는지를 결정해야 한다.

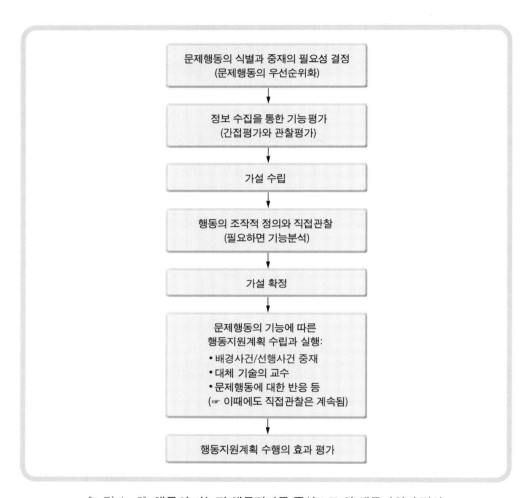

[그림 1-2] **행동의 기능적 행동평가를 중심으로 한 행동지원의 절차**

　　다시 말하자면, 문제행동이 아동 자신이나 또래의 학습을 방해하거나 가정이나
학교와 사회에 적응하는 것을 저해하거나 자신과 타인의 안녕에 해를 끼칠 만큼 위
험한지를 결정하는 것이다. 지원이 필요한 행동의 우선순위를 결정하는 것은 4장을
참고할 수 있다. 이 단계에서 중재가 필요하다고 결정되면, 두 번째 단계로 문제행동
에 대한 정보를 수집해야 한다. 문제행동 발생 상황이나 더 적절한 행동이 요구되는
상황은 어떤 것인지에 대한 정보를 수집한다. 이를 위해서 일화기록이나 일과분석,

면담, A-B-C 관찰, 행동분포도(scatter plot) 등을 사용할 수 있다. A-B-C 관찰은 자연스러운 조건에서 행동을 관찰하는 것인데 문제행동이 발생하기 직전과 직후의 환경적 사건을 시간 순서대로 기록하는 방법이다. 행동분포도는 Touchette와 McDonald, Langer(1985)가 문제행동이 가장 빈번하게 발생하는 시간과 환경 요소를 파악할 수 있도록 고안한 것이다. A-B-C 관찰과 행동분포도는 제4장 '행동의 기능평가와 가설 세우기'에서 자세히 다루었다. 이 단계에서는 문제행동에 대한 정보 외에도 아동의 강점이 무엇인지 등에 관한 전반적 정보를 수집한다. 세 번째 단계는 아동의 행동지원을 담당한 팀이 두 번째 단계에서 얻은 정보를 종합하고 분석하여 문제행동이 가장 잘 발생하는 상황을 묘사할 수 있는 검증 가능한 가설을 만드는 것이다. 검증 가능한 가설은 문제행동, 문제를 끌어내는 선행사건, 문제를 유지하게 하는 후속결과, 영향을 주는 상황 등을 시사해 준다. 이 단계에서 문제행동의 기능이 파악되면, 네 번째 단계에서는 가설의 정확성을 입증하기 위해 행동을 직접 관찰한다. 즉, 행동의 정확한 양과 강도 등을 조사하기 위해 행동을 조작적으로 정의하고 행동에 대한 직접 관찰 자료를 수집한다. 직접 관찰만으로 검증 가능한 가설을 만들기 어려우면 기능분석을 실시할 수 있으나, 기능분석은 반드시 전문가에 의해 시행되어야 한다. 이 단계에서 가설이 확정된다. 다섯 번째 단계는 파악된 문제행동의 기능에 따라 문제행동에 대한 지원 계획을 작성하고 실행하는 것이다. 행동의 기능평가를 기초로 하는 행동지원 계획은 단순히 문제행동의 감소를 목적으로 하는 중재만을 찾는 것이 아니라, 문제행동을 일으키는 상황을 제거하거나 약화시킬 예방 계획, 문제행동을 대체할 바람직한 행동을 가르칠 계획, 문제 상황을 재배치할 계획 등도 함께 고려해야 한다. 그러한 계획은 언제, 어디에서, 누구에 의해, 어떻게 실행될 것인지 구체적으로 작성되어야 한다. 이 단계에서 작성하는 문제행동에 대한 행동지원 계획에 포함되어야 할 구성 요소는 구체적으로 ① 조작적으로 정의된 문제행동과 대체행동, ② 문제행동의 배경사건 및 선행사건, ③ 문제행동을 유지하게 하는 후속결과, ④ 배경사건 및 선행사건 중재, ⑤ 대체행동 교수 전략, ⑥ 대체행동 및 문제행동에 대한 후속결과 전략, ⑦ 행동의 관찰과 측정 계획 등이다. 마지막 단계에서 행동지원 계획의 효과와 효율성을 평가하고 그 결과에 근거하여 행동지원 계획을 수정하거나 새로 만든다. 이때 이루어지는 평가는 자주 정기적으로 직접 평가하는 형성평가이어야 한다. 긍정적 행동지원의 실행 절차에 대해 구체적으로 알기를 원하면 『장애학생을 위한 개별화 행동지원』(Bambara & Kern, 2008)을 참고할 수 있다.

## 4) 행동지원의 기본 원리

행동의 기능평가를 중심으로 하는 행동지원의 기본 원리는 다음 세 가지로 요약할 수 있다. 첫째, 행동에는 법칙이 있다. 바람직한 행동이든지 바람직하지 않은 행동이든지 모든 행동은 법칙에 따라 발생한다(Skinner, 1953). 행동법칙에 대한 이해는 행동에 영향을 주는 변수에 대한 지식과 행동의 예측을 가능하게 한다. 이렇게 행동에 대한 예측이 가능하고, 행동에 영향을 미치는 변수들을 통제할 수 있다면 행동 발생을 조절할 수 있게 된다. 이러한 행동법칙이 앞에서 언급한 행동수정의 개념에서 설명한 행동 원리다. 그 예로 강화의 원리, 자극조절의 원리 등이 있는데 이 책의 9장과 10장에서 자세히 다루고 있다.

둘째, 행동에는 이유가 있다. 첫 번째 원리가 모든 행동에 보편적으로 적용되는 자연적인 법칙에 관한 것이라면, 두 번째 원리는 개별행동에 적용되는, 행동에 대한 개인적 이유와 목적에 관한 것이다. 특히 문제행동은 아동이 그 문제행동을 통해 이루고 싶은 것이 있다는 뜻이다. 다시 말하면, 정말로 원하는 것을 어떻게 이룰 수 있는지에 대한 바람직한 방법을 모르기 때문에 문제행동을 한다는 것이다. 즉, 문제행동은 의사소통 기능이 있다는 의미다. 문제행동의 기능은 크게 얻고자 하는 것과 피하고자 하는 것으로 나뉜다. 문제행동이 갖는 기능을 환경적 변수 속에서 찾으려는 노력이 필요하다. 이에 대한 설명은 제3장에서 구체적으로 제시하고 있다.

셋째, 행동은 상황과 환경의 영향을 받는다. 상황과 환경이란 개인의 행동에 영향을 주는 내적 또는 외적 사건이나 상태를 뜻한다. 예를 들어, 내적으로 느끼는 생리적 조건(예: 배고픔, 고통, 피곤)이나 외적 자극에 의한 경험(예: 빛, 소리, 촉감) 등이 있다. 외적 자극으로는 구체적인 물리적 환경이나 교수 학습 환경도 포함된다. 이러한 환경도 행동에 영향을 미치고, 행동의 전후로 발생하는 직접적 사건도 행동에 영향을 미친다. 환경적인 사건으로는 문제행동 발생 전에 일어난 선행사건이나 그보다 앞서 발생하는 배경사건, 문제행동 직후에 주어지는 후속사건 등이 있다. 행동에 대한 상황과 환경의 영향은 제8장에서 다룬다. 이 책에서는 이 세 가지 원리를 기초로 하여 행동지원의 실행에 필요한 각 구성 요소를 차례로 소개했다.

# 4 │ 행동지원의 윤리적 문제

## 1) 지금까지의 비판

행동주의에 기초한 전통적인 행동지원 방법들이 가장 크게 비판을 받아 온 것은 행동지원 방법이 비인격적이라는 데에 있다. 이는 '행동수정'이라는 용어가 행동을 변화시키는 모든 방법을 지칭하는 용어로 오용되면서 더욱 굳어졌다. 참으로 비인격적이고 비윤리적인 혐오적 방법들이 행동수정이라는 이름으로 사용된 경우가 많았다. 예를 들면, 타임아웃을 적용한다고 며칠씩 아이를 고립된 장소에 둔다든지, 부적절한 행동에 대한 후속결과로 세제로 입을 씻는다든지, 전기 충격을 가하는 방법을 행동수정이라고 명명해 왔다. 물론 행동주의 중재에는 아이에게 고통이나 불편을 주는 혐오자극을 제시하는 방법도 있지만, 이는 반드시 적법한 절차를 거쳐야 한다.

또한 행동주의 중재에 대한 비판의 핵심은, 인간의 행동을 외부적 통제에 의해 변경하려는 중재의 강제성 때문에 인간의 자유의지가 무시된다는 점이다(Alberto & Troutman, 2003). 그러나 자유가 사람에게 주어진 기회를 활용할 권리라는 것에 동의한다면(Bandura, 1975), 행동주의에 입각한 행동지원 방법들은 사람에게 선택할 기회를 늘려 주어서 그 기회를 사용할 수 있는 권리, 즉 자유를 넓혀 주려는 데 그 목적이 있음을 알 수 있다. 예를 들어, 또래와 상호작용하기를 두려워하는 아이에게는 상호작용의 기회를 늘려 주어서 친구 만들기를 더 자유롭게 해 주며, 수학 시험에 계속 실패하는 아이에게는 수학 문제 풀기에 성공할 기회를 늘려 주어서 궁극적으로 대학 입학에 대한 자유의 폭을 더 넓혀 주려는 것이다.

행동주의 원리는 환경과 행동의 상호작용으로 설명될 수 있다. 즉, 개인을 둘러싼 환경의 사건이 행동을 통제하기도 하지만 사람의 행동 또한 환경을 바꿀 수 있다. 이 원리를 적용한 예는 다음과 같다. 잘 웃지 않는 아이가 있다면 또래들은 그 아이와 가까이하려 하지 않을 것이다. 그런데 교사가, 가끔씩 보이는 아이의 미소에 대해 체계적인 강화 기법을 사용하여 아이가 잘 웃게 되면, 아이의 웃음은 다른 아이들을 강화하여 결국 아이는 또래들과 잘 어울릴 수 있게 된다. 예에서 알 수 있듯이, 행동주의 원리는 비인격적이고 강제적인 방법으로 사람의 행동을 변화시키려는 것이 아니라, 사람에게 선택의 폭을 더 넓혀 주며 그 기회를 통해 자신의 환경을 변화시켜 더욱 바람직하게 상호작용할 수 있도록 도와주는 것이다. 행동주의 원리의 절차를 통해 이루고자 하는 것은 아동의 대인관계를 방해하는 문제행동을 감소시키고, 자신이나 타인에게 해가 되는 행동을 제거하며, 아동이 자기의 감정과 생각과 행동을 더욱 자유롭게 표현할 수 있게 하자는 것이다.

또한 행동주의에 기초를 둔 행동지원 방법들은 자료를 모으고 분석하는 데 시간이 너무 많이 걸린다는 비판을 적지 않게 받아 왔다. 오늘날과 같은 교육 현실에서는 타당한 얘기다. 한 교실에서 30~40명의 아동들을 가르치는 교사가 각 아동의 모든 문제행동을 직접 측정한다는 것은 불가능하다. 그렇다고 해서 교사가 행동지원의 기법들을 배울 필요가 없다는 것은 아니다. 어느 전문 영역이든지 어떤 결정을 신속히 내려야 할 때, 평소 수집해 놓은 자료가 큰 열쇠가 된다. 자료수집은 학습과 행동의 문제를 해결하는 데 있어서 필수적이다. 교사들은 자료를 수집하고 분석하는 절차에 대한 지식을 습득해야 할 뿐 아니라 실제로 능숙하게 사용할 수 있을 만큼 연습할 기회를 가져야 한다. 경우에 따라서는 아동 스스로 자료를 수집하는 것을 가르칠 수도 있다. 물론 모든 행동이 기록되고 자주 평가될 필요는 없다. 그러나 문제해결을 위한 체계적이며 조직적인 접근은 특히 어려운 문제를 다룰 때일수록 더욱 필요하다.

자주 거론되는 또 다른 비판은 바람직한 행동 뒤에 긍정적 자극을 제시하는 정적 강화를 지나치게 강조한다는 점이다. 즉, 정적 강화제는 결국 뇌물과 같은 것이 된다는 것이다. 이에 대한 행동주의자들의 의견은 다음과 같다(Alberto & Troutman, 2014; Scheuermann & Hall, 2009; Wolery, Bailey, & Sugai, 1988). 첫째, 긍정적 결과가 초기에는 인위적이고 물질적인 강화제에 의한 것일지라도, 적절한 행동에 대한 긍정적 결과가 혐오적 결과보다 낫다. 둘째, 보상 없이 일하는 어른들은 거의 없다. 우리는 우리가 행한 것에 대해 긍정적 강화제를 필요로 한다. 교사가 해야 할 일은 아동에게 효과가 있으면서도 가장 자연스럽게 획득되는 강화제를 찾는 것이다. 셋째, 초기의 물질적 강화제를 점차 없애고 자연적 강화제를 제공하려는 계획 없이 아동에게 물질적 강화제만 주는 것은 윤리적이지 못하다. 넷째, 아동에게 물질적 강화제를 주지 않으면서 그들이 부적절한 행동을 연습하도록 하는 것보다 적절한 행동에 대한 정적 강화제를 주는 것이 더 윤리적이다. 다섯째, 뇌물의 사전적 의미는 부정직한 행위를 통해 도움을 얻기 위해 어떤 사람에게 제공하는 물질이지만, 정적 강화제는 아동에게 도움을 얻기 위해 제공하는 것이 아니라 아동의 사회적 성공을 위한 의미 있고 중요한 행동을 증가시키기 위해 제공하는 것이므로, 정적 강화제는 뇌물이 아니다.

정적 강화제 사용을 권고하는 행동주의자들은 긍정적인 행동중재 기법을 우선하여 적용할 것을 강하게 권하고 있다. 그러나 긍정적인 행동중재 기법을 적용해서 효과를 보지 못한 것이 입증되었는데도 문제행동이 여전히 사회적으로 중요한 것이라면, 교사는 윤리적 제약을 받지 않는 범위 내에서 자기의 모든 권한을 사용하여 아동을 도울 의무가 있기 때문에 더 혐오적인 기법을 적용할 수 있다. 즉, 최소 강제 대안의 원칙(the principle of the least intrusive alternative)에 의해 혐오성이 가장 낮은 중재부터 적용해 보고 그 중재가 비효과적일 때 혐오성이 높은 수준으로 이동할 수 있다.

## 2) 행동지원의 윤리

행동주의에 주로 기반을 두고 있는 행동지원이 목적과 방법에 있어서 모두 윤리적으로 합당하게 적용되도록 하기 위해서 미국의 행동분석협회(Executive Council of the Association for Behavior Analysis)에서 행동지원의 윤리에 관한 성명서를 발표한 바 있다(Van Houten et al., 1988). 성명서 내용에 의하면, 첫째, 아동의 행동을 지원하기 위해서는 아동을 둘러싼 환경이 치료적 환경(therapeutic environment)이 되게 해야 한다. 즉, 안전하고 인격적이며 개인의 필요에 부응하는 환경이 되도록 해야 한다. 이는 장애아동의 배치에 적용되는 최소 제한 환경(least restrictive environment)의 개념과도 같은 이치다. 즉, 아동 개인의 안전과 발달에 대한 최대의 보장과 아동에 대한 최소의 제한이라는 두 가지 조건을 충족시켜야 한다.

둘째, 변화시키려는 행동의 결과가 또래나 교사 등의 주위 환경만 이롭게 하는 것이 아니라 아동 자신에게도 유익한 것이어야 한다. 그러한 유익을 이루기 위해서는 아동의 자발적 참여가 요구된다. 중재 참여에 위협이나 보상이 사용되지 않아야 한다.

셋째, 아동의 행동지원이 바람직한 결과를 가져오기 위해서는 행동지원 방법은 자격을 갖춘 전문가에 의해 이루어져야 한다. 행동지원 원리는 간단하지만 효과적 수행이 결코 쉽지 않기 때문에 반드시 전문가에 의해 다루어져야 한다.

넷째, 아동의 행동지원에 사용되는 중재 방법은 가장 효과적인 것으로 입증된 것이어야 한다. 즉, 중재는 여러 선행 연구에 의해 그 효과가 입증된 것이어야 한다. 그런데 선행 연구에 의해 효과가 입증된 중재를 사용할 때에라도 교사들이 범하기 쉬운 실수는, 연구자가 발표한 중재의 내용과 순서를 그대로 적용하지 않고 교사가 자신이 사용하기 쉬운 요소만 골라서 적용하는 경우다. 이때는 결국 바람직한 결과를 기대하기 어렵다. 그러므로 교사는 아동의 행동지원에 대한 훈련을 받고 그 분야의 전문가가 되어야 한다. 또한 행동지원을 하는 초기에는 적절한 감독을 받을 필요가 있다.

다섯째, 아동에게 가르치는 행동은 아동의 환경 속에서 효과적으로 기능할 수 있는 것이어야 한다. 아동의 변화된 행동이 자신의 환경에서 기능하지 않는다면 아동은 그 행동을 유지하지 않을 것이다. 효과적으로 기능한다는 것은 자연적 강화가 이루어져 행동의 유지와 일반화가 가능하다는 것을 의미한다.

여섯째, 행동에 대해 설정된 목표의 달성을 이루기 위해 중재 효과를 계속적으로 평가하는 것이 필요하다. 이를 위해서는 행동목표가 분명하게 문서화되어야 하며, 행동의 조작적 정의를 가지고 중재 효과를 양적으로 측정하고 평가하는 것이 지속적으로 이루어져야 한다.

살펴본 바와 같이 행동주의에 기초한 행동지원 방법에서는 문제행동을 지원하는 주체를 훈련된 교사로 보고 있다. 행동지원 방법을 올바르게 활용하기 위해서 교사는 목표를 세우는 법, 행동을 측정하고 자료를 수집하고 그래프에 옮기는 방법, 수집된 자료를 이용하여 평가하는 방법과 함께 여러 가지 행동 원리의 이론과 실제 적용 방법을 알아야 하며 검증된 자료에 근거하여 가장 긍정적이고, 최소 제한적이며, 비혐오적인 중재 기법을 선택할 수 있는 능력을 갖추어야 한다.

## 요약

- 행동이론의 근간을 이루는 것은 Pavlov의 고전적/반응적 조건형성이론과 Skinner의 조작적 조건형성이론이며, 그 외에 기초가 되는 이론에 Thorndike의 시행착오설, Bandura의 관찰학습이론, Meichenbaum을 대표로 하는 인지행동수정이론 등이 있다.

- 행동수정이란 행동 원리를 적용하여 사람의 구체적 행동을 체계적으로 변화시키는 것을 지칭한다.

- 응용행동분석이란 행동수정에 개별화 원리를 더한 것으로, 그 뿌리는 행동주의이론에 있다. 응용행동분석은 실용적이며, 행동 중심이고, 분석적이며, 기술을 강조한다. 또한 개념상으로 체계적이며, 효과적인 기법을 추구하고, 일반화 효과를 지향한다.

- 긍정적 행동지원은 응용행동분석의 내용에 행동의 기능평가와 예방적 접근이 추가된 것이다. 긍정적 행동지원은 연구에서 입증된 중재 방법들이 적용되어 아동의 실제 삶의 질이 향상될 수 있는 환경을 조성하는 것을 의미하며, 행동의 기능을 근거로 개별화된 중재를 개발하고 종합적으로 접근하는 것을 뜻한다.

- 아동의 행동을 지원하는 교사는 행동이론에 따라 중재를 적용할 수 있어야 하며, 각 아동의 행동을 관찰, 평가, 분석할 수 있어야 한다.

- 행동지원의 기본 원리는, 행동에는 법칙이 존재하며, 개별 행동에는 각각의 이유가 있고, 행동은 상황과 환경의 영향을 받는다는 것이다.

- 행동이론에 입각하여 아동의 행동을 지원하는 교사들은 행동지원의 윤리를 준행해야 한다.

## 토의 및 적용

- 행동이론의 기반을 제공했던 Pavlov, Thorndike, Watson, Skinner, Bandura, Meichenbaum이 주장한 이론의 핵심 내용은 무엇인가요?

- 행동수정, 응용행동분석, 긍정적 행동지원은 서로 어떻게 다른가요?

- 아동의 문제행동을 조직적이고 체계적으로 다루기 위해 교사에게 요구되는 기술은 무엇인가요?

- 아동의 행동지원에서 나타나는 윤리적 문제는 무엇이며, 그러한 문제는 어떻게 다루어야 하나요?

# 학교 차원의
# 긍정적 행동지원

## 제 2 장

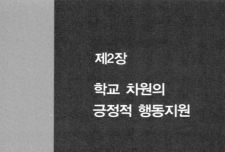

제2장

학교 차원의
긍정적 행동지원

- 학교 차원의 긍정적 행동지원의 개념을 설명할 수 있다.
- 학교 차원의 긍정적 행동지원의 연속적 행동지원 체계를 설명할 수 있다.
- 학교 차원의 긍정적 행동지원의 구성 요소를 설명할 수 있다.
- 학교 차원의 긍정적 행동지원의 실행 과정을 설명할 수 있다.

- **학교 차원의 긍정적 행동지원**: 학교 안에서 모든 학생들이 사회적 또는 학업적 성취를 달성하기 위해 필요한 행동을 지원하고 긍정적 사회문화를 정착시키기 위한 체계적 접근 방식이다.
- **연속적 행동지원 체계**: 전체에게 보편적 중재가 시행되는 틀 안에서 소집단으로 행해지는 집중적 중재나 개인에게 적용되는 개별적 중재를 포함한 모든 강도의 행동지원이 연결되어 있는 것으로, 각 중재에 대한 학생들의 반응에 따라 적절한 지원을 받을 수 있도록 하는 체계다.

1장에서는 행동이론의 역사와 함께 긍정적 행동지원의 등장 배경과 개념을 설명했다. 이제 2장에서는 긍정적 행동지원을 '학교'라는 교육기관 전체에 어떻게 적용할 수 있는지 설명하고자 한다. 필자는 유학 시절에 미국의 초등학교 교실에서 수업을 방해하는 한 학생의 문제행동을 지도하는 연구를 수행할 때 응용행동분석의 원리를 적용하여 중재를 실시했는데, 어느 날 연구대상 아동이 수업을 끝내고 나오면서 "그렇게 해도 소용없잖아요?" 하며 인상을 찌푸리던 것을 기억한다. 그 후 연구대상 아동은 처음으로 수업시간 중 말하기 전에 손을 드는 행동을 했으나 교사가 관심을 기울이지 않자, 교사의 관심을 얻고자 수업을 방해하는 행동을 보이며 다시 예전의 모습으로 돌아가 버렸다. 그때 교사를 찾아가 무엇을 어떻게 해야 하는지 설명해 주고 싶었지만 그렇게 하는 것이 연구에 외생변수로 작용할 수 있기 때문에 아무 설명도 해 주지 못했다. 필자가 적용하고 있는 응용행동분석의 원리가 그 당시의 학교 전체 교사와 직원들에게 잘 설명되어서 모든 교직원에 의해 학생들에게 일관성 있게 실행될 수 있었다면 얼마나 좋았을까 했던 기억이 난다. 그러한 막연한 생각을 구체적으로 체계화시킨 '학교 차원의 긍정적 행동지원(School-Wide Positive Behavior Support)'을 2장에서 소개할 수 있어서 참 기쁘다. 이를 실행하고자 하는 바람이 점점 커져갈 것을 소망한다.

## 1 학교 차원의 긍정적 행동지원의 개념적 이해

대부분의 교사들은 학교현장에서 학생들의 문제행동과 관련하여 징계나 처벌에 초점을 두는 전통적인 전략을 사용하지만, 교사들의 부정적이고 처벌 중심적인 훈육은 문제행동을 조절하는 데 효과가 없을 뿐만 아니라 문제행동의 강도와 빈도를 더 높이고 학생과 교사 간의 관계를 악화시킬 수 있다. 이렇게 전통적인 혐오자극 사용의 역효과와 윤리적 문제가 대두되면서 그에 대한 대체 중재로 긍정적 행동지원이 등장하게 되었음을 1장에서 언급했다. 그러나 앞에서 필자가 예로 든 경우처럼 행동 전문가가 문제행동을 하는 소수의 학생들을 소집단으로 또는 개별적으로 지도하여도 학생이 교실로 돌아가면 그 지도는 실패할 가능성이 높다. 그 이유는 전략이 잘못되어서가 아니라, 학생이 속해 있는 환경이 지속적으로 학생의 대체행동이나 바람직한 행동을 지원하지 못하기 때문이다. 전문가가 학생에게 바람직한 행동을 가르쳐 줄 수는 있지만, 학교 전체에서 이러한 대체행동을 지원하지 못한다면 학생은 익숙했던 부적절한 옛 방식의 행동으로 되돌아가게 된다. 이는 문제행동을 하는 학생에 대한 개별적 접근만으로는 한계가 있음을 의미한다.

이런 문제를 해결하려면 무엇보다도 학교에 있는 모든 성인은 학생의 행동은 학생이 속해 있는 환경과 기능적으로 관련되어 있음을 이해하는 것이 우선되어야 한다(Stormont, Lewis, Becker, & Johnson, 2012). 지속적인 문제행동을 보이는 대부분의 학생은 자신의 가정과 지역사회에 있는 주위 사람들과 상호작용하면서 부적절한 행동을 배우게 된다. 그리고 그들의 부적절한 행동은 주로 부적강화의 원리(9장 참조)에 의해 유지된다. Patterson(1982)이 말한 '강화의 덫'에 걸리는 것이다. 예를 들어, 가정에서 아이가 사탕을 사달라고 할 때 엄마가 안 된다고 하면 아이는 떼를 쓰고 울고, 그러면 엄마는 아이에게 사탕을 사 주게 되고, 어른이 사탕을 사 주면 아이는 떼 쓰는 행동을 멈추는 일이 반복된다면 강화의 덫에 걸릴 수 있다. 여기에서 아이는 자신의 욕구(예: 사탕 얻기)를 충족하기 위해서, 그리고 엄마가 제공하는 혐오적인 자극(예: 안 돼)을 피하기 위해서 부적절한 행동(예: 떼쓰기)을 하고, 엄마는 아이가 주는 혐오적인 자극(예: 떼쓰기)을 피하기 위해서 사탕을 사 주게 된다. 즉, 아이의 떼쓰는 부적절한 행동은 엄마의 사탕 사 주기에 의해 정적 강화될뿐만 아니라, 엄마가 안 된다고 지시하던 혐오적인 자극을 철회함으로써 부적 강화된다. 또한 어른의 사탕을 사 주는 행동도 아이가 떼쓰기를 멈추는 것을 통해 부적 강화되는 것이다. 여기에서 아동은 자신이 원하는 것을 얻기 위해서 또는 안 된다고 저지하는 싫은 자극을 피하기 위해서 떼를 쓰는 부적절한 행동을 학습하게 된다. 가정에서뿐만 아니라 교육현장에서도 이런 일은 흔히 볼 수 있다. 예를 들어, 책을 집어 던지는 학생을 지도하기 위해 교사가 안 된다고 말하면서 학생의 손목을 잡으면, 학생은 잡힌 손목이 놓일 때까지 교사의 손을 물고, 교사는 학생의 손을 놓아주는 행동이 반복될 수 있다. 이 경우에 학생은 안 된다고 제지하며 손목을 잡는 혐오자극을 피하기 위해 교사의 손을 물고, 교사는 손이 물리는 혐오자극을 피하기 위해 학생의 팔을 놓아주게 된다. 아이들은 이런 방식으로 주위 사람들과 상호작용하면서 혐오자극을 피하기 위한 부적절한 행동을 학습하게 되는 것이다.

대부분의 일반 아동들은 성인이 제공하는 유쾌한 자극을 통해 적절한 행동을 지속하는 것을 배우지만, 문제행동을 많이 보이는 대부분의 아동들은 정적 강화를 받을 기회가 많지 않을뿐더러 정적 강화를 받으려는 것보다는 혐오적인 결과를 피하려는 것에 동기부여 되어 있다. 그렇기 때문에 그들에게 혐오적인 자극을 제시하는 것은 적절하지 않다. 그보다는 그들의 부적절한 행동을 의미 없게 하며 바람직한 대체행동이 일어나게 할 가능성이 높은 환경을 만들어 주는 것이 필요하다. 이런 사실을 학교 안의 모든 성인들은 이해해야 한다.

또한 학생들의 행동과 교수 환경의 기능적 관계에 대한 교사들의 이해가 실제로 현장에서 전반적으로 적용되려면 학교에는 이를 지원하는 시스템이 있어야 한다. 앞에서 필자가 든 예에서, 중재 결과로 연구 대상 학생이 처음으로 수업시간에 손을 들었을 때, 수업을 진행하는 교사가 당연히 그 학생의 변화를 알아보고 정적강화를 할 것을 기대했으나 그렇지 못해서 아쉬웠었다. 이와 같은 현상은 교육현장에서 모든 교사들이 교육적 중재를 수행할 지식과 기술을 갖추고 있을 것으로 가정하고 기대해서는 안 됨을 보여 주는 예다. 학교는 교사의 전문성 신장을 위한 교수적 지원체계를 갖추고 있어야 한다. Kauffman(1993)은 학교는 학생뿐만 아니라 교사를 위해서도 존재해야 한다고 주장하면서, 학교가 교사의 성장을 육성하는 수준까지만 학생의 성장이 육성될 것이라고 주장한바 있다. 이는 학교에 강력한 시스템이 필요함을 강조한 것이다. 교사를 위한 교수적 지원체계 외에도 학교에는 교사들이 습득한 지식과 기술을 학생들에게 원활하게 적용할 수 있도록 하는 제도적 지원체계도 필요하다. 이처럼 전체 교직원이 학생의 행동과 환경이 기능적 관계가 있음을 충분히 이해하는 가운데, 학생의 부적절한 행동을 의미 없게 만들고, 바람직한 행동을 일관성 있게 강화하는 긍정적인 학교 환경을 만들려는 것에서 학교 차원의 긍정적 행동지원이라는 개념이 출발했다.

Sugai와 Horner(2009)는 학교 차원의 긍정적 행동지원이란 학교 안에서 모든 학생들이 사회적 또는 학업적 성취를 달성하기 위해 필요한 행동을 지원하고 긍정적 사회문화를 정착시키기 위한 체계적 접근 방식이라고 했다. 그들은 학교 차원의 긍정적 행동지원의 목적은 학교의 시스템과 절차를 개선하는 것을 통해 교사들의 긍정적인 행동 변화를 촉진하고 학생의 행동을 변화시켜 학교 환경을 변화시키는 것에 있다고 했다. 말하자면 학교 차원의 긍정적 행동지원은 학교의 모든 구성원, 즉 학생과 교직원의 행동에 바람직한 변화를 가져오려는 체계적이고, 긍정적이며, 예방적인 접근이라고 할 수 있다. 따라서 학교 차원의 긍정적 행동지원은 학생들이 사회적으로나 학업적인 면에서 성공할 수 있도록 학생이 속한 교육환경에 효율적이고 우호적인 문화를 형성하는 데 초점을 둔 전략이다.

학교 차원의 긍정적 행동지원의 개념을 이 책의 1장에서 소개한 긍정적 행동지원의 개념과 비교하자면 학교 차원의 긍정적 행동지원은 긍정적 행동지원의 적용을 개인에서 학교 단위로 확장한 것이라고 볼 수 있다. 긍정적 행동지원은 한 개인 아동의 행동지원에 초점을 두어 모든 환경적 상황을 고려하여 중재방안을 고려하는 것이며, 이때 행동지원의 대상은 주로 심각한 문제행동을 나타내 보이는 소수의 아동들이다. 반면에 학교 차원 긍정적 행동지원은 문제행동을 많이 나타내는 소수의 아동뿐만 아니라 학교에 소속된 모든 아동들에게 긍정적 행동지원의 이념을 실천하는 것이다. 즉, 행동지원의 대상이 개별 아동이 아니라 학교로 바뀐 것이다.

모든 구성원에게 혜택을 주기 위해 효과적이고 효율적이며 적절하게 작동되는 기관/조직(organization)은 다음 네 가지로 규정되는 특징을 갖추고 있다: 1) 공동 비전/가치, 2) 공동 언어, 3) 공동 경험, 4) 질 높은 리더십(Gilbert, 1978; OSEP, October 2015a). 학교도 하나의 기관/조직이므로 이 네 가지의 특징이 필요하다. 학교라는 기관/조직에 이 네 가지 특징을 어떻게 갖추게 할 것인지에 대한 고민에서 나온 결과가 학교 차원의 긍정적 행동지원이라고 볼 수 있을 것이다.

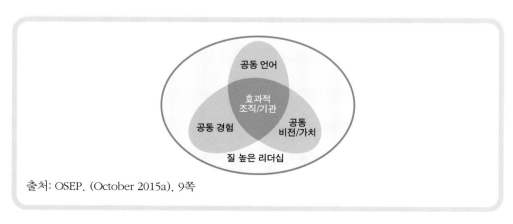

출처: OSEP. (October 2015a). 9쪽

[그림 2-1] **효과적인 조직/기관의 특징**

효과적인 조직/기관의 네 가지 특징을 [그림 2-1]과 〈표 2-1〉에 제시하여 설명했다.

❖ 〈표 2-1〉 효과적인 조직/기관의 네 가지 특징

| 특징 | 설명 |
|------|------|
| 공동 비전/가치 | 조직/기관의 대다수에 의해 수용되는 미션이나 목표나 목적으로, 공유된 필요를 반영하고, 실행 계획이나 의사결정의 기초가 될 수 있는 것이다. |
| 공동 언어 | 조직/기관의 비전과 활동과 운영을 설명해 주는 용어와 문구와 개념들로, 조직/기관의 구성원들에게 유익하고 효과적이며, 효율적이고 적절한 의사소통이 되게 하기 위한 것이다. |
| 공동 경험 | 조직/기관의 모든 구성원들이 실행하거나 경험한 활동이나 일과나 절차나 작전들로, 수행의 질을 평가하기 위한 자료가 주어지는 피드백 체계를 포함하며, 성과로 연결되는 활동을 뜻한다. |
| 질 높은 리더십 | 조직/기관의 비전과 언어와 경험을 달성하고 유지하기 위해 조직된 직원과 정책과 구조와 과정을 의미한다. |

출처: OSEP. (October 2015a). 9쪽

　요약하면, 학교 차원의 긍정적 행동지원은 문제행동을 하는 학생을 포함하여 모든 학생을 대상으로 공동의 가치나 기대행동을 지원하는 가운데, 자연스러운 환경 속에서 문제행동을 하는 학생에 대해 연속적이고 체계적인 지원이 이루어지고, 또한 직접적인 행동지원이 필요하지 않는 학생들에게도 긍정적인 영향을 줄 수 있도록 하는 시스템을 의미한다. 여기에서 시스템이란 학교 환경에 있는 성인이 학생을 위해 최상의 실제를 실행하고 유지하는 데 필요한 훈련과 지원을 의미한다(Stormont, Lewis, Becker, & Johnson, 2012). 이런 시스템이 실행되려면 학교 차원에서 행동지원 팀이 형성되어야 하고, 행동지원 연속체가 구축되어야 하며, 모든 학교 환경에서 모든 성인에 의한 모든 학생들의 적절한 행동과 부적절한 행동에 대한 지원과 지도가 이루어져야 하고, 모든 과정에서 자료에 근거한 결정이 있어야 한다.

### 1) 연속적 행동지원 체계의 개념

앞에서 설명한 학교 차원의 긍정적 행동지원이 바르게 실행되려면 학교는 문제행동 예방을 위한 연속적 행동지원 체계를 갖추어야 한다(Sugai & Horner, 2009). 연속적 행동지원 체계의 개념은 Walker와 동료들(1996)이 아동과 청소년의 반사회적 행동 패턴을 예방하기 위해 내놓은 개념으로, 행동지원을 세 단계 수준으로 하도록 구성되어 있다. 이를 그림으로 나타내면 [그림 2-2]와 같다.

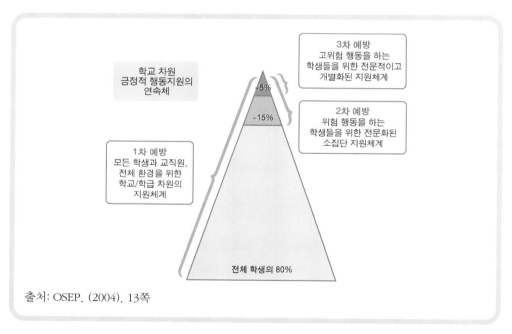

출처: OSEP. (2004). 13쪽

[그림 2-2] 학교 차원 긍정적 행동지원의 연속체

[그림 2-2]는 모든 학생과 교직원, 전체 환경을 위해서는 학교/학급 차원의 지원체계가 필요하고, 전체의 20%에 해당하는 위험 행동을 하는 학생들을 위해서는 전문화된 소집단 지원체계가 필요하며, 전체의 5%에 해당하는 고위험 행동을 하는 학생들을 위해서는 전문적이고 개별화된 지원체계가 필요함을 보여 준다. 그러나 [그림

2-2]는 각 단계를 구별되는 명칭으로 명명하고, 선으로 분리하여 정체된 느낌을 준다는 제한점을 갖고 있다. 즉, [그림 2-2]를 보면 연속적 행동지원 체계를 각 단계에 해당 인원의 학생을 배치하여 해당 전문가에 의해 정해진 서비스를 제공하는 것으로 오해할 수 있다는 것이다. 그런 제한점을 줄이고 예방의 논리를 더 잘 강조할 수 있도록 미국 교육부 특수교육 지원국(Office of Special Education Programs) 산하의 긍정적 행동지원 센터(Technical Assistance Center on Positive Behavioral Interventions and Supports)(OSEP, October 2015a)는 2007년에 [그림2-3]을 제시했다.

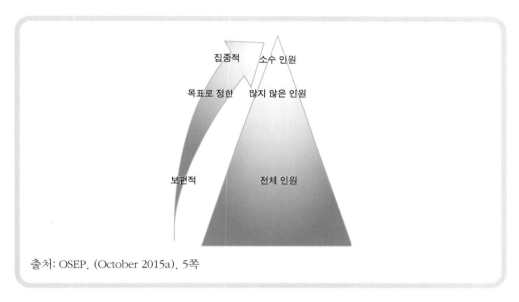

출처: OSEP. (October 2015a). 5쪽

**[그림 2-3] 학교 차원 긍정적 행동지원의 연속적 행동지원 체계**

[그림 2-3]은 [그림2-2]와는 달리 삼각형 안에 세 개의 층으로 구별되는 선이 없다. 이는 각 층에 해당하는 인원이 정해져 있지 않으며 각 지원체계는 유기적으로 서로 관련 있음을 보여 주는 것이다. [그림 2-3]을 보면, 중재에 대한 학생의 반응에 기초하여 학생들이 적절한 지원을 받을 수 있도록 시스템을 구성하고 지원의 강도를 결정하도록 되어 있음을 볼 수 있다. 그런데 학생들의 문제행동의 강도가 증가하면 다음과 같은 필요들도 함께 증가한다. ① 문제를 제기하는 자료들, ② 교수와 학습 환경의 향상, ③ 의사결정을 위한 자료의 수집과 사용, ④ 팀 접근과 협력, ⑤ 학생들에 대한 개입과 피드백(OSEP, October 2015a). 따라서 학생이 보이는 문제행동의

강도가 증가함에 따라 행동지원 연속체의 상위로 가면서 행동지원의 강도도 함께 증가하게 되는 것이다. 즉, 중재가 적절한 시간 동안 충실하게 실행되었는데도 불구하고 학생이 긍정적으로 반응하지 않는다면 좀 더 강도 높은 다른 중재가 실행되어야 한다는 뜻이다. 이런 의미를 [그림 2-3]에서는 삼각형 옆의 화살표가 위로 갈수록 넓어지는 것을 통해 강도 높은 집중적 지원의 필요를 보여 주고 있다. 즉, 제일 먼저, 모든 학생을 대상으로 문제행동을 예방하기 위한 보편적(universal) 중재를 제공하고, 다음으로 위험 가능성이 있는 학생들을 대상으로 소집단을 구성하여 그들의 목표 행동에 초점을 맞춘(targeted) 중재를 적용한다. 마지막으로는 이러한 예방노력에도 불구하고 만성적이고 심각한 문제를 지닌 소수의 학생들을 대상으로 지속적으로 집중적(intensive) 중재를 개별적이며 체계적인 방법으로 적용하는 것을 의미한다 (Lewis & Sugai, 1999; Sugai, Sprague, Horner, & Walker, 2000; Walker et al., 1996).

연속적 행동지원 체계에서 중재의 강도와 지원의 범위가 어떻게 변화하는지를 좀 더 명확히 보여 주는 [그림 2-4]를 제시했다.

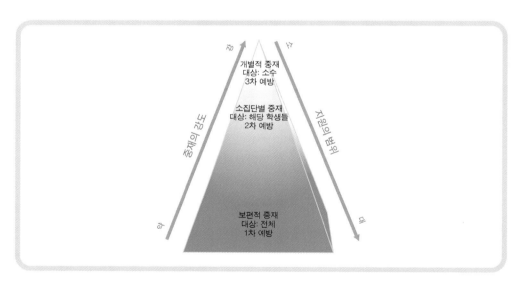

[그림 2-4] 학교 차원의 긍정적 행동지원의 연속적 행동지원 체계

[그림 2-4]의 삼각형 양 쪽에 있는 화살표는 삼각형의 위로 갈수록 중재의 강도가 강해지고 아래로 갈수록 지원의 범위가 넓어짐을 나타낸다. 즉, 전체 삼각형에서 윗부분으로 올라갈수록 학생에게 제공되는 지원의 강도는 강해지고 지원을 받는 대상

학생의 범위는 좁아지며, 아랫부분으로 내려올수록 지원의 강도는 약해지고 대상
학생의 범위는 넓어지는 것을 볼 수 있다. [그림 2-4]의 내용은 다음 같이 설명할 수
있다. 1차 예방(primary prevention) 단계에서는 교육환경 전체에서 모든 학생을 대상
으로 보편적 중재가 실행된다. 보편적 중재에도 불구하고 여전히 문제행동을 보이
는 학생들에게는 2차 예방(secondary prevention) 단계가 적용된다. 2차 예방 단계에
서는 지속적이고 심각한 문제행동을 보이는 학생들을 포함하여 위험 행동 가능성이
있는 학생들을 대상으로 소집단을 구성하여 그들의 목표 행동에 초점을 맞춘 중재
를 실행한다. 2차 예방 단계에도 반응을 보이지 않는 학생들에게는 3차 예방(tertiary
prevention) 단계가 적용된다. 3차 예방 단계에서는 지속적이고 심각한 문제행동을
나타내는 소수의 학생을 대상으로 개별화된 지원을 집중적으로 실행한다(Scott &
Caron, 2005; Sugai & Horner, 2009; Sugai et al., 2000; Sugai, Sprague, Horner & Walker,
2000).

연속적 행동지원 체계의 각 층에서 강조하는 예방의 목표는 〈표2-2〉처럼 설명될
수 있다.

❖ 〈표 2-2〉 연속적 행동지원 체계의 예방 목표

| | 예방 목표 |
|---|---|
| 1차 | 학교의 모든 환경에서 교직원과 학생을 위한 질 높은 학습 환경을 제공하는 것으로 문제행동의 **새로운 발생을 예방**하고자 함 |
| 2차 | 1차 예방에 적절히 반응하지 않거나 고위험 문제행동으로 발전할 가능성이 있는 문제행동에 대해 소집단 중재를 자주 제공하여 그 **출현율을 감소**시키고자 함 |
| 3차 | 1차와 2차의 예방적 노력에도 불구하고 여전히 존재하는 문제행동에 대해 개별화된 중재를 제공하여 문제행동의 **강도나 복잡성을 감소**시키고자 함 |

출처: OSEP. (October 2015a). 6쪽

이러한 연속적 행동지원 체계의 개념은 학습장애 영역에서 학습장애 판별과 관련
하여 강조하고 있는 중재반응모형(response to intervention)과 매우 유사하다(Bender,
2011; Fuchs, & Fuchs, 2007). 중재반응모형은 학습장애 판별을 위한 이전의 접근법
(예: 학생의 잠재력과 학업 성취 간의 불일치)에 대한 불만족에서 시작된 것으로, 학생이
학업 성취에서 향상이 없을 때 점점 더 강도 높은 다양한 중재를 제시하면서 학습장애
가 있는지를 결정하도록 하는 판별 방법이다. 중재반응모형은 Fuchs와 Fuchs(2007)

가 제시한 3단계 접근(예: 전체 → 소집단 → 개별)으로 설명할 수 있다. 즉, 1단계에서 일반 학급에서 보편적 교수 방법으로 가르쳤는데 반응이 좋지 않으면, 2단계에서 소집단으로 가르치고, 그래도 반응이 좋지 않으면 3단계에서 개별화된 프로그램을 적용해 보는 다단계 접근을 한다. 이렇게 하였는데도 성취의 변화가 없으면 학습장애로 판별하여 특별한 교육적 서비스를 제공해야 한다는 것이다. 중재반응모형과 학교 차원의 긍정적 행동지원이 공통적으로 갖는 특징은 ① 학생을 지원하기 위한 다층체계(multi-tiered systems) 모델을 적용하고, ② 중재 수준의 적절성을 결정하기 위해 증거 기반 중재를 사용하며, ③ 학생의 중재반응과 관련한 의사결정을 할 때 자료를 수집하고 사용하며, ④ 학생 선별 및 진단과 진보 점검을 위한 평가과정이 있다는 것이다(Hawken, Vincent, & Schumann, 2008; Sandomierski, Kincade, & Algozzine, June 2007).

학교 차원의 긍정적 행동지원을 실행하지 않는 많은 다른 학교에도 전체 학생을 위한 학교 규칙, 소집단 학생을 위한 상담 프로그램, 소수의 학생에게 주어지는 개별적 지도 등이 있을 것이다. 그러나 학교 차원의 긍정적 행동지원에서는 모든 수준의 지원이 보편적 시스템의 틀 안에 기초하여 서로 연결되어 있다는 점이 다르다(Stormont, Lewis, Becker, & Johnson, 2012). 즉, 학교 차원의 긍정적 행동지원에서는 모든 소집단 중재와 개별 중재를 실행할 때도 그 대상 학생들에 대해서 여전히 학교 교직원 전체가 전체 학생을 대상으로 하는 기대행동을 적용하도록 되어 있다. 다시 말하자면, 문제행동은 의미가 없어지게 하고 적절한 행동은 바람직한 관심을 받는 분위기가 학교 전체에서 지속적으로 주어진다는 것이다. 뿐만 아니라 2차와 3차 예방 단계에서 주어지는 소집단 중재와 개별 중재는 반드시 1차 예방 단계에서 제공된 보편적 중재와 직접적으로 연결되는 내용을 선택하도록 되어 있다. 이렇게 연속적 행동지원 체계를 갖추면 대상 학생들에게는 학교의 가치가 담긴 바람직한 기대행동에 대한 반복적인 연습과 보상의 기회가 계속 주어질 뿐만 아니라, 소집단 중재와 개별 중재의 효과도 더 잘 유지되고 일반화될 가능성이 높아지게 된다.

앞에서 설명한 학교 차원의 긍정적 행동지원의 연속적 행동지원 체계의 각 예방적 접근을 종합하여 서로 비교할 수 있도록 간략하게 정리하여 〈표 2-3〉에 제시했다.

❖ 〈표 2-3〉 연속적 행동지원 체계의 내용 비교

| | 목표 | 중재 | | | |
|---|---|---|---|---|---|
| | | 대상 범위 | 강도 | 성격 | 적용 방법 |
| 1차 예방 | 새로운 문제행동의 발생을 예방하기 | 학교 전체 학생 | 하 | 보편적 | 범단체적 |
| 2차 예방 | 기존 문제행동의 수를 감소하기 | 고위험 학생과 위험 가능 학생 | 중 | 목표 내용 중심적 | 소집단적 |
| 3차 예방 | 기존 문제행동의 강도와 복잡성을 경감하기 | 고위험 학생 | 강 | 집중적 | 개별적 |

## 2) 1차 예방

1차 예방의 핵심은 새로운 문제행동이 발생하거나 발전하지 않도록 학교 구성원 모두가 적절한 행동을 기대하고 지지하며, 학생들의 친사회적 행동과 학업성취를 최대화하는 학교 문화를 조성하는 데 있다(OSEP, 2014, October 2015a; Sugai & Horner, 2002). 이를 위해 1차 예방 단계에서는 학교의 모든 환경에서 모든 시간대에 전체 교직원에 의해 모든 학생을 대상으로 친사회적 행동을 습득하고 사용할 수 있도록 공동의 가치나 기대행동을 가르치고 강화하는 보편적 중재를 사용한다. 이는 학교 내 모든 영역에서 적용되는 학교의 기대행동을 정하고, 학생들에게 학교의 기대행동과 그 수행방법을 가르치고, 전 교직원이 기대행동을 지키는 학생의 바람직한 행동을 강화하고, 학생이 기대행동을 지키지 않고 문제행동을 할 경우에 문제행동과 관련된 선행자극 요인을 판별하여 수정하고, 문제행동을 다루기 위한 전략을 개발하고, 문제행동에 대한 지속적이고 일관된 후속결과를 제공하고, 학교의 성과를 지속적으로 측정하고, 측정된 자료들을 중요한 의사결정을 하는 데 사용하는 것으로 이루어진다.

1차 예방에서 문제행동을 감소/제거하며 바람직한 행동을 증가시켜 긍정적인 학교 분위기를 만들기 위해 사용하는 전략은 모든 학생에게 적용된다는 점에서 보편적 중재라고 하고, 새로운 문제행동이 발생하거나 커지지 않도록 하는 분위기 조성에 주력한다는 점에서 예방적 접근이라고 할 수 있다. 말하자면 보편적 중재를 모든 학생들을 대상으로 실행하여 이에 반응하지 않는 학생들을 선별함으로써 심각한 위험 가능성이 있는 학생들을 조기에 발견하고 예방할뿐만 아니라, 모든 학생들은 보

기술의 부족이나 부적절한 행동을 자주 지속적으로 보이는 학생들이다. 따라서 2차 예방에서는 1차 예방의 보편적 중재보다는 더 많은 행동지원을 실시하게 되기는 하지만, 고도로 개별화된 집중적 중재를 적용하는 것은 아니다. 다만 문제가 되는 학생들에게 교사의 관심과 점검을 더 많이 제공하고, 대상학생들의 필요에 맞는 사회적 또는 학업적 기술 향상을 위한 지도가 소집단 단위로 자주 실시되는 것을 의미한다.

여기에서 중요한 것은 2차 예방에서 제공하는 소집단 중재는 반드시 1차 예방에서 실시한 학교 차원의 보편적 중재의 내용과 직접적으로 연관되어야 한다는 점이다. 비슷한 문제를 가지고 있는 학생들을 묶어서 소집단으로 행동지원을 하는 2차 예방의 지원은 학급 전체를 대상으로 하는 지원과는 다른 개념이다. 그러므로 2차 예방의 중재는 비슷한 수준과 내용의 지원을 필요로 하는 학생 집단에게 매우 효과적이다(Hawken & Horner, 2003). 그러나 어떤 학급이나 학교의 특별 상황에서 평균 이상의 문제행동이 발생한다면, 그 환경을 변화시키기 위해서 해당 교사에게 그 학급/상황을 위한 지원을 제공할 수 있으며, 이는 2차 예방에 해당한다고 볼 수 있다.

Stormont와 동료들(2012)은 2차 예방에서 실행되는 소집단 중재가 지속 가능하려면, 다음과 같은 사항을 지켜야 한다고 했다.

- 해당 학생들의 부모에게 자녀의 성공적인 학교생활을 위해 지원할 계획임을 친절하게 안내한다. 이는 가정에서도 긍정적 행동지원이 실행될 수 있는 가능성을 높여 준다.
- 소집단 중재는 보편적 중재 내용과 직접 연계되도록 한다. (예: 소집단의 '분노 다스리기'에 대한 사회성 기술 훈련은 학교 차원의 기대행동인 '존중하기'와 관련지어 가르친다.)
- 개별 학생에 대한 소집단 중재의 필요성을 결정하기 위한 기준을 만든다. 기준은 자료에 근거한 것이어야 하며, 자료는 객관적이고 보편적이어야 한다. (예: 출결/지각 일수, 과제 불이행 횟수, 기대행동 불이행 정도 등)
- 학생의 필요 영역에 맞는 소집단 중재를 선택한다. (예: 공격적 행동을 자주 보여서 사회적 행동에 도움이 필요한 경우에는 사회적 기술 훈련 프로그램을, 또래들로부터 위축되거나 고립되어 있어서 사회 정서적 행동에 도움이 필요한 경우에는 멘토링 프로그램을 제공한다.)

- 모든 교직원에게 소집단 중재와 기대행동에 대한 기본적인 내용을 이해시키고, 소집단 중재를 실행하는 교사에게도 수준 높은 중재를 실행할 수 있도록 기술적 지원을 한다.
- 소집단에서 실시한 활동 내용을 학생들과 매일 상호작용하는 교직원(예: 담임)과 공유한다. (예: 담임이나 수업을 진행하는 교사에게 오늘의 분노 다스리기 활동에서 무엇을 했는지, 배운 내용을 수업에서 어떻게 촉진하고 연습시키고 강화해줄 수 있는지 정보를 제공한다.)
- 소집단 중재의 성과를 점검하고 평가한다.
- 소집단 중재 효과의 유지를 위해서 중재를 지나치게 빨리 중단하지 말고, 해당 학생에게 자기관리 기술을 가르치고, 이미 소집단 중재를 경험한 학생을 보조교사로 활용한다.
- 소집단 계획과 실행 내용을 기록한다.

2차 예방에서 적용하는 중재 내용은 크게 두 종류로 분류해 볼 수 있는데, 하나는 교사의 관심과 점검을 더 많이 제공하는 것이고, 또 하나는 대상 학생들에게 필요한 사회적/학업적 기술을 지도하는 것이다. 먼저, 교사의 관심과 점검을 더 많이 제공하는 방법에 대해 살펴보자. 이는 교사가 지원 대상 학생들을 정기적으로 만나서 지원을 함으로써 학생들이 학교의 기대행동을 더 잘 준수하도록 도와주는 것이다. 말하자면, 1차 예방의 보편적 중재에 더 잘 반응할 수 있도록 좀 더 적극적으로 지원하는 것이라고 할 수 있다. 이런 2차 예방 중재들이 갖고 있는 공통적인 절차는 다음과 같다(김영란, 2012).

- 학생은 등교하면 일과가 시작되기 전에 보조원 등의 전담자를 만나 체크인을 하면서 일일진보 보고서(Daily Progress Report)를 받는다. 일반적으로 일일진보 보고서에는 학교 차원의 기대행동이나 구체적인 행동목표, 각각의 수업시간 성취점수(예: 3점에서 5점 척도), 성취목표 점수, 실제 획득한 점수, 교사의 피드백을 기재할 칸이 있다.
- 학생과 함께 체크인을 하는 성인은 학생과 긍정적으로 상호작용하면서 학생의 성취목표를 안내하고 학교일과를 기분 좋게 시작하도록 해 준다.

▨ 수업 전에 학생은 수업교사에게 일일진보 보고서를 제출하고, 수업 후에 교사
　　로부터 평정과 피드백을 받는다.
▨ 학교일과를 마무리하면서 아침에 만났던 담당자와 함께 체크아웃을 하는데,
　　이때 총점을 확인하고 성취수준에 도달하면 강화물을 받는다.
▨ 학생은 자신의 하루 학교생활에 대한 수행결과와 점수가 기재된 일일진보 보
　　고서를 집으로 가져가 부모의 확인을 받고 다음 날 체크인을 할 때 담당자에게
　　제출한다.

　　이러한 과정을 통해 학생은 성인들의 관심을 받으면서 자신이 도달해야 할 행동
목표가 무엇인지 인식하게 되고 수행결과에 따라 즉각적인 피드백을 받을 수 있다.
또한 부모에게 일일진보 보고서를 검토하도록 하는 것을 통해 학생의 학교생활에
대한 가족들의 관심과 지도를 끌어낼 수 있다. 이런 종류의 중재 중에서 비교적 많은
연구에서 그 효과를 보고한 것에는 'First Step to Success'(Carter & Horner, 2009),
'Check in Check Out'(Filter, McKenna, Benedict, Horner, & Todd, 2007; McIntosh,
Campbell, Carter, & Dickey, 2009; Todd, Campbell, Carter, & Dickey, 2009), 'Behavior
Education Program'(Hawken, MacLeod, & Rawlings, 2007; McCurdy, Kunsch, &
Reibstein, 2007), 'Check, Connect & Expect'(Cheney, Flower, & Templeton, 2008) 등
이 있다.
　　2차 예방에서 적용하는 또 다른 종류의 중재 내용은 학생의 학업/사회성 기술을
지도하기 위해 비슷한 필요가 있는 학생들을 소집단으로 묶어 지원하는 것이다. 여
기에서 중요한 것은 학생의 고유한 요구를 고려하여 중재 방법을 선택해야 한다는
것이다. 이때에도 선택된 중재의 내용은 반드시 보편적 중재의 내용과 연결되도록
해야 한다. 예를 들어, 사회적 기술 훈련 모임에서 분노 다스리기 훈련을 한다면 이
는 학교의 전체 기대행동인 '존중하기'와 연결시켜 진행하는 것이다. 그렇게 함으로
써 학생은 지금 배우고 있는 기술이 학교의 가치를 담고 있는 기대행동과 어떻게 연
결되는지 이해할 수 있게 된다. 즉, 학생은 사회적 기술 훈련 모임에서 배우는 분노
를 참고 적절한 방법으로 표현하는 것이 학교의 기대행동인 다른 사람을 존중하는
구체적인 방법 중의 하나임을 알 수 있게 되고, 왜 그런 행동이 학교에서 요구되는지
이해할 수 있게 된다.

더 많은 지원이 필요한 학생의 요구 영역은 크게 사회적 행동, 학업 기술, 사회 · 정서 부분으로 나눌 수 있다(Stormont, Lewis, Becker, & Johnson, 2012). 학생의 요구가 무엇인지 알기 위해서는 교사의 의뢰 내용이나 학생에 대한 기존의 자료를 검토하면 된다. 학생의 요구 영역에 맞는 중재의 예를 〈표 2-5〉에 제시했다.

❖ 〈표 2-5〉 학생의 요구에 맞는 중재의 예

| 학생의 요구 영역 | 소집단 중재 |
|---|---|
| 사회적 행동 | • 사회성 기술 훈련 모임<br>• 자기관리 |
| 학업 기술 | • 숙제 모임<br>• 개인교사<br>• 또래 교사<br>• 출결 관리<br>• 교수법 수정 |
| 사회 · 정서 | • 멘토링 프로그램<br>• 사회봉사 모임 |

출처: Stormont, Lewis, Becker, & Johnson (2012). 141쪽

2차 예방에서 학생의 요구를 고려하여 적용한 중재 중에서 그 효과를 보고한 예로는 사회성 기술 훈련 프로그램(Lane, Wehby, Menzies, Doukas, Munton, & Gregg, 2003)이나, 멘토링 프로그램인 'Big Brothers Big Sisters'(Grossman & Tierney, 1998) 등이 있다. 아동에게 부족한 것으로 드러난 사회성 기술훈련을 소집단으로 실시할 때는 6~8명 정도로 구성하는 것이 적절하고, 훈련을 시작하기 전에 소집단의 규칙을 정하여서 행동을 통제하느라 시간을 낭비하지 않고 참여자 모두가 교육 내용에 집중할 수 있도록 하는 것이 좋다. 멘토링 프로그램의 핵심은 불안정한 일상 속에 살고 있는 아동에게 일관적인 사랑을 주는 사람을 통해 안정감을 경험하도록 하는 것에 있다. 2차 예방에서 사용할 수 있는 중재인 사회성 기술 훈련은 이 책의 8장을 참고할 수 있고, 분노 조절 훈련, 긴장 완화 훈련, 자기 관리 등은 이 책의 13장을 참고할 수 있다. 또한 〈표 2-6〉에 제시한 2차 예방에서 실행할 수 있는 중재에 관한 참고 자료를 살펴볼 수 있다.

❖ 〈표 2-6〉 소집단을 위한 중재에 관한 참고 자료

- Crone, D. A., Horner, R. H., & Hawken, L. S. (2004). *Responding to problem behavior in schools: The Behavior Education Program*. New York: Guilford Press.

- Hawken, L. S., Horner, R. H. (2003). Evaluation of a targeted intervention within a schoolwide system of behavior support. *Journal of Behavioral Education, 12*(3), 225−240.

- Lewis, T. J., & Newcomer, L. L. (2002). Examining the efficacy of school−based consultation: Recommendations for improving outcomes. In J. K. Luiselli & C. Diament (Eds.), *Behavior psychology in the schools* (pp. 165−181). New York: Hawthorne Press.

- Todd, A., Horner, R., & Sugai, G. (1999). Self−monitoring and self−recruited praise: Effects on problem behavior, academic engagement, and work completion in a typical classroom. *Journal of Positive Behavior Interventions, 1*(2), 66−76.

- Todd, A., Horner, R., & Sugai, G., & Colvin, G. (1999). Individualizing school− wide discipline for students with chronic problem behaviors: A team approach. *Effective School Practices, 17*(4), 72−82.

출처: Stormont, Lewis, Becker, & Johnson. (2012).

미국 특수교육 지원국 산하 긍정적 행동지원 센터(OSEP, October 2015a)에서 제안하는 연속적 행동지원 체계의 2차 예방 시스템과 실제에 대한 내용은 〈표 2−7〉과 같다.

❖ 〈표 2-7〉 미국 긍정적 행동지원 센터가 제안하는 2차 예방의 시스템과 실제

| 시스템 | 실제 |
| --- | --- |
| • 1차 예방 단계의 모든 시스템<br>• 코디네이터와 함께 하는 중재 팀<br>• 행동 전문가<br>• 중재 충실도와 진보 점검과 관련 있는 자료 수집의 정확성 증가<br>• 1차의 보편적 지원보다 더 많은 지원을 필요로 하는 학생들의 선별과 판별을 위한 공식 절차<br>• 2차 예방 단계의 실제와 지원에 대한 훈련과 기술적 도움에 대한 접근 방법 | • 1차 예방 단계의 모든 실제<br>• 자기 관리와 사회성 기술에 대한 교수와 연습의 강화<br>• 성인 감독의 강화<br>• 정적 강화 받을 기회의 증가<br>• 선행사건 조정의 증가<br>• 문제행동을 보상하는 것을 최소화하는 정확성 증가<br>• 학업 지원에 대한 접근성 증가 |

출처: OSEP. (October 2015a). 13쪽

## 4) 3차 예방

3차 예방의 주된 목표는 1차와 2차 예방의 노력에도 불구하고 여전히 존재하는 문제행동의 강도나 복잡성을 경감하려는 것에 있다(OSEP, October 2015a; Sugai & Horner, 2002). 따라서 3차 예방에서는 높은 강도로 만성적인 문제행동을 보이는 소수의 학생들을 대상으로 구체적이고 개별화된 지원을 집중적으로 실행한다. 이러한 개별 중재도 2차 예방의 소집단 중재와 마찬가지로 학생들이 학교의 핵심 가치를 알 수 있도록 반드시 1차 예방의 보편적 중재 내용과 연계되어야 한다. 개별적 중재가 보편적 중재와 연계되어 있으면 학생은 자신이 속한 모든 환경으로부터 지속적이고 효과적으로 지원받을 수 있는 가능성이 커진다. 그러므로 개별 중재는 전체를 대상으로 하는 보편적 중재와 소집단으로 실시되는 집중적 중재가 제대로 이루어질 때 더 성공적일 수 있다. 또한 3차 예방에서 이루어지는 중재는 대상 학생들의 심각한 문제행동들을 중재할 뿐 아니라 그들의 삶 전체의 실패를 예방하기 위한 것이라고 볼 수 있다. 그렇기 때문에 학교에서 실시하는 지원과 함께 필요하다면 정신건강이나 가족 지원 등도 실행한다. 장기적 지원의 구체적 내용에 관심이 있으면 '장애학생을 위한 개별화 행동지원: 긍정적 행동지원의 계획 및 실행(Bambara, & Kern, 2008)'을 참고할 수 있다.

3차 예방의 실행을 위해서는 1장의 [그림 1−2]에서 제시한 것과 같은 절차를 따르면 된다. 이를 다시 간단히 설명하자면, 1차와 2차 예방의 노력에도 불구하고 여전히 지속적으로 존재하는 문제행동에 대해 반드시 행동 기능 평가(functional behavioral assessment)(2장 참고)를 실시하여, 행동에 대한 가설을 수립하고 문제행동을 조작적으로 정의하여 직접 관찰한다. 그리고 관찰을 통해 수집된 정보로 가설을 확정하고, 거기에서 판단된 문제행동의 기능에 따라 대상 학생을 위한 행동지원 계획(behavior support plan)을 수립하여 맞춤형 개별 중재를 실행한다. 개별 중재를 실행하기 위하여 문제행동의 촉발 요인이 될 수 있는 배경/선행 사건에 대한 중재를 실행하고, 문제행동과 동일한 기능을 갖는 바람직한 행동인 대체행동을 가르치고, 문제행동이 발생한 경우에는 일관성 있는 후속결과를 제공한다. 더 나아가서 삶의 형태를 변화시키려는 전략과 지속적 지원을 가능케 하는 전략을 실행한다. 마지막으로 이 모든 지원의 실행에 대한 결과들을 자료에 근거하여 평가하고 다음 계획의 수립과 실행에 반영하도록 한다. 개별 중재 계획의 수립 절차에 필요한 구체적 내용은 이 책의

2부를, 중재 계획의 실행에 필요한 내용은 3부를 참고할 수 있다.

개별 중재를 실행할 때 중요한 것은 학생이 중재를 통해서 배운 새로운 기술로는 자신의 욕구가 충족되는 반면, 기존의 문제행동으로는 자신의 욕구가 충족되지 않는 환경을 경험해야 한다는 것이다. 그래야만 바람직한 행동을 계속할 것이기 때문이다. 보편적 중재가 성공적으로 실행되고 있는 환경에서는 학교 내의 모든 성인을 통해 학생이 배운 새로운 기술로 자신의 욕구가 충족되고 문제행동으로는 자신의 욕구가 충족되지 않음을 경험할 수 있다. 즉, 보편적 중재가 성공적으로 실행되는 환경이란 학생이 바람직한 행동을 할 가능성이 높은 환경이라고 할 수 있다. 그렇기 때문에 개별 중재는 반드시 1차 예방의 보편적 중재 내용과 연계되어야 한다. 따라서 학교 차원의 긍정적 행동지원을 시행하려는 학교는 소집단 중재와 개별적 중재의 효과를 극대화하려면 보편적 중재를 개발하고 바르게 실행하는데 투자와 노력을 아끼지 말아야 한다.

〈표 2-8〉은 3차 예방에서 실행할 수 있는 중재에 관한 참고 자료를 제시한 것이다.

❖ 〈표 2-8〉 개별 중재에 관한 참고 자료

- Bambara, L. M., & Kern, L., Eds. (2005). *Individualized supports for students with problem behaviors: Designing positive behavior plans.* New York: Guilford Press.

- Crone, D., & Korner, R. H. (2003). *Building positive behavior support systems in schools: Functional behavioral assessment.* New York: Guilford Press.

- Freeman, R., Baker, D., Herner, R., Smith, C., Britten, J., & McCart, A. (2002). Using functional assessment and systems−level assessment to build effective behavioral support plans. In R. T. Hanson, N. A. Wieseler, & K. C. Lakin (Eds.), *Crisis: Prevention and response in the community* (pp. 199−224) Washington, DC: American Association on Mental Retardation.

- Horner, R. H., Sugai, G., Todd, A. W., & Lewis−Palmer, T. (1999−2000). Elements of Behavior support plans: A technical brief. *Exceptionality, 8*(3), 205−215.

- Lewis, T. J., Newcomer, L., Kelk, M., & Powers, L. (2002), One youth at a time: Addressing aggression and violence through individual systems of positive behavioral support. *Reaching Today's Youth, 5*(1), 37−41

(계속)

- March, R., Horner, R. H., Lewis-Palmer, T., Brown, D., Crone, D. A., Todd, A., & Carr, E. (2000). *Functional Assessment Checklist for Teachers and Staff* (FACTS). Retrieved June 1, 2006, from http://www.pbis.org/tools.htm

- Newcomer, L. L., & Lewis, T. J. (2002, December 15). Building connections between individual behavior support plans and schoolwide systems of positive behavior support. *Positive Behavioral Supports & Interventions Newsletter, 1*(4). Retrieved from http://www.pbis.org/news

- Snell, M. E., Voorhees, M. D., & Chen, L. Y. (2005) Team involvement in assessment-based interventions with problem behavior: 1997-2002. *Journal of Positive Behavior Interventions, 7*(3), 140-152.

- Sugai, G., Horner, R. H., Dunlap, G., Hieneman, M., Lewis T. J., Nelson, C. M., et al. (2000). Applying positive behavior support and functional behavioral assessment in shools. *Journal of Positive Behavior Interventions, 2*(3), 131-143.

출처: Stormont, Lewis, Becker, & Johnson. (2012).

미국 특수교육 지원국 산하 긍정적 행동지원 센터(OSEP, October 2015a)에서 제안하는 연속적 행동지원 체계의 3차 예방 시스템과 실제에 대한 내용은 〈표 2-9〉와 같다.

❖ 〈표 2-9〉 미국 긍정적 행동지원 센터가 제안하는 3차 예방의 시스템과 실제

| 시스템 | 실제 |
| --- | --- |
| • 1차와 2차 예방 단계의 모든 시스템<br>• 코디네이터가 함께하는 개별 학생의 필요에 근거한 훈육팀<br>• 행동 지원 전문가<br>• 개별화된 행동 중재 계획의 실행 충실도와 관련한 공식적 자료수집 계획<br>• 학생의 성과에 대한 지원 계획의 효과와 관련한 자료의 공식적 수집과 사용 | • 1차와 2차 예방 단계의 모든 실제<br>• 행동 기능평가를 포함한 기능 중심의 종합적 평가<br>• 다음 내용의 개별화 지원 계획: 예방, 교수, 정적 강화, 문제행동이 자연적으로 보상받지 않게 하기, 안전<br>• 가족과 지역사회 지원과 자원을 적극적으로 끌어들일 수 있는 포괄적인 지원과 계획 |

출처: OSEP. (October 2015a). 14쪽

지금까지 살펴본 학교 차원의 긍정적 행동지원의 연속적 행동지원 체계는 1차부터 3차까지의 예방에서 실시하는 모든 수준의 중재는 반드시 보편적 중재의 목표와

직접적으로 연관되어 있어야 하며, 모든 단계에서 학교 전체의 가치를 담고 있는 기대행동의 교수가 강조되어야 하고, 모든 중재는 체계적이고 일관성 있게 지속적으로 실행되어야 함을 알 수 있다.

## 3 │ 학교 차원의 긍정적 행동지원의 핵심 요소

긍정적 행동지원을 학교 차원으로 확장하자고 주장한 Sugai와 Horner(2002, 2006)는 학교를 하나의 조직으로 보고 이에 대해 체계적으로 접근하기 위해서는, 성과(outcome), 실제(practices), 자료(data), 시스템(system)이라는 네 가지 요소들을 통합해야 한다고 했다. 그들이 주장한 네 가지 요소의 관계를 OSEP(October 2015a)는 다음 [그림 2-5]와 같이 제시했다.

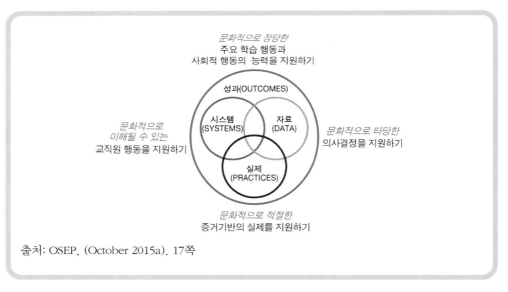

출처: OSEP. (October 2015a). 17쪽

[그림 2-5] 학교 차원 긍정적 행동지원의 핵심 요소

학교 차원의 긍정적 행동지원의 효과적 실행을 위한 네 가지 핵심 요소에 대한 설명을 〈표 2-10〉에 제시했다.

❖ 〈표 2-10〉 학교 차원의 긍정적 행동지원 실행의 핵심요소

| 요소 | 설명 |
|---|---|
| 시스템 | 정확하고 지속 가능한 실제의 실행과 자료의 효율적인 사용과 성과의 성취를 위해 필요한 지원 |
| 자료 | 성과와 실제와 시스템을 선택하고 점검하고 평가하기 위해 사용되는 정보 |
| 실제 | 제안된 성과를 성취하는 증거기반의 중재와 전략 |
| 성과 | 학업과 사회성에서 그 중요성 때문에 지적되고, 승인되고, 강조되고, 검토된 학업과 사회성의 목표(target) 또는 지표 |

출처: OSEP. (October 2015a). 17쪽

　학교 차원 긍정적 행동지원의 핵심 요소를 다시 설명하자면, 먼저, 시스템이란 긍정적 행동지원의 실제를 정확하게 지속적으로 적용하기 위해 스텝들에게 필요한 교수적 또는 제도적 지원을 할 수 있는 조직기반을 의미한다. 증거기반의 실제가 채택되었더라도 그것을 지원할 적절한 조직 구조가 제대로 갖추어지지 않는다면 그 실제가 지속적으로 실행되고 유지되기 어렵기 때문에, 실제가 실행되도록 하는 시스템을 갖추는 것은 참으로 중요하다.

　다음으로, 자료란 증거 기반의 실제들을 적용하면서 상태를 확인하고, 변화가 필요한지 진단하고, 중재의 효과를 결정하기 위해 수집되어야 할 정보를 의미한다. 학교는 효과적인 의사결정을 지원하기 위한 자료를 기록하며 수집하고 분석해야 한다. 정기적인 자료 수집을 통해 중재가 계획대로 정확하게 실행되고 있는지, 학생과 교사에게 기대한 만큼의 성과가 얼마나 나타났는지를 평가할 수 있다. 수집된 자료는 증거기반의 실제나 학교정책과 같은 것을 결정할 때 중요한 근거가 된다. 이에 관하여는 이 장의 뒤에서 좀 더 구체적으로 설명했다.

　그 다음, 실제란 학교가 지향하는 성과를 이루기 위한 증거기반의 중재와 전략을 의미한다. 학생들의 행동을 지원하기 위해 매일 사용되는 모든 중재와 전략들은 연구를 통해 반복적으로 그 효과가 입증된 것이어야 한다는 뜻이다. 증거 기반의 실제를 적용해야 하는 것은 제한된 자원으로 최대의 성과를 이루기 위해서이다. 이때 주의해야 할 것은 그러한 증거기반의 실제를 충실하게 적용해야 한다는 점이다.

　마지막으로, 성과란 학생과 가정과 교육자가 모두 인정하고 강조하는 학생의 사회적 능력 향상과 학업성취를 의미한다. 이는 학교 차원의 긍정적 행동지원을 통해

궁극적으로 달성하려고 하는 목표라고 할 수 있다. 따라서 학교에서는 성과를 구체적으로 확인 가능하도록 진술하여야 하고, 이를 성공적으로 실행하고 있는지 확인할 수도 있어야 한다.

위의 설명을 요약하자면, 학교 차원의 긍정적 행동지원의 실행을 위한 핵심은 학생의 사회적 능력 향상과 학업성취를 위한 성과를 이루기 위해서는 학생들의 행동을 지원하는 증거기반의 실제와 그 실제의 적용에 대한 의사결정을 지원하는 근거자료와 그 실제가 효율적으로 적용되도록 학교의 교직원을 지원하는 시스템을 갖추어야 한다는 데 있다는 것이다.

## 4 | 학교 차원의 긍정적 행동지원의 의사결정 과정

학교 차원의 긍정적 행동지원이 효과적으로 실행되려면 주관적 판단이 아닌 객관적 자료에 근거한 의사결정이 이루어져야 한다(Lewis, Barrett, Sugai, & Horner, 2010). 학교 차원의 긍정적 행동지원을 실행하려면 거시적인 체계에서부터 자료에 근거한 의사결정이 요구되지만, 여기에서는 한 학교 내에서 자료에 근거하여 계획한 중재들이 잘 실행되고 있는지 확인하는 의사결정 과정을 소개하겠다. 학교 차원의 긍정적 행동지원의 실행에서 의사결정을 위해 사용할 수 있는 자료는 다음 네 가지이다. ① 보관된 기록, ② 평가서/설문지, ③ 면담, ④ 직접 관찰 자료. 각 자료의 특성과 수집 방법 또는 형식은 이 책의 3장과 5장의 내용을 참고할 수 있다. 그러나 3장에서 예로 든 평가서/설문지 또는 면담의 내용은 행동의 기능을 찾기 위한 내용이지, 중재 효과를 평가하는 것은 아니므로 주의해야 한다. 학교 차원의 긍정적 행동지원의 실행에서 중재 효과를 평가하기 위한 평가서/설문지는 www.pbis.org에서 확인할 수 있다.

학교 차원의 긍정적 행동지원에서 중재 효과에 대한 의사결정 과정은 [그림 2-6]과 같다.

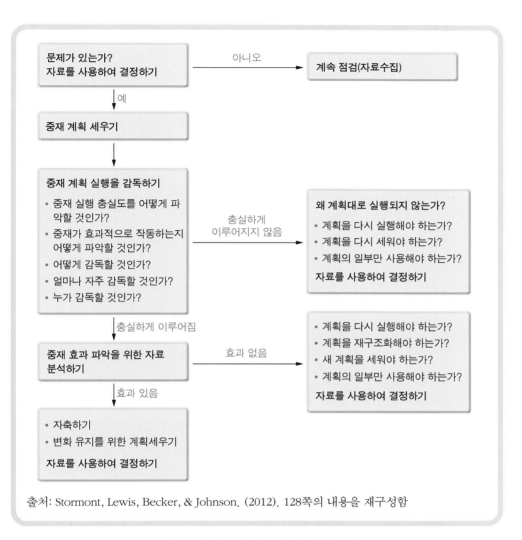

출처: Stormont, Lewis, Becker, & Johnson. (2012). 128쪽의 내용을 재구성함

[그림 2-6] **자료에 근거한 의사결정 과정**

위의 [그림2-6]과 같은 과정을 거치면서 학교의 긍정적 행동지원 팀은 자료를 사용하여 중재의 충실도를 방해하는 요인을 찾아내고, 그 부분에서 수정이 가능한지 아니면 좀 더 기다려야 하는지 또는 중재를 중단해야 하는지를 결정하는 것이다.

Stormont와 동료들(2012)은 [그림2-6]의 내용이 한 학교에서 학교 차원의 긍정적 행동지원을 실제로 적용하는 과정에서 어떻게 적용되는지를 보여 주는 구체적인 예를 다음과 같이 소개했다.

학교의 긍정적 행동지원 팀은 운동장에서 기대행동이 계획대로 잘 실행되고 있는지 의문을 갖게 되었다. 운동장에서의 기대행동에 대한 중재 계획이 실행되고 있음에도, 여전히 문제행동으로 인해 교무실로 의뢰되는 수가 많아졌다. 그리하여 팀은 논의 후, 중재 실행이 충실하게 실행되고 있는지 집중적으로 조사하였다. 교직원들에게 운동장에서의 기대행동에 대해 동의하는지, 기대행동을 학생들에게 교수했는지, 학생들의 바람직한 행동에 대해 정적으로 강화했는지 질문했다. 그 결과, 팀은 어떤 기대행동에 대해서는 교직원 사이에 서로 의견이 다름을 확인했다. 그래서 팀은 각 학년 대표 교사들과 논의하여 몇몇 기대행동을 수정하기로 했다. 개정된 기대행동을 위한 교사 훈련이 계획되었고, 운동장에 새로운 표지판과 포스터를 붙였으며, 교직원의 역할이 새롭게 배정되었다. 그리고 4주 동안 전 교직원이 다시 개정된 기대행동에 대해 중재를 실행했고, 팀은 수정된 중재가 충실히 실행되는지 확인하기 위해 직접 관찰을 실시했다.

관찰 자료를 통해 중재 계획이 충실히 실행되었음을 확인하고, 팀은 새로운 중재가 의미 있는 변화를 만들었는지 판단하기 위해 자료를 수집했다. 그런데 여전히 다수의 아동이 학년별 바깥놀이 시간에 문제행동을 보이고 있었다. 1학년의 대부분과 3학년 남학생 2명이 의뢰 대상이었다. 이런 자료는 모든 1학년 교사와 학생, 3학년 남학생 2명이 부가적인 중재의 대상이 되어야함을 의미한다.

팀은 이 세 집단(1학년 교사, 1학년 학생, 2명의 3학년 남학생)에게 더 심도 있는 지원이 필요하다고 판단하고, 이를 위한 중재 계획을 세웠다. 교사 교육 계획안과 교수 스케줄을 확인한 결과, 1학년 교사들은 필요한 기술을 학생들에게 가르친 것으로 나타났다. 하지만 관찰 결과, 그들은 그들이 가르친 기대행동을 운동장에서 지원하는 전략을 실행하지 않았다. 교사들은 활발하게 돌아다니지도 않았고, 학생들에게 촉구를 주지도 않았으며, 적절한 행동에 대해 긍정적인 피드백을 주지도 않았다. 사실 그들이 그 기대행동을 충실하게 가르쳤는지도 확실하지 않았다. 팀은 1학년 교사들에게 기대행동을 가르치는 것과 감독하는 것의 책임을 다시 일깨워 주고, 그 중에서 책임자를 세워 다른 교사들과 의사소통할 수 있는 통로를 만들었다. 팀은 바람직한 행동에 관한 교육을 다시 실시했고, 체육교사의 도움으로 1학년 학생과 교사 전체가 함께 게임을 하면서, 앞서 정한 책임자로부터 지도 방식을 보고 배우도록 추천했다. 1학년 교사들은 운동장에서 아동이 안전하고 책임감 있는 행동을 했을 때, 이를 칭찬하고 피드백을 주는 체제를 개발했으며, 부적절한 행동에 대해서는 일관된 결과를 경험하도록 하는 규칙을 마련했다.

그리고 교감이 지속적으로 문제행동을 보이는 3학년 남학생 2명의 지도를 맡았다. 아동들은 교감과 바람직한 행동을 연습했고, 1학년들이 노는 모습을 관찰하고, 관찰 기록을 교감에게 제출했다. 그리고 운동장에서 1학년 학급을 위해 바람직한 행동에 관한 역할 놀이를 했다. 이 아동들은 제한된 시간에만 3학년 바깥놀이 시간에 참여할 수 있고, 참여할 때마다 담당교사로부터 피드백을 받았다. 아동들은 3학년 놀이에 참여하는 시간을 조금씩 늘렸고, 아무런 문제도 일으키지 않은 첫날 교감으로부터 다시 문제를 일으키지 않는 한 완전히 3학년 놀이에 참여해도 좋다는 허락을 받았다. 교감은 일주일에 한 번씩 운동장에서 아동들에게 행동에 대한 지속적인 피드백을 주는 교사와 상황을 체크했다(Stormont, Lewis, Becker, & Johnson, 2012, pp. 129-133에서 부분 발췌).

위의 예에서 보는 바와 같이 학교 차원의 긍정적 행동지원에서는 무엇보다도 보편적 수준에서 중재가 충실하게 이루어졌는지, 중재가 효과적이었는지 판단하는 것에 중점을 두고 있음을 알 수 있을 것이다.

## 5 | 학교 차원의 긍정적 행동지원의 실행

미국의 경우는 학교 차원의 긍정적 행동지원이 개별 학교에서 실시하는 중재나 조직 정비에만 국한하는 것이 아니라, 지구(district)와 주(state) 차원의 더 거시적인 조직체계 내에서 운영되고 있다(OSEP, October 2015b; Stormont, Lewis, Becker, & Johnson, 2012). 지구나 주차원에서 학교 차원의 긍정적 행동지원 전문가를 찾아내어 코디네이터로 임명하고, 그 전문가가 긍정적 행동지원 훈련가들을 육성하고, 그 훈련가들이 개별 학교의 학교 차원의 긍정적 행동지원 팀을 훈련하거나 개별 학교의 학교 차원의 긍정적 행동지원 팀 내에 있는 코치를 훈련하여, 그 코치가 자기 학교의 학교 차원의 긍정적 행동지원 팀을 훈련하도록 되어 있다. 이렇게 거시적인 조직체계 내에서 학교 차원의 긍정적 행동지원 실행이 운영되는 것은 학교 차원 긍정적 행동지원을 실행하는 과정에서 각 학교마다 비효율적인 시행착오를 반복하지 않도록 하기 위한 것이다. 즉, 처음으로 학교 차원 긍정적 행동지원을 실행하려는 학교에 지역 행정기관이나 대학에서 여러 해 동안 축적해 온 실행경험과 방법을 전달해 줌으로써 개별 학교가 보다 효율적이고 효과적으로 실행할 수 있도록 도와줄 수 있다. 그러나 우리나라에서는 아직 학교 차원의 긍정적 행동지원을 학교 전체에 온전히 실행한 사례도 없는 실정이다(손유니, 2015). 그러므로 여기에서는 학교 차원의 긍정적 행동지원을 거시적 차원보다는 개별 학교 내에서 어떻게 실행할 것인지를 중심으로 설명하겠다. 미국의 학교 차원의 긍정적 행동지원의 거시적인 체계 속에서의 실행에 관심이 있다면, 미국 특수교육 지원국 산하 긍정적 행동지원 센터에서 발행한 계획서 'Blueprint for school-wide positive behavior support training and professional development(Lewis, Barrett, Sugai, & Horner, 2010)'를 참고할 수 있다.

학교 차원의 긍정적 행동 지원이 이루어지려면 학교 직원의 대부분은 긍정적 행동지원에 대한 목표를 공유해야 하고, 긍정적 행동지원 체계가 실행되도록 감독하고 평가하는 학교 행정가의 지도력이 발휘되어야 한다. 또, 긍정적 행동지원을 위해 교직원 모두가 함께 협력해야 하고, 목표와 관련된 자료를 수집하고 주기적으로 그 자료에 근거한 평가가 이루어져야 한다(Liaupsin, Jolivette, & Scott, 2004). 그런데 각 학교는 교육기관으로서 공통적인 특성도 있지만 각 학교의 고유한 특성도 있기 때문에 학교 차원의 긍정적 행동지원을 학교현장에 실행하려 할 때 그 과정은 유일하거나 동일할 수 없다. 따라서 절대적인 실행 과정을 제시할 수는 없지만, 미국 특수교육 지원국 산하 긍정적 행동지원 센터에서 발간한 학교 차원 긍정적 행동지원 실행계획서(Lewis, Barrett, Sugai, & Horner, 2010; Sugai et al., 2010)에서 제시한 실행 고려사항과 실행 단계를 살펴보는 것이 도움이 될 것이다. 긍정적 행동지원 센터에서 제시한 학교 차원의 긍정적 행동지원을 실행할 때의 고려사항 11가지는 〈표 2-11〉과 같다.

❖ **〈표 2-11〉 학교 차원의 긍정적 행동지원 실행 고려사항**

> 1. 실행은 4가지 주요 요소(성과, 실제, 자료, 시스템)가 상호적으로 작용하도록 한다.
> 2. 실행은 학생, 교실, 학교, 지역, 지구, 주 수준에서 여러 관계자들이 참여하도록 한다.
> 3. 실행은 각 예방 단계 안에서 이루어지도록 한다.
> 4. 실행이 지속 가능하려면 지속적인 쇄신을 해야 한다.
> 5. 실행의 성공 여부는 다양한 기준(효과성, 효율성, 관련성, 유지 가능성 등)으로 평가되어야 한다.
> 6. 실행에서 측정 가능한 증거기반 실제가 선택되어야 한다.
> 7. 증거기반 실제는 충실하게 실행되어야 한다.
> 8. 정책과 현장은 서로 영향을 주고받아야 한다.

(계속)

9. 실행은 체계적이어야 한다.
10. 실행의 의사결정은 중재에 대한 학생들의 반응 정도에 기초해야 한다.
11. 실행은 팀 기반으로 전략적으로 이루어져야 한다.

출처: Sugai et al., (2010)

또한 미국의 긍정적 행동지원 센터는 실행의 고려사항과 더불어 학교 차원의 긍정적 행동지원을 개별 학교에 적용하는 과정을 다섯 단계(탐색과 채택 → 도입 → 초기 실행 → 전체 실행 → 혁신과 유지)로 나누어 설명했다(손유니, 2015; Lewis, Barrett, Sugai, & Horner, 2010; OSEP, October 2015a; Sugai et al., 2010). 여기에서는 그 내용 중에서 학교 밖의 자원과 관계되는 부분은 제외하고, 개별 학교 내에서 학교 차원의 긍정적 행동지원을 실행하는 것과 관련 있는 부분을 중심으로 설명하겠다.

첫 번째로 탐색과 채택 단계에서는 지역사회의 요구, 증거기반의 실제와 프로그램의 필요, 사용가능한 자원 등을 검토하고 어떤 실제가 학교현장에 맞을지 알아보기 위한 사정을 실시해야 한다. 이러한 사정을 통해 학교의 요구나 문제를 진단하고, 원하는 성과를 명확히 하며, 증거기반의 핵심요소를 규명하고, 현재의 요구와 능력에 가장 잘 맞는 실제의 조합을 찾아낼 수 있다. 이 단계에서 학교의 리더십 팀을 구성하고 학교 차원의 긍정적 행동지원 도입에 대한 교직원의 동의를 구하는 일들이 이루어져야 한다.

어느 한 개인이 학교 시스템을 변화시키는 데는 한계가 있기 때문에 학교의 대표성을 갖는 리더십 팀이 필요하다. 리더십 팀은 전반적인 학교 차원의 긍정적 행동지원의 원리와 실제를 학교 문화에 맞춘 시스템을 계획하고 관리하고 평가하는 일을 한다. 팀은 정기적으로 학교 전체 구성원들과 효과적이며 효율적으로 의사소통하는 방법을 가지고 있어야 하며, 팀 구성원 중 한 명 이상은 학교 차원의 긍정적 행동지원 핵심요소에 대한 전문적 역량을 갖추어야 한다. 필자가 방문했던 학교 차원의 긍정적 행동지원을 실행하고 있는 미국의 한 중학교는 전문적 역량을 갖추기 위해 초기에는 리더십 팀에 대학의 전문가를 일원으로 참여시키거나, 리더십 팀 중에서 대학의 연구에 함께 참여하기도 하는 것을 볼 수 있었다. 팀은 정기적으로 협의하면서, 학교의 필요를 검토하고, 실행계획을 수립하고, 전문성 개발 활동들을 결정해야 한다. 리더십 팀은 학교 관리자를 포함하여 학생의 문제행동 예방 및 교수와 관련이 있는 자들(예: 일반교사, 특수교사, 상담교사, 학교 사회복지사, 보조교사 등)로 구성한다.

살펴본 것처럼 학교 차원 긍정적 행동지원은 팀 체제이기 때문에 팀 운영과 팀원들 간의 책임 공유와 협력은 필수이다. 아울러 리더십 팀에 학교 관리자가 포함되는 것은 대단히 중요하다. 왜냐하면 관리자는 학교 문제에 대한 결정권이 있는데, 관리자가 팀원이 되지 않았을 때 리더십 팀에서 결정한 계획이 관리자에 의해 좌절된다면 팀은 의욕을 상실할 수도 있기 때문이다. 또한 관리자의 적극적 태도와 실제적 지원은 교직원들의 태도에 직접적 영향을 주어서 그들로 계획을 충실하게 실행하게 할 수 있게 하며, 그 결과는 곧 학생들의 성과로 이어지기 때문이다.

리더십 팀이 만들어지면, 학교 교직원들의 동의를 구해야 한다. 교직원의 75~80%로부터 적어도 3년 동안 학교 차원의 긍정적 행동지원을 실행해 보겠다는 동의를 얻어야 효과를 최대화할 수 있다(Missouri Positive Behavior Support Initiative, 2002; Sugai & Horner; 2006). 필자가 방문했던 중학교의 교장은 70% 이상의 교직원의 동의를 얻는 데 1년 정도의 투자가 필요했다고 했다. 학교 차원의 긍정적 행동지원은 학교 전체에서 모든 시간대에 학교의 모든 구성원을 대상으로 실행되어야 하는 것이기 때문에 구성원들의 지지가 절대적으로 필요하다. 리더십 팀 중에서 전문적 역량을 갖춘 사람이나 대학의 전문가를 통해 전체 교직원을 대상으로 학교 차원의 긍정적 행동지원의 필요와 효과 등을 설명하는 강의나 연수도 필요하고, 개별적으로 만나서 관계를 형성하면서 설명하고 설득하는 과정도 필요하다.

두 번째, 도입 단계에서는 증거기반의 실제의 초기 실행을 준비한다. 이를 위해서 예산 확인하기, 회계 감사를 실행하고 현재의 자원을 재조직하기, 교직원 활용 전략을 개발하기, 지원 정책을 개발하기, 구체적인 절차에 대한 설명서 개발하기, 전문성 향상을 위한 활동 수립하기, 초기 비용 예측하기 등이 이루어져야 한다. 이 단계에서 실제의 실행을 위한 계획을 수립해야 하는데, 실행계획의 내용에는 측정 가능한 성과 목표, 1~3년간의 실행 일정, 성과를 얻기 위한 구체적인 증거기반의 실제, 교직원 전문성 개발 및 훈련활동, 필요한 자원과 지원 등이 포함되어야 한다.

세 번째, 초기 실행 단계에서는 작은 규모로 실행을 해 보게 된다. 작은 규모지만 실행을 위해서 학교의 교육실제와 조직과 기능에서 효과성, 효율성, 관련성의 관점에서 볼 때 무엇이 바뀌어야 하는지 우선순위를 따라 결정한다. 초기 실행은 일단 기존의 자원으로 학교 내 한 두 장소에서 먼저 실행해 보는 방법으로 이루어질 수 있다. 이때 목표는 증거기반 실제가 정확하게 사용되는지 원하는 성과가 달성되는지 알아보는데 있다. 이는 더 큰 규모로 실행했을 때 발생할 수 있는 위험을 최소화하려는 것이다.

네 번째, 전체 실행단계에서는 학교 내 모든 장소로 실행을 확대하고 여러 장소에서 이러한 성과가 반복되는지 알아본다. 전체 실행단계에서는 실행에 영향을 미치는 모든 요인(비용, 효과적인 자원관리, 관리 감독, 전체 학교조직으로의 확장 등)이 진단되고 사정된다. 이 단계의 목표는 모든 역할과 책임, 조직 구조가 제대로 작동하고 있는지, 효과적이며 효율적으로 기능하고 있는지 알아보는 데 있다. 즉, 교직원의 80% 이상이 대부분의 학교 장소에서 중재를 충실히 실행하고 있는지 확인되어야 한다. 이 단계에서 교사 지원하기, 팀의 전문성과 유창성 갖추기, 효율적인 절차 만들기, 실행을 이끄는 행정 조직 만들기, 자료수집과 평가 절차 만들기와 같은 일들이 추진된다.

특별히 이 단계에서는 학교 차원의 긍정적 행동지원 실행계획을 충실히 실행할 수 있도록 하는 학교 전체의 시스템 개선이 강조된다. 시스템 개선 노력에는 제도적 지원과 교사의 전문성 개발을 위한 교수적 지원이 포함되는데, 두 가지 지원 시스템이 마련될 때 교사들은 연구기반의 실제를 충실하게 지속적으로 실행할 수 있다 (Kincaid, George, & Childs, 2006). 교수적 지원을 통해 교사는 지속적으로 새로운 실제에 대한 기술과 지식을 갖추게 되고, 제도적 지원을 통해 교사는 습득한 지식과 기술을 지속적으로 실행할 수 있다. 교사에 대한 교수적 지원에는 다양한 방법이 있지만, Stormont와 동료들(2012)이 소개한 예를 들어 그 이해를 돕고자 한다.

> 파크공립초등학교에서 지난 2개월 동안 2학년 아이들은 다른 학년들보다 문제행동 발생률이 높았다. 조사 결과, 이러한 학년 간의 차이는 한 교사의 책임인 것으로 나타났다. 이에 학교 차원의 긍정적 행동지원 팀은 훈련가를 학교로 보내서 교사를 관찰하기로 했다. 훈련가는 교사에게 지원을 제공하기 위해 왔다고 말하고, 일주일에 3번 교사를 방문했다. 관찰 결과, 교사는 아이들이 다양한 환경에서의 기대행동에 준비되도록 아이들에게 단서와 촉구를 사용하는 대신에, 재지시와 벌을 주로 사용함이 밝혀졌다. 이러한 교사의 행동은 읽기와 쓰기 시간, 소집단 시간, 전이 시간에 주로 관찰되었다. 훈련가는 교사를 만나서 이점을 논의하고, 교사가 사전 교정적인 촉구와 단서를 많이 사용하는 것을 목표로 삼고, 이러한 촉구와 단서 사용이 다양한 상황에서 어떻게 나타날 수 있는지 연습해 보았다. 그리고 훈련가는 교사에게 다음 주에 훈련가가 시범 보이기를 원하는지 아니면, 사전 교정을 많이 하는 같은 학년의 다른 교사를 관찰하고 싶은지 물었다. 교사는 훈련가의 시범을 보고 싶다고 해서, 언제 어디서 만날지 의논했다(Stormont, Lewis, Becker, & Johnson., 2012, pp. 68-69).

또한 이 단계에서 공식적이고 체계적인 자료수집과 평가 절차가 개발되어야 한다. 자료는 학교 차원의 긍정적 행동지원이 목표한 성과를 향해 계획대로 가고 있는지 확인하고, 실행계획의 수정 필요성을 판단하고, 수정방법을 결정하며, 보편적 중재에 대한 학생들의 반응여부를 판단하는 데 사용되어야 한다.

다섯 번째, 혁신과 유지 단계에서는 정책을 개발하고, 예산을 확보하고, 조직 수준에서 실행 리더십을 배치하고, 학교가 지속적으로 학교 차원의 긍정적 행동지원을 유지할 수 있는 실행능력을 키워야 한다. 이 단계에서는 실행 충실도와 성과에 대한 반복적인 평가를 통해 실행을 개선해 나가고 제도화시키며, 지속적인 개정을 통해 효과적이고 효율적인 증거기반 실제가 학교 내에서 유지되게 하는 것을 목표로 한다. 유지를 위해서는 선택과 훈련을 통한 직원의 재편성도 이루어져야 한다.

Lewis와 동료들(2010)은 위에서 설명한 다섯 단계를 실행할 때 각각의 연속적 행동지원 체계에서 무엇에 중점을 두어야 하는지를 〈표 2-12〉와 같이 제시했다.

❖ 〈표 2-12〉 학교 차원의 긍정적 행동지원 실행 단계별 강조점

| 실행 과정 | 행동지원 팀의 실행 목표 | | |
|---|---|---|---|
| | 1차 예방 | 2차 예방 | 3차 예방 |
| 탐색과 채택 | 학교 차원의 긍정적 행동지원의 개념을 어떻게 심어줄 것인가? | 2차 예방을 적절하게 시작하기 위해 무엇이 필요한가? | 3차 예방을 적절하게 시작하기 위해 무엇이 필요한가? |
| 도입 | 학교 차원의 긍정적 행동지원의 핵심 특성은 무엇이며, 그것들을 어떻게 적절하게 제안할 것인가? | 2차 예방 팀을 세우고, 자료에 근거하여 중재를 수립하기 | 3차 예방 팀을 세우고, 사정과 중재 개발 과정을 개발하기 |
| 초기 실행 | 기대행동 가르치기 같은 최소한의 특성을 적절히 제안하기 | 1~2개의 중재를 적절히 시행하기 | 지역사회와 연계한 기본적 행동 기능 평가를 적절히 시행하기 |
| 전체 실행 | 보편적 중재의 모든 요소를 적절히 시행하기 | 2차 예방의 과정을 시행하면서, 중재 범위를 넓히기 | 3차 예방의 과정을 시행하면서, 중재 범위를 넓히기 |
| 혁신과 유지 | 해마다 보편적 지원 과정을 검토하고, 자료에 근거하여 개정하기 | 해마다 2차 예방의 지원 과정을 검토하고, 자료에 근거하여 개정하기 | 해마다 3차 예방의 지원 과정을 검토하고, 자료에 근거하여 개정하기 |

출처: Lewis, Barrett, Sugai, & Horner. (2010) 6쪽

〈표 2-12〉를 중심으로 학교 차원의 긍정적 행동지원의 실행과정 단계별 강조점을 요약하자면, 먼저, 탐색과 채택 단계에서는 학교에서 변화를 시행하려는 것에 대한 구성원들의 동의를 얻는 것과 변화에 대한 학교의 실행 능력을 사정하는 데 초점을 맞추어야 한다. 도입 단계에서는 학생 행동에서 변화를 보여 줄 정도로 학교 차원의 긍정적 행동지원이 실행되게 하는 데 필요한 초기 수준에서의 교직원을 지원하는 시스템, 의사결정을 지원하는 자료 수집 체계, 학생 행동을 지원하는 증거기반의 실제를 계획하는 데 초점을 맞추어야 한다. 초기 실행 단계에서는 각 예방 수준에서 학교 내에서 실행해 볼 수 있는 한두 가지에 초점을 맞추어야 한다. 예를 들어, 행동지원 팀은 1차 예방의 보편적 수준에서는 모든 교실보다는 급식실 같은 상황에 초점을 맞추고, 2차 예방 단계에서는 사회성 기술 훈련 집단을 만드는 것에 초점을 맞출수 있다. 전체 실행 단계에서는 학교의 자료 시스템이 작동되면서 모든 시스템의 요소와 중재의 범위가 실행되도록 해야 한다. 마지막으로, 혁신과 유지 단계에서는 실행을 방해하는 여러 도전들에 적절하게 반응하면서, 목표로 하는 성과를 유지하기 위해 실제와 시스템을 개혁하고 개선하는 능력을 보여 주어야 한다.

연구에 의하면, 앞에서 설명한 학교 차원 긍정적 행동지원을 실행하는 탐색과 채택, 도입, 초기 실행, 전체 실행, 혁신과 유지의 단계가 성공적으로 이루어지는 데 평균 5년 정도가 걸린다고 했다(Stormont, Lewis, Becker, & Johnson, 2012). 이는 학교라는 전체 기관 안에서 학교 차원의 긍정적 행동지원을 효율적이고 성공적으로 적용하는 것은 쉽고 간단하지만은 않음을 시사해 준다. 그럼에도 불구하고 학교폭력이 날로 심각해지고 있고, 장애 유무를 불문하고 학생들의 문제행동으로 고통받고 있는 우리의 교육 현장에 학교 차원의 긍정적 행동지원은 긍정적인 대안이 될 수 있을 것이다. 왜냐하면 학교 차원의 긍정적 행동지원은 학교의 문제행동이 감소한다는 직접적인 효과 외에도 학교 전반적인 분위기가 우호적으로 개선되며, 학생들의 사회적 능력과 학업 성취뿐만 아니라 삶의 질이 향상되고, 학생들의 문제행동으로 인한 교사들의 소진 정도가 감소한다는 등의 다양한 효과가 있기 때문이다.

### 요약

- 학교 차원 긍정적 행동지원은 개인을 중심으로 적용되는 긍정적 행동지원의 기본 요소를 학교 단위로 확장하여 적용하는 것으로, 모든 학생들의 사회적 능력과 학업 성취를 위해 필요한 긍정적인 학교 문화와 효과적인 행동지원을 수립하려는 시스템적 접근이다.

- 연속적 행동지원 체계란 학생의 문제행동을 개별적으로 접근하는 데서 오는 한계를 극복하기 위한 것으로, 중재에 대한 학생의 반응에 기초하여 학생들이 적절한 지원을 계속 받을 수 있도록 하는 다단계 시스템을 의미한다. 이때 단계가 오를수록 중재의 강도는 강해지고 지원의 범위는 좁아지지만 모든 중재는 모든 학생을 대상으로 하는 보편적 중재와 연결되어 있어야 한다.

- 학교 차원 긍정적 행동지원의 구성 요소는 학교가 강조하는 사회적 능력 향상과 학업성취에 대한 확인 가능한 성과, 학교 직원을 지원하는 시스템, 학생의 행동을 지원하는 증거 기반의 실제, 시스템의 실행을 위한 의사결정의 근거가 되는 자료이다.

- 학교 차원 긍정적 행동지원의 실행 과정은 탐색과 채택, 도입, 초기 실행, 전체 실행, 혁신과 유지의 단계로 나눌 수 있는데, 성공적인 실행을 위해서는 전 교직원의 학교 차원 긍정적 행동지원의 목표에 대한 공유, 이를 실행하고자하는 학교 관리자의 관심과 지원, 교직원의 전문성과 협력이 기초가 되어야 한다.

### 토의 및 적용

- 학교 차원의 긍정적 행동지원은 개별 학생에 대한 긍정적 행동지원과 어떻게 다른가요?

- 교직원을 지원하는 시스템에 반드시 포함되어야 하는 내용은 무엇인가요?

- 학생의 행동을 지원하는 실제가 증거에 기반해야 하는 이유는 무엇인가요?

- 학교 차원의 긍정적 행동지원의 실행에서 의사결정을 자료에 기초하지 않을 때 어떤 문제가 발생할 수 있을까요?

- 우리나라에서 학교 차원의 긍정적 행동지원을 실행하려 할 때, 방해 요소는 무엇일까요?

# II 행동문제의 개별화

# 행동의 기능평가와
# 가설 세우기

## 제3장

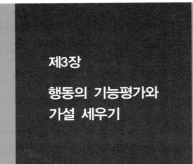

제3장

행동의 기능평가와
가설 세우기

**학습목표**

- 행동의 기능을 평가하는 의의와 목적을 설명할 수 있다.
- 행동의 기능의 종류에 대하여 설명할 수 있다.
- 행동의 기능평가를 통해 문제행동의 기능을 찾을 수 있다.
- 문제행동에 대한 가설을 세울 수 있다.

**핵심용어의 정의**

- **행동의 기능평가**: 문제행동과 기능적(예측 가능한) 관계가 있는 선행사건이나 후속결과에 관한 정보를 수집하는 것으로, 그 결과를 통해 문제행동에 관한 가설을 만들 수 있다.
- **기능분석**: 행동의 기능평가의 한 방법으로, 어떤 행동과 관련 있는 환경을 체계적이고 계획적인 방법으로 조작하여 그 행동을 통제하는 선행조건의 역할이나 그 행동을 유지하게 하는 결과를 검증하려는 방법이다.
- **간접 평가**: 학생의 행동을 실제로 직접 관찰하는 것이 아닌 다른 방법으로 학생에 대한 정보를 수집하는 방법이다.
- **직접 관찰 평가**: 자연스러운 상황에서 학생의 행동을 관찰하고 기록하는 방법이다.

교사의 입장에서 문제가 되는 학생의 행동이 학생의 입장에서는 자신의 환경에 영향을 미치고 싶은 자기표현일 수 있다. 특히 중도의 장애를 가지고 있거나, 지적 능력이 낮거나, 의사 표현이 자유롭지 못한 경우는 더욱 그러하다. 아주 쉬운 예로 갓난아이들은 자기의 좋고 싫음이나 원하는 모든 것을 울음으로 표현한다. 울고 소리 지르는 것 외에 자신의 환경에 영향을 미칠 수 있는 다른 표현 방법을 모르기 때문이다. 그런데 기저귀를 갈아 달라고 우는 아이에게 젖을 주고, 배고파서 젖을 달라고 우는 아기를 달랜다고 안고 흔든다면 어떻게 되겠는가?

학생의 문제행동을 자기표현의 한 형태로 이해한다면, 행동을 지원하는 데 가장 기초가 되는 작업이 문제행동의 발생과 유지에 영향을 주는 요인을 조사하여 문제행동을 통해 아동이 이루고자 하는 목적이 무엇인지 찾는 것임을 쉽게 이해할 수 있다. 즉, 문제행동의 기능을 찾아야 함을 의미한다. 이 장에서는 문제행동의 기능을 찾기 위한 행동의 기능평가의 의의, 문제행동 기능의 종류, 행동의 기능평가 방법을 소개하겠다.

## 1 행동의 기능평가의 의의

특수교육에서 행동의 기능평가는 응용행동분석에서부터 시작되었다. 초창기에 행동의 기능평가에 관한 연구는 중재를 실행하기 전에 문제행동을 유지하는 변수를 찾아내는 것의 가치를 보여 주는 것에서 출발하였다(Hanley, Iwata, & McCord, 2003; Sugai et al., 2000). 문제행동의 유지 변수를 찾는 것의 중요성이 강조되면서, 미국의 경우, 1997년 개정된 장애인교육법(IDEA)에서는 도전적 행동 때문에 학생의 교육적 배치를 변경하게 되는 경우에 반드시 행동의 기능평가를 하도록 요구했다. 그런데

이 법이 2004년에 개정되면서 필요할 때 행동의 기능평가를 실시하는 것으로 규정이 조금 약화되기는 했지만, 여전히 학생의 도전적 행동으로 특수교육이 요구되는 경우에는 「장애인교육법」에 명시된 평가조건을 충족시키는 다양한 자료를 포함할 것을 요구하고 있다. 우리나라의 경우, 2007년 5월 25일에 제정되고 2008년 5월 26일을 기준으로 실행되었으며, 2013년에 일부 개정한 「장애인 등에 대한 특수교육법」에서는 행동의 기능평가를 의무화하고 있지는 않다. 그러나 성공적 행동 변화를 가져오는 중재의 설계에서 가장 기초가 되는 것이 문제행동을 예측하게 해 주거나 문제행동을 유지하게 하는 환경요인을 찾아내는 것임은 분명하다. 그러한 요인을 찾는 과정을 '기능적 행동평가' 또는 '행동의 기능평가'라고 한다. 이 책에서는 행동의 기능평가라는 용어를 사용한다.

학생의 바람직하지 못한 문제행동에 대해 이전에는 문제행동을 감소시키려는 직접적인 목적을 가지고 다양한 중재 기법을 적용해 왔다. 그러나 같은 형태의 문제행동에 대해 동일한 중재를 적용한 경우에도 어떤 때는 문제행동을 성공적으로 감소시키고, 어떤 때는 실패하고, 때로는 일시적 효과밖에 거두지 못하거나 또 다른 문제행동이 나타나기도 한다. 이와 같은 결과가 나타나는 이유는 문제행동이 가지고 있는 기능을 올바르게 이해하지 않은 상태에서 문제행동의 형태만 보고 문제행동 감소만을 목적으로 중재를 적용하기 때문이다. 그러한 경우에는 문제행동이 감소하지 않을 수도 있고, 문제행동이 감소했다 할지라도 문제행동을 통해 이루고자 했던 목적이 이루어지지 않은 경우에는 또 다른 형태의 문제행동을 하는 등의 부작용이 나타날 수 있다. 따라서 문제행동지원을 위해서는 무엇보다도 먼저 문제행동의 기능에 대한 이해가 이루어져야 한다.

실제로 현장에서 학생의 문제행동을 대하게 될 때, 문제행동을 유지하게 하는 변수를 찾는 것이 얼마나 중요한지는 다음과 같이 쉽게 설명될 수 있다. 예를 들어, 유창이와 은진이가 둘 다 자기 앞 자리에 앉은 사람의 머리카락을 잡아당기는 행동을 한다고 하자. 그런데 유창이는 또래나 교사의 관심을 끌기 위해서 앞 사람의 머리카락을 잡아당기고, 은진이는 앞 자리에 앉은 사람의 머리에 있는 새치를 뽑아 주기 위해서 머리카락을 잡아당겼을 수 있다. 같은 형태의 문제행동이라도 그 행동을 하는 목적이 다를 수 있다는 것이다. 두 아동의 머리카락 잡아당기는 행동에 주어졌던 관심을 제거하는 소거(extinction)라는 중재를 두 아동에게 동일하게 사용한다면 관심을 끌기 위해 머리카락을 잡아당긴 유창이의 행동은 감소할 것이다. 하지만 은진이의 눈에 앞 사람의 새치가 보이는 한 은진이의 머리카락 잡아당기는 행동은 소거 중재의 영향을 받지 않을 것이다. 그러므로 은진이의 경우는 은진이를 맨 앞에 앉게 하든지 앞에 새치가 없는 아이를 앉게 하는 것과 같은 방법이 필요할 것이다. 이와 같이 똑같은 문제행동이라도 그 행동의 기능과 아동의 특성에 따라 효과를 나타내는 중재 방법은 다를 수 있다.

Iwata와 동료들(1982)은 그들의 실험연구에서 아동들이 같은 형태의 자해행동을 나타냈지만 그 기능은 각기 달랐음을 보고하고 있다. 어떤 아동은 과제를 회피하기 위해서, 또 다른 아동은 관심을 끌기 위해서 비슷한 자해행동을 한 것으로 나타났다. 그런데 문제행동이 목적을 갖는다는 의미를 아동이 자신의 행동을 통해 어떻게든 관심을 끌어내야겠다거나 기어코 과제를 피하겠다는 의지를 가지고 전략적으로 그런 행동을 한다고 오해해서는 안 된다. 목적 달성을 위해 고의로 그런 행동을 하는 것이 아니라, 문제행동의 전후 맥락을 살펴보니 문제행동을 통해 전달하고 싶은 메시지가 있더라는 것이다. 따라서 문제행동이 발생하면 무조건 그 행동을 제거하거나 감소시키는 중재만을 적용하려 하기 전에 반드시 문제행동을 유발하거나 유지하게 하는 환경적 변수를 찾아 문제행동의 기능을 밝히고, 전달하고 싶은 메시지를 바람직한 방법으로 전달할 수 있도록 가르치는 것이 필요하다.

전통적인 행동주의 중재는 행동의 원인과 상관없이 행동의 후속결과만을 다루어 문제행동을 개선할 수 있다고 주장해 온 것이 어느 정도는 사실이다. 그러나 점점 문제행동 원인의 이해에 대한 필요성이 강조되면서 행동의 기능평가 방법이 소개되기 시작했다. 행동의 기능평가에서 강조하는 것은 행동은 그냥 저절로 일어나는 것이 아니라 행동의 전후에는 반드시 그 행동이 일어나도록 작용하는 선행사건이나 후속결과가 있다는 것이다. 문제행동과 기능적 관계가 있는 선행사건이나 후속결과에 관한 정보를 수집하는 것을 행동의 기능평가라고 한다(Alberto & Troutman, 2003). 여기에서 기능적 관계란 A라는 선행사건이 주어지면 B라는 행동이 발생할 것을 예측할 수 있고, B라는 행동이 발생하면 C라는 결과가 나타날 것을 예측할 수 있는 것과 같은 두 변수 간의 예측 가능한 관계를 뜻한다.

문제행동이 지니는 기능을 조사하지 않은 채 문제행동 자체만 제거하려는 전통적 행동수정 기법을 적용하는 것에는 몇 가지 문제점이 있다(Meyer & Evans, 1989). 첫째, 중재 효과가 지속되지 못하며 일반화되지도 않는다는 것이다. 문제가 되는 행동이란 대부분 바람직하지 못한 행동인데, 바람직하지 못한 행동에 대한 전통적 행동주의 중재는 혐오자극을 제시하는 방법을 사용하여 행동을 감소시키려 한다. 그러나 혐오자극을 사용하면 문제행동은 일시적으로는 감소하지만 다시 증가하게 된다. 뿐만 아니라 중재자 외의 다른 사람이나 중재 장소가 아닌 다른 장소에서는 중재 효과가 일반화되지 않는다. 둘째, 학생은 또 다른 문제행동을 일으키게 된다. 문제행동이란 학생이 환경을 조정하기 위해 사용하는 수단이기 때문에 특정 문제행동을 제거하더라도 학생은 여전히 환경을 조정하기 위해 다른 문제행동을 나타낼 수 있다. 셋째, 중재자와 아동의 관계를 악화시킨다. 문제행동을 제거하기 위해 혐오자극을 사용하면 일시적이지만 즉각적인 효과를 보기 때문에 혐오자극을 주는 중재를 자주 사용하게 되고 점점 더 혐오적인 방법을 사용하게 된다. 이러한 혐오자극을 사용하는 중재의 오용이나 과용은 결국 중재자와 학생의 관계를 악화시킨다.

문제행동에 대한 기능평가의 목적은 문제행동 발생 원인을 찾는 것, 즉 문제행동을 유발 또는 유지하게 하는 환경적 원인을 찾아 그에 대해 가장 효과적인 중재를 적용하는 데 있다. 그러므로 행동의 기능평가를 수행하기 위해서는 언제나 다음과 같은 질문을 해야 한다(Lennox & Miltenberger, 1989). 첫째, 행동을 일으키는 선행사건이 무엇인가? 둘째, 행동을 유지하게 하는 후속결과가 무엇인가? 셋째, 문제행동의 기능과 동일한 기능을 하는 바람직한 대체행동을 아동에게 가르칠 수 있는가? 이러한 질문에 대한 답을 찾아가는 과정이 행동의 기능평가인 것이다. 즉, 행동의 기능평가는 문제행동과 문제행동을 예측하게 하거나 유지하게 하는 사건들을 찾기 위해 체계적으로 정보를 수집하는 과정이다(Sugai et al., 2000). 물론 이때에 수집되는 모든 정보는 행동을 개선하기 위한 행동지원 계획을 수립하는 데 유용한 것이어야 한다.

행동의 기능평가를 실시하여 얻은 결과로 가져올 수 있는 유익은, 첫째, 문제행동과 문제행동을 예측하게 하는 사건, 즉 문제행동을 유지하게 하는 사건에 대한 가정적 진술을 만들 수 있다. 가정적 진술을 개발하는 것은 이 장의 뒷부분에서 다루고 있다. 둘째, 행동의 기능평가를 통해 만들어진 가정적 진술을 지지하는 관찰 자료를 얻을 수 있다. 즉, 기능평가 과정에서 수집한 관찰 결과들을 모아서 가설을 개발하기 때문에 가설을 지지하고 입증하는 관찰 자료 수집이 가능하다. 셋째, 행동의 기능평가의 자료를 기반으로 행동지원 계획을 세울 수 있다. 행동의 기능평가의 자료를 통해 알게 된 문제행동의 의사소통 기능과 학생의 전반적인 삶의 질과 관련된 정보를 가지고, 구체적으로 어떻게 학생의 환경을 변화시키고 필요한 대체기술을 가르칠지에 대한 행동지원 계획을 세우게 되는 것이다.

또한 행동의 기능평가를 하면, 문제행동에 대한 접근 과정에서 추정을 통한 중재를 적용하는 것 때문에 그 행동을 악화시킬 수도 있는 위험요인을 찾아내어 그러한 오류를 감소시킬 수도 있다. 예를 들어, 주어진 과제를 회피하기 위해 공격적 행동을 하는 철민이의 공격적 행동을 감소시키기 위해 철민이를 교실 한쪽으로 보내는 타임아웃을 중재로 사용한다면, 이는 철민이의 공격적 행동을 강화한 셈이 되어, 철민이는 어려운 과제를 피하고 싶을 때마다 공격적 행동을 하게 될 것이다. 그러나 타임아웃을 적용하기 전에 철민이의 공격적 행동에 대한 기능평가를 하여 공격적 행동이 과제 회피의 목적이 있음이 밝혀지면, 타임아웃보다는 의사소통을 통한 대체행동을 가르치는 것을 우선할 것이다. 그렇게 하면 철민이의 공격적 행동을 증가시킬 수 있는 타임아웃이라는 중재 적용을 예방할 수 있다. 예에서 살펴본 바와 같이 문제행동에 대한 기능평가를 하는 궁극적 목적은 중재의 효과와 효율성을 극대화하기 위한 것이다. 요약하자면 행동의 기능평가 결과에 근거하여 계획하는 중재는 기능평가 없이 실행한 중재보다 훨씬 효과적이라고 할 수 있다.

## 2 | 문제행동 기능의 종류

문제행동이 갖는 기능에는 어떤 것이 있을까? 어떤 다섯 살 먹은 유아가 교실과 같은 공간에서 발을 구르며 소리를 지르고 울고 있다고 해 보자. 공간의 환경이 어떠한지 누가 곁에 있는지를 고려하지 않은 채 이 아이가 울 수 있는 이유들을 생각해 보자. 아이는 울음을 통해서 자신의 환경의 어떤 부분을 바꾸고 싶은 것일까? 울음을 통해 하고 싶은 말이 무엇일까? 유아의 울음의 의미를 이런 말로 바꾸어 볼 수 있을 것이다.

- 심심해요. 나하고 같이 놀아 주세요.
- 배고파요. 먹을 것 좀 주세요.
- 쉬 마려워요. 화장실 가고 싶어요.
- 여기는 너무 더워요. 어떻게 좀 해 주세요.
- 다른 사람들이 나만 쳐다보는 게 너무 힘들어요.

- 이 교실에 있고 싶지 않아요. 나갈래요.
- 시끄러워요. 저 소리 좀 막아 주세요.

이렇게 한 가지 행동을 가지고도 그 행동으로 전하고 싶은 메시지를 여러 가지로 생각해 볼 수 있다. 여러 연구자가 분류해 놓은 문제행동의 기능의 종류는 〈표 3−1〉과 같다.

❖ 〈표 3−1〉 문제행동의 기능

| 연구자 | 문제행동의 기능 | |
| --- | --- | --- |
| Durand와 Crimmins (1988) | • 관심 끌기<br>• 선호물건/활동 얻기 | • 회피하기<br>• 감각자극 얻기 |
| Evans와 Meyer(1985) | • 관심 끌기<br>• 물건 얻기<br>• 놀이나 오락 | • 회피하기<br>• 자기조절 |
| Miltenberger(2009) | • 사회적 정적 강화<br>• 자동적 정적 강화 | • 사회적 부적 강화<br>• 자동적 부적 강화 |
| Martin과 Pear(2003) | • 사회적 정적 강화<br>• 내부의 감각적 정적 강화<br>• 불수의적으로 반응이 유발된 경우 | • 사회적 부적 강화<br>• 외부의 감각적 정적 강화 |
| Bambara와 Kern(2005) | • 무엇을 얻기 위함<br>  (예: 관심, 활동, 구체적 사물, 자기자극)<br>• 원치 않는 것을 피하기 위함<br>  (예: 과제, 요구, 사회적 상호작용, 과다한 감각자극) | |

〈표 3−1〉의 연구들을 종합하여 보면, 문제행동의 기능은 크게 유쾌자극을 얻으려는 것과 혐오자극을 피하려는 것 두 가지로 나누어지는 것을 알 수 있다. 그리고 그 두 가지는 다시 얻으려는 것과 피하려는 것이 무엇인가에 따라 각기 세 종류씩으로 분류할 수 있다. 이렇게 분류한 문제행동의 기능을 [그림 3−1]에 나타냈다.

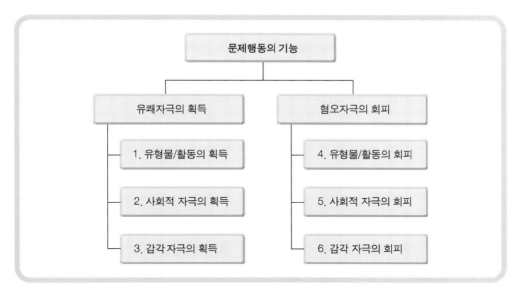

[그림 3-1] **문제행동 기능의 분류**

또한 Martin과 Pear(2012)는 문제행동이 유지되는 원인을 [그림 3-2]와 같이 제시하여 설명했다. [그림 3-2]를 보면 문제행동은 크게 정적 강화와 부적 강화로 유지되고 있으며, 그때 얻게 되거나 피하게 되는 자극의 종류는 유형물/활동 자극, 사회적 자극, 감각적 자극임을 알 수 있다.

| | 얻거나 피하고자 하는 자극의 종류 | | |
|---|---|---|---|
| | 유형물/활동 | 사회적 | 감각적 |
| 정적 강화 | 1 | 2 | 3 |
| 부적 강화 | 4 | 5 | 6 |

(행동의 유지 원인)

출처: Martin & Pear (2012) 내용을 재구성함

[그림 3-2] **문제행동이 유지되는 원인**

[그림 3-1]과 [그림 3-2]를 종합해보면 문제행동의 기능이나 자극의 종류에 따른 문제행동의 유지 원인은 여섯 가지로 나누어진다. [그림 3-1]과 [그림 3-2]의 동일한 숫자는 문제행동의 기능과 유지 원인이 같음을 의미한다. 첫 번째 문제행동의 기능은 음식이나 장난감, 게임 같은 구체적 물건이나 활동을 얻으려는 것이다. 그런 경우, 문제행동은 얻고자 하는 유형물이나 활동이 주어지는 정적 강화에 의해 유지된다. 예를 들어, 엄마를 따라 가게에 간 아동이 장난감을 사 달라고 떼를 쓰거나, 자폐아동이 음식을 얻기 위해 손등을 물어뜯으며 소리를 지르거나, 가지고 놀던 장난감을 친구가 가져갔을 때 장난감을 되돌려 받기 위해 징징거리거나 벽 또는 방바닥에 머리를 박거나, 또래들의 공놀이 활동에 끼이고 싶어서 공을 가로채 가는 행동 등이다. 이러한 행동에 대해서는 의사소통 방법을 체계적으로 가르치거나 선행사건을 변화시켜 문제행동이 발생할 가능성을 최소한으로 줄여야 한다.

두 번째 문제행동의 기능은 관심과 같은 사회적 자극을 얻으려는 것이다. 이런 경우, 문제행동은 관심과 같은 사회적 자극이 주어지는 정적 강화에 의해 유지된다. 그러한 행동의 예는 교사의 관심을 끌기 위해 수업을 방해하는 행동(예: 자리 이탈, 책 집어던지기, 떠들기 등)을 하는 경우 또는 부모의 관심을 끌기 위해 부모와 손님의 대화에 끼어들어 질문을 하거나 문제행동을 일으키는 경우 등이다. 이렇게 아동의 문제행동 뒤에 거의 언제나 관심이 주어지고, 아동이 관심을 주는 사람 주위에 다가가서 문제행동을 일으킨다면 그 행동은 관심에 의해 유지되는 것으로 볼 수 있다(Martin & Pear, 2003). 그러한 행동에 대해서는 차별강화나 소거 등에 의해 바람직하지 않은 행동에 강화가 주어지지 않도록 하여 그 행동을 감소시킬 뿐 아니라 바람직한 행동을 통해 충분한 사회적 강화를 받을 수 있도록 지도해야 한다.

세 번째 문제행동의 기능은 엔돌핀과 같은 생물학적인 내적 자극이거나 감각적(예: 시각적, 청각적, 촉각적) 자극을 얻으려는 것이다. 그런 경우, 문제행동은 스스로 만들어 내는 자동적 정적 강화에 의해 유지된다. 그렇기 때문에 그 행동이 다른 사람이나 외부 환경에 미치는 분명한 영향이나 사회적 결과가 없는데도 감소되지 않고 꾸준히 지속되는 특성이 있다(Martin & Pear, 2003). 환경 변화에 관계없이 비교적 일정한 비율로 문제행동이 나타나는 것이다. 상동행동이나 자해행동이 자동적 정적 강화에 의해 유지될 수 있다. 예를 들어, 자기 눈앞에서 손을 흔들거나 떠는 행동에서 나타나는 시각적 자극이 느낌을 좋게 하기 때문에 그런 행동을 할 수 있다. 이와 비슷하게 몸을 옆으로 또는 앞뒤로 반복해서 흔들기, 손뼉 치기, 손으로 때리기, 빛을 응시하기와 같은 행동이나 자기 얼굴을 때리고 할퀴거나 머리를 벽에 부딪치는 행동, 손가락을 심하게 빠는 행동 등은 시각적·청각적·촉각적·운동감각적 자극을 만들어 내어 자동적으로 정적 강화되는 것이다. 이런 경우에는 아동의 주변 환경을 다양하게 해 주어서 감각자극의 결핍을 막을 수 있을 것이다. 그러나 자동적 정적 강화에 의해 나타나고 유지되는 행동의 기능을 파악하고 효과적인 강화제를 찾는 것은 많은 시간과 노력이 요구되는 쉽지 않은 작업이다(Kern, 2008). 그러므로 행동의 다른 기능을 찾을 수 없을 때 마지막으로 고려해 볼 기능이라고 할 수 있겠다.

네 번째 문제행동의 기능은 어려운 과제나 싫은 요구와 같은 구체적 활동을 피하려는 것이다. 그런 경우, 문제행동은 싫어하는 활동을 제거해 주는 부적 강화에 의해 유지된다. 예를 들어, 어려운 질문에 답을 해야 할 때 소리를 지르고 울면 질문을 취소하거나, 싫어하는 음식을 먹어야 할 때 팔목을 깨물면 그 음식을 제거해 주는 경우다. 싫어하는 어려운 질문이나 특정 요구나 과제가 주어질 때마다 아동이 그 행동을 한다면, 이런 행동은 활동 회피 부적 강화로 설명할 수 있다. 이런 경우는 문제행동을 대신할 수 있는 의사 표현 방법을 가르쳐 주거나 피하려는 활동을 마칠 때까지 그 활동을 하도록 요구할 수 있다.

다섯 번째 문제행동의 기능은 모든 사람이 자기를 바라보는 것과 같이 자신에게 주어지는 사회적 관심이나, 찡그린 얼굴 표정이나 꾸중 같은 부정적 사회적 자극을 피하려는 것이다. 그런 경우, 문제행동은 부정적 사회적 자극이 제거되는 부적 강화에 의해 유지된다. 모두가 자기를 쳐다보는 상황에서 발표하는 것을 피하기 위해 징징거리면서 우는 행동이 여기에 속한다. 앞의 예에서 자폐 아동이 누군가가 껴안아 줄 때 안아 주는 압력의 정도를 피하기 위해 안아 주는 사람을 밀쳐낸다면 그 행동은 자동적 부적 강화로 설명되지만, 안아 주는 사회적 자극 자체를 피하기 위해 안아 주는 사람을 밀어낸다면 이는 사회적 부적 강화로 설명할 수 있다.

여섯 번째 문제행동의 기능은 고통, 가려움과 같이 내적이거나 감각적인 자극을 피하려는 것이다. 그런 경우, 문제행동은 고통스러운 내적 자극이 제거되는 부적 강화에 의해 유지된다. 그러한 행동에는 아동이 주변의 특정 소음이 듣기 싫어서 머리를 심하게 흔들거나 귀를 틀어막는 행동이나, 자폐 아동이 누군가가 껴안아 줄 때 안아 주는 압력의 정도를 피하기 위해 안아 주는 사람을 밀쳐 내는 행동 등을 예로 들 수 있다. 자동적 부적 강화의 기능을 지닌 행동은 외현상으로는 자동적 정적 강화의 기능을 지닌 행동과 같을 수 있다. 예를 들어, 한 아이가 두 눈을 꼭 감고 머리를 빙글빙글 돌리는 상동행동을 하는 경우, 그렇게 하면 전정감각이 자극되고 기분이 좋아지기 때문에 할 수도 있지만 주변의 소음과 너무 많은 시각적 자극을 피하고 싶어 그렇게 할 수도 있다. 자동적 부적 강화의 기능을 지닌 행동은 자동적 정적 강화와 마찬가지로 문제행동 뒤에 외부적인 후속결과가 관찰되지 않는 경우가 많기 때문에 그 기능을 파악하고 효과적인 강화제를 찾기까지는 많은 시간과 노력이 요구된다(Kern, 2008).

이와 같이 문제행동의 기능을 여러 가지로 분류할 수 있지만 실제로는 문제행동의 기능이 어느 한 가지로만 나타나는 것이 아니라 복합적인 경우가 많다. 하나의 문제행동이 여러 가지 기능을 나타낼 수도 있으며, 여러 문제행동이 한 가지 기능을 나타낼 수도 있다(Horner, 1994). 한 아동의 한 가지 문제행동 또는 같은 유형의 문제행동이 여러 기능일 수 있는 예로는, 친구를 때리고 꼬집는 공격적 행동이 원하는 물건을 갖기 위한 것일 때도 나타나고, 싫은 활동을 피하기 위할 때도 나타날 수 있다. 여러 문제행동이 한 가지 기능일 수 있는 예로는, 물건을 던지거나, 옆 사람을 때리거나, 소리를 지르거나, 머리를 책상에 박거나, 손가락을 물어뜯거나, 발을 구르거나, 배를 움켜쥐는 것과 같이 서로 다른 형태의 행동이지만 음식을 얻고자 하는 동일한 기능을 가질 수 있다. 또는 책상에 엎드려 자거나, 일어나 교실을 돌아다니거나, 소리를 지르거나, 짝꿍을 쿡쿡 찌르거나, 말을 거는 행동은 모두 과제를 회피하기 위한 행동일 수 있다. 그런가 하면, 같은 행동이나 같은 유형의 행동일지라도 아동에 따라서 다른 기능을 나타낼 수 있다(Derby et al., 1992). 예를 들어, 큰 소리를 내며 문을 두드리는 행동은 어떤 아동에게는 문 두드리는 소리 자체를 듣고자 하는 것(자동적 정적 강화)일 수도 있고, 다른 아동에게는 누군가의 관심을 끌기 위한 것(사회적 정적 강화)일 수도 있고, 또 다른 아동에게는 장난감을 갖고 싶은 것(강화제 획득 강화)일 수도 있고, 또 어떤 아동에게는 소변이 마려워 화장실에 가고 싶은 것(자동적 부적 강화: 방광의 압력을 제거하고자 함)일 수도 있고, 또 다른 아동에게는 야단치는 상황에서 벗어나고자 하는 것(사회적 부적 강화)일 수도 있고, 또 어떤 아동에게는 어려운 과제를 피하기 위한 것(활동 회피 부적 강화)일 수도 있고, 또 다른 아동에게는 밖에서 들리는 음악소리를 차단하기 위한 것(자동적 부적 강화)일 수도 있다. 선생님 허락 없이 교실을 나가는 행동도 한 아동에게는 과제를 회피하기 위한 것일 수 있지만 어떤 아동에게는 관심을 얻기 위한 행동일 수도 있다. 그러므로 문제행동의 기능평가를 통하여 문제행동이 지니는 복합적 기능을 찾는 것에 힘써야 한다.

## 행동의 기능평가 방법

행동의 기능평가 방법으로는 크게 세 가지가 있다(Alberto & Troutman, 2003; Bambara & Kern, 2005; Scheuermann & Hall, 2008). 첫째는 학생을 가장 잘 아는 사람이나 학생 자신과 직접 면담하거나 그들에게 평가척도나 질문지 등을 작성하게 하는 간접 평가다. 둘째는 일정 기간 동안 자연스러운 상황에서 학생 행동을 직접 관찰하는 관찰 평가다. 셋째는 자연스러운 상황이나 인위적인 상황에서 문제행동에 영향을 미치는 변수에 대한 가설을 설정하고 그 변수를 체계적으로 조작하여 평가하는 기능분석이 있다. 여기에서는 행동의 기능평가의 일반적 절차와 방법들을 차례대로 살펴본다.

### 1) 기능평가를 위한 간접 평가

긍정적 행동지원의 개념이 등장하기 전에는 간접 평가를 통해 수집하는 정보는 주로 문제행동과 직접적으로 관련된 정보(예: 배경사건, 선행사건, 후속결과)였다. 문제행동과 직접 관련이 있는 정보 수집의 목적은 학생을 둘러싸고 있는 주변 상황 중에서 어떤 것이 학생의 문제행동과 관련 있는지를 찾고자 하는 것이다. 그런데 장기적 지원까지 고려하는 긍정적 행동지원을 적용하기 위해서는 문제행동과 관련되는 개인사나 삶의 질적인 면과 관련된 정보까지 수집할 것이 권장되고 있다. 이와 관련하여 Kern과 O'Neil, Starosta(2008)는 기능평가를 위한 정보 수집 내용을 개괄적 정보와 구체적 정보로 구분하고, 개괄적 정보로 수집할 내용을 삶의 주요 사건들(예: 중요 인물의 죽음, 부모의 이혼, 이사 등), 건강과 관련된 정보(예: 정신건강, 수면, 영양, 알레르기 등), 문제행동의 개인사, 지금까지 실행한 중재 노력, 학업 기술이나 과제 수행 능력, 학생의 강점과 약점, 학생의 선호도(예: 좋아하는 활동, 수업, 교사 등), 전반적인 삶의 질에 관한 정보 등으로 구분했다. 구체적 정보란 문제행동에 대한 선행사건, 후속결과 등 문제행동과 직접 관련이 있는 정보를 말한다.

개괄적 정보이든 구체적 정보이든 정보를 수집하는 데 사용하는 간접적인 방법으로는 생활기록부 검토, 개별화 교육 계획(Individual Education Project: IEP) 회의 자료 검토, 면담, 평가척도나 체크리스트 검사 등이 있다. 이렇듯 학생을 실제 관찰하는 것이 아닌 다른 방법으로 학생에 대한 정보를 수집하는 것이 간접 평가다. 간접 평가 중에서 기록에 대한 검토란 생활기록부나 IEP 회의 자료 등의 검토를 의미하며, 그러한 학교의 기록은 학생의 과거와 현재의 의료 상태, 학업 성취도, 교우 관계, 이전의 중재 실행 내용 등 많은 정보를 제공해 준다. 그러나 그런 정보를 나열하기만 하면 행동지원에 직접적 도움을 주기 어려우므로 기록의 내용을 체계적으로 요약하여 정리할 필요가 있다. 학교 문서 중에서 필요한 정보를 체계적으로 수집할 수 있는 체제를 제공하는 것으로 '학교문서 기록 검토(School Archival Record Search: SARS)' (Walker et al., 1991)가 있다.

간접 평가 중에서 면담은 문제행동을 하는 학생 본인이나 학생을 가장 잘 알고 있는 사람들(예: 부모, 교사, 관련 서비스 제공자)에게 여러 가지 적절한 질문을 하는 방법이다. 면담은 주로 피면담자를 대면하여 이루어지며, 구조화된 질문지를 사용할 수도 있고 비구조화된 질문으로 이루어질 수도 있다. 또한 면담은 학생과 문제행동에 대한 최대한의 정보를 알아내는 것이 목적이므로 개괄적 정보와 구체적 정보를 모두 얻도록 구성할 수도 있다. 학생 행동에 대한 좀 더 객관적이고 명확한 정보를 얻기 위해 성인과 면담할 수 있도록 구조화된 여러 질문지가 개발되어 있다(Bailey & Pyles, 1989; Dunlap et al., 1991; Durand & Crimmins, 1988; Fad, Patton, & Polloway, 2000; Iwata, Wong et al., 1982; Lewis, Scott, & Sugai, 1994; Miltenberger & Fuqua, 1985; Nelson, Roberts, & Smith, 1998; O'Neil et al., 1990; O'Neil et al., 1997). 또한 면담지 중에는 학생 본인을 면담에 참여시키기 위해 제작된 것도 있다(Kern et al., 1994; O'Neil et al., 1997). 여러 구조화된 설문지의 내용들을 종합해 볼 때, 문제행동과 관련한 구체적 정보를 얻기 위해 〈표 3-2〉와 같은 내용을 질문에 포함시킬 것을 권하고 있음을 알 수 있다.

❖ 〈표 3-2〉 기능평가를 위한 면담용 질문 내용

▪ 문제행동
  • 문제가 되는 행동이 무엇인가?
  • 문제행동이 얼마나 자주 나타나며, 얼마나 오랫동안 지속되는가?
▪ 배경사건
  • 현재 겪고 있는 생리적 증상이 있는가?
  • 이 문제행동은 주기적인가?
  • 현재 겪고 있는 대인관계의 갈등이 있는가?

- 최근 가정환경이나 생활에 변화가 있었는가?
▪ 선행사건
- 문제행동 이전의 어떤 조건들(예: 시간, 장소, 사람, 활동 등)이 문제행동 발생을 예언해주는가?
- 문제행동은 보통 언제 발생하는가?
- 문제행동은 보통 어디에서 발생하는가?
- 문제행동이 발생할 때 누가 주위에 있는가?
- 문제행동이 발생한 환경은 어떠한가?
- 문제행동이 발생하기 전의 활동이나 사건은 무엇인가?
- 문제행동이 발생하기 직전에 다른 사람이 어떤 말과 행동을 하는가?
- 아동이 문제행동 전에 어떤 다른 행동을 하는가?
▪ 후속결과
- 문제행동 발생 후에 어떤 일이 생기는가?
- 문제행동이 발생할 때 다른 사람이 어떻게 하는가?
- 문제행동이 발생할 때 당신은 어떻게 하는가?
- 문제행동이 발생한 후 어떤 변화가 있는가?
- 문제행동이 발생한 후 아동은 무엇을 얻는가?
- 문제행동이 발생한 후 아동은 무엇을 피하게 되는가?
▪ 문제행동의 효율성
- 그 행동을 하는 데 어느 정도의 신체적 노력이 필요한가?
- 그 행동을 할 때마다 아동이 목적을 달성하는가?
▪ 기능적 대체행동
- 문제행동의 후속결과와 동일한 효과를 얻을 수 있는 적절한 행동은 무엇인가?
▪ 이전의 중재 내력
- 문제행동에 대해 이전에 사용했던 중재는 무엇이며 어느 정도 효과가 있었는가?

　　면담할 때 꼭 잊지 말아야 할 것은 학생의 일주일 학교생활을 중심으로 해서 일과에 대한 정보를 수집하는 것이다. 등교 또는 등원 전의 일과는 어떻게 진행되는지, 학급 시간표는 어떻게 짜여 있는지, 휴식시간과 점심시간에는 무슨 일이 있는지 등의 정해진 일과를 살펴보아야 한다. 일과 중의 어떤 요소가 문제행동의 감소나 증가에 영향을 미칠 수 있기 때문이다. 또한 일과에 대한 정보는 어떤 상황에서 문제행동이 발생하지 않는지에 대한 정보도 알려 준다. 그러한 정보는 학생이 선호하는 것이 무엇인지 알 수 있게 해 줄 뿐 아니라, 문제행동이 발생하지 않는 상황에 대한 특성을 분석하여 그 내용을 행동지원 계획에 적용할 수 있도록 도와준다. [그림 3-3]은 학생의 하루 일과 중 문제행동 발생 가능성을 점검할 수 있는 척도의 예다.

※ 해당 칸에 학생 이름, 요일(요일마다 시간표가 다른 경우), 과목명을 적으시오.
해당 과목 시간의 문제행동 발생 가능성 수준을 의미하는 숫자에 ✔표 하시오.
그 문제행동의 심각성 정도를 의미하는 숫자에 ○표 하시오.
(행동 발생 가능성과 심각성은 서로 다를 수 있습니다.)

이름: _____          요일: _____

| 시간 및 과목 | 문제행동 심각성 및 발생 가능성 | | | | | |
| --- | --- | --- | --- | --- | --- | --- |
| | 없음<br>0 | 매우 낮음<br>1 | 낮음<br>2 | 보통<br>3 | 높음<br>4 | 매우 높음<br>5 |
| 수업 시작 전 / 아침 조회 | 0 | 1 | 2 | 3 | 4 | 5 |
| 1교시: _____ | 0 | 1 | 2 | 3 | 4 | 5 |
| 쉬는 시간 | 0 | 1 | 2 | 3 | 4 | 5 |
| 2교시: _____ | 0 | 1 | 2 | 3 | 4 | 5 |
| 쉬는 시간 | 0 | 1 | 2 | 3 | 4 | 5 |
| 3교시: _____ | 0 | 1 | 2 | 3 | 4 | 5 |
| 쉬는 시간 | 0 | 1 | 2 | 3 | 4 | 5 |
| 4교시: _____ | 0 | 1 | 2 | 3 | 4 | 5 |
| 점심시간 | 0 | 1 | 2 | 3 | 4 | 5 |
| 5교시: _____ | 0 | 1 | 2 | 3 | 4 | 5 |
| 쉬는 시간 | 0 | 1 | 2 | 3 | 4 | 5 |
| 6교시: _____ | 0 | 1 | 2 | 3 | 4 | 5 |
| 청소시간 | 0 | 1 | 2 | 3 | 4 | 5 |
| 종례 시간 / 방과 후 | 0 | 1 | 2 | 3 | 4 | 5 |

[그림 3-3] 하루 일과표 평가척도

간접 평가를 위해서는 면담 외에도 표준화되어 사용되고 있는 평가척도나 체크리스트를 사용할 수도 있다. 이러한 것에는 Durand와 Crimmins(1988)가 만든 동기평가척도(Motivation Assessment Scale), Kearney와 Silverman(1990)이 제작한 등교거부평가척도(School Refusal Assessment Scale), March와 동료들(2000)이 제작한 교사를위한 기능평가 체크리스트(Functional Assessment Checklist for Teacher and Staff), Lewis, Scott과 Sugai(1994)가 제작한 문제행동설문지(Problem Behavior Questionnaire), Paclarwskyi와 동료들(2000)이 만든 행동 기능에 관한 설문지(Questions About Behavior Function)

등이 있다. 평가척도나 체크리스트는 행동이 얼마나 자주 일어나는지 또는 얼마나 심각한지를 척도에 따라 또는 주어진 내용목록에 동의하는 정도에 따라 평가자의 기억에 의존하여 작성하는 것이다. 면담에 비하여 표준화된 평가척도나 체크리스트를 사용하는 간접 평가는 실시하기 용이하고 시간이 적게 소요되어 효율성이 높다는 장점이 있지만, 문제행동을 유발하는 구체적인 선행사건을 파악하지 못하는 경우가 있다. 또한 간접 평가는 피면담자나 질문지 또는 평가척도 작성자의 기억에 기초하기 때문에 그 결과가 객관적이거나 정확하지 않을 수 있는 단점이 있다. 따라서 간접 평가 외에 객관적이고 정확하고 구체적인 정보 수집을 위해 직접 평가가 요구된다.

평가척도나 체크리스트의 예를 들기 위해, [그림 3-4]에 Durand와 Crimmins(1988)가 만든 동기평가척도를 제시하였다. [그림 3-4]를 보면 특정 문제행동에 관한 질문 문항에 부여한 척도 점수를 아래의 '문항점수'에 번호에 맞게 기입하여 행동의 동기에 해당하는 항목별로 합산하게 되어 있다. 항목별 합산 점수를 비교하여 순위를 매기면 특정 문제행동에 대한 동기가 무엇인지 알 수 있도록 구성되어 있다.

## 동기평가척도

| 아동성명 | | 평가자 | | 평가일 | |
|---|---|---|---|---|---|
| 문제행동 | | | | | |
| 평가장소 | | | | | |

[지시문]

먼저 걱정되는 문제행동을 선택하여 최대한 구체적으로 기술하십시오. 예를 들어, '공격적이다'라고 표현하기보다는 '옆 친구를 때린다'로 기술하는 것이 좋습니다. 평가할 행동을 구체적으로 기술했으면 아래의 각 문항을 주의 깊게 읽고 그 행동을 가장 잘 묘사하는 것으로 생각되는 점수에 ○표 하십시오.

| | 전혀 그렇지 않다 | 거의 그렇지 않다 | 보통 그렇지 않다 | 중간 정도 그렇다 | 대개 그렇다 | 거의 항상 그렇다 | 항상 그렇다 |
|---|---|---|---|---|---|---|---|
| 1. 위의 문제행동은 아동이 오랜 시간 혼자 있을 때 계속해서 반복적으로 일어납니까? | 0 | 1 | 2 | 3 | 4 | 5 | 6 |

(계속)

| | | | | | | | |
|---|---|---|---|---|---|---|---|
| 2. 위의 문제행동은 어려운 과제를 수행하기를 요구한 후 일어납니까? | 0 | 1 | 2 | 3 | 4 | 5 | 6 |
| 3. 위의 문제행동은 다른 사람들과 이야기하고 있을 때 일어납니까? | 0 | 1 | 2 | 3 | 4 | 5 | 6 |
| 4. 위의 문제행동은 전에 아동이 가질(먹을/할) 수 없다고 들은 적이 있는 장난감(음식/활동)을 가지기(먹기/하기) 위해 일어납니까? | 0 | 1 | 2 | 3 | 4 | 5 | 6 |
| 5. 위의 문제행동은 주위에 아무도 없으면 아주 오랜 시간 동안 반복적으로 일어납니까?(예: 한 시간 이상 상체를 앞뒤로 흔듦) | 0 | 1 | 2 | 3 | 4 | 5 | 6 |
| 6. 위의 문제행동은 아동에게 어떤 요구를 할 때 일어납니까? | 0 | 1 | 2 | 3 | 4 | 5 | 6 |
| 7. 위의 문제행동은 아동에게 관심을 보이지 않을 때마다 일어납니까? | 0 | 1 | 2 | 3 | 4 | 5 | 6 |
| 8. 위의 문제행동은 아동이 좋아하는 장난감(음식/활동)을 철회할 때마다 일어납니까? | 0 | 1 | 2 | 3 | 4 | 5 | 6 |
| 9. 아동은 맛보거나 바라보거나 냄새 맡거나 듣는 것을 좋아합니까? | 0 | 1 | 2 | 3 | 4 | 5 | 6 |
| 10. 아동에게 어떤 것을 요구할 때, 아동은 상대방을 당황스럽게 하는 행동을 합니까? | 0 | 1 | 2 | 3 | 4 | 5 | 6 |
| 11. 아동에게 관심을 주지 않을 때, 아동은 상대방을 당황스럽게 하는 행동을 합니까? | 0 | 1 | 2 | 3 | 4 | 5 | 6 |
| 12. 위의 문제행동은 아동이 요구한 장난감(음식/활동)을 제공한 후 곧 중지됩니까? | 0 | 1 | 2 | 3 | 4 | 5 | 6 |
| 13. 위의 문제행동이 발생할 때 아동은 주위에서 일어나는 일을 의식하지 못합니까? | 0 | 1 | 2 | 3 | 4 | 5 | 6 |
| 14. 위의 문제행동은 아동의 요구를 들어준 후 곧(1~5분) 중지됩니까? | 0 | 1 | 2 | 3 | 4 | 5 | 6 |
| 15. 위의 문제행동은 상대방과 함께 시간을 보내기 위해 발생합니까? | 0 | 1 | 2 | 3 | 4 | 5 | 6 |
| 16. 위의 문제행동은 아동이 원하는 일을 할 수 없다는 말을 들었을 때 일어납니까? | 0 | 1 | 2 | 3 | 4 | 5 | 6 |

(계속)

| 구분 | 감각 | 회피 | 관심 끌기 | 선호물건/활동 |
|---|---|---|---|---|
| 문항점수 | 1._____ 5._____ 9._____ 13._____ | 2._____ 6._____ 10._____ 14._____ | 3._____ 7._____ 11._____ 15._____ | 4._____ 8._____ 12._____ 16._____ |
| 전체점수 | | | | |
| 평균점수 | | | | |
| 상대순위 | | | | |

출처: Durand & Crimmins (1988).

[그림 3-4] **동기평가척도**

## 2) 기능평가를 위한 직접 관찰 평가

직접 관찰 평가란 자연스러운 상황에서 아동의 문제행동을 관찰하고 기록하는 것이다. 직접 관찰 평가는 주관적 해석이나 순위 매기기나 행동에 대한 질적 지표가 아니라 학생 개인의 실제 수행에 대한 객관적 자료를 제공한다. 행동의 기능평가를 위한 관찰 평가에는 행동분포(scatter plot) 관찰, 문제행동의 선행사건과 후속결과를 관찰하고 기술하는 일화 관찰기록, A−B−C 관찰지, A−B−C 행동 관찰 검목표, 행동의 기능평가 기록지 등을 사용하는 관찰 방법이 있다.

### (1) 행동분포 관찰

행동분포 관찰 방법은 Touchette와 MacDonald, Langer(1985)가 개발한 것인데, 문제행동이 가장 빈번하게 발생하는 시간을 찾기 쉽도록 작성되어 있다. 행동분포 관찰은 '산점도'라고도 하는데, 문제행동이 자주 발생하는 시간과 자주 발생하지 않는 시간대를 시각적으로 쉽게 알아볼 수 있도록 구성되어 있다. 일반적으로 가로에는 날짜를, 세로에는 시간이나 활동명을 나열하여 가로와 세로가 교차하는 빈 사각형에 행동 발생 여부를 기록하게 되어 있다. 행동분포 관찰기록지를 한 학급에 적용한 예는 [그림 3-5]에 제시되어 있다. [그림 3-5]에서 보는 바와 같이 행동분포 관찰기록지의 각 사각형은 30분의 시간을 나타낸다. 행동분포 관찰지를 사용하여 행동을 관찰하려면 30분 동안에 문제행동이 발생한 여부를 30분마다 기록하여야 한다. 행동이 30분 동안에 한 번도 발생하지 않으면 사각형을 비워 놓고, 한 번 발생하면 사각형 안에 사선을 한 번 긋고, 두 번 발생하면 사선이 그어진 사각형 안에 역으로 사선을 한 번 더 긋고, 세 번 이상 발생하면 사각형 안을 까맣게 칠한다. 며칠 동안 행동분포 관찰지를 기록하면 하루 중 문제행동이 가장 많이 발생하는 시간대를 알 수 있다. [그림 3-5]에서 문제행동은 점심시간 직전인 11시에서 12시 사이에 가장 자주 발생한다는 것을 알 수 있다. 이와 같이 행동분포 관찰은 한 학급과 같이 여러 명이 함께 있을 때 그 학급에서 문제행동이 주로 발생하는 시간대를 알고자 하거나, 한 학생의 일과 중에서 문제행동이 가장 빈번히 발생하는 시간을 찾고자 할 때 사용할 수 있다. 행동분포 관찰을 하기 위해 시간대를 반드시 30분 간격으로 구분할 필요는 없다. 편의에 따라 학생의 일과 시간표에 있는 시간 간격을 사용해도 된다. 그렇게 사용한 예를 [그림 3-6]에 제시했다. [그림 3-6]을 보면 진우는 수요일과 금요일에 문제행동이 많음을 알 수 있다. 이와 같이 행동분포 관찰을 통해 얻은 정보는 더 자세한 정보를 수집해야 할 시간대를 결정하는 데 도움을 준다.

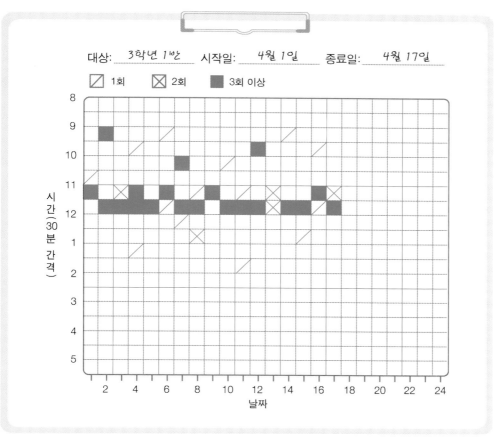

[그림 3-5] 행동분포 관찰기록지 사용 예 1

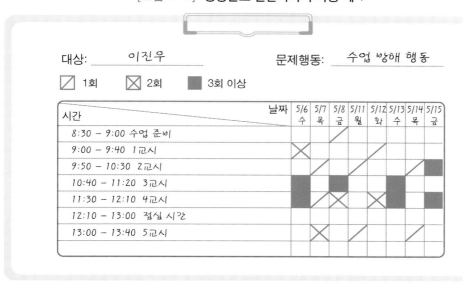

[그림 3-6] 행동분포 관찰기록지 사용 예 2

### (2) 일화 관찰기록

일화 관찰기록은 학생의 행동을 직접 관찰한 내용을 이야기 식으로 기록하는 것으로, 일정한 형식이 없는 비공식적인 방법이다. Wright(1960)는 일화 관찰기록을 하는 절차를 다음과 같이 제시했다.

- 학생의 행동을 기록하기 전에 상황에 대한 정보를 기록해야 한다. 학생의 행동이 발생하는 곳은 어떤 장소이며 거기에서 무엇이 이루어지고 있는 상황인지, 다른 아이들은 몇 명이나 있는지 등을 기록한다.
- 관찰대상 학생이 누구에게 무슨 말을 하고 무슨 행동을 하는지를 놓치지 않고 모두 기록한다.
- 관찰대상 학생에게 누가 무슨 말을 했으며 무슨 행동을 했는지 놓치지 않고 모두 기록한다.
- 관찰대상 학생의 행동에 대한 관찰자의 느낌이나 해석과 실제 일어난 사실을 구별하여 기록한다.
- 관찰대상 학생의 행동의 시간 길이나 시기를 알 수 있게 시간대를 기록한다.

일화 관찰기록은 비공식적인 것이기 때문에 일정한 형식이 있는 것은 아니지만 사용하기 편리한 양식을 만들 수도 있다. 한 학생의 누적된 일화 관찰기록을 검토하면 문제행동의 패턴을 알아낼 수 있다. [그림 3-7]은 일화 관찰기록을 사용하여 유치원 아동의 행동을 기록한 예다.

### (3) A-B-C 관찰기록

A-B-C 관찰기록은 Bijou와 Peterson, Ault(1968)에 의해 최초로 사용된 것으로, 자연스러운 상황에서 문제행동의 선행사건(A: antecedent), 문제행동(B: behavior), 후속결과(C: consequence)를 시간의 흐름에 따라 직접 관찰하며 기록하는 방법이다.

[그림 3-7]의 일화 관찰기록 내용을 아동의 행동을 중심으로 선행하여 나타나는 사건과 행동의 뒤에 나타나는 결과로 구분하여 A-B-C 관찰지 형식으로 재정리하면 [그림 3-8]과 같이 된다. [그림 3-8]을 살펴보면 명철이는 장난감을 계속 갖고

| 아동이름: 김명철 | | 생년월일: 2005. 3. 1. |
|---|---|---|
| 관찰시간: 2010. 3. 5. 11:00 ~ 11:15 | | 관찰장소: ○○유치원 토끼반(6세반) |
| 〈상황〉<br>자유놀이 시간이 끝나고 가지고 놀던 장난감을 정리하고 이야기 시간을 준비하라는 선생님의 지시가 주어졌다. 교실에는 20명의 유아들이 있다. | | |
| 〈관찰 내용〉<br>선생님의 장난감을 정리하라는 지시와 함께 장난감을 정리하는 시간임을 알리는 피아노 연주 소리가 들리자 다른 아이들은 가지고 놀던 장난감을 정리하고 자기 자리를 찾아 앉고 있다. 정리 시간이 끝났는데도 명철이가 계속해서 장난감을 가지고 놀이를 계속하고 있자 선생님이 자리에 앉을 것을 요구했다. 명철이는 아무 반응 없이 장난감을 가지고 계속 놀고 있다. 선생님이 명철이가 가지고 노는 장난감을 정리하자 명철이는 두 다리를 뻗고 소리를 지르며 울었다. 선생님이 제자리로 가서 앉으라고 지시하자 명철이는 두 발로 바닥을 크게 두드리며 더 큰 소리로 울었다. 그러자 선생님은 명철이를 두 팔로 들어 제자리로 옮기려고 했다. — (생략) — | | |

[그림 3-7] 일화 관찰기록 관찰지의 예

놀기 위해 교사의 지시를 지속적으로 무시하고 화를 터뜨리는 행동을 하고 있음을 알 수 있다. 이렇게 A—B—C 관찰지를 활용하면 문제행동을 정의하고, 문제행동이 발생되거나 유지되는 요인을 찾는 데 도움이 된다.

[그림 3-8]에서 보는 것처럼 A—B—C 관찰지의 양식은 네 칸으로 나뉜다. 첫째 칸에는 '시간'을, 둘째 칸에는 아동의 행동 직전에 일어난 '선행사건'을, 셋째 칸에는 관찰대상 아동의 관찰된 (보거나 들은) '행동'을, 넷째 칸에는 행동 직후에 발생한 사건인 '후속결과'를 기록한다. 즉, 관찰대상 아동의 행동은 모두 '행동' 칸에 기록하고, 관찰대상 아동의 행동을 유발하거나 유지하는 다른 사람들의 행동은 '행동' 칸의 좌우에 있는 '선행사건'이나 '후속결과' 칸에 기록해야 한다. 시간이 지남에 따라 행동은 지나가기 때문에 효율적으로 A—B—C 관찰을 하기 위해서는 문제행동이 일어날 때마다 즉시 시간 칸에 시간을 기록하고 선행사건과 후속결과를 기록해야 한다. 즉, 하루 일과를 모두 기록하는 것이 아니라 문제행동이 발생할 때 문제행동을 중심으로 그 전후 사건을 기록하는 것이다. 또한 일어나는 모든 행동을 기록하기 어렵기 때문에 관찰자가 자신이 알아볼 수 있는 약자나 기호 등을 개발하여 사용하면 편리하다. 예를 들어, '아동이 손을 들었다.'라고 쓰기보다는 '손 ↑'와 같이 표시하거나, '선

# A−B−C 관찰지

아동: 김명철     날짜: 2010. 3. 5.     시간: 11:00~11:15
관찰자: 김영강     장소: ○○유치원 토끼반(6세반)
상황: 자유놀이 시간이 끝나고 가지고 놀던 장난감을 정리하고 이야기 시간을 준비하라
는 선생님의 지시가 주어졌다. 교실에는 20명의 유아들이 있다.

| 시간 | 선행사건(antecedents) | 행동(behaviors) | 후속결과(consequences) |
|---|---|---|---|
| 11:00 | 교사(T)가 장난감을 정리하라고 지시함 | M은 장난감을 가지고 놂 | |
| | T, 장난감 정리 시간을 알리는 동요를 피아노로 연주함 | M은 장난감을 가지고 놂 | |
| | T의 연주 끝나고 다른 아이들 제자리로 감 | M은 장난감을 가지고 놂 | T, 자리에 앉을 것을 요구함 |
| | ✓ | M은 장난감을 가지고 놂 | T, M의 장난감을 치움 |
| 11:04 | ✓ | M은 두 다리를 뻗고 소리 지르며 욺 | T, M에게 제자리로 가라고 지시함 |
| | ✓ | M은 두 발로 바닥을 크게 두드리며 더 큰 소리로 욺 | T, M을 두 팔로 들어 제자리로 옮기려 함 |

[그림 3−8] [그림 3−7]에 있는 일화 관찰기록의 내용을 A−B−C 관찰지에 옮긴 예

생님이 칠판에 글씨를 쓰고 있다.'라는 표현보다는 'T 판서'라고 간단히 쓸 수 있다.

이러한 관찰을 반복하여 관찰 내용을 분석하면 아동 행동에 대해 검증 가능한 가설을 세울 수 있다. A−B−C 관찰기록을 통해 문제행동의 발생 장소와 시간, 선행사건과 후속결과 외에도 어떤 문제행동들이 함께 일어나는지, 언제, 어디서, 누구와 있을 때 가장 잘 발생하는지, 어떤 결과를 얻게 되는지에 대한 정보도 알 수 있다. 즉, 문제행동에 영향을 미치는 변수들을 찾을 수 있는 것이다. [그림 3−9]는 A−B−C 관찰지를 사용한 또 다른 예다.

[그림 3−9]를 살펴보면 온달이의 문제행동은 또래와 교사의 관심에 의해 지속되고 있음을 알 수 있다.

# A-B-C 관찰지

아동: 정온달                 날짜: 2010. 5. 20.                 시간: 11:00~11:40
관찰자: 김평강              장소: 광주초등학교 2학년 3반 교실

상황: 전형적인 초등학교 저학년 교실. 오전 마지막 시간인 수학시간. 길동, 석봉, 진이, 향단
이 온달의 전후좌우에 각각 있고, 주위에 용준, 지우, 수종, 희라가 대각선 방향으로 위
치. 실내 온도는 적절하고 소음은 보통 수준. 교사가 실물화상기를 이용하여 여러 가지
도형에 대해 설명하고 있음. 아동들은 질문이나 요청, 혹은 발표할 때 먼저 손을 들어
교사의 허락을 받아야 함.

| 시간 | 선행사건(Antecedents) | 행동(Behaviors) | 후속결과(Consequences) |
|---|---|---|---|
| 11:05 | 교사(T)가 실물화상기의 자료를 바꾸기 위해 준비 중이다. | 온달(O)이 코를 후비며 오른쪽의 향단(H)과 왼쪽의 진이(J)를 번갈아 본다. | H가 코 후비는 O를 힐끗 보며 인상을 찌푸린다. |
|  | ✓ | O가 H에게 눈을 크게 뜨며 주먹을 쥐고 위협한다. | H, "흥!" 하며 눈을 흘긴다. |
|  | ✓ | O가 H를 가볍게 밀친다. | H가 큰 소리로 "선생님~! 온달이가 때려요." T, 자료를 살피며 "정온달! 또 말썽이냐?" H, O에게 혀를 내민다. |
|  | ✓ | O, H에게 주먹을 친다. |  |
| 11:10 | T, 도형을 따라 그리도록 지시한다. | O, J에게 "연필 하나 줘!" | J, 못 들은 척 대구가 없다. 석봉(S)이 J쪽을 본다. |
|  | ✓ | O, J의 노트에 코 후비던 손가락을 닦는다. "히히" | J, 울상을 짓지만 아무 말 없이 하던 일을 계속 한다. S가 O에게 "야! 더러워!" |
|  | ✓ | O, S에게 반응 없이, J에게 종이 쓰레기를 던진다. | J, 손등으로 눈물을 닦는다. S, O를 밀치며 "너 맞을래?" |
|  | ✓ | O, 아무 말 없이 자기 노트를 펼친다. (이하 생략) | S, O의 등을 손으로 때린다. T, "너희들 뭐야!" 길동(G) "온달이가 또 싸워요." |

[그림 3-9] A-B-C 관찰지 사용의 예

### (4) A-B-C 행동 관찰 검목표

A-B-C 관찰지를 발전시킨 것으로 A-B-C 행동 관찰 검목표가 있다(Kern, O'Neil, & Starosta, 2008; Smith & Heflin, 2001). 이것은 관찰자가 면담 등을 통해 이미 확인한 것으로, 있을 수 있는 선행사건이나 문제행동이나 후속결과 등을 관찰 검목표에 미리 기록해 놓고 관련 사건이 나타날 때마다 해당 칸에 체크 표시를 하여 기록하는 것이다. 즉, 직접 관찰 방법을 적용하는 체크리스트라고 할 수 있다. 따라서 검목표에 기록될 선행사건, 문제행동, 후속결과의 내용은 각 학생에 맞게 작성해야 한다. 이 방법은 관찰자가 학생의 계속되는 행동에 크게 방해받지 않고 빨리 기재할 수 있다는 장점이 있지만 행동에 대한 자세한 정보는 제공하지 못한다는 단점도 있다. [그림 3-10]은 A-B-C 행동 관찰 검목표를 사용한 예다.

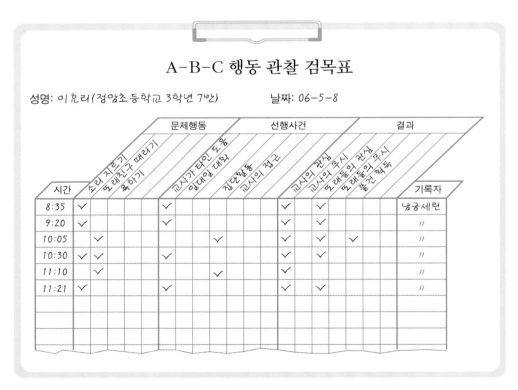

[그림 3-10] A-B-C 행동 관찰 검목표의 사용 예 1

위의 예에서 효리의 문제행동은 주로 교사의 관심이 다른 아동에게 주어질 때 발생하며, 문제행동의 결과로 교사나 또래의 관심을 얻게 되는 것을 알 수 있다.

A−B−C 행동 관찰 검목표는 학생의 행동과 그와 관련된 선행사건과 후속결과를 표시할 수 있는 형식만 포함하고 있다면, [그림 3−10]과 다르게 다양한 양식으로 관찰자가 사용하기 편리하게 제작할 수 있다. [그림 3−11]처럼 Kern과 O'Neil, Starosta(2008)가 제시한 체크리스트 양식을 사용하여 학생의 행동에 해당하는 내용에 체크 표시할 수도 있다.

## A-B-C 체크리스트

이름: 박경일

문제행동이 발생할 때마다 □ 안에 해당되는 선행사건, 문제행동, 후속결과에 체크하세요.

장소: 교실          날짜: 2010년 9월 8일          시각: 국어 수업 오후 1:10 ~

| 선행사건<br>(행동 직전에 일어난 일) | 행동 | 후속결과<br>(행동 직후에 일어난 일) |
|---|---|---|
| □ 교사의 지시 및 요구<br>□ 교재나 활동이 없음<br>□ 원하는 것을 얻지 못함<br>□ 좋아하는 활동을 제지받음<br>□ 시끄러운 환경<br>□ 또래가 아동을 놀림<br>□ 한 활동에서 다른 활동으로 전환<br>☑ 다른 아동이 교사의 관심을 받음<br>□ 불명확함<br>□ 기타: _____ | □ 안절부절못함<br>□ 불순종<br>□ 과제 이탈<br>□ 신체적 공격(차기, 꼬집기, 때리기)<br>□ 언어적 공격(욕설, 고함)<br>□ 기물 파괴<br>□ 다른 사람을 놀리거나 화나게 함<br>□ 달아나기<br>□ 소리 지르기<br>☑ 울화 터뜨리기<br>□ 기타: _____ | □ 문제행동에 대해 토의<br>□ 무반응/무시<br>□ 행동에 대한 제지<br>☑ 활동에 임하도록 말로 재지도<br>□ 활동에 임하도록 신체적으로 재지도<br>□ 신체적 제지<br>□ 교실에서 나가게 함<br>□ 하던 활동을 계속 요구함<br>□ 타임아웃(시간:      )<br>□ 기타: _____ |

출처: Kern, O'Neil, & Strosta (2008).

[그림 3−11] A−B−C 행동 관찰 검목표의 사용 예 2

[그림 3−11]의 예에서 ☑ 표시된 항목을 보면 경일이는 다른 아동이 관심을 받고 있는 상황에서 울화를 터뜨리고, 경일이가 울화를 터뜨리면 교사는 말로 활동에 임하도록 지시하는 관심을 주는 것을 알 수 있다. [그림 3−11]과 같은 검목표는 [그림

3-10]과 비교해 볼 때, 행동이 발생할 때마다 한 장의 검목표를 작성하도록 되어 있어서 발생빈도가 높은 행동에 대해서는 실용성이 떨어진다.

### ⑸ 행동의 기능평가 관찰지

A-B-C 행동 관찰 검목표를 더욱 발전시킨 것이 O'Neil과 동료들(1997)이 제작한 행동의 기능평가용 관찰지다. 이 관찰지는 타당도와 신뢰도를 갖춘 관찰 자료 수집 방법으로 입증된 것이다(Cunningham & O'Neil, 2000). 이 관찰지를 사용하여 관찰자는 아동 행동과 교수 환경 사이의 기능적 관계를 알아내기 위해, 행동을 변화시키는 환경적 요인을 찾아내야 한다. 행동은 그냥 혹은 저절로 일어나는 법이 없으므로, 관찰을 통해 어떤 행동의 전후에 반드시 그 행동이 일어나도록 작용하는 선행사건이나 후속결과를 찾기 쉽도록 제작된 것이 행동 기능평가 관찰지다. 관찰자는 '이 아동의 행동에 작용하는 것이 무엇인가?'라는 질문을 하면서 행동을 관찰해야 한다. 이러한 관찰을 돕기 위해 제작된 O'Neil과 동료들(1997)의 행동의 기능평가 기록지를 [그림 3-12]에 제시하였다. 이 기록지에는 행동 발생 시간, 발생한 아동의 행동, 선행사건이나 문제행동을 예견해 주는 요인들, 문제행동을 하는 아동에게 실제로 주어지는 결과, 추정되는 문제행동의 기능 등을 기록하도록 되어 있다. [그림 3-12]에 제시한 행동의 기능평가 관찰지를 사용하는 단계를 관찰지의 영역별로 적어 놓은 번호를 중심으로 설명하면 다음과 같다.

▨ 영역 ①: 관찰지의 상단에 관찰할 아동의 이름과 한 장의 관찰지를 사용하여 관찰하는 기간의 시작일과 종료일을 기록한다.
▨ 영역 ②: 관찰지의 왼편에 아동의 일과표를 중심으로 구분되는 시간을 활동/상황과 함께 기록한다.
▨ 영역 ③: '행동'이라고 적혀 있는 칸의 아래에 간접 평가 등에서 확인된 아동의 각 문제행동을 기록한다.
▨ 영역 ④: '상황요인/변별자극'이라고 적혀 있는 칸의 아래에 문제행동을 일으키는 잠재적 예언이 되는 사건 등을 기록한다. 이런 사건은 문제행동이 일어나기 직전이나 동시에 발생한다.

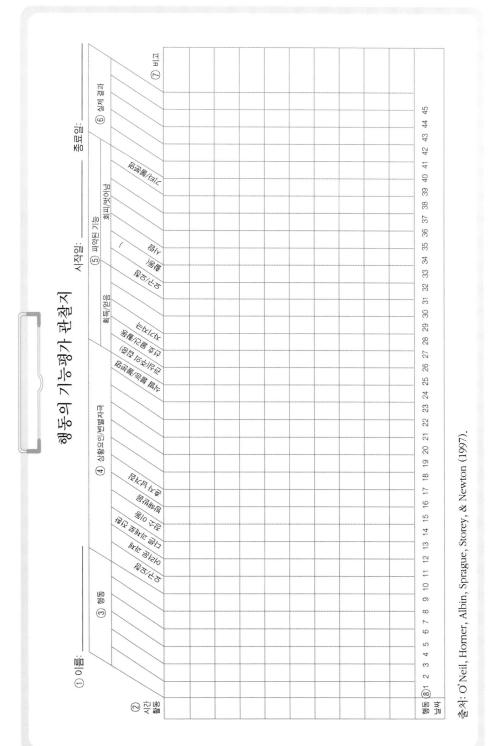

행동의 기능평가 관찰지

① 이름: _____
② _____
③ 행동
④ 상황요인(변별자극)
⑤ 파악된 기능   획득/얻음   회피/벗어남
⑥ 실제 결과
⑦ 비고
시작일: _____
종료일: _____

출처: O'Neil, Homer, Albin, Sprague, Storey, & Newton (1997).

[그림 3-12] 행동의 기능평가 관찰지

▨ 영역 ⑤: '파악된 기능'이라고 적혀 있는 칸의 아래에는 밝혀진 행동의 기능을 기록한다.

▨ 영역 ⑥: '실제 결과'라고 적혀 있는 칸의 아래에는 행동이 발생할 때 일반적으로 주어지는 실제 결과를 기록한다. 이를 통해 어떤 결과가 일관성 있게 주어졌는지 알 수 있다.

▨ 영역 ⑦: '비고'라고 적혀 있는 칸의 아래에는 관찰한 행동에 대한 관찰자의 의견을 기록한다. 어떤 시간대에 아무런 문제행동이 관찰되지 않았다면 아동 행동을 관찰했음을 표시하기 위해 이 영역에 해당하는 칸에 관찰자의 이름을 적는다.

▨ 영역 ⑧: 여기에 적혀 있는 숫자는 문제행동의 빈도를 알려 주는 것이다. 예를 들어, 첫 문제행동이 발생하면 관찰지의 해당 영역(행동, 예언 요소, 파악된 기능, 실제 결과 등)마다 1이라고 기록하고 영역 ⑧에 있는 1이라는 숫자 위에 대각선을 긋는다. 두 번째 문제행동이 발생하면 해당 영역마다 2라고 기록하고 영역 ⑧에 있는 2라는 숫자 위에 대각선을 긋는다. 계속하여 이런 방식으로 문제행동을 기록하고 하루의 관찰이 끝나면 대각선이 그어진 마지막 숫자의 오른쪽에 아래 칸까지 수직선을 긋고 아래 칸에 해당 날짜를 기록한다. 이렇게 하여 영역 ⑧의 기록을 보면 어느 날짜에 문제행동이 몇 번 발생하였는지 알 수 있게 된다.

행동의 기능평가 관찰지를 사용한 예를 [그림 3-13]에 제시하였다. [그림 3-13]의 예에서 창주는 5월 20일에는 8번의 문제행동을, 5월 21일에는 7번의 문제행동을 한 것을 알 수 있다. 창주가 어려운 지시나 과제가 주어질 때 주로 소리를 지르거나 물건을 던지는 행동을 했으므로 이는 요구나 활동을 피하고자 하는 기능을 갖고 있는 것으로 파악되었다. 실제 그 행동의 결과로 창주에게 주어진 것은 타임아웃이었음을 알 수 있다. 또한 창주가 친구를 때리거나 할퀴는 행동은 무엇인가 원하는 것을 얻고자 할 때 나타났으므로 이는 선호하는 물건을 얻으려는 기능을 갖는 것으로 파악되었다. 창주는 친구를 때리거나 할퀸 결과로 꾸중을 들었다. 창주의 행동의 기능평가 관찰지에 나타난 흥미로운 사실은 창주가 음악 시간에는 문제행동을 하지 않는다는 것이다. 이렇게 행동의 기능평가 관찰지를 사용하면 아동의 문제행동의 기능이 무엇인지, 현재 사용되고 있는 중재나 방법이 효과적인지 등을 평가할 수 있다. 그러므로 행동의 기능평가 관찰지의 결과는 행동지원 계획을 수립하는 데 중요한 기초 자료가 된다.

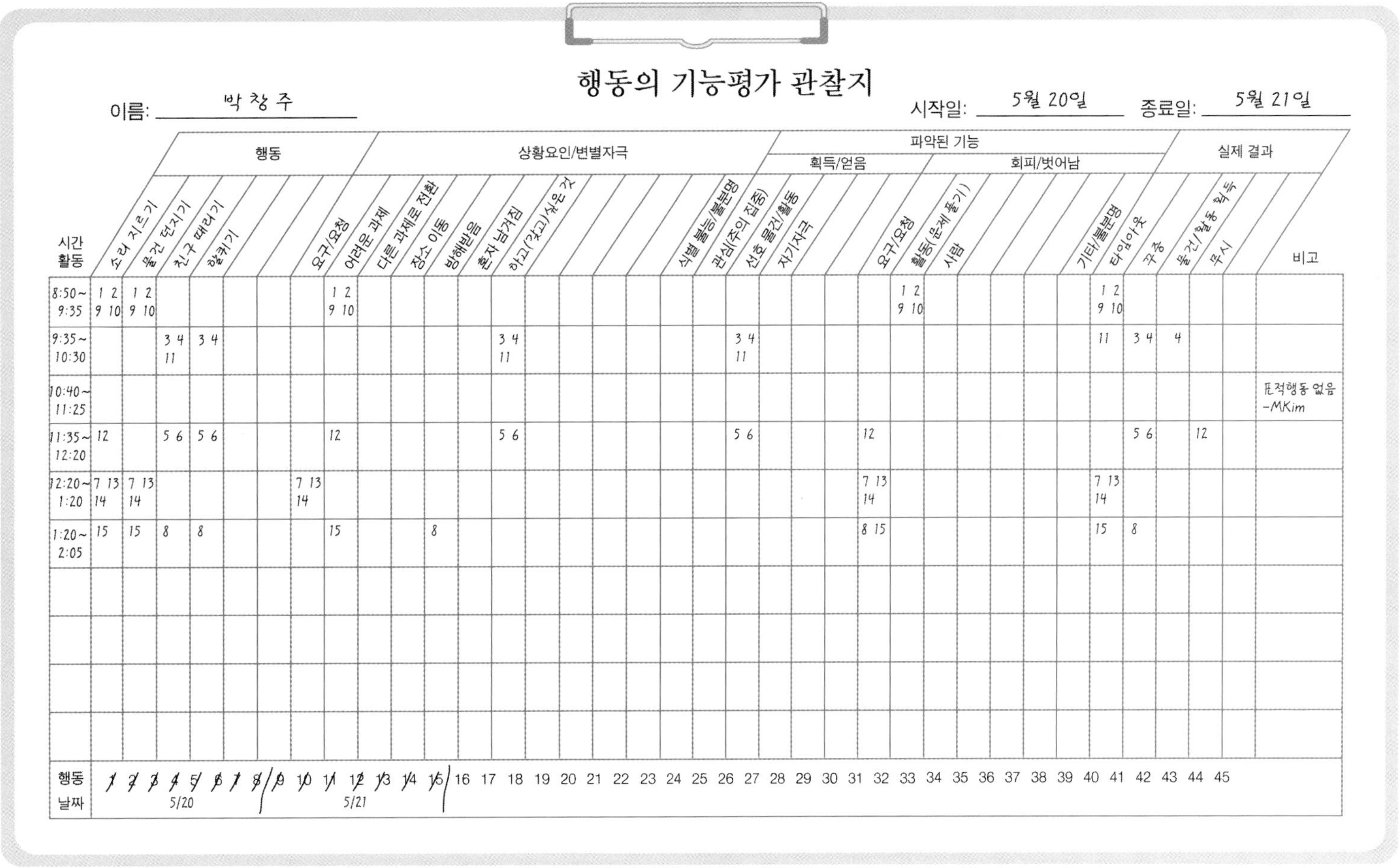

# 행동의 기능평가 관찰지

이름: 박 정 주

시작일: 5월 20일　　종료일: 5월 21일

| 시간/활동 | 행동 | 상황요인/변별자극 | 파악된 기능 (획득/얻음 · 회피/벗어남) | 실제 결과 | 비고 |
|---|---|---|---|---|---|
| 8:50~9:35 | 1 2 / 9 10 | 1 2 / 9 10 | 1 2 / 9 10 | 1 2 / 9 10 | |
| 9:35~10:30 | 3 4 / 11 | 3 4 / 11 | 3 4 / 11 | 3 4 / 11 | 표적행동 없음 ~M Kim |
| 10:40~11:25 | | | | | |
| 11:35~12:20 | 5 6 / 5 6 | 12 | 5 6 | 5 6 | 12 |
| 12:20~1:20 | 7 13 / 14 | 7 13 / 14 | 7 13 / 14 | 7 13 / 14 | |
| 1:20~2:05 | 8 / 15 | 8 | 8 15 | 15 8 | |

행동 날짜: 1 2 3 4 5 6 7 8 9 10 11 12 13 14 15 (5/20) / 16 17 18 19 20 21 22 23 24 25 26 27 28 29 30 31 32 33 34 35 36 37 38 39 40 41 42 43 44 45 (5/21)

[그림 3-13] 행동의 기능평가 관찰지 사용 예

A-B-C 관찰지나 A-B-C 행동 관찰 검목표, 행동의 기능평가 관찰지 등을 사용한 관찰은 시간과 노력이 많이 요구되지만 정확한 정보를 얻을 수 있다는 이점이 있다. 또한 이러한 관찰의 결과는 문제행동과 선행사건이나 후속결과의 관련성을 말해 주기 때문에 그 정보를 기초로 하여 행동과 환경 사이의 관계에 대한 가설을 만들 수 있다.

행동의 기능평가를 위한 여러 가지 간접 평가와 직접 관찰 평가를 살펴보았다. 기능평가를 위한 정보는 다양한 방법으로 다수의 사람들에게서 수집하는 것이 바람직하다. 그러나 학생의 모든 문제행동에 대해 모든 평가 방법을 사용할 수는 없으므로 정보를 수집하기 위한 방법과 형식을 선택해야 한다. 최소한 두 가지 이상을 사용하고 그 중에 하나는 직접 관찰 방법을 사용할 것이 권장된다. 〈표 3-3〉에 제시한 대로 Kern과 O'Neil, Starosta(2008)가 제안한 간접 평가와 직접 관찰 평가 방법의 장단점을 고려하면 평가 방법 선택에 도움이 될 것이다.

❖ **〈표 3-3〉 간접 평가와 직접 관찰 평가의 장단점**

| 평가 종류 | 장점 | 단점 |
|---|---|---|
| 간접 평가 | • 개괄적 정보를 알려 준다.<br>• 자세한 진단이 필요할 것인지 신속히 알려 준다.<br>• 다양한 시간대와 환경에 대한 정보를 수집할 수 있다.<br>• 학생 본인의 관점을 알려 준다. | • 정보 제공자가 학생을 아는 정도에 따라 정보의 수준이 달라질 수 있다.<br>• 구체적 정보를 구하기 어려울 수 있다.<br>• 상업적으로 제작되었기 때문에 모든 학생에게 적용 가능한 것은 아니다. |
| 직접 관찰 평가 | • 행동 발생 당시의 정보를 직접 수집한다.<br>• 자연스러운 환경에서 실시할 수 있다.<br>• 환경, 선행사건, 행동, 후속결과에 대한 구체적 정보를 제공한다. | • 시간이 많이 걸린다.<br>• 행동의 직접 관찰이 다른 일과에 방해가 된다.<br>• 문제행동 발생을 놓칠 수 있다.<br>• 자주 발생할수록 관찰과 기록은 어려워진다.<br>• 발생빈도가 낮은 행동은 수집된 정보가 충분치 않을 수 있다. |

출처: Kern, O'Neil, & Starosta (2008).

## 3) 문제행동에 대한 가설 세우기

혼히 우리는 어떤 사람의 행동을 설명할 때, '설명조의 가설(explanatory fictions)'을
사용하든지 '검증 가능한 설명(testable explanation)'을 사용할 수 있다. 예를 들어, 교
사나 부모가 아동이 왜 어떤 특정 행동을 하는지 또는 할 수 없는지를 자문하는 경우
가 있다. 왜 영희는 덧셈을 못할까? 왜 철수는 자리 이탈이 잦을까? 이런 질문에 답
하기 위해 사람들은 일반적으로 설명조의 가설을 사용한다. 설명조의 가설이란 관
찰 및 검증이 불가능한 독립변수에 대해 있을 법한 기능적 관계(즉, 예측 가능한 관계)
에 대한 불특정 진술 또는 종속변수의 재진술을 뜻한다(Sugai & Tindal, 1993). 가장
흔히 볼 수 있는 설명조의 가설은 진단명이나 장애의 대표적 특성으로 행동을 설명
하려는 경우다. 이런 설명조의 가설의 예는, 영희는 학습장애가 있기 때문에 덧셈을
못한다든지, 철수는 충동성이 강하기 때문에 자리 이탈을 자주 한다는 것이다. 이렇
게 설명조의 가설이란 실제로 문제행동의 순환적 설명(예: '주의 집중을 못하기 때문에
교사의 지시를 잘 듣지 못한다.')이거나, 행동을 관찰 불가능한 용어나 광의의 구성적
개념으로 설명(예: '우울하면 책상 위에 엎드려 있다.' '정서장애아이기 때문에 자주 괴성을
지른다.')하는 경우를 의미한다. 이런 설명조의 가설은 객관적 자료에 근거하기보다
는 개인적 경험이나 신념에 바탕을 두는 경우가 많고, 문제행동과 관련된 환경적 변
수를 구체적으로 밝히고 있지 않기 때문에 학생의 행동을 직접 다루는 중재로 이끌
어 주지 못한다.

그런데 문제행동에 관한 간접 평가와 직접 관찰 평가를 통해 얻은 자료에 근거한
정보가 있으면 문제행동에 대한 검증 가능한 가설을 세울 수 있다. 검증 가능한 가설
이란 관찰 가능한 종속변수나 독립변수가 시사하는 있을 법한 기능적 관계에 대한
진술을 말한다(Sugai & Tindal, 1993). 검증 가능한 설명에서 독립변수의 체계적인 조
작에 의해 종속변수가 예측한 대로 변화하면 두 변수 간에 기능적 관계가 있다고 말
한다. 예를 들어, "영철이가 수학시간에 소리를 지르는 이유는 뭘까?"라는 질문에 대
한 검증 가능한 설명의 예는 "교사가 영철이에게 '구구단을 외워 보렴.' 하고 지시하
면, 영철이는 큰 소리를 지른다."는 것이 될 수 있다. 이 진술을 검증하려면 독립변
수를 조작해 볼 수 있다. 즉, 교사가 영철이에게 "구구단을 외워 보렴."이라는 지시
를 하고 영철이의 행동을 관찰하고, "수학책 27쪽을 펴거라."는 지시를 하고 영철이
의 행동을 관찰하는 것이다. 그런데 영철이가 "구구단을 외워 보렴."이라는 지시에

대해서는 큰 소리를 지르고, "수학책 27쪽을 펴거라." 하는 지시에는 큰 소리를 지르는 행동을 보이지 않는다면, 교사의 "구구단을 외워 보렴."이라는 지시와 영철이가 큰 소리를 지르는 행동 간에는 기능적 관계가 있다고 할 수 있다. 요약하면, 가설 검증은 문제행동과 관련이 있을 것 같은 변수가 있을 때와 없을 때의 문제행동의 빈도를 조사하여 이루어질 수 있다.

검증 가능한 가설을 세울 때는 행동을 유발하는 선행사건과 문제행동에 대한 진술 외에도 간접 평가와 직접 관찰 평가에서 얻은 정보를 통해 알게 된 문제행동의 추정되는 기능을 포함시키는 것이 바람직하다. 위에서 예로 든 검증 가능한 가설은 다음과 같이 완성할 수 있다. "교사가 영철이에게 '구구단을 외워 보렴.' 하고 지시할 때, 영철은 교사의 지시 내용의 수행을 피하기 위해 큰 소리를 지른다." 이러한 가설은 문제행동이 발생하는 환경에 대한 정보와 문제행동의 기능에 대한 정보를 주기 때문에 행동지원 계획을 세울 때 환경에서 무엇을 변화시키고 아동에게 무엇을 가르쳐야 할지에 대한 유익한 정보를 제공해 준다. 즉, 가설은 기능평가에서 얻은 정보와 행동지원 계획 간의 관련성을 확인해 주어 행동지원 계획을 안내하는 역할을 한다. 예를 들어, 위의 예에서는 교사의 어렵고 싫은 지시를 피하고자 하는 기능이 감지되었으므로, 가설이 확정된다면 지금까지 시행해 온 단순 지시 방법이 아닌 흥미 있는 다른 교수법으로 구구단을 암기하게 한다든지, 암기할 구구단의 범위를 좁혀 주는 등, 아동이 즐겁고 쉽게 할 수 있는 환경을 만들어 주는 계획을 세울 수 있을 것이다.

위의 예에서 보여 준 바와 같이 문제행동에 대한 검증 가능한 가설 문장에는 반드시 네 가지 요소가 포함되어야 한다. 첫째, 가설은 아동의 이름을 포함해야 한다. 행동지원은 개별화되어야 하기 때문에 누구의 문제행동인지 밝혀져야 한다. 둘째, 가설에는 선행사건이 포함되어야 한다. 이는 문제행동 전에 일어난 사건으로 직접 사건뿐 아니라 문제행동과 관련이 있다면 배경사건도 포함되어야 한다. 셋째, 가설에는 문제행동을 기술해야 한다. 구체적이며 관찰이 가능한 용어로 문제가 되는 행동을 기술해야 한다. 마지막으로, 가설에는 추정되는 문제행동의 기능을 밝혀 주어야 한다. 이는 추정된 기능이기 때문에 반드시 확증하는 과정을 필요로 한다.

이런 네 가지 요소를 포함하는 가설 문장은 다음 두 가지의 형식으로 표현할 수 있다.

- 가설 문장 형식 1: [선행사건 또는 배경사건] 상황에서 [아동 이름]는/은 [추정된 행동의
  기능]을 위해 [문제행동]을 한다.
- 가설 문장 형식 2: [아동 이름]은/는 [선행사건 또는 배경사건]이 발생했을 때 [추정되는
  행동의 기능]을 위해 [문제행동]을 나타낸다.

 이러한 형식을 갖춘 문제행동에 대한 몇 가지 가설 문장의 예를 [그림 3-14]에 제
시했다.

- 엄마께 야단을 맞고 등교한 날, 지각하여 선생님의 벌점 지시를 들으면, 보미는
  (배경사건)                                    (선행사건)            (아동)
  지시 수행을 피하기 위해 자해행동을 한다.
      (추정 기능)            (문제행동)
- 진수는 친구가 안경에 대해 얘기하면, 그 얘기를 듣지 않기 위해 크게 소리 지른다.
  (아동)           (선행사건)                (추정 기능)              (문제행동)
- 보라는 체육시간 뒤의 수업시간에는 수업 참여를 피하기 위해 책상에 엎드려 있다.
  (아동)           (선행사건)                (추정 기능)              (문제행동)
- 다른 친구가 자기가 좋아하는 장난감을 갖고 놀고 있으면 은서는 그 장난감을 갖기 위해
                (선행사건)                         (아동)         (추정 기능)
  친구의 딸을 깨문다.
      (문제행동)

[그림 3-14] **가설 문장의 예**

 위에서 제시한 방법들을 통해 많은 문제행동의 기능을 찾고 가설을 세우는 것이
가능하지만, 그것이 쉽지 않은 경우도 있다. 대표적인 경우가 생물학적인 원인에 의
해 행동이 발생하거나 행동 자체가 자기자극의 기능을 갖는 경우다(Walker, Ramsey,
& Gresham, 2004). 이는 앞에서 문제행동의 기능 부분에서 말한 자동적 정적 강화의
경우다. 그런 경우는 문제행동에 대해 반응하는 다른 사람의 존재 여부나 환경적인
변화와 관계없이 행동이 발생하게 되기 때문에 관찰자에게 혼돈을 가져올 수 있다.
그 외에도 문제행동의 강도는 심하지만 자주 발생하지 않을 때, 행동이 보이지 않는
곳에서 은밀히 발생할 때, 행동이 아주 특별한 사건에 영향을 받은 것에 기인할 때,
문제행동 전에 여러 선행사건이 발생할 때는 가설을 세우는 것이 쉽지 않다(Kern,

2008). 문제행동에 대한 가설을 세울 때는 반드시 이러한 문제점들도 고려해야 할 것이다. 이때 여러 사람을 통해 다양한 정보를 수집한다면 아동에게 영향을 미치는 중요한 변수를 찾을 가능성이 높아질 것이다.

### 4) 행동의 기능평가를 위한 기능분석

앞에서 행동의 관찰 평가를 통해 행동과 환경 사이의 관계에 대한 가설, 즉 문제행동에 대한 검증 가능한 설명을 만들 수 있음을 살펴보았다. 기능평가를 위해 면담이나 척도지 평가 또는 관찰 평가 등을 통해 정보를 수집해도 명확한 가설을 세우기 어렵거나 기능평가에 근거한 중재가 효과적이지 않다면 행동과 환경 변수 간의 관계를 검토하는 기능분석을 실시할 수가 있다. 즉, 가설의 성립, 즉 문제행동과 환경의 기능적 관계에 대한 입증을 위해서는 선행사건이나 결과를 조작하는 기능분석을 해 보아야 한다.

문제행동을 효율적으로 다루기 위해 행동의 원인과 기능을 알고자 한다는 뜻으로 기능평가와 기능분석을 혼용하여 쓰는 경우가 있는데, 여기에서는 두 용어를 구분하여 쓰고자 한다. 기능평가는 행동의 선행사건과 후속결과를 찾아내는 다양한 접근과정을 의미하고, 기능분석은 어떤 행동과 관련 있는 환경을 체계적이고 계획적인 방법으로 조작하여 그 행동을 통제하는 선행조건의 역할이나 그 행동을 유지하게 하는 결과를 검증하는 방법을 뜻한다(Cone, 1997; Horner, 1994; Martin & Pear, 2003). 기능분석은 기능평가에 대한 하위개념으로, 기능평가를 실행하는 한 가지 방법이다. 많은 연구에서 아동들의 문제행동을 통제하는 변수를 찾기 위해 기능분석을 실시하고 있다(Carr, Newsom, & Binkoff, 1980; Durand & Carr, 1987; Iwata et al., 1994; Sprague & Horner, 1995).

기능분석은 문제행동을 둘러싼 환경을 체계적으로 조작하여 행동과 환경 사이의 기능적 관계를 입증하는 방법이다. 즉, 기능평가를 통해 알게 된 문제행동의 원인을 설명하는 가설을 실험적으로 검증하는 것이다. 이를 위해서 문제행동이 발생했을 때 나타나는 후속결과(예: 정적 자극, 회피 자극)를 조작할 수도 있고, 선행사건(예: 과제의 난이도, 과제의 길이, 활동의 선택)을 조작할 수도 있다. 이렇게 변수를 체계적으로 조작하여 새로 만들어진 환경에서 표적행동이 어떻게 변화하는지 관찰하는 것이 기능분석이다. 변수를 조작하는 기능분석의 실행은 실험연구 수준의 기술이 필요하므로 훈련받은 사람이 실시하는 것이 좋다. 기능분석을 실시할 수 있는 더욱 다양하고 구체적인 방법을 찾기 위해서는 O'Neil과 동료들(1997)이 개발한 내용이나 Iwata, Dorsey와 동료들(1982)이 개발한 유사기능분석을 참조할 수 있다. 이러한 기능분석을 하기위해서는 변수 조작을 통한 문제행동의 변화에 대한 자료가 있어야 하기 때문에 문제행동의 정의가 이루어져야 하는데, 행동의 정의는 4장에서 자세히 설명하겠다.

여기에서는 기능분석을 위해 주로 사용되는 개별대상연구의 중재제거 설계(withdrawal design)를 사용하여 기능분석을 한 예를 살펴보기로 하자. 중재제거 설계는 하나 혹은 그 이상의 실험단계에서 중재를 제거하여 목표행동에 미치는 영향을 알아보고자하는 것이다(중재제거 설계는 개별대상연구 방법을 다룬 7장에서 자세히 소개하였다). 기능분석을 위해서 이런 설계를 사용하여 변수를 제거했을 때 문제행동이 일관성 있게 증가 또는 감소하는지를 살펴볼 수 있다. 예를 들어, 간접 평가와 직접 관찰 평가를 통해 승철이라는 아동이 어려운 과제를 회피하기 위해 공격적 행동을 할 것이라는 가설이 만들어졌다고 해 보자. 이를 검증하는 기능분석을 위해서는 몇 차례 계속하여 쉬운 과제를 제시해 주고, 다음 몇 차례 동안은 어려운 과제를 계속하여 제시해주는 것을 반복 실시해 볼 수 있다. 이렇게 하여 자료를 수집한 결과 일관성 있게 어려운 과제를 받았을 때만 공격적 행동이 증가한다면 공격적 행동이 회피 기능으로 작용한다는 가설을 입증하는 것이다. 승철이의 경우를 간단한 그래프로 그리면 [그림 3-15]와 같이 나타낼 수 있다.

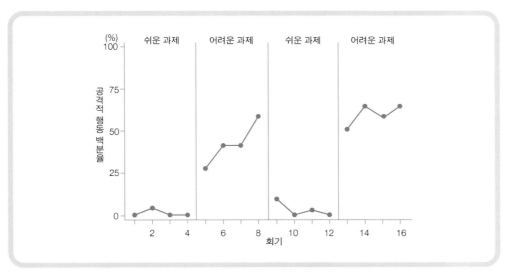

[그림 3-15] **승철이의 공격적 행동 기능분석 그래프의 예**

기능분석은 아동 행동과 환경 사이의 기능적 관계를 명확히 밝혀 주기 때문에, 기능분석을 통해 행동의 변화를 가져올 변수를 찾을 수도 있고 좀 더 효과적인 중재 방법을 개발할 수도 있다. 이러한 장점에도 불구하고 기능분석은 다음과 같은 제한점을 갖는다(Cone, 1997). 첫째, 기능분석은 빈번하게 나타나는 행동에만 주로 사용되고, 행동의 원인에 대한 타당한 결론을 찾기 위해 많은 자료와 시간을 요하는 문제행동에는 사용하기 어렵다. 둘째, 기능분석은 심한 자해행동이나 자살과 같이 위험한 행동에는 적용할 수 없다. 셋째, 기능분석은 체계적인 여러 단계의 실행과정을 거쳐야 하기 때문에 많은 시간과 경비와 인력이 요구된다. 많은 연구에서는 기능분석을 실시하여 중재 방법을 찾아 적용하고 있지만 실제 교육이나 치료현장에서는 기능분석까지는 하지 않고 기능평가를 위한 간접 평가와 직접 관찰 평가 정도까지만 실시하는 경우가 많다.

지금까지 살펴본 기능평가 방법들을 사용하여 문제행동의 기능이 밝혀지면 시행착오 없이 좀 더 효율적인 중재 방법을 신속하게 찾고 개발할 수 있을 것이다. 그러므로 특히 오래 지속되어 온 문제행동이나 정도가 심한 문제행동에 대해서는 반드시 중재 적용 전에 기능평가를 실시하여야 한다. 그러나 기능평가나 기능분석의 결과에 따라 개발한 중재가 효과적이지 못했다면, 다음 세 가지 중에서 한 가지 방법을 선택할 수 있다(Scheuermann & Hall, 2008). 첫째, 원래 가설을 가지고 새로운 중재를 계획하는 것이다. 둘째, 지금까지 수집된 자료로 새로운 가설을 만드는 것이다. 셋째, 기능평가를 확대하여 추가 자료를 수집하는 것이다.

## 요약

- 문제행동이 발생하면 그 행동을 감소시키거나 제거하려는 시도를 하기 전에 문제행동의 발생 과 유지에 영향을 주는 요인을 조사하여 문제행동을 통해 아동이 이루고자 하는 목적이 무엇인 지를 찾는 것이 선행되어야 한다.

- 문제행동의 기능은 크게 정적 자극을 얻으려는 것과 혐오자극을 피하려는 것으로 나뉜다.

- 문제행동에 대한 기능평가의 방법은 면담과 평가척도 같은 질문지 평가, 아동 행동을 직접 관 찰하는 관찰 평가, 그리고 문제행동에 영향을 미치는 변수의 효과를 직접 평가하는 실험적 기 능분석 등으로 구분된다.

## 토의 및 적용

- 행동의 기능평가를 해야 하는 이유는 무엇인가요?

- 문제행동이 지닐 수 있는 여섯 가지 기능을 설명해 보세요.

- 문제행동에 대한 (실험적) 기능분석이 다른 유형의 기능평가 방법과 구별되는 점은 무엇인가요?

- 설명조의 가설과 검증 가능한 설명의 차이점을 예를 들어 설명해 보세요.

- 아동의 공격적 행동에 대한 검증 가능한 가설을 만들어 보세요.

# 행동의
# 정의와 목표

## 제 4 장

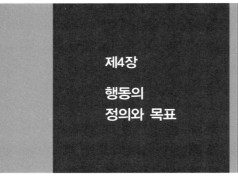

제4장

행동의
정의와 목표

- 표적행동을 조작적으로 정의할 수 있다.
- 행동목표를 작성할 수 있다.

- **표적행동의 조작적 정의**: 행동을 관찰 가능하고 측정이 가능한 용어로 정의하는 것을 의미한다.
- **행동의 차원**: 행동의 관찰과 측정을 위한 행동의 특성에 대한 설명으로, 행동의 빈도, 지속시간, 지연시간, 위치, 형태, 강도를 의미한다.
- **행동목표**: 학생이 중재를 통해 도달해야 할 수행 능력의 수준을 의미한다. 즉, 계획된 중재나 교수의 결과로 나타날 행동을 기술한 것이다.

● 학생의 문제행동을 지원하기 위해서는 무엇보다도 먼저 무엇이 문제인지를 규정해야 한다. 문제가 되는 행동이 무엇인지를 모두가 알 수 있도록 하는 명확한 정의와 문제행동을 어떻게 어느 수준만큼 바꾸고 싶은지에 대한 뚜렷한 목표는 행동지원의 전반적 과정이 바르게 이루어지도록 하는 길잡이와 같은 역할을 한다. 이는 마치 건축가의 손에 들려진 설계도와 같은 것이다. 이 장에서는 행동을 조작적으로 정의하는 방법과 행동목표를 세우는 방법을 구체적 내용과 함께 다양한 예를 들어 설명하겠다.

## 1 표적행동의 선정과 조작적 정의

### 1) 표적행동의 선정

교사가 여러 학생의 모든 문제행동에 대해 개별화된 행동지원을 시행하기는 어렵기 때문에, 향상을 필요로 하는 학생의 많은 행동 중에서 행동지원 계획을 세울 필요가 있는 행동이 무엇인지 결정해야 한다. 즉, 학생의 행동을 지원하기 위해서는 무엇보다도 행동지원의 표적으로 삼을 행동을 찾아야 하는 것이다. 여기에서 표적행동이란 행동지원을 통해 향상되도록 변화시키기 위해 관찰하고 측정할 행동을 의미한다. 따라서 표적행동은 바람직한 행동일 수도 있고 바람직하지 않은 행동일 수도 있다. 바람직한 행동이 너무 적게 나타나고 있기 때문에 증가시켜야 할 필요가 있다면 그 행동이 표적행동이 되는 것이다. 이런 경우는 표적행동을 목표행동이라고 부르는 경우도 있다. 반대로 바람직하지 못한 행동이 지나치게 많은 경우에 감소시킬 필요가 있다면 그 행동이 표적행동이 되는 것이다.

행동지원을 계획할 때 모든 학생의 다양한 행동을 동시에 다루기 어렵기 때문에 어떤 행동을 먼저 다루고 어떤 행동을 나중에 다루어야 할지 우선순위를 결정해야 한다. 우선순위를 정할 때에 일반적으로 받아들여지고 있는 선정 기준은 문제행동이 학생 자신이나 다른 사람에게 어느 정도 해가 되느냐이다. 여러 연구를 종합하면 학생의 행동이 자신이나 타인에게 직접적으로 해가 되는 경우를 일순위로 다루고, 자신이나 타인의 학습에 방해가 되는 경우를 다음 순위로, 학생의 사회적 수용을 어렵게 하는 경우를 맨 나중 순위로 다룰 것을 제안하고 있음을 알 수 있다(Bambara & Kern, 2005; Evans & Meyer, 1985; Janney & Snell, 2000). 이러한 연구들에서는 문제행동의 수준을 구체적으로 파괴적 행동, 방해하는 행동, 가벼운 방해행동으로 구분하여 명명하고 우선순위를 정할 것을 제안했다. 제1순위로 다루어야 할 '파괴적 행동'이란 자신이나 다른 사람에게 해가 되거나 위협이 되는 행동을 의미한다. 예를 들어, 자신이나 타인의 신체에 상처를 내는 행동이 여기에 속한다. 자신이나 타인의 몸의 한 부분을 꼬집거나, 할퀴거나, 때리거나, 깨물거나, 발로 차는 행위들이다. 다음 순위가 되는 '방해하는 행동'은 직접적으로 또는 즉각적으로 자신이나 다른 사람을 해롭게 하는 것은 아니지만 지속된다면 학습에 부정적 영향을 미치거나 다른 사람과 긍정적 상호작용을 하는 데 방해가 될 뿐 아니라 파괴행동으로 발전할 가능성이 있는 행동을 의미한다. 방해가 되는 방법으로 물건을 망가뜨리는 것도 여기에 해당한다. 예를 들어, 옷이나 책을 찢는 행동이나 징징거리며 울거나 함께 사용할 물건을 나누어 쓰지 않는 것과 같이 규칙을 어기는 행동이 여기에 속한다. 그다음 순위가 될 수 있는 '가벼운 방해행동'은 학습이나 사회적 상호작용에 직접 방해가 되지는 않지만 다른 사람으로부터 사회적 수용을 어렵게 하거나 자신의 이미지에 부정적 영향을 주기 때문에 계속된다면 방해행동으로 발전할 수 있는 행동을 뜻한다. 기물을 파괴하지는 않지만 물건에 손상을 입히는 행동은 여기에 해당한다. 예를 들어, 이상한 옷차림을 하는 것이나 자폐가 있는 아이들이 흥분하면 보이는 손동작이나 몸동작 등의 상동행동이 여기에 속한다.

　　이렇게 간단한 기준을 제시한 것도 있지만, 어떤 행동을 가장 먼저 다루며 지원해야 할지에 대해 보다 구체적 기준과 함께 그 선정 방법까지 제시한 경우도 있다. Cooper와 Heron, Heward(2010)는 표적행동에 대한 행동지원의 우선순위를 정하는 기준을 아홉 가지로 제안하였다. 그들은 각각의 기준에 대해 0점부터 4점까지 점수를 부여하도록 하여 가장 높은 총점을 얻은 행동의 차례대로 우선순위를 부여하는 방법을 제안했다. 그들이 제시한 아홉 가지 기준의 질문에 대해 해당 행동에 대해 점수를 부여하고 표적행동의 우선순위를 정할 수 있도록 [그림 4-1]과 같이 척도표를 만들어 제시하였다.

## 표적행동 우선순위 평가척도

1. 가능성 있는 표적행동들을 해당 칸에 기입한다.
2. 다음 9가지 질문에 대한 가능한 각 표적행동의 점수를 해당 숫자 위에 × 표시를 한다.
3. 각 표적행동의 해당 점수를 1번부터 9번까지 모두 합하여 총점 칸에 기입한다.
4. 각 표적행동별 점수를 비교해서 표적행동의 우선순위를 정한다.

점수의 의미: 0=전혀 그렇지 않다  1=거의 그렇지 않다  2=조금 그렇다  3=거의 그렇다  4=매우 그렇다

| 번호 | 우선순위의 기준 | 가능성 있는 표적행동 | | | |
|---|---|---|---|---|---|
| | | 1. ____ | 2. ____ | 3. ____ | 4. ____ |
| 1 | 이 행동은 자신이나 타인에게 위험한 행동인가? | 0 1 2 3 4 | 0 1 2 3 4 | 0 1 2 3 4 | 0 1 2 3 4 |
| 2 | 이 행동이 변화된다면 활용할 기회가 많은가? | 0 1 2 3 4 | 0 1 2 3 4 | 0 1 2 3 4 | 0 1 2 3 4 |
| 3 | 이 행동은 오래 지속되어 왔는가? | 0 1 2 3 4 | 0 1 2 3 4 | 0 1 2 3 4 | 0 1 2 3 4 |
| 4 | 이 행동이 향상되면 지금보다 더 많은 강화의 기회가 제공될까? | 0 1 2 3 4 | 0 1 2 3 4 | 0 1 2 3 4 | 0 1 2 3 4 |
| 5 | 이 행동은 학생의 행동발달과 독립성 증진에 중요한가? | 0 1 2 3 4 | 0 1 2 3 4 | 0 1 2 3 4 | 0 1 2 3 4 |
| 6 | 이 행동이 개선되었을 때 타인으로부터 불필요한 부정적 관심을 줄일 수 있는가? | 0 1 2 3 4 | 0 1 2 3 4 | 0 1 2 3 4 | 0 1 2 3 4 |
| 7 | 이 행동이 향상되면 학생 주위의 중요 인물들에게 보상(기쁨 또는 보람)이 되는가? | 0 1 2 3 4 | 0 1 2 3 4 | 0 1 2 3 4 | 0 1 2 3 4 |
| 8 | 이 행동은 성공적으로 변화시킬 가능성이 높은가? | 0 1 2 3 4 | 0 1 2 3 4 | 0 1 2 3 4 | 0 1 2 3 4 |
| 9 | 이 행동지원에 비용이 적게 드는가? | 0 1 2 3 4 | 0 1 2 3 4 | 0 1 2 3 4 | 0 1 2 3 4 |
| | 총점 | | | | |

[그림 4-1] **표적행동의 우선순위를 정하는 기준**

[그림 4-1]의 우선순위 기준 내용을 살펴보면 다음과 같다.

첫째, 학생의 문제행동이 자신이나 타인에게 위험한 행동인가? 이 질문에 대해서는 문제행동이 자신과 타인의 안전과 건강에 어느 정도 해가 되는지 생각하고 알맞은 수준에 해당하는 점수를 부여한다. 둘째, 학생의 행동이 변화된다면 활용할 기회가 많은가? 어쩌다 한 번 사용하게 될 행동보다는 자주 사용하게 될 행동을 먼저 변화시켜야 할 것이다. 따라서 어느 정도 활용하게 될지를 생각하고 수준에 맞는 점수를 고른다. 셋째, 이 행동은 오래 지속되어 왔는가? 오래된 만성적 문제행동을 최근의 문제행동보다 우선적으로 다루어야 하므로, 아주 오래된 행동이라면 4점을 줄 수 있을 것이다. 넷째, 이 행동이 향상되면 지금보다 더 많은 강화의 기회가 제공될까? 행동이 향상되었을 때 더 많은 강화를 받게 되는 경우에는 학생에게 더 많은 학습의 기회가 주어질 수 있으므로 그런 행동은 높은 점수를 부여한다. 다섯째, 이 행동은 학생의 행동발달과 독립성 증진에 중요한가? 행동지원의 궁극적 목표는 학생의 행동이 향상되어 독립적으로 기능하게 되는 것이다. 때문에 학생의 독립성 증진에 도움이 되는 것일수록 높은 점수를 주어야 한다. 여섯째, 이 행동이 개선되었을 때 타인으로부터 불필요한 부정적 관심을 줄일 수 있는가? 이 질문에 대해서는 행동 자체보다 행동이 가져오는 부수적 결과가 다른 사람과의 상호작용을 어렵게 하는 정도를 점수화하면 된다. 예를 들어, 음식물을 흘리면서 먹는 경우, 본인에게 있어서는 음식을 못 먹는 것이 아니므로 괜찮을 수 있지만 또래들은 불결하게 느껴서 그 학생과 함께 식사하기를 싫어하고 피하게 될 수 있다. 그렇다면 음식을 흘리지 않고 먹는 법을 가르쳐 주는 것이 우선되어야 할 것이다. 일곱째, 이 행동이 향상되면 학생 주위의 중요 인물들(예: 부모, 교사)에게 보상(기쁨 또는 보람)이 되는가? 이 질문은 넷째 기준과 관련이 있을 수 있는데, 가장 가까이에서 자주 만나는 중요 인물에게 보람을 느끼게 해 주는 행동일수록 중요 인물들의 강화를 받기 쉽게 해 주고, 이는 곧 학생의 발달에 큰 영향을 미치게 되기 때문에 중요한 기준이다. 그 행동을 고치는 것이 중요 인물을 기쁘게 할 것이라면 높은 점수를 준다. 여덟째, 성공적으로 변화시킬 가능성이 높은 행동인가? 긍정적인 변화 가능성이 높은 행동일수록 높은 점수를 준다. 아홉째, 이 행동지원에 비용이 적게 드는가? 행동지원에 비용이 덜 들수록 높은 점수를 준다. 비용이 많이 든다고 해서 지원을 안 해서는 안 되겠지만, 예산 경비가 많이 들수록 우선순위는 낮아진다. 여기에서 비용이란 직접적 경비뿐 아니라 시간과 노력까지도 포함한다.

표적행동을 선정할 때는 이런 기준뿐 아니라 행동의 사회적 가치도 함께 고려해야 한다. 즉, 목표가 달성되었을 때에 학생 본인에게 도움이 될 뿐만 아니라 사회적으로도 가치 있는 행동이어야 한다는 것이다. 1장에서 살펴본 대로 긍정적 행동지원의 특징 중의 하나도 '행동 변화는 사회적으로 의미 있어야 한다.'는 것이다. 행동이 사회적으로 가치 있다는 것은 한마디로 그 행동이 미치는 영향의 범위가 공간적으로나 시간적으로 넓어서 학생의 삶에 긍정적 영향을 준다는 뜻이다. Cooper와 Heron, Heward(2010)는 표적행동이 사회적으로 가치 있는 것인지 결정할 수 있는 10개의 기준도 〈표 4-1〉과 같이 제시했다. 그들은 〈표 4-1〉의 기준을 충족시키는 행동일수록 사회적 가치가 있다고 했다.

❖ 〈표 4-1〉 표적행동의 사회적 가치성 판단 기준

| 기준 | 사회적 가치성 판단 기준 |
|------|------------------------|
| 1 | 실생활에서 자연스럽게 강화될 가능성 |
| 2 | 상위 행동의 습득에 필요한 정도 |
| 3 | 다양한 학습 기회를 제공받을 가능성 |
| 4 | 학생에게 영향력을 줄 수 있는 사람과의 긍정적 상호작용을 이끌 가능성 |
| 5 | 새로운 행동을 배울 가능성 |
| 6 | 생활 연령의 적합성 |
| 7 | 문제행동과 기능의 일치성 |
| 8 | 최종 목표와 일치성 |
| 9 | 동적인 행위의 정도 |
| 10 | 최종 목표를 위한 행동의 구체성 |

살펴본 바와 같이 표적행동을 선정할 때는 학생 본인에게도 도움이 되고 사회적으로도 가치 있는 행동 중에서 그 심각성의 정도에 따라 우선순위를 정하여 결정하여야 할 것이다.

## 2) 행동의 조작적 정의의 필요성

변화되어야 할 표적행동이 결정된 뒤에는 행동지원을 위해 아동의 표적행동 수준을 측정할 수 있어야 한다. 그래야 중재를 적용하면서 표적행동의 수준의 변화를 알 수 있다. 즉, 중재 효과를 평가할 수 있는 것이다. 표적행동의 현재 수준이나 중재 효과를 평가할 수 있으려면 학생의 행동을 관찰하고 평가할 수 있어야 한다. 그런데 행동을 관찰하고 평가하기 위해서는 먼저 무엇을 관찰하고 어떻게 측정할 것인지 결정해야 한다. 그렇게 하려면 관찰할 행동은 관찰 가능하고 구체적이어야 한다(Sugai & Tindal, 1993). 행동의 관찰이 가능하다는 것은 행동의 시작과 끝이 분명하다는 것이며, 행동이 구체적이라는 것은 행동의 측정이 가능하다는 것을 의미한다. 바꾸어 말하면 관찰할 행동은 관찰 가능하고 측정 가능한 용어를 사용하여 조작적으로 정의해야 한다. 예를 들어, 수희의 사회적 고립행동을 '우울한 행동'이라고 정의하기보다는 '쉬는 시간에 친구들과 이야기한 횟수'로 정의하거나, 정현이의 인사 행동을 '예의 바른 행동'이라고 하기보다는 '다른 사람의 앞을 지나갈 때 "실례합니다."라고 말하기'로 정의한다면 그러한 행동을 직접 관찰하고 측정하기가 쉬워진다. 그런데 어떤 행동에 대한 정의가 없거나 그 정의가 주관적이어서 관찰자마다 다른 정의를 가지고 있다면 신뢰할 만한 관찰과 평가를 기대하기 어렵다. 즉, 똑같은 행동이라도 정의가 다르면 서로 다른 평가를 하게 된다. 따라서 서로 다른 관찰자가 하나의 행동을 보고 행동이 발생했는지에 대해 서로 동의할 수 있으려면 행동의 조작적 정의(operant definition)가 필요하다. 뿐만 아니라 같은 관찰자가 행동을 관찰할 때에도 관찰할 행동이 발생했을 때 다른 행동들과 변별할 수 있으려면 행동의 조작적 정의가 필요하다. 이렇게 객관적 관찰과 측정을 용이하게 하는 행동의 조작적 정의가 있으면, 행동에 대한 구체적 교수 목표를 세울 수 있고, 목표의 달성 여부를 객관적으로 측정할 수 있으며, 중재 효과를 평가하여 행동과 중재 프로그램 사이의 기능적 관계를 입증할 수 있게 된다.

## 3) 행동의 조작적 정의 만들기

행동의 조작적 정의를 설명하기 전에 행동의 조작적 정의가 아닌 경우를 들어 조작적 정의의 개념을 더 명확히 하고자 한다. 첫째, 행동에 대한 명칭은 행동의 조작적 정의로 충분하지 않다. 명칭은 설명된 형태의 행동에 대해 보편적으로 사용하는 이름과 같은 것이다. 예를 들면, '공격하기' '지시 따르기' '자리 이탈하기' '손톱 깨물기' '수업 방해하기' '과제 참여하기' 등이 있다. 이러한 명칭은 표적행동을 간단히 언급할 때는 편리하게 사용할 수 있지만 그 범위가 넓기 때문에 행동을 관찰하고 측정하며 자료를 수집하기에는 불충분하다. 명칭을 통해서는 구체적 행위를 확인할 수 없을 뿐 아니라 같은 명칭일지라도 서로 다른 내용의 행위를 의미할 수도 있기 때문이다. 예를 들어, '손톱 깨물기'라는 명칭만 사용하면 구체적으로 어떤 행위가 손톱 깨물기인지 명확하지가 않다. 그러나 '손가락이 입 안에 있고 이가 손톱이나 주변의 살갗을 물고 있는 것'이라고 정의하면 '손톱 깨물기'의 의미가 더욱 명확해진다. 또 다른 예로 '수업 방해하기' 또는 '과제 참여하기'라는 명칭만 사용하면 사람에 따라 그 내용은 매우 달라질 수 있다. 다시 말하면 수업을 방해하는 행동에 대하여 아이마다 그 방법이 다를 수 있고, 교사마다 과제에 참여하는 행동에 대한 기준이 다를 수 있다. 그러나 특정 아동의 구체적 행위를 나열하여 그 범위를 좁혀 주면 누구나 그 아동의 어떤 행위가 수업을 방해하는 행동인지 알 수 있게 된다. 따라서 아동의 특정 행동에 대한 표준 정의가 따로 정해져 있는 것이 아니라, 같은 명칭으로 불릴 수 있는 행동이라 할지라도 아동마다 그 행동의 정의는 달라질 수 있는 것이다.

둘째, 사람에 대한 어떤 특성을 진술하는 것도 행동을 조작적으로 정의하는 것이 아니다. 특성은 행동에 대한 문제를 넓은 범주로 구분하는 것으로 일반화된 정보를 제공할 뿐이다. 예를 들어, '버릇없다'는 특성은 행동에 대한 주관적 느낌이기 때문에 객관적으로 어떤 행동인지 말해 주지 못한다. 그러나 "입 닥쳐."라고 말하기라든지, 어른에게 부탁할 때 "ㅇㅇ해 줘." 등의 낮춤말 사용하기와 같은 표현은 '버릇없는' 행동의 구체적 내용을 알게 해 준다. 또 다른 예를 들자면, '우울하다'는 특성은 아동이 실제 어떻게 행동하는지는 말해 주지 못한다. 그러나 '교실 구석에 혼자 앉아 있다.'거나 '책상에 엎드려 있다.' 또는 '하루 종일 아무하고도 말을 하지 않는다.'와 같은 행동에 대한 직접적 표현은 특성에 대한 표현보다는 길지만 훨씬 정확하고 구체적인 정보를 주기 때문에 개인의 행동목표를 세우는 데 유용하다. 어떤 아이의 행동을 공격적이라고 묘사하는 것도 행동의 특성을 말해 줄 뿐이지 어떤 행동인지는 말해 주지 못한다. 공격적 행동을 '다른 학생의 머리를 양손으로 잡고 흔든다.'라고 정의하면 조작적 정의라 할 수 있다. 따라서 행동을 조작적으로 정의하기 위해서는 행동의 특성이나 전반적 문제가 아닌 구체적 행동을 다루어야 한다. 예를 들어, '학생의 공격성'보다는 '또래를 밀고 발로 차고 꼬집고 침 뱉는 행동'이 더 구체적인 행동이며, '학생의 고립성'보다는 '학생의 또래와의 상호작용 없음'이 더 구체적인 행동이 된다.

살펴본 바와 같이 행동의 조작적 정의는 명칭이나 특성에 대한 표현을 피하고, 행동을 관찰 가능하고 측정이 가능한 용어로 정의하는 것이다. 행동의 관찰이 가능하다는 것은 한 행동의 시작과 끝이 분명하여 관찰자가 행동의 정도를 분별할 수 있다는 뜻이다. '좌절을 느끼면' '슬플 때' '화가 나면' '분노할 때' 등 개인의 내적인 상태나 동기를 표현하는 경우는 다른 사람이 관찰하거나 기록할 수 없으며 그 시작과 끝을 정하기 어렵다. 그러나 '연필을 부러뜨리는 행동'은 연필을 집어 두 손으로 연필을 부러뜨리기까지의 행동으로 그 시작과 끝이 분명하다. 또한 행동의 측정이 가능하다는 것은 행동의 정도를 수량화할 수 있어야 한다는 의미다. 예를 들어, '신경질을 부리는 행동'은 신경질의 정도를 수량화하기 어렵지만, '소리 지르며 우는 행동'은 소리의 강도, 소리 지른 시간의 길이, 소리 지른 횟수 등으로 수량화할 수 있다. 또 다른 예로, '무질서한 행동'은 측정이 어렵지만 무질서한 행동의 결과가 되는 '제 자리에 두지 못한 물건의 수'는 측정하기 쉽다.

　행동을 조작적으로 정의하기 위해서는 자신이 어떤 행동에 대해 정의한 내용이 위에서 제시한 기준을 충족시키는지 확인해 보거나, 실제 연구에서 행동을 조작적으로 정의한 다양한 예를 살펴보는 것이 도움이 된다. 여러분에게 어떤 아이의 '울화통 터뜨리기' 행동을 조작적으로 정의하라고 하면 어떻게 하겠는가? 울화통을 터뜨리는 아이를 보면서 그 아이의 행동을 객관적으로 묘사해 볼 수 있을 것이다. 예를 들어, '선 채로 발을 바닥에 쿵쿵거리며 머리를 세게 좌우로 흔들기' '바닥에 앉아 두 팔다리를 휘저으며 크게 소리 지르기', 또는 '바닥에 누워 두 다리로 벽을 차고 주변의 물건을 집어던지기' 등의 행동이 관찰되었다면, 각각의 행동을 예로 제시할 수도 있고, 종합하여 '서거나 바닥에 눕거나 앉아서 벽이나 바닥을 발로 차거나 주변의 물건을 바닥이나 벽에 집어던지거나 소리를 지르는 행동'으로 정의할 수도 있다.

　연구에서 사용된 조작적 정의로는 Iwata와 동료들(1990)이 정신지체 아동의 자해 행동을 정의한 것을 예로 들 수 있다. 그들은 '팔 물기'를 '손가락에서 팔꿈치까지의 부위를 윗니와 아랫니로 무는 것'으로, '얼굴 때리기'를 '얼굴이나 머리를 주먹이나 손바닥으로 소리 나게 접촉시키는 것'으로, '머리 박기'를 '고정된 물체(예: 책상, 바닥, 벽)에 머리의 어느 부위를 소리 나게 접촉시키는 것'으로 정의했다. 또 다른 예로 양명희와 김미선(2002)은 선택적 함묵 아동의 '질문에 답하기' 행동을 "교사나 또래가 집단으로 혹은 개별적으로 아동에게 질문을 할 때 아동이 청자가 인식할 수 있을 정도의 목소리로 대답하는 것인데, 청자가 인식할 수 있을 정도란 명료화에 대한 재요구(예: 다시 한 번 말해 봐라, 크게 말해 봐라 등) 없이 단어나 문장으로 대답하는 것이

- ▧ **형태**: 영희는 분노폭발 행동을 할 때 소리를 지르고, 식당 바닥을 발뒤꿈치로 내 리치고, 자기 머리카락을 잡아당긴다.
- ▧ **강도**: 영희가 분노폭발 행동을 할 때 소리를 지르면 30m 떨어진 교실에서도 들을 수 있다.
- ▧ **위치**: 영희는 주로 학교 식당에서 분노폭발 행동을 했다.

위에서 예로 든 영희의 분노폭발 행동을 영희의 행동 특성에 따라 여섯 가지 차원 중에서 몇 가지를 적용하여 조작적으로 정의할 수 있을 것이다.

## 2 | 행동목표 세우기

### 1) 행동목표 세우기의 필요성

문제가 되는 행동을 찾아서 조작적으로 정의한 다음에는 행동목표를 세우는 것이 순서다. 행동목표 세우기란 학생의 문제행동에 대해 장기적으로 또는 단기적으로 이루기를 원하는 목표, 다시 말하면 중재 결과로 나타나기를 기대하는 행동에 대해 기술하는 것이다. 문서화된 행동목표를 세워야 하는 이유는 다음과 같다. 첫째, 행동목표를 세우는 것은 학생을 포함하여 학생의 행동지원에 관련된 사람들 간에 의사소통을 원활하게 해 준다. 즉, 문서화된 행동목표는 행동에 대한 중재가 끝났을 때에 기대하는 바람직한 행동이 무엇인지 알게 해 주고, 관련자들 각자의 책임을 분명히 하는 데 도움이 되며, 행동목표와 관련된 정보를 서로 공유할 때 그 뜻을 명확하게 해 준다. 문서화된 행동목표는 학생에게 기대하는 행동 수준을 알려 주는 역할도 한다.

둘째, 명확한 행동목표는 행동을 지원하는 사람들로 하여금 행동을 지원할 때 학생의 현재 행동 수준을 결정하는 데 도움을 주며, 나아가서 어떤 중재 방법을 선택할 것인지를 결정하는 데 도움을 준다. 건축가가 설계도면 없이 건축 재료를 선택하지 않는 것처럼 행동을 지원하는 교사는 행동목표 없이 구체적 중재 방법을 선택하지 않는 것이다. 명확하게 설정된 행동목표는 교사로 하여금 단순히 구하기 쉽고 사용하기 쉽고 자신에게 익숙하다는 이유만으로 어떤 중재를 선택하지 않도록 도와줄 것이다.

셋째, 행동목표를 세워야 하는 또 다른 이유는 행동목표가 중재를 실시한 결과에 대한 구체적인 평가를 할 수 있게 해 주기 때문이다. 구체적인 행동목표가 있으면 교사는 학생의 행동이 형성되고 있는 상태를 평가하면서 행동 수준이 목표에서 진술한 기준에 도달하고 있는지 점검해 볼 수 있다.

넷째, 법률 조항을 준수하기 위해서라도 행동목표를 세워야 한다. 미국의 경우, 장애아교육법으로 1975년에 만들어진 'The Education for all Handicapped Children Act: Public Law 94-142'와 1990년에 만들어지고 1997년과 2004년에 개정된 'The Individuals with Disabilities Education Act(IDEA)'에서 장애아동을 위한 개별화 교육 계획안(Individualized Education Plan: IEP)을 만들고 실행할 것을 규정하고 있다. 2004년 개정된 법에서는 개별화 교육 계획안에 반드시 포함되어야 하는 것으로 여덟 가지 요소를 요구하고 있다. 여덟 가지 요소는 ① 아동의 수행에 대한 현재 수준, ② 단기목표를 포함한 연간 목표, ③ 평가 방법, 평가 기준, 평가 실시 일정을 포함하는 평가 계획, ④ 평가를 위한 수정 방법 및 대안적 평가 적용, ⑤ 특수교육환경에의 배치 및 지원과 관련 서비스 내용, ⑥ 일반교육 프로그램에 참여하지 않는 정도와 그 근거, ⑦ 전환교육, ⑧ 교육 시작과 종료 시기다. 개별화 교육 계획안을 만들기 위해서는 아동의 현재 수행 수준을 중심으로 단기목표와 연간 목표를 세워야 하고, 목표 달성에 대한 평가 계획을 세워야 한다. 특히 개별화 교육 계획의 구성 요소인 '행동 중재 계획(Behavioral Intervention Plan: BIP)'에는 반드시 교육을 방해하는 표적행동의 조작적 정의와 행동목표를 포함하도록 하고 있다.

우리나라의 경우도 「장애인 등에 대한 특수교육법」 제22조에서 개별화 교육 계획을 작성하도록 하고 있다. 이는 「특수교육진흥법」에서는 시행규칙에 명시되어 있던 개별화 교육 계획의 내용을 시행규칙에서 법으로 끌어올려 본질적인 내용을 법률로 규정한 것이다. 또한 「장애인 등에 대한 특수교육법」의 시행규칙 제4조 3항에 의하면 개별화 교육 계획에는 특별한 교육지원이 필요한 영역의 현재 학습 수행 수준과 교육목표가 포함되어야 한다고 명시되어 있다. 즉, 개별화 교육 계획안에는 반드시 아동의 행동지원에 있어서도 해당년도의 목표가 포함되어야 한다. 이와 같이 법률 조항을 준수하기 위해서도 교사는 특수아동의 행동목표를 세워야 할 필요가 있다.

## 2) 행동목표의 구성

행동목표를 작성할 때 포함되어야 할 네 가지 구성 요소는 ① 학습자(학생), ② 학생의 행동, ③ 행동이 일어나는 상황의 조건, ④ 목표가 되는 기준이다(Alberto & Troutman, 2006; Mager, 1962). 즉, 행동목표는 누가, 무엇을, 언제, 어디서, 어떤 상황에서, 어떻게, 얼마나 하게 될 것인가를 기술하는 것이다. 네 가지 구성 요소를 갖춘 행동목표는 교사에게 학생의 행동을 일관되게 관찰할 수 있도록 도와주며, 교사가 관찰한 것을 다른 사람들에게 확인시켜 주는 데 사용될 수 있으며, 교사 외의 사람이 지도할 때에 연속적 지도가 이루어지도록 도와준다. 여기에서는 행동목표의 네 가지 구성 요소의 의미와 그 사용 예를 살펴본다.

### (1) 학습자(아동)

첫 번째 구성 요소인 '학습자(아동)'는 행동을 변화시켜야 할 필요가 있는 개별 아동을 의미한다. 아동들은 문제행동에 있어서 각각 다른 필요가 있으므로 행동지원에서 개별화 접근이 필요하다. 그러므로 행동목표를 진술할 때는 개별 아동의 이름이 필요하다. 만약 같은 행동목표 아래 같은 중재를 필요로 하는 아이들이 있다면 그 집단을 명명하는 이름이 있어야 한다. 그러한 예를 〈표 4-4〉에 제시했다.

❖〈표 4-4〉행동목표의 '학습자' 부분 표현의 예

| 개인 아동의 경우 | 아동집단의 경우 |
| --- | --- |
| • 성결이는 …… <br> • 유진이는 …… | • 놀이치료의 참여자는 …… <br> • 1학년 2반 아이들은 …… |

### (2) 행동

행동목표의 두 번째 구성 요소는 '행동'이다. 행동 부분을 진술할 때는 아동에게 바람직한 변화가 이루어졌을 때 학생이 어떻게 행동하게 될 것인지 그 내용을 기술해야 한다. 이때 행동을 정의하는 단어는 표적행동의 조작적 정의에서와 같이 관찰, 측정, 반복이 가능한 동사를 사용하는 것이 좋다. 즉, 관찰과 측정이 가능한 용어를 사용하여 행동에 대한 조작적 정의를 해야 하는 것이다. 조작적 정의에 대한 구체적 내용은 앞부분에서 설명했다. 이런 정의를 사용하여야 다른 사람도 아동이 어떤 행동을 했을 때 행동의 발생 여부를 결정할 수 있다.

　행동목표의 '행동' 부분에 사용할 수 있는 알맞은 동사는 움직이는 행동을 표현하는 것이며, 이에 알맞지 않는 동사는 아동의 내면에서 발생한 변화를 지칭하거나 눈으로 관찰하기 모호한 것들이다. 일찍이 Deno와 Jenkins(1967)는 동사를 직접 관찰이 가능한 행위동사(예: 카드로 덮다, 구두로 세다, 붙이다, 선을 긋다, 채우다 등), 모호한 행위동사(예: 조립하다, 발견하다, 시범 보이다, 연결하다, 나누다, 완성하다 등), 직접 관찰이 가능하지 않은 행위동사(예: 구별하다, 해결하다, 창조하다, 추리하다, 분석하다, 느끼다 등)로 분류하여 제시한 바 있다. 〈표 4-5〉에 행동목표 진술에 사용할 수 있는 적절한 동사와 부적절한 동사의 예를 몇 가지 제시했으며, 〈표 4-6〉에는 그 사용 예를 제시했다.

❖〈표 4-5〉 행동목표 진술에 적절한 동사와 부적절한 동사의 예

| 적절한 동사 | 부적절한 동사 |
| --- | --- |
| 말하다, 쓰다, 구두로 읽다, 가리키다, 주다, 보다, 자르다, 접는다, 잡아 올린다, 색칠한다, 손을 든다, 던진다 등 | 이해하다, 인식하다, 안다, 인지하다, 깨닫다, 발견하다, 찾아내다, 읽다, 증진하다, 향상된다, 연습한다, 참는다 등 |

❖〈표 4-6〉 행동목표의 '행동' 부분에 대한 동사 사용의 예

| 적절한 동사 사용의 예 | 부적절한 동사 사용의 예 |
| --- | --- |
| • 제시한 여러 물건 중에 가장 큰 것을 가리킨다. <br> • 동전의 값을 말로 한다. <br> • 「아기 돼지 삼형제」 이야기를 받아쓴다. <br> • 책상 위의 책을 본다. | • '크다'와 '작다'의 차이를 인식한다. <br> • 동전의 값을 이해한다. <br> • 편지문을 발전시킨다. <br> • 수업시간에 학습행동을 한다. |

　예를 들어, 위의 예에서 '동전의 값을 이해한다.'는 행동목표를 보자. 이 행동목표를 가지고 아동 행동을 관찰하려고 할 때, 동전 값을 이해한다는 것은 사람에 따라 여러 가지로 해석될 수 있다. 즉, '동전을 주면 그 가격을 말로 한다.' 또는 '가게에 가서 물건 값을 치를 수 있다.' 또는 '동전마다 적힌 값을 말로 할 수 있다' 등으로 해석될 수 있다. 이런 문제로 우리는 이해한다는 것이 무엇인지 또다시 길게 설명해야 하는 번거로움을 피할 수 없다. 이렇게 모호한 표현 대신에 행동을 '주어진 동전의 값

을 말로 한다.'로 표현하면 아동이 어떻게 하는 것이 그 행동인지에 누구나 동의할 수 있을 것이다.

### (3) 조건

행동목표의 세 번째 구성 요소는 반복될 수 있는 '조건'이다. 같은 행동이라도 특정 조건에서는 바람직한 행동이 되지만 다른 조건에서는 바람직하지 않은 행동이 될 수 있다. 예를 들어, 큰 소리로 노래하는 행동이 음악시간에 교사의 지시에 따라 이루어진다면 바람직하지만, 모두 조용히 책을 보는 도서관에서 발생한다면 바람직하지 않은 행동이다. 따라서 행동목표를 진술할 때는 기대되는 표적행동과 관련된 선행자극으로서 환경적 상황, 사용될 자료, 도움의 정도, 구어적/문어적 지시 등의 '조건'을 제시해야 한다. 환경적 상황이란 주로 장소와 시간을 말한다. 예를 들어, '교실에서 지필고사를 치르고 있는 시간 동안' '점심시간의 급식실' 또는 '체육시간의 운동장' 등과 같은 장소와 시간을 뜻한다. 행동목표에는 행동이 발생해야 하는 환경적 상황을 구체적으로 표현하는 것이 필요하다. 사용될 자료로는 교수자료가 대표적인 것이다. 예를 들면, '입을 옷' '자를 비닐봉지와 가위' '문제가 적힌 문제지' '읽을 책' 등이다. 도움의 정도는 행동의 완전한 수행을 돕는 신체적 촉구, 시각적 촉구, 언어적 촉구, 시범 등이다. 그 외에도 행동 발생을 평가하기 위해 주어지는 구어적/문어적 지시도 행동목표에 포함될 조건에 해당한다. 환경적 상황, 사용될 자료, 도움의 정도, 구어적/문어적 지시 등의 조건은 아동에게 일관성 있게 주어지는 것이어야 한다. 〈표 4-7〉에 행동목표의 조건에 해당하는 표현의 예를 제시하였다.

❖ 〈표 4-7〉 행동목표의 '조건' 부분 표현의 예

| 행동목표의 '조건' 부분 표현의 예 | |
|---|---|
| 환경적 상황 | • 급식시간에……<br>• 놀이터에서……<br>• 수학시간에……<br>• 교실에서 운동장으로 이동하는 시간에…… |
| 사용될 자료 | • 10개의 덧셈 문제가 있는 문제지가 주어지면……<br>• 식기가 주어질 때……<br>• 식당 메뉴판을 보면……<br>• 버스 노선도를 보면…… |

(계속)

| 도움의 정도 | • 보조 교사의 도움이 없이…… <br> • 교사의 신체적 촉구가 있으면…… <br> • 구어적 촉구가 주어지면…… <br> • 교사가 인사하기 시범을 보이면…… |
| --- | --- |
| 구어적/문어적 지시 | • 스웨터를 입으라는 구어적 지시를 주면…… <br> • 급식실로 가라는 교사의 지시가 주어지면…… <br> • 전자레인지의 사용 설명서를 보고…… <br> • 단어의 정의에 밑줄 치라는 시험지를 받으면…… |

⑷ 기준

행동목표의 마지막 구성 요소는 행동목표 달성 여부를 평가하기 위해 측정할 수 있는 '기준'이다. '기준'이란 행동이 얼마나 어떻게 변화될 것인지에 대해 수용할 만한 최소한의 수행 수준을 의미한다. 다시 말하면 중재의 결과로 아동이 수행할 수 있게 될 행동 수준을 행동의 빈도, 지속시간, 비율(%) 등으로 그 양을 표현하는 것이다. 이러한 기준은 평가의 중요한 지표가 된다. 행동목표를 달성하기 위해 선택한 중재의 효과를 평가할 때에 이 기준을 사용하기 때문이다.

기준을 정하기 위해서는 행동 수행을 위해 반드시 필요한 최소한의 선수 기술이 무엇인지도 알아야 한다. 예를 들어, 라면 끓이기를 할 수 있으려면 가스레인지 사용법을 먼저 알아야 한다. 또한 기준을 정할 때는 사회적으로 받아들여지는 수준이 어느 정도인지도 알아야 한다. 예를 들어, 공격적 행동의 감소가 목표일 때 어느 수준까지가 적당한지 알아야 한다. 모든 아동들은 어느 정도의 공격적 행동이 있게 마련이므로, 공격적 행동이 전혀 없이 하루 종일 자기 자리에만 앉아 있는 것이 결코 바람직한 목표라고 보기는 어렵기 때문이다. 〈표 4-8〉은 행동목표의 '기준'을 표현한 예다.

❖ 〈표 4-8〉 행동목표의 '기준' 부분 표현의 예

| 행동목표의 '기준' 부분 표현의 예 | |
| --- | --- |
| 빈도 | 10개의 사물 명칭을 정확히 발음한다. |
| 지속시간 | 30분 동안 수행한다. |
| 지연시간 | 지시가 주어진 후 1분 내에 시행할 것이다. |
| 비율(%) | 주어진 기회의 80%를 정확히 반응할 것이다. |

## 3) 행동목표의 양식

위에서 말한 학습자(아동), 행동, 조건, 기준, 이 네 가지 구성 요소를 모두 포함하는 행동목표를 구체적 형식으로 표현하면 다음과 같다.

> " [아동/학습자]가 [조건]에서/할 때, [기준] 수준으로 [행동] 할 것이다."

모든 구성 요소를 포함하여 주어진 형식으로 만든 행동목표의 예는 다음과 같다.

- ◩ 영진이는 수학시간에 합이 30을 넘지 않는 덧셈 시험문제가 주어질 때, 연속 3일 동안 분당 5개의 정답률로 문제를 풀 것이다.
- ◩ 수현이는 연속 5일간의 국어 수업 동안 교사의 허락이 있는 경우를 제외하고 국어시간 내내 자기 자리에 앉아 있을 것이다.
- ◩ 예지는 교사가 주변에 있는 사물을 가리키며 '나에게 ○○를(을) 주렴.'이라는 구어적 지시를 할 때, 연속 4회기 동안 10번 중 9번은 바른 사물을 교사에게 줄 것이다.

위의 세 가지 예를 구성 요소별로 나누어 보면 〈표 4−9〉와 같다.

❖ 〈표 4−9〉 행동목표와 구성 요소의 예

|  | 예 1 | 예 2 | 예 3 |
|---|---|---|---|
| 학습자<br>(아동) | 영진 | 수현 | 예지 |
| 행동 | 덧셈 문제 풀기 | 자기 자리에 앉아 있기 | 바른 사물을 교사에게 주기 |
| 조건 | 수학시간에 합이 30을 넘지 않는 덧셈 문제가 주어질 때 | 국어 수업 동안 | 교사가 주변에 있는 사물을 가리키며 '나에게 ……를(을) 주렴.'이라는 구어적 지시를 할 때 |
| 기준 | 연속 3일 동안 분당 5개의 정답률 | 연속 5일간 교사의 허락이 있는 경우를 제외하고 국어시간 내내 | 연속 4회기 동안 10번 중 9번 |

좋은 행동목표를 만드는 것은 많은 연습을 필요로 한다. 행동목표를 만들 때 실수할 수 있으므로, 자신이 만든 행동목표에 대해 네 가지 요소가 포함되었는지 확인하고, 행동목표 만들기 경험이 풍부한 사람의 조언을 듣는 것이 중요하다. 〈표 4-10〉은 사람들이 쉽게 실수하는 행동목표의 경우와 그 문제점과 바르게 고친 행동목표를 보여 준다.

❖ 〈표 4-10〉 바르지 못한 행동목표를 교정하는 예

| 바르지 못한 행동목표 | 문제점 | 바른 행동목표 |
| --- | --- | --- |
| 동준이는 '크다'와 '작다'의 개념을 이해할 것이다. | • 조건이 명시되어 있지 않다.<br>• 기준이 없다.<br>• 이해하는 것은 행동이 아니다. | ⇨ 교사가 두 가지 사물을 제시할 때<br>⇨ 10번의 기회 중 9번을 정확하게<br>⇨ 큰 물건을 교사에게 줄 것이다. |
| 숙경이는 2주 내로 교사가 지시할 때 게시판에서 자기 이름을 구별할 수 있을 것이다. | • '구별하다'는 행동이 아니다.<br><br>• 2주 안에 한 번만 이름을 구별해도 되는지 명확하지 않다.<br>• 기준이 없다. | ⇨ 게시판에서 자기 이름을 손가락으로 가리킬 것이다.<br>⇨ 4월 20일까지 연속 5일간<br><br>⇨ 주어진 기회의 80%만큼 |
| 재선이는 혼자서 계단을 사용하여 90%는 이동할 것이다. | • 조건이 명확하지 않다(어떻게 하는 것이 혼자서 하는 것인가?).<br><br>• 기준이 모호하다(어떻게 하는 것이 90%만큼 하는 것인가?).<br>• 행동이 구체적이지 않다. | ⇨ 학교 건물 1층과 2층 사이에 있는 계단을 신체적 촉구나 벽에 있는 지지대를 붙잡는 것 없이<br>⇨ 연속 3일간 계단 수의 90%를<br><br>⇨ 오른발과 왼발을 번갈아 가면서 오르내릴 것이다. |

## 4) 행동 수행 수준에 따른 행동목표와 장·단기 행동목표

학생의 행동목표는 학생의 현재 수준을 기초로 하여 작성되어야 한다. 그런데 학생의 행동 수준에 대한 위계는 습득, 유창성, 유지, 일반화, 응용의 순서로 설명할 수 있다(Alberto & Troutman, 2006; Haring, White, & Liberty, 1978; Wolery, Bailey, & Sugai, 1988). 학생 행동의 현재 수준이 습득, 유창성, 유지, 일반화, 응용 중의 어느 위계에 있느냐에 따라 행동목표를 달리 세울 수 있다. 행동 수준의 위계에 따라 달라질 수 있는 행동목표의 예를 〈표 4-11〉에 제시하였다. 이 예에서 목표는 정건이라는 아이가 자기 이름자를 구별하는 것이다.

〈표 4-11〉의 예와 함께 위계 수준별로 행동목표가 어떻게 달라져야 하는지 살펴 보기로 하자. 첫 위계 단계인 '습득'이란 처음으로 행동을 일정 수준만큼 할 수 있게 된 것을 말한다. 따라서 습득 단계에서 정건이가 기회의 80% 정확도로 자기 이름 카 드를 가리킨다면, 습득에 도달했다고 볼 수 있다. 두 번째 단계인 '유창성'이란 아동이

❖ 〈표 4-11〉 수행 수준의 위계에 따른 행동목표의 예

| 수행 수준의 위계 | 행동목표의 예 |
| --- | --- |
| 습득 | 정건이는 교사가 정건이 이름을 포함한 서로 다른 4개의 이름이 적힌 종이 카드를 제시하고 자기 이름을 가리켜 보라고 지시할 때 연속 3일간 5회의 기 회 중에서 4회만큼 정확하게 자기 이름이 적힌 카드를 가리킬 것이다. |
| 유창성 | 정건이는 교사가 정건이 이름을 포함한 서로 다른 4개의 이름이 적힌 종이 카드를 제시하고 자기 이름을 가리켜 보라고 지시할 때 연속 5일간 분당 10회 로 정확하게 자기 이름이 적힌 카드를 가리킬 것이다. |
| 유지 | 정건이는 중재가 끝난 4개월 후에도 자기 이름을 포함한 다른 이름이 적힌 종 이 카드를 제시하고 자기 이름을 가리켜 보라는 구두 지시에 대해 자기 이름 을 기회의 100%만큼 정확하게 가리킬 것이다. |
| 일반화 | 정건이는 사물(의자의 등받이 뒤, 사물함 문, 공책 표지 등)에 적힌 자기 이름을 찾으 라고 할 때 연속 3일간 주어진 기회의 90%만큼 정확하게 사물에 쓰인 자기 이 름을 가리킬 것이다(이때 이름은 습득과 유창성 수준에서 사용한 것과 같은 크기 와 같은 글씨체로 적은 것을 사용한다.). |
| 응용 | 정건이는 책 속의 문장이나 길거리 간판 등에서 자기 이름자 중 낱글자를 찾으라고 할 때 기회의 100%만큼 정확하게 가리킬 것이다(이때 이름은 지금까지 사용된 글씨체나 글자 크기가 아니다.). |

습득한 행동을 정확하게 수행하는 속도의 적절성(시간의 속도와 길이)을 뜻한다. 따 라서 이 단계에서는 목표의 기준 부분에 시간 제한을 추가해야 한다. 〈표 4-11〉의 유창성 단계를 보면 '분당 10회'라는 속도 기준이 추가된 것을 볼 수 있다. 세 번째 단계인 '유지'는 습득한 행동을 다시 가르치는 것 없이 오랫동안 수행하는 능력을 말 한다. 유지를 이루기 위해서는 초기목표가 달성된 직후에도 추가로 주어지는 반복 연습이 필요하고, 차차 시간을 두고 간간이 연습하는 분포훈련(distributed practice)이 필요하다. 이 단계의 목표에서는 습득 후 지나간 기간이 명확히 제시되어야 한다. 〈표 4-11〉의 유지 단계를 보면 '4개월 후'라는 기간이 포함된 것을 볼 수 있다. 네 번째 단계인 '일반화'는 다른 상황과 조건에서도 그 행동을 할 수 있는 것을 의미한

다. 다양한 상황과 조건이란 다양한 지시(예: '1,250원 주세요.' '화순까지의 버스 요금을 주세요.'), 다양한 사람(예: '교사에게 ~' '우체국 직원에게 ~'), 다양한 자료(예: '종이 위에 ~' '컴퓨터로 ~'), 다양한 장소(예: '교실에서 ~' '운동장에서 ~') 등을 말한다. 따라서 이 단계의 목표에는 바뀐 상황과 조건이 명시되어야 한다. 〈표 4-11〉의 일반화 단계를 보면 '종이 카드에 적힌 이름'에서 '여러 사물에 적힌 자기 이름'이라고 조건이 바뀐 것을 볼 수 있다. 그런데 학자에 따라서는 유지를 일반화보다 앞선 순서로 보기도 하고(Wolery, Bailey, & Sugai, 1988), 거꾸로 일반화를 유지보다 앞선 단계로 보기도 한다(Alberto & Troutman, 2006). 그러나 유지는 시간에 대한 일반화라고 설명할 수도 있기 때문에 유지와 일반화의 단계 순서는 분명하지 않을 수 있다. 마지막 단계인 '응용'이란 습득한 행동을 스스로 조절하여 상황에 맞게 사용할 수 있는 것을 의미한다. 따라서 이 단계의 목표에는 습득한 것을 스스로 적용해 볼 수 있는 조건이 포함되어야 한다. 〈표 4-11〉의 응용 단계를 보면 '책 속의 문장이나 길거리 간판 등에서 자기 이름자 중 낱글자'라는 조건이 포함된 것을 볼 수 있다.

〈표 4-11〉의 경우와 같이, 아동의 행동목표는 행동 수준의 위계에 따라 다르게 설정할 수도 있으며, 한 가지 행동에 대해서도 장기목표와 단기목표로 구분하여 정할 수도 있다. 장기목표가 중재가 주어지는 기간이 끝났을 때에 궁극적으로 이루기를 바라는 아동 행동 수준을 진술하는 것이라면, 단기목표는 장기목표를 이루기 위한 중간 단계로서 짧은 기간에 기대되는 좀 더 낮은 행동 수준을 진술하는 것이다. 단기목표는 장기목표가 얼마나 복잡한가에 따라 또는 장기목표를 이룰 기간이 어느 정도인가에 따라 여러 개를 설정할 수도 있다. 〈표 4-12〉는 행동의 장·단기목표의 예들이다.

❖ 〈표 4-12〉 행동의 장·단기목표의 예

| 장기목표 | 현미는 연속 4일 동안 휴식 시간에 교사의 지적 없이 주어진 기회의 80%만큼 자기 차례를 기다릴 것이다. |
| --- | --- |
| 단기목표 1 | 현미는 연속 2일 동안 휴식 시간에 교사의 지적 없이 주어진 기회의 50%만큼 자기 차례를 기다릴 것이다. |
| 단기목표 2 | 현미는 연속 3일 동안 휴식 시간에 교사의 지적 없이 주어진 기회의 70%만큼 자기 차례를 기다릴 것이다. |

(계속)

| 장기목표 | 수아는 연속 4일 동안 식사 시간에 교사의 도움 없이 숟가락을 사용하여 30분 내에 밥을 먹을 것이다. |
|---|---|
| 단기목표 1 | 수아는 연속 2일간 식사 시간에 교사의 신체적 촉구와 언어적 촉구로 숟가락을 사용하여 45분 내에 밥을 먹을 것이다. |
| 단기목표 2 | 수아는 연속 3일간 식사 시간에 교사의 언어적 촉구만으로 숟가락을 사용하여 45분 내에 밥을 먹을 것이다. |
| 장기목표 | 재현이는 연속 4일간 쓰기 시간에 정확한 철자로 필순에 맞게 자기 이름 쓰기를 주어진 기회의 100%만큼 할 것이다. |
| 단기목표 1 | 재현이는 연속 2일간 쓰기 시간에 정확한 철자로 필순에 맞게 자기 이름 쓰기를 주어진 기회의 50%만큼 할 것이다. |
| 단기목표 2 | 재현이는 연속 2일간 쓰기 시간에 정확한 철자로 필순에 맞게 자기 이름 쓰기를 주어진 기회의 80%만큼 할 것이다. |

〈표 4-12〉를 보면 장기목표보다는 단기목표에서 행동목표의 '조건'이나 '기준' 부분에서 낮은 수준이 제시되었음을 볼 수 있다. 예를 들어, 수아의 경우에 교사의 도움의 정도가 단기목표에서는 '신체적 촉구와 언어적 촉구로'에서 '언어적 촉구만으로'로 바뀌었고, 장기목표에서는 '도움 없이'로 바뀌었다. 또 '기준' 부분에서 '연속 2일'에서 '연속 3일' '연속 4일'로 바뀌었고, 수행시간도 '45분'에서 '30분'으로 바뀌었음을 볼 수 있다.

장·단기목표를 설정하는 또 다른 방법은 아동에게 새로운 행동을 가르칠 때 사용하는 과제분석을 이용하는 것이다. 과제분석이란 가르치고자 하는 행동의 최종 목표를 찾아서 그 행동을 구성하는 단위 행위를 분석하는 것이다. 과제분석에 대한 내용은 이 책의 10장에서 자세히 다루었다. 과제분석은 장기목표를 여러 단계로 나누어 순서대로 가르치는 것이므로, 단기목표는 장기목표를 성취하기 위한 선수 기술이 되는 것이다. 예를 들어, 과제분석을 이용하여 아동의 신발 신기에 대해 행동목표의 구성 요소 중에서 행동 부분에만 초점을 맞춰 장·단기목표를 세워 본다면 〈표 4-13〉과 같이 제시할 수 있다.

❖ 〈표 4-13〉 과제분석을 사용한 행동의 장·단기목표의 예

| 장기목표 | 신발장에서 자기 신을 찾아서 신을 수 있다. |
|---|---|
| 단기목표 1 | 신발장에서 자기 신을 찾아 가리킬 수 있다. |
| 단기목표 2 | 신발장에서 자기 신을 꺼낼 수 있다. |
| 단기목표 3 | 신발의 짝을 방향을 구분하여 바르게 놓을 수 있다. |
| 단기목표 4 | 신발을 앞에 놓고 앉을 수 있다. |
| 단기목표 5 | 각각의 발을 올바른 신발짝에 넣을 수 있다. |
| 단기목표 6 | 손가락으로 신발의 접혀진 부분을 펼 수 있다. |
| 단기목표 7 | 신발의 지퍼를 올리거나 찍찍이를 붙일 수 있다. |

지금까지 살펴본 바와 같이 행동목표는 학생의 행동지원에 직접적 초점을 맞추도록 도와주고, 행동의 진전을 평가하게 해 주며, 의사소통을 쉽게 하는 등의 중요한 기능을 갖고 있다. 앞에서 행동목표를 세우기 위한 구체적 방법들을 살펴보았는데, 행동목표를 세우기 위해서는 다음 사항을 기억해야 한다.

▨ 가능한 한 간단하고 명확하게 표현한다.
▨ 행동목표의 네 가지 구성 요소(학습자, 행동, 조건, 기준)가 포함되어야 한다.
▨ 주요 동사는 관찰 가능한 용어이어야 한다.
▨ 긍정적 표현을 사용해야 한다. '~하지 않는다.'보다는 '~한다.'는 표현이 좋다.
▨ 조건은 반복될 수 있어야 한다.
▨ 기준은 측정할 수 있어야 한다.
▨ 행동은 관찰할 수 있어야 한다.
▨ 단순히 '증가할 것이다.' 또는 '향상될 것이다' 등의 표현은 삼간다.

위에서 열거한 사항들에 덧붙여서 좋은 행동목표를 세우기 위해 고려해야 할 것은 다음과 같다(Wolery, Bailey, & Sugai, 1988).

▨ 행동목표는 기능적이어야 하며 사회적으로 타당해야 한다.
▨ 행동목표는 현실적으로 성취 가능한 것이어야 한다.
▨ 행동목표는 학생에게 유익한 것이어야 한다.
▨ 행동목표는 습득의 수준보다 더 높은 위계 단계로 나아가도록 이루어져야 한다.
▨ 행동목표를 세우는 데 학생을 참여시키는 것이 좋다.

- 행동의 조작적 정의는 행동을 관찰 가능하고 측정이 가능한 용어로 정의하는 것을 말한다. 행동은 여섯 가지 차원, 즉 빈도, 지속시간, 지연시간, 위치 혹은 장소, 형태, 강도 등으로 설명될 수 있다.

- 행동목표는 행동에 대한 의사소통을 원활하게 해 주며, 행동에 대한 중재 방법의 선택을 도와주고, 중재에 대한 평가의 기준이 되며, 개별화 교육 계획의 구성 요소이기도 하다.

- 행동목표의 네 가지 구성 요소는 학습자, 행동, 조건, 기준이다. 동일한 표적행동에 대해서도 행동 수행 수준의 위계가 다른 경우나, 최종 목표 점검 전에 중간 점검을 원하는 경우에는 그에 따라 행동목표를 여러 개로 세울 수 있다.

- 소리 지르며 우는 행동을 행동의 여섯 가지 차원으로 설명하세요.

- 아동의 협동 놀이 행동을 조작적으로 정의하세요.

- 한 아동의 표적행동을 정하여 조작적으로 정의하고, 그 표적행동의 수행 수준에 대한 위계에 따라 행동목표를 세우세요.

# 행동의
# 직접 관찰과 측정

## 제 5 장

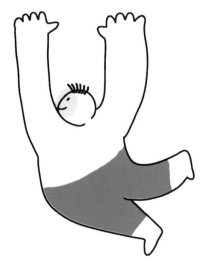

1. 행동의 형성적 직접 관찰의 필요
2. 행동의 측정 단위와 자료 요약 방법
3. 행동의 직접 관찰 방법의 종류
4. 행동 관찰과 측정의 일치도

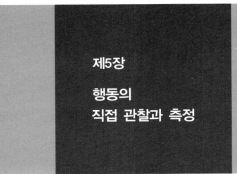

## 제5장
## 행동의
## 직접 관찰과 측정

● 학생의 학습 수행 정도(예: 수학 문제 풀기, 받아쓰기)에 대한 측정 결과를 규칙적으로 정확히 기록하고, 적절히 요약하고, 체계적으로 사용한다면, 학생의 학업 성취 정도를 사정하고 교수 효과를 평가하고 다음 교수 계획을 결정하는 데 크게 도움이 될 것이다. 마찬가지로 학생의 사회적 행동도 그와 같이 직접적이고 형성적으로 관찰하고 측정하면 학생 행동의 변화 방향(trend)과 변화 정도(variability)와 안정도(stability) 등을 쉽게 파악할 수 있다. 그 결과는 문제행동에 대한 중재를 선택하고 적용하고 수정하려는 결정에 도움을 줄 것이다. 이때 학생의 행동을 자주 측정하고 기록하는 것만이 중요한 것이 아니고 측정한 자료는 반드시 다음 중재(교수) 계획을 결정하는 데 쓰여야 한다.

행동을 관찰하고 측정하기 위해서는, 첫째, 측정하고자 하는 행동을 결정하고, 둘째, 행동에 대한 조작적 정의를 내린 후, 셋째, 그 행동의 특성에 따라 측정 단위를 정하고, 넷째, 행동을 관찰하고 기록할 방법을 선정하는 것이 순서다. 처음과 두 번째 단계는 앞 장들에서 다루었으므로 이 장에서는 행동 관찰의 필요성과 함께 행동의 측정 단위의 선택과 행동을 관찰하고 측정하는 구체적인 방법들을 알아본다.

## 1 행동의 형성적 직접 관찰의 필요

학생 행동의 관찰과 측정은 직접적이어야 한다(Sugai & Tindal, 1993). 직접 관찰이란 관찰자의 주관성이 들어가고 행동의 전반적인 것을 요약하는 간접 관찰에 대응되는 것으로, 객관적이며 많은 시간을 들여 학생의 행동을 체계적인 형식을 갖추어 관찰하는 것을 뜻한다. 학생의 행동을 직접 관찰하고 측정해야 할 이유는 다음과 같이 설명할 수 있다. 첫째, 행동을 정확하게 관찰하고 측정하는 것은 학생 행동을 바꾸어야 할지를 결정하는 데 도움이 된다. 즉, 행동의 관찰과 측정으로 학생 행동의 현재 수준을 정확히 알 수 있으므로 학생 행동에 대해 적절한 의사결정을 할 수 있다. 둘째, 행동의 정확한 관찰과 측정은 중재 프로그램의 효과를 정확하게 평가할 수 있게 해 준다(Alberto & Troutman, 2006). 어떤 행동에 대해 시행하고 있는 중재의 효과를 계속적으로 평가하여 중재의 지속, 수정, 종결 등의 결정을 할 수 있게 도와준다. 셋째, 행동의 정확한 관찰과 측정 결과는 중재 효과를 입증하고 전문가나 학생, 학생의 부모와 의사소통하는 데 효과적으로 사용될 수 있다. 그러므로 관찰과 측정을 위해서는 많은 시간과 노력이 요구되지만 학생의 행동지원을 위해서는 반드시 필요한 부분이다.

또한 학생 행동의 관찰과 측정은 형성적이어야 한다(Sugai & Tindal, 1993). 형성적 행동 관찰이란 행동을 관찰자가 계속적이고 규칙적으로 반복하여 관찰하는 것이다. 형성적 관찰 평가란 오랜 시간을 두고 자연적인 상황에서 학생의 수행을 자주 반복하여 관찰한 결과를 평가하는 것이다. 반면에 총괄적 관찰 평가란 일정 간격을 두고 학생의 수행을 일정 간격 전후로 두 번 측정하고 비교하는 방법이다.

형성적 관찰과 측정의 중요성을 살펴보기 위해, 총괄적 관찰 평가와 형성적 관찰 평가를 다음 그래프들을 보면서 비교해 보자.

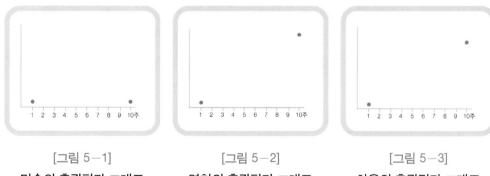

[그림 5-1]
민수의 총괄평가 그래프

[그림 5-2]
영철의 총괄평가 그래프

[그림 5-3]
하은의 총괄평가 그래프

총괄평가 그래프인 [그림 5-1], [그림 5-2], [그림 5-3]에서 민수와 영철이와 하은이의 표적행동은 첫째 주의 자료를 마지막 주의 자료와 비교할 때 민수는 중재의 효과가 없고 영철이와 하은이는 중재의 효과가 있는 것으로 나타난다. 그러나 중재를 적용하는 과정의 자료를 살펴보지 않고 처음과 마지막의 자료만 가지고 결론을 내리는 것은 위험하다. 중재 효과에 대한 정확한 결정을 내리기 위해서는 중재가 적용되는 전체 과정의 자료가 있어야 한다.

| [그림 5-4] | [그림 5-5] | [그림 5-6] |
|:---:|:---:|:---:|
| **민수의 형성평가 그래프** | **영철의 형성평가 그래프** | **하은의 형성평가 그래프** |

형성평가를 적용한 [그림 5-4], [그림 5-5], [그림 5-6]에 있는 세 아이의 전체 자료를 살펴보면 민수는 중재 적용과 함께 점진적인 향상을 보이다가 열째 주에 행동의 갑작스러운 감소가 나타났고, 영철이는 중재 적용 즉시 즉각적인 향상을 나타낸 후 계속 향상된 상태를 유지하고 있으며, 하은이는 아홉째 주까지 아무런 진전을 보이지 않다가 열째 주가 되는 날 극적으로 향상된 행동을 나타냈다. 그러므로 민수의 마지막 자료만 보고 중재의 효과가 없었다고 결론짓기보다는 열째 주에 특별한 경험이나 사건이 있었기 때문이 아닌지 의심해 볼 수 있다. 하은이의 행동 변화도 마지막 자료만 보고 중재 효과가 크다고 결론을 내리기보다는 열째 주에 특별한 경험이나 사건이 있었는지 의심해 볼 수 있다. 즉, 민수와 하은이의 경우에는 더 많은 자료 수집이 요구된다. 영철이는 중재 적용 즉시 변화를 나타냈지만, 중재 도중의 자료가 없다면 중재가 언제부터 얼마나 큰 영향을 주었는지 파악하기 어렵다.

살펴본 바와 같이 형성적 관찰은 자료의 패턴이나 경향을 알려 주며, 교사로 하여금 더욱 효율적이고 시기적절한 중재를 결정할 수 있도록 도와준다. 다시 말하면 행동에 대한 형성적 관찰 자료는 중재가 종료되지 않고 실행되고 있는 동안에도 중재 효과를 평가하고 수정하도록 도와준다. 반면, 중재의 시작과 종료 때만 행동을 관찰하는 총괄적 관찰 자료는 시간의 흐름에 따른 아동 행동의 정확한 정보를 제공해 주지 못한다. 즉, 체계적이고 형성적인 관찰이 없이는 각 학생의 행동 수준을 정확히 알기 어렵다.

**행동의 측정 단위와 자료 요약 방법**

　행동의 측정이란 어떤 행동을 일련의 규칙에 따라 체계적이고 객관적으로 수량화하는 것이다. 행동의 측정을 용이하게 하려면 행동의 조작적 정의가 필요하다. 그런데 행동은 어떤 차원을 가지고 조작적 정의를 하느냐에 따라서 다양한 방법으로 관찰되고 측정되며 요약된다. 예를 들어, 교사의 질문에 대답하는 행동을 '교사가 집단으로 또는 개별적으로 아동에게 질문을 할 때 아동이 청자가 인식할 수 있을 정도의 목소리로 5초 이내에 대답하는 행동'으로 조작적 정의를 했다고 하자. 이 경우에, 학생이 대답하는 행동의 빈도를 측정하여 빈도수 자체로 자료 요약을 나타낼 수도 있고, 정해진 수업시간의 길이에 대해 교사의 질문에 대답하는 비율(예: 시간당 1회)로 요약할 수도 있고, 관찰된 행동의 수를 주어진 반응기회(교사의 질문)의 수에 대한 비율, 즉 백분율로 요약할 수도 있다. 여기에서는 관찰된 행동의 결과를 쉽게 수량화하도록 도와주는 행동 측정 단위와 측정된 행동의 요약 방법을 살펴보기로 하자.

### 1) 행동의 직접적 측정 단위

　행동을 관찰하여 얻은 자료는 그 행동을 어떤 차원에서 조작적으로 정의하느냐에 따라서 다양한 방법으로 측정되어질 수 있다. 행동의 차원에 대해서는 3장에서 자세히 설명하였다. 행동은 단순한 횟수(명, 개, 번), 시간(분, 초, 주), 길이(cm, km), 무게(g, t), 소리의 세기(dB) 등의 단위를 사용하거나 정해진 기준에 따라 수행의 정확도로 측정될 수 있다.

### (1) 횟수/빈도

　횟수/빈도는 행동이나 사건이 일어난 횟수를 계수하는 방법이다. 빈도로 행동을 측정하는 경우에는 관찰할 행동이 시작과 끝이 분명하여 각 행동의 발생 여부를 구별할 수 있어야 한다. 관찰시간이 매번 일정하거나 반응할 기회의 수가 일정하게 정해진 경우에는 행동을 빈도로 측정하는 것이 좋다. 예를 들어, 매일 30분간의 수학시간에 자리를 이탈하는 횟수를 측정하거나, 구조화된 환경에서 열 번 인사할 기회를 주어서 바르게 인사한 횟수를 측정하는 경우다.

## (2) 시간의 길이

시간의 길이는 행동이 시작되는 시간부터 마치는 시간까지 걸리는 지속시간을 나타내는 경우와 선행사건(또는 변별자극이 주어진 시간)으로부터 그에 따르는 행동(또는 반응)이 시작되는 시간까지 걸리는 지연시간을 나타낼 때 사용할 수 있다.

## (3) 기타

행동의 강도를 직접 측정하는 경우는 측정도구를 사용해야 하며, 행동에 따라 그 측정 단위가 달라진다. 소리의 크기는 데시벨(dB)을, 공을 얼마나 멀리 던지느냐는 길이의 단위(cm, m, km 등)를, 얼마나 무거운 것을 들어 올리느냐는 무게의 단위(g, kg, t) 등을 사용할 수 있다.

또한 행동의 강도 측정은 미리 정해 놓은 평가척도를 근거로 측정할 수도 있다. 강도의 평정은 정서적 반응의 측정에 주로 사용된다. 예를 들어, 학생의 우는 행동을 강도에 따라 척도를 사용하여 ① 5점: 매우 큰 소리 지르며 울기, ② 4점: 큰 소리로 울기, ③ 3점: 보통 크기의 소리로 울기, ④ 2점: 작은 소리로 칭얼대며 울기, ⑤ 1점: 숨죽여 흐느끼며 울기 등으로 강도를 구분할 수 있다. 이형복과 양명희(2009)의 연구에서는 유아의 음식 섭취 행동의 정도에 대해 ① 4점: 스스로 잘 먹기, ② 3점: 조금씩 천천히 먹기, ③ 2점: 언어적 지시에 의해 먹기, ④ 1점: 먹여 주면 조금 먹기, ⑤ 0점: 전혀 먹지 않기 등의 척도로 구분하여 관찰했다. 이와 같이 평가척도를 사용할 때는 척도상의 각 점수가 의미하는 것이 무엇인지 분명하게 기술해야 한다.

## 2) 측정된 행동의 요약 방법

### (1) 행동의 직접적 측정 단위로 요약

행동의 직접적 측정 단위인 횟수, 시간의 길이, 거리의 단위, 무게의 단위, 강도의 단위 등은 그 자체로 행동의 요약을 나타낼 수 있다. 이는 각 측정 단위의 합으로 표현하거나 평균값으로 표현할 수 있다. 행동의 빈도를 측정한 경우에는 관찰시간 동안 발생한 표적행동의 전체 수로 행동자료를 요약할 수 있는데, 관찰시간이 일정하다면 각 관찰시간의 총행동빈도수는 비교가 가능하다. 행동의 지속시간을 측정한 경우는 전체 관찰시간 동안 표적행동의 각 지속시간을 합하여 누적된 지속시간으로 나타낼 수도 있고, 그 시간을 행동의 수로 나누어 주어 행동이 한 번 일어날 때 걸리는 평균 시간으로 나타낼 수도 있다. 또 행동의 각 지연시간을 합하여 행동의 빈도로 나누어 주면 한 번 반응하는 데 걸리는 평균 지연시간을 나타낼 수 있다.

### (2) 비율

비율(rate)이란 정해진 시간 안에 발생한 행동의 수를 시간으로 나누어 단위 시간당 나타나는 행동의 빈도율을 의미한다. 비율은 전체 회기에 걸쳐 매 회기마다 관찰한 시간이 다를 때 행동의 양을 일정한 척도로 바꾸어 줄 수 있는 장점이 있다. 또한 비율은 반응의 정확도뿐만 아니라 숙련도에 대한 정보도 제공해 준다. 얼마나 자주 발생하는지 알고 싶을 때는 시간당 또는 분당 반응 수로 나타낼 수 있다. 비율은 아동이 자유롭게 반응하는 행동을 측정하여 요약하는 데 사용하기 적절하다. 행동을 비율로 요약하는 경우의 예로 수업시간의 자리 이탈 행동을 들 수 있다. 관찰된 자리 이탈 행동의 횟수를 관찰한 수업의 전체 시간 길이(분)로 나누면 1분당 자리 이탈하는 비율을 알 수 있다. 여기에서 비율은 단위 시간당 행동의 빈도를 나타내는 경우로만 그 범위를 제한하고, 관찰한 전체 시간에 대한 관찰된 행동이 차지하는 시간의 비율은 백분율로 요약하여 나타낼 수 있다.

### (3) 백분율

백분율(percentage)이란 전체를 100으로 하여 관찰된 행동이 차지하는 비율을 나타내는 것이다. 예를 들어, 교사의 10개의 질문에 대해 6개의 정답 반응을 한 경우에 백분율을 구하려면 정답 반응의 횟수 6을 교사의 질문의 수 10으로 나누어 100을 곱하여 백분율 60을 구할 수 있다. 이때 구해진 백분율 60은 교사의 전체 질문을 100으로 가정할 경우에 정답 반응이 차지하는 비율을 의미한다. 또 다른 예로 수업시간에 소리 지르며 우는 시간의 길이를 백분율로 구하려는 경우, 50분 수업 중 소리 지르며 운 각 행동의 지속시간의 합이 20분이라면 관찰시간 동안에 소리 지르며 우는 행동이 발생한 시간의 합 20을 전체 관찰시간 50으로 나누어 100을 곱하면 된다. 이렇게 구해진 40은 관찰한 전체 시간을 100으로 가정한 경우에 소리 지르며 우는 행동이 차지한 비율을 의미한다.

앞의 두 예에서 보는 바와 같이 백분율로 구하는 경우는 매 회기마다 반응 기회의 수나 관찰시간이 동일하지 않아도 같은 기준으로 볼 수 있도록 해 주기 때문에 누구나 이해하기 쉽다는 장점이 있다. 그러나 행동의 발생 기회가 적거나 관찰시간이 짧을 경우에는 한 번의 행동 발생이 백분율에 미치는 영향이 커서 행동의 변화를 민감하게 나타내 주지 못하므로 주의해야 한다. 예를 들어, 같은 행동이라 할지라도 행동의 발생 기회가 5회이었다면 1회의 행동은 전체 기회의 20%가 되지만 행동 발생 기회가 20회였다면 1회의 행동은 전체의 5%가 된다.


## 3 행동의 직접 관찰 방법의 종류

관찰할 행동을 조작적으로 정의하고, 관찰할 행동의 차원을 결정한 후에는, 관찰 결과의 자료를 기록할 실질적이고 신뢰할 만한 기록 방법을 선택해야 한다. 행동의 직접 관찰 종류는 크게 행동 묘사 관찰기록, 행동 결과물 중심 관찰기록, 행동 특성 중심 관찰기록, 시간 중심 관찰기록이 있다. 여기에서는 검목표(checklist)나 척도(rating scale)를 사용하는 경우는 제외하였다.


### 1) 직접 관찰 방법의 비교

직접 관찰 방법에 해당하는 행동 묘사 관찰기록, 행동 결과물 중심 기록, 행동 특성 중심 관찰기록, 시간 중심 관찰기록은 모두 아동의 행동을 직접 관찰하고 기록한다는 공통점이 있으나 그 기록의 특성에 있어서 차이가 있다. 이 네 가지의 관찰 방법의 차이를 〈표 5-1〉에 제시했다.

❖ 〈표 5-1〉 직접 관찰 방법의 비교

| 관찰 방법 | 특성 | 종류 |
|---|---|---|
| 행동 묘사<br>관찰기록 | • 행동을 객관적으로 묘사하여 서술함<br>• 수량화할 수 없음 | • 일화 관찰기록<br>• A-B-C 관찰기록 |
| 행동 결과물 중심<br>관찰기록 | • 반영구적으로 남는 행동의 결과물을 관찰하고<br>  기록함<br>• 수량화할 수 있음<br>• 타인에 의해 행동 결과물이 치워질 수 있음 | • 행동 결과물 중심<br>  관찰기록 |
| 행동 특성 중심<br>관찰기록 | • 발생한 행동 자체의 특성(예: 빈도, 강도, 지속시<br>  간, 지연시간)을 관찰하고 측정하여 기록함<br>• 수량화할 수 있음<br>• 행동 발생의 정확한 양을 알 수 있음 | • 빈도 관찰기록<br>• 지속시간 관찰기록<br>• 지연시간 관찰기록<br>• 반응기회 관찰기록<br>• 기준치 도달 관찰기록 |
| 시간 중심<br>관찰기록 | • 시간을 중심으로 행동이 발생했는지를 기록함<br>• 수량화할 수 있음<br>• 행동 발생 양의 대략치를 알 수 있음 | • 전체 간격 관찰기록<br>• 부분 간격 관찰기록<br>• 순간 관찰기록 |

## 2) 행동 묘사 관찰기록

행동 묘사 관찰기록이란 발생한 행동을 객관적으로 묘사하여 서술하는 방법이다. 관찰한 행동을 그대로 기술하는 방법에는 대표적으로 일화 관찰기록과 A-B-C 관찰기록이 있다(3장 참고). 일화 관찰기록(anecdotal recording)은 아동의 행동과 그 주변 환경을 가능한 한 완벽하게 이야기하는 형식으로 기술하는 것으로, 행동을 측정하는 방법은 아니다. 따라서 일화 관찰기록은 행동의 평가보다는 분석에 유용하게 사용된다. 일화 관찰기록을 적용하면 행동이 발생하는 자연스러운 장면에서 나타나는 모든 행동을 기록하여 문제가 되는 행동을 찾아내고 정의할 수 있기 때문에 행동의 기능평가를 위해 주로 사용하는 관찰 방법이다. A-B-C 관찰기록은 시간의 흐름에 따라 표적행동을 중심으로 선행사건과 후속결과를 관찰하며 기록하는 방법이며, 이 방법 또한 행동의 기능평가를 위해 주로 사용하는 관찰 방법이다. 일화 관찰기록과 A-B-C 관찰기록의 예를 보기 위해서는 3장을 참고할 수 있다.

## 3) 행동 결과물 중심 관찰기록

행동 결과물 중심 관찰기록(permanent product recording) 방법은 행동의 결과가 반영구적으로 남는 것을 관찰할 때 사용할 수 있는 것으로, 영속적 행동결과 기록, 또는 수행결과물 기록이라고도 한다. 이 방법은 관찰할 행동과 그 행동의 결과가 무엇인지 정의한 다음, 행동이 결과를 일으키는 시간에 그 결과를 관찰하는 것이다. 이 방법을 사용하는 기본 절차는 다음과 같다.

- 반응 행동 양상과 행동의 결과를 명확하게 정의한다.
- 행동이 기록되는 장소 및 상황을 정의한다.
- 행동을 관찰하는 시간을 기록한다.
- 행동의 결과를 기록한다.
- 자료를 요약한다.

행동 결과물 중심 관찰기록의 단점은 즉시 기록하지 않으면 다른 사람들이 행동의 결과를 치워 버릴 수 있다는 것이다. 예를 들어, 부러뜨린 연필을 교실 바닥에 던진 경우 다른 아이가 쓰레기통에 버릴 수 있다. 또한 이 관찰 기법을 사용하면 같은 행동의 결과를 서로 비교하기 어렵다. 예를 들면, 훔친 연필도 그 종류나 크기, 질 등이 다를 수 있는데 단순히 훔친 연필의 숫자만 기록하면 서로 비교하기가 어렵다. 뿐만 아니라, 행동 결과물 중심 관찰기록은 학생 행동의 강도나 형태나 시간 등의 양상을 설명해 주지 못한다. 찢겨진 책이 몇 장인지에 대한 정보로는 학생이 책장을 찢을 때의 강도와 형태 등에 대한 정보를 제공해 주지 못한다. 행동 결과물 중심 관찰기록 방법으로 측정할 수 있는 행동의 예로는 학습 상황에서 쉽게 볼 수 있는 학생의 시험 답안지, 학생이 집어던진 연필의 수, 학생이 훔친 지우개의 수, 손을 씻은 후 비누통에 남아 있는 물비누의 양, 재떨이에 있는 담배꽁초의 수, 놀이터에 남겨진 개인 소지품(예: 겉옷, 책, 가방 등), 식사 후 식탁에 떨어뜨린 음식물의 양 등이다. [그림 5-7]에 행동 결과물 중심 관찰기록 방법을 적용한 관찰지의 사용 예를 제시하였다.

| 아동#1: 김완 | 아동#2: 권준 | 아동#3 |
|---|---|---|

관찰자: 이순신(임진초등학교 4학년 4반 담임교사)

관찰 장소 및 상황: 임진초등학교 4학년 4반 교실, 점심시간 직전의 수학시간, 김완은 입구쪽 줄의 중간 부근에 자리하고 권준은 왼쪽에서 두 번째 줄의 앞자리에 위치, 전체 아동 수는 32명

| 행동결과 | 정의 |
|---|---|
| #1 바닥에 떨어진 학용품 | 관찰대상 아동의 책걸상 주위(각각의 모서리에서 30cm 거리 안쪽)에 떨어진 학용품(연필, 지우개, 자, 풀, 크레용 등) |
| #2 바닥에 떨어진 휴지 | 관찰대상 아동의 책걸상 주위(각각의 모서리에서 30cm 거리 안쪽)에 떨어진 종이류(대각선의 길이가 3cm 이상) |
| #3 | |

| 일시 | 아동 | 행동결과 | 발생 횟수 | 합계 |
|---|---|---|---|---|
| 5/3<br><br>11:30~<br>12:10 | 김완 | 학용품 | / / / / | 4개 |
| | | 휴지 | //// // | 7개 |
| | 권준 | 학용품 | / / | 2개 |
| | | 휴지 | //// | 5개 |
| | | | | |
| 5/4<br><br>11:30~<br>12:10 | 김완 | 학용품 | / / / | 3개 |
| | | 휴지 | //// | 5개 |
| | 권준 | 학용품 | / / / / | 4개 |
| | | 휴지 | //// // | 7개 |
| | | | | |

[그림 5-7] 행동 결과물 중심 관찰기록 관찰지의 예

[그림 5-7]의 예에서 관찰자는 4교시 수학시간이 끝나고 아동들이 급식실로 떠난 다음에 관찰대상 아동인 김완과 권준의 주변에 떨어진 학용품과 휴지 조각의 수를 세어 관찰지에 기록하면 된다. 5월 3일의 경우를 보면 4교시 후에 김완의 책상 주변에는 4개의 학용품과 7개의 휴지 조각이 있었고, 권준의 책상 주변에는 2개의 학용품과 5개의 휴지 조각이 떨어져 있었다. 위의 관찰지를 사용하면 3명의 각기 다른 행동결과를 측정할 수 있음을 알 수 있다.

## 4) 행동 특성 중심 관찰기록

행동 특성 중심 관찰기록(event-based recording)은 행동 발생을 기록한다는 점에서는 행동 결과물 중심 관찰기록과 비슷하지만, 행동의 특성을 직접 관찰한다는 점이 다르다. 행동 특성 중심 관찰기록은 뒤에서 설명하게 될 행동의 횟수를 측정하는 빈도 관찰기록과 같은 명칭으로 사용되는 경우가 종종 있는데, 이는 잘못된 것이다. 사실 행동 특성 중심 관찰기록이란 빈도 관찰기록을 포함하는 훨씬 더 넓은 개념으로, 행동의 특성을 중심으로 관찰하여 기록한다는 뜻이다. 사건이 되는 행동, 즉 발생한 행동 자체를 중심으로 기록하는 것이다. 행동 특성 중심 관찰기록 방법으로 관찰할 행동은 반드시 시작과 끝이 분명한 행동이어야 한다. 행동 특성 중심 관찰기록에는 빈도 관찰기록, 지속시간 관찰기록, 지연시간 관찰기록, 반응기회 관찰기록, 기준치 도달 관찰기록 등이 있다(Sugai & Tindal, 1993). 3장에서 소개한 행동분포 관찰기록 방법(그림 3-4, 그림 3-5 참조)이나 A-B-C 행동 관찰 검목표 기록 방법(그림 3-9, 그림 3-10 참조), 행동 기능평가 기록 방법(그림 3-11, 그림 3-12 참조)은 넓은 의미에서 행동 특성 중심 관찰기록이라고 할 수 있다.

### (1) 빈도 관찰기록

빈도 관찰기록(frequency recording) 방법은 전체 관찰시간을 짧은 시간 간격으로 구분하여, 아동을 관찰하고 하나의 시간 간격 안에 발생한 행동의 빈도를 기록하는 것이다. 빈도 기록은 사건 계수 기록이라고도 한다. 빈도 관찰기록 방법의 기본 절차는 다음과 같다.

▨ 전체 관찰시간을 짧은 시간 간격으로 나눈다(시간 간격으로 나누지 않고 전체 관찰시간을 그대로 두고 관찰하는 경우도 있다.).

▨ 아동 행동을 관찰한다.

▨ 관찰시간 간격 안에 행동이 발생할 때마다 빈도를 기록한다.

▨ 자료를 빈도수 또는 비율로 요약한다.

이 관찰 방법의 장점은 수업을 직접적으로 방해하지 않으며, 비교적 사용하기가 쉽고, 시간 간격마다 행동 발생빈도를 기록하였기 때문에 문제행동이 언제 가장 많이 발생하는지 시간 흐름에 따른 행동 발생 분포를 알 수 있다는 것이다. 그러나 이 방법이 지니는 단점은 행동의 빈도만 가지고는 행동 형태가 어떤지를 설명해 주지 못한다는 것과 지나치게 짧은 시간 간격으로 자주 또는 오랜 시간에 걸쳐 일어나는 행동에는 적용하기 어렵다는 것이다. 예를 들어, 연필로 책상 두드리기, 눈을 깜빡이기, 또는 컴퓨터 게임하기 같은 행동은 빈도로 측정하기 어렵다. 빈도 관찰기록 방법을 이용하여 관찰할 수 있는 행동은 자리 이탈, '고맙습니다.' 또는 '감사합니다.'라고 말하기, 손들기, 교사 허락 없이 말하기 등이 있다. [그림 5-8]에 빈도 관찰기록 관찰용지의 사용 예를 제시하였다.

아동: 이중섭(빛고을초등학교 3학년, 9세)

관찰자: 박선희(교생실습교사)

관찰 장소 및 상황: 빛고을초등학교 식당, 점심시간, 약 150명의 아동이 식사를 하고 있거나 배식을 위해 줄지어 대기, 시끄럽고 혼란스러운 분위기

표적행동: 식사 중 자리 이탈 행동

표적행동의 조작적 정의: 음식을 담은 식판을 식탁에 놓고 자리에 앉아 숟가락이나 젓가락을 잡은 후 엉덩이가 자리에서 10cm 이상 떨어진 상태에서 3초 이상 지속

| 날짜 | 시간 | 행동 발생 | 합계 | 관찰시간 | 빈도/시간 | 분당 비율 |
|------|------|-----------|------|----------|-----------|-----------|
| 9/12 | 12:35~1:05 | ✔✔✔✔✔✔✔✔✔✔ ✔✔ | 12 | 30분 | 12/30 | 0.4회 |
| 9/13 | 12:30~12:55 | ✔✔✔✔✔✔✔✔✔✔ | 10 | 25분 | 10/25 | 0.4회 |
| 9/14 | 12:30~1:00 | ✔✔✔✔✔✔✔✔✔ | 9 | 30분 | 9/30 | 0.3회 |
| 9/15 | 12:35~1:10 | ✔✔✔✔✔✔✔✔✔✔ ✔✔✔✔ | 14 | 35분 | 14/35 | 0.4회 |
|  |  |  |  |  |  |  |
|  |  |  |  |  |  |  |
|  |  |  |  |  |  |  |

[그림 5-8] 빈도 관찰기록 관찰용지의 예 1

[그림 5-8]의 관찰용지는 1회기의 전체 관찰시간을 짧은 시간 간격으로 나누지 않고 있음을 볼 수 있다. [그림 5-8]의 예에서 관찰자는 급식실에 가서 중섭이가 조작적 정의대로 자리를 이탈할 때마다 체크 표시를 하여 행동을 기록하고, 행동의 총 빈도를 세어 관찰한 전체 시간으로 나누어 비율을 기록하면 된다. 여기에서 9월 12일과 13일의 경우를 비교해보자. 급식 시간에 자리를 이탈한 빈도만 비교한다면 12일에 12회이고 13일에 10회이므로, 12일에 자리를 더 많이 이탈했다고 할 수 있다. 하지만 12일과 13일의 관찰시간은 각각 30분과 25분이었다. 빈도수를 관찰시간으로 나누어보면 분당 자리를 이탈한 비율은 0.4회로 동일함을 알 수 있다. 자료를 [그림

5-8]처럼 요약하면 매일 관찰한 시간의 길이가 달라도 매일의 급식시간 자리 이탈 행동을 서로 쉽게 비교할 수 있다.

또 다른 빈도 관찰기록 관찰용지 사용 예를 [그림 5-9]에 제시했다.

아동: 이예술(빛나리초등학교 4학년, 11세)

관찰자: 서영경(교사)

관찰 장소 및 상황: 빛나리초등학교 4학년 2반 교실, 수학시간(45분), 1명의 교사와 30명의 아동이 모둠별로 앉아 수업을 하고 있다.

표적행동: 수업 중 자리 이탈 행동

표적행동의 조작적 정의: 교사의 허락 없이 자기 의자를 떠나는 행동으로, 아동의 엉덩이가 의자에서 떨어진 모든 상태(예: 의자 위에 무릎 세워 앉기, 다른 자리로 이동하기 등)

| 날짜 | 시간 | 행동 발생 | | | | | | | | | 총 빈도 |
|---|---|---|---|---|---|---|---|---|---|---|---|
| | | 1 | 2 | 3 | 4 | 5 | 6 | 7 | 8 | 9 | |
| 6/1 | 13:15~ 14:00 | | | | | | 一 | 丁 | 下 | 正 | 10 |
| 6/2 | 9:00~ 9:45 | | | | | | | | 丁 | 下 | 5 |
| 6/4 | 9:55~ 10:40 | | | | | | | 一 | 丁 | 下 | 6 |
| 6/5 | 14:10~ 14:55 | | | | | 一 | 一 | 丁 | 下 | 正 | 11 |

[그림 5-9] 빈도 관찰기록 관찰용지의 예 2

[그림 5-9]의 관찰용지는 1회기의 전체 관찰시간 45분을 5분 간격으로 나누어 관찰하게 되어 있음을 볼 수 있다. 관찰자는 수학시간마다 예술이가 정의대로 자리 이탈을 할 때면 바를 정(正)자를 사용하여 행동의 총빈도를 세어 기록하면 된다. 6월 1일의 경우에 예술이는 수학시간에 자리 이탈을 총 9번 했음을 알 수 있다. 이 경우에

는 매번 관찰한 수학시간의 길이가 45분으로 같기 때문에 총빈도수로 매 수학시간의 급식시간 자리 이탈 행동을 서로 비교할 수 있다. 또한 전체 관찰시간 45분을 5분 간격으로 나누어 관찰했기 때문에 수학시간 중 어느 때에 자리 이탈이 많은지 분석할 수 있다. 예솔이의 경우, 주로 수학시간이 끝나가는 때에 자리 이탈이 많고, 오전보다는 오후 시간에 자리 이탈이 많은 것을 볼 수 있다.

또 다른 형태의 빈도 관찰기록 관찰용지를 [그림 5-10]에 제시했다.

| 아동: 이무경, 김국진, 박수정, 양기쁨, 정세화, 이민우(하늘초등학교 3학년) |
| --- |
| 관찰자: 김희영(특수교사) |
| 관찰 장소 및 상황: 하늘초등학교 3학년 5반 교실, 국어시간(45분), 1명의 교사와 6명의 아동이 앉아 수업을 하고 있다. |
| 표적행동: 소리 내어 읽기 |
| 표적행동의 조작적 정의: 별도로 제시된 조작적 정의에 따라.아동이 읽는 단어에서 대체, 발음오류, 삽입, 반복 등의 오반응이 발견되면 해당 칸에 체크 표시( ✓ )를 하시오. |

| 날짜 | 반응＼아동 | 무경 | 국진 | 수정 | 기쁨 | 세화 | 민우 |
| --- | --- | --- | --- | --- | --- | --- | --- |
| 4.3 | 대체 | ✓✓✓ | | | | ✓ | ✓✓✓✓<br>✓ |
| | 발음오류 | | ✓✓✓✓<br>✓ | | ✓✓✓✓<br>✓✓ | | ✓ |
| | 삽입 | ✓ | | ✓✓✓✓<br>✓ | | ✓ | |
| | 반복 | | | | ✓✓✓✓<br>✓✓✓ | | |
| 4.4 | 대체 | | | | | | |
| | 발음오류 | | | | | | |

[그림 5-10] **빈도 관찰기록 관찰용지의 예 3**

[그림 5-10]을 보면 6명의 아동들의 단어 읽기 오류의 빈도를 종류별로 측정했음을 알 수 있다. 이 관찰용지는 각 아동에게 일정한 분량의 글을 읽게 하여, 읽기의 오류를 종류별로 관찰하고 기록하도록 한 것이다. 4월 3일의 관찰 결과를 보면, 무경이와 민우는 단어를 다른 단어로 대체시키는 오류가 많고, 국진이와 기쁨이는 단어의 발음 오류가 많으며, 수정이는 없는 단어를 삽입하며, 세화는 같은 단어를 반복하여 읽는 경우가 많음을 알 수 있다. 이렇게 여러 아동의 행동에 대한 빈도를 측정하는 관찰지를 한 장에 작성할 수도 있다.

### (2) 지속시간 관찰기록

지속시간 관찰기록(duration recording) 방법은 표적행동이 시작될 때의 시간과 그 행동이 끝날 때의 시간을 기록하여 행동이 지속된 시간을 계산하여 기록하는 방법이다. 이때 스톱워치를 사용하면 편리하다. 이 방법을 사용하는 기본 절차는 다음과 같다.

- 행동이 시작될 때 시간을 기록하거나 스톱워치를 작동한다.
- 행동이 끝날 때 시간을 기록하거나 스톱워치 작동을 멈춘다.
- 행동이 지속된 시간을 계산하여 기록한다.
- 각 행동의 지속시간을 합하여 총지속시간을 기록한다.
- 총지속시간을 행동의 총횟수로 나누어 평균 지속시간을 기록한다.
- 총지속시간을 총관찰시간으로 나누어 100을 곱하여 관찰한 전체 시간에 대한 행동의 지속시간 퍼센트를 기록한다(이렇게 구한 퍼센트는 매 회기의 관찰시간이 동일하지 않아도 같은 기준으로 볼 수 있도록 해 주기 때문에 누구나 이해하기 쉽다.).

지속시간 관찰기록 방법은 행동이 지속되는 시간 길이에 관심이 있을 때에 사용할 수 있다. 이 방법은 지나치게 짧은 시간 간격으로 발생하는 행동에는 적용하기 어렵다. 또한 지속시간 관찰기록 방법은 행동의 강도를 설명해 주지 못한다는 단점이 있다. 지속시간 관찰기록 방법으로는 식사를 마치는 데 시간이 얼마나 걸리는지, 화장실에 얼마나 오래 머무는지, 주어진 과제를 마치는 데 얼마만큼의 시간이 걸리는지, 손가락을 얼마 동안 빠는지, 협동놀이에 참여하는 시간은 어느 정도인지 등의 행

동을 측정할 수 있다. [그림 5-11]에 지속시간 관찰기록 관찰용지의 사용 예를 제시
하였다.

| 아동: 김평강(서라벌초등학교 2학년) | | | | | 관찰자: 박온달 | |
|---|---|---|---|---|---|---|
| 표적행동: 손가락 빨기 행동<br>입술 안쪽으로 5mm 이상 손가락을 집어 넣거나<br>이빨로 손톱을 깨무는 행동 | | | | | 관찰 장소: 2학년 3반 교실<br>오전 국어시간, 전체 아동 35명, 표적아동<br>은 교실의 중간 쯤에 위치 | |
| 날짜 | 시간 | 행동 발생 | | | 관찰결과 요약 | |
| 8/9 | 9:25~<br>9:55 | #1 1' | #2 2'10" | #3 1'20"<br> #4 1'30"<br> #5 1' | 전체 관찰시간 | 30분 |
| | | | | | 전체 지속시간 | 7분 |
| | | #6 | #7 | #8  #9  #10 | 지속시간 백분율 | 23% |
| | | | | | 평균 지속시간 | 1분 24초 |
| 8/10 | 9:25~<br>9:55 | #1 2' | #2 1'30" | #3 1'  #4 1'20"  #5 1'30" | 전체 관찰시간 | 30분 |
| | | | | | 전체 지속시간 | 9분 30초 |
| | | #6 1' | #7 1'10" | #8  #9  #10 | 지속시간 백분율 | 32% |
| | | | | | 평균 지속시간 | 1분 21초 |
| | | #1 | #2 | #3  #4  #5 | 전체 관찰시간 | |
| | | | | | 전체 지속시간 | |
| | | #6 | #7 | #8  #9  #10 | 지속시간 백분율 | |
| | | | | | 평균 지속시간 | |

[그림 5-11] **지속시간 관찰기록 관찰용지의 예**

[그림 5-11]의 경우, 관찰자는 국어시간에 평강이가 손가락을 빨기 시작하면 스
톱워치를 작동시키고 손가락을 입술에서 떼면 스톱워치의 작동을 멈추어서 한 번의
손가락 빼는 행동이 지속되는 시간을 기록한다. 이렇게 매번 손가락 빼는 데 걸리는
시간을 합한 전체 지속시간을 관찰한 전체 시간으로 나누어 100을 곱하면 지속시간
백분율을 구할 수 있다. 그리고 행동의 총발생빈도를 전체 지속시간으로 나누면 평

균 지속시간을 구할 수 있다. 8월 9일의 기록에 의하면 평강이는 30분의 국어시간 동안에 전부 5번 손가락을 빨았고, 매번 손가락을 빠는 데 각각 1분, 2분 10초, 1분 20초, 1분, 30초, 1분이 걸렸다. 각각 손가락을 빤 시간을 합하면 8월 9일 국어시간에 손가락을 빠는 데 걸린 전체 지속시간은 7분이 된다. 그 7분을 전체 관찰시간 30분으로 나누고 100을 곱하여 지속시간 백분율 23%를 구하였고, 5번 손가락 빤 빈도를 손가락을 빤 전체 지속시간 7분으로 나누어 평균 지속시간 1분 24초를 구한 것을 알 수 있다.

## (3) 지연시간 관찰기록

지연시간 관찰기록(latency recording) 방법은 선행사건과 표적행동 발생 사이에 지연되는 시간을 계산하여 기록하는 것이다. 이 방법의 기본 절차는 다음과 같다.

- 선행자극 또는 선행사건을 정의한다. (예를 들어, 읽기 시간에 교사의 지시 따르기 행동을 보고자 할 때 선행사건인 교사의 지시는 '첫 문장의 첫 단어에 손가락을 짚으시 오.'라고 정의할 수 있다.)
- 관찰시간 동안 주어질 선행자극의 수를 결정한다. (선행자극의 수가 일정하지 않은 경우에는 이 단계를 생략할 수 있다.)
- 선행자극을 주고, 시간을 기록하거나 스톱워치를 작동한다.
- 학생 행동이 시작될 때 시간을 기록하거나 스톱워치 작동을 멈춘다.
- 행동이 시작될 때까지 지연된 시간을 계산하여 해당 칸에 기록한다.
- 각 행동의 지연시간을 합하여 행동의 횟수로 나누어 표적행동의 평균 지연시 간을 기록한다.

이 방법으로 관찰할 수 있는 행동으로는 질문에 답하기, 지시 따르기 등이 있다. [그림 5−12]에 지연시간 기록 관찰용지의 사용 예를 제시하였다. [그림 5−12]를 사용하는 관찰자는 교사의 지시가 끝나면 스톱워치를 작동하여 관찰대상 아동인 유진이가 연습문제를 풀기 시작하면 스톱워치 작동을 멈추어, 교사의 지시 후 유진이가 연습문제를 풀기 시작하기까지 지연된 시간을 측정한다. 교사의 지시마다 유진이의 반응이 지연된 시간을 기록한 것을 합하여 전체 지연시간을 구하고, 교사의 지시 빈도를 선행사건 횟수에 기록한다. 전체 지연시간을 선행사건 횟수로 나누면 평균 지연시간을 구할 수 있다. 5월 18일의 예에서 수학시간에 교사의 지시는 6번 있었으며,

| 아동 | 이름 | | 학교/학년 | | 나이 |
|---|---|---|---|---|---|
| | 김유진 | | 봉산초등학교 3학년 | | 9 |
| 관찰자 | 양기철 | **담임교사** | 민정자 | | |
| 표적행동 | 지시 따르기: 수학시간에 개별 과제(예: 연습문제 풀기)를 시작하기 위해 교사가 표적아동 혹은 교실 전체의 학생들에게 말하는 지시의 내용대로 행동한다. | | | | |
| 선행사건 | 개별 과제를 위해 교사가 "○○쪽의 연습문제를 노트에 풀어 적으세요."라고 말하거나 "(유인물의) 연습문제를 풀기 시작하세요."라고 말한다. | | | | |
| 상황요인 | 수학시간, 35명의 학생이 수업에 참여, 표적아동은 교탁 부근에 위치, 앞뒤·좌우에 유천, 재중, 준수, 효리가 있고 준수가 옆 짝이다. | | | | |
| 날짜 | 행동 발생 | | | | 행동결과 요약 |
| | #1 1'10" | #2 1' | #3 30" | #4 50" | 전체 지연시간 / 5분 50초 |
| 5/18 | #5 1'20" | #6 1' | #7 | #8 | 선행사건 횟수 / 6회 |
| | #9 | #10 | #11 | #12 | 평균 지연시간 / 58초 |
| | #1 | #2 | #3 | #4 | 전체 지연시간 |
| | #5 | #6 | #7 | #8 | 선행사건 횟수 |
| | #9 | #10 | #11 | #12 | 평균 지연시간 |

[그림 5-12] **지연시간 관찰기록 관찰용지의 예**

교사의 지시마다 유진이가 과제를 풀기 시작할 때까지 걸린 지연시간은 각각 1분 10초, 1분, 30초, 50초, 1분 20초, 1분이었다. 이를 합하면 전체 지연시간 5분 50초가 된다. 전체 지연시간 5분 50초를 교사의 전체 지시 빈도 6으로 나누어 평균 지연시간 58초를 구한 것을 알 수 있다.

## (4) 반응기회 관찰기록

반응기회 관찰기록(controlled presentations recording) 방법은 행동의 기회가 주어졌을 때 표적행동의 발생 유무를 기록하는 것이다. 이 방법은 교사나 치료자에 의해 학생이 반응할 기회가 통제된다는 특징을 제외하면 빈도 기록과 같은 방법이다. 이 방법의 기본 절차는 다음과 같다.

- 학생에게 주어지는 기회가 무엇인지 명확하게 정의한다(예: 교사가 개별 학생을 대상으로 질문하는 것을 반응 기회로 정의할 수 있다.).
- 학생 행동을 관찰할 시간 길이나 그 시간 동안에 학생에게 주어질 기회의 수를 미리 설정한다.
- 주어진 시간 동안에 학생에게 기회를 제공한다.
- 표적행동이 발생했는지의 여부를 관찰하고 기록한다.
- 발생한 표적행동의 수를 주어진 기회의 수로 나누고 100을 곱하여, 주어진 기회 수에 대한 표적행동의 발생 횟수의 퍼센트를 기록한다.

이 방법에 알맞은 예는 매일 50분의 수학시간에 10개의 교사 질문에 대해 정답을 말하는 횟수를 기록하는 것 등이다. [그림 5-13]에 반응기회 기록 관찰용지의 사용 예를 제시하였다. [그림 5-13]을 보면, 5월 4일에 하림이는 교사의 덧셈이나 뺄셈의 구두 질문 10개에 대해 4개의 질문에 정반응을 하여 전체 질문의 40%만큼 정반응하였음을 알 수 있다. [그림 5-13]을 [그림 5-14]처럼 정반응과 오반응의 빈도를 구분하여 기록하도록 만들 수도 있다.

| 아동: 이하림(강촌초등학교 2학년, 8세) |
| --- |
| 관찰자: 이을이 |
| 관찰 장소 및 상황: 강촌초등학교 4학년 4반 교실, 수학시간 |
| 표적행동: 교사의 질문에 정답을 말하는 행동 |
| 기회의 조작적 정의: 교사의 한 자리수의 덧셈이나 뺄셈에 대한 구두 질문(예: "2 더하기 6은?" "7 빼기 5는?") |

| 날짜 | 정반응 | 전체 기회 수 | 백분율 |
| --- | --- | --- | --- |
| 5/4 | ✓ ✓ ✓ ✓ | 10 | 40% |
| | | | |

[그림 5-13] 반응기회 관찰기록 관찰용지의 예 1

| 아동: 이하림(강촌초등학교 2학년, 8세) |
| --- |
| 관찰자: 이을이 |
| 관찰 장소 및 상황: 강촌초등학교 4학년 4반 교실, 수학시간 |
| 표적행동: 교사의 질문에 정답을 말하는 행동(정답은 +, 오답은 -로 표시) |
| 기회의 조작적 정의: 교사의 한 자리수의 덧셈이나 뺄셈에 대한 구두 질문(예: "2 더하기 6은?" "7 빼기 5는?") |

| 날짜 | 기회와 반응 | | | | | | | | | | | 정반응수 | 백분율 |
| --- | --- | --- | --- | --- | --- | --- | --- | --- | --- | --- | --- | --- | --- |
| | 기회 | 1 | 2 | 3 | 4 | 5 | 6 | 7 | 8 | 9 | 10 | | |
| 5/4 | 반응 | + | - | + | + | - | - | + | - | - | - | 4 | 40% |
| | 반응 | | | | | | | | | | | | |

[그림 5-14] 반응기회 관찰기록 관찰용지의 예 2

반응 기회 관찰기록 방법을 사용한 또 다른 예로 최호승(2003)이 자신의 연구에서 아동의 단어 읽기를 관찰한 관찰용지를 [그림 5-15]에 제시하였다.

대상자 이름: _____    날짜: _____년 ___월 ___일 ~ ___월 ___일

관찰자 이름: _____    행동: 20개 단어 중 정확하게 읽은 단어 수

### 부진아동 문자지도 결과표

| 문항 \ 자료/날짜 | 자료 1 월 일 | 자료 2 월 일 | 자료 3 월 일 | 자료 4 월 일 | 자료 5 월 일 | 자료 6 월 일 | 자료 7 월 일 |
|---|---|---|---|---|---|---|---|
| 1 | 아가 | 기수 | 고기 | 구두 | 가거라 | 드리다 | 파자마 |
| 2 | 파다 | 피부 | 이모 | 부츠 | 오너라 | 로보트 | 두루미 |
| 3 | 하마 | 바보 | 누나 | 두부 | 기리다 | 스스로 | 수제비 |
| 4 | 사자 | 수리 | 오리 | 다리 | 어머니 | 다리미 | 아저씨 |
| 5 | 차다 | 조사 | 나무 | 소주 | 아버지 | 스피커 | 아주머니 |
| 6 | 나라 | 미소 | 우리 | 가다 | 부수다 | 마시다 | 카나리아 |
| 7 | 파자 | 바지 | 이사 | 우주 | 푸르다 | 리어카 | 사투리 |
| 8 | 하자 | 사소 | 허파 | 두루 | 구르다 | 고사리 | 타자기 |
| 9 | 사라 | 마루 | 고모 | 고파 | 그치다 | 저고리 | 다시마 |
| 10 | 바다 | 소파 | 고추 | 자아 | 오로지 | 기러기 | 피아노 |
| 11 | 가파 | 보더 | 으퍼 | 차거 | 크리머 | 허수가 | 히투퍼 |
| 12 | 하타 | 토니 | 키흐 | 쿠자 | 오수가 | 스사히 | 자보트 |
| 13 | 나자 | 차카 | 히가 | 허푸 | 구수미 | 나다라 | 자피기 |
| 14 | 카라 | 아터 | 프너 | 타처 | 가라미 | 보무스 | 트코머 |
| 15 | 사바 | 초푸 | 투로 | 더저 | 크디러 | 이즈쿠 | 거더두 |
| 16 | 차바 | 즈치 | 코미 | 치투 | 바소서 | 초터파 | 타프보 |
| 17 | 마사 | 기바 | 처부 | 가트 | 도부사 | 하피트 | 누라우 |
| 18 | 차카 | 노러 | 자우 | 히피 | 크리키 | 쿠츠초 | 츠너프 |
| 19 | 나파 | 도므 | 구프 | 소루 | 머하시 | 아서보 | 스모가 |
| 20 | 라라 | 시저 | 후키 | 파히 | 고소호 | 무디라 | 으시자 |
| 1~10 정답수 | | | | | | | |
| % | | | | | | | |
| 11~20 정답수 | | | | | | | |
| % | | | | | | | |

(표시: ○ 정확하게 읽은 문자, × 정확하게 읽지 못한 문자)

출처: 최호승 (2003).

[그림 5-15] 받침 없는 단어 읽기 관찰용지(반응기회 관찰기록 관찰지의 예)

[그림 5-15]에 있는 관찰지를 사용할 때는 아동에게 미리 계획한 읽기 자료를 주고 아동으로 하여금 자료에 있는 단어를 구두로 읽도록 한다. 관찰자는 관찰지에 날짜를 기록한 다음, 해당 자료에 대한 아동의 읽기를 관찰하여 아동의 반응을 표시한다. 정반응에 대해서는 단어에 동그라미 표시를 하도록 했다. 20개의 문항을 다 실시하여 문항마다 아동의 반응을 표시한 다음, 1번부터 10번까지의 받침 없는 의미 단어에 대한 정답수와 백분율을 기록하고, 11번부터 20번까지의 받침 없는 무의미 단어에 대한 정답수와 백분율을 기록한다. 이때 아동에게 주어지는 단어의 수는 언제나 20개로 일정했다.

## (5) 기준치 도달 관찰기록

기준치 도달 관찰기록(trials to criterion recording) 방법은 도달해야 할 기준이 설정되어 있는 경우에 그 기준치에 도달했는지의 여부를 기록하는 것이다. 이는 준거제시 시도 관찰기록이라고도 불린다. 이 방법의 기본 절차는 다음과 같다.

- 학생에게 제시할 기회가 무엇인지 명확하게 정의한다.
- 한 번의 행동 시도에 대한 인정할 만한 기준을 설정한다. … (a)
- (a)가 몇 번 이루어져야 하는지에 대한 도달 기준치를 설정한다. … (b)
- 학생에게 반응 기회를 제시한다.
- (a)의 기준에 도달한 행동의 발생(정반응, 무반응, 오반응)을 기록한다.
- 학생 행동이 (b)의 기준치에 도달하면 종료하거나 새 기준치로 다시 시작한다.
- 기준치에 도달하기까지의 행동 시도 수를 기록한다.

예를 들어, 이 방법을 사용하여 교사의 지시 3초 내에 교사의 지시 반복 없이 지시를 수행하는 것을 연속 3회 수행하기 등을 측정할 수 있다. [그림 5-16]에 기준치 도달 관찰기록 관찰지의 사용 예를 제시하였다. [그림 5-16]을 보면, 숙경이는 4월 2일에 기준치까지 도달하는 데 10회의 지시가 있었고, 4월 3일에는 9회, 4월 4일에는 8회로 기준치까지 도달하는 횟수가 감소하고 있음을 알 수 있다.

기준치 도달 관찰기록 방법을 적용한 또 다른 유형의 관찰지를 보려면 이 책 6장에 있는 [그림 6-21]을 참고할 수 있다.

| 관찰자: 오하인 | 아동: 김숙경 |
|---|---|
| 교사: 최정인 | 장소: 2학년 3반 교실, 국어시간 |

표적행동의 정의: 교사의 지시 3초 내에 교사의 지시 반복 없이 지시를 수행하는 것

반응 기회의 정의: 교사가 아동에게 행동을 수행하도록 요구하는 모든 지시
예: '교과서 00쪽을 펴라.' '제자리에 앉아라.' '책을 소리 내어 읽어라.' 등

기준치: 교사의 지시에 연속 3회 수행하기

기록 방법: 교사의 지시가 주어지고 3초 이내에 지시 내용을 수행하면 +, 그렇지 않은 경우에는 - 표시를 하세요.

| 날짜 | 목표 도달 기준치 | 기회에 대한 아동의 반응 | | | | | | | | | | 기준치 도달까지 걸린 횟수 |
|---|---|---|---|---|---|---|---|---|---|---|---|---|
| | | 1 | 2 | 3 | 4 | 5 | 6 | 7 | 8 | 9 | 10 | |
| 4/2 | 연속 3회 수행 | − | − | − | − | − | − | − | + | + | + | 10 |
| 4/3 | 연속 3회 수행 | − | − | − | − | + | − | + | + | + | − | 9 |
| 4/4 | 연속 3회 수행 | − | − | + | − | − | + | + | + | − | + | 8 |
| 4/5 | 연속 3회 수행 | − | + | − | + | + | + | − | + | + | − | 6 |
| 4/6 | 연속 3회 수행 | + | − | − | + | + | + | + | − | − | + | 6 |
| | | | | | | | | | | | | |

[그림 5−16] 기준치 도달 관찰기록 관찰용지의 예

위에서 지금까지 설명한 모든 행동 특성 중심 관찰기록의 공동 절차는 다음과 같다.

- 표적행동을 명확하게 정의한다.
- 행동이 발생하는 상황을 정의한다.
- 관찰하는 전체 시간을 기록한다.
- 행동 발생을 기록한다.
- 자료를 요약한다.

직접 관찰 도구들은 비형식적이고 소규모로 개인적으로 만들어 쓰고 있는데, 직접 관찰을 통한 정보 수집은 시간이 많이 들고 실용적이지 못하다는 비판을 받고 있다. 그러나 직접 관찰 기록은 아동의 문제행동에 대한 구체적 자료를 제공하며, 형성적 관찰을 통해 아동의 행동 변화를 명확하게 보여 주므로 문제행동에 대한 조치를 시기적절하고 효율적으로 선택하고 평가하고 수정하는 데 많은 도움을 줄 수 있다.


## 4 | 행동 관찰과 측정의 일치도

### 1) 관찰과 측정의 일치도에 영향을 미치는 변수

관찰과 측정의 일치도란 같은 것을 측정할 때 일관되게 같은 결과를 산출할 수 있는 정도를 의미한다. 관찰 일치도가 높은 관찰이란 자료가 관찰자에 따라 달라지지 않고, 같은 관찰자가 동일한 방법으로 다시 관찰해도 같은 결과를 얻을 수 있는 것을 말한다. 같은 행동에 대해서는 누가 관찰하든지 언제나 같은 해석을 할 수 있을 때 관찰자 간 관찰 일치도가 높다고 한다. 관찰 일치도가 높은 관찰을 위해서는 다음과 같은 사항을 유의해야 한다(Wolery, Bailey, & Sugai, 1988).

- 관찰하고자 하는 행동을 관찰 가능하고 측정 가능한 용어로 조작적 정의를 내린다. 이때 행동은 빈도, 지속시간, 강도, 위치, 지연시간, 형태 등으로 설명된다.
- 행동을 관찰하는 장소와 시간이 일관성 있고 규칙적이어야 한다.
- 행동 변화 양상을 보여 줄 수 있는 직접적이고 형성적인 관찰을 해야 한다.
- 관찰, 측정, 기록의 절차를 명확하게 명시한다.
- 실제 상황에서 관찰하기 전에 충분한 연습을 한다.
- 관찰 즉시 자료를 기록한다.
- 행동 관찰의 정확도를 높이기 위해, 필요하다면 스톱워치, 비디오테이프, 녹음기, 신호 발신 장치(beeper) 등의 기구를 사용한다.

관찰자 간 관찰 일치도를 높이기 위해서는 관찰자가 중재 목적을 모르는 것이 좋다. 중재 목적을 알고 있을 경우, 중재 효과를 의식하여 관찰에 영향을 미칠 수 있기 때문이다. 또한 관찰 장소에서 관찰을 시작하기 전에 관찰자 훈련을 하는 기간에 높은 관찰 일치도 기준을 설정하여 관찰 훈련을 하는 것이 좋다. 보통 90% 이상의 관찰 일치도를 목표로 훈련할 것을 권한다. 관찰자를 훈련할 때는 가능한 한 실제 상황에서 훈련해야 한다. 실제 상황의 관찰이 어려울 경우에는 관찰 내용을 녹화한 비디오테이프를 이용할 수도 있다. 또한 훈련이 끝나고 관찰을 시작한 후에도 관찰자 간의 관찰 일치도를 정기적으로 조사해야 한다. 중재가 시작되고 관찰하는 도중에 관찰자의 관찰 기준이 바뀌지 않았는지 검토하는 것이 필요하다. 이렇게 관찰자의 관찰 기준이 점진적으로 바뀌는 현상을 관찰자 표류(observer drift)라고 한다. 관찰자가 두 명 이상이라면 관찰 도중에는 두 관찰자가 서로 영향을 받지 않도록 관찰자 간의 접촉을 최소화하는 것이 좋다. 또한 관찰자가 수시로 관찰 기준을 점검할 수 있도록 표적행동의 조작적 정의와 관찰 기준에 대한 성문화된 안내지를 작성하는 것이 필요하다. 일반적으로 관찰자 간 관찰 일치도는 85% 또는 그 이상을 요구한다.

직접 관찰은 자연스러운 상태에서 학생의 행동을 관찰한다는 데 큰 의의가 있는데, 직접 관찰을 하게 되면 학생은 다른 사람이 자신의 행동을 관찰한다는 것을 의식하여 행동을 더 잘하게 되거나 긴장하여 더 못하게 될 수가 있다. 이러한 현상을 반동(reaction)이라고 하는데, 반동의 영향을 감소시키기 위해서는 비디오 카메라를 설치하여 학생의 행동을 녹화한 후 비디오테이프를 통하여 관찰할 수 있다. 또한 비디오카메라를 사용하든지 관찰자가 직접 관찰하든지 학생이 관찰과정에 익숙해지는 적응 기간을 두어 자신의 행동이 관찰된다는 사실을 의식하지 않도록 할 수 있다. 실제 관찰이 시작되기 며칠 전부터 관찰자가 교실에 가 있거나 비디오카메라를 설치하여 둠으로써 실제 관찰이 시작되었을 때 학생이 관심을 기울이지 않게 하는 것이다.

## 2) 관찰 일치도 측정 방법

### (1) 빈도 관찰기록 방법의 관찰 일치도

빈도 관찰기록을 사용한 경우는 한 회기에서 발생한 행동의 전체 빈도에 대하여 관찰 일치도를 산출한다. 이렇게 총빈도수로만 비교할 때는 두 관찰자가 관찰한 행동의 발생빈도에 대해 (작은 수)/(큰 수) × 100으로 관찰 일치도를 산출한다. 예를 들어, 한 관찰자가 아동이 한 회기에 자리 이탈을 10번 했다고 보고하고 다른 관찰자는 8번 자리 이탈을 했다고 보고하면 두 관찰자 간 관찰 일치도는 8/10 × 100 = 80(%) 가 된다.

### (2) 지속시간 관찰기록 방법의 관찰 일치도

지속시간 관찰기록 방법을 사용하여 아동 행동을 관찰한 경우는 한 회기에 관찰 된 행동의 지속시간의 누계에 대해 관찰 일치도를 산출한다. 두 관찰자가 관찰한 행 동의 지속시간의 누계에 대해 (짧은 시간)/(긴 시간) × 100으로 관찰 일치도를 계산 한다. 예를 들어, 한 관찰자는 아동의 손가락 빠는 시간의 지속시간을 한 회기에 15분 으로 측정했는데 다른 관찰자는 총 12분 동안 손가락을 빤 것으로 측정했다면 12/15 × 100 = 80(%)의 관찰 일치도가 산출된다.

### (3) 지연시간 관찰기록 방법의 관찰 일치도

지연시간 기록 방법으로 관찰한 경우는 한 회기에서 측정된 평균 지연시간에 대 해 관찰 일치도를 산출한다. 두 관찰자가 측정한 평균 지연시간에 대해 (작은 수)/ (큰 수) × 100으로 두 관찰자 간의 관찰 일치도를 측정한다. 예를 들어, 아동이 한 회기 동안 교사의 지시를 따르는 데 걸리는 평균 지연시간을 한 관찰자는 5분으로 측정했고 다른 관찰자는 4분 30초로 측정했다면 두 관찰자 간 관찰 일치도는 4.5/5 × 100 = 90(%)이 된다.

### (4) 반응 기회 관찰기록 방법의 관찰 일치도

반응 기회 관찰기록 방법으로 관찰한 경우는 한 회기에서 발생한 각 행동을 정반 응 또는 오반응으로 측정했는지에 대해 관찰 일치도를 산출할 수 있다. 반응 기회 기 록 방법의 관찰 일치도를 구하는 방법을 [그림 5-22]와 같이 아동이 한 회기에 10개 의 단어를 읽을 때 바르게 읽으면 O표, 틀리게 읽으면 ×표를 하여 관찰한 경우를 예 로 들어 보자.

각 행동마다 관찰자 간에 일치한 정도를 보고자 하면 (일치한 반응의 수)/(전체 반 응의 수)×100으로 관찰 일치도를 산출할 수 있다. 위의 예의 경우는 반응 기회 1, 2,

3, 5, 6, 7, 9, 10에서 관찰자 간에 일치했으므로 8/10 × 100 = 80(%)의 관찰 일치도가 산출된다.

| 반응 기회 | 1 | 2 | 3 | 4 | 5 | 6 | 7 | 8 | 9 | 10 |
|---|---|---|---|---|---|---|---|---|---|---|
| 관찰자 A | ○ | ○ | × | ○ | ○ | ○ | ○ | × | × | ○ |
| 관찰자 B | ○ | ○ | × | × | ○ | ○ | ○ | ○ | × | ○ |
| 일치 정도 | 일치 | 일치 | 일치 | 불일치 | 일치 | 일치 | 일치 | 불일치 | 일치 | 일치 |

[그림 5-22] 반응 기회 관찰기록 방법을 이용한 행동 발생의 일치 정도

(5) 기준치 도달 관찰기록 방법의 관찰 일치도

기준치 도달 관찰기록 방법을 사용한 경우는 기준치에 도달하기까지 걸린 횟수에 대해 관찰 일치도를 구할 수 있다. 두 관찰자가 측정한 횟수에 대해 (작은 수)/(큰 수) × 100으로 관찰 일치도를 측정할 수 있다. 예를 들어, 한 관찰자는 아동이 기준치에 도달하기까지 5회가 걸렸고 다른 관찰자는 4회가 걸렸다고 한다면 두 관찰자 간 관찰 일치도는 4/5 × 100 = 80(%)이 된다.

(6) 시간 중심 관찰기록 방법의 관찰 일치도

시간 중심 관찰기록을 사용한 두 명의 관찰자가 수집한 자료가 [그림 5-23]과 같을 때, 관찰자 간 관찰 일치도는 다음 네 가지로 계산할 수 있다.

| 시간 간격 | 1 | 2 | 3 | 4 | 5 | 6 | 7 | 8 | 9 | 10 |
|---|---|---|---|---|---|---|---|---|---|---|
| 관찰자 A | − | + | + | − | + | + | + | + | + | + |
| 관찰자 B | + | + | + | − | + | + | + | + | − | + |
| 일치 정도 | 불일치 | 발생 일치 | 발생 일치 | 비발생 일치 | 발생 일치 | 발생 일치 | 발생 일치 | 발생 일치 | 불일치 | 발생 일치 |

[그림 5-23] 관찰자 간 행동 발생에 대한 일치도 결과

목적에 따라 아래의 네 가지 중의 한 가지 방법을 선택하여 사용할 수 있다.

### 1 전체 일치도

전체 일치도(total agreement)는 두 관찰자 중에서 더 적은 수의 시간 간격에서 행동이 발생한 것으로 보고한 시간 간격의 수를 더 많은 시간 간격에서 행동이 발생한 것으로 보고한 시간 간격의 수로 나누어 100을 곱하여 백분율로 나타낸다. 위의 예에서 관찰자 A와 B가 모두 행동이 8번 발생한 것으로 보고하였으므로, 전체 일치도는 8/8 × 100 = 100(%)가 된다. 그러나 전체 일치도를 보아서는 두 관찰자가 같은 행동에 대해 발생의 일치를 나타낸 것인지 알기가 어렵다. 위의 예에서도 볼 수 있듯이 시간 간격 1과 9에서 관찰자는 서로 행동 발생에 대한 의견이 일치하지 않았는데도 전체 일치도는 100%로 계산될 수 있다.

### 2 시간 간격 일치도

시간 간격 일치도(interval agreement)는 두 관찰자가 행동의 발생 유무에 대해 서로 일치하는 시간 간격의 수를 두 관찰자가 서로 일치한 시간 간격의 수와 일치하지 않은 시간 간격의 수를 합한 수로 나누어 100을 곱하여 계산한다. 위의 예에서 두 관찰자는 시간 간격 1과 9를 제외한 8개의 시간 간격에서 행동 발생 유무에 대해 서로 일치한 의견을 나타냈으므로, 시간 간격 일치도는 8/(8+2) = 80(%)이다.

### 3 발생 일치도

발생 일치도(occurrence agreement)는 두 관찰자가 행동의 발생에 대해 서로 일치하는 시간 간격의 수를 행동 발생에 대해 일치하는 시간 간격의 수와 일치하지 않는 시간 간격의 수를 합한 수로 나누어 100을 곱하여 계산한다. 위의 예에서 두 관찰자가 행동의 발생에 대해 일치한 시간 간격은 2, 3, 5, 6, 7, 8, 10으로 7개의 시간 간격이고 행동의 발생에 대해 불일치한 시간 간격은 1과 9이므로, 발생 일치도는 7/(7+2) = 78(%)이다. 발생 일치도는 행동의 발생빈도가 낮은 행동에 사용할 수 있다.

### 4 비발생 일치도

비발생 일치도(nonoccurrence agreement)는 두 관찰자가 행동의 비발생에 대해 일치한 시간 간격의 수를 행동의 비발생에 대해 일치한 시간 간격의 수와 일치하지 않은 시간 간격의 수를 합한 수로 나누어 100을 곱하여 계산한다. 위의 예에서 두 관찰자가 행동의 비발생에 대해 일치한 것은 네 번째 시간 간격 하나이고 비발생에 대해 일치하지 않은 시간 간격은 1과 9이므로, 비발생 일치도는 1/(1＋2) = 33(%)이다. 비발생 일치도는 행동의 발생빈도가 높은 행동인 경우에 사용할 수 있다.

　위에서 소개한 방법들 외에 관찰자 간 관찰 일치도를 구하는 방법으로 Watkins와 Pacheco(2001)는 Cohen의 Kappa 공식을 소개하고 있다. 그들은 Kappa가 일치에 대한 백분율을 구하는 것보다는 복잡하지만 Kappa를 사용하면 관찰자들의 우연의 일치값을 제외시킬 수 있다고 주장한다. Kappa의 소개는 이 책의 범위를 벗어나므로 여기에서는 소개하지 않지만, 필요하다면 그들의 연구를 참고할 수 있을 것이다.

- 아동 행동의 관찰과 측정은 직접적이고 형성적이어야 한다.
- 관찰하고 측정된 행동은 행동의 직접적 측정 단위, 비율, 퍼센트 등으로 요약할 수 있다.
- 행동의 직접 관찰 방법에는 크게 행동 묘사 관찰기록, 행동 결과물 중심 관찰기록, 행동 특성 중심 관찰기록, 시간 중심 관찰기록 등이 있다. 행동 묘사 관찰기록은 행동을 객관적으로 묘사하여 서술하는 방법이다. 행동 결과물 중심 관찰기록은 행동의 결과가 반영구적으로 남는 것을 관찰하고 측정하여 기록하는 것이다. 행동 특성 중심 관찰기록은 행동의 특성을 직접 관찰하여 발생 여부를 기록하는 것이다. 시간 중심 관찰기록은 관찰시간을 짧은 시간 간격으로 나누어 각 시간 간격별로 표적행동의 발생 유무를 관찰하고 기록하는 것이다.
- 학생 행동 관찰자는 가능한 한 간단하면서도 필요한 모든 정보를 포함할 수 있는 관찰 형식과 관찰지를 개발할 수 있어야 한다.
- 직접 관찰 자료가 객관적이고 정확한지 확인하기 위해 정기적으로 관찰자 간 일치도가 평가되어야 한다.

토의 및 적용

- 행동에 대해 형성적 직접 관찰이 필요한 이유는 무엇인가요?
- 행동 결과물 중심 관찰기록, 행동 특성 중심 관찰기록(빈도 관찰기록, 지속시간 관찰기록, 지연시간 관찰기록, 반응 기회 관찰기록, 기준치 도달 관찰기록), 시간 중심 관찰기록으로 관찰할 수 있는 행동의 예를 들어 보세요.
- 특정 아동의 문제행동에 대해 조작적 정의를 내리고, 그 행동에 대한 직접 관찰 방법을 선택한 후, 관찰 방법에 맞는 관찰용지를 사용 설명서와 함께 개발하세요.

# 그래프 그리기와 자료의 시각적 분석

## 제 6 장

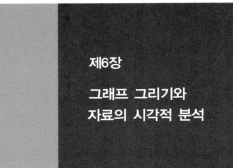

제6장

그래프 그리기와
자료의 시각적 분석

**학습목표**

- 자료를 정리하여 그래프로 나타낼 수 있다.
- 그래프 내용을 분석할 수 있다.

**핵심용어의 정의**

- **시각적 분석**: 행동 관찰에 의해 얻은 자료를 그래프에 옮긴 후에 자료의 수준, 경향, 변화율, 중첩도, 즉각성의 정도 등에 따라 분석하는 방법이다.
- **경향선**: 그래프에 그려진 자료의 방향과 변화 정도를 가장 잘 나타내 줄 수 있는 직선의 기울기를 의미한다.

● 학생 행동을 직접 관찰하고 측정한 자료는 일반적으로 표나 그래프로 정리하여 나타낸다. 표는 주로 전체 자료의 요약을 나타내는 데 사용하기 때문에 표를 통해 자료의 구체적 변화를 알기는 쉽지 않다. 따라서 매번 관찰하고 측정한 행동에 대한 자료는 그때마다 그래프에 옮겨서 연속적인 행동의 변화를 볼 수 있게 하는 것이 좋다. 자료를 그래프에 제시하는 목적은 간단히 말하면 중재에 대한 평가를 위해 의사소통하기 위한 것이다. Kerr와 Nelson(1989)은 그래프를 사용하는 이유를, 첫째, 의사결정하기에 편리한 방법으로 자료를 요약하기 위해서, 둘째, 중재 효과를 전달하기 위해서, 셋째, 중재에 참여한 자들에게 피드백을 제공하기 위해서라고 했다. 한마디로 그래프는 평가와 의사소통을 위한 것이라고 볼 수 있다. 그래프는 학생의 문제행동이 중재 적용과 함께 시간의 흐름에 따라 변화한 내용, 즉 교사가 문제행동에 대해 수행한 중재의 결과를 효율적으로 한눈에 볼 수 있도록 해 주기 때문에 교사와 전문가 또는 부모와의 의사소통에 유용하게 사용될 수 있다. 뿐만 아니라 그래프에 있는 자료의 분석을 통해 중재 효과를 지속적으로 평가할 수 있기 때문에, 그래프는 교사가 평가에 근거한 의사결정(예: 중재의 계속 또는 중단, 새로운 중재의 실행)을 할 수 있도록 도와준다. 그래프 그리기의 또 다른 장점은 아동이 자신의 행동에 대한 변화를 나타내는 그래프를 보는 것만으로도 시각적 강화를 받아 행동이 향상되는 효과를 가져올 수도 있다는 것이다.

# 1 그래프의 구조

그래프는 행동에 대한 자료를 명확하고 간단하고 보기 쉽게 나타내 줄 수 있어야 한다. 그래프를 보면 변화시키고 싶은 행동이 무엇인지, 어떤 중재를 사용하였는지,

중재의 기간은 어느 정도인지, 행동과 중재 사이의 기능적 관계가 어떤지에 대한 정보를 알 수 있어야 한다. 한마디로 그래프는 시간의 흐름에 따른 학생의 문제행동 변화의 정도와 방향을 일목요연하게 보여 줄 수 있어야 한다.

### 1) 그래프의 종류

그래프의 종류가 다양하지만 여기에서는 행동지원을 통한 학생의 행동 변화를 보여 주는 자료 제시에서 가장 많이 사용하는 선 그래프와 막대그래프를 소개한다.

#### (1) 선 그래프

일반적으로 꺾은선 그래프라고도 하는 단순 선 그래프(line graph)는 X축의 시간의 값과 Y축의 행동의 양을 나타내는 값이 교차하는 지점에 기하학적 도형(예: ●, ■, *)으로 표시하고 그 도형들을 선으로 연결하여 나타낸다. 이때 Y축에 있는 각각의 표시 간격은 동일한 행동의 변화량을 나타내야 한다. 선 그래프는 누구에게나 친숙하고 이해하기 쉬운 그래프이기 때문에 비전문가나 부모와의 의사소통을 쉽게 해 준다. 또한 선 그래프는 그리기도 쉽고 교사가 자료를 분석하기도 용이하다. 선 그래프는 연속적 자료를 나타내기에 가장 좋은 그래프로, 학생의 행동 변화를 시간의 경과에 따라 보여 준다. 따라서 선 그래프를 이용하여 행동에 대한 형성적 관찰 자료를 제시하고 중재 효과에 대한 지속적 평가를 할 수 있기 때문에, 선 그래프는 중재에 대한 시작, 종료, 또는 변화와 같은 결정을 하는 데 큰 도움이 된다.

[그림 6-1]은 선 그래프의 예다. [그림 6-1]의 그래프에 의하면 기초선 기간(중재가 적용되기 전 기간)에는 아동의 과제수행 행동 백분율이 20% 이하였는데, 8회기에 중재가 시작되면서 계속 회기가 진행됨에 따라 과제수행 행동 백분율이 점점 증가하여 17회기부터는 80% 정도를 유지하는 것을 볼 수 있다.

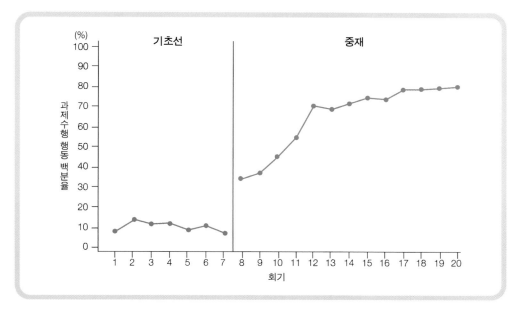

[그림 6−1] 단순 선 그래프의 예

## (2) 막대그래프

막대그래프(bar graph)는 일반적으로 구별되는 자료의 제시 또는 수집된 자료의 비교에 사용된다. 예를 들어, 문제행동에 대해 중재 전에 수집된 자료의 평균값과 중재기간 동안에 수집된 자료의 평균값을 수직 또는 수평의 막대로 표시하는 것이다. 이렇게 막대그래프는 주로 자료의 평균값을 나타내는 데 사용하기 때문에 시간 경과에 따라 시시각각으로 변하는 행동 변화의 추세를 보여 주지는 못한다. 그런 제한점에도 불구하고 중재 효과를 총정리하여 보고할 때 유용하게 사용될 수 있다. 뿐만 아니라 시간 요인과 상관없는 독립적인 측정 자료들을 비교할 때도 사용할 수 있다.

[그림 6−2]는 막대그래프의 예다. [그림 6−2]의 그래프는 3월 7일부터 5월 25일까지 8회기의 기초선 기간 동안 아동의 공격적 행동 백분율 평균이 80%였는데, 5월 2일부터 6월 27일까지 9회기의 중재기간 동안 아동의 공격적 행동 백분율 평균은 40%로 감소했음을 나타내 준다.

막대그래프를 그릴 때 각각의 막대는 하나의 관찰기간을 나타내고, 막대의 높이 또는 길이는 행동의 양을 나타낸다. 그러나 막대의 넓이는 행동의 양과는 무관하기

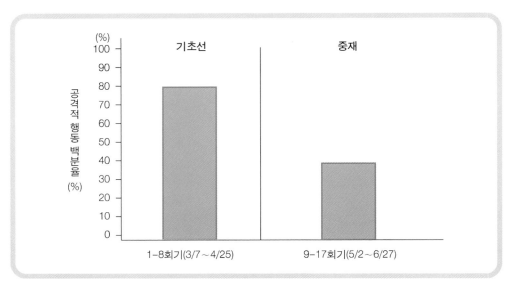

[그림 6-2] 단순 막대그래프의 예

때문에 그래프를 읽는 사람이 혼동하지 않도록 서로 일정한 굵기로 표시해야 한다. 또한 [그림 6-3]에서처럼 반응의 종류에 따라 하나의 막대를 구분하여 제시하면 빠르고 쉽게 두 종류의 자료를 비교할 수 있다.

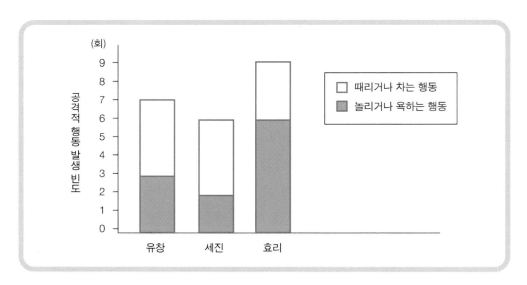

[그림 6-3] 반응의 종류에 따라 구분하여 제시한 그래프의 예

[그림 6-3]의 그래프를 살펴보면 유창이와 세진이와 효리라는 세 명의 아동이 공격적 행동을 많이 나타내는데 각각의 공격적 행동의 구체적 내용은 서로 다름을 알 수 있다. 즉, 유창이와 세진이는 신체적인 공격적 행동이 더 많고 효리는 언어적인 공격적 행동을 더 많이 나타냄을 알 수 있다.

또한 필요에 따라 [그림 6-4]와 같이 선 그래프와 막대그래프를 통합하여 자료를 제시할 수도 있다.

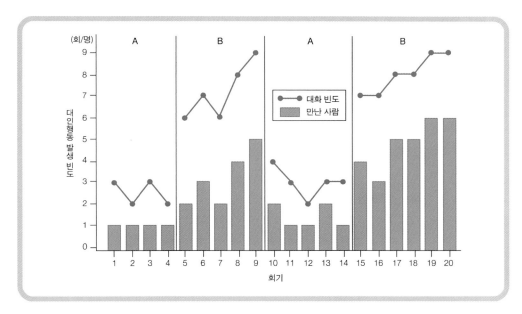

[그림 6-4] 선 그래프와 막대그래프를 통합한 그래프의 예

[그림 6-4]의 그래프를 보면 아동이 회기마다 대화한 빈도는 선 그래프로 표시하고 대화한 사람의 수는 막대그래프로 표시하였다. 기초선 기간 동안(A)에는 대화의 빈도나 대화를 나눈 사람의 수도 적었으나 중재를 제시(B)했을 때 아동의 대화 빈도가 증가했을 뿐 아니라, 만나서 대화한 사람의 수도 증가했음을 동시에 보여 주고 있다.

### (3) 누가 그래프와 누가 도표

누가 그래프(cumulative graph)는 학생의 행동이 시간 경과에 따라 변화한 정도를 누적된 형태로 보여 주며, 누적 그래프라고도 한다. 학생이 어떤 회기에 수행한 행동의 양은 그 이전에 수행했던 모든 행동의 양과 더해져서 그 회기의 자료로 표시된다. 즉, 회기마다 표시되는 행동의 양(Y축 값)은 그 회기 이전까지의 모든 회기의 자료의 합을 의미한다. 따라서 누가 그래프를 통해서는 각 회기별 학생의 행동 수행 수준이 어떤지는 알기 어렵다. 이러한 특성 때문에 누가 그래프는 일반적인 선 그래프나 막대그래프보다 자주 사용되지 않는다. 그러나 특정 기간 동안 관찰된 행동의 전체 수에 관심이 있을 때(예: 1주일간의 공격적 행동의 총빈도), 또는 특정 기간 동안 습득된 기술을 알고 싶을 때(예: 한 달 동안 습득한 영어 단어의 수) 사용하면 좋다.

시간의 흐름(X축)을 중심으로 볼 때 누가 그래프에 나타난 선의 기울기는 행동의 변화 속도에 대한 정보를 제공해 준다. 누가 그래프의 선 기울기가 X축과 평행하다는 것은 행동의 변화가 없었음을 의미하며, 선의 기울기가 완만한 경우는 변화의 속도가 느리다는 것을 뜻하고, 선의 기울기가 심하면 행동 변화가 매우 빠른 것을 보여 준다. [그림 6−5]와 [그림 6−6]은 〈표 6−1〉에 제시한 자료를 선 그래프로 그렸을 때와 누가 그래프로 그렸을 때를 비교하여 보여 준다.

❖ 〈표 6−1〉 하정이의 수업 방해행동 빈도

| 회기 | 1 | 2 | 3 | 4 | 5 | 6 | 7 | 8 | 9 | 10 |
|---|---|---|---|---|---|---|---|---|---|---|
| 빈도 | 1 | 1 | 0 | 0 | 1 | 2 | 3 | 1 | 0 | 0 |
| 누계 | 1 | 2 | 2 | 2 | 3 | 5 | 8 | 9 | 9 | 9 |

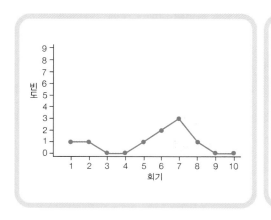

[그림 6−5] 선 그래프의 예

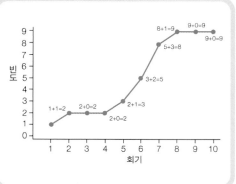

[그림 6−6] 선 그래프의 예

[그림 6−6]의 누가 그래프를 보면 2회기에서 4회기까지는 X축과 수평을 이루고 있다. 누가 그래프에서 이런 수평선은 전체 자료값의 변화가 없었음을 의미한다. 실제로 3회기와 4회기의 자료값은 각각 0이었다. 또한 6회기에서 7회기의 변화를 보면 자료점을 잇는 직선의 기울기가 가파른 것을 볼 수 있다. 6회기에서 7회기로 가면서 전체 자료값은 3만큼의 변화가 있어서 다른 회기들보다 변화가 컸음을 알 수 있다.

누가 그래프의 변형으로는 누가 도표(cumulative chart)가 있는데, 이는 학생 행동의 단계별 수행 정도를 진도에 따라 요약하여 보여 주는 방법이다. Nelson과 Gast, Trout(1979)가 소개한 누가 도표는 학생 행동의 목표 수준에 대해 각 하위 단계별로 학생이 수행한 정도를 보여 준다. 따라서 행동 수행 정도에 따른 형성평가를 하는 데 유용하게 사용될 수 있다. 누가 도표는 학생을 과제분석을 통해 행동연쇄법(9장에서 자세히 소개함)으로 새로운 행동을 가르치고자 하는 경우, 목표를 향한 학생의 수행 정도를 보여 주는 매우 유용한 방법이다.

[그림 6−7]은 누가 도표의 예다. 이 도표는 아동의 인사하기 행동이 회기별로 어느 수준에 도달해 있는지를 쉽게 알 수 있게 해 준다. [그림 6−7]의 도표는 관찰기록지와

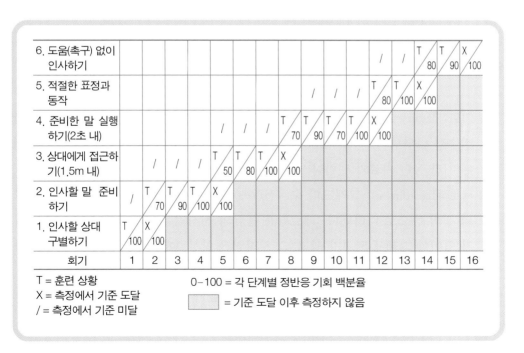

| 단계 | 1 | 2 | 3 | 4 | 5 | 6 | 7 | 8 | 9 | 10 | 11 | 12 | 13 | 14 | 15 | 16 |
|---|---|---|---|---|---|---|---|---|---|---|---|---|---|---|---|---|
| 6. 도움(촉구) 없이 인사하기 | | | | | | | | | | | | / | / | T/80 | T/90 | X/100 |
| 5. 적절한 표정과 동작 | | | | | | | | | | / | / | T/80 | T/100 | X/100 | | |
| 4. 준비한 말 실행하기(2초 내) | | | | | / | / | T/70 | T/90 | T/70 | T/100 | X/100 | | | | | |
| 3. 상대에게 접근하기(1.5m 내) | | | / | / | T/50 | T/80 | T/100 | X/100 | | | | | | | | |
| 2. 인사할 말 준비하기 | / | T/70 | T/90 | T/100 | X/100 | | | | | | | | | | | |
| 1. 인사할 상대 구별하기 | T/100 | X/100 | | | | | | | | | | | | | | |
| 회기 | 1 | 2 | 3 | 4 | 5 | 6 | 7 | 8 | 9 | 10 | 11 | 12 | 13 | 14 | 15 | 16 |

T = 훈련 상황
X = 측정에서 기준 도달
/ = 측정에서 기준 미달

0–100 = 각 단계별 정반응 기회 백분율
▨ = 기준 도달 이후 측정하지 않음

[그림 6−7] 인사하기 행동 변화의 누가 도표의 예

그래프의 역할을 동시에 할 수 있도록 되어 있다. 회기마다 행동의 단계를 시행하여 기준에 도달한 경우는 X자를, 훈련 중인 경우에는 training의 약자인 T자를 기록하고, 주어진 기회의 몇 %를 수행했는지 그 백분율을 기록하게 되어 있다. 그리고 이전 회기에서 이미 도달한 단계는 다시 시험할 필요가 없으므로 까맣게 칠하여 표시한다. 예를 들어, 10회기를 보면 아동은 인사하기 행동의 3단계를 이미 도달했으며 4단계 수준을 훈련 중인데 4단계를 정해진 기준만큼 해낸 것은 기회의 70%였음을 알 수 있다.

## 2) 그래프 그리기

먼저 그래프를 구성하는 요소가 무엇인지 살펴보고, 그 구성 요소를 중심으로 그래프의 기본 틀을 그리는 법과 기본 틀 안에 자료를 표기하는 법을 차례로 살펴보고자 한다.

### (1) 그래프의 구성 요소

그래프의 기본 요소를 선 그래프를 예로 들어 설명하겠다. 그래프 구성 요소에는 가로좌표, 세로좌표, 원점, 눈금 표시, 상황 제목, 상황 구분선, 부호 설명, 그림 번호와 설명이 있다. [그림 6-8]은 그래프를 구성하는 모든 기본 요소를 나타내고 있다.

- **가로좌표(abscissa):** 그래프의 수평선(X축)으로 시간, 회기, 날짜, 요일 등의 시간 변수를 나타낸다. 가로좌표는 시간의 흐름을 표시하는 것으로, 그래프에 제시된 기간 동안 자료가 얼마나 자주 수집되었는지를 나타내 준다.
- **세로좌표(ordinate):** 그래프의 수직선(Y축)으로 행동의 양을 퍼센트, 빈도, 시간의 길이 등으로 나타낸다. 세로좌표 눈금의 시작점은 가로좌표에서 약간 올라가 있어야 그래프 읽기가 쉽고, 그 시작점은 항상 0에서 시작한다. 또한 세로좌표에 있는 각각의 표시 간격은 동일한 행동 변화의 양을 나타내야 한다.
- **원점(origin):** 그래프에서 가로좌표와 세로좌표가 만나는 지점을 말한다. 원점은 세로좌표 값의 0을 의미하지 않는다는 것을 주의해야 한다.

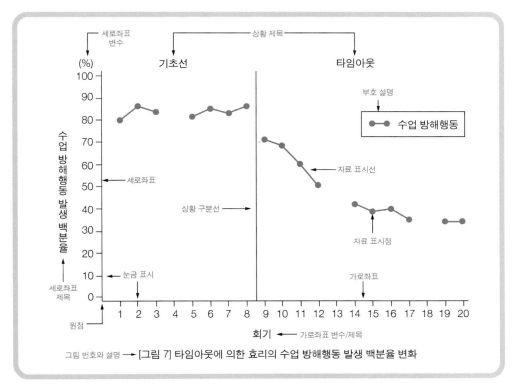

[그림 6-8] **그래프 구성 요소의 명칭**

◪ **눈금 표시**(tic mark): 가로좌표와 세로좌표에 값을 구분하여 나타내기 위해 사용하는 표시다. 예를 들어, 몇 번째 회기인지, 자료값이 몇 퍼센트인지 등을 표기할 때 사용하는 짧은 표시선을 말한다.

◪ **가로좌표 변수**(abscissa variable): 행동을 측정한 시간 변수를 나타내는 것으로 회기, 날짜 등으로 표시한다. [그림 6-8]에서 가로좌표 아래에 '회기'라고 표시되어 있는 것을 볼 수 있을 것이다. Wolery와 Bailey, Sugai(1988)는 가로좌표 변수를 회기로 표시한 것을 '회기형', 날짜로 표시한 것을 '달력형'으로 구분하였다. [그림 6-9]에 한 아동의 문제행동에 대한 같은 자료를 가지고 가로좌표 변수를 회기로 한 (a)그래프와 가로좌표 변수를 날짜로 한 (b)그래프를 비교하여 제시하였다. 회기형 (a)에서는 자료점을 발생 순서대로 가로좌표의 눈금에 표기한다. 따라서 첫 자료점은 첫 회기를 의미하고, 두 번째 자료점은 첫째와 둘째 자료점 사이에 며칠이 지나갔든지 아니면 같은 날에 오전 오후로 두 번 관찰한 것이든지 상관없이 두 번째 회기를 의미한다. 회기형을 쓰는 경우에는 한 회

기가 의미하는 바가 무엇인지 밝혀야 한다. 즉, 1교시의 수학시간이라든지, 50
분간의 치료라든지 회기를 정의해 주어야 한다. 달력형 (b)에서는 토요일과 일
요일을 포함한 모든 날을 좌표에 표기한다. 달력형이 자료가 모아진 것을 더 정
확히 나타내 주고, 행동에 영향을 미친 변수를 찾는 데 도움이 되기 때문에 회기
형보다 더 권장된다. [그림 6−9]에서 달력형을 보면 자료가 언제 수집되었는지
알 수 있으며, 주말이 지나고 오면 문제행동이 더 많아지는 것도 알 수 있다.

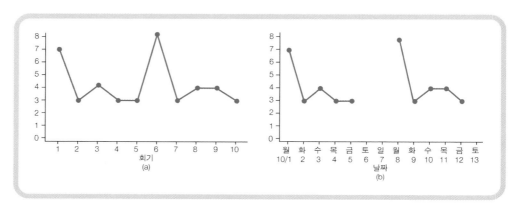

[그림 6−9] **가로좌표의 회기형(a)과 달력형(b)의 비교**

📥 세로좌표 변수(ordinate variable): 측정한 행동의 양을 나타내는 단위를 의미한
다. 시간 변수별로 요약한 값을 나타낸 것이다. 세로좌표의 좌측 상단에는 횟
수, %, 시간 등으로 표기한다. [그림 6−8]에 세로좌표 좌측 상단에 %로 표기된
것을 볼 수 있다.

📥 가로좌표 제목(abscissa labels): 대부분 가로좌표 변수를 그대로 사용하거나, 행
동을 관찰한 기간 전체를 반영하는 명칭(예: 휴식시간, 수학시간 등)을 사용하기
도 한다. 가로좌표 제목은 가로좌표의 하단 중앙에 표기한다. [그림 6−8]에서
는 가로좌표 제목을 가로좌표 변수를 그대로 사용하여 '회기'라고 표시한 것을
볼 수 있다.

📥 세로좌표 제목(ordinate labels): 관찰한 행동(종속변수)과 그 행동의 측정 요약 값
을 표기한 것이다. 세로좌표 제목은 세로좌표와 평행이 되도록 세로로 적고, 세
로좌표의 중앙에 위치하게 한다. 예를 들어, '손을 들고 대답한 회수' 또는 '틀린
반응의 빈도' 등으로 표기할 수 있다. 위의 [그림 6−8]에서는 세로좌표의 왼편

에 세로로 '수업 방해행동 발생 백분율'이라고 기록한 것을 볼 수 있다.

▧ **상황 제목**(condition labels): 각각의 상황들을 한두 단어로 표기하는 것을 말한다. 예를 들어, 기초선 기간 또는 중재기간이라고 명기하는 것이다. [그림 6-8]에는 각각 '기초선'과 '타임아웃'이라고 표시되어 있다.

▧ **상황 구분선**(condition change lines): 한 단계에서 다음 단계로 상황이 바뀌었음을 표시하기 위해 하나의 상황과 또 다른 상황 사이에 긋는 수직 실선이다. 상황 구분선은 조건변경선 또는 조건선이라고도 한다. 하나의 상황 내에서도 구분하여 표시해야 할 것이 있는 경우는 수직 점선을 사용한다. 위의 [그림 6-8]에서는 기초선 단계와 타임아웃 중재기간 단계를 구별하기 위하여 8회기와 9회기 사이에 상황 구분선을 실선으로 표시한 것을 볼 수 있다.

▧ **자료 표시점**: 좌표상에 그려진 동그란 점들을 뜻한다. 자료 표시점은 행동이 발생한 시간에 해당하는 가로좌표의 값과 행동의 양에 해당하는 세로좌표의 값을 찾아서 그 교차점에 표시하는 것으로, 간단한 기하학적 부호를 사용하여 표시한다. 자료 표시점은 자료점이라고도 한다.

▧ **자료 표시선**: 자료 표시점과 자료 표시점을 연결하는 직선을 의미한다. 자료선이라고도 하는 자료 표시선은 자료의 흐름을 보여 준다는 의미로 자료통로(data path)라고도 부른다(홍준표, 2009).

▧ **부호 설명**(key): 그래프에 나타난 자료는 종류별로 구분할 수 있도록 서로 다른 모양의 기하학적 도표로 표시하는데, 각각의 자료 종류를 한두 단어로 묘사하는 것을 부호 설명이라고 한다. [그림 6-8]에서는 그래프의 자료 표시점이 많지 않은 우측 상단에 사각형 도형을 이용하여 '범례' 난을 만들어 자료 표시점의 부호(●)를 수업 방해행동이라고 설명하였음을 볼 수 있다. 그래프 상의 자료 표시점에 화살표를 사용하여 부호를 설명할 수도 있다.

▧ **그림 번호와 설명**(figure number and legend): 그림 번호는 독자에게 어느 그래프를 읽어야 하는지 찾을 수 있도록 그래프에 매긴 번호를 의미하며, 설명은 중재가 무엇인지 표적한 행동이 무엇인지를 간략하고 명확하게 설명해 주는 것이다. [그림 6-8]에서는 그림 번호를 [그림 7]이라고 표시하고 설명을 '타임아웃에 의한 효리의 수업 방해행동 발생 백분율 변화'라고 기록한 것을 볼 수 있다.

## (2) 그래프의 기본 틀 그리기

그래프를 그리는 데 따라야 할 4대 원칙은 명료성(clarity), 간결성(simplicity), 명백성(explicitness), 적절한 디자인(good design)이다(Tawney & Gast, 1984). 달리 말하면 그래프는 복잡하거나 알아보기 어려워서는 안 된다는 것이다. 또한 절대적인 원칙보다는 각 그래프에 따라 가장 적절한 방법을 선택하는 것이 바람직하다.

다음은 그래프의 기본 틀을 그리는 것에 대한 설명이다.

▣ 세로좌표와 가로좌표의 비율: 그래프의 세로좌표와 가로좌표의 비율은 2 : 3, 3 : 4, 또는 5 : 8로 하여 기본 틀을 그리는 것이 권장된다(Tawney & Gast, 1984; Tufte, 1983). 세로좌표와 가로좌표의 비율을 2 : 3, 3 : 4, 또는 5 : 8로 하는 이유는 세로좌표가 가로좌표보다 짧아야 시각적으로 안정적으로 보이기 때문이다. 그러나 그 비율은 가로좌표의 시간의 길이나 세로좌표의 행동의 양의 범위에 따라 융통성 있게 조정할 수 있다. [그림 5-10]은 세로좌표와 가로좌표의 비율이 2 : 3으로 작성된 틀을 보여 준다.

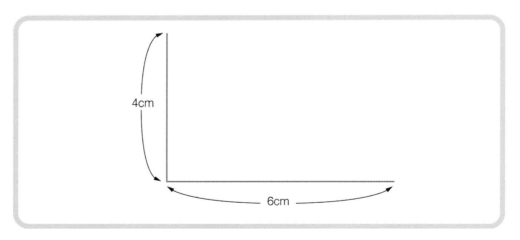

[그림 6-10] **그래프의 세로와 가로 비율을 2 : 3으로 한 기본 틀**

▣ 좌표의 눈금 표시: 세로좌표의 눈금 표시는 모아진 자료의 전 범위를 포함하는 자료의 상한선 값과 하한선 값을 반드시 나타내야 한다. [그림 6-11]에서 (b)는 눈금 표시를 통해 자료의 범위를 잘 나타내지 못한 경우다. 백분율을 사용하

는 경우는 백분율의 전 범위인 0%에서 100%까지를 보여 주어야 한다. 40% 이상의 자료값이 없는 경우라 할지라도 눈금 생략 표시를 사용하여 (a)와 같이 상한선 값을 보여 주어야 한다.

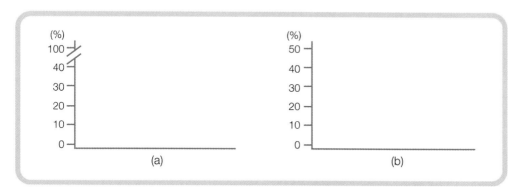

[그림 6-11] **자료의 상한선과 하한선 값이 바르게 표시된 경우(a)와 그렇지 않은 경우(b)**

세로좌표의 각 눈금의 간격은 동일한 행동의 양을 나타내야 하며, 숫자 표시는 일정한 간격을 유지해야 한다. 예를 들어, 각 눈금의 간격이 20%를 나타낼 때, 숫자 표시는 0, 20, 40, 60, 80, 100으로 20만큼의 동일한 간격을 유지하며 나타낼 수 있다. 그런데 백분율이 아닌 경우에는 관찰된 최고값보다 약간 여유 있게 상한선을 설정하는 것이 좋다. 예를 들어, 세로좌표 변수가 횟수인데, 자리 이탈 빈도가 가장 많이 관찰된 것이 12회라면 하한선을 0으로, 상한선을 15로 하여 0, 3, 6, 9, 12, 15로 숫자 표시를 하면 된다. 가로좌표의 눈금 표시도 동일한 간격을 유지해야 하고, 일정 간격으로 숫자를 표시해야 한다. 단위 눈금의 모든 값을 표시하면 너무 복잡하고 혼란스럽게 된다. 눈금의 간격 표시가 바르게 된 예와 그렇지 못한 예를 [그림 6-12]에 제시하였다.

눈금 표시선은 그래프의 바깥쪽에 표시하여, 그래프의 안쪽에는 행동의 자료값만 표기되도록 하는 것이 깔끔하고 보기 좋다. 눈금 표시선을 그래프 안쪽에 그려 넣는 경우에 자료 표시점과 눈금 표시선이 겹치게 되는 경우가 있다. 눈금 표시선을 그래프의 안쪽에 표시한 것과 바깥쪽에 표시한 두 경우의 예를 [그림 6-13]에 제시하였다.

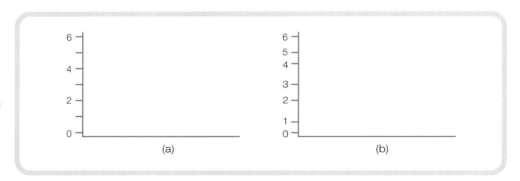

[그림 6-12] 눈금 간격 표시가 바르게 된 경우(a)와 그렇지 않은 경우(b)

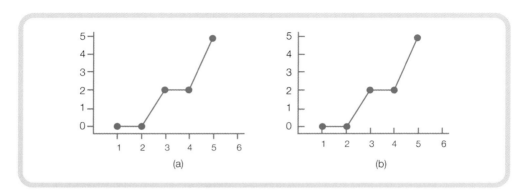

[그림 6-13] 눈금 표시선이 바깥쪽에 있는 경우(a)와 안쪽에 있는 경우(b)

▨ 눈금 생략 표시: 가로좌표나 세로좌표의 전체 값을 일일이 나타낼 필요가 없을 때는 눈금 생략 표시(scale break)를 사용할 수 있다. 예를 들어, 오랜 기간 동안 자료값이 구해지지 않아 자료 표시점이 없는 가로좌표가 계속되는 경우나, 구해진 자료값이 세로좌표의 상한선 값에 훨씬 미치지 못하여 자료 표시점이 없는 세로좌표 구간이 넓게 되는 경우 또는 자료가 낮은 값과 높은 값으로 분리되는 경우에 눈금 생략 표시를 할 수 있다. 눈금 생략 표시는 가로좌표나 세로좌표의 불필요한 부분을 지우고 그 부분을 짧게 한 다음 두 개의 사선으로 그어 표시(예: ——//——)할 수 있다. [그림 6-14]에서 (a)는 눈금 생략 표시가 바르게 된 경우이며, (b)는 눈금 생략 표시가 바르게 되지 못한 경우다. [그림 6-14]의 (a)에서는 자료 표시점이 모두 50% 이상이어서 세로좌표의 눈금생략 표시가 있는 부분에 자료 표시점이 오는 경우가 없다. 그러나 (b)에서는 1회기의 값이 0%이기 때문에 2회기의 50%에 해당하는 자료 표시점과 연결하면 0%에

서 50%를 나타내는 구간이 눈금 생략 표시선 때문에 짧아졌기 때문에 독자들은 혼동을 일으킬 것이다. (a)처럼 50% 이하의 자료값이 없을 때만 눈금생략 표시선을 사용할 수 있다.

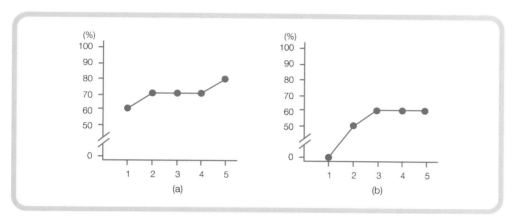

[그림 6-14]  눈금 생략이 바르게 된 경우(a)와 그렇지 못한 경우(b)

■ 좌표의 제목: 가로좌표의 제목과 세로좌표의 제목은 각 좌표와 평행이 되도록 하여, 각 좌표의 중앙에 놓이게 하는 것이 좋다. 가로좌표 제목은 가로좌표변수를 그대로 사용하거나, 행동을 관찰한 기간 전체를 반영하는 명칭을 쓰고 괄호 안에 가로좌표 변수를 적어 넣을 수도 있다[예: 휴식 시간(일), 수학 시간(회기)]. [그림 6-15]에서 (b)를 보면 세로좌표의 제목이 세로좌표 전체 길이에 비해 위쪽으로 치우쳐 있으며, 가로좌표의 제목도 왼쪽으로 치우쳐 있음을 볼 수 있다.

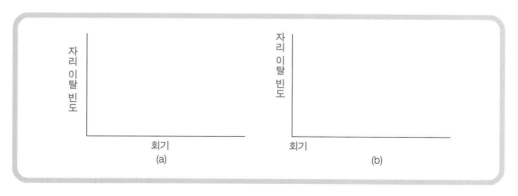

[그림 6-15]  좌표 제목이 중앙에 놓인 경우(a)와 그렇지 않은 경우(b)

◼ **상황 구분선**: 한 상황과 다른 상황을 구분하기 위한 상황 구분선은 한 상황에 있는 자료 표시점과 다른 상황에 있는 자료 표시점 사이에 수직 실선으로 그린다. 한 상황 내에서의 변화를 나타내기 위해서는 수직 점선으로 그린다. [그림 6−16]에서 보면 (a)에서는 기초선과 중재와 유지를 구분하는 상황 구분선을 수직 실선으로 나타낸 것을 볼 수 있다. 같은 중재인데 어떤 부분적인 조건만 바뀐 경우는 [그림 6−16]의 (b)와 같이 중재 B와 중재 B'로 기록하고 수직 점선을 사용하여 구분할 수 있다.

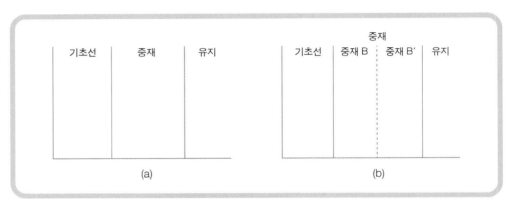

[그림 6−16] **수직 실선의 예(a)와 수직 점선의 예(b)**

수직 실선이든 수직 점선이든 상황 구분선은 자료 표시점을 겹쳐 지나지 않아야 한다. 또한 상황 구분선은 가로좌표의 눈금 표시와 겹치지 않도록 눈금 표시와 눈금 표시 사이에 놓이도록 그려야 한다. 상황 구분선이 가로좌표의 눈금과 겹치는 경우, 자료점이 상황 구분선과 겹칠 수도 있고 회기나 날짜가 상황 구분선에 묻혀 분별할 수 없게 될 수도 있기 때문이다. 또한 상황 구분선의 길이는 아래로는 가로좌표와 만나되 가로좌표 바깥으로 넘어가지 않게 하며, 위로는 세로좌표의 길이보다 길지 않으면서 세로좌표의 상한선 값의 표시보다 짧지 않게 그리는 것이 일반적인 방법이다. [그림 6−17]의 (a)는 상황 구분선이 바르게 그어진 경우다. [그림 6−17]의 (b)는 상황 구분선이 가로좌표의 회기를 나타내는 눈금 표시선을 지나고 있다. [그림 6−17]의 (c)는 상황 구분선이 3회기의 자료 표시점을 지나고 있을 뿐 아니라 가로좌표의 회기를 나타내는 눈금 표시선도 지나고 있다. [그림 6−17]의 (d)는 상황 구분선이 세로좌표의 길이보다 길게 그려진 경우다.

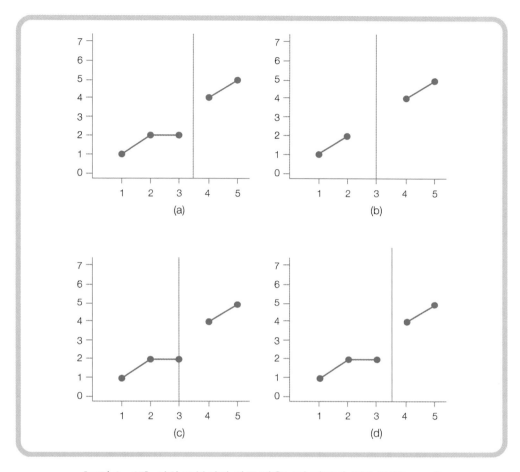

[그림 6−17] 상황 구분선이 바른 경우(a)와 바르지 못한 경우(b, c, d)

▣ 상황 제목과 그래프 설명: 상황의 내용을 밝혀 주는 상황 제목들은 세로좌표를 중심으로 서로 높이를 같게 하는 것이 보기 좋다. 상황 제목은 단순히 '중재'라고 쓰기보다는 '정적 강화' 또는 '타임아웃' 등 구체적인 중재 이름을 직접 쓰는 것이 그래프 전체를 읽는 데 도움이 된다. 하지만 공간적 제한으로 모두 써 넣기 어려운 경우에는 생략어를 쓰거나 영어 머리글자를 사용하고 그래프 아래에 풀어 설명할 수 있다. 상황 제목은 한 상황이 차지하는 범위에서 X축을 중심으로 중앙에 위치하도록 한다. 또한 가장 높은 수치의 자료 표시점과 겹치지 않을 만큼 그래프의 위쪽에 놓이게 해야 한다.

그래프의 설명은 그래프의 아래쪽에, 간단하면서도 필요한 정보(예: 대상 아동, 문제행동, 사용한 중재)를 모두 줄 수 있도록 기록하는 것이 바람직하다. 예를 들면, '놀이시간 동안 대상 아동이 나타낸 사회적 행동 발생의 시간 간격 백분율(%)'이라는 그림의 설명이 있으면 관찰한 행동은 사회적 행동인데, 이를 시간 간격에 대한 백분율로 표시했으며, 대상 아동은 여러 명의 아동들이고, 관찰한 시간은 놀이시간이라는 것을 알 수 있다. 그런데 같은 그래프에 대한 설명을 '사회적 행동의 변화'라고만 한다면 충분한 정보를 제공해 주지 못한다.

### (3) 자료 표기 방법

여기에서는 주로 선 그래프의 자료 표기 방법을 살펴보기로 한다. 자료 표시점은 세로좌표와 가로좌표의 값이 교차하는 정확한 위치에 기하학적 도형으로 표시한다. 이때 두 종류 이상의 자료가 있을 경우, 각각의 기하학적 도형은 서로 가장 잘 구분되는 것을 사용하는 것이 좋고(예: ●, □), 도형마다 자료 표시선도 각각 다르게 표시하면 쉽게 구분할 수 있어서 좋을 것이다(예: ⋯⋯⋯, ——, ━━, ——). 그래프 내부에 표시되는 자료 표시는 세로좌표의 바로 오른쪽에서부터 시작하여 세로좌표 위에 자료 표시점이 놓이지 않게 해야 한다. 또한 세로좌표의 영(0)점은 가로좌표보다 살짝 윗부분에 표시해서 자료값이 0인 경우에 자료 표시점이 가로좌표 위에 바로 놓이지 않도록 해야 한다. [그림 6-18]의 (a)는 가로좌표에 자료 표시점이 놓인 경우이고, (b)는 세로좌표의 영(0)점 위치는 좋으나 세로좌표에 자료 표시점이 놓인 경우다.

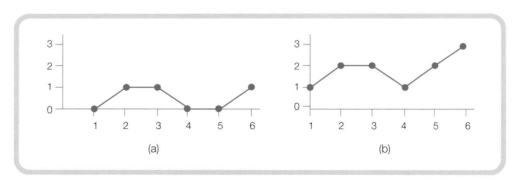

[그림 6-18] **가로좌표에 자료 표시점이 놓인 경우(a)와 세로좌표에 자료 표시점이 놓인 경우(b)**

두 자료 표시점이 가로좌표를 중심으로 연속적일 때는 두 점을 서로 연결하는 자료 표시선을 긋는다. 자료 표시선은 자료의 연속성을 의미하는 것이기 때문에 두 자료가 가로좌표를 중심으로 연속적이지 않은 경우, 즉 시간적 공백이 있는 경우에는 자료 표시점끼리 서로 잇지 않아야 한다. 따라서 가로좌표의 눈금 생략 표시선의 전후에 있는 자료점들도 서로 연결하지 않는다. 또한 두 자료가 가로좌표를 중심으로 연속적이라 할지라도 각각 서로 다른 상황에 놓여 있다면, 한 상황 내에서의 자료 표시점과 다른 상황 내에서의 자료 표시점은 서로 이어 주지 않는다. 즉, 한 상황의 마지막 자료점과 다음 상황의 첫 자료점은 잇지 않는다. 각 상황별로 자료를 분석하고 평가해야 하기 때문이다. [그림 6-19]에서 (a)는 바르게 된 것이고, (b)는 2회기의 자료가 없어서 1회기와 3회기의 자료가 연속적이 아닌데도 자료 표시점을 이어서 자료 표시선을 그어 준 경우다.

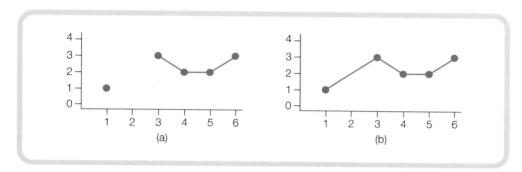

[그림 6-19] **두 자료가 연속적이 아닐 때 자료 표시선이 바른 것(a)과 바르지 못한 것(b)**

[그림 6-20]의 (a)는 자료 표시선이 바르게 된 것이고, (b)는 3회기와 4회기 사이에 상황 구분선이 있는데도 3회기와 4회기의 자료 표시점을 이어 준 잘못된 경우다.

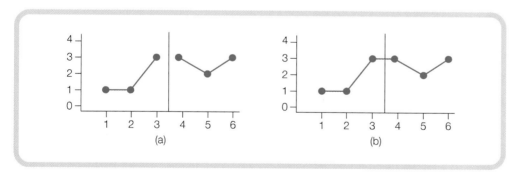

[그림 6-20] **상황 구분선이 있을 때 자료 표시선이 바른 것(a)과 바르지 못한 것(b)**

일반적으로 한 그래프 안에 세 종류 이상의 자료 표시선을 나타내지 않는 것이 바람직하다. 또한 다른 자료들과 구별되는 특이한 자료는 반드시 다르게 표시하고, 글로 설명을 따로 해 주어야 한다. 예를 들면, 중재를 적용하지 않은 상황에서 수학시간에 아동의 자리 이탈 평균 지속시간이 계속적으로 5분에서 8분 사이를 유지하고 있었는데 어느 날 중재 적용이 시작되지 않았지만 수학에 관한 만화영화를 보여 준 날 자리 이탈 시간이 0분으로 관찰되었다면, 평소와는 다른 특이한 자료이므로 그날 무슨 일이 있었는지를 따로 기록해 두는 것이 필요하다.

### 3) 컴퓨터로 선 그래프 그리기

위에서 설명한 내용을 따라 종이와 펜으로 그래프를 그리는 것은 참으로 불편하고 시간이 많이 걸리는 작업이다. 컴퓨터 프로그램에는 여러 종류의 그래프를 그리도록 도와주는 다양한 프로그램들이 있었지만 1997년까지 『Journal of Applied Behavior Analysis(JABA)』의 출판 규정(JABA, 1996)에서 요구하는 다음 세 가지 내용을 만족시키는 그래프를 그릴 수 있는 컴퓨터 프로그램이 개발되지 못했었다. ① 자료점들을 연결할 때 자료 표시선과 자료점은 서로 닿지 않도록 한다. ② 자료점들을 연결할 때 상황 구분선을 지나는 자료 표시선을 긋지 않는다. ③ 세로좌표의 영(0)점은 가로좌표보다 살짝 윗부분에 표시한다. 그런데 Carr와 Burkholder(1998)가 마이크로소프트(MS)사의 엑셀 1997 버전을 이용하여 JABA의 1996년 출판 규정에 맞는 그래프를 그리는 방법을 소개하였다. 그들의 연구에 이어, MS사의 엑셀 버전 변화에 발맞추어 개별대상연구(single subject research)와 JABA의 변경된 출판 규정(JABA, 2000)에 맞는 그래프를 좀 더 손쉽게 그리는 방법을 소개하는 연구가 계속 출판되었다(Hillman & Miller, 2004; Moran & Hirschbine, 2002). 그러나 여전히 그래프 그리는 것이 쉽지 않다는 지적에 따라 Lo와 Konard(2006)는 MS사의 2003 엑셀 프로그램을 이용하여 선 그래프 그리는 방법을 115단계로 과제분석하여 구체적 단계를 그림과 함께 제시하고, 실제로 학생들에게 적용하여 그 용이함을 입증하였다.

Dixon 등(2009)이 2007 엑셀 프로그램으로 선그래프 그리는 것을 개발하였고, 우리나라에서는 홍준표(2009)가 그의 책 『응용행동분석』에서 마이크로소프트(MS)사에서 개발한 오피스 엑셀 2007 버전을 이용하여 아동 행동의 변화를 선 그래프를 이용하여 그리는 방법을 자세히 설명하고 있다. 양명희(2013)는 엑셀 2007 버전으로 중재제거 설계 그래프 그리기 설명서의 유용성을 입증했고, 또한 양명희(2015)는 『개별 대상 연구』에서 엑셀 2013 버전으로 중재제거 설계 그리는 방법을 과제분석하여 단계별로 제시하고 있다. 이 책에서 요구하는 그래프 그리기 내용을 만족시키는 그래프를 컴퓨터로 그리고자 한다면 그들의 책이나 연구를 참고할 수 있다.

## 4) 선 그래프의 다양한 응용

위에서 설명한 선 그래프는 사용자의 목적에 따라 다양하게 변형시킬 수 있다. 여기에서는 실제 연구에 맞게 변형시킨 그래프들을 몇 가지 소개한다. 제일 먼저 소개

| | 2-18 | 2-20 | 2-21 | 2-25 | 2-27 | 2-28 | 3-4 | 3-6 | 3-7 | 3-11 | 3-13 | 3-14 | 3-18 | 3-20 | 3-21 | |
|---|---|---|---|---|---|---|---|---|---|---|---|---|---|---|---|---|
| | 20 | 20 | 20 | 20 | 20 | 20 | 20 | 20 | 20 | 20 | 20 | 20 | 20 | 20 | 20 | 100 |
| | 19 | 19 | 19 | 19 | 19 | 19 | 19 | 19 | 19 | 19 | 19 | 19 | 19 | 19 | 19 | 95 |
| | 18 | 18 | 18 | 18 | 18 | 18 | 18 | 18 | 18 | 18 | 18 | 18 | 18 | 18 | 18 | 90 |
| | 17 | 17 | 17 | 17 | 17 | 17 | 17 | 17 | 17 | 17 | 17 | 17 | 17 | 17 | 17 | 85 |
| | 16 | 16 | 16 | 16 | 16 | 16 | 16 | 16 | 16 | 16 | 16 | 16 | 16 | 16 | 16 | 80 |
| | 15 | 15 | 15 | 15 | 15 | 15 | 15 | 15 | 15 | 15 | 15 | 15 | 15 | 15 | 15 | 75 |
| | 14 | 14 | 14 | 14 | 14 | 14 | 14 | 14 | 14 | 14 | 14 | 14 | 14 | 14 | 14 | 70 |
| | 13 | 13 | 13 | 13 | 13 | 13 | 13 | 13 | 13 | 13 | 13 | 13 | 13 | 13 | 13 | 65 |
| | 12 | 12 | 12 | 12 | 12 | 12 | 12 | 12 | 12 | 12 | 12 | 12 | 12 | 12 | 12 | 60 |
| | 11 | 11 | 11 | 11 | 11 | 11 | 11 | 11 | 11 | 11 | 11 | 11 | 11 | 11 | 11 | 55 |
| | 10 | 10 | 10 | 10 | 10 | 10 | 10 | 10 | 10 | 10 | 10 | 10 | 10 | 10 | 10 | 50 |
| | 9 | 9 | 9 | 9 | 9 | 9 | 9 | 9 | 9 | 9 | 9 | 9 | 9 | 9 | 9 | 45 |
| | 8 | 8 | 8 | 8 | 8 | 8 | 8 | 8 | 8 | 8 | 8 | 8 | 8 | 8 | 8 | 40 |
| | 7 | 7 | 7 | 7 | 7 | 7 | 7 | 7 | 7 | 7 | 7 | 7 | 7 | 7 | 7 | 35 |
| | 6 | 6 | 6 | 6 | 6 | 6 | 6 | 6 | 6 | 6 | 6 | 6 | 6 | 6 | 6 | 30 |
| | 5 | 5 | 5 | 5 | 5 | 5 | 5 | 5 | 5 | 5 | 5 | 5 | 5 | 5 | 5 | 25 |
| | 4 | 4 | 4 | 4 | 4 | 4 | 4 | 4 | 4 | 4 | 4 | 4 | 4 | 4 | 4 | 20 |
| | 3 | 3 | 3 | 3 | 3 | 3 | 3 | 3 | 3 | 3 | 3 | 3 | 3 | 3 | 3 | 15 |
| | 2 | 2 | 2 | 2 | 2 | 2 | 2 | 2 | | 2 | 2 | 2 | 2 | 2 | 2 | 10 |
| | 1 | 1 | 1 | 1 | 1 | 1 | 1 | 1 | 1 | 1 | 1 | 1 | 1 | 1 | 1 | 5 |
| 회기 | 1 | 2 | 3 | 4 | 5 | 6 | 7 | 8 | 9 | 10 | 11 | 12 | 13 | 14 | 15 | % |

표적행동/기술 ___ 가득 찬 것과 가득 차지 않은 것 분류하기

준거 ___ 3회기 연속적으로 시도의 90% 정반응

자료 ___ 식당의 소금통, 후추통, 설탕통, 케첩통, 겨자통, 냅킨통

학생 ___ *Carmen*

출처: Saunders & Koplik (1975).

**[그림 6-21] 선 그래프의 변형 예 1**

하는 [그림 6−21]의 그래프는 관찰자가 아동 행동을 관찰하면서 하는 기록이 동시에 그래프가 되도록 개발된 것이다. 즉, 관찰지와 그래프를 통합한 것이다. [그림 6−21]의 그래프에 적힌 대로 표적행동은 아동이 가득 찬 것과 가득 차지 않은 것을 분류하는 것이다. 기준치 도달 기록 방법이 적용된 것으로, 기준은 아동이 3회기 연속적으로 시도한 것의 90%만큼 정반응하는 것이다. 이 그래프는 맨 위에 날짜를 기록하게 되어 있고 맨 아래에는 회기를 기록하게 되어 있다. 매 회기마다 아동은 20번 시도할 수 있는 기회가 주어진다. 이 그래프를 사용하는 방법은 다음과 같다.

- 아동의 시도가 정반응이면 시도한 횟수를 가리키는 번호에 동그라미(○)를 하고, 오반응이면 사선(/)을 긋는다.
- 동그라미가 그려진 숫자의 수를 세어 합한다. … (a)
- (a)에서 구해진 수만큼에 해당하는 숫자에 네모(□)를 친다.
- 각 회기의 네모 쳐진 숫자들을 선으로 연결하면 선 그래프가 그려진다.
- 그래프의 맨 오른쪽에 세로로 있는 숫자는 백분율을 의미한다. 한 회기에서 네모 쳐진 수(정반응수)와 같은 가로줄 끝에 있는 숫자는 네모 쳐진 수를 백분율로 전환해 놓은 것이다. 예를 들어, 2회기를 보면, 총정반응수가 6개이고, 6에 네모가 쳐져 있으며, 그 가로줄의 끝에서 만나는 숫자는 30임을 알 수 있다. 즉, 20회 시도 중 정반응이 6개이며 30%의 정반응률임을 바로 알 수 있다.

또 다른 선 그래프의 변형인 [그림 6−22]도 역시 관찰기록과 그래프 그리기를 동시에 할 수 있도록 개발한 것이다. 이 그래프는 [그림 6−7]에서 소개한 누가 도표를 좀 더 간편하고 손쉽게 사용하도록 만든 그래프라고도 볼 수 있다. 이 그래프의 Y축에 해당하는 곳에 손 씻기 행동의 과제분석을 통한 연쇄(chaining) 단계가 번호와 함께 제시되어 있는데, 단계의 숫자가 그래프의 세로좌표로 이용된다. 그래프의 아래쪽에는 회기 번호가 있고, 위쪽에는 날짜 기입란이 있다. 그래프를 통해 같은 날 여러 번의 회기를 진행한 것을 볼 수 있다. 이 그래프에서는 아동이 정반응을 하면 그 숫자에는 아무 표시를 하지 않고 오반응을 했을 경우에는 숫자에 사선(/)을 그었다. 그리고 바르게 수행한 정반응의 수를 합한 것에 해당하는 숫자를 동그라미(●)로 표시한 후, 회기별로 연결하여 선 그래프를 그렸다. 이 그래프를 보면, 아동은 1회기에서 13단계 중에서 2개(5와 12 단계)를 바르게 수행했음을 알 수 있다.

학생: *Hisa*    과제: 손 씻기

| 단계/반응 | 날짜 9-6 | 9-6 | 9-8 | 9-8 | 9-10 | 9-10 | 9-13 | 9-15 | 9-17 | 9-20 | 9-22 | 9-24 |
|---|---|---|---|---|---|---|---|---|---|---|---|---|
| 25, | 25 | 25 | 25 | 25 | 25 | 25 | 25 | 25 | 25 | 25 | 25 | 25 |
| 24, | 24 | 24 | 24 | 24 | 24 | 24 | 24 | 24 | 24 | 24 | 24 | 24 |
| 23, | 23 | 23 | 23 | 23 | 23 | 23 | 23 | 23 | 23 | 23 | 23 | 23 |
| 22, | 22 | 22 | 22 | 22 | 22 | 22 | 22 | 22 | 22 | 22 | 22 | 22 |
| 21, | 21 | 21 | 21 | 21 | 21 | 21 | 21 | 21 | 21 | 21 | 21 | 21 |
| 20, | 20 | 20 | 20 | 20 | 20 | 20 | 20 | 20 | 20 | 20 | 20 | 20 |
| 19, | 19 | 19 | 19 | 19 | 19 | 19 | 19 | 19 | 19 | 19 | 19 | 19 |
| 18, | 18 | 18 | 18 | 18 | 18 | 18 | 18 | 18 | 18 | 18 | 18 | 18 |
| 17, | 17 | 17 | 17 | 17 | 17 | 17 | 17 | 17 | 17 | 17 | 17 | 17 |
| 16, | 16 | 16 | 16 | 16 | 16 | 16 | 16 | 16 | 16 | 16 | 16 | 16 |
| 15, | 15 | 15 | 15 | 15 | 15 | 15 | 15 | 15 | 15 | 15 | 15 | 15 |
| 14, | 14 | 14 | 14 | 14 | 14 | 14 | 14 | 14 | 14 | 14 | 14 | 14 |
| 13, 휴지통에 수건 버리기 | 13 | 13 | 13 | 13 | 13 | 13 | 13 | 13 | 13 | 13 | 13 | 13 |
| 12, 손 비비기 | 12 | 12 | 12 | 12 | 12 | 12 | 12 | 12 | 12 | 12 | 12 | 12 |
| 11, 종이 수건 한 개 빼기 | 11 | 11 | 11 | 11 | 11 | 11 | 11 | 11 | 11 | 11 | 11 | 11 |
| 10, 종이 수건 빼는 곳으로 가기 | 10 | 10 | 10 | 10 | 10 | 10 | 10 | 10 | 10 | 10 | 10 | 10 |
| 9, 찬물 잠그기 | 9 | 9 | 9 | 9 | 9 | 9 | 9 | 9 | 9 | 9 | 9 | 9 |
| 8, 더운물 잠그기 | 8 | 8 | 8 | 8 | 8 | 8 | 8 | 8 | 8 | 8 | 8 | 8 |
| 7, 손을 3회 비비기 | 7 | 7 | 7 | 7 | 7 | 7 | 7 | 7 | 7 | 7 | 7 | 7 |
| 6, 손을 물 밑에 대기 | 6 | 6 | 6 | 6 | 6 | 6 | 6 | 6 | 6 | 6 | 6 | 6 |
| 5, 펌프 누르기 | 5 | 5 | 5 | 5 | 5 | 5 | 5 | 5 | 5 | 5 | 5 | 5 |
| 4, 손을 비누 펌프 밑에 대기 | 4 | 4 | 4 | 4 | 4 | 4 | 4 | 4 | 4 | 4 | 4 | 4 |
| 3, 더운물 틀기(빨강) | 3 | 3 | 3 | 3 | 3 | 3 | 3 | 3 | 3 | 3 | 3 | 3 |
| 2, 찬물 틀기(파랑) | 2 | 2 | 2 | 2 | 2 | 2 | 2 | 2 | 2 | 2 | 2 | 2 |
| 1, 세면대로 가기 | 1 | 1 | 1 | 1 | 1 | 1 | 1 | 1 | 1 | 1 | 1 | 1 |
| 회기 | 1 | 2 | 3 | 4 | 5 | 6 | 7 | 8 | 9 | 10 | 11 | 12 |

출처: Bellamy, Horner, & Inman (1979).

[그림 6-22] 선 그래프의 변형 예 2

[그림 6-23]에 소개하는 그래프도 앞에서 소개한 것과 비슷하게 관찰과 그래프 그리기를 함께할 수 있도록 제작된 것이다. [그림 6-23]에 있는 그래프의 왼쪽에는 손 씻기 행동연쇄 단계가 번호와 함께 아래에서부터 단계별로 제시되어 있고, 아래 쪽에는 날짜를 쓰게 되어 있다. 회기마다 아동에게 13단계의 손 씻기 행동을 하게 하고 각 단계에서 아동이 어느 정도의 도움으로 그 행동을 할 수 있었는지를 그래프 위쪽에 제시한 촉구 코드로 구별하여 각 단계마다 기록한다. 이 그래프의 9월 6일 첫 번째 자료를 보면, 아동이 1단계는 언어적 촉구로, 4, 6, 7, 9, 10, 11, 13단계는 몸 짓 촉구로, 2와 3단계는 신체적 촉구로 그 단계를 수행할 수 있었음을 알 수 있다. 이

그래프에서는 회기마다 독립적으로 수행한 단계의 수의 합계에 해당하는 숫자(왼쪽에 있는 단계 숫자를 사용함)와 같은 높이의 좌표에 동그라미(●)로 표시하고 회기별로 동그라미를 연결하여 선 그래프가 되게 했다. 10월 3일의 경우, 아동은 11개의 단계에서 독립적으로 수행하였음을 알 수 있다.

학생: *Hisa*    교사: *Ms. Ebenezer*    장소: *1층 복도 화장실*
목표: *1주일 동안 손 씻기 단계의 100%를 독립적으로 완수함*

촉구 코드    *I*(독립적)  *V*(언어적 단서)  *g*(몸짓)  *P*(신체적 도움)

| 단계 | 9/6 | 9/6 | 9/8 | 9/8 | 9/10 | 9/10 | 9/13 | 9/15 | 9/17 | 9/20 | 9/22 | 9/24 | 9/27 | 9/29 | 10/1 | 10/3 |
|---|---|---|---|---|---|---|---|---|---|---|---|---|---|---|---|---|
| 17. | | | | | | | | | | | | | | | | |
| 16. | | | | | | | | | | | | | | | | |
| 15. | | | | | | | | | | | | | | | | |
| 14. | | | | | | | | | | | | | | | | |
| 13. 휴지통에 종이 수건 버리기 | g | g | I | I | I | I | I | I | I | I | I | I | I | I | I | I |
| 12. 손 비비기 | I | I | I | I | I | I | I | I | I | I | I | I | I | I | I | I |
| 11. 종이 수건 한 개 빼기 | g | g | V | V | I | I | I | I | I | I | I | I | I | I | I | I |
| 10. 종이 수건 빼는 곳으로 가기 | g | g | g | g | g | g | V | V | V | V | g | V | g | V | V | I |
| 9. 찬물 잠그기 | g | P | P | P | P | P | P | g | P | P | P | P | g | g | g | g |
| 8. 더운물 잠그기 | P | P | P | P | P | P | P | P | g | g | g | g | g | g | g | I |
| 7. 손을 3회 비비기 | g | g | V | V | V | I | I | I | I | I | I | I | I | I | I | I |
| 6. 손을 물 밑에 대기 | g | g | I | I | I | I | I | I | I | I | I | I | I | I | I | I |
| 5. 펌프 누르기 | I | I | I | I | I | I | I | I | I | I | I | I | I | I | I | I |
| 4. 손을 비누 펌프 밑에 대기 | g | g | g | V | I | I | I | I | V | I | I | I | V | I | I | I |
| 3. 더운물 틀기(빨강) | P | P | P | P | P | P | P | P | g | V | V | V | I | g | g | g |
| 2. 찬물 틀기(파랑) | P | P | P | P | V | V | V | V | V | V | V | V | I | I | I | I |
| 1. 세면대로 가기 | V | V | V | V | V | V | V | V | V | V | V | V | V | V | V | V |

비고:

출처: Alberto & Troutman (2006).

**[그림 6−23] 선 그래프의 변형 예 3**

[그림 6−24]는 반응 기회 관찰기록 방법을 적용한 그래프다.

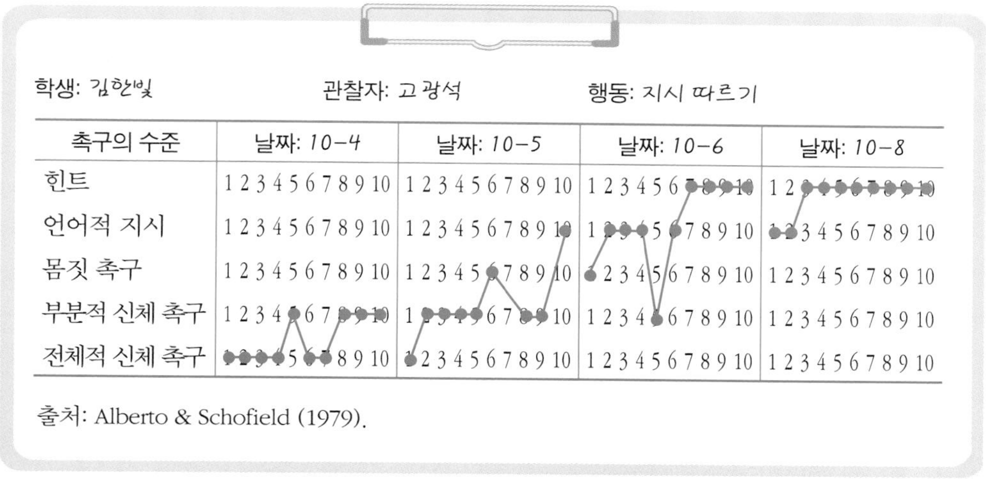

| 학생: 김한빛 | 관찰자: 고광석 | | 행동: 지시 따르기 |

| 촉구의 수준 | 날짜: 10-4 | 날짜: 10-5 | 날짜: 10-6 | 날짜: 10-8 |
|---|---|---|---|---|
| 힌트 | 1 2 3 4 5 6 7 8 9 10 | 1 2 3 4 5 6 7 8 9 10 | 1 2 3 4 5 6 7 8 9 10 | 1 2 3 4 5 6 7 8 9 10 |
| 언어적 지시 | 1 2 3 4 5 6 7 8 9 10 | 1 2 3 4 5 6 7 8 9 10 | 1 2 3 4 5 6 7 8 9 10 | 1 2 3 4 5 6 7 8 9 10 |
| 몸짓 촉구 | 1 2 3 4 5 6 7 8 9 10 | 1 2 3 4 5 6 7 8 9 10 | 1 2 3 4 5 6 7 8 9 10 | 1 2 3 4 5 6 7 8 9 10 |
| 부분적 신체 촉구 | 1 2 3 4 5 6 7 8 9 10 | 1 2 3 4 5 6 7 8 9 10 | 1 2 3 4 5 6 7 8 9 10 | 1 2 3 4 5 6 7 8 9 10 |
| 전체적 신체 촉구 | 1 2 3 4 5 6 7 8 9 10 | 1 2 3 4 5 6 7 8 9 10 | 1 2 3 4 5 6 7 8 9 10 | 1 2 3 4 5 6 7 8 9 10 |

출처: Alberto & Schofield (1979).

[그림 6-24] **반응 기회 관찰기록 방법을 적용한 그래프**

[그림 6-24]를 보면, 교사의 지시(예: 컵을 주렴, 숟가락을 주렴 등)를 어느 정도 수준의 촉구로 수행할 수 있는지 측정하고 있음을 알 수 있다. 그래프의 세로좌표에 해당하는 부분을 보면 촉구의 정도가 전체적 신체 촉구, 부분적 신체 촉구, 몸짓 촉구, 언어적 지시, 힌트로 구분되어 있다. 이 그래프에는 4회기를 기록할 수 있게 되어 있고, 한 회기마다 10번 시도할 수 있게 되어 있다. 교사의 지시에 대해 어느 수준으로 지시를 수행할 수 있는지 관찰하고 해당하는 촉구 수준에 있는 시도 횟수를 의미하는 번호를 찾아 동그라미(●)로 표시하고 동그라미를 서로 연결하여 선 그래프가 되게 했다. 이 그래프를 보면 아동은 회기마다 향상되고 있음을 알 수 있다. 10월 6일의 경우 다섯 번째 시도에서는 부분적 신체 촉구로 교사의 지시를 따를 수 있었음을 알 수 있다.

다음으로 소개하는 [그림 6-25]의 그래프는 이형복과 양명희(2009)가 요리활동을 통해 유아의 편식을 개선하고자 했던 연구에서 사용한 것이다. [그림 6-25]의 그래프는 아동이 회기별로 먹은 음식이 무엇인지 알 수 있도록 그래프 밑에 표가 함께 제시되어 있고, 그래프의 자료점인 동그라미(○) 안에 아동이 그 회기에 먹은 음식이 무엇인지 알 수 있도록 숫자가 기재되어 있다. 그래프의 세로좌표에는 아동의 음식섭취 수준의 정도를 척도로 구분하여 제시한 것을 볼 수 있다. 24회기의 경우 아동은 고등어구이를 스스로 잘 먹었음을 알 수 있다.

여기까지 살펴본 다양하게 변형된 선 그래프들이 보여 주듯이 그래프는 사용자가 자신의 목적에 맞게 여러 모양으로 응용하여 사용할 수 있다. 앞에서 소개한 그래프를 가지고도 얼마든지 다른 모양으로 변형하여 사용할 수 있다.

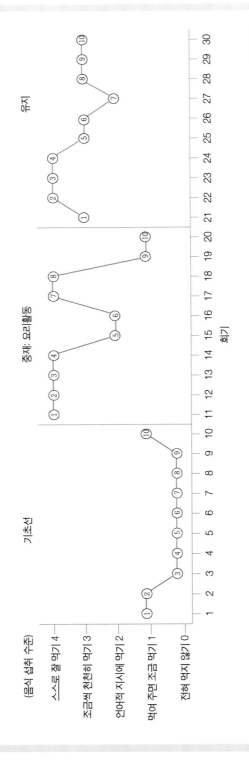

[그림 6-25] 선 그래프 변형의 예 4

| 편식음식 | 1. 오이 | 2. 감자 | 3. 두부 | 4. 고등어 | 5. 바지락 | 6. 오징어 | 7. 버섯 | 8. 미역 | 9. 콩 | 10. 시금치 |
|---|---|---|---|---|---|---|---|---|---|---|
| 회기별 요리명 | 1. 오이무침 | 2. 감자된장국 | 3. 감자두부찌개 | 4. 고등어조림 | 5. 바지락국 | 6. 감오징어초무침 | 7. 버섯전 | 8. 오이미역냉국 | 9. 콩자반 | 10. 시금치나물 |
| | 11. 오이무침 | 12. 감자볶음 | 13. 두부된장국 | 14. 고등어조림 | 15. 바지락미역국 | 16. 오징어야채전 | 17. 버섯볶음 | 18. 미역오이초무침 | 19. 검은콩밥 | 20. 시금치나물 |
| | 21. 오이소박이 | 22. 감자볶음 | 23. 감자두부된장국 | 24. 고등어구이 | 25. 바지락국 | 26. 오징어소면무침 | 27. 버섯볶음 | 28. 미역오이초무침 | 29. 검은콩밥 | 30. 시금치나물 |

출처: 이형복, 양명희 (2005).

## 2 │ 자료의 시각적 분석 방법

### 1) 시각적 분석 요인

표에 있는 자료를 그래프에 옮긴 다음에는 자료를 분석해야 한다. 여기에서는 그래프를 시각적으로 분석하는 요인인 자료의 수준, 경향, 변화율, 중첩도, 즉각성의 정도 등을 설명하고자 한다.

#### (1) 자료의 수준

자료의 수준(level)이란 그래프의 세로좌표에 나타난 자료의 크기로 살펴볼 수 있다. 한 상황 내에서 자료의 수준은 자료의 평균치를 의미하기도 한다. 한 상황 내에서의 수준을 의미하는 평균선(mean line)을 그리는 방법은 한 상황 내의 모든 자료점의 Y축 값을 합한 것을 그 상황 내의 전체 자료점의 수로 나누어 얻어진 값을 X축과 평행하게 긋는 것이다. 평균선 값을 구하는 공식은 다음과 같다.

$$\text{평균선 값} = \frac{\text{모든 자료의 Y축 값의 합}}{\text{전체 자료점의 수}}$$

#### (2) 자료의 경향

경향(trend)이란 한 상황 내에 있는 자료의 방향과 변화 정도를 의미하는 것이다. 자료 분석에서 자료의 경향이 확실히 바뀌면 자료의 수준은 크게 고려하지 않아도 된다. 자료의 경향은 경향선(trend line)을 그려서 알아볼 수 있는데, 경향선이란 자료의 방향과 변화 정도를 가장 잘 나타내 줄 수 있는 직선의 기울기를 말한다. [그림 6-26]에 경향선 그리는 순서를 그래프로 나타냈다.

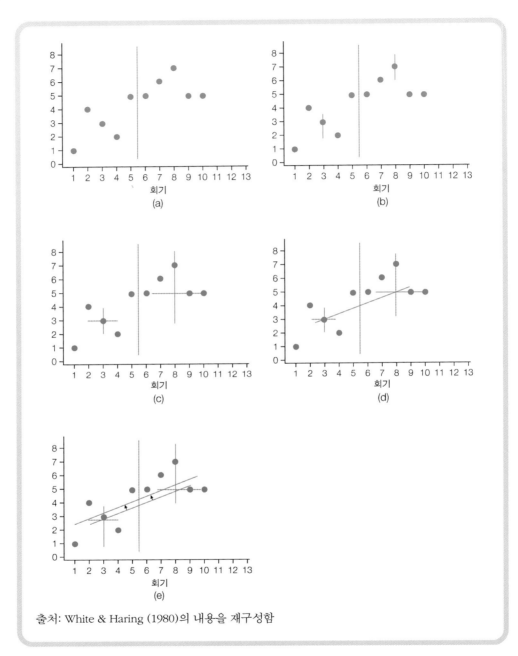

출처: White & Haring (1980)의 내용을 재구성함

[그림 6-26] 경향선 그리는 순서

[그림 6-26]의 경향선 그리는 순서를 차례대로 설명하면 다음과 같다(White & Haring, 1980).

▨ 자료점이 몇 개인지 세어 자료점의 총 개수를 절반으로 나누어 수직선으로 구분한다. 자료점의 총수가 홀수일 때는 위치상 X축을 중심으로 중앙에 있는 자료점을 지나도록 구분선을 긋는다. [그림 6-26]의 (a)그래프의 자료점이 10개이므로 절반으로 나누는 5회기와 6회기 사이에 선을 그었다.

▨ 반으로 나눈 자료점들에서 X축을 중심으로 한가운데 날짜나 회기에 해당하는 자료점을 찾아 표시하고 그 자료점을 지나도록 세로좌표와 평행이 되는 수직선을 긋는다. 이때 자료점의 수가 짝수이면 자료점과 자료점의 중간 부분에 표시하고 수직선을 긋는다. 반으로 나뉜 나머지 자료도 동일한 방법으로 수직선을 긋는다. [그림 6-26]의 (b)그래프의 왼쪽 반에 5개의 자료점이 있으므로 X축을 중심으로 가운데 회기인 3회기의 자료점을 지나며 Y축과 평행하는 세로선을 그었다. (b)그래프의 오른쪽 반에도 5개의 자료점이 있으므로 가운데 회기인 8회기의 자료점을 지나며 Y축과 평행이 되는 세로선을 그었다.

▨ 반으로 나뉜 자료를 가지고 Y축을 중심으로 자료의 중간값을 찾아 각각 표시하고 그 자료점을 지나 가로좌표와 평행이 되도록 수평선을 긋는다. 이때 자료점의 수가 짝수이면 자료점과 자료점의 중간 부분에 각각 표시하고 수평선을 긋는다. 반으로 나뉜 나머지 자료도 동일한 방법으로 수평선을 긋는다. [그림 6-26]의 (c)그래프의 왼쪽 반의 자료점 값을 Y축을 중심으로 차례로 나열하면 1, 2, 3, 4, 5이므로 자료의 중간점인 3에 해당하는 자료점을 지나는 가로선을 그어 (b)그래프에서 그어 놓은 세로선과 교차하도록 그었다. 그래프의 오른쪽 반에서는 자료의 값을 Y축을 중심으로 차례로 나열하면 5, 5, 5, 6, 7이므로 중간점인 5에 해당하는 자료점에 가로선을 그어 (b)그래프에서 그은 세로선과 교차하도록 했다.

▨ 반분된 자료의 양쪽에서 각각의 수직선과 수평선이 교차하여 만든 두 점을 통과하는 직선을 그린다. 일반적으로 여기까지 수행하여 구해진 선을 경향선이라고 한다. (d)그래프의 왼쪽과 오른쪽에 있는 두 교차점을 연결하여 경향선을 그렸다.

▨ 두 교차점을 잇는 선을 중심으로 자료점이 동등한 수로 이분되도록 수평 이동하여 선을 긋는다. 여기까지 수행해서 구한 선을 중앙 이분 경향선(split-middle line)이라고 한다. (e)그래프에서는 (d)그래프에서 그린 경향선을 중심으로 자료 점이 동등하게 다섯 개씩으로 이분되도록 수평 이동하여 선을 그었다.

### (3) 자료의 변화율

자료의 변화율(variability)은 자료 수준의 안정도를 의미한다. 즉, 경향선을 중심으로 자료가 퍼져 있는 범위를 의미한다. 주로 자료의 Y축 값의 하한선 값과 상한선 값으로 그 범위를 나타낸다. 자료 분석에서 변화율이 심한 경우에는 자료가 안정될 때까지 좀 더 많은 자료를 구해 보아야 한다.

### (4) 상황 간 자료의 중첩 정도

상황 간 자료의 중첩 정도(overlap between phases)는 두 상황 간의 자료가 세로좌표 값의 같은 범위 안에 들어와 있는 정도를 의미한다. 두 상황 간 자료의 세로좌표 값이 서로 중첩되지 않을수록 자료의 변화를 잘 나타내 주는 것이다.

### (5) 효과의 즉각성 정도

효과의 즉각성(immediacy of effect) 정도란 중재 효과가 얼마나 빠르게 나타났는지를 평가하는 것으로, 한 상황의 마지막 자료와 다음 상황의 첫 자료 사이의 차이 정도를 의미한다. 중재 효과의 즉각성이 떨어질수록 중재와 행동 간의 기능적 관계도 약해진다. 중재 효과는 즉각적일수록 강력하다고 할 수 있다.

## 2) 시각적 분석 방법

그래프의 자료를 시각적으로 분석하기 위해서 먼저 한 상황 내의 자료값들을 분석하여 살펴보고, 다음으로 상황과 상황을 비교하여 자료값들의 변화를 살펴보아야 한다. 이때 위에서 살펴본 시각적 분석 요인들을 중심으로 자료를 분석하는데, 자료 분석을 위해서는 한 상황 내의 자료값이 적어도 3개 이상 있어야 자료의 수준이나 경향을 살펴볼 수 있다. 일반적으로 수집된 자료점의 수가 많을수록 명확한 분석 결과를 얻는 데 도움이 된다.

### (1) 자료의 수준 분석

자료의 수준은 세로좌표 값으로 표기되는 자료의 크기로 살펴볼 수 있는데, 크게 자료의 안정성과 변화 정도를 알아보는 것이다. 한 상황 내에서는 자료 표시점들이 자료값의 평균선을 중심으로 얼마나 안정되게 모여 있는지를 살펴보는 방법이 있다. Tawney와 Gast(1984)는 한 상황 내에서 자료 표시점의 80%에서 90%가 평균선의 15% 범위 내에 들면 안정적 수준이라고 했다. 예를 들면, 어떤 그래프에서 자료 표시점이 10개인데 평균값은 20이고 Y축 값의 범위는 0에서 40이라면, 8~9개의 자료 표시점이 Y축 값의 17에서 23 사이에 놓여 있을 때 안정적 수준이라고 할 수 있다는 것이다. 상황 간의 자료 수준을 비교할 때는 한 상황의 평균선 값과 다른 상황의 평균선 값을 비교하여 평균선의 값이 서로 얼마나 변했는지 알아볼 수 있다. [그림 6-27]은 평균선 값을 비교하는 그래프다. [그림 6-27]에서 보면 기초선 기간에는 평균 0.5, 중재기간에는 평균 6, 유지기간에는 평균 5였음을 알 수 있다.

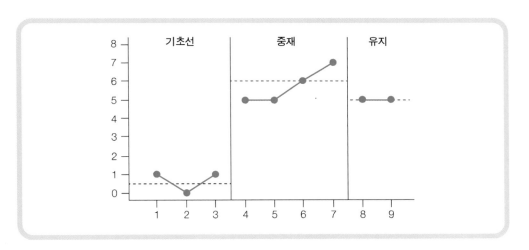

[그림 6-27] **상황 간 평균선을 나타낸 그래프**

## (2) 자료의 경향 분석

자료의 경향은 앞에서 살펴본 경향선을 그어서 알아볼 수 있다. 경향선을 그어 보면 자료가 증가하는지, 감소하는지, 증가와 감소의 정도는 어떤지, 또는 자료 경향의 변화가 없는지를 알아낼 수 있다. 자료 표시점이 분명하게 한 방향으로 향하고 있는 경우는 자료의 경향을 밝히기가 쉬우나 전반적인 자료의 경향을 명확하게 밝히기 어려운 경우도 많다는 점을 유의해야 한다. 한 상황 내에서는 자료의 경향을 증가, 감소, 무변화로 나타내며, 상황 간 자료의 비교에서는 경향이 변화하는 방향(예: 증가에서 감소, 무변화에서 증가 등)을 나타내 준다. [그림 6-28]에서 보는 바와 같이 자료의 경향을 증가에서 감소(a), 무변화에서 감소(b), 감소에서 증가(c), 무변화에서 증가(d), 무변화에서 무변화(e와 f) 등으로 분석해 볼 수 있다.

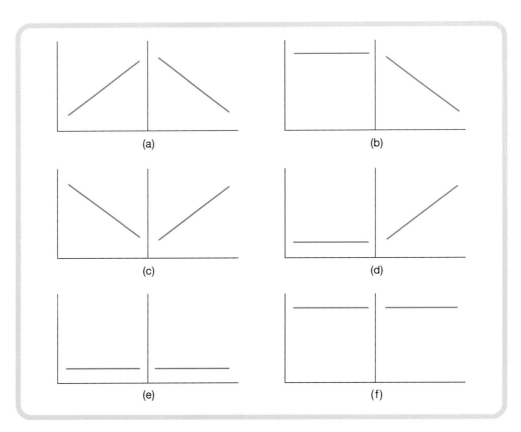

[그림 6-28] **증가에서 감소(a), 무변화에서 감소(b), 감소에서 증가(c), 무변화에서 증가(d), 무변화에서 무변화(e와 f)**

### (3) 자료의 변화율 분석

경향선을 중심으로 퍼져 있는 자료의 분포 정도를 의미하는 변화율은 일반적으로 자료의 세로좌표 값의 하한선 값과 상한선 값으로 그 범위를 나타낸다. 한 상황 내에서는 변화율이 '크다' 또는 '작다'로 나타내며, 상황 간 자료의 비교에서는 각 상황 자료의 변화율의 변화를 나타내면 된다. 예를 들어, [그림 6-29]의 (a)그래프에 나타난 자료의 변화율은 큰 범위에서 작은 범위로 변화했고, (b)그래프의 자료는 작은 범위의 변화율에서 큰 범위의 변화율로 변화한 것을 볼 수 있다.

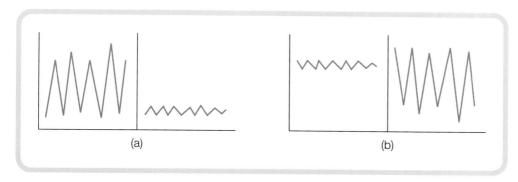

[그림 6-29] **자료의 범위 변화를 나타내는 그래프**

## ⑷ 자료의 중첩 정도 분석

자료값의 중첩 정도는 상황 간 자료의 비교에서만 사용하는 것이다. 두 상황 간 자료값의 중첩 정도를 구하는 방법은, 먼저 첫 번째 상황의 자료 범위를 계산하고, 두 번째 상황의 자료가 그 범위 안에 포함되는 자료점 수를 세어, 두 번째 상황의 자료점 총수로 나누고 100을 곱하는 것이다. 자료의 중첩 정도가 클 경우에는 경향의 변화 없이 중첩 정도만 가지고 두 상황 간의 자료의 변화를 설명하기 어렵다. 그러나 중첩 정도가 작다면 중재 효과가 크다고 말할 수 있다. [그림 6-30]에 나타난 기초선과 중재의 자료값의 중첩 정도는 기초선의 자료 범위인 0에서 2에 속하는 중재기간의 자료점이 4개(5, 6, 7, 12회기 자료)이고, 중재기간의 전체 자료점은 8개이므로 중첩 정도는 4/8 × 100 = 50%다.

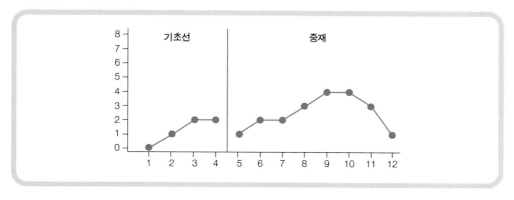

[그림 6-30] **자료 중첩도를 나타내는 그래프**

**(5) 자료의 즉각적 변화 정도의 분석**

자료의 즉각적 변화란 두 상황 간 자료의 비교에서 사용하는 것으로 중재 효과가 얼마나 빠르게 나타났는지를 평가하는 것이다. 한 상황의 마지막 자료와 다음 상황의 첫 자료 사이의 차이가 크면 즉각적 변화가 있다고 말할 수 있다. 그러나 어떤 자료는 즉각적 변화 직후에 이전 상황의 자료 수준으로 되돌아가는 경우도 있으므로 자료의 한 가지 요인만으로 자료를 분석해서는 안 된다. [그림 6-31]은 자료의 즉각적 변화를 보여 주는 다양한 그래프의 예다.

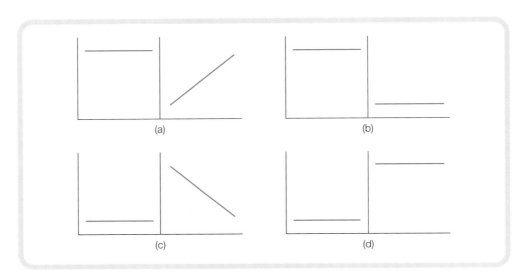

[그림 6-31] **자료의 즉각적 변화를 보여 주는 그래프**

자료의 분석 방법 내용을 종합해 보면, 한 상황 내에서의 자료 분석에서는 자료가 얼마나 안정적인가 하는 것을 먼저 살펴보고, 상황 간의 자료 분석에서는 자료의 중첩 정도와 수준 변화를 먼저 살피는 것이 중요함을 알 수 있다. 또한 어느 한 가지 분석 요인만으로는 자료를 분석하기 어렵다. 예를 들어, [그림 6-32]의 (a)그래프에서 보듯이 상황 간 자료를 비교할 때 두 상황 모두 변화율이 커도 상황 간에 서로 중첩되는 자료점이 없다면 중재의 효과를 입증할 수 있는 경우가 있고, (b)그래프에서 보듯이 상황 간에 자료의 중첩 정도가 커도 경향의 변화가 뚜렷하다면 중첩 정도는 중요한 요인이 되지 못하는 경우도 있다.

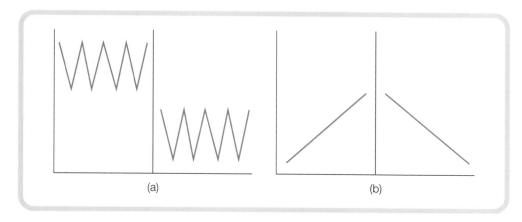

[그림 6-32] **변화율이 크지만 중첩되지 않은 자료(a)와
중첩 정도가 크지만 경향 변화가 확실한 자료(b)**

따라서 자료의 시각적 분석을 할 때는 여러 분석 요인을 종합적으로 적용하는 것이 필요하다. 잊지 말아야 할 것은 그래프를 그리고 분석하는 주된 목적이 사용하고 있는 중재에 대한 평가를 위한 것이라는 것이다. 즉, 자료를 그래프에 옮겨, 중재 자료를 기초선 자료와 비교하고 중재 자료의 변화 경향을 살펴서 중재 효과를 평가하고, 그 결과에 따라 중재 내용을 수정하는 데 사용할 수 있어야 한다.

## 3) 시각적 분석의 논쟁점

그래프의 자료를 시각적으로 분석하는 것은 여러 가지 장점이 있다. 무엇보다도 시각적 분석 방법은 자료의 분석과 결과의 해석이 쉬워서 통계적 전문 기술이 없이도 분석할 수 있다. 또한 시각적 분석은 자료를 집단으로 평가하지 않고 개별로 평가하기 때문에 한 학생, 한 학생에 대해서 자료에 근거한 결정을 할 수 있다. 중재를 적용하는 동안에도 계속해서 자료를 수집하면서 평가하는 형성평가가 가능하기 때문에 중재 도중에라도 자료에 근거하여 중재를 수정할 수 있다.

이러한 여러 장점에도 불구하고 시각적 분석은 조심스럽고 신중하게 이루어져야 한다. 무엇보다도 시각적 분석 방법에는 분명하고 확실한 원칙이 없고, 숙련된 분석가의 주관에 크게 의존해야 한다는 단점이 있기 때문이다(DeProspero & Cohen, 1979; Furlong & Wampold, 1982). 또한 통계적 분석은 각 자료값이 독립적이라는 가정으로 이루어지지만, 시각적 분석은 자료의 연속적 의존성이 높다. 연속적 의존성이 높다는 것은 연속적인 자료에서 한 자료가 다음 자료의 점수를 예견할 수 있는 정도가 강하다는 것이다. 이는 통계적 분석에서는 한 자료값이 모든 곳에 분포되어 있는 각각의 자료값에 미치는 영향이 동일하지만, 시각적 분석에서는 한 자료값이 다른 곳에 분포되어 있는 자료값들보다 연속적으로 앞뒤에 위치하는 자료값에 미치는 영향이 더 크다는 뜻이다. 이처럼 시각적 분석이 갖는 장단점 때문에 시각적 분석은 통계적 분석과 서로 보완하고 지지하는 관계가 되어야 할 것이다. 시각적 분석 결과와 통계적 분석 결과가 일치할 때 중재 효과는 더욱 확실하게 입증될 것이기 때문이다. 개별대상연구의 통계적 분석에 대해 더 알고자 한다면 양명희(2015)의 책을 참고할 수 있다.

## 요약

- 그래프는 행동에 대한 자료를 명확하고 간단하고 분명하며 보기 좋게 보여 줄 수 있어야 한다. 그래프는 막대그래프와 선 그래프, 누가 그래프 등으로 구분된다.
- 그래프의 구성 요소는 가로좌표, 세로좌표, 원점, 눈금 표시, 가로좌표 제목, 세로좌표 제목, 상황 제목, 자료 표시점, 자료 표시선, 상황 구분선, 부호 설명, 그림 번호와 설명 등을 포함한다.
- 그래프를 시각적으로 분석하는 요인으로는 자료의 수준, 경향, 변화율, 중첩도, 즉각성의 정도 등이 있다.

## 토의 및 적용

- 그래프를 그리는 목적은 무엇인가요?
- 막대그래프와 선 그래프, 누가 그래프의 특성은 무엇인가요?
- 다음에 주어진 자료를 가지고 그래프의 모든 구성 요소가 포함되도록 그래프를 그려 보세요.
  - 중재: 타임아웃
  - 기초선기간: 10월 1일~10월 4일
  - 중재기간: 10월 5일~10월 10일

| 날짜 | 10/1 | 10/2 | 10/3 | 10/4 | 10/5 | 10/6 | 10/7 | 10/8 | 10/9 | 10/10 |
|---|---|---|---|---|---|---|---|---|---|---|
| 문제행동이 발생한 시간 간격의 백분율 | 80% | 85% | 80% | 90% | 75% | 70% | | 70% | 60% | 65% |

- 위의 자료를 가지고 그린 그래프를 시각적 분석의 다섯 가지 요인을 사용하여 분석하세요.
- 시각적 분석의 장점은 무엇인가요?

# 개별대상연구

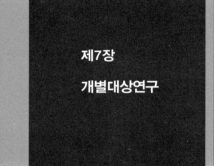

**제7장**
**개별대상연구**

● 학생의 문제행동이 무엇인지 찾고 문제행동의 수준이 어느 정도인지 알기 위해 행동을 조작적으로 정의하고, 중재를 통해 이루고자 하는 행동목표를 세우고, 정의한 행동을 직접 관찰하고 측정하고, 행동을 측정한 자료를 그래프에 옮기고, 그래프의 자료를 보고 행동의 변화를 분석하는 방법을 이 책의 3장에서부터 6장에 걸쳐 소개했다. 7장에서는 학생의 문제행동에 대해 적용한 중재가 효과가 있는지를 객관적으로 평가하고 입증할 수 있는 방법들을 소개하고자 한다. 이 장에서 소개하는 개별대상연구의 여러 설계 방법들은 6장까지의 내용을 적용하게 되어 있다. 이 장에 나오는 개별대상연구의 여러 설계 유형은 교사가 학생의 문제행동에 대해 실시한 중재 효과를 학부모나 다른 전문가들에게 객관적으로 입증할 수 있을 뿐만 아니라 교사의 과학적 현장 연구로도 사용할 수 있는 방법들이다. 이 장에서는 교사가 학생별로 중재를 실시한 것을 연구로 발전시킬 수 있는 개별대상연구의 필요성과 특징 그리고 개별대상연구의 대표적 방법을 몇 가지 소개하고자 한다. 이 장은 필자(2013)가 게재하였던 논문의 내용 일부를 수정하고 보완하여 확장한 것이다.

# 1 개별대상연구의 필요성

교사나 학생 행동전문가가 각 학생의 행동 변화를 위해 자신이 노력한 모든 과정과 결과를 객관적 자료로 입증할 수 있는 방법이 바로 개별대상연구다. 단순히 교사나 행동전문가가 자신이 사용한 중재를 통해 학생이 많이 향상되었다고 말할 때 관련자들은 그들에게 학생의 무슨 행동이 어떻게 얼마나 달라졌으며, 그 변화가 정말로 그들이 사용한 중재의 결과인지 궁금해 할 것이다. 이런 상황에서 교사나 행동전문가가 자기가 사용한 중재와 학생의 행동과의 관계를 명확히 할 수 있도록 도와주는 것이 개별대상연구 방법이다. 따라서 교사나 행동전문가가 개별대상연구 방법을 알면 자신들이 학생에게 적용하는 중재의 효과를 체계적으로 평가할 수 있을 뿐 아니라, 여러 전문학술지에서 현장 연구로 끊임없이 발표되고 있는 수많은 실험연구 결과를 더욱 쉽게 이해할 수 있을 것이다.

교육현장, 특히 특수교육 및 임상현장에서 개별대상연구 방법이 필요한 이유는 다음과 같다. 첫째, 특수교육 및 임상현장에서는 실험집단을 구성할 동질집단을 충분히 구하기 어렵다. 특수아동의 개별성과 다양성을 고려할 때 특수교육 및 임상현장에서 동일한 행동문제를 지닌 비슷한 부류의 다수를 찾기란 쉽지 않다. 이러한 경우 소수 대상자로 실험연구가 가능한 개별대상연구가 필요하다.

둘째, 특수교육 및 임상현장에서 이루어지는 행동문제에 관한 연구 질문은 대부분 매우 구체적이다. 예를 들어, 특수교육 및 임상현장에서 다루는 연구 주제는 '차별강화를 통한 머리 찧기 상동행동의 감소' '음식 만들기 놀이를 통한 편식 행동의 향상' '자기관찰 기법을 통한 함묵아동의 말하기 행동의 향상' 등 매우 구체적인 경우가 대부분이다. 이렇게 개별 대상에게 실시하는 구체적인 행동에 대한 중재 효과를 입증하고자 하는 경우 개별대상연구가 유용하다.

셋째, 특수교육 및 임상현장에서 통제집단을 구하기가 쉽지 않다. 첫 번째 이유와 동일하게 통제집단을 위해 동일한 문제를 가진 다수를 구하기도 어렵지만, 어떠한 개입이라도 해야 하는 교육 및 임상현장에서 아무런 중재도 실시하지 않는 통제집단을 만든다는 것은 윤리적으로도 옳지 않다. 이렇게 통제집단을 구성하기 어려운 경우에도 개별대상연구는 유용한 연구 방법으로 사용될 수 있다.

넷째, 교육 및 임상현장에서는 연구 도중에라도 연구 내용(즉, 중재 내용)을 수정해야 하는 경우가 많다. 교육현장에서는 연구만을 위한 연구 진행은 이루어질 수 없으며, 연구 도중에라도 연구 내용을 바꾸거나 그 외의 다른 결정을 해야 하는 경우가 있다. 이런 경우에 연구 도중에도 중재 효과가 없는 것으로 나타나면 중재 내용을 바꾸거나 설계 자체의 수정이 가능한 유연성(flexibility)을 지닌 개별대상연구를 사용할 수 있다. 개별대상연구는 중재와 측정 방법이 대상에게 개별적으로 적용되고, 절차의 특성상 연구대상 아동에게 중재를 수행하는 동안에 연구를 진행하는 교사에게 중재과정 동안 지속적인 피드백을 줄 수 있다. 이는 피드백에 따라 중재 방법(독립변수)이 바뀔 수 있음을 의미하는데, 개별대상연구는 이렇게 중재 방법의 변화가 있더라도 연구를 중단 없이 진행할 수 있는 장점이 있다.

마지막으로, 개별대상연구는 한 명의 장애학생이라도 포기하지 않는 특수교육의 근본정신에 걸맞는 연구 방법이라고 할 수 있다(최성규, 2003). 집단연구의 결과는 신뢰할 만할지라도 그 결과의 적용에서 예외가 될 수 있는 경우가 전체의 1~5%에 해당한다. 그런데 그 1~5%에 해당될 수 있는 아이들이 특수아동들이다. 또한 특수아동들은 전체에 비해 숫자로도 소수일 뿐 아니라 특수아동들끼리 개인차도 심하다. 그러므로 특수아동을 대상으로 해서는 동질이면서 다수를 이루는 집단을 구하기 어렵다. 그런데 개별대상연구는 연구 결과를 수량화하는 양적 연구이면서도 한 명, 한 명의 특수아동에게 개별적으로 중재를 적용하면서 행동의 변화를 기록하며 실시하는 연구 방법이므로 특수교육 및 임상현장 연구로 적절한 연구 방법이라 할 수 있다.

## 2 | 개별대상연구의 기초

앞에서 개별대상연구가 어떤 경우에 왜 필요한지 살펴보았다. 이제 개별대상연구가 무엇인지를 알기 위해 그 특징과 종류를 살펴보아야 한다. 그러나 특징과 종류를 살펴보기 전에 연구를 시행하는 것이 생소한 독자들을 위해 연구를 이해하는 데 필요한 가장 기초적인 개념을 먼저 간단히 살펴보기로 한다.

### 1) 독립변수와 종속변수

개별대상연구를 간단히 표현하자면 개별적인 연구대상에 대한 독립변수와 종속변수의 기능적 관계를 입증하는 것이라고 할 수 있다. 이때 변수란 연구와 관련된 모든 요인들을 뜻하는 것으로, 다른 변수에 영향을 주는 변수를 독립변수(independent variable)라고 하고, 다른 변수에 의해 영향을 받는 변수를 종속변수(dependent variable)라고 한다. 다시 말하면, '독립변수'란 행동의 원인, 행동에 대한 설명, 행동에 영향을 주는 자극, 또는 행동을 변화시키기 위해 사용되는 중재나 교수 방법으로서 교사나 연구자가 조정할 수 있는 것을 의미하고, '종속변수'란 중재나 교수 방법을 통해 변화되어야 할 학생의 표적행동을 의미한다. 그리고 '기능적 관계'란 독립변수의 변화에 따라 종속변수가 체계적으로 변화하는 관계, 즉 독립변수의 변화로 종속변수의 변화를 예측할 수 있는 관계를 뜻한다. 예를 들어, 경수의 공격적 행동을 감소시키기 위해 타임아웃이라는 중재를 적용했다고 하자. 여기에서 교사가 조정할 수 있는 타임아웃이라는 중재는 독립변수가 되고, 경수의 공격적 행동은 종속변수가 되는 것이다. 타임아웃을 적용하기 전에는 높은 수준의 공격적 행동을 보이던 경수가 타임아웃을 적용하면서부터 공격적 행동이 감소했다면, 타임아웃과 공격적 행동은 기능적 관계일 가능성이 높다. 여기에서 기능적 관계를 이룬다는 것은 공격적 행동이라는 종속변수의 변화가 다른 어떤 것 때문이 아니라 타임아웃이라는 독립변수의 변화에 종속되어 있다(의존하고 있다)는 뜻이다. 그러므로 독립변수와 종속변수의 기능적 관계를 밝힌다는 것은 연구대상의 행동 변화가 다른 요인 때문이 아니라 중재만의 효과임을 입증하는 것이다. 〈표 7-1〉에 세 가지 연구 질문을 예로 들어 종속변수와 독립변수를 구분하여 보았다.

❖ **〈표 7-1〉 종속변수와 독립변수의 구분**

| 번호 | 연구 질문 |
|---|---|
| 1 | <u>기능분석을 이용한 행동중재 프로그램</u>이 주의력결핍 과잉행동 장애아동의 <br>         독립변수 <br> <u>자리 이탈 행동을 감소시키는가?</u> <br>   종속변수 |
| 2 | <u>또래교수</u>가 학습장애 아동의 <u>수학 성취도</u>를 향상시키는가? <br> 독립변수               종속변수 |
| 3 | <u>악기놀이 활동</u>이 자폐아동의 <u>상동행동</u>에 어떤 영향을 미치는가? <br>   독립변수             종속변수 |

## 2) 내적 타당도와 외적 타당도

내적 타당도란 독립변수를 적용하여 나타난 행동의 변화(종속변수의 변화)가 독립변수 때문인지 아니면 다른 것 때문인지를 나타내는 것이다. 내적 타당도가 높다는 것은 종속변수의 변화가 독립변수에 의한 것임을 뜻한다. 위에서 사용한 예에서 연구를 통하여 경수의 공격적 행동이 감소한 것은 다른 것 때문이 아니라 타임아웃 때문임이 입증된다면 그 연구 결과는 내적 타당도가 높다고 할 수 있다. 그러나 경수에게 타임아웃을 적용하기 시작하던 날부터 교사가 바뀌었다면 경수의 공격적 행동 감소는 새로운 교사 때문인지 타임아웃 때문인지 밝히기 어려워진다. 이렇게 교사라는 새로운 변수가 연구 결과에 영향을 줄 수 있는 경우는 내적 타당도가 높다고 하기 어렵다. 이처럼 내적 타당도를 높이기 위해서는 연구와 관련된 변수들을 추가, 제거, 또는 변화시키지 않고 연구의 처음부터 끝까지 일관성 있게 유지하는 것이 필요하다. 연구자는 내적 타당도를 위협하는 요인들을 최대한 통제해야 하지만 실제로 교육현장 연구에서 내적 타당도를 위협하는 모든 변수를 연구자가 통제하는 것은 불가능한 일이다.

외적 타당도는 연구 결과를 일반화할 수 있는 정도를 말한다. 즉, 연구에서 얻은 결과를 다른 상황에도 적용할 수 있다면 이는 외적 타당도가 높다고 할 수 있다. 개별대상연구에서는 연구 결과의 일반화를 입증하기 위해 연구에 사용된 실험처치를 피험자 외의 다른 사람들에게 적용해 보는 체계적 반복 연구 방법을 실시한다. 위에서 사용한 예에서 다른 연구자나 교사들도 타임아웃을 사용하여 다른 아동들의 공격적 행동을 감소시켜서 중재 효과를 반복 입증했다면 처음 경수에게 실시한 연구의 외적 타당도를 입증한 결과가 된다.

# 3 | 개별대상연구의 특징

독립변수와 종속변수의 기능적 관계를 입증하려고 하는 실험 연구에는 집단연구, 개별대상연구, 사례연구 등이 있다. 집단연구에서는 연구 질문과 자료의 초점이 집단에 맞추어져 있으며, 중재 전·후로 한 집단의 수행 수준의 평균 점수 변화 정도를 비교하거나, 실험집단과 통제집단의 수행 수준을 중재 전·후로 비교하여 중재 효과를 입증한다. 때문에 연구 결과를 집단 전체에 대하여 적용할 수 있다. 하지만 집단연구는 집단의 효과만 입증할 뿐이지 중재가 개인에게 미치는 개별적 효과에 대한 정보는 제시하지 못한다. 따라서 집단의 아동 대부분에게는 효과적이지만 몇몇 아동에게는 전혀 효과가 없는 경우는 집단연구의 사각지대에 놓이게 된다.

반면에, 개별대상연구와 사례연구는 연구 질문과 자료의 초점이 개인에게 맞추어져 있다. 개별대상연구에서는 개별 대상에게 중재를 실시하여 중재 전과 중재 중의 수행 수준의 계속적 변화를 비교하여 중재 효과를 입증한다. 사례연구가 한 개인에게 중재를 적용한다는 점에서는 개별대상연구와 같지만, 중재를 적용하는 과정 중에 계속적 자료 수집이 없고 연구자의 주관적 해석이 연구 결과 입증의 구성 요소라는 것이 개별대상연구와 구별되는 점이다. 이 장에서는 다른 연구 방법들과 차이가 나는 개별대상연구만의 특징들을 설명하면서 개별대상연구가 사례연구나 집단실험연구와 어떤 차이가 있는지도 함께 살펴본다.

### 1) 연구대상 행동의 일관성 있는 반복 측정

개별대상연구에서는 한 사람의 행동을 다른 사람의 행동과 비교하는 것이 아니라, 시간에 따라 같은 조건 또는 다른 조건에서 동일한 사람의 행동 변화를 비교한다 (Hersen & Barlow, 1976). 즉, 개별 대상의 행동 변화를 시간의 흐름과 함께 실험 조건에 따라 비교하는 것이다. 이렇게 동일한 대상의 행동 변화를 비교·분석하기 위해서는 연구대상의 변화시키고자 하는 표적행동을 체계적 방법을 이용하여 지속적으로 반복하여 관찰하고 측정해야 한다. 즉, 연구대상의 표적행동의 작은 변화도 측정할 수 있는 관찰 방법을 사용하여 지속적으로 주나 일 또는 회기 단위로 반복하여 측정함으로써 개별 대상의 행동 변화 정도를 분석하는 것이다. 이는 흔히 중재의 적용 전과 후에 한 번씩만 표적행동을 측정하여 그 양적인 차이를 논하는 집단연구나 사례연구와 구별되는 개별대상연구만의 두드러진 특징이다.

개별대상연구에서는 중재를 적용하기 전부터 중재가 끝난 뒤까지 매 회기마다 그 행동을 측정함으로써 개별 대상의 행동이 어떻게 변화하는지 그 경향을 분석한다. 중재 전에는 규칙적이거나 안정적인 경향을 보이던 자료는 중재나 다른 변수들이 개입되거나 제거되면 변화를 나타낼 것이다. 이렇게 계속적인 반복 측정은 표적행동의 변화가 중재에 의한 것인지 여부를 밝혀 줄 뿐 아니라, 중재 이외의 다른 변수들이 개입되었는지 여부에 대한 정보도 제공해 준다. 따라서 개별대상연구에서는 연구문제에 알맞은 종속변수의 측정 단위와 측정 방법을 선택하는 것이 중요하다. 이에 대한 구체적 내용은 이 책의 5장 행동의 직접 관찰과 측정에서 다루고 있다.

### 2) 중재 효과의 반복 입증

개별대상연구는 중재 효과가 동일 연구 안에서 반복하여 나타난다는 특징이 있다

(Alberto & Troutman, 2006; Tawney & Gast, 1984). 이것 또한 동일 연구에서 한 가지 중재의 효과를 대부분 한 번 입증하는 집단연구와 다른 점이다. 개별대상연구에서는 중재 효과가 시간의 경과에 따라 동일한 대상자에게서 또는 동일 대상자는 아니라 하더라도 동일 연구 설계 내에서 반복적으로 입증할 수 있다. 예를 들어, 중재제거 설계에서는 중재의 적용과 제거에 따라 동일 대상에 대한 반복된 중재 효과를 나타내며, 복수기초선 설계에서는 대상자(또는 행동이나 상황)마다 중재 효과를 반복하여 보여 줄 수 있다. 즉, 중재가 소개되었을 때만 표적행동이 목표하는 방향으로 변화하고 그렇지 않을 때는 중재가 소개되기 전인 기초선 수준으로 되돌아가는 것을 반복해서 보여 주는 것이다. 이러한 중재 효과의 반복 입증은 연구대상의 행동 변화가 다른 변수 때문이 아니라 중재에 의한 것임을 보여 주는 셈이다. 한 연구 내에서 중재 효과를 반복하여 보여 주는 것은 독립변수의 효과에 대한 예측성과 검증력을 같은 연구 내에서 되풀이하여 보여 주는 것이므로 연구의 내적 타당도를 높여 준다. 따라서 연구의 이러한 중재 효과의 입증을 위해서 연구자는 연구기간 동안 중재 이외의 다른 변수들을 가능한 범위 내에서 최대한 통제하는 것이 필요하다.

## 3) 기초선 설정

기초선 자료는 연구대상에게 어떠한 중재도 적용하기 전의 표적행동의 현행 수준을 의미한다. 집단연구가 중재 효과를 입증하기 위해 추리통계(inferential statistics)와 같은 표준화된 기준을 사용하는 반면, 개별대상연구는 중재 효과를 입증하기 위해 개별 대상의 수행 수준이 시간의 흐름에 따라 중재 전과 중재 이후에 나타낸 변화를 분석한다. 따라서 중재를 실시하기 전의 자료를 보여 줄 수 있는 기초선의 설정은 개별대상연구에서 중재 효과를 입증할 수 있는 중요한 비교 기준이 된다(Kazdin, 1982; Richards et al., 1999; Tawney & Gast, 1984). 중재 효과를 개별 대상 내에서 비교해야 하는 개별대상연구에서 기초선은 집단연구의 통제집단과 같이 중재 효과의 비교 기준의 역할을 한다. 즉, 중재기간 동안 행동 변화의 자료를 중재 적용 전인 기초선 기간의 자료와 비교하여 중재의 효과를 평가하는 것이다.

Kazdin(1982)은 기초선 자료가 학생의 현행 수준을 기술하고 미래 수준을 예언하는 기능을 한다고 했다. 기초선 기간 동안 학생 행동의 자료를 그래프에 옮겨 놓은 기초선 자료를 통해 연구자나 교사는 문제행동이 존재한다는 것도 알게 되고 그 정도가 어떠한지도 알게 되므로 기초선 자료에 근거하여 중재를 적용할 것인지 결정할 수 있다. 또한 기초선 자료는 학생에게 중재가 적용되지 않는다면 계속하여 어떤 수준을 나타낼 것인지를 예측할 수 있게 해 준다. 중재가 적용되지 않는다면 기초선 수준을 계속 나타낼 것으로 추측할 수 있으므로, 중재를 적용하여 변화가 나타난다면 기초선 자료를 근거로 하여 효과를 입증하게 되는 것이다. 그러므로 기초선 자료는 집단연구에서의 사전검사 결과 또는 통제집단의 자료와 같은 목적을 갖는다고 할 수 있다.

따라서 기초선 자료는 자료의 방향을 예측할 수 있도록 안정적인 경향을 보여 주는 것이 바람직하다. 기초선 자료가 안정적이지 못할수록 중재 시작 시기에 대한 결정도 어렵고, 중재 효과에 대한 결정도 어려워진다. 기초선 자료가 안정적인 경향을 보여 주려면 중재가 시작되기 전에 최소한 3~5회의 연속된 자료가 필요하다.

### 4) 시각적 분석

개별대상연구에서는 개별 대상의 행동을 지속적으로 반복하여 관찰하고 측정한 자료를 통계적 방법보다는 주로 그래프에 옮겨 시각적으로 분석하고 평가한다(Kazdin, 1982; Richards et al., 1999; Tawney & Gast, 1984). Martin(1985)은 개별대상연구는 통계적 활용을 요구하지 않으며, 연구 결과를 시각적으로 제시하여 해석하기 쉽다는 것을 개별대상연구의 큰 장점으로 지적했다. 시각적 분석에서는 한 실험단계(기초선, 중재, 유지 등) 내의 자료나 실험단계 간의 자료의 수준, 경향, 변화의 정도, 중첩의 정도를 분석한다. 자료의 시각적 분석에 대해서는 이 책의 6장에서 좀 더 구체적으로 설명했다. 이러한 시각적 분석은 중재 방법의 변화가 왜, 언제, 얼마 동안 있었는지에 대한 자세한 정보를 제공해 주며, 그 내용과 방법은 집단연구 방법의 통계처리에 비해 상대적으로 쉽게 사용될 수 있다. 전통적으로 개별대상연구는 시각적 분석으로 평가해 왔으나, 시각적 분석 결과의 신뢰도에 대한 의심이 제기되면서 개별대상연구에서도 통계적 분석을 시각적 분석과 함께 하자는 주장도 나오고 있다(양명희, 2015; Campbell, 2005; Olive & Smith, 2005; Park, Marasculio, & Gaylord-Ross, 1990; Wolery & Harris 1982).

## 5) 기타 특징

또 다른 개별대상연구의 특징은 제외되는 사람이 없이 연구에 참여하는 모든 대상에게 중재가 적용된다는 것이다. 집단연구에서는 한 집단에 속한 개인은 다른 집단에 속한 사람과 다른 독립변수를 경험하고, 두 집단의 수행의 차이는 서로 다른 독립변수에 기인한다고 보기 때문에 통제집단에 속한 개인은 중재의 적용에서 제외된다. 그러나 개별대상연구에서는 개별 대상의 행동 변화를 시간의 흐름과 함께 실험 조건에 따라 비교하는 것이기 때문에 모든 연구대상에게 중재가 적용된다.

그 외에도 개별대상연구는 한 연구를 다른 연구자가 반복하여 실행하는 것이 가능할 만큼 중재에 대해 구체적으로 기록한다는 특징을 가지고 있다. 중재에 대한 자세한 기록이 필요한 이유는 반복 연구를 가능하게 하여 연구의 외적 타당도를 높여주기 위해서다. 뿐만 아니라 중재에 대한 구체적 기록은 연구 결과를 바로 교육 및 치료현장에 적용하기 쉽도록 도와준다.

또한 일반적으로 개별대상연구는 단일 또는 소수의 참여자를 대상으로 이루어진다는 특징을 가지고 있다. 그런데 개별 대상에 대한 행동을 오랜 기간 집중적으로 연구하여야 하므로 한 연구자가 동시에 다수를 대상으로 모두 개별화하여 연구하기는 어렵다. 예를 들어, 한 연구자가 30명이 넘는 연구대상의 문제행동을 직접 관찰하고 기록하고 각각의 대상에게 중재를 실시하는 것은 어려운 일이다. 이러한 이유로 개별대상연구는 주로 소수의 연구대상으로 이루어지지만 그 적정 인원이 정해져 있는 것은 아니다. 그러나 개별대상연구가 반드시 소수의 연구대상으로 이루어져야 하는 것은 아니다. 방법론적으로 보면, 연구대상의 수에 상관없이 연구대상 자체를 단일이든 집단이든 개별화하기만 하면 된다(Foster et al., 2002). 예를 들어, 5명의 아동에 대해 한 아동씩 개별화하여 연구하든지 15명의 아동에 대해 5명씩 묶어서 세 집단을 한 집단씩 개별화하는 것이다. 물론 개별대상연구는 아직까지 일반적으로 한 사람 또는 소수를 대상으로 개별화하여 이루어지고 있는 경우가 가장 많지만, 소수 집단을 개별화하여 적용할 수도 있다는 것이다. 이런 이유로 저자는 한 명의 연구대상을 의미하는 듯한 '단일대상연구'라는 용어보다는 연구대상을 개별화한다는 뜻을 내포하는 '개별대상연구'라는 용어의 사용을 추천한다.

## 6) 개별대상연구 방법의 제한점

개별대상연구는 몇 가지의 제한점을 가지고 있다. 먼저 가장 중요한 제한점은 연구의 결과를 일반화하기가 어렵다는 것이다. 제한된 사례 수로 인하여 연구의 외적 타당도가 낮은 것은 당연하다. 그러므로 개별대상연구 방법을 사용하는 연구자는 개별대상연구에서 얻어진 결과를 지나치게 일반화하려는 시도를 하지 않아야 한다. 그런데 개별대상연구의 결과를 일반화하기 어렵다는 것은 제한점이기도 하지만 앞서 언급한 것처럼 이것은 또한 개별대상연구의 특성이면서 긍정적으로 생각될 수 있는 점이기도 하다. 왜냐하면 집단연구를 통해 얻어진 '일반적인' 결과보다는 실제 현장에서 유용하게 적용될 수 있는 지식은 개별대상연구가 초점을 맞추는 특정의 구체적인 개인에 대한 자세한 정보이기 때문이다. 그러므로 개별대상연구에서는 연구대상에 대하여 정확하고 구체적인 정보를 제공함으로써 첫째, 연구 결과를 읽는 독자에게는 연구 결과가 일반화될 수 있는 범위를 판단할 수 있는 정보를 제공해 주고, 둘째, 다른 연구자에게는 반복 연구를 위한 자료를 제공해 주며, 셋째, 현장에서 중재를 적용하는 자에게는 중재 효과의 가능성이 있는 대상을 찾아 중재를 적용하게 할 가능성을 높여 주는 것이다(양명희, 최호승, 2004). 다양한 상황에서 지속적, 반복적, 체계적으로 이루어지는 개별 대상연구를 통해 축적된 지식은 교육현장에서 효과적인 중재의 사용 가능성을 높일 것이다.

그리고 개별대상연구는 빈번하게 발생하며 반복해서 측정될 수 있는 행동이 아닌 경우엔 적용하기 어렵다는 제한점이 있다. 개별대상연구는 관찰과 측정이 가능한 구체적인 행동에 초점을 두기 때문이다. 즉, 개별대상연구는 겉으로 드러나는 명백한 행동의 평가를 중심으로 이루어진다. 또한 관찰할 수 있는 행동이라 할지라도 일 년에 한두 차례 발생하는 행동에는 개별대상연구를 적용하는 것이 적절하지 않다.

## 4 개별대상연구 설계의 종류

개별대상연구에는 연구자의 수만큼 다양한 설계가 있다고 할 수 있다. 중심이 되는 몇 가지 설계가 있지만 반드시 그 설계의 형식을 그대로 사용해야 하는 것이 아니라 연구자가 필요에 따라 얼마든지 다양한 형태로 응용하여 사용할 수 있기 때문이다.

여기에서는 개별대상연구의 가장 기본이 되는 중재제거 설계, 복수기초선 설계, 기준변경 설계, 중재비교 설계 등을 소개한다.

## 1) 중재제거 설계

중재제거 설계(withdrawal design)는 중재 효과를 입증하기 위한 개별대상연구 방법 중 하나로, 상황 중 하나 혹은 그 이상의 단계에서 중재를 제거하여 표적행동에 미치는 영향을 알아보고자 하는 연구 설계다(Tawney & Gast, 1984). 중재제거 설계의 또 다른 이름은 A−B−A−B 설계다. 여기에서 사용된 알파벳의 첫 번째 A는 중재를 시작하기 전의 상태에서 표적행동을 관찰하는 시기를 뜻하며, 이를 제1 기초선 기간이라고 한다. 첫 번째 B는 표적행동에 대해 처음으로 중재를 실시하는 기간을 뜻하며, 이를 제1 중재기간이라고 한다. 두 번째 A는 실시하던 중재를 제거하여 제1 기초선 상태로 되돌리는 것을 뜻하며, 이를 제2 기초선 기간이라고 한다. 두 번째 B는 제1 중재기간에 사용했던 중재를 다시 실시하는 기간을 의미하며, 이를 제2 중재기간이라고 한다. 일반적으로 개별대상연구에서 설계를 나타낼 때 사용되는 알파벳 A는 기초선을 뜻하며 B, C 등 다른 알파벳은 서로 다른 중재를 뜻한다.

중재제거(A−B−A−B) 설계를 이용하여 연구자가 중재(독립변수)를 실시하거나 제거함으로써 표적행동을 일관성 있게 증가 또는 감소시킬 수 있다면 실험적 통제를 확실히 보여 준 셈이다. 중재를 실시하자 어떤 행동이 향상되다가 중재를 제거하자 중재 이전 상태로 되돌아가고 다시 중재를 실시하자 행동이 향상된다면, 중재가 행동의 향상을 일으켰다고 할 수 있는 것이다. 즉, 중재제거 설계에서 제1, 2 중재기간에만 중재 효과가 나타나고, 제2 기초선 기간에 행동이 제1 기초선 자료의 수준으로 되돌아가는 경우에 독립변수(중재)와 종속변수(표적행동)의 기능적 관계가 성립된다고 할 수 있다. 기능적 관계란 독립변수에 따라 종속변수가 변할 것을 예측할 수 있는 관계를 의미한다.

[그림 7−1]은 중재제거(A−B−A−B) 설계를 사용하여 기능적 관계를 입증한 연구 결과의 예를 그래프로 옮긴 것이다. [그림 7−1]의 그래프에서 보면 처음 기초선 기간에는 아동의 지시 따르기 행동이 주어진 기회에 대해 20% 이하의 낮은 수준이었는데 중재 적용과 함께 증가하여 75%를 넘는 수준까지 나타내다가 중재를 제거하자 지시 따르기 행동이 빠른 속도로 감소하다가 중재의 재적용과 함께 다시 증가함을

볼 수 있다. 즉, 사용된 중재는 아동의 지시 따르기 행동과 기능적 관계가 있음을 알
수 있다.

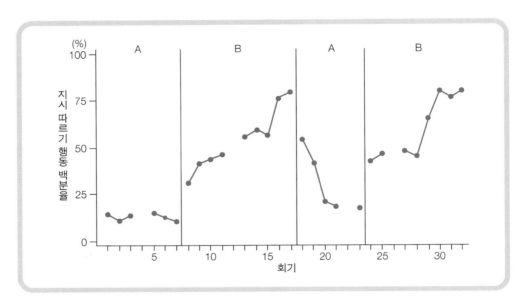

[그림 7−1] 중재제거(A−B−A−B) 설계의 예

[그림 7−2]는 기능적 관계를 입증하지 못한 중재제거 설계의 연구결과를 그래프
로 옮긴 예다.

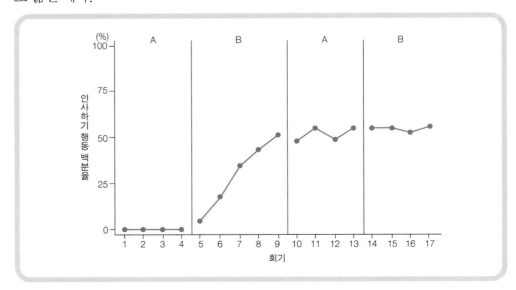

[그림 7−2] 중재제거(A−B−A−B) 설계를 사용하였지만 기능적 관계를 입증하지 못한 예

[그림 7-2]의 그래프에서 보면 처음 기초선 기간에 아동의 인사하기 행동은 전혀 이루어지지 않았는데 중재가 적용되면서 점진적으로 증가하여 9회기에는 주어진 기회의 60% 정도 인사를 했다. 그러나 중재를 제거했을 때 아동의 인사하기 행동은 제1 기초선 수준으로 떨어지지 않고 50%에서 60% 수준을 유지했으며 중재가 다시 적용되어도 더 이상 증가하지 않고 계속 같은 수준을 유지하는 것을 볼 수 있다. 어쩌면 이런 경우에 아동은 인사하기 행동을 할 줄 몰라서 인사를 못하고 있다가 중재를 통해 인사하기 행동이 습득되었다고 볼 수 있다. 인사하기 행동이 습득되기는 했으나 사용된 중재를 통해서는 인사하기 행동이 주어진 기회의 60%를 넘지 못함을 알 수 있으므로, 인사하기 행동을 향상시키기 위한 또 다른 중재가 필요함을 시사해 준다.

그런데 대상 아동의 표적행동의 특성에 따라 중재제거 설계를 사용하는 것이 적절하지 않은 경우가 두 가지 있다. 첫째, 표적행동이 위험한 행동일 경우다. 표적행동이 공격적 행동과 같이 직접적으로 다른 사람을 해치거나 심한 자해행동으로 자신을 해치는 행동인 경우는 제2 기초선 기간을 두어 중재를 제거하는 것은 윤리적으로 문제가 되기 때문이다. 두 번째로 중재제거 설계를 사용하는 것이 적절하지 않은 경우는 표적행동 자체가 기초선 상태로 되돌리기 어려운 경우다. 예를 들어, 문자 해독이나 구구단 암기와 같이 이미 획득된 학습행동은 중재제거를 통해 습득이나 암기하기 이전 상태로 되돌리기 어렵기 때문이다. 이렇게 중재제거 설계를 사용하기 어려운 표적행동은 개별대상연구의 다른 설계를 적용해야 한다.

앞에서 설명한 설계의 이름이 어떤 곳에서는 '반전설계', 또 다른 곳에서는 '중재제거 설계' 또는 '중재철회 설계'라고 사용되고 있다. 처음에 Baer와 Wolf, Risley(1968)가 위에서 설명한 설계를 반전설계(reversal design)라고 명명했다. 그런데 Leitenberg(1973)는 이 설계를 중재제거 설계(withdrawal design)라 명명하면서 중재제거 설계와 반전설계는 구별되어야 한다고 주장했다. 그에 의하면 중재제거 설계란 세 번째 상황에서 단순히 중재 내용을 제거하는 것이며, 반전설계란 제2 기초선 기간에 표적행동에 대한 중재를 제거하는 동시에 표적행동과 양립할 수 없는(incompatible) 행동에 중재를 적용해야만 반전 상황이 되는 것이라고 했다. 즉, 반전이란 중재가 제공되는 상황과 반대가 되는 상황을 의미하는 것이지, 단순히 중재만 제거하는 것은 아니라는 것이다.

여전히 반전설계와 중재제거 설계가 구분 없이 같은 의미로 사용되는 경우가 많은데 구별하여 사용하여야 한다. 이 책에서는 일반적으로 두 번째 기초선에서 중재를 제거하는 설계에 대해서는 '반전설계'라는 이름을 사용하지 않고 '중재제거 설계'라는 이름을 사용하기로 한다. 중재제거(A-B-A-B) 설계의 변형으로는 A-B-A, B-A-B, A-B-A-B-A-B, A-B-C 설계 등이 있다(Alberto & Troutman, 2006). 중재제거 설계를 적용하기에 알맞은 연구 질문의 예로는 '자기점검이 아동의 과제수행률을 증가시키는가?' 또는 '토큰제도가 아동의 말하기 전에 손을 드는 행동을 증가시키는가?' 등이 있다.

## 2) 복수기초선 설계

복수기초선 설계(multiple baseline design)는 우리나라에서 'multiple'이라는 영어 단어의 번역에 따라 복식기초선 설계, 복합기초선 설계, 중다기초선 설계, 다중기초선 설계 등으로 다양하게 불리고 있다(이소현, 박은혜, 김영태, 2004; 홍준표, 2009). 여기에서는 기초선이 여러 개라는 의미를 가장 잘 전달해 주는 복수기초선 설계라는 용어를 사용하기로 한다. 복수기초선 설계는 여러 개의 기초선을 측정하고 순차적으로 중재를 적용하며 그 이외의 조건을 동일하게 함으로써 표적행동의 변화가 오직 중재 때문에 변화한 것임을 입증하는 설계다(Tawney & Gast, 1984). 기초선이 여러 개이므로 한 개 이상의 종속변수를 동시에 분석할 수 있는 설계다. 즉, 여러 개의 A-B 설계에서, 동시에 기초선(A) 자료를 측정하다가 어떤 행동(종속변수)에 대해 중재(B)를 실시하고, 그 행동(종속변수)에서 중재의 효과가 나타날 때 또 다른 행동(종속변수)에 중재를 실시하는 방법을 나머지 행동(종속변수)에 대해서도 동일한 방법으로 반복 적용하는 설계다. 따라서 복수기초선 설계에서는 적절한 시점에 중재를 순차적으로 도입하는 것이 매우 중요하다. 복수기초선 설계는 중재를 제거하는 것이 윤리적으로 옳지 않은 경우나, 중재의 효과가 기초선 수준으로 되돌아갈 수 없는 행동에 대해서 사용하기 좋은 설계이다.

먼저 이 설계에 대한 이해를 돕기 위해 [그림 7-4]에 행동 간 복수기초선 설계를 적용한 예를 제시했다. [그림 7-4]는 한 아동의 양말 신기, 바지 입기, 스웨터 입기라는 세 가지 행동에 대해 같은 중재를 적용한 복수기초선 설계의 사용 예다. [그림 7-4]의 그래프에서 세로좌표 제목이 '행동의 단계별 수준'인 것으로 보아서, 양말 신기, 바지 입기, 스웨터 입기 행동은 행동을 완성하는 데 여러 단계를 거치며 각 회기마다

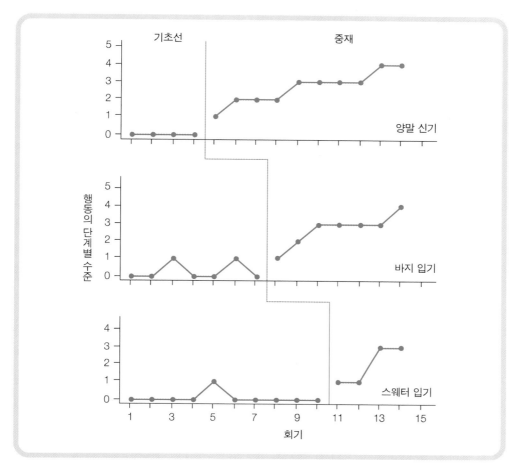

[그림 7-3] 행동 간 복수기초선 설계의 예

아동의 양말 신기, 바지 입기, 스웨터 입기가 어느 단계까지 진전이 있는지 측정했음을 알 수 있다. 양말 신기 행동은 기초선 기간에는 전혀 이루어지지 않았으나 중재가 적용되는 5회기부터 1단계부터 점차적으로 높은 단계를 수행하게 되었다. 바지 입기 행동은 양말 신기 행동이 향상되어도 변함없이 낮은 단계에 머물러 있었지만, 중재가 적용되는 8회기부터 점진적 향상을 보이고 있다. 마찬가지로 스웨터 입기 행동도 양말 신기나 바지 입기 행동이 변화해도 여전히 낮은 단계에 있었으나 10회기부터 중재가 적용되자 점차 높은 단계로 변화했다. 세 가지 행동 모두 중재가 적용되었을 때에야 비로소 향상되는 변화를 나타냄으로써 각 행동과 중재 간의 기능적 관계를 입증하고 있다. 행동 간 복수기초선 설계를 적용하기에 적절한 연구 질문의 예로는 '기능적 의사소통기술은 아동의 우는 행동, 자해행동, 공격적 행동을 감소시키는가?'

또는 '과제분석을 통한 행동연쇄법은 아동의 전자레인지 사용하기, 진공청소기 사용하기, 세탁기 사용하기 행동에 효과적인가?' 등이 있을 수 있다.

복수기초선 설계에는 세 종류가 있다. [그림 7-3]에서 설명한 행동 간 복수기초선 설계(multiple baseline across behaviors design) 외에 상황 간 복수기초선 설계(multiple baseline across conditions design)와 대상자 간 복수기초선 설계(multiple baseline across students design)가 있다. [그림 7-3]에서와 같이 한 아동의 여러 행동에 대해 중재를 순차적으로 실시하여, 중재가 적용되지 않은 행동은 안정적이고 중재가 적용된 행동에만 변화가 나타나는 것을 통해 행동의 변화가 중재 때문임을 입증하는 것을 행동 간 복수기초선 설계라고 한다. 이와 동일한 방법으로 한 아동의 같은 행동에 대해 여러 상황에서 적용하는 것은 상황 간 복수기초선 설계라고 하고, 여러 아동의 기능적으로 유사한 행동에 적용하는 경우는 대상자 간 복수기초선 설계라고 한다.

[그림 7-4]에 상황 간 복수기초선 설계의 사용 예를 제시하였다. [그림 7-4]에서 보면, 아동은 기초선 기간에 교실과 운동장과 급식실에서 모두 높은 수준의 공격적 행동을 나타낸 것을 볼 수 있다. 그러다가 교실에서 중재를 시작한 6회기부터 교실에서의 공격적 행동이 급격히 감소했다. 그러나 이때에도 여전히 운동장과 급식실에서의 공격적 행동이 높은 수준인 것을 알 수 있다. 9회기부터 운동장에서도 중재를 적용하자 운동장에서 공격적 행동은 감소했으나 급식실에서의 공격적 행동에는 변함이 없었다. 11회기부터 급식실에서도 중재를 적용하자 드디어 급식실에서의 공격적 행동까지 감소했다. 세 장소에서의 공격적 행동은 각각의 장소에서 중재가 적용되었을 때만 감소하는 변화를 나타내어, 세 가지 상황에서 중재와 공격적 행동 간의 기능적 관계를 입증했다. 상황 간 복수기초선 설계를 적용하기에 적절한 연구 질문의 예로는 '자기기록 방법은 아동의 수학시간, 음악시간, 사회시간의 자리 이탈 행동을 감소시키는가?' 또는 '칭찬 기법은 교실, 운동장, 식당에서 아동의 인사하기 행동을 증가시키는가?' 등이다.

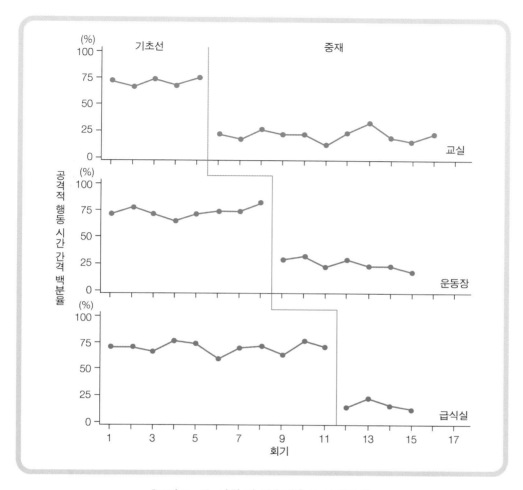

[그림 7-4] **상황 간 복수기초선 설계의 예**

　[그림 7-5]에는 대상자 간 복수기초선 설계를 적용한 예를 제시했다. [그림 7-5]
에서 보면, 유진이는 기초선 기간에 칭찬하기 행동이 매우 낮은 수준이었는데 9일째
부터 중재를 적용하자 점점 증가하여 그 수준을 유지하였다. 한편 유진이에게 중재
가 적용되어 변화를 나타내어도 은진이는 기초선 기간에 행동의 변화가 없다가 17일
째 은진이에게 중재를 적용하자 칭찬하기 행동이 증가하기 시작했다. 은진이와 마찬
가지로 성결이도 자신에게 중재가 적용되기 전까지는 칭찬하기 행동에 변화가 없다
가 24일째에 성결이에게 중재를 적용하자 행동이 증가하기 시작한 것을 알 수 있다.
세 아동은 자신에게 중재가 적용되었을 때만 행동에 변화를 나타내서 중재와 행동 간
의 기능적 관계를 입증했다. 대상자 간 복수기초선 설계에 적절한 연구 질문의 예로는

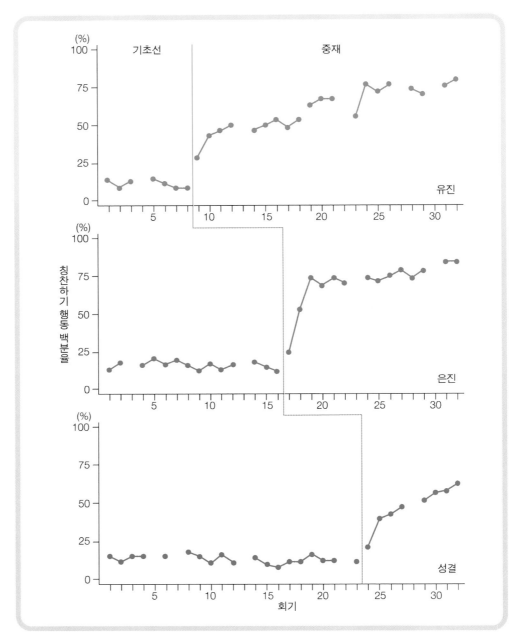

[그림 7-5] **대상자 간 복수기초선 설계의 예**

'사회성 기술 훈련이 다희, 재현, 예린이의 공격적 행동을 감소시키는가?' 또는 '계산기 사용이 진철, 애라, 지아의 계산 정확도를 증가시키는가?' 등이다.

앞 그래프들에서 본 것처럼 복수기초선 설계의 가장 큰 장점은 기능적 관계를 입증하기 위해서, 즉 단일 설계 내의 중재 효과 반복 입증을 위해서, 치료적인 중재를 제거할 필요 없이 다른 기초선에 중재를 실시하면 된다는 것이다. 따라서 중재제거 설계를 적용하기 어려운 경우에 복수기초선 설계의 적용을 고려해 볼 수 있다. 그러나 다수의 기초선을 동시에 측정해야 한다는 단점이 있다. 관찰자가 한 명인 경우에 동시에 여러 명 또는 여러 종류의 행동을 관찰하고 측정하는 것은 쉽지 않다. 또 다른 단점은 기초선 기간이 길어질 수 있다는 것이다. 첫 번째 중재기간에서 효과가 나타날 때까지 두 번째 또는 세 번째 기초선에는 중재를 실시할 수 없기 때문에 기초선 기간이 길어질 수밖에 없다. 이렇게 두 번째와 그다음의 종속변수에 대해서는 중재의 적용이 지연되어야 하기 때문에 즉각적인 변화를 요구하는 종속변수의 경우에는 복수기초선 설계가 적절하지 않다.

그런데 복수기초선 설계를 사용하려면 두 가지 기본 가정이 성립되어야 한다(Tawney & Gast, 1984). 첫 번째 가정은, 각각의 종속변수는 '기능적으로 독립적(functionally independent)'이어서 중재가 적용될 때까지 종속변수(표적행동)가 안정된 상태로 남아 있어야 한다. 이는 하나의 표적행동에 중재가 적용되었을 때 중재가 적용되지 않은 다른 표적행동들이 따라서 자동적으로 영향을 받지 않아야 한다는 뜻이다. 예를 들어, 어떤 아동의 욕하기와 발로 차기 행동이 표적행동인데 욕하기 행동에 중재를 적용하여 변화가 나타나자 아직 중재를 적용하지도 않은 발로 차는 행동에도 변화가 나타난다면 이 두 행동은 기능적으로 독립적이라고 보기 어렵다. 이 설계를 아동 간으로 적용할 경우에 아동들이 기능적으로 독립적이라는 것은 한 아동에게 중재를 적용하여 변화가 있을 때 다른 아동에게는 변화가 나타나지 않아야 한다는 뜻이다. 따라서 첫째 아동에게 중재가 적용될 때 다른 아동이 같은 장소에 있을 경우에는 영향을 받을 수 있으므로 주의해야 한다. 두 번째 가정은, 각각의 종속변수는 '기능적으로 유사(functionally similar)'해서 동일한 중재에 반응해야 한다는 것이다. 이는 각각의 종속변수(표적행동)가 같은 기능이어서 한 가지 중재를 적용했을 때 같은 반응을 기대할 수 있음을 뜻한다. 예를 들어, 머리 빗기, 세수하기, 양치하기 행동이 모두 과제분석이라는 중재를 적용하여 변화를 가져온다면 세 가지 행동은 기능적으로 유사하다고 할 수 있다. 그런데 각각 주의력결핍 과잉행동장애, 자폐장애, 지적장애가 있는 세 아동의 자리 이탈 행동에 대해 반응대가(11장 참고)라는 중재를 적용했는데 어떤 아동에게는 효과가 있고 어떤 아동에게는 전혀 효과가 없어서 일관성 없는 중재 효과를 보여 주었다면 세 아동의 자리 이탈 행동은 기능적으로 유사한 종속변수라고 볼 수 없는 것이다. 앞의 [그림 7-3], [그림 7-4], [그림 7-5]의 예에 있는 종속 변수들은 결과적으로 볼 때 기능적으로 독립적이면서 기능적으로 유사한 것이라고 볼 수 있다. 왜냐하면 세 가지 종속변수들은 모두 중재가 적용될 때까지 기초선에서 안정적 자료를 보여 주었고(기능적으로 독립적), 같은 중재가 적용되었을 때 모두 중재의 효과를 나타내 주었기(기능적으로 유사) 때문이다.

복수기초선 설계의 변형으로는 복수간헐기초선 설계(multiple-probe design)가 있다(Horner & Baer, 1987; Poling, Methot, & LeSage, 1995). 간단히 설명하면 중재가 아직 적용되지 않은 여러 기초선에서 매 회기 자료를 수집하는 것이 아니라 간헐적으로 자료를 수집하여 자료의 수를 줄이도록 한 것이다. 복수간헐기초선 설계는 모든 종속변수(예: 표적행동)에 대한 관찰과 측정을 매 회기마다 하기 어려울 때 유용하다.

## 3) 기준변경 설계

중재가 행동에 미치는 효과를 알아보기 위한 다른 설계 방법으로, 중재를 적용하면서 행동의 기준을 계속 변화시켜 가는 기준변경 설계(changing criterion design)가 있다. 기준변경 설계는 기초선과 중재기간만을 갖고 있지만 단순한 기초선과 중재기간으로 이루어지는 A-B 설계와 다른 점은 중재단계에서 행동의 기준이 계획적으로 지정된다는 것이다(Hartman & Hall, 1976). 행동의 기준이란 행동이 중재 적용 동안에 얼마만큼 변화해야 한다고 미리 정해 놓은 달성 수준을 의미한다. 중재 효과는 행동이 주어진 기준에 도달하는 변화를 나타냈는지에 의해 결정된다. 기준의 단계적 변화에 맞추어 행동이 일관성 있게 변화한다면 행동의 변화는 중재 때문임을 입증하게 되는 것이다. 한 중재기간의 자료는 뒤이은 중재기간에 대한 기초선 역할을 하게 되고, 기준이 변할 때마다 바람직한 행동의 변화를 보여 주는 것으로 기능적 관계를 입증하게 된다. [그림 7-6]에 기준변경 설계를 적용한 예를 제시했다.

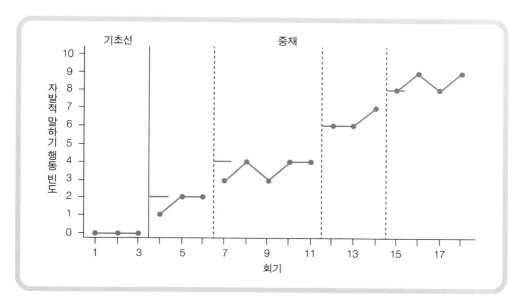

[그림 7-6] **기준변경 설계의 예**

[그림 7-6]의 그래프를 보면, 상황 구분선의 바로 오른쪽에 X축과 평행하도록 짧게 그려진 수평선들이 각 상황에서 정해진 행동기준임을 알 수 있다. 즉, 기준이 첫 번째는 2회, 두 번째는 4회, 세 번째는 6회, 네 번째는 8회로 증가되고 있음을 알 수 있다. 기초선 기간에 아동의 자발적 말하기 행동은 전혀 나타나지 않았다. 이 그래프에서 보면 중재가 적용되면서 처음 세워진 기준은 아동이 자발적으로 두 번 말하기였는데 5회기와 6회기에 두 번씩 자발적으로 말하게 되어 다음 단계로 넘어간 것을 볼 수 있다. 다음 단계로 이어지면서 행동의 기준은 네 번, 여섯 번, 여덟 번으로 변동되었고 아동의 자발적 말하기 행동은 그 기준에 따라 향상되는 변화를 나타내어, 자발적 말하기 행동과 중재 간의 기능적 관계를 입증했다.

기준변경 설계의 장점은 중재제거 설계에서 요구하는 반치료적 행동 변화를 요구하지 않는다는 점과 복수기초선 설계에서 요구하는 기능적으로 독립적인 행동을 필요로 하지 않는다는 점이다. 대신에, 기준변경 설계는 표적행동을 단계별로 변화시킬 수 있는 경우나 기준이 바뀔 때 새롭게 안정적인 수준의 행동을 기대할 수 있는 경우에 적용해야 한다. 기준변동 설계는 행동의 정확성, 빈도, 길이, 지연시간, 또는 정도나 수준에서 단계별로 증가시키거나 감소시키는 것이 목표인 경우에 유용하다. 기준변경 설계를 적용하기에 적절한 행동의 예는 읽기 속도, 또래 상호작용 행동의 빈도, 담배 피우기, 과식행동 등이다.

기준변경 설계를 사용하여 독립변수와 종속변수의 기능적 관계를 입증하기 위해서는, 각 구간의 중재기간을 서로 다르게 해 볼 수 있다. [그림 7-6]에서도 중재기간이 새로운 기준 제시마다 3회기, 5회기, 3회기, 4회기로 서로 다르게 적용했다. 또 다른 방법은 기준의 변경 정도를 동일 간격이 아니라 다양하게 해 볼 수 있다. [그림 7-6]에서는 매번 2회씩 증가시키도록 계획했지만 1회, 3회, 2회, 4회 등으로 다양하게 적용할 수 있다. 이렇게 하는 것을 통해 종속변수의 변화는 독립변수 때문임을 더 잘 입증할 수 있다. 또한 종속변수의 변화가 자연적으로 발생하는 것이 아니라는 것을 보여 주기 위해서 기준을 단계적으로 변화시키는 중간에 그 이전 단계의 낮은 기준을 제시해 볼 수 있다. 그렇게 해도 주어진 기준만큼의 변화를 보이면 독립변수의 효과임을 강력히 보여 주는 것이다. 기준변경 설계에서는 처음 기초선 자료가 반드시 안정적이어야 중재를 시작할 수 있다. 또한 기준을 변경하기 위해서는 바로 앞 중재기간에서 안정적인 자료 수준을 보여 주어야 한다. 한 연구에서 최소한 4번의 기준 변동에 따른 중재 효과를 보여 주는 것이 바람직하다. 기준변경 설계에 대한 더 자세한 내용은 Hartman과 Hall(1976)의 논문을 참고할 수 있다.

## 4) 중재비교 설계

개별대상연구에서도 집단연구에서처럼 비교집단이 없어도 여러 중재의 효과를 비교할 수 있다. 여러 중재 효과를 서로 비교하여 어느 중재가 더 효과적인지 알아볼 수 있는 설계로는 복수중재 설계(multitreatment design/multiple treatment design), 중재교대 설계(alternating treatments design), 동시중재 설계(simultaneous treatment design), 평행중재 설계(parallel treatments design) 등이 있다(Tawney & Gast, 1984). 이 네 가지 설계는 모두 다 중재 효과를 비교하여 가장 효과적인 중재를 찾으려는 데 그 목적이 있지만, 그 적용 방법은 각기 다르다. 먼저 복수중재 설계는 한 중재기간과 다른 중재기간 사이에 기초선 기간을 집어넣어 중재 간 효과를 비교하는 설계다(Birnbrauer, Peterson, & Solnick, 1974). 중재교대 설계는 한 대상자에게 여러 중재를 교대로 실시하여 그 중재들 간의 효과를 비교하는 방법이다(Barlow & Hayes, 1979). 동시중재 설계는 중재교대 설계와 매우 유사하지만, 중재교대 설계가 여러 중재를 교대로 번갈아 가며 적용하는 데 반해, 동시중재 설계는 두 중재를 동시에 제시하여 대상자가 그

중에서 선택하도록 하는 것이다(Kazdin & Hartmann, 1978). 그러므로 이 설계에서는 중재자가 두 명이 필요하다. 평행중재 설계는 독립적이지만 난이도가 유사한 행동에 대한 중재 기법 간의 효과를 간접적으로 비교할 수 있는 설계다(Wolery, Bailey, & Sugai, 1988). 이 설계는 두 중재에 대하여 복수기초선 설계를 동시에 실시하는 것과 같은 방법을 사용한다. 여기에서는 일반적으로 가장 널리 사용되고 있는 중재비교 설계인 복수중재 설계와 중재교대 설계를 소개한다.

## (1) 복수중재 설계

복수중재 설계(multiple treatment design)는 중재 간의 효과를 비교하는 대표적인 방법으로 한 중재기간과 다른 중재기간 사이에 기초선 기간 또는 또 다른 중재기간을 집어넣어 중재 간의 효과를 비교하는 방법이다(Tawney & Gast, 1984). 얼핏 보면 중재제거(A-B-A-B) 설계와 흡사한 이 설계는 실제로 중재제거 설계의 확장 또는 변형이라고 볼 수 있다. 기본적으로 복수중재 설계는 중재를 제거할 경우 행동이 중재 적용 전의 수준으로 되돌아갈 가능성이 있는 행동에 대해서만 사용할 수 있다. 복수중재 설계는 복합중재 설계, 중다처치 설계, 중다중재 설계, 조건변경 설계, 처치교대 설계 등 다양한 이름으로 불리고 있다(이소현, 박은혜, 김영태, 2004; Alberto & Troutman, 2014). 이 설계는 처음부터 여러 중재를 비교하고자 하는 목적으로 실시할 수도 있지만, 교육현장에서 어떤 중재를 도입했는데 아동의 행동 변화가 전혀 없거나 미미한 경우에 교사는 다른 중재를 사용해 보고 싶을 수 있다. 이럴 때 복수중재 설계를 사용할 수 있다. 예를 들어, 아동의 자리 이탈 행동에 대해 30초 타임아웃을 적용했는데 효과가 크지 않아서 타임아웃 시간을 늘려 보고자 한다든지 아니면 타임아웃에 반응대가를 추가해 보고자 하는 경우에 복수중재 설계를 고려해 볼 수 있다.

Alberto와 Troutman(2006)은 복수중재 설계로 A-B-C, A-B-A-C, A-B-A-C-A-B 등을 소개하고 있다. 하지만 Tawney와 Gast(1984)는 복수중재 설계에서 어떤 상황을 다른 상황과 비교할 때는 언제나 인접 상황과의 비교만 가능하기 때문에 A-B-A-C로 설계하는 경우에는 A는 인접한 B와의 비교만 가능하고, B는 인접한 C와의 비교만 가능하므로 B와 C를 직접 비교할 수는 없다고 했다. 그들은 B와 C를 직접 비교하고 싶은 경우에는 A-B-A-B-C-B-C로 설계해야 A는 B와, B는 C와 비교할 수 있다고 했다. A-B-A-B-C-B-C 설계에서 B와 C의 비교는 다음과 같이 설명할 수 있다. 각 상황에 번호를 매겨 $A_1-B_1-A_2-B_2-C_1-B_3-C_2$ 설계라고 하자. 먼저 $A_1-B_1-A_2-B_2$에서 기초선(A)에 비교하여 중재(B)가 효과 있음을 입증해야 한다. 이때는 중재제거 설계와 같이 $B_1$과 $B_2$에서 중재 효과가 나타나고 $A_2$에서 자료가 $A_1$ 수준으로 되돌아가면 중재 효과가 입증된 것이다. 다음으로 $B_2-C_1-B_3-C_2$에서 B에 대한 C, C에 대한 B의 효과를 비교평가할 수 있다. 즉, $C_1$과 $C_2$ 자료가 $B_2$와 $B_3$ 보다 효과가 있는 것으로 나타나고 $B_3$에서 자료가 $B_2$ 수준만큼으로 되돌아간다면 C는 B보다 효과가 있다고 할 수 있다. 이와 같이 복수중재 설계를 이용하여 중재를 비교하고자 하는 경우, 비교하고 싶은 중재가 여럿이면 기간이 길어짐에 따라 행동의 변화가 아동의 자연 성숙이 아닌 중재 때문임을 입증하기가 어려워질 수 있기 때문에 주의해야 한다.

[그림 7-7]에 복수중재 설계를 적용한 예를 제시했다.

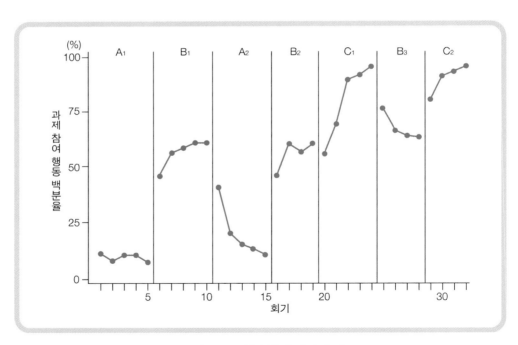

[그림 7-7] **복수중재 설계의 예**

[그림 7-7]에서 보면 아동은 처음 기초선 기간 $A_1$에는 과제 참여율이 10%를 약간 웃도는 수준이었다. 중재 $B_1$이 적용되자 과제에 참여하는 행동이 60% 가까이까지 증가하였다. 중재를 제거하자 두 번째 기초선 기간 $A_2$에는 과제 참여율이 급강하하

# 문제행동의 예방

## 제8장

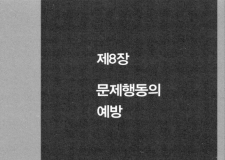

**제8장**

**문제행동의 예방**

- 문제행동 예방의 필요성을 설명할 수 있다.
- 문제행동 예방을 위한 구체적 방법들을 설명할 수 있다.

## 핵심용어의 정의

- **예방적 접근**: 문제행동 발생을 미연에 방지하기 위해 학생의 교육환경을 수정하거나 학생에게 필요한 선수 기술을 가르쳐 주는 것을 의미한다.
- **보편적 중재**: 대부분의 학생이 일정한 수준 이상의 적절한 행동을 할 수 있도록 체계적으로 개발된 규칙이나 후속결과 등을 의미한다.
- **기대행동**: 교육환경의 문화와 가치를 반영하는 것으로 그 환경에서 기대되거나 요구되는 행동이며, 각 기대행동은 가르칠 수 있는 구체적인 사회적 행동들로 표현된다.
- **선행사건 중재**: 문제행동이 발생하기 전에 예방을 위해 환경을 재구성하는 것으로 문제행동의 발생 원인이 될 수 있는 선행사건들을 수정하거나 제거하여 더 이상 문제행동을 일으키는 요인으로 작용하지 않도록 하는 것을 의미한다.
- **대체기술**: 문제행동을 대체할 수 있는 기술을 의미하며, 바람직한 방법으로 원하는 바를 얻을 수 있고, 문제행동을 유발하는 상황을 변화시킬 수 있고, 문제행동이 발생하는 어려운 상황에 대처할 수 있는 기술 등을 뜻한다.

예방은 최선의 중재다. 어떤 문제든지 발생 전에 예방하는 것이 발생 후에 일을 처리하는 것보다 훨씬 바람직하기 때문이다. 이는 마치 불이 난 후에 효과적으로 불을 끄는 것보다 불이 나지 않도록 예방하는 것이 더 중요한 것과 마찬가지다. 학교에서도 아동이 문제행동을 일으킨 후에 조치를 취하는 것보다는 문제행동을 일으키기 전에 아동에게 효과적인 기술을 가르치는 것이 보다 더 효과적이다. 예를 들어, 선생님을 만났는데도 인사를 하지 않는 학생에게 벌을 주는 후속 조치보다는 미리 학생에게 언제, 어디에서, 누구에게, 어떻게 인사해야 하는지를 가르쳐 주는 것이 미래에 그 학생이 인사 행동을 하는 데 더 도움이 된다는 것이다. 이 장에서는 학생의 문제행동을 예방하는 방법에 대해 구체적으로 살펴보고자 한다.

# 1 　문제행동 예방의 의의

　교실에서 학생들이 공부가 하기 싫어서 나타내는 수업 방해행동 같은 작고 가벼운 행동이 결국 미래의 전반적이고 심각한 문제행동과 상관관계가 있다는 연구 결과가 있다(Walker, Ramsey, & Gresham, 2004). 학교에서는 교사의 지시를 따르지 않거나 숙제를 하지 않는 것과 같은 작은 문제행동을 즉시 다루지 않으면 큰 문제로 확대되기도 하고, 반복되는 작은 문제행동이 집단행동으로 발전하는 경우도 많다. 그런데 실제로 학교에서 발생하는 문제행동의 50% 이상은 학교 전체 학생의 5~7%에 해당하는 소수 학생들에 의해 반복하여 발생한다는 보고가 있다(Horner & Sugai, 2000). 따라서 예측되는 문제행동의 패턴을 보이는 아이들의 반복되는 작은 문제행동을 사전에 예방하고, 작은 문제행동의 발생에 대해서는 즉시 효과적으로 대처하는 것이 큰 문제행동으로 발전시키지 않는 해결책이라 할 수 있다(Kauffman, 1994).

이러한 해결책으로는 학교에 있는 모든 학생들에게 적용되는 보편적인 중재를 사용하는 것이 바람직하다. 보편적 중재란 대부분의 학생이 일정한 수준 이상의 적절한 행동을 할 수 있도록 초점을 맞춘 것으로서 체계적으로 개발된 규칙과 후속결과 등을 의미한다(Sugai et al., 2000; Walker, Ramsey, & Gresham, 2004). 이러한 중재가 학교의 모든 시간, 모든 장소, 모든 상황에서 모두에게 적용되도록 한다면 작은 문제행동을 막을 수 있을 뿐 아니라 큰 문제로 발전될 수 있는 문제행동도 미연에 방지할 수 있을 것이다. 즉, 보편적 중재는 문제행동의 위험이 낮은 학생뿐 아니라 문제행동의 위험이 높은 학생들에게도 큰 도움이 된다. 학교에서 문제행동이 최소화되면 발생된 문제행동에 대한 중재를 위해 소비되는 모든 시간과 노력이 절약될 뿐 아니라, 학생들이 학교생활을 더 성공적으로 할 수 있도록 도울 수 있기 때문에 학교는 학생들에게 한층 생산적이고 유쾌한 학습 환경이 될 것이다. 이에 관하여서는 2장에서 구체적으로 설명하였다. 우리나라에서도 이러한 보편적 중재를 긍정적 행동지원 프로그램을 통하여 학교와 학급 차원에서 실시하여 효과적인 결과를 보고한 연구들이 많아지고 있다(예: 김미선, 2008; 김영란, 2012; 김창호 외, 2008; 손유니, 2015; 윤예니, 2009; 이관형, 2012; 이인숙, 2007).

　문제행동 예방을 위한 기초 작업으로 문제행동이 자주 발생하는 학교의 환경적 요인을 조사한 결과, ① 학생들에게 가르칠 수 있는 간단하지만 분명한 기대행동의 부재, ② 문제 있는 일과 시간표, ③ 환경의 문제 있는 물리적 구조, ④ 교내 성인들의 부적절한 감독 등이 요인임이 밝혀졌다(Sugai et al., 2000). 그러므로 이러한 요인들이 문제행동의 예방을 위해 다루어져야 한다. 그 외에도 학생들의 학업 성취와 부적절한 행동 간에는 높은 상관관계가 있으므로(Kame'enui & Carnine, 1998) 학업 성취도를 높이기 위한 효율적 교수 또한 문제행동을 예방하는 방법이라 할 수 있다. 뿐만 아니라 학생의 문제행동의 기능이 무엇인지 찾아서 문제행동을 할 필요가 없도록 선행사건이나 배경사건을 조정해 주거나, 학생에게 문제행동보다 더 쉽게 목적을 이룰 수 있는 바람직한 대체기술을 가르쳐 주는 것도 문제행동에 대한 중요한 예방책이다. 따라서 이 장에서는 문제행동에 대한 예방적 접근으로 ① 기대행동의 지도, ② 일과 시간표 조정, ③ 물리적 또는 사회적 환경 조정, ④ 효율적 교수 적용, ⑤ 선행사건 중재 적용, ⑥ 배경사건 중재 적용, ⑦ 대체기술 교수 등에 대해 살펴보기로 하자. 이러한 일곱 가지 요인들을 중심으로 문제행동의 예방을 위한 노력을 한다면 학생들의 많은 부적절한 행동을 미연에 방지할 수 있을 것이다.

이러한 일곱 가지 요인은 Sprague와 Walker(2005)가 모두가 다 같이 즐거운 학교생활의 주요요소로 소개한 다음 내용과도 매우 유사하다.

- 학교 전체 환경에 해당하는 기대행동과 그 결과에 대한 일관성
- 긍정적인 학교 분위기
- 학생 간의 갈등 해결과 소외 학생을 위한 지원 전략
- 학교 모든 환경에서 면밀한 관찰과 감독
- 다양한 문화에 대한 민감한 반응과 수용
- 학생들의 정체감, 소속감, 친밀감을 높이는 분위기
- 학부모와 지역사회의 적극적 참여
- 바람직한 공간 활용과 적절한 밀도의 학업 공간

이 책에서는 일곱 가지의 예방책에 대해 교사들이 자신의 학생들과 학교 상황에 맞게 조절하여 사용할 수 있도록 개념과 원리를 중심으로 설명하였다. 여기에서 다루지 못한 학교 차원의 체계적인 예방적 접근에 대해 좀 더 구체적으로 알기 원하면 Bambara와 Kern(2008)의 『Individualized supports for students with problem behaviors: Designing positive behavior plans』, Colvin(2007)의 『7 steps for developing a proactive schoolwide discipline plan』, Crone과 Horner, Hawken (2004)의 『Responding to problem behavior in schools』, Sailor와 Dunlap, Sugai, Horner(2009)의 『Handbook of positive behavior support』, 웹 사이트 www.pbis.org 등을 참고할 수 있다.

## 2 │ 기대행동의 지도

많은 교사들은 학생들이 학급이나 학교에서의 기대행동을 이해하고 있으며 그 기대행동에 맞게 행동하는 방법을 알고 있다고 간주한다. 그러나 사실 학생들은 기대행동이 무엇인지 잘 몰라서 시행착오를 통해 배우게 되는 경우가 많다. 명시된 기대행동이 없을 때 학생들은 무엇이 올바른 행동인지 확신하지 못하고, 기대행동을 어기거나 문제행동을 하게 된다. 그러면 교사는 기대행동을 준수하지 않은 대가로 처벌

을 한다. 하지만 누구나 처해진 상황에서 어떻게 행동해야 할지 안다면 적절한 행동을 하기가 더 쉽지 않겠는가? Emmer와 Evertson, Anderson(1980)은 학생들이 학교에서 어떻게 행동해야 할지에 대한 기대행동을 아는 것과 그들의 바람직한 행동과는 정적 상관관계가 있음을 밝힌 바 있다. 기대행동은 학생들에게 명확하게 제시되고 가르쳐지고 적용되어야 한다.

## 1) 기대행동 선택하기

기대행동이란 교육환경의 문화와 가치를 반영하는 것으로 그 환경에서 기대되거나 요구되는 행동이다. 교육 환경 전체에 적용될 수 있는 기대행동은 3~5개 정도로 정하고 대부분 학교가 중요하게 생각하는 가치를 담도록 하는 것이 바람직하다. 기대행동은 교직원전체가 가장 중요하게 생각하는 가치를 표현할 수 있어야하므로, 기대행동을 결정할 때는 어느 한 개인이 독단적으로 선택할 수 없고 교직원들의 동의를 구하는 과정이 있어야 한다. 물론 학교 전체에 적용되는 기대행동이 없을 경우에는 교사가 자신의 학급에서 중요하다고 생각되는 기대행동을 선택할 수 있다. 학생들의 폭력과 파괴적 행동을 연구하는 미국의 한 연구소(Institute on Violence and Destructive Behavior, 1999)가 제안하는 기대행동의 세 가지 범주는 안전, 존중, 책임감이다. 흔히 학교에서 가장 많이 채택되는 기대행동도 존중하기, 책임지기, 지시 따르기, 배려하기 등이다.

## 2) 기대행동에 대한 구체적인 사회적 행동 결정하기

기대행동을 선택하고 난 뒤에는, 기대행동이 각각의 교육환경(예: 교실, 운동장, 급식실, 도서관 등)에서 행동으로 어떻게 표현되어야 하는지 결정해야 한다. 이는 각 교육환경에서 하나의 기대행동에 대한 구체적인 사회적 행동이 무엇인지 결정하는 것이다. 학생들에게 학교에서 또는 자기교실에서 어떻게 행동해야 하는지 명시화되어 있다면 학생들의 적절한 행동도 증가할 것이고, 무엇보다도 학생들의 많은 부적절한 행동을 예방할 수 있을 것이다. 교사들이 기대행동에 대한 구체적인 사회적 행동을 개발하는 데 많은 시간이 걸린다 할지라도 이는 할 만한 가치가 있는 일이다. 왜냐하면 그런 것이 없이 생활할 때 나타나게 될 학생들의 수많은 부적절한 행동 때문에 빼앗기는 시간이 기대행동에 대한 구체적인 사회적 행동을 개발하는 데 드는 시간보다 훨씬 많아질 것이기 때문이다.

기대행동에 대한 구체적인 사회적 행동을 결정하기 위한 쉬운 방법은 각 환경에서 기대행동에 어긋나는 행동이 무엇인지를 먼저 생각하고, 그에 대해 가르칠 수 있는 대체행동이 어떤 것인지 생각해 보는 것이다. 예를 들어, 학교의 기대행동이 존중하기일 때 수업 중인 교실에서 존중하기에 어긋나는 행동은 교사가 말을 하고 있거나 친구가 발표하고 있는데 끼어들며 말하는 행동일 수 있다. 그에 대한 대체행동은 말하기 전에 손들기가 될 수 있다. 도서관의 경우, 존중하기에 어긋나는 것은 큰 소리로 얘기하기일 것이고, 그에 대한 대체행동은 작은 소리로 이야기하기가 될 것이다.

기대행동에 대한 구체적인 사회적 행동을 결정할 때는 다음과 같은 기본 원칙을 따르는 것이 좋다. 먼저 기대행동에 대한 구체적인 사회적 행동은 누구나 기억하기 쉽도록 짧고 단순하고 이해하기 쉬운 용어로 만들어져야 한다. 예를 들어, 초등학교의 복도에 적용할 수 있는 것으로 '조용히 걷기'와 '타인에게 피해를 주지 않는 속도로 통로의 우측으로 보행하기' 중에서 어느 것이 더 적절하겠는가? 당연히 '조용히 걷기'가 더 바람직하다.

또한 행동의 수가 적절해야 한다. 수가 너무 많으면 기억하기 어려울 뿐 아니라 무시되기도 쉽다. 기대행동에 대한 구체적인 사회적 행동의 수는 아이들의 나이나 성숙도에 따라 달라질 수 있지만, 초등학교 교실의 경우에는 다섯 가지를 넘지 않는 것이 바람직하다.

다음으로 기대행동에 따른 구체적인 사회적 행동은 긍정적 언어로 정의되어야 한다. 즉, '～ 하지 않기'라는 표현 대신에 '～ 하기'라는 표현을 사용하라는 것이다. 예를 들어, '복도에서 뛰지 않기' 대신에 '복도에서 걸어 다니기'라는 표현이 바람직하다. '복도에서 뛰지 않기'라는 행동을 정하게 되면 학생들에게 '깡충 뛰기'나 '한 발 뛰기' 등 다른 유형의 행동은 기대에 어긋나는 것인지에 대한 의문을 갖게 한다. 그러나 기대되는 행동을 긍정적으로 정의해 주면 그 정의에 맞지 않는 행동은 모두 문제행동임을 알 수 있게 해 준다. 앞의 예에서 복도에서 걸어 다니는 행동이 아닌 다른 모든 행동은 기대에 어긋나는 행동인 것이다. 또한 긍정적 언어로 정의하면 아이들에게 하지 말아야 할 행동만 알려 주는 것이 아니라, 해야 할 행동이 무엇인지 가르쳐 주게 된다. 즉, 긍정적 용어로 정의하면 학생의 바람직하지 않은 행동을 억제하도록 하기보다는 바람직한 행동을 하게 하는 목적을 반영해 줄 수 있다.

기대행동에 따른 구체적인 사회적 행동의 구체성에 대해서는 서로 다른 의견들이 있다. Scheuermann과 Hall(2009)은 여러 상황에 적용될 수 있도록 일반적이어야 한다고 주장한다. 예를 들어, '제시간에 숙제를 제출하기'보다는 '기일과 시간을 엄수하기'가 더 일반적이다. '기일과 시간을 엄수하기'는 숙제 제출 기한 외에도 수업 시작 시간이나 발표 시간, 프로젝트 완성 시간 등 여러 상황에 적용할 수 있기 때문에 좋다는 것이다. 그러나 Worell과 Nelson(1974)은 서로 다른 상황에서는 서로 다른 세부적 행동을 적용해야 한다고 하고, Kerr와 Nelson(2006)은 기대행동에 따른 구체적인 사회적 행동은 모호하거나 일반적이지 않고 구체적이어야 한다고 주장한다. 해야 할 것과 하지 말아야 할 것에 대해 분명하고 이해하기 쉽게 정의되어야 한다는 것이다. 그들은 행동의 내용이 지나치게 일반적이고 모호하다면 학생은 그 내용을 이해하지 못해서 위반하게 되는 경우도 있을 것이고, 그런 경우는 기대행동에 따른 구체적인 사회적 행동이 학생의 권리를 침해한 셈이 된다고 했다. 행동의 내용을 얼마나 구체적으로 표현해야 하는지에 대해서는 학생이 이해하지 못해서 위반하게 되는 경우가 생기지 않을 만큼 학생들의 나이와 발달단계에 맞게 적절해야 한다. 학생들에게 이해될 만큼 분명하게 제시된 행동은 적용되는 범위에 따라 그 구체성의 정도가 수정될 수 있어야 한다.

마지막으로 기대행동에 따른 구체적인 사회적 행동은 합리적이어야 한다. 이를 위해서는 학생들을 참여시키는 것이 좋다. 이런 과정을 통해 학생들은 교사가 만든 내용을 일방적으로 따르기보다 구체적 사회적 행동을 결정하는 데 참여하면서 자신의 행동에 대해 책임지는 것을 배우게 된다. 그렇게 학생들이 참여한 경우, 주인의식을 갖게 되어 정해진 행동을 바르게 지킬 가능성이 높아지게 되는 것이다. 학생들은 기대행동에 따른 구체적인 사회적 행동을 자신들의 행동을 통제하려는 어른들의 규제로 생각할 때보다 자신들과 다른 사람들을 위한 관심으로 생각할 때 더 잘 따른다(이소현, 1995). 그러므로 교사는 기대행동에 따른 구체적인 사회적 행동을 학생들이 서로를 위해 공정하게 만들도록 격려해 주어야 한다. 또한 예외나 어겼을 경우의 결과에 대해서도 학생들이 토의하여 합리적으로 결정하게 할 수도 있다.

지금까지 이야기한 기대행동에 따른 구체적인 사회적 행동 정하기의 기본 원칙을 요약하면 〈표 8-1〉과 같다.

❖ 〈표 8-1〉 기대행동에 따른 구체적인 사회적 행동 정하기의 기본 원칙

- 짧고 이해하기 쉬워야 한다.
- 수가 적절해야 한다.
- 긍정적 언어로 정의되어야 한다.
- 학생들의 나이와 발달단계에 맞게 구체적이어야 한다.
- 합리적이어야 한다.

## 3) 매트릭스 개발하기

기대행동에 대한 구체적인 사회적 행동이 결정되면 다양한 교육환경에서 기대되는 바람직한 행동이 무엇인지 보여 주는 매트릭스를 만드는 것이 좋다. 이러한 매트릭스는 학교의 기대행동과 그에 따른 세부적 행동을 한눈에 볼 수 있게 해주므로, 구성원들이 쉽게 이해할 수 있다. 매트릭스는 열과 행에 각각 다양한 환경과 그 환경에서 기대되는 구체적인 사회적 행동을 적은 표이다.

Horner와 Sugai, Todd(2001)가 작성한 매트릭스를 〈표 8-2〉에 제시하였다. 〈표 8-2〉를 보면 학교의 기대행동은 안전, 존중, 책임임을 알 수 있고, 그에 따른 학급, 체육관, 복도, 운동장 등에서의 구체적인 사회적 행동이 각각 무엇인지 알 수 있다.

❖ 〈표 8-2〉 학교의 기대행동에 대한 매트릭스 작성 예

| 학교<br>전체 | 학급 | 체육관 | 복도 | 운동장 |
|---|---|---|---|---|
| 안전 | • 지시 따르기 | • 지시 따르기 | • 걷기<br>• 천천히 문 열기 | • 미끄럼틀은 사다리로 오르기 |
| 존중 | • 발표 전 손 들기<br>• 손발로 타인 건드리지 않기 | • 게임 규칙 준수<br>• 끝종 울리면 사용물품 반납하기 | • 손발로 타인 건드리지 않기 | • 자기 차례 기다리기 |
| 책임 | • 수업시간에 책과 연필 준비<br>• 숙제하기 | • 참여하기<br>• 신발 바르게 신기 | • 책, 소지품, 쓰레기는 바닥에 두지 않기 | • 알맞은 장소에 머무르기 |

출처: Horner, Sugai, & Todd (2001).

❖ 〈표 8-3〉 미국 'Panthers 초등학교'의 기대행동과 구체적인 사회적 행동

| 학교 | | 강당 | 급식실 | 교실 | 출입구 | 복도 | 운동장 | 화장실 |
|------|------|------|--------|------|--------|------|--------|--------|
| 협동 | | • 자리에 앉기<br>• 교사 지시 따르기<br>• 들어가라는 지시 때까지 조용히 앉아 있기 | • 먹을 것과 마실 것 모두 먹기<br>• 줄에서 이탈하지 않기<br>• 돌아가라는 지시 때까지 조용히 앉아 있기 | • 교사 지시 따르기<br>• 친구들과 잘 지내기<br>• 교실 정리 정돈을 유지하기 위해 협력하기 | • 문 을 바르게 사용하기<br>• 복도에서 오른쪽으로 걷기 | • 복도의 오른쪽으로 걷기<br>• 줄 설 때 제자리 지키기 | • 기물은 차례 지켜 사용하기<br>• 운동장과 게임 규칙 지키기<br>• 다른 학년과 친구 곁이 사용하기 | • 차례 지키기<br>• 작은 소리로 말하기<br>• 용변 후 즉시 교실로 조용히 돌아가기 |
| 자부심 | | • 국가에 대한 맹세하는 동안 제자리에 서 있기 | • 앉았던 자리 정돈하기 | • 최선을 다해 공부하기<br>• 준비물 챙기기<br>• 수업에 적극적으로 참여하기<br>• 숙제는 완성하여 제출하기<br>• 교실 물건 바르게 사용하기 | • 학교를 깨끗이 유지하기<br>• 예의에 맞는 옷 입기 | • 벽이나 벽에 있는 물건 만지지 않기<br>• 예의에 맞는 옷 입기 | • 학교 기물 조심해서 사용하기<br>• 사용한 기물은 제자리에 돌려놓기<br>• 스포츠 정신에 따른 승자와 패자의 예의 지키기 | • 바닥과 벽을 젖지 않고 깨끗하게 유지하기<br>• 휴지는 쓰레기통에 버리기 |
| 존중 | | • 발표자의 말 듣기<br>• 알맞은 시간에 박수치기<br>• 손은 앞맞은 자리에 두기 | • 식사 예절 지키기<br>• '고맙습니다.' '실례합니다.' '부탁합니다.' 등의 인사말 사용하기<br>• 조용히 얘기하기 | • 선생님과 친구들이 말할 때 잘 듣기<br>• 발표 전에 손들기<br>• 다른 아이 물건은 허락받고 쓰고, 조심해서 쓰고 돌려주기 | • 제시간에 등교하기<br>• 건물 밖에서 인도로 걷기 | • 손발을 제자리에 두기<br>• 수업 중에 조용히 하기 | • 자기 행동 책임 지기 | • 손 씻고 집 닦기<br>• 조용히 용변 보고, 다른 사람 용변 볼 때 조용히 하기<br>• 물장난하지 않기 |

또 다른 예를 들기 위해서 미국 동부의 'Panthers 초등학교'의 기대행동에 대한 매트릭스를〈표 8−3〉에 제시하였다. Panthers 초등학교의 기대행동은 협동, 자부심, 존중임을 알 수 있다.

## 4) 기대행동에 대한 구체적인 사회적 행동을 게시하기

또한 학생들에게 기대되는 구체적인 사회적 행동을 결정했으면 그 내용은 교육 환경의 80% 정도에 게시되어 모든 학생들이 일과 중에 쉽게 볼 수 있어야 한다 (Bambara & Kern, 2008). 즉, 학생들에게 기대되는 구체적인 사회적 행동을 상기시켜 주기 위한 시각적 표시물(표어, 사인 등)을 게시하는 것이다. 이러한 시각적 게시물의 다양한 예는 이규미와 지승희(2008)의 『괴롭힘 없는 교실 만들기 2: 교사와 학생의 협동 프로그램』 등과 같은 책을 참고할 수 있다. 또한 www.pbis.org에서 학생들에게 기대되는 행동규칙을 학교 곳곳에 게시한 샘플 자료들을 많이 찾아볼 수 있다. [그림 8−1]과 [그림 8−2]에 미국의 코네티컷 주의 Windham 중학교의 정문 입구와 복도에 게시된 기대행동에 대한 구체적인 사회적 행동을 제시하였다.

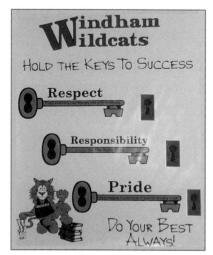

(열쇠 손잡이에 쓰인 내용)

Respect: (Treat everyone courteously and with kindness)

Responsbility: (Do the Right Thing)

Pride: (Show everyone the best pride of yourself and your school)

[그림 8−1] **학교 전체에 적용되는 기대행동의 게시 예**

Windham 중학교 정문 입구에는 [그림 8-1]에서 보는 것처럼 학교 전체에 적용되는 기대행동이 게시되어 있다. 기대행동은 존중(Respect), 책임(Responsibility), 자부심(Pride)임을 알 수 있다. 또한 학교의 모든 복도와 계단 옆에는 [그림 8-2]와 같은 복도와 계단 사용에 대한 구체적인 사회적 행동이 게시되어 있는데, 학교의 기대행동인 자부심과 관련된 복도와 계단 사용에 대한 구체적인 사회적 행동은 '교양 있는 언어 사용하기'와 '복도와 계단 깨끗하게 유지하기'임을 알 수 있다. 이처럼 이 학교의 여러 장소(식당, 교실, 물 마시는 곳, 강당, 화장실 등)에는 그 장소에 해당하는 학교의 기대행동과 관련 있는 구체적인 사회적 행동들을 게시하여 모든 학생들이 볼 수 있게 하고 있다.

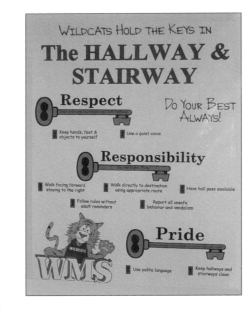

The Hallway & Stairway
(열쇠 밑에 쓰인 내용)

Respect:
• Keep hands, feet, & objects to yourself
• Use a quiet voice
Responsibility:
• Walk facing forwards, staying to the right
• Walk directly to destination using appropriate route
• Have hall pass available
• Follow rules without adult reminders
• Report all unsafe behavior and vandalism
Pride:
• Use polite language
• Keep hallways and stairways clean

[그림 8-2] 복도와 계단에 적용되는 구체적인 사회적 행동의 게시 예

기대행동에 대한 구체적인 사회적 행동을 게시하는 목적은 교육 환경에 들어오면 누구든지 5분 이내에 그곳에서 기대되는 행동이 무엇인지 알 수 있게 하는 것에 있다. 예를 들어, 복도에서는 우측통행을 해야 하는 것을 기억하도록 하기 위해서 복도 중앙에 페인트로 줄을 그어 놓을 수도 있고, 복도가 서로 교차하는 지점에서 주변을 살피도록 교차 지점에 '멈춤' 표시를 만들어 놓을 수도 있고, 기대행동과 관련된 아이

콘이나 사진(예: 손을 들고 선생님의 반응을 기다리는 아동의 사진을 교실 칠판 위쪽에 붙임)을 게시하거나, 필요한 장소에 기대행동에 관한 질문(예: 복도 벽면에 붙여 놓은 '복도에서 걷고 있나요?'라는 질문)을 포스터로 게시할 수도 있다. 이런 게시물은 창조적이고 다양한 형태로 만들어져야 하는데, 이러한 게시물을 개발하는 데 학생들을 참여시킬 수도 있다. 시각적 게시물 외에도 기대행동에 대한 구체적인 사회적 행동을 기억하도록 돕는 청각적 신호나 수신호 등의 단서를 사용하여 발생 가능한 혼란을 예방할 수도 있다. 활동의 변경을 알리는 타이머 소리나 주목을 요구하는 손뼉치기 등이 그러한 예다.

## 5) 기대행동에 대한 구체적인 사회적 행동을 가르치기

기대행동에 대한 구체적인 사회적 행동을 설정하고 학생들이 볼 수 있는 곳에 게시해 놓았다고 해서 아이들이 그것을 수행하리라고 생각해서는 안 된다. 정해진 내용을 모든 학생들에게 일관성 있게 가르쳐야 한다. 학생들이 자신에게 기대되는 행동이 무엇인지 구체적으로 알고 있다는 확신이 있을 때에야 교사는 학생에게 바른 행동을 기대할 수 있다. 다시 말하자면, 학생이 무슨 행동이 기대되는지 모른다면 교사는 그런 행동을 학생에게서 기대할 수 없다는 뜻이다. 그러므로 교사는 학생에게 기대하는 행동이 무엇인지 가르쳐야 한다. 즉, 교사가 학생들에게 학업 기술을 가르치는 것과 동일한 방법으로, 정해진 적절한 행동을 가르쳐야 한다. 이런 가르침을 통해 학생은 자신에게 요구되고 기대되는 행동이 무엇인지 알 수 있어야 하고, 그것들을 준수하고 바람직한 행동을 했을 때 어떤 보상이 주어지는지 알 수 있어야 하며, 어겼을 때는 어떤 결과가 뒤따르는지도 알 수 있어야 한다. 이때 주어지는 후속결과에 대해 교사가 일방적으로 결정하기보다는 아이들과 논의할 기회가 주어지는 것이 바람직하다.

학생들에게 기대행동에 대한 구체적인 사회적 행동을 직접 가르치는 이점에 대해 Kerr와 Nelson(2006)은 세 가지로 설명했다. 첫째, 학생들에게 구체적인 사회적 행동을 가르치면 학생들이 학교의 모든 장소와 상황에 정해진 행동 내용이 적용된다는 것을 알고 적극적으로 응할 수 있다. 둘째, 학생들이 전체에게 적용되는 기대행동에 대한 구체적인 사회적 행동을 기억하기 쉽다. 셋째, 학생들이 그 내용을 따르지 않을 때, 단지 잘 지키고 있는지 묻는 것만으로도 올바른 행동을 하게 할 수 있다. 바람직한 행동을 직접 가르치는 것은 그 행동을 높은 수준으로 유지하는 데 도움이 된다.

기대행동에 대한 구체적인 사회적 행동은 학기 초에 집중적으로 가르쳐야 하는데, 이때는 기대되는 구체적인 사회적 행동의 정의를 충분히 설명해 주고, 부적절한 행동과 적절한 행동의 예를 직접 보여 주고, 학생들에게 역할놀이 등을 통해 적절한 행동을 연습할 기회와 함께 그에 대한 피드백이 주어져야 한다. 이때 실례를 보여 주는 것과 연습의 기회는 교육 환경의 여러 다양한 장소에서 직접 이루어져야 한다. 예를 들어, '존중하기'라는 기대행동은 수업시간에 '말하기 전에 손들기'라는 구체적인 사회적 행동으로 정의하여 설명하고, 말하기 전에 손을 드는 바람직한 예를 보여 준 후에 바람직하지 못한 예를 보여 주어 비교를 통해 개념을 가르친다. 교사가 예를 든 후에는 학생들에게 직접 연습할 기회를 주고, 연습 후에는 적절하고 구체적인 피드백으로 수정해 주거나 정확히 했을 때는 피드백을 주고 규칙에 대한 교수를 마치면 된다. 수업에 적용되는 사회적 행동이면 교실 이외의 장소(예: 운동장)에서 이루어지는 수업시간에도 연습의 기회가 주어져야 한다. 이렇게 학생들에게 기대되는 행동에 대한 구체적인 사회적 행동을 가르친다면 학생들이 기억하고 따를 가능성이 높아진다.

기대행동에 대한 구체적인 사회적 행동을 직접 가르치는 공통적인 순서를 요약하여 〈표 8-4〉에 제시했다(Stormont, Lewis, Becker, & Johnson, 2012).

❖ 〈표 8-4〉 기대행동에 대한 구체적인 사회적 행동을 가르치는 순서

- 이미 배운 사회적 행동을 검토하기
- 새로 배울 사회적 행동을 검토하기
- 새로 배울 사회적 행동을 언제, 어디서, 왜 사용하는지 토의하기
- 새로 배울 사회적 행동의 정의를 명확히 가르치기
- 교사가 새로 배울 사회적 행동을 시범 보이기
- 학생이 새로 배운 사회적 행동을 따라 해 보기
- 학생이 교사의 도움을 받으며 새로 배운 사회적 행동을 연습해 보기
- 교사가 그 정확성에 대해 피드백 주기
- 학생이 새로 배운 사회적 행동을 혼자서 연습해 보기
- 교사가 그 정확성에 대해 피드백 주기
- 새로 배운 사회적 행동에 관한 숙제 내주기
- 새로 배운 사회적 행동에 관한 일반화에 대해 계획하기

　　Bambara와 Kern(2008)은 교육 환경 내에서 만나는 어느 학생에게든지 기대행동에 대한 구체적인 사회적 행동이 무엇인지 질문했을 때에 80% 이상의 학생들이 알고 있다면 성공적이라고 볼 수 있다고 했다. 학기 초에 가르친 내용은 정기적으로 복습되어야 한다. 집중적 가르침 후에는 한 달 정도 주당 2회 정도 질문과 퀴즈 등을 통해 재검토하는 것이 좋다. 그 이후에도 필요할 때마다 재검토해야 한다. 예를 들어, 새 학생이 전학 오면 모두 함께 검토하는 시간을 가질 수 있다. 또 하루 일과를 시작하기 전에 기대행동에 대한 구체적인 사회적 행동을 복창하는 것도 좋은 복습 방법이다. 새 학기가 시작되면 새로운 내용이 추가되지 않았다 할지라도 지난 학기의 내용을 다시 가르치고 정기적으로 복습해야 한다.

## 6) 기대행동에 대한 구체적인 사회적 행동을 교육환경에서 적용하기

　　기대행동에 대한 구체적인 사회적 행동을 가르쳤으면, 학생들이 지키고 있는지 지속적으로 관찰해야 하고, 이러한 점검이 이루어지고 있음을 학생들도 알아야 한다. 즉, 지켰을 때 칭찬과 보상 같은 결과가 주어지고 지키지 않았을 때 일관성 있는 지도가 이루어지는 체계적 후속결과가 적용되는 공정성이 지켜져야 한다. 이때 주어지는 후속결과는 합리적이고 공평해야 한다. 또한 후속결과의 적용은 일관성이 있어야 한다. 일관성은 학생을 둘러싼 환경을 예측 가능한 것으로 만들어 준다. 교사가 일관성 있게 반응할 때, 비로소 학생들은 자신의 행동에 대한 예측 가능한 결과를 배우게 되는 것이다. 정해진 구체적 행동 내용이 있는데도 교사가 어떤 때는 무시하고 어떤 경우는 엄격히 지킨다면 학생들이 그것을 잘 지킬 것을 기대하기란 어려울 것이다. 교육 환경 전체에 적용할 기대행동에 대한 구체적인 사회적 행동이 정해진 경우에는 교내의 모든 성인들이 그 행동이 잘 지켜지는 경우에 대해 일관성 있는 반응을 할 수 있도록 사전에 교육이 이루어져야 한다. 교내의 모든 성인이란 교사 외에도 행정 직원, 관리 직원, 급식 관련 직원 등 학생들이 만날 수 있는 모든 성인을 의미한다.

　　기대행동에 대한 구체적인 사회적 행동을 교육환경에서 적용할 때 문제행동이 발생하기 전후로 사용하기 좋은 방법으로 사전 교정(precorrection)이라는 방법이 있다(Lampi, Fenty, & Beaunae, 2005). 사전 교정의 순서와 예는 다음과 같다.

◥ 문제행동이 주로 발생하는 상황을 알아본다.

(예: 급식실에서 배식을 기다릴 때)

◥ 거기에서 학생에게 기대되는 행동을 결정한다.

(예: 한 줄 서기, 자기 차례를 기다리기, 순서대로 배식받기, 비어 있는 식탁 자리에 바
르게 앉아 식사하기)

◥ 문제행동과 관련 있는 환경요인을 찾아 변화시킨다.

(예: 한 대 밖에 없는 배식대로 인해 서 있는 줄이 너무 길어 기다리는 시간 동안에 문
제행동이 자주 발생하는 것으로 판단되어, 배식대를 두 군데로 늘렸다.)

◥ 기대행동을 가르치고, 정적 강화로 바람직한 행동을 지원한다.

(예: 급식실에서의 기대행동을 설명과 연습과 피드백을 통해 가르치고, 기대행동이 발
생했을 때 토큰을 주는 것으로 강화했다.)

◥ 활동을 시작하기 전에 기대행동에 대해 촉구를 사용한다.

(예: 급식실에서의 기대행동 내용을 급식실 입구에 게시하여 급식실에 들어올 때 볼 수
있게 하고, 급식실로 이동하기 전에 급식실의 기대행동을 말해 주고, 급식실 입구
에서 손가락으로 급식실 기대행동에 대한 게시물을 가리켜 주었다.)

◥ 학생의 행동 변화에 대한 정보를 수집한다.

(예: 급식실에서 발생하는 문제행동을 직접 관찰하고 빈도를 기록했다.)

기대행동에 대한 구체적인 사회적 행동을 지키는 것에 대한 강화를 하는 이유가
학생의 적절한 행동이 부적절한 행동보다 더 많은 관심을 받을 수 있게 하기 위한 것
임을 기억해야 한다. 특히 기대행동에 대한 구체적인 사회적 행동을 집중적으로 배
우는 학기 초에는 잘 지키는 행동에 대해 높은 수준의 강화를 하는 것도 필요하다.
강화의 방법은 9장에서 자세히 다루고 있다. 뿐만 아니라 교사는 정해진 구체적인
사회적 행동에 대해 모범을 보여야 한다. 예를 들어, '약속 시간을 잘 지키기'라는 내
용이 있다면 교사가 수업시간 및 학생들과 정한 기한 등을 잘 지켜야 학생들도 그 내
용을 존중할 것이다.

살펴본 바와 같이 학생들에게 기대하는 행동이 무엇인지 선택하고, 그에 대한 구
체적인 사회적 행동을 결정하여, 그 내용을 교육 환경에 게시하고, 학생들에게 그 행
동을 직접 가르치고, 교육 환경에서 행하도록 적용하는 것은 학생들의 문제행동을

예방하는 데 도움이 된다. 기억해야 할 것은 정해진 내용은 적용되는 환경의 모든 곳에서 언제나 일관성 있게 시행되도록 격려되어야 한다는 것이다.

## 3 | 일과 시간표 조정

일과 시간표는 학생들에게 언제 어떤 활동이 있을지 알려 주는 역할을 한다. 우리는 일상적인 일과를 방해하는 일이 일어나면 무엇을 해야 할지 잊어버리거나 짜증이 나기도 한다. 마찬가지로 학교에서의 하루 일과 시간표 때문에 학생들의 문제행동이 발생하기도 한다(O'Neill et al., 1990). 효율적 일과 시간표는 학생들과 교사들이 학교생활을 순조롭고 효율적으로 진행하는 데 도움을 줄 것이다.

무엇보다도 일과 시간표는 학생들이 최대한으로 교수활동에 의미 있게 참여할 수 있도록 짜여져야 한다. 학생들이 학습에 참여하지 않는 시간은 문제행동을 만들어 내고, 이러한 문제행동은 다시 교사의 수업시간을 방해하게 되기 때문이다. 실제로 성공적인 학습 참여 시간은 학생들의 적절한 행동과 상관관계가 있다(Martella, Nelson, & Marchand-Martella, 2003). 이와 관련하여 볼 때 학생들에게 주어지는 휴식시간이 교사나 보조 교사의 휴식을 위해서나 단순히 일과의 한 부분으로 주어지는 것은 바람직하지 못하다. 휴식시간이나 자유시간처럼 비구조화된 시간에 학생들의 높은 수준의 행동문제가 나타나기 때문이다. 특히 행동문제를 지니고 있는 많은 학생들은 규칙이 주어지지 않는 휴식시간에 자신의 감정조절이나 행동 통제가 어렵기 때문에 여러 가지 문제행동(침 뱉기, 욕하기, 출입문에서 또래 방해하기 등)을 하게 될 것이다. 따라서 학생들에게 휴식시간을 줄 때는 휴식시간을 위한 규칙과 절차를 만들어서 가르쳐 주고 그 시간에 학생들이 선택할 수 있는 활동들을 준비하는 것이 바람직하다. 실제로 구조화된 자유시간을 주는 것으로 학생의 교사에 대한 불순종 행동을 감소시켰다는 보고가 있다(Swenson et al., 2000). 또한 학생들의 이동은 휴식시간보다는 수업시간에 바로 이루어지도록 계획하는 것도 필요하다. 이러한 시간 운영이 매 수업 후 일정한 휴식시간이 규칙적으로 주어지고 비구조화된 휴식시간이나 식사시간이 주어지는 오래된 전통이 지금까지 지켜지고 있는 우리의 실정에서는 생소하게 들릴지 모르지만, 많은 문제행동이 쉬는 시간에 발생한다면 교사들은 휴식시간의 효율성에 대해 심각하게 고려해 보아야 할 것이다.

　일과 시간표를 만들 때는 시간표상의 순서도 고려해야 한다. 학생들의 집중도가 높은 아침시간에 주요 과목을 넣도록 하고, 동기가 낮은 과목 다음에 동기가 높은 과목을 넣도록 하는 것이 바람직하다. 또한 일과가 지루해지지 않도록 다양한 활동을 고루 할 수 있도록 작성해야 한다. 특히 나이가 어린 아동들의 경우는 하루 일과 중 몸을 움직이는 활동이 적절히 배치되어야 한다. 시간표를 작성할 때 어린 아동은 한 장소에서 움직임 없이 오랫동안 작업할 수 없다는 발달 특성이 고려되어야 한다는 뜻이다. 각 활동마다 가장 좋은 시간대를 찾아서 하루 일과를 수정하는 것이 바람직 하다.

　교사는 학생들에게 그들의 일과가 시간표에 의해 이루어진다는 것을 알게 해 주어야 한다. 시간표에 의해 일상적 일과가 진행되면 학생들은 어떤 활동이 언제 일어날지 알게 되어 무리 없이 진행되기 쉽다. 또한 일과 시간표가 일관성 있게 유지되는 것은 학생들의 문제행동에 대한 예측과 예방에 도움이 된다. 그런데 어린 아동들의 경우에는 하고 있던 활동을 멈추고 다른 활동으로 전이하는 것이 쉽지 않아 문제가 되는 때가 있다. 그런 경우에는 전이가 즐거운 활동이 되도록 계획하는 것이 필요하다(Sandall & Ostrosky, 2010). 예를 들면, 경쾌한 음악을 틀어 주고 음악이 끝나기 전에 활동을 정리하도록 하거나, 다음 활동을 위한 준비가 끝난 아동에게는 손도장을 찍어 주거나, 다음 활동으로 가면서 손수레를 끌거나 동물 흉내내기를 하도록 할 수 있다. 또 다른 예로는 교실에 다른 성인이 있다면 그 성인이 다음 활동에서 아이들을 맞으면서 먼저 활동을 시작하게 하여 활동의 일부를 겹치도록 할 수도 있다.

　특히 동일성에 대한 고집을 특성으로 하는 자폐성 장애를 지닌 아동들의 경우도 장소나 활동의 전이가 어려워 문제행동을 보일 수 있는데, 그런 경우에 시각적 일과표를 만들어 게시하는 것도 문제행동 예방에 효과적일 것이다. [그림 8-3]과 [그림 8-4]에 시각적 일과표의 예를 제시하였다. [그림 8-3]은 가정에서, [그림 8-4]는 학급에서 사용할 수 있는 내용이다.

[그림 8−3] **시각적 일과표의 예 1**

| 월 요일 시간표 | | |
|---|---|---|
| 아침 조회 | ⊗ | ⊗ |
| 아침 독서 | ⊗ | ⊗ |
| 1교시 국어 | ⊗ | ⊗ |
| 2교시 수학 | ⊗ | ⊗ |
| 3교시 미술 | ⊗ | |
| 4교시 미술 | | |
| 점심시간 | | |
| 5교시 과학 | | |
| 청소 | | |

[그림 8−4] **시각적 일과표의 예 2**

　　시각적 일과표는 무슨 일이 있을 것인지를 시각적으로 상기시켜 주는 것으로, 일
어날 일을 순차적으로 작성하여 게시하고 각 활동이 끝나면 그 일이 지나갔음을 보
여 주고 다음 순서의 활동이 기다리고 있음을 표시하기 위해 끝난 활동의 표시는 [그
림 8−3]처럼 일과표에서 벨크로를 이용하여 옆 빈 칸으로 옮겨 놓거나, [그림 8−4]
처럼 끝난 활동 옆에 ×표를 벨크로를 이용하여 붙이면 된다(Hanbury, 2008). [그림
8−4]의 경우는 요일이나 과목명은 벨크로를 이용하여 매일 바꾸어 붙일 수 있다. 실

제로 임윤경과 이소현(2003)은 세 명의 초등학교 자폐아동에게 하루 일과 시간표를 시각적으로 제시하고 순서적으로 이루어질 일과를 안내하여 학교 내에서 장소 간 이동시간에 발생하는 문제행동이 감소했음을 보고했다. 그들이 만든 일과표는 학교 수업에 맞춰서 개별적으로 들고 다닐 수 있는 크기의 개별 공책을 제작하여 왼쪽에는 벨크로를 이용하여 그날의 해당 시간표를 붙이고 오른쪽은 활동이 끝났을 때 옮겨 붙일 수 있도록 한 것이다.

## 4 물리적 또는 사회적 환경 조정

사람들은 누구나 환경의 영향을 받는다. 비좁고 고약한 냄새가 나고 바닥에는 쓰레기가 즐비하고 고함치는 사람들로 북적이는 병원 대기실과, 쾌적하고 넓고 조용하며 여유롭고 평온한 병원 대기실을 상상해 보라. 어느 장소에서 바람직하지 못한 행동들이 더 많이 발생하겠는가? 친절하고 상냥하며 밝은 미소로 칭찬해 주는 상사와 무뚝뚝하고 무표정한 얼굴로 잘못에 대해서만 지적하는 상사가 있다면 부하 직원들은 어느 상사와 일할 때 갈등이 많겠는가? 학생들에게 있어서 환경이란 그들을 둘러싸고 있는 물리적 구조나 그들 주위에 있는 어른들이다. 이러한 환경을 바꾸는 것만으로도 학생들의 문제행동을 감소시킬 수 있다.

### 1) 환경의 물리적 구조

학생들의 교육 환경의 물리적 구조를 생각할 때 가장 먼저 떠오르는 것은 사회적 밀도다. 사회적 밀도란 일정한 크기의 교육 환경 내에 있는 학생들의 수를 의미한다. 교실의 사회적 밀도가 높다는 것은 한 교실에 많은 학생이 있다는 것이다. 한 공간에 학생이 많을수록 학생 개인에게 주어지는 교사의 관심은 더 적어질 것이다. 한 명의 교사가 상대해야 하는 학생이 많아질수록 상대적으로 한 학생에게 주어지는 관심의 양이 적어지는 것은 자명한 것이며, 학생들 간에도 관심의 분산으로 개별적 관심의 양은 줄어들 수밖에 없다. 뿐만 아니라 사회적 밀도가 높을수록 학생들 간의 긍정적인 사회적 상호작용 수준은 더 낮아지고(Evans, 2001), 또래와의 협력 수준도 더 낮아지고(Rimm-Kauffman et al., 2005), 학생의 스트레스 수준은 더 높아진다 (Legendre, 2003)는 연구조사 결과가 있다. 이러한 조사 결과는 적정 수준의 사회적 밀도를 유지해야 한다는 것과 함께 어느 한 교육 환경 내에서 개별 학생에게 요구되는 최소한의 공간 조건이 필요함을 시사해 준다. 즉, 교실 내의 복잡하고 산만한 공간을 피하여 독립적 과업을 수행할 수 있는 공간을 계획해야 한다는 것이다. 독립적 과제를 하는 공간은 연필깎이가 있는 곳이나 출입문 옆은 피해야 하고, 필요하다면 칸막이 등을 이용하여 만들어 줄 수 있다. 그러나 각 학생이 차지하는 교실 공간이 무조건 넓을수록 좋은 것만은 아니다. 강당처럼 넓은 교실에서 20명의 학생이 계속 수업을 하는 경우를 상상해 보라. 또한 나이가 어린 아동들은 교재교구 수가 너무 적어도 갈등을 일으켜 공격적 행동을 보일 수 있음을 기억해야 한다(Bailey, Harms, & Clifford, 1983). 그러므로 교실에는 교실 공간 크기에 맞게 적절한 양의 학생과 교재교구가 있어야 한다.

교실 공간을 배치할 때 교사는 학생의 수, 활동의 종류, 소집단의 구성 등을 고려하되 교사나 보조 교사들이 각 학생에게 쉽게 다가갈 수 있도록 책상과 가구를 배치해야 한다. 특히 자리 배치를 할 때 행동문제가 있는 학생은 가능하면 교사와 가까운 자리에 앉히고, 과제를 수행할 때 시각적으로 산만해지기 쉬운 학생은 시각적으로 방해 받을 가능성을 최소화할 수 있는 자리에 앉히는 것이 좋다. 또한 공간 배치를 할 때 교사나 보조 교사들이 언제라도 학생들을 한눈에 볼 수 있도록 해야 한다. 즉, 교사의 눈이 미치지 못하는 사각지대가 없도록 배치해야 할 것이다. 교실의 공간 배치는 교사가 계획하는 교육활동의 특성에 따라 활동에 필요한 배열 형태를 달리할 수 있어야 하므로 가구나 장비들은 이동이 쉽고 교육 자료에 접근하기 용이하도록 배치되는 것이 좋다. 교육 자료는 찾기 쉽게 배열되어야 하고, 가구는 학생의 신체 발달과 학습에 적당한 크기여야 한다. 특히 책상과 의자의 경우, 같은 학년의 학생들끼리도 차이가 크기 때문에 개인에 맞는 높이의 책상과 의자가 필요하다. 또한 만약에 신체적 장애가 있는 학생이 있는 경우에는 신체적 조건에 맞는 가구가 요구된다. 예를 들어, 크러치(crutch)를 사용하는 지체장애 학생이 있다면 교실에서 수업할 때 학생 가까이에 크러치를 보관할 공간이 있어야 한다. 그렇지 못한 경우 다른 아이들이 이동하면서 넘어지거나 그로 인한 문제행동이 발생할 수 있다. 청소도구나 세제가 교실에 있는 경우에, 학생들의 나이가 어리다면 청소도구나 유독 물질 등 잠재적 위험이 있는 자료나 장비는 자물쇠가 있는 함을 마련하여 따로 보관하는 것이 안전

사고를 예방할 수 있는 방법이다. 학생들의 개인 물품을 보관할 수 있는 적절한 사물함이 있어야 하는데 사물함처럼 학생들이 한꺼번에 몰릴 수 있는 지점들(출입문, 연필 깎이, 개수대 등)이 서로 밀집되지 않게 배치하는 것이 문제행동 예방에 도움이 된다. 뿐만 아니라 사물함은 아이들의 연령에 맞게 사용하기 편하도록 여닫이 형태를 갖추는 것이 좋다.

연령이 어린 아동들의 경우, 한 놀이 영역에 너무 많은 아이들이 몰려 문제를 일으키거나 아이들이 교실에서 뛰어다닌다면 교실의 물리적 배치를 점검할 필요가 있다. 놀이 영역이 명확하게 구분되고 각 영역마다 경계가 확실한 교실은 아동으로 하여금 어디서, 언제, 어떻게 자료를 가지고 놀 수 있는지 시각적으로 알려 주므로 문제 행동을 감소시키는 데 도움이 된다. 예를 들어, 교실에서 뛰어다니는 행동을 예방하려면 길고 넓게 트인 공간을 제한해야 하는데, 이를 위해서 가구 배치를 다시 하고 영역별로 색 테이프 등을 이용하여 시각적 경계를 두는 것이 좋다. Sandall과 Ostrosky(2010)는 각 영역이 명확히 구분된 경우와 그렇지 않은 경우의 예를 [그림 8-5]와 같이 제시하였다. 그들은 놀이 영역이 개방되어 있어 놀이시간이 아닌 경우에도 아동들에게 유혹이 된다면 그 영역을 천으로 덮어 씌워 시각적으로 영역을 차단하거나, 영역 앞에 '닫혔음' 또는 '금지' 같은 기호를 사용하여 시각적 신호를 주는 것이 좋다고 했다. 또한 그들은 한 영역에 아이들이 너무 한번에 많이 몰리는 것을 예방하기 위해서는 영역별로 숫자를 제한하는 방법을 사용하라고 제안했다. 예를 들어, 각 영역에 제한된 숫자의 고리를 걸어 두고 그 영역의 활동을 하고 싶은 아이는 자신의 이름표를 각 고리에 걸도록 하여 모든 고리에 이름표가 걸려 있으면 그 영역은 가득 찼다는 시각적 신호가 되게 하는 것이다.

또한 교실의 조명, 소음, 온도, 습도 등의 변수도 학생들의 행동에 영향을 미치므로, 이러한 변수를 신중하게 고려해야 한다. 실제로 교실의 물리적 환경과 학생들의 사회적 행동은 상관관계가 높다는 연구보고도 있고(Weinstein, 1979), 구체적으로 교실의 소음 수준의 조절로 교사에 대한 불순종 행동을 감소시켰다는 연구보고도 있다(Maag & Anderson, 2006). 따라서 교사는 학생들의 문제행동의 예방과 감소를 위해서 교실의 쾌적한 물리적 환경을 구성하도록 주의해야 할 것이다. 소규모의 사업을 운영하는 사람도 고객을 위해 사업장의 설계나 인테리어 등을 고려한다. 마찬가지로 교사는 문제행동의 예방의 차원에서뿐 아니라 학생들이 오고 싶고 머물고 싶어하는 교실 환경을 만들기 위해 노력해야 할 것이다.

a. 환경적으로 적절한 학급

- 출입문 가까이에 시각적 단서가 정렬되어 있음
- 비구어적 아동을 위해 놀이 영역 관련 의사소통 그림이 붙어 있음
- 아동의 자립심을 촉진하기 위하여 사물함마다 아동의 사진과 이름이 붙어 있음
- 스스로 정리하는 것을 돕기 위해 선반마다 이름표가 있음
- 학급 규칙이 벽면에 게시되어 있음

- 영역마다 들어갈 수 있는 아동 숫자를 표시하는 고리가 걸려 있음
- 벽면의 시각적 자극을 최소화하였음
- 개인적인 시각적 시간표가 붙어 있음
- 각 놀이 영역 입구에 놀이의 그림/사진이 있음
- 학급 시간표가 게시되어 있음
- 모든 선반과 가구의 높이가 낮음
- 성인이 각 영역을 충분히 관찰할 수 있는 높이로 각 영역이 구분되어 있음

b. 환경적으로 부적절한 학급

- 미술 영역이 개수대와 가깝지 않음
- 장난감이 대집단 영역과 너무 가까이 있음
- 조용한 영역이 소란한 영역과 이웃함
- 놀이 영역 사이에 시각적 경계가 없음
- 선반에 이름표가 없음

- 대집단 영역에 개별 공간이 표시되어 있지 않음
- 간식 탁자들이 떨어져 있어서 사회적 상호작용을 제한함
- 달리기를 부추기는 공간임
- 벽면이 너무 어수선함

출처: Sandall & Ostrosly (2010).

[그림 8-5] 환경적으로 적절한 학급과 부적절한 학급

## 2) 성인들의 감독과 관심

학생의 바람직한 행동과 성인의 감독의 양이나 질과는 높은 관련성이 있다. 성인의 감독이 부족하거나 부재할 때 학생들은 부적절한 행동을 더 많이 하게 된다(Colvin et al., 1997; Kauffman, 2001). 예를 들어, 학생들이 국어 수업을 마치고 음악실로 이동할 때, 음악실의 입구와 복도에 선생님이 있는 것만으로도 학생들의 부적절한 행동이 감소할 것을 쉽게 예상할 수 있다. 이와 같이 교사의 존재와 행동은 학생들의 행동에 영향을 미친다. 그런데 학생의 행동에 대한 교사의 반응이 일관성이 없다면 학생들은 어떻게 행동해야 할지 학습하는 것이 쉽지 않을 것이다. 따라서 학생들은 자신의 적절한 행동이나 부적절한 행동이 어떤 결과를 가져오는지 분명하게 알고 있어야 하고, 교사는 학생들의 행동 뒤에 일관성 있는 상벌을 적용해야 한다. 그리고 학생이 성인을 만날 수 있는 모든 환경, 즉 학교 외에 가정과 사회에서도 학생들은 자신들의 행동에 대해 최대한 일관된 관심을 받을 수 있어야 한다. 그러므로 학교의 기대행동과 그에 대한 구체적인 사회적 행동은 가정 통신문을 통해 부모들에게도 알려 주어야 하고, 학교의 모든 교직원에게도 알려서 학생들에 대한 지도가 어느 곳에서나 학생과 관련 있는 성인들에 의해 일관성 있게 이루어지도록 해야 한다. 더 나아가서 학교에서 실행되는 행동지원의 실제가 지역사회로까지 확대 실시될 수 있도록 학교는 지역사회 지원체계들(예: 교육, 청소년 재판, 지역 정신건강, 가족, 의료)과도 협력을 키워 가야 한다고 Sugai와 동료들(2000)은 주장한다.

그런데 학생들이 부적절한 행동을 하는지 안 하는지에 대한 감독보다 앞서 이루어져야 하는 것이 학생과 성인의 긍정적 관계다. 교육 환경에서 학생이 가장 자주 만나는 성인은 교사이므로 여기에서는 학생과 교사의 관계를 이야기해 보자. 학교에서 교사와 긍정적인 관계를 지닌 학생들은 문제행동을 적게 나타내고, 사회적 능력이 높았으며, 학교적응을 잘한 것으로 나타났다(Pianta, Hamre, & Stuhlman, 2003). 유아의 경우에도 마찬가지로 교사와 긍정적인 관계를 맺은 유아는 문제행동이 감소하고 친구들과 협동적이며 초등학교에 진학해서도 문제를 덜 일으켰다(Huffman, Mehlinger, & Kervin, 2000). 교사와 가깝게 지내고 자주 만나는 학생들은 자신들의 개인적 감정을 밖으로 잘 표현하고 있으며 학교를 긍정적으로 평가한다(Dwyer & Osher, 2000). 또한 학생들의 잠재적인 공격 또는 폭력 행동에 대한 조기 경고 신호를 확인할 수 있는 중요한 요인이 바로 교사와 학생 간의 관심 깊은 관계다(Dwyer, Osher, & Warger,

1998). 학생이 가정이나 학교나 사회에서 성인과 맺는 의미 있고 긍정적인 깊은 관계는 학생의 문제행동 발생에 대한 보호적 역할을 한다. 따라서 학생이 가정과 사회에서 부정적 영향을 받았다 할지라도 교사와의 긍정적 관계의 유지는 그러한 악영향으로부터 학생들을 보호하는 역할을 할 수 있다는 것이다(Zionts, 2005). 교사들은 특별히 문제행동을 나타낼 가능성을 지닌 학생들과 개인적이며 긍정적인 관계를 갖도록 노력해야 할 것이다.

Evertson과 동료들(1980)은 교사들이 학생들과 긍정적인 관계를 맺기 위해서는 공손하고 친절한 말 사용하기, 학생들의 의견 경청하기, 학생들과 함께 시간 보내기, 학생들을 자주 칭찬하기, 학생들의 성공을 확인하고 칭찬해 주기, 학생들의 사적인 관심사를 알기, 언행일치를 보여 주기, 유머를 사용하기, 학생들의 의견을 반영하기, 학급의 전통을 개발하기, 학생들의 필요에 반응하기 등을 하도록 권하고 있다. 사실 교사들은 학생들의 적절한 행동은 간과하고, 바람직하지 못한 행동에 대해서는 자주 관심을 보이는 경우가 많다. 그러나 학생들과 긍정적 관계를 만들려면 학생들이 잘하고 있을 때 칭찬과 격려를 아끼지 말아야 할 것이다. 교사는 학생과의 관계에서 부정적인 말보다 긍정적인 말의 비율이 훨씬 높게 유지되도록 주의해야 한다. 때로는 구체적인 언어적 칭찬과 격려가 아니더라도 단순히 학생 가까이 다가가거나 등을 가볍게 만져 주거나 바라봐 주는 개인적 관심만으로도 충분할 수 있다. 교사가 학생에게 개인적 관심을 나타내며 학생의 말을 경청할 때, 학생도 교사의 말에 주의를 기울이고 지시를 잘 따를 수 있음을 기억해야 한다. 교사들은 자신들이 학생들의 문제행동 참여에 대한 보호요인이 될 수 있음을 기억해야 한다.

이렇게 교사는 학생과 긍정적 관계를 맺기 위해서도 다각도로 노력해야겠지만, 교사가 지시를 하거나 꾸중을 할 때도 다음과 같은 점을 주의하면 학생들의 순응행동을 이끌기 쉽다(Jensen, 1996).

- 질문 형식을 사용하지 않는다. 학생에게 하려고 하는 질문에 대해 학생의 "안 해요. / 아니요."라는 대답을 용납할 수 없다면 질문 형식은 사용하지 않는다. 예를 들어, "시작할 시간이지?"라고 하기보다는 "시작할 시간이다."라고 하고 "조용히 좀 해 줄래?"라기보다는 "조용히 하자."라고 하는 것이 좋다.
- 학생 가까이 가서 말한다. 거리가 멀수록 소리를 지르게 되므로 팔 길이 정도 가까이 다가가서 말한다. 어린 아동일수록 손을 얹고 얘기하는 것이 좋다.

▣ 큰 소리보다는 부드럽지만 단호하게 나지막한 소리로 말한다.

▣ 학생의 눈을 보면서 말한다.

▣ 학생에게 반응할 시간을 준다. 요구나 꾸중에 순응할 시간은 5초에서 10초 정도가 적당하다. 기다릴 때는 불필요하게 말한 내용을 반복하거나 새로운 내용의 지시나 꾸중을 하지 않는다. 다만 학생을 바라보며 지시 따르기를 기다린다.

▣ 두 번 이상 요구/꾸중하지 않는다. 두 번 말해서 듣지 않을 때에는 계획된 후속결과를 실행한다.

▣ 여러 가지를 한꺼번에 요구하지 않는다. 한 번 요구하고 반응할 시간 동안 기다려 주고 순응하면 강화물이나 칭찬을 제공하고 불순응하면 다시 요구하고 반응을 기다린 다음 순응하면 강화/칭찬을 제공하고 불순응하면 다른 중재를 선택한다.

▣ 지시를 구체적으로 진술한다. 학생에게 기대하는 행동을 구체적으로 말한다. 예를 들어, "떠들지 마라."라는 말보다는 "얘기하고 싶으면 손을 들어라."라고 하거나, "여기 보세요."라고 하기보다는 "의자에 바로 앉아서 발은 바닥에 붙이고, 손은 책상 위에 놓고, 선생님을 보세요."라고 말하는 것이 좋다.

▣ 감정적이어서는 안 된다. 감정적인 표현은 소리 지르기, 위협하는 몸짓, 인상쓰기, 큰 소리로 이름 부르기(학생의 이름은 부정적인 내용보다는 긍정적인 내용의 전달을 위해 사용하는 것이 좋다), 죄책감을 불러일으키는 말 등이다. 부정적인 감정적 표현은 순응행동을 하게 하기보다는 상황을 악화시킨다.

▣ 긍정적 표현을 사용한다. "~하지 마라."라고 말하기보다는 "~하라."라고 말한다.

▣ 순응하는 행동에 대해 칭찬한다. 칭찬은 즉시, 자주 주어져야 하고, 칭찬할 때는 학생의 눈을 마주 보면서 칭찬받을 행동의 구체적 내용을 알려 주어야 하고, 칭찬은 진심이 담긴 다양한 방법으로 전해져야 한다.

▣ 학생의 능력 범위 내에 있는 것을 요구한다. 화가 나 있을 때 학생에게 불가능하거나 너무 지나친 요구를 하게 되는 것을 주의해야 한다. 예를 들면, 시간의 제한 없이 "내가 됐다고 할 때까지 꼼짝하지 마!"라고 요구하는 것은 좋지 않다.

피드백을 주는 것, 학생의 실수를 최소화하는 것, 학습을 잘 안내하는 것 등이 있다 (Darch & Kame'enui, 2004; Lewis et al., 2004). 활기찬 교수 속도를 유지하는 것도 효율적 교수 방법이다. 특히 집단으로 수업할 때는 진행 속도를 빠르게 해야 한다. Engelmann과 Becker(1978)는 교사가 1분에 질문을 12개 정도 했을 때 학생들의 정반응률이 80%였고 과제 이탈 행동은 10%였는데, 질문 속도를 1분에 4개로 낮추었을 때 정반응률은 30%로 감소하게 되고 과제 이탈 행동은 70%로 증가하게 됨을 발견했다. 수업 진행 속도가 빠르면 교사는 더 많은 양의 내용을 다룰 수 있고, 학생은 수업에 더 적극적으로 참여하고 반응하게 된다.

학생의 과제를 자주 점검하는 것도 학생들의 올바른 학업반응을 증진시킨다. 학생들을 가르친 교육과정에서 사용한 자료를 이용하여 학생의 학업진보를 체계적이고 지속적으로 점검하는 것으로 교육과정중심측정(curriculum-based measurement, CBM)이 있다(Deno, 2003). 교육과정중심측정을 하기 위해서는 읽기, 쓰기, 수학 등의 교과에서 학생의 현 교육과정과 그 자료를 이용해야 하고, 평가는 일주일에 한두 번씩 1~3분 동안 학생 수행을 측정하는 것으로 이루어진다. 그 결과는 도표로 그려서 교수적 결정에 반영하도록 한다. 이런 측정법으로 자주 학업을 점검하면 교사는 학생의 진보에 따라 자신의 교수를 조정하게 되고, 학생들은 수업 참여도가 높아지게 된다. 따라서 학생들의 학업 성취도는 증가하고 문제행동은 감소하게 된다.

즉각적 피드백과 교정도 효율적 교수 방법에 해당한다. 정답을 말했을 때에도 칭찬과 함께 정답임을 알려 주어야 하지만, 오답을 말했을 경우에 직접적이고 명확하게 교정해 주어야 한다. 이때에 절대로 감정을 싣지 않고(예: "그것도 모르니?" 또는 "방금 한 것이지 않니?" 또는 "아휴, 답답해." 또는 "집중을 해야 알지?" 등) 방금 말한 답이 틀렸다는 사실만을 그대로 알려 주고(예: "그건 바른 답이 아니야.") 바른 답을 말해 준 다음(예: "정답은 ~야.") 정답을 따라 말하게 하는 것(예: "방금 말해 준 정답을 말해 볼래?")이 필요하다. 어떤 교사는 정답을 직접 말해 주지 않는 경향이 있다(예: "다시 생각해봐." 또는 "잘못된 게 뭘까?" 등). 그런데 구체적 피드백이 없으면 학생은 자기가 무엇을 잘못했는지도 모르고, 정답이 무엇인지도 모를 수 있다. 명확하고 적절한 오류교정은 학습을 훨씬 쉽게 해 준다.

최근에는 통합교육이 강조되고 실행되면서 통합된 장애학생들이 학습에 참여하지 못해서 문제행동을 보이는 일이 없도록 하고, 통합학급에서 다양한 수준의 모든 학생들이 의미 있게 학습에 참여하도록 하게 하기 위해 개발된 교수법으로 교수적 수정(박승희, 1999; 신현기, 2004)이나 다수준 포함 교수법(Collicott, 1991)이 있다. 교수적 수정이란 모든 학생이 의미 있게 학습에 참여하도록 해 주는 모든 지원과 조정을 의미한다. 다수준 포함 교수법이란 모든 학생이 자신의 수준과 상관 없이 동일 공간의 수업시간에 각자에게 의미 있는 학습을 할 수 있도록 수업을 운영하는 방법으로 교수적 수정의 한 방법이라 할 수 있다. 교수적 수정이나 다수준 포함 교수법의 자세한 소개는 이 책의 범위를 벗어나므로 관련 도서(박승희, 1999; 신현기, 2004; Collicott, 1991)를 참고할 수 있다.

그 외에도 학생의 실수를 최소화하게 하고 학습을 잘 안내하는 대표적 교수법은 직접교수법(Direct Instruction)이다(Watkins & Slocum, 2004). 직접교수법은 Sigfried Engelmann과 Douglas Carnine과 그들의 동료들이 개발한 것으로서 고도로 구조화된 일련의 구체적인 교수행동을 제시하고 교사를 위한 스크립트가 포함된 수업지도안을 제공한다. 직접교수는 어떤 기술을 시연할 때 사용할 최선의 표현, 학생의 실수를 교정하는 가장 효과적인 방법, 학생이 새로운 개념에 숙달되었음을 확인하는 데 필요한 예시의 숫자와 범위까지 제시하고 있다. 직접교수법을 사용하지 않더라도 학생들에게 학습목표를 말해 주고 수업지도안을 작성하여 수업을 진행하면 교사는 가르쳐야 할 내용에 초점을 맞출 수 있고 학생들이 모르거나 어려워서 학습을 피하기 위한 문제행동을 하는 것을 감소시킬 수 있다. 직접교수 방법을 구체적으로 적용하기 원하면 김윤옥(2005)의 『통합교육을 위한 직접교수의 원리와 실제』, Kame'enui 와 동료들(2005)의 『모든 수준의 학생들을 위한 수업설계 및 교재개발의 원리: 각 교과별 적용 예』 등의 책을 참고할 수 있다.

또한 수업시간에 학업과제가 주어졌을 때 문제행동을 일으킬 것이 예상되는 학생들에게는 과제를 수정하여 제시해 주는 것도 문제행동을 예방하는 방법이 된다. 과제하는 데 걸리는 시간을 줄여 주거나, 과제하는 데 드는 노력의 양을 줄여 주거나, 과제 방법을 바꾸어 줄 수도 있다. 이러한 내용은 바로 뒤이어 설명하는 선행사건 중재 적용에 더 구체적으로 제시하였다. 또한 수업을 시작할 때 수업시간의 기대행동을 언급해 주기만 하는 것도 도움이 된다. 이는 언어적 촉구를 주는 것과 같다.

| **6** | 선행사건 중재 적용 |
|---|---|

이 책의 3장 '행동의 기능평가와 가설 세우기'에서 문제행동에 대한 기능평가의 목적은 문제행동의 발생 원인을 찾는 것, 즉 문제행동을 유발 또는 유지하게 하는 환경적 원인을 찾아 그에 대해 가장 효과적인 중재를 적용하는 데 있다고 했다. 이렇게 문제행동이 발생하기 전에 예방을 위해 문제행동의 유발요인이 되는 환경을 재구성하는 것을 선행사건(문제행동 직전에 발생하는 사건) 중재라 한다. 다시 말하자면, 선행사건 중재란 문제행동의 발생 원인이 될 수 있는 선행사건들을 수정하거나 제거하여 더 이상 문제행동을 일으키는 요인으로 작용하지 않도록 하는 것을 의미한다(Bambara & Kern, 2008). 그러므로 앞에서 제시한 방법들, 즉 기대행동과 그에 대한 구체적인 사회적 행동을 결정하여 가르치고, 일과 시간표를 조정하고, 환경의 물리적 구조를 변경하고, 성인들의 관심과 감독을 증가시키고, 효율적 교수 방법을 적용하는 것 등은 일반적으로 광범위하게 적용할 수 있는 선행사건 중재라고 볼 수 있다.

Scheuermann과 Hall(2009)은 문제행동을 예방하고 대체행동을 증가시키는 선행사건 중재로 〈표 8-5〉와 같은 내용을 제안했다.

❖ **〈표 8-5〉 선행사건 중재의 예**

- 교실 환경에 대한 규칙과 절차를 가르친다.
- 명확하고 구체적인 지시를 제공한다.
- 요구되는 과제수행 시간을 알 수 있도록 타이머를 사용한다.
- 좀 더 짧은 과제를 제공한다.
- 자료의 선택, 과제의 순서 또는 학습과제를 할 때 어느 부분에서 과제를 끝마칠 것인지에 대한 선택을 제공한다.
- 과제의 형태를 변경한다(예: 쓰기보다는 테이프로 녹음하게 하기, 일반적인 쓰기 과제보다 이야기 웹으로 구성하기 등).
- 할당된 과제를 수행하는 데 필요한 기술을 가지고 있는지 확인한다.
- 과제의 흥미 수준을 높인다.
- 수업과 수업 이동 시간 등을 구조화한다.
- 물리적 환경을 수정한다(예: 알맞은 학생 수의 배치, 학생 간의 거리 확보, 주의 끄는 자극물 제거 등).
- 과제를 더 흥미롭게 하여 참여 수준을 높인다.

- 근접 통제(학생 가까이 가기)를 제공한다.
- 기억하게 하는 표시를 제공한다(예: 책상이 놓여야 할 곳을 바닥에 테이프로 표시하기, 교실의 놀이 영역의 경계 표시 등).

　구체적 문제행동에 대한 직접적인 선행사건 중재를 개발하기 위해서는 기능평가를 실시하여 행동의 기능을 찾고(3장 참조), 문제행동을 유발하는 특정 선행사건을 찾아서 수정하거나 제거하여야 한다. 이때 수정하고자 하는 것이 일반적인 것일 수도 있지만, 특정 문제행동에 대해서는 종합적인 정보 수집을 통하여 문제행동을 유발하는 특정한 선행사건을 파악하는 것이 필요하다. 이를 위해서 문제행동의 기능평가가 요구된다.

　3장에서 살펴보았듯이 문제행동의 기능은 크게 얻고자 하는 것과 피하고자 하는 것으로 구분해 볼 수 있다. 학생들이 얻고자 하는 것은 사람들의 관심, 활동, 물건, 또는 감각적 자극일 수 있다. 무엇인가를 얻고자 문제행동을 한다면 그에 대한 선행사건 중재는 원하는 것을 얻기 위해 문제행동을 해야 할 필요를 없애 주는 것으로 이루어질 수 있다. 즉, 문제행동이 발생하기 전에 원하는 것을 계획적으로 제공해 주면 되는 것이다. 이를 위해 교사가 학생과 함께 작업을 하거나, 주기적으로 학생에게 관심을 주거나, 또래교수를 실시하여 급우의 관심을 받게 해 주거나, 교사가 학생들 책상 사이로 자주 돌아다니며 학생 가까이 가거나, 학생의 책상을 교탁 가까이로 옮기거나, 학생이 선호하는 활동에 참여시키거나, 주변을 감각적 자극이 풍부한 환경으로 바꾸어 주는 방법 등이 있다(Bambara & Kern, 2008). 실제로 노현정과 이소현(2003)은 아동에게 주는 과제에 선호 활동을 삽입하여 주고, 과제를 할 때 교사가 아동 가까이에서 지켜보는 것으로 문제행동을 감소시키고 과제수행률을 높였다. 또한 좋아하는 활동을 못하게 되거나 좋아하는 물건을 계속 갖지 못할까 봐 문제행동을 하는 경우에는 활동이 끝날 시간을 미리 알려 주거나 선호도에 따른 활동 시간표를 계획하여 학생으로 하여금 다음 활동을 예측할 수 있는 환경을 만들어 주는 것이 필요할 수 있다.

　다음으로 아동들이 무엇인가를 피하기 위해 문제행동을 한다면 그에 대한 선행사건 중재는 먼저 피하려고 하는 지시나 과제를 수정해 주는 것으로 이루어질 수 있다. 예를 들어, 지나치게 어려운 과제나 활동은 그 난이도를 낮추어 주거나, 과제의 양이 많은 경우는 줄여 주거나, 과제하는 중간에 휴식시간을 갖게 하거나, 과제를 수행하는 방법을 좀 더 쉬운 방법으로 바꾸어 줄 수 있다. 또한 학생에게 선택의 기회를 주는 것으로 회피에 따른 문제행동을 감소시킬 수도 있다. 선택의 기회는 학생에게 자신이 선택했다는 것만으로도 강화가 될 수 있다. 한 수업시간에 이루어질 활동(예: 세 종류의 쓰기 과제 중에서 선택하게 하기)이나 자료의 유형(예: 필기도구 유형이나 색깔을 선택하기)이나 과제수행 장소(예: 책상 위, 교실 바닥 등) 등을 선택하게 할 수도 있다. 그 외에도 주어지는 과제 자체가 학생에게 의미 있고 기능적인 것이 되도록 하는 것도 지루한 활동을 피하기 위해 문제행동을 감소시키는 선행사건 중재에 해당한다. 예를 들어, 책을 소리 내어 읽게 하기보다는 자신이 책 읽는 것을 녹음해 보게 하는 것이, 책에 있는 문장제 수학 문제를 풀게 하는 것보다는 학급 파티를 위한 예산을 세우게 하는 것이, 받아쓰기에서 틀린 글씨를 반복하여 고쳐 쓰게 하기보다는 학생이 자주 이용하는 버스 노선도에 나오는 정류장 이름을 써 오게 하는 것이 학생에게는 더 의미 있고 기능적인 활동일 것이다.

Bambara와 Kern(2008)은 행동의 기능과 관련된 선행사건 중재의 예를 〈표 8-6〉과 같이 제시하였다.

❖ **〈표 8-6〉 행동의 기능과 관련된 선행사건 중재의 예**

| 행동의 기능 | 중재의 예 |
|---|---|
| 얻고자 함<br>(관심, 물건,<br>감각자극) | • 성인과 함께 작업<br>• 성인이 주기적으로 관심 제공<br>• 또래와 짝을 지어 주기<br>• 또래교수<br>• 좌석 배치를 바꾸어 주기<br>• 교사가 주기적으로 교실을 돌아다니기<br>• 교사가 다른 일을 해야 할 때는 아동이 선호하는 과제 하게 하기<br>• 좋아하는 활동을 마칠 시간이 되었음을 미리 알려 주기<br>• 아주 좋아하는 활동과 좋아하지 않는 활동 사이에 보통으로 좋아하는 활동 넣기<br>• 선호 물건을 손 닿는 곳에 두기<br>• 흥미로운 자극이 있는 활동으로 환경 구성<br>• 청각적 또는 시각적 자극 제공 |
| 피하고자 함<br>(활동) | • 쉬운 과제 제시<br>• 아동에게 선택의 기회 제공(과제 순서, 재료, 장소, 시기 등)<br>• 아동의 취미나 관심사를 포함하기<br>• 의미 있고 가치 있는 성과가 이루어질 수 있는 활동 제공 |

(계속)

- 짧은 활동 제공
- 쉬는 시간 자주 주기
- 자료의 변경
- 필기도구 대신 컴퓨터 사용 허락
- 어려운 과제 전에 쉬운 과제 제시
- 활동의 변화에 대한 단서 제공
- 교사가 즐거운 목소리 사용하기

출처: Bambara & Kern (2008).

위에서는 문제행동의 기능을 간단하게 얻고자 하는 것과 피하고자 하는 것으로 나누어 보았지만, 문제행동의 기능과 문제행동을 유발하는 선행사건을 파악하는 것은 언제나 간단하고 쉬운 일이 아니므로 종합적 정보 수집이 중요하다. 또한 선행사건 중재를 사용할 때는 대체행동을 함께 지도하는 것이 필요하며, 대체기술이 습득된 경우에는 선행사건 중재를 점진적이고 체계적으로 제거해 나가는 것이 필요하다.

# 7 | 배경사건 중재 적용

학생의 문제행동을 지원하는 데 있어서 배경사건의 이해는 대단히 중요한데도 지금까지 큰 주목을 받지 못한 것이 사실이다. 배경사건은 선행사건이나 즉각적인 환경적 사건이 문제행동의 촉발요인으로 작용할 가능성에 영향을 미치는 사건을 의미한다(Bambara & Kern, 2008). 다시 말하면 선행사건에 대한 반응 가치를 높임으로써 행동의 발생 가능성을 높여 주는 환경적 사건이나 상태나 자극을 말한다. 예를 들어, 교실 밖에서 또래와 큰 싸움을 하고 교실에 들어왔는데 교사가 힘든 과제를 지시했다고 하자. 이때 큰 싸움은 학생에게 힘든 과제를 피하고 싶은 마음이 커지도록 작용하며, 평소처럼 주어지는 교사의 칭찬은 크게 효과를 거두지 못하도록 작용할 것이다. 따라서 학생은 교사의 힘든 과제 제시에 대해 소리를 지르고, 과제 재료를 바닥에 집어던지며, 교실 구석으로 가서 앉아 있는 것으로, 결국 힘든 과제를 피할 수 있게 된다. 여기에서 친구와의 싸움이 과제를 거부하는 행동의 선행사건은 아니지만, 과제 거부 행동의 발생 가능성을 높여 준 것을 알 수 있다. 또 다른 예로 학생이 아침을 먹지 않고 등교한 경우, 학생에게 음식의 가치는 더 커지게 된다. 그런 상황에서 교실 탁자에 간식이 놓여 있다면 학생은 탁자로 달려가 간식을 집어먹으려 할 수 있다. 여기에서도 마찬가지로 아침을 먹지 않은 것이 함부로 음식을 먹는 행동에 대한 선행사건은 아니지만 허락 없이 음식을 먹는 행동의 발생 가능성을 높여 준 것이다.

이와 같이 배경사건은 평소의 강화나 벌의 가치를 일시적으로 바꾸어 버리고 문제행동의 촉발요인으로 작용하게 되어 평소와 똑같은 교사의 과제 제시에 대해 학생의 전혀 다른 반응을 가져오게 할 수 있다. 배경사건이 될 수 있는 것으로는 피곤, 질병, 마약, 음식의 포만이나 박탈, 수면이나 월경 같은 생리적 주기, 온도나 소음 수준 같은 환경 특성, 한 가지 활동에서 다른 활동으로의 전이, 누가 함께 있는지에 따른 사회적 상호작용의 어려움 같은 사회문화적 상황, 약물 부작용, 물리적 배치 등 여러 가지가 될 수 있다.

그러나 배경사건이 학생의 행동에 영향을 준다는 것을 안다고 할지라도, 배경사건은 시간적으로는 선행사건보다 앞서며 공간적으로는 문제행동 발생 장소와 다른 경우가 많고, 교사의 통제권 밖에 있어 직접 제거하기 어려운 경우가 많아서 대부분의 교사는 배경사건에 대한 정보 수집에는 소극적이다. 그런데 Horner와 동료들(2007)은 배경사건의 정보를 효과적으로 사용하여 15명의 지적장애인의 문제행동을 크게 감소시키는 데 성공한 것으로 보고하였다. 그들은 배경사건에 대한 정보를 수집하여 교사들이 적극적으로 사용할 것을 권하면서, 배경사건 중재로 ① 배경사건 제거하기, ② 선행사건 수정하기, ③ 배경사건의 영향을 개선하기를 제안하였다. 그들이 제안한 첫 번째 방법인 배경사건의 제거는 배경사건이 통제될 수 있는 경우에 가능하다. 예를 들어, 수면 부족이 문제행동을 일으킨다면 충분한 수면을 확보하도록 부모님께 부탁하여 수면 부족을 제거할 수 있다. 그러나 배경사건이 통제 범위를 넘어서는 경우에는 두 번째 방법인 선행사건의 수정을 적용할 수 있다. 예를 들어, 수면 부족으로 문제행동을 일으킨다면 학생이 수면 부족으로 파악된 날은 선행사건이 될 수 있는 과제 제시를 짧게 해 주거나 쉬운 과제를 주는 것이다. 또 다른 예로, 학교 버스가 늦은 것 때문에 짜증이 나 있는 경우에 첫 수업이 체육이라면 학생이 싫어하는 에어로빅을 하게 하기보다는 선호하는 스트레칭을 하도록 선행사건을 변경할 수 있다. 세 번째로 통제 범위 밖에 있는 배경사건의 경우에 취할 수 있는 다른 방법은 배경사건의 영향을 개선하는 것이다. 예를 들어, 생리통으로 인해 문제행동을 보인다면 따뜻한 복대를 하게 하거나 진통제를 복용하게 하는 방법이 여기에 해당한다. 또는 일정이 바뀔 때 심각한 문제행동을 보이는 자폐증을 지닌 학생의 경우,

매일 하루 일과를 시작하기 전에 그날은 누가 지원을 제공하며 어떤 활동이 누구에게 지원되는지 검토하는 시간을 먼저 갖게 하는 것으로 문제행동을 예방할 수 있다. 즉, 선행자극이 제시되기 전에 배경사건의 영향을 제압할 수 있는 활동을 제공해 주는 것이다. 이와 같이 배경사건 중재란 선행사건 중재와 마찬가지로 문제행동의 촉발요인을 제거하거나 변화시켜서 더 이상 문제행동을 일으키는 요인으로 작용하지 못하도록 하는 것을 뜻한다. 그러므로 교사는 학생의 문제행동에 대해 반드시 배경사건을 조사하여 알아보고 효율적으로 그 정보를 사용하는 것이 필요하다.

배경사건 중재나 선행사건 중재는 대부분 문제행동을 감소시키기 위해 일시적으로 적용하는 것이므로, 학생이 배경사건이나 선행사건 중재를 필요로 하지 않을 만큼 대체기술을 습득하게 되면 배경사건이나 선행사건 중재는 소거시키는 것이 바람직하다.

## 8 │ 대체기술 교수

선행사건 중재는 학생이 아닌 학생 주변의 물리적 환경, 사회적 환경 또는 교수 환경의 변화를 의미하는 것이다. 그런데 교사가 언제나 학생들 곁에서 이러한 선행사건 중재를 계속 제공해 주는 것은 어렵기 때문에 학생에게 문제행동이 아닌 바람직한 방법으로 자신이 원하는 것을 요구할 수 있고, 원하지 않는 것을 피할 수 있는 기술을 직접 가르쳐 주는 것도 문제행동을 예방하는 중요한 방법이다. Bambara와 Knoster(1998)는 이러한 기술을 대체기술이라고 명명하고 이를 다시 교체기술(replacement skills), 대처 및 인내기술(coping and tolerance skills), 일반적 적응기술(general adaptive skills)의 세 종류로 분류하였다. 첫째, 교체기술은 문제행동과 같은 결과를 가져올 수 있는 바람직한 기술을 의미한다. 즉, 문제행동과 교체할 수 있으면서 사회적으로 바람직한 기술이다. 예를 들어, 친구가 가지고 노는 장난감을 갖고 싶을 때 그냥 빼앗거나 친구를 때리는 것이 아니라 갖고 놀고 싶은 장난감을 친구에게 요청하는 기술이 뺏거나 때리는 행동에 대한 교체기술이다. 그러므로 교체기술을 가르치기 위해서는 문제행동과 동일한 결과를 가져오는 바람직한 기술이 무엇인지 찾아야 한다. 이런 기술은 문제행동 발생 후에 가르칠 것이 아니라 문제행동이 발생하기 전에 가르쳐야 하고, 문제행동이 발생할 수 있는 상황에서 사용할 수 있도록 촉진하는 것이 바람직하다. 예를 들어, 아이가 친구들과 놀기 시작하면 바로 갖고 놀고 싶은 장난감이 있으면 친구에게 가지고 놀아도 되는지 물어봐야 한다고 말해 줄 수 있다.

　연구자들은 교체기술을 선택하는 기준으로 ① 노력, ② 결과의 질, ③ 결과의 즉각성, ④ 결과의 일관성, ⑤ 처벌 개연성을 제시하였다(Halle, Bambara, & Reichle, 2008). 이 기준들을 풀어서 설명하면, 학생이 습득해야 할 교체기술(예: 요청하기)은 학생이 나타내고 있는 문제행동(예: 때리고 뺏기)보다 최소한 더 어렵지 않아야 하고, 동일하거나 더 나은 결과를 가져와야 하며, 초기에는 교체기술을 사용했을 때 즉각적인 긍정적 반응을 받을 수 있어야 효과적이라는 것이다. 또한 교체기술의 계속적 사용을 위해서는 학생이 교체기술을 사용했을 때 주변 사람들이 일관되게 적극적이며 즉각적으로 반응해 주는 것이 필요하고, 문제행동에 대해서는 혐오적 결과가 주어지고 교체기술 사용에 대해서는 언제나 긍정적 경험이 주어지도록 해야 한다. 그렇게 할 때, 학생은 문제행동보다는 교체기술이 자신이 원하는 것을 얻는 데 훨씬 더 효과적이라는 것을 명확히 알게 된다.

　무엇인가를 얻고자 하는 것이 문제행동의 기능일 때는 주로 원하는 물건이나 활동, 관심을 바람직한 방법으로 요청하기를 교체기술로 가르칠 필요가 있다. 예를 들어, 갖고 싶은 물건이 닿지 않을 때 소리 지르며 발을 동동 구르지 않고, 갖고 싶은 물건을 손가락으로 가리키도록 가르칠 수 있다. 무엇인가를 피하고자 하는 것이 문제행동의 기능일 때는 적절한 방법으로 거절하기, 쉬는 시간 요청하기, 도움 요청하기 등을 배워야 한다. 예를 들어, 과제가 어려우면 팔을 물어뜯는 대신에 의사소통판에 있는 도움 요청하기 해당 버튼을 누르도록 가르칠 수 있다. 이렇게 문제행동을 의사소통의 형태로 이해하고, 바람직한 방법으로 자신의 원하는 바를 전달하도록 가르치는 방법이 기능적 의사소통 훈련(functional communication training)이다. 즉, 문제행동에 대한 교체기술을 기능적 의사소통 훈련으로 가르치는 것이다. 기능적 의사소통 훈련을 위해서는 반드시 먼저 문제행동의 기능이 파악되어야 하고, 문제행동과 동일한 기능을 가지면서 사회적으로 수용되는 의사소통 수단을 찾아 가르쳐야 한다. 파괴적이고 공격적인 문제행동을 교체할 수 있는 적절한 의사소통 수단으로는 구어로 말하기, 수화 사용하기, 손가락으로 가리키기, 버튼 누르기, 상징 만지기, 고개 끄덕이기, 카드 들어올리기 등 다양한 방법이 있다.

두 번째 대체기술에 해당하는 대처 및 인내 기술은 힘들고 재미없는 상황에서 문제행동을 하지 않고 인내하며 대처할 수 있는 기술을 의미한다. 즉, 자신이 상황을 변화시킬 수 없을 때에도 문제행동이 아닌 사회적으로 받아들여지는 대처기술을 사용할 수 있어야 하는 것이다. 예를 들어, 친구에게 장난감을 요청하는 교체기술을 사용했으나 거절당했을 때 거절을 수용하고 기다릴 수 있어야 한다. 이렇게 원하는 것이 즉각 이루어지지 않았을 때 기다리고 견디는 것은 강화를 지연시키는 방법을 통해 훈련할 수 있다. 힘들고 어려운 상황을 참고 기다리는 인내하기는 직접적이고 체계적으로 가르쳐야 한다. 강화지연법이란 학생이 요구하는 것에 대해 필요한 교체기술을 가르치면서 점진적으로 시간 간격을 늘려 가며 강화를 지연시키는 것이다. 예를 들어, 교사의 관심을 받고자 소리를 지르고 책상을 두드리는 학생에게 교사는 먼저 교체기술(예: '도와주세요'라고 쓰인 카드 들기)을 사용하도록 촉구를 적용한다. 학생이 교체기술을 사용하면 교사는 "잠깐만!"이라는 말과 함께 신호를 주고, 정한 시간만큼 기다린 후에 바로 가서 관심을 주면 된다. 이때에 기다리는 시간은 점점 증가시키고 교체기술 사용에 대한 촉구는 점진적으로 소거시킨다.

불편한 상황에 대처하는 방법에는 화가 난 상황에서 화를 조절할 수 있도록 하는 분노조절 훈련, 깊은 호흡을 하거나 근육의 긴장을 이완시켜서 흥분을 가라앉히도록 하는 긴장완화 훈련, 문제 상황이나 문제의 유발요인을 파악하고 문제에 대한 해결방안을 찾고 평가한 후 대안적 방법으로 반응하도록 하는 사회적 문제해결 훈련, 스스로 목표를 설정하고 자신의 행동을 점검하고 스스로 강화하고 평가하도록 하는 자기관리 기법 등이 있다. 이러한 대처기술에 대해서는 13장에서 더 자세히 설명하였다. 학생들에게 직접 사용할 수 있도록 출판된 프로그램으로는 불안하고 긴장된 상황에서 적용할 수 있는 '현실 검증하기'나 '근육 이완법'을 소개하는 Rapee와 동료들(2004)의 『불안하고 걱정 많은 아이, 어떻게 도와줄까?』가 있고, 문제해결 프로그램으로는 Vernon(2005a, 2005b)의 『생각하기, 느끼기, 행동하기』가 있으며, 갈등해결 프로그램으로는 Teolis(2005)의 『폭력이 없는 평화로운 학교 만들기』 등이 있다.

세 번째 대체기술은 일반적 적응기술인데, 이는 문제행동을 예방할 수 있으면서 의미 있는 생활을 향상시킬 수 있는 기술을 뜻한다. 예를 들어, 어려운 학습문제를 피하기 위해 문제행동을 하는 학생에게는 '학업기술'이 일반적 적응기술에 해당한다. 왜냐하면 학업기술을 갖게 되면 문제행동을 예방하게 될 뿐 아니라 학생의 학교생활에서 성취를 경험하게 해 주기 때문이다. 마찬가지로, 또래와의 상호작용의 어려움 때문에 문제행동을 하는 학생에게는 '사회성 기술'이 일반적 적응기술이다. 사회성 기술이 향상되면 문제행동을 예방하고 친구들과 원만히 지낼 수 있게 되므로, 사회적 상호작용의 어려움으로 인한 스트레스도 감소될 것이기 때문이다. 여기에서는 일반적 적응기술로 사회성 기술을 살펴보고자 한다.

사회성 기술은 구체적으로 계획하고 체계적으로 가르쳐야 한다. 먼저 학생의 현재 사회적 기술의 수준을 알아야 지도 방향을 정할 수 있다. 즉, 학생에게 새로운 행동을 가르쳐야 할 것인지, 아니면 이미 학생의 행동목록(behavior repertoire) 속에 있지만 잘 표현되지 못하고 있는 사회성 기술을 환경적 조정을 통해 강화시킬 것인지 결정하게 된다. 학생이 문제행동을 하는 것은 아직 바람직한 행동(사회성 기술)을 배운 적이 없어 그러한 상황에서 어떻게 적절히 행동해야 하는지 모르는 기술 결함 때문일 수 있고, 혹은 바람직한 행동을 하게 할 만큼 강화요인이 충분치 못하거나, 거꾸로 문제행동이 강화되고 있기 때문에 나타나는 수행 결함의 문제일 수도 있다. 이러한 사회성 기술의 현재 수준을 알아보기 위한 방법으로는 사회성 기술과 관련한 자기 상태를 표현하는 자기 보고법, 또래에게 아동이 어떻게 인지되고 있는지 알아볼 수 있는 지명도 측정법이나 교우도 검사법, 교사나 부모처럼 아동을 잘 알고 있는 사람에게 질문지나 평가척도를 완성하게 하는 행동평정척도검사, 자연적인 상황이나 혹은 훈련이 이루어지는 때처럼 꾸며진 상황에서 학생 행동을 살펴보는 직접 관찰법 등이 있다(Gresham & Elliott, 1984).

학생의 사회성 기술의 현재 수준을 알고 나면 부족한 사회성 기술을 가르쳐야 한다. 사회성 기술은 일반적으로 설명, 모델링, 시연, 피드백, 연습과 같은 요소들을 중심으로 가르친다(김황용, 1996). 첫째, 가르쳐야 할 사회성 기술에 대해 학생에게 설명해야 한다. 많은 경우, 문제행동을 하는 학생은 부적절한 행동의 혐오스러운 결과와 적절한 행동에 따른 유익한 결과에 대해 무지하고, 자신의 행동과 그 결과를 잘 연결 짓지 못한다. 그러므로 학생에게 사회성 기술의 중요성, 즉 왜 이것을 배워야 하는지에 대해 알려 주어야 한다. 사회성 기술의 중요성에 대해 설명한 후에는 습득해야 할 사회성 기술의 구체적인 내용과 실행단계를 설명해야 한다.

사회성 기술에 대한 설명 뒤에는 모델링(시범)을 통해 사회성 기술을 보여 주어야 한다. 모델링은 학생이 다른 사람의 사회적 행동을 관찰하고 모방함으로써 학습이 이루어지게 하는 것이다. 교사는 시범을 보일 사회성 기술의 구체적인 내용이나 실행단계를 흑판 같은 곳에 붙여 놓아 사회성 기술 훈련에 참여한 아동들이 수시로 볼 수 있게 하는 것이 좋다. 그리고 시범을 보이기 전에 문제 상황을 상세히 설명해야 한다. 시범이 끝난 후, 자신들의 관찰 내용으로 효과적인 사회성 기술 실행에 대해 서로 토의할 수 있다. 학생이 바람직한 사회성 기술을 정확하게 이해하고 바르게 행동하게 되면, 교사는 부적절한 행동의 예도 시범 보일 필요가 있다. 부적절한 행동의 예들은 학생으로 하여금 적절한 행동을 구별할 수 있도록 돕는 역할을 한다.

다음 단계로 학생들은 시연을 통해 역할을 나누어 새로 배운 행동을 실행하고 연습해 보아야 한다. 교사는 시범을 보인 사회성 기술이 점진적으로 학생들에 의해 시연될 수 있도록 조정해야 한다. 즉, 초기에는 교사와 학생 사이의 시연이 충분히 이루어지게 한 후, 서로 다른 학생들끼리의 시연이 이루어지게 한다. 그리고 매우 조직적인 상황에서 시작하여 점차 즉흥적이고 덜 구조적인 상황으로 변화시키는 것이 좋다.

학생들이 시연을 한 뒤에는 피드백이 주어져야 한다. 피드백은 학생으로 하여금 자신의 행동을 수정할 수 있는 기회를 제공하여 사회성 기술을 향상시키는 역할을 한다. 피드백은 여러 가지 모양으로 이루어질 수 있는데, 구두 설명이나 칭찬이 가장 흔한 형태다. 또한 학생의 적절한 반응에 따라 강화물이 주어지는 것이 좋은데, 학생이 자신의 행동을 스스로 평가하는 자기평가도 피드백의 한 유형이다. 어떤 형태의 피드백이든 상황에 맞게 최대한 구체적인 설명과 칭찬이 함께 주어져야 한다. 피드백은 교사뿐 아니라 또래도 함께 참여할 수 있다. 이를 위해서 교사는 피드백을 줄 학생에게 친구에게 피드백을 주기 위해서 친구가 사회성 기술을 시연할 때 무엇을 관찰해야 하는지 구체적 기준을 제시해 주는 것이 필요하다. 예를 들어, 인사하기를 배우는 중이라면, 한 또래에게는 ○○가 인사하기를 할 때 목소리 크기가 적당했는지를 확인하게 하고, 다른 또래에게는 ○○가 눈을 맞추었는지 확인하게 하며, 또 다른 또래에게는 ○○가 미소를 보였는지를 확인하게 할 수 있다. 이렇게 하는 것을 통해 한 학생이 연습하는 것을 지켜보는 학생들에게 사회성 기술의 구성 요소가 무엇인지를 복습할 기회를 주며, 각 요소가 실행되었는지를 눈여겨보는 관찰 연습의 기회를 제공할 수 있다.

마지막으로 이미 배운 사회성 기술은 주기적으로 반복하여 연습할 수 있도록 해야 한다. 새로 습득된 사회성 기술이 안정적으로 실행되면, 점차 덜 구조적인 형태로 학생 스스로 연습할 수 있도록 하는 것이 좋다. 비형식적인 역할놀이 형태의 게임을 이용한다든지 만화의 상황을 활용하여 사회성 기술을 복습하게 할 수도 있다. 혹은 사회성 기술과 관련된 낱말 맞추기 게임이나 그림 그리기 등을 할 수도 있다. 학생들에게 갈등 상황의 예를 제시하고, 역할놀이를 통해 이미 배운 사회성 기술을 연습하게 할 수도 있다. 그리고 배운 사회성 기술이 적용될 상황이 다가오면 촉구(10장 참고)를 제공하여 그 기술을 사용할 수 있도록 알려주고, 그 상황에서 학습한 사회성 기술을 잘 사용하면 정적 강화를 주는 것을 잊지 말아야 한다. 이렇게 사회성 기술을 가르치는 단계는 앞에서 설명한 기대행동에 대한 구체적인 사회적 행동을 가르치는 것과 유사함을 알 수 있을 것이다.

[그림 8-6]은 '화 다스리기'에 대한 사회성 기술 수업안의 예를 제시한 것이다.

---

**사회성 기술 이름: 화 다스리기**

"오늘 우리는 화를 다스리는 법을 배울 것입니다."
Q. 각 아동들에게 질문: "오늘 무엇을 배울 것이지요?"
(화를 다스리는 법)

"때로 우리는 화가 납니다. 화가 나면 나는 몸이 뜨거워지는 것을 느낍니다."
Q. 각 아동에게 질문: "○○는 화가 났을 때 무엇을 느끼니?"
예) 어깨에 힘이 들어감, 배가 아픔, 주먹에 힘이 들어감, 미간을 찌푸림, 손바닥에 땀이 남

**중요 규칙의 설명**
"우리가 화가 날 때 가장 중요한 것은 우리가 하던 것을 멈추는 것입니다."
Q. 각 아동에게 질문: "○○가 화가 날 때 어떻게 해야 하지요?"
(하던 것을 멈춰요.)

**사회성 기술의 정의/하위요소**
"화를 다스리는 데는 4단계 방법이 있습니다."
"기억하세요. 화가 났을 때 가장 중요한 것은 멈추는 것입니다."
"멈춘 다음에는 내가 할 수 있는 가장 좋은 방법을 골라야 합니다. 예를 들어, 화난 감정을 혼잣말로 이야기하거나, 다른 사람에게 말하거나, 무시하거나, 밖으로 나가거나, 나중에 이야기하거나……"
"가장 좋은 방법을 고른 다음에는 그 방법을 실행하는 것입니다."
"실행한 후에는 어떻게 되었는지 확인해야 합니다."

"오늘 우리는 화가 났을 때 가장 중요한 것……'멈추기'를 할 것입니다."

(계속)

Q. 각 아동에게 질문: "화를 다스리는 가장 중요한 첫 번째 방법은 뭐지?"
　　　　　　　　　(멈추기)

"화가 났을 때 멈추는 방법은 여러 가지가 있어요."
 – 깊은 숨쉬기
 – 10까지 세기
 – 어깨를 내려뜨리기
 – 주머니에 손 넣기

Q. 각 아동에게 질문: "○○가 화났을 때는 멈추기 위해 무얼 할 수 있지요?"
　　　　　　　　　(　　　　　　　　　)

---

**시범**
"내가 화났을 때 어떻게 멈추는지 먼저 보여 줄게요."
"잘 보고 무엇이 나를 화나게 했는지, 내가 멈추기 위해 무얼 했는지 말해 보세요."
예) 복도에서 누군가가 내 어깨를 부딪쳤다.
　　줄 서 있는데 끼어 들었다.
　　내게 욕을 했다.

Q. 각 아동에게 질문: "나를 화나게 한 것이 뭐지요?"  (　　　　)
　　　　　　　　　 "내가 화났을 때 뭘 했지요?"  (　　　　)
　　　　　　　　　 "멈추기 위해 무엇을 했지요?"  (　　　　)

---

**시연/역할극**
"자, 이제 여러분이 화를 다스리는 방법으로 화를 멈추는 것을 보여 줄 차례입니다."
예) 내 새 신발을 누가 밟았다.
　　묻지도 않고 내 연필을 가져갔다.
　　내 새 빗을 빌려 갔다가 돌려주었는데 더러웠다.
　　전화하기로 한 약속을 친구가 잊어버렸다.

"○○를 화나게 한 것이 무엇인지, 멈추기 위해 무얼 했는지 잘 보고 말해 보자."

Q. 각 아동에게 질문: "○○를 화나게 한 게 뭐지?" (　　　　)
　　　　　　　　　 "○○가 화가 나서 어떻게 했지?" (　　　　)
　　　　　　　　　 "○○가 화를 멈추려고 무엇을 했지?" (　　　　)

---

**복습/연습**
"오늘 우리는 화를 다스리는 법을 얘기했어요."
Q. 각 아동에게 질문: "○○는 화가 났을 때 어떻게 느끼나요?" (　　　　)

"우리는 오늘 가장 중요한 첫 번째 단계를 살펴보았어요."

(계속)

Q. 각 아동에게 질문: "화가 났을 때 가장 먼저 해야 하는 가장 중요한 게 뭐지요?"
(멈추기)

"우리가 화가 났을 때 멈출 수 있는 여러 방법이 있어요. 나는 깊은 숨을 쉬고 어깨를 떨어뜨려요."

Q. 각 아동에게 질문: "○○는 화를 멈추기 위해 무얼 하나요?"

---

평가

"새로운 예를 들어 해 봅시다."

예) 친구가 재킷을 찢어 놓았다.

　　내가 하지 않은 것을 했다고 우긴다.

Q. 각 아동에게 질문: "○○를 화나게 한 게 뭐지요?" (　　　　　)

　　　　　　　　　　　"○○는 무얼 했나요?" (　　　　　)

　　　　　　　　　　　"○○가 어떻게 멈추었지요?" (　　　　　)

---

숙제

"숙제는 영미 이야기를 읽고, 질문의 답을 찾는 것입니다. 첫째, 영미를 화나게 한 게 무엇인지, 둘째, 영미는 화가 났을 때 무엇을 느꼈거나 했는지 찾는 것입니다."

Q. 각 아동에게 질문: "숙제로 무엇을 읽어야 하지요?" (　　　　　)

　　　　　　　　　　　"이야기에서 무엇을 찾아야 하지요?" (　　　　　)

"내일 우리는 숙제를 검토하고, 오늘 배운 것을 복습하고 난 후에 화를 다스리는 다른 단계인 최선의 방법 고르기, 실행하기, 평가하기를 배울 것입니다."

---

〈영미 이야기〉

영미와 미숙이는 인형들을 가지고 놀고 있었어요. 미숙이가 영미가 가지고 놀고 있는 큰 인형을 뺏으려고 했고 영미는 큰 인형을 주지 않으려고 했어요. 미숙이는 영미 옷에 침을 뱉고 영미를 발로 걷어찼어요. 영미는 소리를 지르면서 울었어요.

[그림 8-6] **사회성 기술 수업안의 예 1**

[그림 8-7]은 유아들에게 '실내에서 사용하는 조용한 목소리 사용하기'를 가르치
는 사회성 기술 수업안의 예이다.

---

• 사회성 기술 : 실내에서 안전하고 조용한 목소리 사용하기

• 단계:
　1. 실내의 안전을 위한 방법으로 '조용한 목소리 사용하기'에 대한 개념을 소개한다.
　2. 교사는 큰 소리와 조용한 소리의 차이를 묘사하고 모방한다.
　3. 교사와 친구들이 들을 수 있도록 하는 것이 왜 안전하고, 친절하며, 중요한 것인지 설
　　명한다.
　4. 조용한 시간의 필요성과 중요성(예: 조용한 목소리를 사용하면 지시를 들을 수 있음)을 설
　　명한다.
　5. 교사는 유아의 질문을 받으며 이해됐는지 검토한다.
　6. 교사가 손들기, 음악을 켜고 *끄기*, 불을 켜고 *끄기*와 같이 주의집중을 위한 신호
　　(attention signal)를 사용하여 하던 일을 멈추고 경청해야 할 시간임을 알린다.

• 과제: 유아에게 조용한 소리가 무엇이며, 조용한 소리를 언제 사용하는지 물어보도록 하
　는 내용의 알림장을 부모에게 보내기

| 모델링/역할놀이 | 가능한 재료 | |
|---|---|---|
| 1. 교사는 조용한 목소리 시범을 보인다. | 큰 소리와 작은 소리를 나타내기 위한 손 인형 | |
| 2. 학생은 조용한 목소리 시범을 보인다. | 첫 번째 시나리오: 아픈 손 인형이 선생님을 소리쳐 부르나 선생님은 교실이 너무 소란하여 그 소리를 들을 수 없다. | |
| 3. 교사는 한 주 동안 매일 사전 교정을 사용한다. | 두 번째 시나리오: 미술시간에, 두 소년이 큰 소리로 말하고 있어서, 친구들은 선생님의 지시를 들을 수 없다. | |

• 기타 정보:

출처: Stormont 외, (2012).

---

[그림 8-7] **사회성 기술 수업안의 예 2**

　　[그림 8-6]나 [그림 8-7]처럼 직접 수업안을 작성하여 사회성 기술을 가르칠 수
도 있고 출판된 프로그램을 이용할 수도 있다. 국내에 출판된 사회성 기술 프로그램

으로는 Begun(2002a, 2002b, 2002c)이 만든『바로 사용할 수 있는 사회적 기술 향상 프로그램』과 Quil(2005)의『자폐아동의 하기—보기—듣기 그리고 말하기: 자폐아동의 사회성과 의사소통 중재』, 안동현, 김세실, 한은선(2004)의『주의력결핍 장애아동의 사회기술 훈련』, 오영림(2004)의『사회기술훈련—왕따 청소년의 사회 적응력 높이기』, 정대영(2007)의『발달장애 아동의 사회적 기술 훈련』등이 있다.

　이 장에서는 문제행동의 예방을 위한 방법으로 기대행동의 지도, 일과 시간표 조정, 물리적 또는 사회적 환경 조정, 효율적 교수 적용, 선행사건 중재 적용, 배경사건 중재 적용, 대체기술 교수 등에 대해 알아보았다. 각각의 방법의 내용은 서로 다르지만 동일하게 적용되는 원리는 문제행동이 발생할 수 있는 가능성을 미리 제거하거나 학생의 대체기술을 향상시켜서 문제행동이 발생하는 것을 미연에 방지하자는 것이다. 이러한 방법들이 지켜지고 시행될 때 많은 문제행동을 보였던 학생들의 문제행동만 감소하는 것이 아니라 모든 학생들의 학교생활이 즐거워지고 효과적인 학습의 가능성이 증가하게 되는 것임을 기억해야 할 것이다.

**요약**

- 예측되는 문제행동의 패턴을 보이는 학생의 반복되는 작은 문제행동이 큰 문제행동으로 발전하지 않도록 사전에 예방하기 위해서는 학생의 환경을 수정하는 방법과 학생에게 선수 기술을 가르치는 방법이 있다.
- 문제행동 예방을 위해 환경을 수정하는 방법으로는 기대행동을 선정하여 지도하는 것, 일과 시간표를 조정하는 것, 물리적 환경을 수정하는 것, 성인의 감독을 체계화하는 것, 좀 더 효율적 교수를 하는 것, 문제행동의 구체적 선행사건이나 배경사건을 조정하는 것 등이 있다.
- 문제행동 예방을 위해 학생에게 문제행동을 대체할 수 있도록 가르쳐야 할 기술로는 문제행동과 같은 기능을 갖는 바람직한 교체기술, 힘들고 재미없는 상황에서 문제행동을 하지 않고 인내하며 대처할 수 있는 기술, 문제행동을 예방할 수 있으면서 의미 있는 생활을 향상시킬 수 있는 사회성 기술과 같은 일반적 적응기술이 있다.

**토의 및 적용**

- 문제행동 예방의 성과는 무엇인가요?
- 문제행동을 예방할 수 있는 방법들을 설명하세요.
- 초 · 중 · 고등학교의 각 학급에 적용할 수 있는 기대행동과 그에 따른 구체적 사회적 행동을 만들어 보세요.
- 학교 상황에서 효율적 성인 감독이 이루어질 수 있는 체계를 개발해 보세요.
- 구체적 사회성 기술을 한 가지 택하여 지도안을 작성해 보세요.

# 바람직한
# 행동의 증가

## 제9장

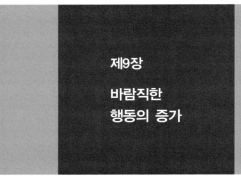
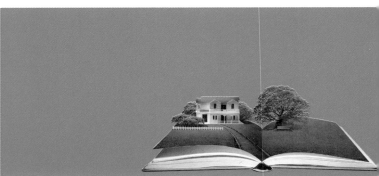

제9장

바람직한
행동의 증가

학습목표

- 정적 강화와 부적 강화의 개념과 그 예를 설명할 수 있다.
- 강화제의 유형과 효과적인 강화제 사용법을 설명할 수 있다.
- 강화계획의 종류 및 적용의 예를 설명할 수 있다.
- 행동계약에 대해 설명할 수 있다.
- 토큰제도에 대해 설명할 수 있다.

핵심용어의 정의

- **유관**: 행동과 결과 사이의 일시적인 근접성으로 행동 발생이 특정 결과에 의존하는 것을 의미한다.
- **정적 강화**: 행동 후에 즉시 자극을 제시하여 앞으로 그 행동의 발생 가능성을 증가시키는 것을 말한다.
- **부적 강화**: 행동 후에 즉시 자극을 제거(철회)하여 앞으로 그 행동의 발생 가능성을 증가시키는 것을 말한다.
- **연속적 강화계획**: 학생이 표적행동을 할 때마다 매번 연속적으로 강화해 주는 것으로 새로운 행동을 습득하게 하는 데 유용한 강화계획이다.
- **간헐적 강화계획**: 가끔씩 강화가 제공되는 것으로 습득된 행동을 유지 및 증가시키는 데 효과적인 강화계획이다.
- **행동계약**: 행동 목표를 달성했을 때 보상에 대해 학생과 교사가 동의한 내용을 문서화한 계약서를 작성하는 것이다.
- **토큰제도**: 학생이 바람직한 행동을 하면 토큰을 받아 학생이 원하는 강화물과 교환할 수 있게 하는 것으로, 학생의 바람직한 행동을 증가시키기 위한 방법이다.

● 사람의 행동은 행동의 결과에 의해 미래에 그 행동을 다시 하게 될 가능성이 달라
진다. 행동의 결과란 행동 뒤에 따라오는 자극을 의미한다. 이 자극은 긍정적일 수
도 있고(유쾌자극) 부정적일 수도 있으며(혐오자극), 제시될 수도 있고 제거될 수도
있다. 이렇게 체계적인 자극 조절에 따라 행동의 미래 발생 가능성은 증가하기도 하
고 감소하기도 한다. 이를 그림으로 제시하면 [그림 9−1]과 같다.

|  | 유쾌자극 ☺ | 혐오자극 ☹ |
|---|---|---|
| 자극 제시<br>(+) | **정적 강화**<br>행동 증가(↑) | **정적 벌**<br>행동 감소(↓) |
| 자극 철회<br>(−) | **부적 벌**<br>행동 감소(↓) | **부적 강화**<br>행동 증가(↑) |

[그림 9−1] **자극 조작이 행동에 미치는 영향**

위의 [그림 9−1]에서 보는 것과 같이 학생의 행동을 변화시키기 위해서는 행동에
뒤따르는 후속결과, 즉 자극의 효율적인 조절이 필요하다. 예를 들어 보자. 영연이
가 수업 중 바른 자세로 앉아서 선생님 말씀을 듣고 있는데 선생님께서 영연이의 그
러한 자세에 대해 칭찬하셨더니, 영연이가 수업 중에 바른 자세로 선생님 말씀을 듣
는 행동이 증가했다. 또한 지난 일주일 동안 일기를 빠짐없이 써 온 건태에게 이번
일주일 동안 청소를 면제해 주었더니 건태의 매일 일기 쓰는 행동이 계속 증가했다.
이런 일들이 발생했다면, 행동 뒤에 주어지는 결과에 의해 미래에 그 행동을 발생시
킬 가능성을 높여 준 강화가 일어난 것이다. 영연이의 경우, '바른 자세로 듣기'라는
행동 뒤에 '칭찬'이라는 유쾌자극이 주어져서 그 행동이 증가했으므로 정적 강화가

일어난 것이고, 건태의 경우는 '매일 일기 쓰기'라는 행동 뒤에 '청소'라는 혐오자극이 철회되어 매일 일기 쓰기 행동이 증가했으므로 부적 강화가 일어난 것이다. 이와 같이 정적 강화든지 부적 강화든지 행동이 증가하는 결과를 가져오는 것을 강화라고 한다. 이때 자극이 주어지면 정적(positive: 더해졌다는 의미) 강화라고 하고, 자극이 철회되면 부적(negative: 뺐다는 의미) 강화라고 한다.

이 장에서는 바람직한 행동을 습득·유지 및 증가시키는 데 가장 기본이 되는 행동 원리인 강화의 개념, 강화제의 종류, 강화계획을 살펴보고, 강화 원리를 이용한 행동 증가 프로그램인 행동계약과 토큰제도, 집단에게 강화를 적용하는 방법에 대해 알아보자. [그림 9-1]에 있는 행동을 감소시키는 원리는 11장에서 다루었다.

# 1 | 강화의 개념

## 1) 강화의 정의

강화(reinforcement)란 어떤 행동 후에 즉시 자극을 제시하거나 제거함에 따라 그 행동의 발생 가능성을 증가시키는 것을 말한다(Sulzer-Azaroff & Mayer, 1986, 재인용). 그런데 강화는 Skinner와 같은 행동주의자들이 어느 날 실험실에서 발명해 낸 것이 아니다. 강화는 우리의 삶에서 쉽게 발생하고 있는 것인데, 다만 행동주의자들이 그 과정을 관찰하고 발견하여 원리를 설명하게 된 것이다. 예를 들어, 수업시간에 민영이가 발표나 질문 전에 손을 들고 교사의 허락을 받은 것에 대해 교사가 즉각 "민영이가 발표 전에 손을 반듯하게 들고 기다리고 있구나. 자, 발표해보렴."이라고 칭찬을 하였다면, 민영이는 앞으로 수업 시간에 하고 싶은 말이 있을 때 손을 드는 행동을 더 자주 하게 될 것이다. 또 다른 예로 유치원에서 철현이가 화장실 사용 후에 화장실 구역을 나오는 입구에 실내화를 나란히 정렬한 것에 대해 교사가 "어머, 철현이가 화장실을 사용하고 나오면서 실내화를 반듯하게 정리해 놓았구나. 다음 사람이 사용하기 편하겠다. 정말 보기 좋구나!"라고 칭찬을 했다면, 철현이는 이후 화장실 사용을 할 때 실내화를 더 자주 정렬할 것이다. 또 다른 예로, 정수가 학교에서 돌아와 즉시 학교 숙제를 다 마치자 엄마가 "엄마는 스스로 자기 할 일을 끝낸 네가 참자랑스럽다."라고 하시면서 정수가 해야 하는 저녁 설거지를 면제해 주셨다. 그 후로 정수는 학교 다녀와서 곧바로 숙제하는 행동이 증가할 것이다. 위의 예들에서, 민영이와 철현이의 경우는 손을 드는 행동과 실내화 정렬하는 행동 뒤에 교사가 칭찬이라는 자극을 즉시 제시하여 비슷한 행동의 미래 발생 가능성이 증가하게 되는 것이다. 정수의 경우에는 정수의 귀가 후 즉시 숙제하는 행동에 대해 평소에 싫어하는 설거지라는 자극을 제거하여 그 행동의 발생 가능성이 증가하게 되는 것이다. 이처럼 행동 직후에 자극을 제시하거나 제거하는 것과 같이 행동 직후에 뒤따르는 결과를 행동의 후속 결과라고 한다. 후속결과로 주어지는 자극은 유쾌자극과 혐오자극으로 나눌 수 있는데, 위의 예에서는 교사의 칭찬은 긍정적이고 기분 좋은 것이므로 유쾌자극에 해당하고, 설거지는 평소에 싫어하는 것이므로 혐오자극에 해당한다. 앞에서 강화란 어떤 행동 후에 즉각적으로 자극을 제시하거나 제거함에 따라 결과적으로 미래에 그 행동의 발생 가능성을 증가시키는 것이라고 했다. 여기에서 행동 발생 가능성이 증가한다는 것은 빈도 외에도 행동의 강도나 지속시간이 증가하거나 행동의 형태가 개선되는 것까지를 포함한다. 정리하면, 강화란 어떤 행동 뒤에 뒤따르는 행동의 후속결과, 즉 유쾌자극의 제시 또는 혐오자극의 제거로 그 행동이 증가되거나 개선되는 과정을 의미한다.

그런데 여기에서 오해하지 말아야 할 것이 있다. 어떤 행동에 뒤따르는 후속결과가 그 행동에 영향을 미치는 것은 아니라는 점이다(Cooper, Heron, & Heward, 2010). 다만, 후속자극은 오직 미래에 비슷한 행동의 발생 빈도의 가능성을 증가시킨다는 점이다. 앞의 예에서 미현이와 철현이에게 주어지는 교사의 칭찬은 이미 발생한 미현이의 손드는 행동이나 철현이의 실내화 정렬 행동에 영향을 미칠 수 없다. 마찬가지로 정수에게 설거지를 면제 시켜준 것은 정수의 이미 끝내버린 학교 숙제하는 행동에 영향을 줄 수 없다. 그러나 교사와 엄마가 제시하거나 제거한 자극은 미현이, 철현이, 정수의 비슷한 범주에 들어가는 행동들의 미래 발생 가능성에 영향을 미치게 된다. 어떤 행동 뒤에 주어진 결과는 바로 그 행동에는 영향을 미치지 못하지만 다음에 그와 같은 행동을 하게 될 가능성에 영향을 미친다는 것이다. 이렇게 행동 발생이 특정 결과에 의존하는 것을 유관(contingency)이라고 한다. 다시 말하자면 유관이란 행동과 결과 사이의 일시적인 근접성을 의미한다. 따라서 강화제(예: 칭찬)가 특정 행동에 유관적이라는 말은 그 행동(예: 손들기)은 특정 결과(예: 예전에 선생님께 들은 칭찬)로 인해서 발생해야 한다. 이는 강화 뿐 아니라 벌 개념에서도 동일하게 적용된다. 예를 들어, 내리막길에서 평지와 같은 속도로 자전거를 타고 가다가 사고를 당하거나, 교실 책상 위에 지갑을 놓고 다니다가 지갑을 잃어버린 학생의 경우를 생각해 보자. 그런 결과를 경험했기 때문에 아이들은 앞으로는 비슷한 상황이 되면 속도를 줄이거나 지갑을 잘 보관할 가능성이 높아질 것이다.

　여기에서 강화의 원리를 이해하고 적용할 때 주의해야 할 점 몇 가지를 소개하겠다. 첫째, 강화인지 아닌지를 결정하는 것은 자극을 조절하는 사람의 의도가 아니라 아동의 행동 발생 가능성의 증가 여부라는 것이다. 즉, 유쾌자극을 주거나 혐오자극을 제거하는 의도와 상관없이, 그 결과로 미래에 행동이 증가했을 때는 강화가 일어났다고 할 수 있다. 예를 들어 보자. 교사는 줄을 서서 차례를 지키는 아이들의 행동을 증가시키고자 줄 서는 행동에 대해 칭찬과 함께 초콜릿 조각을 주면서 먹으라고 했는데 한 아이가 그다음부터 줄을 잘 서지 않았다. 그 아이는 초콜릿 알레르기가 있어서 초콜릿을 보는 것조차도 싫어하는데 선생님께서 주시면서 먹으라고 하니까 거절도 못했고 결국은 다음부터 줄을 잘 서지 않게 된 것이다. 또 다른 예로, 교사가 아이들이 학교에 제시간에 도착하는 행동을 증가시키고 싶어서 지각을 하지 않는 아이들에게 청소를 면제시켜 주었다. 그러나 어떤 아이는 청소하는 것을 즐거워했기 때문에 청소를 면제받고 싶지 않아서 다음에 지각하게 되었다. 이러한 예에서 교사의 의도는 줄을 서거나 제시간에 학교에 도착하는 행동 발생을 증가시키는 것이었지만 결과적으로는 바라는 행동을 감소시키고 말았다. 그렇다면 초콜릿은 유쾌자극으로 작용하지 못했고, 청소는 혐오자극으로 작용하지 못했으며, 결국 강화는 일어나지 않은 것이다. 그러므로 강화가 일어나기 위해서는 교사의 행동을 증가시키려는 의도가 아니라 교사가 주거나 제거하는 자극이 아동 본인에게 유쾌자극으로 또는 혐오자극으로 작용하는지 확인되어야 한다. 따라서 어떤 행동이 강화된 행동인지 확인하는 방법은 그 행동 후에 즉시 제시된 자극이나 제거된 자극에 의해 그 행동의 발생이 증가 또는 개선되는지 살펴보는 것이다. 어떤 행동 후에 즉시 자극을 제시 또는 제거함에 따라 미래에 그 행동의 발생이 증가되면 강화된 행동이고, 어떤 행동 후에 즉시 자극을 제시 혹은 제거했는데도 불구하고 미래에 그 행동의 발생이 증가되지 않았다면 강화된 행동이라고 볼 수 없다. 앞에서 예를 든 민영이의 경우, 민영이가 수업시간에 손을 들었을 때 교사가 "민영이가 발표 전에 손을 반듯이 잘 들었구나. 자, 발표해보렴."이라고 칭찬했는데도 민영이의 수업시간에 손을 드는 행동이 더 증가하거나 좋아지지 않는다면, 그 행동은 강화된 것으로 보기 어렵다. 마찬가지로 정수의 경우에도 귀가 후 학교 숙제를 바로 다 마친 것에 대해서 해야 하는 저녁 설거지를 면제 시켜주었어도 정수가 집에 돌아와 곧바로 숙제부터 하는 행동이 증가하지 않는다면 그 행동은 강화된 것이 아니다.

둘째, 강화는 결과적으로 미래 행동 발생을 증가시키는 것이므로 아무 행동에나 적용하는 것이 아니라 반드시 바람직한 행동에 적용해야 한다는 것이다. 살펴본 바와 같이 정적 강화나 부적 강화는 모두 다 미래 행동 발생 가능성을 증가시키는 것인데, 우리의 일상생활에서는 바람직하지 않은 행동에 대해서 정적 강화나 부적 강화를 적용하는 실수를 많이 볼 수 있다. 예를 들어, 엄마를 따라 가게에 간 아이가 막대사탕을 사 달라고 조르고 우는 경우가 있다. 엄마가 이 썩으니까 안 된다고 하면 아이는 더 큰 소리로 울면서 한바탕 소동을 일으킨다. 아이의 소란이 점점 더 심해지면 주위 사람들의 따가운 눈초리를 의식한 엄마는 "딱 이번 한 번만 사 준다!"라고 하면서 아이에게 막대사탕을 사 주게 된다. 그러면 아이는 울음을 그치고 사탕을 받아들고 가게에서 나오게 된다. 이러한 상황이 그대로 반복된다면 아이의 우는 행동의 빈도와 강도는 점점 증가하게 될 것이고, 아이가 집어 드는 과자를 사 주는 엄마의 행동도 계속 증가하게 될 것이다. 이때 엄마는 사탕을 사 주는 행위를 통해 아이가 사탕을 원할 때 울며 조르는 행동을 증가시키게 되고, 아이는 엄마가 사탕을 사주면 울음을 그치는 것으로 앞으로도 엄마의 사탕 사 주는 행동을 증가시키게 된다. 즉, 아이의 우는 행동은 엄마가 사탕이라는 유쾌자극을 제시해 주는 것에 의해 정적 강화되고, 엄마의 사탕 사주는 행동은 아이가 울음과 짜증이라는 혐오자극을 제거해 주는 것에 의해 부적 강화되는 것이다. 여기에서 엄마는 아이의 울음을 그치게 하려는 의도로 사탕을 사 주었지만, 결과적으로는 아이의 울며 떼쓰는 행동을 강화한 것이다. 또한 아이는 의도하지 않았지만, 결과적으로는 엄마의 사탕 사 주는 행동을 강화한 셈이다. 하지만 이러한 현상은 우리가 원하는 바가 아니다. 그러나 우리는 일상생활에서 이러한 경우를 자주 목격하게 된다. 교실에서도 교사와 학생 사이에서 이와 같은 현상을 어렵지 않게 목격할 수 있다. 그러므로 강화의 원리는 반드시 증가시키고 싶은 바람직한 행동에 대해서만 적용되어야 한다. 더 나아가서 어떤 부적절한 행동이 계속 높은 비율을 보인다면 반드시 그 행동이 어떻게 강화되고 있는지 주의 깊게 살펴보아야 할 것이다. 부적절한 행동을 통해 아이가 얻게 되거나 피할 수 있게 되는 것이 있는지 자문해 보아야 한다.

마지막으로 강화와 관련한 용어들을 혼돈하지 말아야 한다. 먼저, 강화(reinforcement)와 강화제(reinforcer)라는 두 용어를 혼돈하여 사용하지 말아야 한다. 강화는 행동과 후속결과 간의 관계 또는 과정을 가리키는 용어이고, 강화제는 행동의 후속결과로 자극이 제시되거나 제거되어 이후의 행동의 증가에 책임이 있는 자극을 의미하는 용어다. 예를 들어, 어떤 행동에 대해 유쾌한 자극을 주었고 그 결과로 그 행동이 증가했다면 주어진 자극은 정적 강화제이고, 이때 정적 강화가 일어났다고 할 수 있다. 마찬가지로 어떤 행동에 대해 혐오자극을 제거했고 그 결과로 그 행동이 증가했다면 제거된 자극은 부적 강화제이고, 이때 부적 강화가 일어난 것이다. 따라서 유쾌한 자극이라고 하여 언제나 정적 강화제라고 할 수 없고 불쾌한 자극이라고 하여 언제나 부적 강화제라고 할 수도 없음을 기억해야 한다. 정적 강화제나 부적 강화제는 그 자체의 유쾌함이나 불쾌함으로 결정되는 것이 아니라 결과적으로 미래의 행동 발생률의 증가에 책임이 있는 자극이기 때문이다. 정리하면, 강화제는 아동의 행동에 대해 제시하거나 제거하여 행동을 증가시키는 결과를 가져오는 자극을 뜻하며, 강화는 강화제를 주거나 철회함으로써 행동이 증가 또는 개선되는 과정을 의미하므로 구별하여 사용하여야 한다. 여기에서 강화되는 것은 행동이지 사람이 아님을 주의해야 한다. 그러므로 '교사는 아동의 ㅇㅇ행동을 강화했다.'고 표현해야지, '교사는 아동을 강화했다.'고 표현하지 않도록 해야 한다. 또한 용어 사용과 관련하여 흔한 실수 중에 하나가 강화와 피드백을 잘못 사용하는 경우이다. 피드백은 행동 뒤에 나타난 결과에 대해 객관적 정보를 주는 것이므로, 피드백은 미래 행동 발생 가능성에 영향을 줄 수도 있고 주지 않을 수도 있다. 반면에 강화는 항상 행동의 미래 발생 가능성을 증가시킨다. 그리고 강화는 피드백 없이도 할 수 있다. 예를 들어, 쥐가 지렛대를 밟으면 먹이가 나오도록 하여 지렛대 밟는 행동을 강화한 경우에 먹이는 피드백이라고 보기 어렵다. 역으로 피드백은 강화 효과 없이도 주어질 수 있다. 예를 들어, 러닝머신의 계기판에 몇 Km를 뛰었는지 알려 주거나 쪽지시험 점수를 알려 주는 피드백 정보가 반드시 달리는 행동을 더 증가시켜 주거나 성적 향상을 위해 공부하게 하는 것은 아니다.

## 2) 강화의 종류

### (1) 정적 강화

앞에서 살펴본 대로 강화란 어떤 행동이나 반응 후에 자극을 체계적으로 조절하여 그 행동의 미래 발생 가능성이 증가되는 것을 의미한다. 여기에서 정적 강화 (positive reinforcement)란 증가시키고자 하는 바람직한 행동(표적행동)이 발생하면, 즉시 유쾌하고 긍정적인 자극을 제시함으로써, 그 표적행동의 미래 발생률이 증가되는 것이다. 예를 들어, 급식 시간을 알리는 소리가 울리자 새롬이가 교실 앞쪽 문 앞으로 와서 줄을 서는 것을 교사가 보고, "말하지 않았는데도 새롬이가 스스로 먼저 와서 줄을 섰구나! 새롬아, 줄 서는 것을 기억하고 있어서 고마워!"라고 칭찬을 하며 미소를 지었다고 하자. 새롬이의 경우에, 교사의 미소와 칭찬으로 인해 그 이후 급식실 가는 시간에 자발적으로 줄 서는 행동이 증가한다면 정적 강화된 것이다. 〈표 9-1〉에 바람직한 행동이 정적 강화된 예들을 제시하였다.

❖ 〈표 9-1〉 정적 강화의 예

| 상황 | 행동 | 결과 | 미래 행동 |
|------|------|------|-----------|
| 수업시간에 선생님이 학생들에게 발표를 요구하고 있다. | 승우가 자발적으로 손을 드는 것으로 발표 의사를 밝혔다. | 선생님이 칭찬하며 발표의 기회를 주었다. | 앞으로 승우는 발표를 위해 손을 자주 들 것이다. |
| 엄마가 청바지를 새로 사 주셨다. | 준제는 새 청바지를 입고 학교에 갔다. | 친구들이 멋있다며 칭찬해 주었다. | 앞으로 준제는 그 청바지를 입을 가능성이 높아진다. |
| 급식실에서 식사하고 있다. | 주현이는 밥과 반찬을 남기지 않고 깨끗이 다 먹었다. | 선생님이 칭찬하시며 칭찬스티커 두 장을 주셨다. | 앞으로 주현이는 급식 시간에 더 자주 음식을 남김없이 먹을 것이다. |

### (2) 부적 강화

부적 강화(negative reinforcement)는 행동 후에 즉시 자극을 제거(철회)하여 앞으로 그 행동의 발생 가능성을 증가시키는 것을 말한다. 다시 말해 표적행동(증가시키고자 하는 바람직한 행동)이 발생하면, 즉시 부정적이고 불유쾌한 자극이 제거(철회)됨으로 인해 표적행동이 발생할 가능성이 증가하는 것이다. 일상생활에서 예를 들자면, 전자레인지에서 음식을 꺼낼 것을 알려 주는 알람이 울려도 전자레인지의 문을 열지 않으면 알람이 반복해서 울리는 경우에, 문을 열면 알람 소리가 제거되는 경험을 통해 전자레인지에서 알람이 울리면 즉시 문을 여는 행동이 증가했다면 부적 강화된 것이다. 다른 예를 들어, 민희가 숙제 제출일을 정확하게 지켜 제출하자 교사는 청소시간의 청소를 면제해 주었다. 교사의 청소면제로 인해 이 학생이 앞으로 비슷한 상황이 발생했을 때 숙제 제출일을 정확하게 지킬 가능성이 증가한 경우를 부적 강화되었다고 한다. 또 다른 예를 들어 보자. 수학문제를 다 풀지 않은 경수에게 교사가 수학문제를 다 풀어야 체육 수업에 참여할 수 있다고 했다면, 교사는 부적 강화를 사용한 것이다. 아동이 요구된 행동(수학문제 풀기)을 수행하면 즉시 혐오자극(교실에 남아서 문제 푸는 것)이 제거되는 것이다. 그런데 민희의 경우와 경수의 경우는 차이가 있다. 민희의 경우는 아직 오지 않은 혐오자극(청소)을 회피하기 위해 표적행동(숙제 제출)을 하지만, 경수의 경우는 지금 경험하고 있는 혐오자극(교실에 남아 문제 풀기)에서 도피하기 위해 표적행동(문제 풀기)을 한다. 정리하면, 부적 강화는 현재 진행 중인 혐오자극에서 도피하거나, 주어질 혐오자극을 회피하기 위해 표적행동을 하고, 그로 인해 혐오자극이 종결되거나 방지 또는 감소되거나 지연되는 결과를 가져오기 때문에 작용하는 것이다. 두 가지의 경우에 해당하는 다른 예로, 엄마가 아이의 방과 후에 아이를 방에 들여보내면서 숙제를 마쳐야 나올 수 있다고 한 경우와 지금부터 20분 안에 숙제를 마치지 않으면 방으로 들여보내겠다고 한 경우를 생각해 볼 수 있다. 전자의 경우는 지금 방에 있어야 하는 혐오자극에서 도피하기 위해서, 후자의 경우는 방에 들어가야 하는 혐오자극을 회피하기 위해서 아이는 숙제하기를 선택하게 될 것이다. 물론 방에 혼자 있어야 하는 것이 아이에게 혐오자극일 때 성립되는 이야기다. 이처럼 아직 오지 않은 혐오자극을 회피하기 위해 표적행동을 하는 경우도 있기 때문에, 부적 강화를 적용하기 위해 반드시 혐오자극이 제시되고 있는 중이어야 하는 것은 아니다. 〈표 9-2〉에 행동이 부적 강화된 예들을 제시하였다.

❖ 〈표 9-2〉 부적 강화의 예

| 상황 | 행동 | 결과 | 미래 행동 |
|---|---|---|---|
| 비가 내리기 시작했다. | 가방 속의 잡지를 꺼내 머리에 썼다. | 머리에 비를 덜 맞게 되었다. | 다음에도 비가 오면 가방 속에서 머리에 쓸 물건을 찾게 될 것이다. |
| 햇빛이 강하게 내리쬐고 있다. | 색안경을 찾아 착용했다. | 눈부심을 막을 수 있었다. | 다음에도 햇빛이 강하면 색안경을 꺼내 쓸 것이다. |
| 선생님이 수업시간에 과제를 내 주셨다. | 과제를 빨리 마쳤다. | 쉬는 시간을 더 빨리 갖게 되었다. | 과제가 주어지면 빨리 마치는 행동이 증가할 것이다. |

부적 강화는 '부적(negative)'이라는 용어 때문에 정적 강화의 반대개념으로 생각하여 벌과 혼동하는 경우가 있는데, 부적 강화에서 '부적'이라는 표현은 불쾌하거나 나쁘다는 의미가 아니라 자극의 제거, 즉 행동 뒤에 나타나는 자극이 종결되었음을 뜻하는 것이다. 마찬가지로 정적 강화에서 '정적(positive)'이라는 표현은 유쾌하다거나 좋다는 의미가 아니라 자극의 제시, 즉 자극이 주어졌음을 뜻한다. 이는 [그림 9-1]에도 잘 표현되어 있다. 이렇게 정적 강화와 부적 강화는 미래 행동(반응)의 발생 가능성의 증가라는 공통점을 갖고 있지만, 행동 뒤의 자극의 변화는 서로 다름을 알 수 있다. 다른 점이란 정적 강화에 의해서 유지되는 행동은 그 행동을 하기 전에 없었던 자극이 제시되고, 부적 강화에 의해 유지되는 행동은 그 행동을 하기 전에 있었던 자극이 제거 또는 종결된다는 것이다. 그러므로 정적 강화와 부적 강화의 구분은 행동 뒤의 자극이 주어지는지 철회되는지의 변화에 달려 있는 것이다. 정적 강화와 부적 강화의 차이점과 공통점을 〈표 9-3〉에 제시하였다.

❖ 〈표 9-3〉 정적 강화와 부적 강화의 비교

| | 정적 강화 | 부적 강화 |
|---|---|---|
| 차이점 | 유쾌 자극 제시(+) | 불쾌 자극 제거(−) |
| 공통점 | 미래 행동 발생 가능성 증가(↑) | |

〈표 9-3〉에서 보는 바와 같이 정적 강화와 부적 강화의 차이점은 정적 강화는 행동 후에 유쾌한 자극을 제시하는 것이며 부적 강화는 행동 후에 불쾌한 자극을 제거하는 것이고, 공통점은 둘 다 미래 행동 발생 가능성을 증가시키는 것이다. 이렇게 특정 자극의 제시나 제거를 반복해서 연계하면 특정 자극이 행동에 대한 통제력을 갖게 된다.

그런데 부적 강화는 교사들의 부주의로 인해 잘못 사용되기도 한다(Sulzer-Azaroff & Mayer, 1986, 재인용). 예를 들어, 교사가 받아쓰기 시험에서 틀린 단어를 다시 쓰도록 요구하자 아동이 시험지를 던지며 안 쓰겠다고 저항하는 경우를 생각해 보자. 이때 교사가 아동에게 시험지를 거두어 들이며 교실 뒤로 가서 서 있게 했다면, 교사는 아동에게 있어서 혐오자극인 시험지를 제거해 준 것이다. 교사는 시험지를 던지며 저항하는 행동을 그만두게 하려고 교실 뒤로 보냈지만, 앞으로도 아동이 받아쓰기에서 틀린 글자를 다시 쓰도록 지시 받을 때 동일하게 반응한다면, 교사는 아동의 바람직하지 못한 행동이 부적 강화되는 결과를 가져온 것이다. 즉, 아동은 혐오자극이 주어지면 부적절한 행동을 하고 교사는 혐오자극을 제거함으로써 아동의 부적절한 행동을 부적으로 강화한다. 다음에도 아동이 혐오자극을 직면하여 같은 상황이 반복된다면 부적 강화의 덫에 걸리게 되는 것이다.

부적 강화는 부정적인 혐오자극을 종결시키는 것인데, 부적 강화를 적용하려면 부정적인 자극이 존재하는 상황을 계획해야 하고 표적행동이 발생할 때까지 혐오자극을 제거하지 않아야 하는 경우도 있다. 이런 상황은 아동으로 하여금 혐오자극을 피하려는 수단으로 공격적이거나 자해적인 행동을 취하게 할 수 있다. 이렇게 부적 강화가 잘못 사용되는 경우가 있기 때문에 부적 강화는 정적 강화에 비해 바람직한 행동을 증가시키기에 덜 적합한 방법으로 여겨진다. 뿐만 아니라 바람직한 행동을 증가시키려고 할 때, 정적 강화제를 제시하는 것이 혐오자극을 제거하는 것보다 훨씬 효과적이다. 그러므로 행동주의자들은 정적 강화로 바람직한 행동을 증가 또는 유지하게 하는 것이 적합하지 않은 경우에만 부적 강화를 사용하기를 요구한다(Alberto & Troutman, 2006: Scheuermann & Hall, 2009).

## 2 강화제

### 1) 강화제의 정의

강화제(reinforcer)는 행동의 후속결과로 제시되거나 제거되어 이후의 행동 증가에 책임이 있는 자극을 의미하는 용어다. 즉, 어떤 행동 후에 주어지거나 철회되어서 행동을 증가시키는 결과를 가져오는 후속결과(후속사건, 후속자극들)를 뜻한다. 강화제라는 용어가 다른 곳에서는 강화물 또는 강화인이라는 용어로 사용되기도 한다. 그런데 강화물은 눈으로 보고 손으로 만질 수 있는 물질을 연상시키고 강화인은 보이지 않는 자극을 연상시키기 때문에 이 책에서는 사탕처럼 보이는 것이나 칭찬처럼 보이지 않는 것까지 포함할 수 있는 강화제라는 단어를 사용한다. 한편, 강화는 그 후속결과로 인해 바람직한 행동의 빈도, 강도, 비율, 지속시간 등이 증가하거나 행동형태의 긍정적 변화를 가져오는 과정을 말한다. 강화과정은 강화제의 제시 혹은 제거를 통해 바람직한 행동을 증가 또는 유지하게 하는 것이며, 강화제에는 긍정적이고 유쾌한 자극도 있고 부정적이고 불유쾌한 자극도 있을 수 있다. 세영이가 제자리에 앉아서 모둠활동에 참여하고 있으면 교사가 세영이 곁에 다가가 가볍게 등을 두드려 주었더니, 세영이가 자리를 이탈하지 않고 모둠활동에 참여하는 행동이 증가했다고 하자. 여기에서 교사의 가벼운 등 두드림은 정적 강화제이고, 세영이의 모둠활동 참여 행동의 증가는 강화가 발생한 것이다.

종종 강화제를 '보상(reward)'이라는 용어와 혼용하여 사용하는 경우가 있는데 이는 잘못된 것이다. 설명했듯이 강화제는 어떤 행동 후에 주어지거나 철회되어서 행동을 증가시키는 결과를 가져오는 후속결과이며, 보상은 행위나 노력에 대해 주어지는 유형 또는 무형으로 주어지는 상을 의미한다. 그런데 사람이 보상 때문에 어떤 행동을 계속하게 되는 것은 아니다. 예를 들어, 학교 복도에서 주운 돈을 선생님께 갖다 드렸더니 선행상이 주어졌다고 하자. 아동이 한 번 받은 선행상장 때문에 앞으로도 그와 같은 행동을 계속할지는 알 수 없다. 보상이 강화제의 역할을 하는 경우도 있지만 그렇지 않은 경우도 많기 때문에 보상이라는 단어를 강화제와 동의어로 사용해서는 안 된다.

## 2) 효과적 강화제의 선택

정적 강화에 의해 행동을 변화시키고자 하는 경우에는 알맞은 강화제를 선택해야 한다. 이때 가장 먼저 고려해야 하는 것은 강화제의 개별화다(Alberto & Troutman, 2006). 특정 강화제가 모든 학생들에게 효과적인 것은 아니기 때문에 각 학생에게 맞는 강화제를 찾아야 한다는 것이다. 다른 말로 하면 어떤 학생에게 주어지는 어떤 자극이 '정적 강화제'로 작용하려면 학생이 그것을 원해야 한다는 뜻이다. 일반적으로 보통사람에게 기분 좋은 자극이라고 해서 모두에게 정적 강화제가 되는 것은 아니다. 예로, 철원이가 유치원에서 선생님께 인사를 했더니 선생님께서 머리를 쓰다듬어 주신 경우를 생각해 보자. 선생님께서 철원이 머리를 쓰다듬어 주신 후로 철원이는 선생님께 인사를 잘하지 않았다. 철원이의 가정은 머리를 만지는 것을 금기시하는 문화의 영향을 받고 있는 다문화 가정이었던 것이다. 이 경우 선생님께서 머리를 쓰다듬어 주신 것은 다른 아이들에게는 어떨지 몰라도 철원이에게는 정적 강화제가 될 수 없다. 철원이에게 주어진 자극이 철원이의 인사하는 행동의 발생 가능성을 증가시켰을 때라야 정적 강화제라고 할 수 있다. Alberto와 Troutman(2006)은 강화제의 개별화를 위해서는 아동이 이전에 강화받았던 것이 무엇인지, 아동이 원하지만 쉽게 얻을 수 없는 것에는 어떤 것이 있는지 알아보아야 한다고 했다. 또한 사용하려는 강화제가 아동이 표적행동을 하려고 할 만큼의 가치가 있는 것인지 또는 아동의 나이에 적절한 것인지도 따져 보아야 한다고 했다. 아울러 과거에 아동에게 강화제가 일관성 있게 주어졌었는지 조사해 보는 것도 강화제의 개별화에 도움이 된다.

다음과 같은 효과적인 강화제의 특성을 고려하면 강화제 선택에 도움이 될 것이다(Sugai & Tindal, 1993: Wolery, Bailey, & Sugai, 1988).

- ◤ 준비와 저장이 용이하다.
- ◤ 비용이 저렴하다.
- ◤ 휴대가 간편하다.
- ◤ 교사의 통제가 가능하다.
- ◤ 소단위 사용이 가능하다.
- ◤ 수업을 방해하거나 주의 산만을 일으키지 않는다.

◥ 포화를 지연시킨다.
◥ 행동과 후속 강화 사건 간의 연결 다리 역할을 한다.

그러나 이러한 특성을 갖춘 강화제라도 아동에게 맞지 않을 수도 있기 때문에, 효과적인 강화제를 찾기 위해 아동이 평소에 주로 선택하는 것이 무엇인지 관찰하여 강화제가 될 만한 것을 찾거나, 강화 샘플들을 제시하거나 메뉴판을 만들어 아동에게 선택하게 하거나, 아동에게 직접 물어볼 수도 있다(Hall & Hall, 1980). 또는 부모, 형제, 또는 다른 양육자나 아동 본인에게 무엇을 좋아하는지 물어볼 수 있다. 타인에게 물을 때는 아동이 좋아하는 활동, 음식, 취미, 장난감, 놀이가 무엇인지 물어서 가능한 강화제 목록을 만들 수 있다. 아동 본인에게 물을 때는 개방형 질문으로 좋아하는 음식은 무엇인지, 좋아하는 활동은 무엇인지 등을 물을 수 있고, 목록을 제시하고 그 중에 어떤 것을 더 좋아하는지 선택하는 질문을 할 수도 있고, 목록을 주고 좋아하는 순위를 매기라고 할 수도 있다. 아울러 이 책의 전반부에서 소개한 기능분석을 통해 밝혀진 문제행동의 기능에 따라 강화제들을 제시하고 선택하게 하는 방법도 있다.

## 3) 강화제의 유형

강화제는 크게 긍정적 강화제와 혐오적 강화제로 분류할 수 있고, 근원에 따라 분류할 수도 있고, 강화제의 물리적 특성에 따라 분류할 수도 있다(Cooper, Heron, & Heward, 2010). 여기에서는 강화제의 근원에 따라 무조건적 강화제와 조건화된 강화제로 구분하여 살펴보고, 강화제의 물리적 특성에 따라 음식, 감각, 물질, 활동, 사회적 강화제로 분류하여 살펴보고자 한다.

### (1) 근원에 따른 강화제의 분류

근원에 따른 강화제의 분류는 크게 무조건 강화제와 조건 강화제로 나누고 이를 다시 정적 강화제와 부적 강화제로 나누어 볼 수 있다. 근원에 따른 강화제의 분류를 [그림 9-2]에 제시하였다.

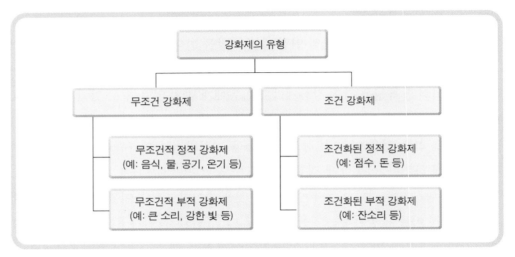

[그림 9-2] **근원에 따른 강화제의 분류**

무조건 강화제는 강화제와 관련하여 아무런 학습 없이도 강화제로서 기능하는 것을 의미한다. 무조건 강화제는 인간의 생존을 위해 필수적인 자극이나 생물학적 가치를 갖는 자극이기 때문에 사람들의 행동에 즉각적인 영향을 미친다. 그러므로 무조건 강화제는 그 자체가 강화제로서의 기능을 하여 사람의 행동을 증가 혹은 유지하게 하는 결과를 초래한다. 이렇게 자연적으로 강화제 기능을 하는 것을 무조건 강화제라고 하는데, '일차적 강화제' 또는 '학습되지 않은 강화제'라고 하는 경우도 있다. 음식, 수면, 물, 산소, 온기, 쉴 곳 등은 학습을 거칠 필요가 없는, 즉 조건화될 필요가 없는 무조건적 긍정적 강화제의 예다. 선행 학습 없이도 자극의 제거로 행동을 강화할 수 있는 무조건적 혐오적 강화제의 예로는 충격, 아주 큰 소리, 매우 강한 빛, 고도로 높은 온도, 강한 압력, 신체적 고통 등이 있다.

조건 강화제는 원래 중립적이었던 자극이 다른 강화제와 짝지어지는 과정을 통하여 강화제로서 기능하게 되는 것이다. 즉, 조건 강화제는 우리가 좋아하게 되도록 학습해야 하는 자극으로서, 생존을 위해 필수적이라거나 생물학적 욕구와는 관련이 없으므로 이를 이차적 강화제 또는 학습된 강화제라고도 한다. 예를 들어, 유명한 Pavlov의 실험에서처럼 메트로놈 소리를 음식이라는 무조건 강화제와 짝을 지어 제시하는 것을 반복하게 되면, 메트로놈 소리는 음식이 갖고 있던 강화 능력을 갖게 된다. 그러면 메트로놈 소리는 음식이 강화제의 역할을 할 수 있는 상황(배고플 때)에서는 조건화된 긍정적 강화제가 될 수 있다. 마찬가지로 조건화된 혐오적 강화제는 이전의 중립적 자극이 현재의 혐오적 강화제와 짝지어져 제시되는 과정을 통해 형성된다. 예를 들어, 책상 위를 치우라는 엄마의 지시에 대해 지시를 어기고 책상을 정리하지 않았을 때마다 엄마의 잔소리와 함께 신체적 고통(매)이라는 무조건적 강화제가 뒤따르는 것을 경험하게 되면, 엄마의 잔소리는 체벌이 갖고 있는 능력을 획득하게 된다. 이렇게 엄마의 잔소리는 조건화된 혐오적 강화제가 되는 것이다.

조건화된 강화제 중에 강화제가 다양한 무조건/조건 강화제와 연관되어 있는 경우를 '일반화된 조건 강화제'라고 한다. 간단히 줄여서 일반화된 강화제라고도 한다. 이는 조건화된 강화제가 강화제로서 역할을 할 수 있는 상황이 주어지지 않아도(강화제를 필요로 하는 박탈의 상태가 아니어도) 언제나 일반적으로 강화제 역할을 한다는 의미다. 일반화된 조건 강화제는 여러 종류의 무조건적/조건적 강화제와 짝지어지는 것을 통해 만들어진다. 예를 들어, 칭찬은 일반적으로 다른 많은 종류의 강화제와 함께 주어지는 경우가 많다. 준비물을 잘 챙겨 온 아이에게 교사가 칭찬과 함께 사탕을 주고, 인사를 잘하는 아이에게 칭찬과 함께 머리를 쓰다듬어 주고, 시험을 잘 본 아이에게 칭찬과 함께 상장이 주어지고, 청소를 잘한 아이에게 칭찬과 함께 면제 쿠폰이 주어지는 것처럼, 칭찬은 여러 다양한 강화제와 함께 제시되면서 일반화된다. 또 다른 예로는 언제든지 원하는 강화제와 교환이 가능한 돈이 있다. 이런 의미에서 학생의 바람직한 행동에 대해 주어지는 토큰도 학생이 모아서 원하는 것과 교환이 가능하므로, 일반화된 조건 강화제로 볼 수 있다. 토큰제도는 9장의 뒷부분에서 다룬다. 일반화된 조건 강화제는 첫째, 아동의 포만 상태에 상관없이 줄 수 있고, 둘째, 연속적으로 주어도 포만 효과가 덜 나타나는 장점이 있다. 또한 일반화된 강화제는 강화제의 개별화에 신경 쓰지 않고도 사용할 수 있다는 장점도 있다. 즉, 좋아하는 것이 서로 다른 아동들에게도 같은 종류의 일반화된 강화제를 제공할 수 있다.

### (2) 물리적 특성에 따른 정적 강화제의 분류

강화제를 물리적 특성에 따라 분류하면 음식, 감각, 물질, 활동, 사회적 강화제로 나눌 수 있다. 여기에서 물리적 특성에 따른 강화제의 분류에서는 긍정적 강화제만 다루었다. 물리적 특성에 따른 강화제의 분류는 〈표 9-4〉에 제시하였다.

❖ 〈표 9-4〉 물리적 특성에 따른 강화제의 종류

| 강화제 종류 | 설명 |
| --- | --- |
| 음식물 강화제 | 씹거나, 빨아먹거나, 마실 수 있는 것 |
| 감각적 강화제 | 시각, 청각, 후각, 미각, 촉각에 대한 자극제 |
| 물질 강화제 | 학생이 좋아하는 물건들 |
| 활동 강화제 | 학생이 좋아하는 활동을 하도록 기회/임무/특권을 주는 것 |
| 사회적 강화제 | 여러 가지 방법으로 학생을 인정해 주는 것 |

### 1 음식물 강화제

아이가 씹거나 빨거나 마실 수 있는 어떤 음식물도 음식물 강화제가 될 수 있다. 어린 유아의 경우에는 비스킷 한 조각이나 우유나 주스 한 모금도 훌륭한 강화제로 사용될 수 있다.

사실 아이들은 다른 강화제에도 반응하기 때문에 모든 상황에서 굳이 음식물 강화제를 사용할 필요는 없다. 특성상 음식물 강화제는 행동에 바로 영향을 미치는 경향이 있기 때문에 나이가 어리거나 인지능력이 낮은 아동들에게 사용하는 것이 좋다. 이때도 궁극적으로는 음식물 강화제는 소거되는 것이 바람직하므로 음식물 강화제를 사용할 때는 조건 강화제와 함께 사용하는 것이 좋다. 또한 음식물 강화제는 생물학적으로 중요한 자극이기 때문에 효과적이려면 아동은 그 강화제에 대해 결핍된 상태이어야 한다. 따라서 아동이 음식물 강화제에 대해 포만 상태인 경우에는 음식물 강화제는 효과를 기대하기 어려울 것이다. Alberto와 Troutman(2006)은 음식물 강화제의 포화 상태를 지연시키는 방법을 다음과 같이 제안했다.

- 각 활동마다 각기 다른 음식물 강화제를 할당한다.
- 먹을 것을 강화제로 사용하는 시간을 단축한다.
- 음식물 강화제의 효과가 떨어지는 것 같은 포만 상태가 감지되면 다른 강화제로 바꾼다.
- 음식물 강화제의 크기를 줄인다.
- 아동에게 여러 가지 음식물 강화제를 제시하고 선택하게 한다.
- 세 가지 이상의 음식물 강화제를 교대로 사용한다.
- 매번 음식물 강화제를 주지 않고 강화를 지연시킨다. 아동에게 강화제를 받기

위해 더 많은 표적행동을 시도하게 하는 것이다.

음식물을 강화제로 사용할 경우의 단점으로는 아동이 특정 음식에 대해 알레르기가 있을 수 있고, 질식의 위험이 있을 수 있으며, 음료의 경우 잦은 소변 보기를 호소할 수 있다. 또한 음식물 강화제가 아동이 너무 좋아하는 것일 경우에는 먹고 싶어서 마음 졸이게 되어 오히려 문제행동을 더 일으키게 할 가능성이 있으므로 주의해야 한다.

#### ② 감각적 강화제

감각적 강화제란 시각, 청각, 후각, 미각, 촉각, 또는 흔들림 같은 고유 감각에 대한 자극제를 의미한다. 예를 들어, 자폐증이 있는 학생의 빙글빙글 도는 상동행동을 기능분석한 결과 전정기관의 자극에 의해 빙글빙글 도는 행동이 계속 유지되었다면, 그 학생에게는 '돌기'를 감각적 강화제로 사용할 수 있다. 시각적 강화제로는 눈으로 볼 수 있는 자극으로, 색깔이나 깜빡임이 있는 조명, 그림, 잡지, 거울, 슬라이드, 사진, 비디오 화면, 움직이는 비누 거품 등을 사용할 수 있다. 청각적 강화제로는 귀로 들을 수 있는 자극으로, 부드러운 음성, 음악, 헤드폰으로 듣는 음악 등이 있다. 후각적 강화제로는 코로 맡을 수 있는 냄새를 풍기는 것으로 달콤하거나 매운 향 등 다양한 냄새를 풍기는 물질을 사용할 수 있다. 미각적 강화제로는 혀로 맛볼 수 있는 것으로 달거나, 시거나, 짜거나, 맵거나, 쓰거나 하는 다양한 맛을 내는 고체나 액체를 사용할 수 있다. 촉각적 강화제로는 피부로 느껴지는 것으로, 매끄럽거나 거친 느낌을 주는 것, 부드럽거나 딱딱한 느낌을 주는 것, 따뜻하거나 차가운 느낌을 주는 것, 젖어 있거나 마른 느낌을 주는 것으로 옷감, 깃털, 나무, 찰흙 등 여러 물질을 사용할 수 있다. 그 외에도 위의 예처럼 돌거나, 흔들거나, 통통 뛰게 해 주는 트램펄린(콩콩이), 그네, 흔들의자, 목마 등도 감각적 강화제로 사용할 수 있다.

#### ③ 물질 강화제

스티커, 장난감, 학용품, 책, 미술 도구, 인형, 값싼 장신구 등 아동이 좋아하는 어떤 물건이라도 물질 강화제의 역할을 할 수 있다. 이때 그 물건이 가지는 본래의 값어치는 강화제로서의 효과성과는 관계가 없다. 즉, 아동들에게는 어떤 물건이라도 강화제가 될 수 있기 때문에 물건의 값과 그 효과는 무관한 것이다. 예를 들어, 반짝이는 색종이 한 장도, 조개껍질 하나도 아이에게는 정적 강화제 역할을 할 수 있다. 유형의 물질 강화제는 사람에게 생물학적인 중요성이 있는 것은 아니지만 때로는 즉각적인 효과를 나타내기도 한다. 그러나 물질 강화제는 음식물 강화제와 비슷한 문제점이 있을 수 있으므로 음식물 강화제를 사용할 때와 동일한 주의를 기울여야 한다.

### 4 활동 강화제

특정 활동에 참여할 기회가 강화제 역할을 할 때 그 활동을 활동 강화제라고 한다. 그러므로 아이들이 좋아하는 모든 활동은 활동 강화제가 될 수 있다. 예를 들어, 밖에 나가 놀기, 컴퓨터 게임 하기, 보드 게임하기, 외식하기, 함께 요리하기, 영화나 TV 보기 같은 일상적 활동이 여기에 해당한다. 또한 아이에게 주어지는 임무나 특권도 활동 강화제가 된다. 예를 들어, 칠판 지우기, 우유 나르기, 칠판에 숙제 적기, 급식실 갈 때 앞장서서 안내하기, 유인물 나눠 주기, 모둠 활동 시간 관리하기, 실물화상기 준비하기, 학급 애완동물 먹이 주기, 선생님 의자에 앉기, CD 플레이어 작동하기, 컬러 유인물 사용하기 등이 여기에 해당한다. 어떤 활동이 강화제로 기능하는지에 대한 절대적 기준은 없다. 아이마다 좋아하는 활동이 다를 수 있기 때문이다. 예를 들어, 어떤 아이에게는 칠판 닦는 것이 특권이지만 다른 아이에게는 혐오자극일 수 있으므로, 활동 강화제를 사용하는 경우에도 강화제의 개별화 원리가 지켜져야 할 것이다.

Premack(1959)은 활동 자체가 강화제로 기능할 수 있다고 보고 이를 체계적으로 적용하여, 아동이 자주 자발적으로 참여하는 활동은 거의 참여하지 않는 활동에 대한 강화제로 사용될 수 있음을 밝혔다. 이렇게 발생 가능성이 높은 활동을 발생 가능성이 낮은 활동 뒤에 오게 하여 발생 가능성이 낮은 행동의 발생률을 증가시킬 수 있는 것을 '프리맥 원리'라고 한다. 예를 들어, 숙제보다는 나가 놀기를 좋아하는 아이에게 숙제를 마치면 놀이터에 나가서 놀아도 된다고 하는 엄마나, 문제 풀이보다 컴퓨터 게임을 좋아하는 아이에게 문제를 다 푼 사람은 컴퓨터 게임을 해도 좋다고 말하는 교사는 프리맥 원리를 적용하고 있는 것이다.

Kazdin(2001)은 교실에서 활동 강화제를 사용하는 경우의 제한점을 다음과 같이 제시하였다. 첫째, 학생이 좋아하는 발생 가능성이 높은 활동을 언제나 발생 가능성이 낮은 활동 뒤에 오게 할 수는 없다는 점이다. 예를 들어, 학생이 농구를 좋아해도 수학문제를 다 풀었을 때 체육관을 사용하지 못하는 경우가 있을 수 있다. 둘째, 어떤 활동은 행동의 바람직한 정도에 비례해서 강화할 수 없다는 것이다. 예를 들어, 현장 학습에 참여할 수 있거나 없는 것처럼 어떤 활동은 전부 아니면 아무것도 없는 경우가 있다. 그런 경우는 행동의 정도에 따라 강화의 정도를 맞출 수 없다. 셋째, 어떤 활동은 행동 수행 여부에 상관없이 주어져서 결국은 표적행동의 계속적 수행을 방해할 수 있다. 예를 들어, 학생이 철자법에 맞게 단어를 다 쓰지 않았는데도 시간이 되어 점심시간이나 체육시간이 주어지는 경우다. 또한 어떤 학생은 자기가 원하는 활동이 뒤따라 주어지지 않으면 표적행동을 계속하려 하지 않을 수도 있다. 이런 경우는 다른 강화제를 사용하여야 할 것이다.

### 5 사회적 강화제

어떤 형태이든 부모나 교사 등 어른들의 긍정적인 관심으로 아동을 인정하는 것은 아동들에게 가장 강력하고 효과적인 강화제일 것이다. 이러한 사회적 강화제에는 긍정적 감정 표현, 신체적 접촉 또는 물리적 접근이나 칭찬과 인정 같은 언어적 진술이 있다. 긍정적 감정 표현에는 미소, 윙크, 웃음, 고개 끄덕임, 박수, 지그시 바라보기 등이 있다. 신체적 접촉에는 악수하기, 손잡기, 등 쓰다듬기, 어깨 다독여 주기, 손바닥 마주치기(하이파이브)가 있고, 영유아의 경우 간질여 주기, 안아 주기가 신체 접촉에 해당한다. 물리적 접근에는 아동 옆에 앉기, 아동 옆에 서기, 이야기하는 동안 교사 옆에 앉도록 허락하기, 함께 식사하기, 게임할 때 교사와 짝하기, 버스 타고 갈 때 교사 옆자리 앉기 등이 있다. 언어적 진술에는 "바르게 앉아 있구나!" "그게 바로 선생님이 원하는 거야." "이건 부모님께 보여 드려야겠는걸!" "정말 훌륭해!" 같은 간결한 표현의 칭찬이 있다. 칭찬은 말로만 하는 것이 아니다. 쪽지나 카드, 편지 등을 사용할 수도 있다. 그 외에도 벽에 아동의 작품을 걸어 주거나 상장을 수여하는 특혜를 주는 것도 아이를 인정하는 사회적 강화제에 해당한다.

위에서 살펴본 교사의 관심 주기는 교실에서 비교적 쉽게 별도의 자원 없이도 사용할 수 있는 강력하고 효과적인 강화제라고 볼 수 있다. 특별히 칭찬은 더욱 그렇다. 그러나 현장에서 칭찬은 그다지 많이 사용되고 있지 않을 뿐 아니라, 아이의 학년이 올라가면서 교사의 칭찬은 점점 줄고 안 된다는 말은 더 늘어나는 실정이다. 교실에서 칭찬이 더 자주 사용되어야 하는데, 교사들은 학생들을 칭찬할 때 다음과 같은 점을 주의해야 한다(Alberto & Troutman, 2006; Scheuermann & Hall, 2009).

- 학생의 표적행동 직후에 칭찬하라. 그렇게 학생의 행동과 교사의 칭찬이 연관되어야 목표하는 행동의 증가를 기대할 수 있다.
- 일반적 진술보다는 구체적이며 행동의 내용을 묘사하는 표현으로 칭찬하라. 학생은 칭찬을 받을 때 자신이 왜 교사의 칭찬을 받는지 알아야 한다는 뜻이다. 일반적 진술로 이루어진 칭찬은 "성진아, 오늘 정말 훌륭했어." "착하네!" 또는 "영호야, 멋진데!"와 같은 표현이다. 구체적으로 행동을 지정하는 칭찬의 예는 다음과 같다. "예진아, 오늘 국어시간에 선생님을 잘 쳐다보고 발표도 큰 목소리로 하니까 정말 보기 좋더라." "송이야, 일기에 제목 쓰는 것을 잊지 않았구나. 참 잘했다." "현아야, 수업 준비물을 다 책상 위에 꺼내 놓고 바르게 앉아 있구나. 고맙다." "영경아, 모든 물건을 제자리에 정리했구나. 수고했다." 이처럼 구체적 내용의 칭찬은 학생에게 칭찬받는 내용이 무엇인지 알려 준다.
- 꾸중보다 칭찬을 더 많이 하라. 문제행동이 많은 학생일수록 주어지는 칭찬의 비율이 높아야 한다.
- 칭찬은 다양하게 하라. 우리나라 어른들은 아이들을 칭찬할 때 '착하네.' 또는 '잘했어.'라는 표현만 주로 사용하는데, 칭찬은 상황에 따라 표현 문구나 어조도 다양해야 한다.
- 진심으로 칭찬하라. 지나치게 열광하는 과장적인 표현도, 의례적이고 진부한 표현도 진실하게 들리지 않으므로 피해야 한다.
- 개별적 칭찬을 할 때는 학생의 이름을 불러서 칭찬하라. 이렇게 하면 학생은 칭찬 내용에 주의를 기울이게 되고 자기 것으로 가져가게 된다. 일반적으로 교사나 부모는 칭찬할 때는 이름을 사용하지 않고, 꾸중할 때는 이름을 큰소리로 부르는 경우가 많은데, 주의해야 할 점이다.
- 공개적 칭찬을 좋아하지 않는 학생에게는 학생에게 다가가 개별적으로 칭찬하라. 작은 목소리로 칭찬하거나 쪽지를 사용할 수도 있다.
- 교사는 칭찬의 목표 횟수를 정하고 자신이 하루 동안 학생을 얼마나 자주 칭찬하는지 점검하는 것이 좋다.

## (3) 지속시간 강화계획

지속시간 강화계획(response-duration schedules)은 표적행동을 일정한 시간 동안 계속해야만 강화가 제시되는 것으로, 정한 시간이 고정인가 또는 변동하는가에 따라 고정 지속시간 강화계획과 변동 지속시간 강화계획으로 나뉜다.

### ① 고정 지속시간 강화계획

고정 지속시간 강화계획은 학생이 표적행동을 일정한 시간 동안 지속하였을 때 강화가 주어지는 것이다. 고정 지속기간 강화계획의 예로 시간제 급여를 받는 경우를 들 수 있다. 다른 예로, 5분 이상 의자에 앉아 있지 못하는 초원이에게 5분의 고정 지속시간 강화계획을 적용하면, 초원이가 5분 동안 의자에 앉아 있을 때마다 강화가 주어져야 한다. 이 강화계획이 시작되고 난 후 초원이가 의자에서 일어나면, 다시 의자에 앉을 때부터 시간을 새로 측정하기 시작해야 한다.

### ② 변동 지속시간 강화계획

변동 지속시간 강화계획은 학생이 표적행동을 평균 지속시간 동안 하고 있으면 강화가 주어지는 것이다. 그렇기 때문에 강화가 주어지는 지속시간 간격이 일정하지 않고 평균 지속시간 간격을 기준으로 변한다. 위의 초원이의 경우에 5분의 변동 지속시간 강화계획을 적용하면, 초원이는 의자에 앉아 있는 시간 동안 평균 5분 간격으로 강화를 받게 된다. 예를 들어, 지속시간을 3분, 6분, 5분, 4분, 7분으로 설정하여 강화한 경우 초원이는 평균 5분의 지속시간 강화계획에 의해 강화받은 것이다. 물론 초원이가 강화받은 후에 의자에서 일어나면 다시 의자에 앉을 때 시간 측정을 새로 시작해야 한다. 변동 지속시간 강화계획이 적용되면 초원이는 언제 강화가 제공될지 모르기 때문에 강화를 받기 위해서는 의자에 지속적으로 앉아 있을 가능성이 높아진다.

## 3) 강화계획의 체계적 약화

강화계획은 학생에게 새로운 행동을 습득시키거나 습득된 행동을 유지하도록 하는 데 유용한 방법으로 사용될 수 있다. 그러나 학생을 언제까지나 인위적인 강화계획에 의존하도록 해서는 안 되기 때문에, 만족에 대한 지연을 학습하도록 체계적으로 접근하는 것이 필요하다. 강화의 빈도를 점차 줄여 나가서 연속 강화계획에서 고정 강화계획으로, 고정 강화계획에서 변동 강화계획으로 바꾸어 가면서, 궁극적으로는 강화가 필요 없는 시점에 이르게 하고, 자연적으로 발생하는 강화제의 통제 아래 놓이게 하는 것이 바람직하다. 그런데 강화계획을 약화시킬 때 약화의 폭을 갑자기 너무 크게 하면 표적행동을 이끌어 내지 못할 수 있다. 그럴 때는 표적행동을 적절히 했던 마지막 계획으로 되돌아가서 천천히 약화시켜 가야 할 것이다. 예를 들어, 미란이에게 처음에 두 단어를 정확히 읽을 때마다 강화하다가 갑자기 20단어를 정확히 읽어야 강화하겠다고 하면 미란이는 단어 읽기를 포기할지도 모른다. 두 단어에서 셋, 다섯, 여덟 단어로 차근차근 늘려 가야 할 것이다.

강화계획의 약화는 강화받기 위해 필요한 표적행동의 횟수, 강화받기 전에 경과하는 시간, 강화받기 전에 표적행동이 지속되어야 하는 시간을 체계적으로 증가시키는 것이다. Freeland와 Noell(1999)은 강화계획의 체계적 약화를 통해 다음과 같은 결과가 이루어져야 한다고 했다. 즉, 강화계획의 체계적 약화가 갖는 목적은 다음과 같다.

- ▨ 변동 강화계획으로 바꾸고 더 높고 안정된 수준의 표적행동을 한다.
- ▨ 강화에 대한 기대를 약화시킨다.
- ▨ 학생이 좀 더 긴 시간 동안 표적행동을 지속하게 한다.
- ▨ 교사의 행동 감시자 역할을 철수시킨다.
- ▨ 사회적 강화제만으로 행동 통제가 되게 한다.
- ▨ 약화된 강화계획으로도 바람직한 수행 수준이 유지되게 한다.
- ▨ 더 많은 표적행동을 했을 때 주어지는 강화제가 효력을 갖게 한다.

# 4 | 토큰제도

토큰제도는 학생이 바람직한 행동을 하면 토큰을 받아 나중에 학생이 원하는 강화제와 교환할 수 있게 하는 것으로 학생의 바람직한 행동을 증가시키려는 방법이다. 앞에서 조건 강화제를 설명하면서 토큰은 다른 다양한 강화제와 교환되기 때문에 화폐처럼 일반화된 조건 강화제라고 소개했다. 화폐처럼 토큰 자체는 강화하는 힘이 없지만 매력적인 것과 교환이 가능하기 때문에 강화의 가치를 갖게 되는 것으로, 화폐와 동일한 의미와 기능을 갖고 있다. 이런 이유로 토큰제도를 '토큰경제'라고도 한다.

## 1) 토큰제도의 구성 요소

토큰제도의 구성 요소는 목표행동, 토큰, 교환 강화제이다. 먼저, 목표행동이란 강화될 행동, 즉 토큰제도를 통해 달성하고 싶은 행동을 의미한다. 목표행동은 처음에는 소수의 몇 가지 행동으로 시작하되 학생이 성공하기 쉬운 행동을 포함하는 것이 좋다. 또한 목표행동은 학생이 수행할 수 있는 능력이 있는 행동이어야 하며, 모든 학생에게 동일한 행동을 요구할 필요는 없다. 토큰제도를 실행할 대상이 집단인 경우, 집단 전체에게 요구되는 행동(예: 발표 전에 손 들기)을 목표행동으로 선정할 수도 있지만, 집단 내의 아이들 각자에 대한 다른 목표행동을 선정할 수도 있다. 예를 들어, 성철이는 제시간에 학교에 오는 행동에 대해, 영민이는 준비물 챙겨 오는 행동에 대해, 재영이는 수업시간에 자리에 앉아 있는 행동에 대해 토큰을 주도록 하는 것이다. 이렇게 각 학생에게 해당하는 적절한 행동과 수준을 찾아 개별화해야 한다. 목표행동은 본인과 타인에게 유익한 행동 중에서 선정하여 관찰과 측정이 가능한 용어로 명확한 기준을 제시해야 하는데, 이에 관하여는 4장을 참고할 수 있다.

다음으로, 토큰이란 가치 있는 것과 교환할 수 있는 상징적인 것으로 토큰 자체는 학생에게 원래는 가치가 없는 것이어야 하고, 토큰으로 바꿀 수 있는 교환 강화제는 가치 있는 것이어야 한다. 토큰으로 쓸 수 있는 물건은 무엇보다도 휴대가 가능해야 하고, 다시 사용할 수 있어야 하며, 다루기 쉬워야 한다. 또한 학생에게 안전하고 해롭지 않은 것이어야 한다. 토큰의 안전성은 아동의 연령과 특성에 따라 다를 수 있다. 예를 들어, 어린 유아에게는 쉽게 삼킬 수 있는 물건은 토큰으로 사용해서는 안 된다. 토큰으로 사용할 수 있는 물건으로는 단추, 특별한 모양의 클립, 스티커 같은 물건도 되고, 물건 외에 상징적으로 사용할 수 있는 것으로 카드에 구멍 뚫기, 도장 찍기, 점수 주기, 빗금 표시하기 등이 있다. 또한 점을 이어 완성할 수 있는 밑그림을 사용하여 2개의 점을 이용하여 그을 수 있는 선의 수를 토큰의 수로 간주하거나, 퍼즐 조각을 토큰으로 사용하여 퍼즐이 완성되었을 때 나타나는 그림의 내용물을 교환 강화제로 제시할 수도 있다. 토큰은 학생이 목표행동을 수행하지 않고도 얻을 수 있으면 효과가 없다. 학생이 목표행동을 하지 않고도 토큰을 속여서 만들거나 다른 곳에서 쉽게 구할 수 있어서는 안 된다는 뜻이다. 예를 들어, 어디서나 구할 수 있는 일반 클립 같은 것은 토큰으로 사용하기에 부적절하다. 그렇다고 해서 토큰 자체를 값어치 있는 것으로 하는 것도 바람직하지 않다. 토큰은 교환에 가치가 있기 때문이다.

일반화된 조건 강화제가 될 수 있는 토큰의 장점은 다음과 같다(Ayllon & Azrin, 1968; Miltenberger, 2009).

- 학생에게 주어진 강화를 수량화할 수 있다.
- 휴대가 가능하므로 교사가 지니고 다니며 표적행동 후 즉시 쉽게 줄 수 있다.
- 점수 같은 토큰은 교실 밖 어디에서도 쉽게 학생의 소유가 될 수 있다.
- 한 사람이 가질 수 있는 최대치의 제한이 없다.
- 언제든지 제공될 수 있다.
- 쉽게 표준화될 수 있다.
- 고도로 구조화되어 있어서 표적행동을 일관성 있게 강화할 수 있다.
- 다시 사용할 수 있도록 만들 수 있다. 복사할 수 없도록 독특하게 만들 수 있다.
- 학생은 자신의 토큰 양을 언제든지 알 수 있다. 특히 물건으로 만든 토큰은 학생이 직접 만질 수 있는 계속적이면서 직접적인 피드백이 된다.
- 주관적으로 주어지는 사회적 강화제와 달리 토큰은 객관적으로 정확한 양을 제공할 수 있으므로, 학생의 수행 정도에 비례하여 줄 수 있다.
- 다른 학생을 방해하지 않고 전달 가능하다.
- 행동이 개선됨에 따라 가치를 달리하여 제공할 수 있다.
- 학생이 원하는 것을 얻는 만족 지연을 연습하게 해 준다.

- ◪ 다양한 교환 강화제 때문에 융통성 있게 사용할 수 있다.
- ◪ 강화 주는 사람, 강화 주는 장소, 강화 받을 행동에 상관없이 사용할 수 있다.
- ◪ 사회적 강화제보다 더 효과적이다.

마지막으로, 토큰제도의 구성 요소는 교환 강화제다. 교환 강화제는 학생의 목표행동을 동기화시킬 수 있을 만큼 충분히 다양하게 선정해야 한다. 먹을 것, 물건, 활동 등 앞에서 강화제 종류를 설명하며 소개한 강화제를 교환 강화제로 선정할 수 있다. 어떤 활동을 하기 위한 추가 시간도 교환 강화제로 쓸 수 있다. 뿐만 아니라 하기 싫어하는 일을 면제받을 수 있는 쿠폰도 교환 강화제가 될 수 있다. 교환 강화제의 값을 매길 때는 학생이 교환 강화제를 획득하는 것이 너무 쉽지도 너무 어렵지도 않도록 주의해야 한다. 교환 강화제의 값은 학생의 노력을 통해 얻은 토큰으로 그것을 획득하는 것에 도전해 볼 가치가 있는 만큼이어야 한다.

## 2) 토큰제도 실행 절차

토큰제도를 실행하는 일반적인 순서는 다음과 같다.

첫째, 토큰제도를 적용할 목표행동을 선정한다. 이에 관하여는 앞의 내용을 참고할 수 있다.

둘째, 무엇을 토큰으로 사용할 것인지 결정하고, 토큰을 구입하거나 만든다. 위에서 언급한 내용을 참고하여 값비싸지 않고, 재사용이 가능하고, 운반과 보관이 쉽고, 가짜나 도난을 방지할 수 있는 토큰을 준비하도록 한다.

셋째, 교환 강화제와 바꿀 때까지 아동이 토큰을 보관할 수 있는 방법과 획득된 토큰의 양을 기록할 방법을 결정한다. 봉투, 상자, 비닐봉지, 유리병, 빈 캔, 폴더 등을 이용한 보관함을 학생 스스로 관리하도록 할 수도 있고, 나이가 어린 아동들의 경우에는 교사가 한자리에 보관함 전체를 모아 놓고 각 아동의 이름이 적혀 있는 곳에 토큰을 넣도록 할 수도 있다. 유아의 경우는 토큰을 목걸이 또는 팔찌 모양으로 연결하여 보관하게 할 수 있다. 어린 아동일수록 유형의 토큰을 사용하는 것이 좋다. 또한 점수처럼 무형의 토큰을 사용할 경우에는 도표나 점수판 또는 그래프 같은 곳에 기록하여 가시화하는 것이 바람직하다.

넷째, 교환 강화제를 선정하여 그 값어치를 결정한다. 주로 학생들이 선호하는 것으로 교환 강화제를 선정하고, 교환 강화제마다 목표행동으로 얻을 수 있는 토큰의 양을 결정한다. 처음에는 적은 토큰의 양으로도 교환할 수 있게 해주는 것이 좋다. 토큰의 가치를 변화시킬 때는 언제나 현재 학생의 행동 수준에서 동기화가 가능해야 함을 기억해야 한다.

다섯째, 교환 강화제 메뉴판을 만들어 종류별로 그 값어치와 함께 잘 볼 수 있는 곳에 게시한다. 강화제 메뉴판을 만들어서 학생들이 볼 수 있는 곳에 두는 목적은 학생으로 하여금 목표행동으로 얼마만큼의 토큰 획득이 가능한지, 자신이 원하는 강화제가 무엇인지, 그것을 얻기 위하여 토큰이 얼마나 필요한지 알 수 있게 하는 것에 있다. 따라서 목표행동과 제공되는 토큰의 수, 교환 강화제와 지불해야 할 토큰의 수가 한눈에 볼 수 있게 제시되는 것이 좋다. 나이가 어린 아동의 경우는 메뉴판의 교환 강화제를 사진이나 그림으로 제시해 주면 좋다.

여섯째, 언제 어디서 토큰을 교환 강화제와 바꿀 수 있는지 결정한다. 교환 주기가 하루 단위인 경우 일과 도중에 교환하거나, 주 단위인 경우 주중에 교환하기보다는 하루나 한 주일의 끝으로 교환 시기를 정한다면 강화제와 토큰의 교환으로 인한 흥분과 어수선함으로 수업이 방해되는 것을 막을 수 있고 학생들에게 만족지연을 연습하게 할 수 있을 것이다. 나이가 어리거나 지적 능력이 낮은 아동은 교환 시기를 자주 갖는 것이 필요하다. 교환 시기와 장소를 일정하게 하여 학생들이 일관성을 기대할 수 있도록 해 주어야 한다.

일곱째, 학생에게 토큰제도를 가르친다. 토큰을 받기 위해 요구되는 행동, 목표행동에 대해 주어지는 토큰의 양, 토큰의 저장 방법, 교환 강화제의 종류와 값어치, 토큰과 교환 강화제의 교환 방법과 시기 등에 대해 구체적으로 가르치는 것이 필요하다.

여덟째, 목표행동에 대한 자료를 수집하면서 토큰제도를 실행한다. 목표행동의 자료 수집 방법은 이 책의 5장과 6장을 참고할 수 있다. 목표행동에 대한 지속적인 자료 수집은 토큰제도의 효과를 점검하게 해 줄 것이다.

아홉째, 목표행동이 향상을 보이면 강화계획을 약화시킨다. 처음에는 자주 토큰과 강화제를 교환할 수 있게 해 주다가 점차 강화계획의 비율을 늘려 가는 것이 좋다. 그렇지만 교환 강화제의 양은 그대로 두고 강화제 값만 너무 올려 토큰의 가치를 지나치게 떨어뜨리면 안 된다. 초기에는 교환비율을 낮게 하여 적은 수의 토큰으로 작은 강화제들을 쉽게 교환할 수 있게 하다가, 목표행동의 발생률이 증가하여 토큰을 잘 모을 수 있게 되면 교환 강화제의 값을 올리고 교환 강화제의 양도 늘려 갈 뿐 아니라 높은 가격의 강화제를 추가하는 것이 좋다.

지금까지 살펴본 토큰제도가 현장에서 유용하게 사용되는 이유는, 첫째, 토큰은 일반화된 조건 강화제이므로 학생들의 동기부여를 위한 노력이 덜 필요하고, 둘째, 토큰은 학생의 행동과 교환 강화제가 제공되는 시간 사이를 연결해 주므로 지연된 강화의 효과를 가능하게 해 주고, 셋째, 토큰은 학생의 행동과 교환 강화제가 주어지는 장소를 연결시켜주므로 동일한 토큰으로 학교 밖에서도 사용할 수 있게 할 수 있기 때문이다. 이러한 장점에도 불구하고 토큰제도의 궁극적 목적은 토큰제도의 제거에 있다. 그러므로 토큰은 항상 사회적 칭찬과 짝지어서 제공되어 나중에는 칭찬이 토큰과 동일한 강화 능력을 갖게 해야 한다. 또한 토큰을 얻기 위해 수행해야 하는 행동의 양과 강도를 점점 늘려 가고, 토큰제도가 유효한 기간을 점차 줄여 가는 것도 토큰제도의 제거에 도움이 되는 방법이다. 그 외에도 학생이 상대적으로 덜 원하는 항목의 교환 강화제는 점차 적은 양의 토큰을 책정하고 학생이 원하는 항목은 점차 많은 양의 토큰을 책정하는 방법을 사용할 수도 있다.

그런데 토큰제도를 실행하다 보면, 토큰을 한꺼번에 많이 모아 놓고 마음껏 부적절한 행동을 하는 학생들이 있을 수 있다. 이런 경우, 학생들은 이미 많은 토큰을 가지고 있기 때문에 굳이 교환 강화제를 얻기 위해 노력할 필요가 없어진 것이다. Alberto와 Troutman(2006)은 이런 토큰의 누적을 방지하고 학생들에게 계속해서 토큰을 모으도록 동기 부여할 수 있는 방법을 다음처럼 제안했다. 첫째, 지정된 교환일에 강화제와 바꾸는 것이 아니라 언제든지 원하는 강화제의 값어치만큼 토큰을 모았으면 즉시 교환하게 해 주고, 더 큰 값어치의 강화제를 원하는 경우는 저축하게 하고 저축해 놓은 것을 인출할 때는 벌금을 내도록 할 수 있다. 둘째, 토큰의 색깔이나 특성을 자주 바꾸어서 유통기한이 지난 토큰은 더 이상 사용할 수 없도록 하는 규칙을 정할 수도 있다. 셋째, 교환 강화제의 목록을 주기별로 바꾸어 주는 것도 학생들로 하여금 계속해서 토큰을 모으도록 하는 동기를 부여할 수 있다. 교환 강화제 목록에 선호활동에 대한 '추가시간'을 넣는다면 토큰 소모를 격려할 수 있을 것이다. 학생들이 표적행동을 잘하게 되어 토큰 획득이 쉬워지면 새롭고 신기한 것을 강화제에 포함시키는 것도 토큰 사용의 동기화에 도움이 된다.

토큰제도는 단독으로 사용되기보다는 다른 중재들과 병행하여 적용할 것이 권장되는데, 이혜진과 홍준표(2000)도 토큰제도를 여러 중재와 함께 적용하여 유아의 지시 수행과 활동 참여 행동이 증가하였음을 보고하였다. 그들은 신체적 및 언어적 촉구와 사회적 강화와 촉구의 점진적 제거를 토큰제도와 함께 글자를 쓰라는 지시 따르기 행동에 적용하고, 상반행동 차별강화와 토큰제도를 집단활동 참여 행동에 적용하였다.

만약 증가시키고 싶은 바람직한 행동(예: 발표 전에 손 들기)에 대한 바람직하지 않은 행동(예: 허락 없이 떠들기)을 보이고 있는 경우에는 바람직한 행동에 대해서는 토큰을 얻는 토큰제도를, 바람직하지 못한 행동에 대해서는 토큰을 잃는 반응대가(11장 참조)를 함께 사용할 수 있다. 그렇게 할 때는 토큰제도를 먼저 일정 기간 실행하여 토큰이 조건화된 강화제로 자리를 잡은 후에라야 토큰의 상실이 벌로 작용할 수 있다. 또한 반응대가를 사용하려면 교사가 토큰을 회수할 수 있는 능력이 있어야 한다. 토큰제도에서 목표행동에 대한 토큰의 양을 결정해야 하듯이 반응대가를 적용할 때는 바람직하지 못한 행동에 대해서 잃게 될 토큰의 양을 결정해야 한다. 그런데 반응대가를 적용할 때 학생이 가지고 있는 모든 토큰을 잃게 되어서는 안 된다. 그렇게 되면 학생은 교환 강화제와 바꿀 토큰이 없기 때문에 바람직한 행동에 대한 강화가 의미가 없게 될 뿐 아니라 더 잃을 것이 없는 학생은 문제행동을 계속하게 될 것이다. 반응대가를 병행할 때에도 기억해야 할 것은 반응대가를 통한 바람직하지 못한 행동의 감소가 아니라 토큰제도를 통한 바람직한 행동의 증가에 초점을 맞춰야 한다는 것이다.

## 5 행동계약

행동계약(behavioral contract)은 최종 목표하는 행동과 강화 사이의 유관 관계를 글로 쓴 문서를 의미하므로, 유관계약(contingency contract)이라고도 한다(Cooper, Heron, & Heward, 2015). 행동계약은 일반적으로 2인 이상이 서로 어떻게 할 것인지 구체적으로 알려 주는 내용을 문서로 작성하여 서로 서명하는 것으로 이루어진다. 이렇게 문서화하는 것은 나중에 계약에 참여한 사람들의 의견 불일치로 인한 문제를 피하게 해 준다.

## 1) 행동계약의 구성 요소

행동계약의 구성요소는 ① 과제(task)에 대한 설명, ② 과제 완성에 따라 주어지는 보상에 대한 설명, ③ 과제 수행 여부에 대한 기록, ④ 계약자와 피계약자의 서명으로 나누어 볼 수 있다(Cooper, Heron & Heward, 2015). 이 모든 요소를 갖춘 내용을 문서화한 것을 '행동계약서'라고 한다. 먼저, 과제에 대한 설명은 '누가 무엇을 얼마큼 언제까지 수행해야 하는지'로 구성된다. '누가'는 과제를 수행하고 보상을 받게 될 사람이므로 학생을 의미한다. '무엇'은 학생이 수행해야 할 과제를 의미하고, 이는 관찰과 측정이 가능하도록 구체적으로 정의해야 한다. '얼마큼'이란 과제의 수행 정도를 의미하고, 완성으로 볼 수 있는 수행 수준과 준거를 포함해야 한다. 여기에 예외 사항이 있다면 이를 포함시킨다. '언제'란 과제가 완성되어야 하는 때를 의미한다.

두 번째로 보상에 대한 설명도 '누가 무엇을 얼마큼 언제까지 수행해야 하는지'로 구성된다. '누가'는 과제 완수 여부를 판단하고 보상을 결정하고 시행할 사람으로 교사나 부모가 될 수 있다. '무엇'은 보상의 내용을 의미한다. '얼마큼'이란 보상의 형태, 방법, 양을 구체적으로 설명하는 것이다. 여기에서 추가로 받을 수 있는 것이 있다면 포함시킨다. '언제'란 보상받을 수 있는 때를 의미한다.

세 번째로 과제 수행의 기록이 있는데, 이 부분은 학생의 과제 수행 여부와 교사/부모의 보상 제공 여부를 기록할 수 있도록 구성한다. 학생은 자신의 과제 수행 여부에 대한 기록을 보면서 좀 더 과제수행에 집중할 수 있고, 교사/부모는 계약의 이행 정도를 정기적으로 검토할 수 있다. 이 부분은 계약서에 포함시킬 수도 있고 따로 작성할 수도 있다.

네 번째로 서명이 있어야 한다. 서명은 학생과 교사/부모가 서로 내용을 확인하고 동의했음을 알려 주는 것이므로 필수요소다. 서명란 옆에는 서명을 한 날짜를 기록해야 한다.

행동계약서는 아동이 이해하기 쉽도록 쉬운 용어로 간단하게 작성하는 것이 좋다. 또한 계약의 내용은 적절한 계약의 특성에 대해 Homme와 동료들(1970)이 제안한 내용을 따를 것을 권한다. 첫째, 그들은 계약은 정당해야 한다고 했다. 학생에게 요구되는 표적행동과 교사에게 요구되는 강화의 내용이 서로 정당하고 공평해야 한다는 뜻이다. 표적행동에 요구되는 노력에 비하여 주어지는 강화가 빈약한 것은 정당하다고 보기 어렵다. 둘째, 계약내용은 분명해야 한다. 계약서의 내용은 명확하게 작성되어서 계약서에 서명하기 전에 학생이 계약서의 내용을 충분히 이해하고 동의할 수 있어야 한다. 셋째, 계약문은 긍정적이어야 한다. 학생이 수행할 내용이나 그에 따른 교사의 강화 내용과 방법도 모두 긍정문으로 서술해야 한다. 예를 들어, '허락 없이 자리를 이탈하지 않으면, ~하지 않을 것이다.' '허락 없이 자리를 이탈하지 않으면, ~할 것이다.' 또는 '허락 없이 자리를 이탈하면, ~하지 않을 것이다.'라는 표현보다는 '수업시간에 20분 이상 자기 자리에 앉아 있으면 ~할 것이다.'라는 표현이 바람직하다. 넷째, 행동계약 내용은 순종을 강조하기보다는 학생의 성취에 대해 학생에게 주어지는 결과가 강조되어야 한다.

행동계약이 지닌 장점은, 첫째, 학생의 참여가 가능하고, 둘째, 행동지원의 개별화를 쉽게 해 주며, 셋째, 계약의 내용이 영구적으로 남을 수 있고, 넷째, 교사와 학생 모두 자신의 역할에 대해 구체적으로 알고 시행할 수 있으며, 다섯째, 개별화 교육계획서를 작성할 때 학생의 현재 수준과 목표를 진술하는 데 사용될 수 있다는 것이다.

## 2) 행동계약의 실행 절차

행동계약은 다음과 같은 절차를 따라 체계적으로 실행되어야 한다.

첫째, 학생의 이해 수준에 맞게 행동계약이 무엇인지 설명하고 행동계약을 하겠다는 학생의 동의를 얻는다.

둘째, 계약서에 명시될 표적행동을 선정한다. 학생이 하기를 바라는 바람직한 행동을 중심으로 하되, 하나의 계약에서 세 가지 이하의 행동을 다루는 것이 좋다. 학생과 교사 간에 행동 발생 여부에 대한 불일치를 막기 위해 행동은 조작적으로 정의되어야 한다.

셋째, 행동 목표를 달성하면 주어질 강화제의 내용을 결정하고, 강화제를 받을 수 있는 기준과 계약의 기한을 결정한다. 두 번째와 세 번째 절차에서 학생의 의견을 반영할 수 있다.

넷째, 계약 내용의 이행에 관련 있는 사람들이 모두 계약 내용을 이해하고 동의한 후에 계약서에 서명하고 복사하여 한 부씩 나눠 갖고, 각자 보관한다. 계약은 절대로 강요되지 않아야 한다.

다섯째, 행동계약서에 있는 표적행동의 발생에 대한 정보를 수집하면서 계약서에 명시된 기한에 계약서 내용을 검토하고 그대로 이행한다. 계약 내용의 수행은 미루지 않고 계약서의 내용대로 즉각 이루어져야 한다.

행동계약을 실행할 때도 토큰제도처럼 초기에는 작은 행동에 대해 작은 양으로 자주 강화하도록 하고, 잘 지켜질 때 점점 어려운 행동에 대한 새로운 계약을 해 가는 것이 바람직하다. 또한 행동계약을 토큰제도와 통합하여 사용할 수도 있다. 계약서를 공개적으로 붙여 놓으면 서로 목표에 대한 향상 정도를 볼 수 있어 동기 부여가 될 수 있다. 그리고 글 읽기에 어려움이 있는 경우는 그 내용을 그림으로 작성할 수도 있다. 공평하고, 명확하고, 정직한 행동 계약을 만들어 학생과 교사 또는 자녀와 부모 모두가 적극적으로 계약에 참여하도록 하는 효과적인 행동계약의 실행에 대해 더 알고 싶으면 Dardig와 Heward(1981)의 『Sign here: A constructing book for children and their parents』 또는 Homme과 Csanyi, Gonzales, Rechs(1970)의 『How to use contingency contracting in the classroom.』을 참고할 수 있다.

## 3) 행동계약서의 예

행동계약서는 앞에서 언급한 행동계약의 네 가지 구성요소를 구별하여 명확하게 작성하는 것이 바람직하다. 이는 학생이나 교사의 입장에서 수행해야 할 행동이 무엇인지 분명하게 알게 해 주고, 수행 여부를 기록을 통해 볼 수 있게 해 주기 때문이다. 그러나 반드시 네 가지 요소를 구분하여 작성하지 않아도 교사와 학생이 수행할 행동을 명확하게 알 수 있으면 된다. 다음 [그림 9-4]는 어린 유아를 위한 것으로 과제와 보상에 대한 설명을 구별하지 않고 작성한 예다.

# 약속장

- 약속은 누가 하나요?

  송신영과 _____선생님

- 나는 무슨 행동을 해야 하나요?

  그네 탈 때 차례 기다리기

- 약속을 지키면 나는 무엇을 얻게 되나요?

  내일부터 그네 탈 때 친구를 밀치지 않고 차례를 지킬 때마다 별 모양 스티커를 얻게 됩니다. 금요일까지 아래의 표에 다섯 개의 스티커를 모으면, 5일간 자유놀이 시간에 가지고 놀 인형을 제일 먼저 고를 수 있습니다.

약속한 날:      년    월    일

약속하는 친구: _____

약속하는 선생님: _____

〈스티커 모으기 표〉

|  |  |  |  |  |
|--|--|--|--|--|
|  |  |  |  |  |

[그림 9-4] **행동계약서의 예 1**

[그림 9-5]는 앞에서 언급한 요소들을 구분하여 작성한 것이다. (필자의 수업에서 학생이 제출한 행동계약서를 수정하고, 학생의 동의를 받아 여기에 제시했다.)

# 우리들의 약속

## 친구가 지킬 약속

✿ 누가?: 김 건

✿ 무엇을?
1. 줄을 설 때 친구 앞으로 끼어들지 않고 제자리에 섭니다.
2. 줄을 서서 갈 때 다른 곳으로 가거나 장난치지 않습니다.
3. 줄을 서서 갈 때 친구를 밀지 않습니다.

✿ 언제?
  급식실로 가는 시간

## 선생님이 지킬 약속

✿ 누가?: 박영주 선생님

✿ 무엇을?
1. 친구가 약속을 지키지 않은 V표시가 5개보다 적으면 스티커를 줍니다.
2. 스티커 개수에 따라 선물을 줍니다.
   선물: 자료실 선물 중 1개

✿ 언제?
• 스티커: 급식실에서 교실로 와서 바로
• 선물: 스티커를 10개 모으면 바로

서명: _____     서명: _____

날짜: _____     날짜: _____

## 약속을 지켰나요?

| 1 | 2 | 3 | 4 | 5 | 6 |
|---|---|---|---|---|---|
| 7 | 8 | 9 | 10 | 선물 ||

[그림 9-5] 행동계약서의 예 2

[그림 9-5]의 행동계약서의 목표행동은 급식실로 이동하는 시간에 줄을 이탈하지 않고 바르게 줄을 서서 가는 행동임을 알 수 있다. 교사의 관찰에 의해 약속한 행동이 수행되지 않은 횟수가 5회 이하이면 급식실에서 돌아온 즉시 스티커를 받고, 스티커가 10개 모아지면 선물을 받도록 되어 있다. 아래 부분에 스티커를 붙일 수 있는 칸과 선물이 주어졌는지 확인 표시하는 칸이 있다. 이런 계약서를 사용하는 경우에 아동이 문제행동을 5회 하는 정도의 수준에서 머무르고 더 좋아지지 않을 위험이 있다. 문제행동을 더 감소시키기 원한다면, 스티커 10개가 모두 모아진 다음에는 새로운 행동계약서를 작성하여 스티커를 받는 기준을 약속한 행동이 수행되지 않은 횟수 3회로 줄이고 더 강력하고 색다른 보상을 계획할 수 있다.

좀 더 나이가 든 아동을 위한 것으로 과제와 보상에 대한 설명, 과제 수행을 기록하는 칸과 서명 칸이 분명하게 구분되어 있는 행동계약서의 예를 [그림 9-6]에 제시했다.

# 행 동 계 약 서

| 과제 | 보상 |
|---|---|
| 누구: 김 영수 | 누구: 박 온유 |
| 무엇: 제시간에 학교에 도착하기 | 무엇: 선생님과 함께 보드 게임하기 |
| 얼마큼: 일주일의 휴일을 제외한 모든 등교일에 정해진 시간 8시 40분에 교실에 도착한다. 이 계약은 이번 학기가 끝나는 날까지다. | 얼마큼: 선생님이 가지고 있는 것이나 영수가 가져온 것 중에서 선택하여 한 가지 보드 게임을 한다. 시간은 1시간을 원칙으로 하되 30분 전에 게임이 종료되면 또 다른 게임을 종료 때까지 할 수 있다. 4주 연속으로 제시간에 등교하면 보너스로 피자를 먹으면서 보드 게임을 한다. |
| 언제: 학교 등교일 | 언제: 모든 등교일에 지각하지 않은 주의 금요일 방과 후 |

서명: _____  날짜: _____

서명: _____  날짜: _____

## 과제 수행 기록

|   | 월 | 화 | 수 | 목 | 금 | 월 | 화 | 수 | 목 | 금 | 월 | 화 | 수 | 목 | 금 | 월 | 화 | 수 | 목 | 금 |
|---|---|---|---|---|---|---|---|---|---|---|---|---|---|---|---|---|---|---|---|---|
| S |  |  |  |  |  |  |  |  |  |  |  |  |  |  |  |  |  |  |  |  |
| T |  |  |  |  |  |  |  |  |  |  |  |  |  |  |  |  |  |  |  |  |  |

|   | 월 | 화 | 수 | 목 | 금 | 월 | 화 | 수 | 목 | 금 | 월 | 화 | 수 | 목 | 금 | 월 | 화 | 수 | 목 | 금 |
|---|---|---|---|---|---|---|---|---|---|---|---|---|---|---|---|---|---|---|---|---|
| S |  |  |  |  |  |  |  |  |  |  |  |  |  |  |  |  |  |  |  |  |  |
| T |  |  |  |  |  |  |  |  |  |  |  |  |  |  |  |  |  |  |  |  |  |

|   | 월 | 화 | 수 | 목 | 금 | 월 | 화 | 수 | 목 | 금 | 월 | 화 | 수 | 목 | 금 | 월 | 화 | 수 | 목 | 금 |
|---|---|---|---|---|---|---|---|---|---|---|---|---|---|---|---|---|---|---|---|---|
| S |  |  |  |  |  |  |  |  |  |  |  |  |  |  |  |  |  |  |  |  |  |
| T |  |  |  |  |  |  |  |  |  |  |  |  |  |  |  |  |  |  |  |  |  |

|   | 월 | 화 | 수 | 목 | 금 | 월 | 화 | 수 | 목 | 금 | 월 | 화 | 수 | 목 | 금 | 월 | 화 | 수 | 목 | 금 |
|---|---|---|---|---|---|---|---|---|---|---|---|---|---|---|---|---|---|---|---|---|
| S |  |  |  |  |  |  |  |  |  |  |  |  |  |  |  |  |  |  |  |  |  |
| T |  |  |  |  |  |  |  |  |  |  |  |  |  |  |  |  |  |  |  |  |  |

[그림 9-6] **행동계약서의 예 3**

[그림 9-6]을 보면 영수가 수행해야 하는 과제는 매일 지각하지 않고 등교하는 것이며, 교사가 수행해야 하는 보상은 일주일의 모든 등교일에 지각을 하지 않은 주의 금요일 방과 후에 선생님과 함께 보드게임을 하는 것임을 알 수 있다. 또한 4주 연속으로 과제가 수행된 경우는 보너스 보상이 있음도 알 수 있다. 과제와 보상의 설명 아래에는 영수와 교사가 각각 서명하고 계약이 시작됨을 알리는 날짜를 기록하는 곳이 있다. 과제 수행 기록 부분에는 학생(S)과 교사(T)의 수행 유무를 구별하여 기록할 수 있도록 되어 있다. 기록은 펜으로 표시해도 되고 스티커를 붙여도 된다.

## 6 집단강화의 적용

앞에서 살펴본 강화 내용은 주로 개인의 행동 변화를 위해 어떻게 강화할 것인가에 초점이 맞춰져 있다. 이제 강화를 집단에 적용하는 방법까지 확장시켜 살펴보도록 하자. 강화는 아동에게 먼저 변별자극이 주어지고, 아동이 그에 대해 바람직한 반응을 보이면 적절한 강화제가 주어지는 것으로 이루어진다. 아동의 행동 뒤에 그 결과로 주어지는 강화제는 다음에도 동일한 변별자극이 있을 때 같은 행동을 발생 시킬 가능성을 증가시킨다. 즉, 행동과 결과 사이에 일시적이지만, 근접성을 갖게 되는 것이다. 이렇게 행동과 결과 사이에 만들어지는 유관 방식은 개인이나 집단에게 적용될 수 있다. 또한 유관 방식과 강화제가 주어지는 방법에 따라 다양한 방법으로 강화제를 적용하고 관리할 수 있다(Cooper, Heron, & Heward, 2015; Kazdin, 2001; Litow & Pumroy, 1975).

오래 전에 Litow와 Pumroy(1975)는 집단 내에서 강화제를 관리하는 세 가지 방법을 제안했다. 이 세 가지 방법은 행동문제가 있는 학생의 문제행동을 개선하기 위해 강화제를 사용한다는 점에서는 같지만, 강화제가 주어지는 조건과 강화 적용 대상에 따라, 종속적 집단유관(dependent group contingency), 독립적 집단유관(independent group contingency), 상호 의존적 집단유관(interdependent group contingency)으로 분류된다. 여기에서 집단유관이란 집단에게 행동의 결과로 주어질 강화제가 같다는 뜻이다. 다만, 누구에게 어떤 조건에서 주느냐에 따라 세 종류로 나뉜다.

첫째, 종속적 집단유관은 강화가 한 명 또는 일부 학생의 행동에 달린 경우다. 즉,

문제행동을 하는 학생이 목표행동을 수행하면 집단 전체가 강화받도록 하는 것이다. 예를 들어, 강현이가 일주일에 연속 5일간 지각을 하지 않으면 그 주 금요일 오후에 학급 파티를 하는 것이다. 이 경우에는 문제행동을 보이는 학생의 행동 수행에 따라 학급 전체가 강화를 받을 수도 있고 받지 못할 수도 있다.

둘째, 독립적 집단유관은 강화가 일정 기준을 달성한 학생에게만 주어지는 것이다. 강화가 집단에게 소개되지만 강화는 각자의 행동 수행 여부에 따라 주어지므로, 다른 사람의 행동 수행에 서로 영향을 받지 않는다. 즉, 집단 전체에게 동일한 목표행동을 설정하고, 그 목표행동을 수행하는 사람은 누구나 강화를 받도록 하는 것이다. 예를 들어, 누구나 지각하지 않고 제 시간에 등교하면 정해진 강화제를 받도록 하는 것이다. 이 경우에는 문제행동을 자주 보이는 학생의 행동이 집단의 강화에 영향을 주지 않고, 구성원 각자가 수행 기준을 만족하면 강화받는다.

셋째, 상호 의존적 집단유관은 집단 전체가 기준을 달성해야 강화받는 것이다. 즉, 집단 전체에게 동일한 목표행동을 설정하되, 집단 전체의 수행수준에 따라 구성원 개인 또는 집단 단위로 강화받을 수 있는지가 결정되는 것이다. 예를 들어, 학급 전체가 제시간에 등교하는 것이 목표행동이라면, 학급 전체가 얼마나 지각을 했는지에 따라 각 학생 또는 학급 전체의 강화여부가 결정된다. 이 경우, 한 달 동안 전체 학생 모두의 지각 횟수가 각각 3회 이하이면 강화받도록 할 수도 있고, 한 달간 매일 학급 전체의 지각 횟수가 1회 이하이면 강화받도록 할 수도 있고, 혹은 한 달간 학급 전체의 지각 횟수 총합이 6회 이하이면 강화받도록 할 수도 있다.

종속적 집단유관이나 상호 의존적 집단유관의 경우는 또래의 부당한 압력이 문제가 될 수도 있고, 한 구성원이 집단의 노력을 고의로 방해할 수도 있고, 혹은 역으로 집단의 수준을 높이기 위해 구성원 몇몇이 다른 사람들을 위해 목표행동을 대신할 수도 있는 부작용이 있으므로 주의해야 한다.

Kazdin(2001)과 Cooper와 Heron, Heward(2015)도 학급에서 교사가 강화제나 토큰제도를 적용하는 방법을 제안했다. 그들이 제시한 방법은 두 가지 기준을 적용했다. 하나의 기준은 강화제를 제시하는 방법을 개별적으로 하느냐, 집단 단위로 하느냐이다. 이는 강화제가 개인에게 주어지는지, 아니면 집단에게 공동으로 주어지는지를 의미한다. 또 하나의 기준은 유관 방식을 개별화하여 적용하느냐, 획일화하여 적용하느냐, 집단으로 적용하느냐이다. 이는 설정된 목표행동이 개인에게 해당하는지, 특정 기준을 만족시킨 자에게 해당하는지, 특정 집단에게 해당하는지를 의미한다. 이 두 가지 기준으로 분류하면 여섯 가지의 강화 적용 방법이 나오는데, 이를 [그림 9-4]에 제시했다. [그림 9-4]의 숫자는 여섯 가지 방법을 의미한다.

|  |  | 유관 방식 | | |
|---|---|---|---|---|
|  |  | 개별화<br>(개인에게 적용) | 확일화<br>(전체에게 적용) | 특정 집단<br>(해당 집단에게 적용) |
| 강화제<br>제시<br>방법 | 개별<br>(개인) | 1 | 2 | 3 |
|  | 집단<br>(공동) | 4 | 5 | 6 |

출처: Alberto & Troutman (2014) 괄호 안의 내용은 추가된 부분임

[그림 9-7] **강화제 적용 방식**

[그림 9-7]의 1에 해당하는 첫째 방법은 강화제는 개별로 주어지고 유관 방식도 개인에게 적용되는 것이다. 즉, 개별 학생이 자신에게 해당하는 목표행동을 수행할 때 그 학생에게 강화제를 주는 것이다. 예를 들어, 지각을 자주하는 민지의 행동을 개선하기 위해서, 민지가 지각하지 않고 제 시간에 등교하면 강화제를 주기로 하는 것이다. 두 번째 방법은 강화제는 개별로 주어지고 유관 방식은 집단 전체에게 획일적으로 적용되는 것이다. 즉, 학급 전체에게 동일한 목표행동을 설정하고 그 행동을 수행하는 각 학생에게 강화제를 주는 것이다. 예를 들어, 급식실로 이동하는 동안 줄을 이탈하여 발생하는 문제행동을 줄이기 위해서, 급식실에 갈 때 줄서기를 잘하는 학생은 누구에게나 강화제를 주기로 하는 것이다. 세 번째 방법은 강화제는 개별로 주어지고 유관 방식은 특정 집단에게 적용되는 것이다. 즉, 학급 내의 특정 집단에게 동일한 목표행동을 설정해 주고 그 집단의 학생이 해당 목표행동을 수행할 때 개별적으로 강화제를 주는 것이다. 예를 들어, 체육 수업 후 손을 잘 씻지 않는 남학생들을 위해서, 체육 시간을 마치고 교실로 들어 올 때 손을 씻고 오는 남학생에게는 각각 강화제를 주기로 하는 것이다. 네 번째 방법은 강화제는 집단을 단위로 공동으로

주어지지만 유관 방식은 개인에게 적용되는 것이다. 즉, 특정 학생들에게 해당하는 각각의 목표행동을 선정하고 모두가 자기의 목표행동을 수행하면 특정 학생들 모두에게 공동으로 주어지는 강화제를 받도록 하는 것이다. 예를 들어, 세 명의 학생이 수업 방해 행동이 심한 경우에, 영수는 자리이탈 행동, 해란이는 옆 친구에게 불필요한 말 걸기 행동, 재은이는 연필로 책상을 두드리는 행동이, 각각 정한 기준 이하로 발생하면 세 명이 함께하는 보드게임을 하도록 하는 것이다. 다섯 번째 방법은 강화제는 집단을 단위로 공동으로 주어지고 유관 방식도 집단 전체에게 획일적으로 적용되는 것이다. 즉, 집단에게 동일한 목표행동을 설정하고 그 행동을 수행하는 집단의 모든 학생들에게 공동으로 주어지는 강화제를 주는 것이다. 예를 들어, 학생들이 수학시간에 수업에 필요한 준비물(삼각자, 수학책, 공책, 연필, 지우개)을 수업 전에 빠짐없이 책상 위의 정해진 자리에 올려 놓고 있으면, 그런 학생 모두는 수학수업 직후에 체육관에 가서 함께 15분 동안 피구경기를 할 수 있다. 여섯 번째 방법은 강화제는 집단을 단위로 공동으로 주어지고 유관 방식은 특정 집단에게 적용되는 것이다. 즉, 특정 집단에게 동일한 목표행동을 설정해 주고 그 행동을 집단의 모든 학생이 수행해야 강화제를 주는 것이다. 이는 특정 집단을 한 단위로 봤을 때 첫 번째 방법과 같다고 할 수 있다. 예를 들어, 수학 과목 시험에서 50점 이하의 점수를 받아서 하위 수준의 집단에 속하게 된 여섯 명 학생들에게 그 집단의 학생 모두가 다음 수학 시험에서 65점 이상을 받으면 함께 피자를 먹을 수 있도록 하는 것이다.

- 정적 강화와 부적 강화의 공통점은 미래 표적행동 발생 가능성을 증가시키는 것이며, 차이점은 정적 강화는 행동 후 즉시 자극을 제시하여 표적행동의 발생 증가를 도모하고, 부적 강화는 행동 후 즉시 자극을 제거하여 표적행동의 발생 증가를 도모하는 것이다.

- 강화제에는 긍정적이고 유쾌한 자극도 있고 부정적이고 불유쾌한 자극도 있을 수 있으며, 강화제의 제시 혹은 제거를 통해 바람직한 행동이 증가 또는 유지되게 하는 것을 강화과정이라고 한다. 강화제는 물리적 특성에 따라 음식, 감각, 물질, 활동, 사회적 강화제로 분류한다.

- 강화계획에는 연속 강화계획과 간헐 강화계획이 있다. 연속 강화계획은 새로운 행동을 습득할 때 사용하기 유용한 강화계획이고, 간헐 강화계획은 습득된 행동을 유지하는 데 유용한 강화계획으로 비율 강화계획과 간격 강화계획, 지속시간 강화계획으로 나눌 수 있다.

- 토큰제도는 바람직한 행동을 증가시키려는 방법이며, 학생이 바람직한 행동을 하면 토큰을 받아 나중에 학생이 원하는 강화제와 교환할 수 있게 하는 것으로 토큰은 일반화된 조건 강화제의 성격을 갖는다.

- 행동계약이란 목표행동을 달성했을 때 주어지는 강화에 대해 학생과 교사가 동의한 내용을 문서로 작성하는 것으로, 목표행동, 강화 방법과 조건, 강화제 내용을 문서화한 것이다.

- 정적 강화와 부적 강화의 공통점과 차이점은 무엇인가요?

- 강화제의 효율적인 사용에 대해 토의해 봅시다.

- 강화계획의 종류별로 예를 들어 보세요.

- 아동의 연령에 따라 목표행동을 정하고 그에 맞는 토큰제도와 행동계약의 계획을 세워 보세요.

- 정적 강화, 부적 강화, 행동계약, 토큰제도를 적용한 각각의 실험연구를 찾아 중재 절차가 적절했는지 평가해 보세요.

- 책에서 제시한 집단강화 적용 방법에 대해 각각 예를 들어 설명해 보세요.

# 새로운
# 행동의 습득

## 제10장

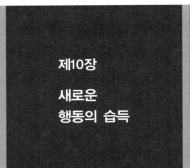

## 제10장
## 새로운
## 행동의 습득

- 자극통제의 개념을 설명할 수 있다.
- 촉구와 용암에 대한 정의와 종류를 설명할 수 있다.
- 행동연쇄법을 설명할 수 있고, 과제분석을 할 수 있다.
- 행동형성법의 개념과 사례를 설명할 수 있다.
- 모방하기의 개념을 설명할 수 있다.

- **변별**: 어떤 자극과 다른 자극들의 차이를 말할 수 있는 능력을 의미한다.
- **자극통제**: 선행자극의 조절에 의해 특정 선행자극에 대해서만 행동이 발생하도록 통제하는 과정이다.
- **촉구**: 변별자극에 대해 바람직한 반응을 보이지 못할 때 바람직한 반응을 보일 수 있도록 도와주는 부가적인 자극을 의미한다.
- **용암**: 주어지는 자극을 점진적으로 조절하여 궁극적으로, 일부 변화된 자극이나 새로운 자극에 대해 반응할 수 있도록 하는 절차를 의미한다.
- **행동연쇄**: 어떤 행동과 그 행동을 구성하는 단위행동들의 연결을 의미한다.
- **과제분석**: 복잡한 과제를 가르칠 수 있도록 작은 단계로 나누는 것을 의미한다.
- **행동형성**: 표적행동에 가까운 행동을 점진적이고 체계적으로 차별강화하여 새로운 행동을 만들어 가는 것이다.
- **모방하기**: 가르치고자 하는 행동을 학생에게 정확하게 시범 보이는 방법이다.

● 학생의 바람직한 행동을 증가시키고 싶으면 강화 기법을 사용하면 된다. 그런데 강화는 학생이 바람직한 표적행동을 적은 양이라도 할 수 있다는 것을 전제로 한다. 그러나 학생이 할 줄 모르기 때문에 표적행동을 할 수가 없다면 교사에게는 표적행동을 강화하고 싶어도 강화할 기회가 주어지지 않는다. 그럴 때는 새로운 행동을 습득하도록 가르쳐야 한다. 새로운 행동을 가르칠 때 사용할 수 있는 방법으로 촉구와 용암법, 행동연쇄법, 행동형성법, 모방하기 등이 있다. 문제행동의 예방을 위해 가르쳐야 할 대체행동도 학생의 행동목록에 없는 것이라면 이러한 중재 방법으로 가르칠 수 있다. 그런데 여기에서 소개할 새로운 행동을 습득하도록 가르치기 위한 방법들은 무에서 유를 만들어 내는 방법이 아니다. 적절한 단서나 신호를 사용하여 학생이 이미 알고 있는 반응을 이끌어 내고, 이미 존재하는 반응을 바람직한 행동으로 형성시켜 가는 방법들이다. 각각의 기법을 설명하기에 앞서 행동의 습득에서 가장 기본이 되는 변별훈련과 자극통제에 대한 설명을 먼저 하겠다.

## 1 | 변별훈련과 자극통제

변별이란 어떤 자극과 다른 자극들의 차이를 말할 수 있는 능력이고, 변별자극이란 변별을 하도록 주어지는 자극이다. 즉, 특정 자극이 주어졌을 때만 특정한 반응이나 행동을 하도록 알려 주는 자극을 변별자극(discriminative stimulus)이라 한다. 그런데 변별자극은 주로 반응이나 행동 앞에 주어져서 강화가 뒤따를 것임을 알려 주는 역할을 한다. 쉬운 예로, 전화벨이 울리는 것은 전화 받는 행동에 대한 변별자극이다. 울리는 전화벨이라는 변별자극은 수화기를 들면 상대의 목소리라는 강화가 주어질 것이라고 알려 주는 것이기 때문에 전화벨 소리가 울릴 때 수화기를 들어 전화를 받는 행동을 하게 되는 것이다. 그러나 다른 소리들, 예를 들어 초인종 소리, TV 소리, 악기 소리, 강아지 소리 등은 전화 받는 행동에 대한 변별자극이 아니다. 왜냐하면 그런 소리가 들렸을 때 수화기를 드는 동일한 행동을 해도 상대의 목소리라는 강화가 주어지지 않기 때문이다. 이런 경우에 전화벨 소리를 변별자극이라고 하며, 그 외의 다른 소리들은 델타자극(delta stimulus)이라고 한다. 변별자극은 어떤 행동에 대해 강화가 주어질 것을 알려 주는 역할을 하며, 델타자극은 그 행동에 대해 강화가 없을 것을 알려 주는 역할을 하는 것이다.

그런데 변별자극이 행동의 원인이 되는 것은 아니다. 단지 행동이 발생할 가능성을 증가시키는 것이지 행동을 유발하는 것은 아니다. 전화의 예에서 전화벨 소리는 수화기를 들면 상대의 목소리가 들려올 것을 알려 주는 것이지 전화벨 소리가 수화기를 들도록 만드는 것은 아니다. 다만 전화벨이 울렸을 때 수화기를 들면 즉시 상대의 목소리를 듣게 되는 것으로 강화가 주어지는 반복된 경험을 통해서, 전화벨 소리라는 변별자극은 수화기를 드는 행동의 발생 가능성을 예측하게 해 준다.

이렇게 변별자극에 대해서는 바람직한 행동에 대해 강화를 주고 델타자극에 대해서는 동일한 행동일지라도 강화를 주지 않는 과정을 통하여 변별자극이 확립되며, 이런 변별자극의 확립과정을 변별훈련(discrimination training)이라고 한다. 1장에서 설명한 Skinner의 조작적 조건형성의 실험을 가지고 변별훈련의 예를 들어 보자. 실험상자 안에 쥐를 넣어 두고 쥐가 우연히 상자 안의 지렛대를 밟으면 먹이가 나오도록 하여, 쥐로 하여금 지렛대를 밟는 행동과 먹이가 나오는 것의 기능적 관계를 학습하도록 하는 실험을 기억할 것이다. 이런 학습이 이루어진 경우에 쥐가 지렛대를 누를 때 동시에 전구의 밝은 빛이 깜빡거릴 때만 먹이가 나오도록 하고 전구의 깜빡거림이 없는 경우에는 먹이가 나오지 않도록 했다면, 쥐는 반복 경험을 거쳐 전구가 깜빡거릴 때 더 많이 지렛대를 밟게 될 것이다. 즉, 쥐는 깜빡거리는 빛이라는 변별자극과 깜빡거림이 없는 상태인 델타자극을 구별하게 되는 것이다. 간단히 말하면 변별자극과 델타자극을 구별하여 변별자극에 대해서만 바른 반응을 하도록 하는 것이 변별훈련이다. 도로에서 빨간 신호등이 켜지면 운전자들이 차를 멈춰 세우고 초록불이 켜지면 가는 것이나, 교회에서 "기도합시다."라고 말하면 눈을 감고 고개를 숙이며 손을 모으는 행동을 하고, "찬송합시다."하면 그런 행동을 하지 않는 것이나, 아이들이 학교에서 사용하는 은어나 농담을 친구들끼리는 하지만 부모나 교사 앞에서는 하지 않는 것 등이 일상생활에서 변별자극이 확립된 예다. 다른 예로, 어느 초

| 할머니 | 어머니 |

[그림 10−2] **자극 내 촉구의 예**

2 **가외 자극촉구**

가외 자극촉구는 변별 자극 외에 다른 자극을 추가하는 것이다. 예를 들어, 어느 수가 큰지 비교하는 경우에 각 숫자 밑에 숫자에 해당하는 만큼의 사물이나 사물의 그림을 제시했다면, 가외 자극촉구를 사용한 것이다. 이때에 제시된 그림은 반응에 직접 영향을 주는 도움이라기보다는 변별자극(숫자)에 대한 추가자극이라고 볼 수 있으므로 시각적 촉구라기보다는 가외 자극촉구라고 볼 수 있다. Martin과 Pear (2003)는 가외 자극촉구를 지적장애아동에게 식당에서 양식 식사용 테이블에 식사도구를 놓는 것을 가르치는 예를 들어 설명했다. 식사용 매트 위의 적절한 위치에 나이프, 포크, 숟가락을 그려 놓고 그 위에 도구를 놓게 하는 경우, 식사 도구가 그려진 매트는 가외 자극촉구다.

3) **촉구의 용암**

촉구는 바람직한 반응을 하도록 도와주는 부가적인 자극이므로, 행동의 습득단계에서만 사용되고 그것에 지나치게 의존하는 것을 막아야 한다. 교사가 필요에 의해서 촉구를 사용할 때도 궁극적인 목표는 아동이 촉구에 의해 바람직한 반응을 하는 것이 아니라 교사의 촉구 없이도 아동이 독립적으로 변별자극에 대해 바람직한 반응을 보이는 것이어야 한다. 결과적으로는 변별자극에 의한 자극통제가 이루어지도록 전이시켜야 하는 것이다. 그런 자극통제의 전이는 촉구를 점진적으로 분명하게 혹은 불분명하게 하는 과정을 통해 이루어질 수 있다. 이렇게 촉구를 조절하여 점진적으로 변화시키는 방법을 통틀어서 용암(fading)이라고 하기도 하고(Alberto & Troutman, 2013), 그러한 자극통제의 전이 방법 중에서도 자극촉구를 점진적으로 변화시키는 방법만 용암이라고 하기도 한다(Cooper, Heraon, & Heward, 2015). 용암이란 원래 영화를 제작할 때 선명한 화면이 점점 어두워지거나 어떤 장면을 아스라이 사라지게 하는 기법을 일컫는 용어다. 따라서 촉구의 용암이란 변별자극 외에 부가적으로 주어지는 자극을 점진적으로 감소 또는 제거하여 궁극적으로 촉구 없이 변별자극만 주어져도 반응하도록 하는 절차를 의미하는 것이 맞다고 할 수 있다. 그러나 여기에서는 촉구를 변화시켜서 더 이상 촉구에 의존하지 않고 변별자극에만 정반응하도록 하는 모든 방법을 촉구의 용암이라고 하겠다. 즉, 용암은 촉구의 점진적 변화라는 기법을 적용하는 것을 의미한다.

자극의 일반화에서도 용암의 원리는 적용되는데, 그때의 용암은 자극의 점진적 조절을 통해, 일부 변화된 자극이나 새로운 자극에 대해 반응할 수 있도록 하는 절차를 의미한다. 이에 대해서는 12장에서 구체적으로 다루겠다. 여기에서는 Bilingsley 와 Romer(1983)가 제안한 반응촉구를 점진적으로 변화시키는 방법과 Cooper와 Heron, Heward(2015)가 제안한 자극촉구를 점진적으로 변화시키는 방법을 살펴보겠다.

### (1) 반응촉구의 점진적 변화

반응촉구란 변별자극에 대해 아동이 바람직한 반응을 하도록 다른 사람이 제공하는 도움을 뜻한다. 이런 도움을 변화시키는 방법에는 도움 감소법, 도움 증가법, 촉구 지연법이 있다.

### ① 도움 감소법

도움 감소법은 '최대-최소 촉구법' 또는 '보조 줄이기'라고도 하며, 처음에는 아동이 바람직한 행동을 수행하기에 충분하다고 생각되는 만큼 최대한의 반응촉구(구두, 신체, 몸짓, 시각 촉구)를 제공하여 아동이 정반응을 보이면 점차 그 양을 줄여 가는 것이다(Alberto & Troutman, 2013). 이 방법은 학습 초기 단계에 많이 발생할 수 있는 오류를 제거할 수 있는 장점이 있기 때문에 오류로 인한 좌절을 방지할 수 있다. 그래서 이 방법은 주로 중도, 최중도 장애아동에게 많이 사용된다. 예를 들어, 아동에게 숟가락을 사용하여 음식 먹는 것을 도움 감소법으로 가르친다고 하자. 처음에 교사는 숟가락으로 음식을 뜨는 과정을 구체적인 말(예: 이렇게 손가락으로 숟가락을 잡고, 힘을 주어 밥을 뜨고, 숟가락을 들어 올려서 입으로 가져가는 거야.)로 설명하면서 아동의 손 위에 교사의 손을 얹어서 함께 숟가락을 잡고 음식을 떠서 아동의 입까지 가져가는 모든 동작을 도와주다가, 아동이 반응을 보이면 점차적으로 교사의 손힘을 빼고, 나중에는 손이나 손가락을 얹기만 하다가, 그다음에는 구두로만 각 단계를 지시하다가, 필요한 단계에서만 구어적 지시를 해 주고, 결국은 "자, 숟가락으로 떠먹어 보렴."이라는 변별자극만 제시해도 아동이 숟가락으로 음식을 떠먹을 수 있도록 가르치는 것이다. 이 경우에 처음에는 구어적 촉구와 신체적 촉구를 함께 제시하면서 신체적 촉구의 강도를 감소시켜가다가 신체적 촉구를 제거하고, 강제성이 더 약한 구어적 촉구를 사용하면서 그 강도를 감소시켰음을 알 수 있다. 반응촉구를 혼합하여 사용하는 경우에는 강제성이 강한 것부터 차례로 제거하는 것이 도움 감소라고 볼 수 있다. 반응촉구를 한 가지만 사용하는 경우에는 그 강도 또는 단계를 줄여 가는 것이 도움감소이다. 그런데 신체적 촉구를 점진적으로 제거하는 방법을 '단계적 지도' 또는 '점진적 안내'라고 명명하여 구별하는 경우도 있지만(Alberto & Troutman, 2013), 여기에서는 반응촉구가 점진적으로 감소되었다는 점에서 도움 감소법과 같다고 본다.

### ② 도움 증가법

도움 증가법은 반응촉구의 양이나 종류 또는 강도의 변화는 도움 감소법과 반대다. 도움 증가법은 '최소-최대 촉구법'이라고도 하고 '보조 늘리기'라고도 하며, 아동에게 변별자극만 주는 것으로 시작했다가 정반응이 없으면 점차 촉구의 양을 증가시켜 가는 것이다(Alberto & Troutman, 2013). 최소-최대 촉구법의 의도는 가능한 한 아동이 목표행동을 하는 데 필요한 만큼의 촉구만 최소한의 강도로 제공하려는 것이다. 앞의 예에서 숟가락으로 음식 먹기를 도움 증가법으로 가르친다면, 처음에 교사는 "자, 숟가락으로 떠먹어 보렴."이라는 변별자극을 제시한 뒤에 아동이 할 수 있는 만큼 해 보도록 하고, 그 단계에서 "숟가락으로 음식을 떠야지."와 같은 간단한 구어적 지시를 한다. 구어적 지시에 대해 아동이 바르게 반응하지 못하면 "손으로 숟가락을 잡고 그릇에 넣어서 숟가락 위로 음식이 오도록 해서 떠 보자."와 같이 좀 더 구체적인 구어적 지시를 한다. 그래도 정반응을 못하면 아동의 손위에 교사의 손을 얹으면서 "손으로 숟가락을 잡아 보자."라고 하고, 아동이 정반응에 실패하면 교사의 손으로 아동의 손을 잡아 숟가락을 잡도록 한다. 여기서 보는 것처럼 도움 증가법은 아동이 주어진 최소의 촉구에 반응이 없을 때 그 양을 늘려 가는 것이므로, 주어진 촉구에 대해 아동이 반응이 없을 때 교사가 짜증이 날 수 있기 때문에 사용에 주의해야 한다. 도움 증가법은 도움 감소법과 마찬가지로 반응촉구를 한 가지만 사용할 수도 있고 혼합하여 사용할 수도 있다.

### ③ 촉구 지연법

촉구 지연법은 앞에서 설명한 도움 감소법이나 도움 증가법과는 다른 점들이 있다. 먼저, 도움 감소법이나 도움 증가법은 촉구 자체의 형태가 바뀌는 것인데, 촉구 지연법은 촉구를 제시하는 시간 길이를 바꿔 가는 것이다. 자극이 제시된 후에 촉구를 제시하기까지의 시간을 지연시킴으로써 촉구에서 변별자극으로 자극통제를 전이하는 것이다. 또한 도움 감소법이나 도움 증가법은 아동의 반응 뒤에 반응촉구가 주어지지만, 촉구 지연법은 아동의 반응 전에 반응촉구가 주어진다. 따라서 처음에는 0초 간격으로 변별자극과 동시에 반응촉구를 제시한다. 이런 동시 촉구를 몇 차례 시행해야 하는지에 대한 기준은 없고, 과제가 얼마나 어려운지 아동의 능력이 어느 정도인지에 따라 결정할 수 있다. 그 다음에는 점진적으로 촉구를 지연하는 시간을 보통 1초 간격으로 늘려 간다. 그러므로 아동은 대부분 반응하기 전에 반응촉구를 받게 된다. 그때에 아동이 반응촉구가 주어지기 전에 정반응을 하면 칭찬을 하며 강화하고, 오반응을 하면 틀렸음을 알려 주면서 통제적인 반응촉구(예: 신체적 촉구)를 사용하고, 좀 더 짧은 지연시간으로 되돌아가는 것이다.

예를 들어, 교사가 유아에게 "고맙습니다."라는 인사말을 촉구 지연법으로 가르친다고 해 보자. 교사는 아이에게 간식(변별자극)을 주면서 동시에 "고맙습니다."(반응촉구)라고 한다. 아이는 이미 이러한 구어적 촉구를 따라 할 줄 알기 때문에 교사 말이 끝나자마자 "고맙습니다." 하고 따라 할 것이다. 그러면 교사는 "옳지, 잘했어." 하면서 미소와 칭찬으로 강화한다. 그다음에는 간식을 주고 1초 정도 기다린 후 "고맙습니다."라고 하고, 아이가 따라 하면 칭찬한다. 그다음에는 또 같은 방법으로 1초를 더 늘린다. 그러다가 아이가 촉구 전에 정반응을 보이면 교사는 "옳지, 잘했어." 하면서 미소와 칭찬으로 강화하고, 오반응을 보이면 "아니야. '고맙습니다' 해야지."라고 말해 주고 더 짧은 지연시간으로 되돌아간다. 이 같은 방법이 반복되면, 아이는 결국 간식을 제공받을 때 교사의 구어적 촉구 없이 "고맙습니다."라는 말을 하게 될 것이다.

## ⑵ 자극촉구의 점진적 변화

자극촉구는 변별자극을 점차 분명하게 또는 점차 불분명하게 변화시키거나, 변별자극에 추가적 단서를 주는 것이다. 자극 내 촉구를 변화시킨 예로 Malott과 Suarez(2004)가 제시한 사례를 우리 상황에 맞게 수정하여 [그림 10−3]과 함께 설명하겠다.

[그림 10−3] **자극 내 촉구의 점진적 변화의 예**

교사는 민수에게 자기 이름이 적힌 카드를 변별하도록 가르치려고 [그림 10−3]의 ①처럼 하얀색 바탕에 까만색으로 '동현'이라고 쓴 카드와 까만색 바탕에 하얀색으로 '민수'라고 쓴 카드를 준비한다. 교사의 "어느 것이 네 이름이지?"라는 질문에 민수라고 적힌 카드를 집어들 때마다 강화하는 것으로 두 카드를 변별하도록 훈련한다. 두 카드의 변별이 이루어진 뒤에는 [그림 10−3]의 ②∼④처럼 점차적으로 민수의 이름이 적힌 카드도 하얀색 바탕에 까만색 글씨로 차례 차례 바꿔 가면서 민수와 동현이 이름이 적힌 두 카드를 제시하여 서로 변별하도록 한다. 이 예에서는 변별자극인 민수 이름이 적힌 카드를 점진적으로 변화시켜 동현이라는 이름이 적힌 카드와 똑같은 색깔의 바탕과 글씨가 되어도 자신의 이름을 변별할 수 있게 하였음을 알 수 있다.

가외 자극촉구를 변화시킨 것으로는 Alberto와 Troutman(2006)이 소개한 재미있는 예가 있다. 교사가 아동이 오른손과 왼손을 변별하도록 하기 위해서 아동의 오른손에 유성매직으로 X자를 써 주고 오른손을 들라고 하면 글자가 쓰인 손을 들도록 했다. 그런데 아동이 손을 씻어도 X자가 말끔히 지워지지 않았다. 오른손과 왼손을 변별하는 훈련이 계속되는 동안 아동의 오른손 바닥의 X자는 점점 희미해졌고 결국에는 X자가 완전히 지워졌는데도 아동은 오른손을 들라는 지시에 오른손을 들 수 있게 되었다. 이 예에서는 가외 자극인 매직 글씨 X자를 점진적으로 제거시켜 사라졌어도 오른손과 왼손을 변별할 수 있게 하였음을 알 수 있다.

자극 내 촉구와 가외 자극촉구를 모두 변화시키는 예로, 2+3을 가르치는 경우를 생각해 보자. 2+3의 덧셈을 가르치기 위해 2+3의 계산식과 각각 두 개의 사과 그림과 세 개의 사과 그림을 함께 제시하되, 2+3은 점점 크고 뚜렷하게 제시하고 사과 그림은 점점 작고 희미하게 제시하였다면 자극 내 촉구와 가외 자극촉구를 모두 변화시킨 것이다.

## 4) 촉구와 용암의 절차

양소정과 정경미(2007)는 섭식문제가 있는 두 명의 유아에게 다른 중재와 함께 묽은 음식에서 시작하여 점차 고형으로 변화시킨 촉구의 용암법을 적용하여 유아의 음식을 받아들이는 비율과 섭취량이 증가했다고 보고했다. 양명희와 김현숙(2006)은 구조화된 놀이상황에서 정적 강화와 함께 유아와 친숙하게 말을 하는 한 사람으로 시작하여 교실에 같은 반 유아를 한 명씩 늘려 가며 놀이상황에 참여시키는 촉구의 용암법을 적용하여 선택적 함묵 유아의 말하기 행동이 증가했다고 보고했다. 정희진과 양명희(2014)는 혼합된 반응촉구에서 강제성이 강한 촉구를 점진적으로 하나씩 제거하여 발달지체 유아의 지시 따르기와 착석행동이 증가했다고 보고했다.

다양한 새로운 행동의 습득에 적용할 수 있는 촉구와 그 용암에서 고려할 사항은 다음과 같다(Cooper, Heron, & Heward, 2015; Martin & Pear, 2003). 첫째, 촉구가 필요한지 검토되어야 한다. 변별자극을 제시하여 아동이 변별자극에 대해 정반응을 한다면 촉구는 필요 없고, 변별자극으로 충분하지 않으면 촉구를 사용한다. 둘째, 촉구는 계획되어야 한다. 아동이 교사의 표정이나 억양으로 정반응을 짐작하게 하는 것은 바람직하지 않다. 셋째, 목표행동을 습득하게 하는 데 가장 적절한 촉구의 유형을 선택한다. 몸으로 하는 새로운 행동을 가르칠 때는 반응촉구가 좋다. 그 중에서도 신체적 촉구처럼 강제성이 높은 것은 지적 장애가 심한 아동의 경우에 적절하다. 아동이 어느 정도 수준의 촉구를 사용해야 할지 모르는 경우에는 도움 증가법을 적용하는 것이 좋다. 아동에게 변별능력을 가르치고자 한다면 자극촉구를 사용하는 것이 좋다. 넷째, 촉구의 양이나 강도를 결정해야 한다. 도움 감소법과 같은 경우도 있으므로 항상 약하게 시작해야 하는 것은 아니다. 또한 아동에 따라서는 불필요한 촉구를 싫어할 수 있으므로 촉구의 양은 바람직한 행동을 발생하게 하는 데 필요한 만큼이어야 한다. 다섯째, 촉구가 아동으로 하여금 변별자극에 집중하도록 하는지 살펴야 한다. 여섯째, 촉구 사용 후에 아동의 정반응이 있으면 즉시 강화한다. 강화는 촉구가 있든지 없든지 정반응 후에 주어져야 한다. 일곱째, 촉구를 체계적으로 제거시킨다. 이때 촉구의 제거는 가능하면 빨리 이루어지도록 하되, 적은 양으로 점진적으로 이루어져야 촉구가 제거되는 동안에도 아동이 올바른 반응을 계속할 수 있다. 마지막으로 촉구가 완전히 제거되었으면 변별자극에 대한 정반응을 강화하고, 유지와 일반화를 위한 계획을 수립해야 한다.

<br>

## 3 | 행동연쇄법

### 1) 행동연쇄와 행동연쇄법

행동연쇄(behavior chain)란 고리를 하나씩 한 줄로 연결하면 사슬이 되듯이 단위행동을 하나씩 연결하면 하나의 행동 사슬이 된다는 개념에서 나온 용어다. 일상의 많은 행동은 일련의 복잡한 행동연쇄들임을 알 수 있다. 물론 모든 행동들이 다 행동연쇄를 이루는 것은 아니다. 예를 들어, 양말을 신는 행동은 행동연쇄다. 첫째, 양손을 이용하여 양말의 구멍이 뚫린 부분을 벌려 잡아야 하고, 둘째, 벌린 양말에 발가락을 넣어야 하고,…… 마지막으로 양말을 발뒤꿈치 부분에서 발목까지 끌어올려야 한다. 이와 같이 '양말 신기'는 하나의 행동이 아니라 여러 단위행동들이 순서대로 이어져 발생하는 복잡한 행동이다. 다른 예로, '바지 입기'도 행동연쇄다. '바지 입기'는 바지 앞면의 허리부분을 양손으로 잡은 다음, 오른쪽 발을 오른쪽 바지통에 넣고, 왼쪽 발을 왼쪽 바지통에 넣은 다음, 바지를 허리까지 잡아당기고, 지퍼를 올린 후, 단추를 채우는 행동이 연속적으로 연결되어 일어남으로써 완성되는 행동이다. 이와 같이 어떤 행동과 그 행동을 구성하는 단위행동들이 자극과 반응으로 일관되게 연결될 때 행동연쇄라고 한다. 그러나 '시험공부하기'는 행동연쇄라고 하기 어렵다. 왜냐하면 시험공부하기는 자극과 반응으로 일관되게 연결되는 것이 아니라 중간에 끊김(화장실 가기, 잠자기, 밥 먹기 등)도 있고 다른 여러 종류의 활동(공부하는 과목이 바뀜)으로 이루어지기 때문이다.

그런데 행동연쇄의 각 단위행동들은 서로 변별자극과 반응의 관계를 이룬다

(Skinner, 1953). 앞의 양말 신기를 예로 들어 보면, 양말 신기라는 행동은 독립된 단위행동에 의해 이루어지는 것이 아니라, 여러 단위행동이 연속적으로 연결될 때 이루어지는 것이다. 행동연쇄상에 있는 하나의 단위행동은 다음 단계에 취해야 할 단위행동에 대한 변별자극의 역할을 하는 것이다. 양말 신기에서 발등까지 양말을 끌어올린 행동은 양말을 발목까지 올리는 행동에 대한 변별자극이 되는 것이다. 결국 강화받는 것은 행동연쇄상의 마지막 단위행동(예: 양말을 발목까지 올리기)이지만 마지막 단위행동이 강화와 짝지어져 있기 때문에 각 단위행동은 바로 직전의 행동을 증가시키는 강화 역할을 하는 것이다. 이러한 행동연쇄를 그림으로 나타내면 [그림 10-4]와 같다. [그림 10-4]에서 보듯이 전체 행동연쇄가 완성될 때까지 각 반응은 다음 반응을 위한 변별자극이 되는 것이다.

1. 양말(변별자극 1) ⇨ 손으로 양말을 잡기(반응 1)
2. 손으로 잡은 양말(변별자극 2) ⇨ 양손으로 양말의 뚫린 부분 벌려 잡기(반응 2)
3. 양손으로 잡은 양말의 뚫린 부분(변별자극 3) ⇨ 양말의 뚫린 부분에 발가락 넣기(반응 3)
4. 발가락이 들어간 양말(변별자극 4) ⇨ 발등까지 양말 끌어올리기(반응 4)
5. 발등까지 끌어올린 양말(변별자극 5) ⇨ 양말을 발목까지 끌어올리기(반응 5)
6. 발목까지 끌어올린 양말(변별자극 6) ⇨ 양말 신기 완성(반응 6) ⇨ 칭찬(강화)

[그림 10-4] **양말 신기의 행동연쇄**

살펴본 바와 같이 행동연쇄란 강화를 얻기 위해 행해져야 하는 모든 단위행동의 순서를 의미하며 연쇄상에 있는 모든 단위행동들을 수행했을 때만 강화가 주어진다. 그런데 아동의 행동연쇄가 완전히 만들어지지 않았을 때 행동연쇄법으로 일련의 행동들을 형성시킬 수 있다. 행동연쇄법이란 복잡한 행동을 형성하기 위해 분리된 단위행동들을 연결시키는 과정을 의미한다(Skinner, 1953). 즉, 행동연쇄법이란 행동연쇄상에 있으면서 이미 한 사람의 행동목록에 존재하는 단위행동들을 적절한 방법으로 연결하여, 보다 복잡한 행동의 학습을 위해 요구되는 각 단위행동을 강화하여 행동연쇄를 발달시키는 방법이다.

## 2) 과제분석

과제분석(task analysis)은 행동연쇄를 구성하는 여러 개의 자극과 반응요소들로 과제를 나누는 것이다(Cooper, Heron, & Heward, 2015). 즉, 과제분석은 복잡한 과제를 분석하여, 가르칠 수 있는 작은 단계로 나누는 것을 의미한다. 다시 설명하자면, 과제분석이란 가르치고자 하는 행동의 최종 목표를 찾아서 그 행동을 구성하는 단위행동을 분석하는 기법이다. 과제분석을 하는 이유는 과제를 완수하기 위해 아동의 수준에 맞게 과제 행동을 단계별로 작게 나누어 지도하기 위함이다. 과제분석을 행동연쇄와 연결시켜 설명하면, 과제분석이란 행동연쇄법을 적용하기 위한 과정이며 행동연쇄상에 있는 각 단위행동들을 순서에 따라 단계별로 나누는 것을 의미한다. 그러므로 행동연쇄를 적용하기 위해서는 반드시 과제분석이 이루어져야 한다.

그런데 과제분석을 할 때 어떤 과제마다 정해진 단계의 수가 있는 것은 아니다. 다만 아동이 큰 어려움 없이 과제를 완수할 수 있도록 단계를 나누는 것이 중요하다. 즉, 과제분석은 아동의 능력에 따라 이루어져야 한다는 뜻이다. 〈표 10−1〉과 〈표 10−2〉를 비교해 보면 동일한 과제도 서로 다른 단계로 분석할 수 있음을 알 수 있을 것이다.

❖〈표 10−1〉 찍찍이가 달린 신발 벗기 과제분석 1

| 단계 | 신발 벗기 |
|---|---|
| 1 | 신을 벗기 위해 앉는다. |
| 2 | 신발의 찍찍이를 뗀다. |
| 3 | 신발을 벗는다. |
| 4 | 신발 두 짝을 바르게 맞춘다. |
| 5 | 신발 두 짝을 손으로 든다. |
| 6 | 신발이 앞을 향하도록 신발장에 넣는다. |

❖ 〈표 10-2〉 찍찍이가 달린 신발 벗기 과제분석 2

| 단계 | 신발 벗기 |
|---|---|
| 1 | 엉덩이를 바닥에 붙이고 앉는다. |
| 2 | 왼손을 오른쪽 신발 찍찍이에 올리고 왼손의 엄지와 검지를 이용하여 찍찍이를 잡고 왼쪽으로 당겨서 찍찍이를 벌린다. |
| 3 | 왼손으로 신발 뒷부분을 잡고 오른손으로 신발 앞부분을 잡는다. |
| 4 | 왼쪽 신발에서 발을 뺀다. |
| 5 | 오른손을 왼쪽 신발 찍찍이에 올리고 오른손의 엄지와 검지를 이용하여 찍찍이를 잡고 오른쪽으로 당겨서 찍찍이를 벌린다. |
| 6 | 오른손으로 신발 뒷부분을 잡고 왼손으로 신발 앞부분을 잡는다. |
| 7 | 오른쪽 신발에서 발을 뺀다. |
| 8 | 신발의 짝을 바르게 맞춘다. |
| 9 | 일어난다. |
| 10 | 허리를 숙여 오른손으로 신발 두 짝을 잡아든다. |
| 11 | 신발장 앞으로 간다. |
| 12 | 신발장에 자신의 이름이 쓰인 곳에 신을 넣는다. |

과제분석이 잘 되었는지 알아보기 위해서는 아동이 각 단계를 수행하는 것을 관찰해 보면 알 수 있다. 만일 아동이 어떤 단계에서 어려워 한다면 그 단계는 더 여러 단계로 나누어 세분화시킬 필요가 있고, 아동이 능력이 좋으면 몇 단계를 묶어서 한 단계로 가르칠 수도 있다. 말하자면 개별화를 적용하는 것이다. 과제분석을 잘 하기 위해서는 과제분석하려는 행동을 다른 사람에게 수행하게 하면서 관찰을 통해 분석해보거나, 자신이 직접 그 행동을 수행하면서 분석해보거나, 그 행동에 대해 가장 잘 아는 전문가에게 부탁해 볼 수 있다.

다음 〈표10-3〉은 우산 쓰기에 대한 과제분석의 내용이다.

❖ **〈표 10-3〉 우산 쓰기 과제분석**

| 단계 | 우산 쓰기 |
|---|---|
| 1 | 우산 통에서 자기 우산을 찾는다. |
| 2 | 왼손으로 우산의 손잡이를 잡는다. |
| 3 | 우산을 돌려 보면서 묶여 있는 끈을 찾는다. |
| 4 | 오른손으로 우산끈 끝에 있는 단추를 잡아당기거나 벨크로를 뗀다. |
| 5 | 우산을 흔들어 턴다. |
| 6 | 우산이 활짝 펴질 공간을 확인한다. |
| 7 | 우산 손잡이 근처의 자동 펴짐 버튼을 찾는다. |
| 8 | 오른손 또는 양손을 이용하여 버튼을 누른다. |
| 9 | 우산이 펴지는 것을 확인한다. |
| 10 | 우산을 위로 든다. |

〈표 10-4〉는 햄과 치즈 샌드위치 만들기에 대한 과제분석이다.

❖ **〈표 10-4〉 햄과 치즈 샌드위치 만들기 과제분석**

| 단계 | 햄과 치즈 샌드위치 만들기 |
|---|---|
| 1 | 선반에서 접시를 꺼내 식탁 위에 놓는다. |
| 2 | 서랍에서 버터나 잼을 바르는 칼을 꺼내서 식탁 위에 놓는다. |
| 3 | 식빵 봉지를 식탁 위에 놓는다. |
| 4 | 냉장고에서 튜브식 마요네즈 통을 꺼내 식탁 위에 놓는다. |
| 5 | 냉장고에서 햄과 슬라이스 치즈 봉지를 꺼내 식탁에 놓는다. |
| 6 | 식빵 봉지를 열어 빵 두 장을 꺼내서 접시 위에 올려놓는다. |
| 7 | 마요네즈 뚜껑을 열고 100원짜리 동전 크기만큼씩 각 빵 위에 짜 놓는다. |
| 8 | 버터나 잼을 바르는 칼로 마요네즈를 펴 바른다. |
| 9 | 버터나 잼을 바르는 칼을 싱크에 넣는다. |
| 10 | 햄 봉지에서 햄 한 장을 꺼내서 한 쪽 식빵 위에 올려놓는다. |
| 11 | 치즈 봉지에서 치즈 한 장을 꺼내서 한 쪽 식빵 위에 올려놓는다. |
| 12 | 두 식빵의 가장자리를 맞추어 포갠다. |
| 13 | 마요네즈 뚜껑을 닫아 냉장고의 제자리에 넣는다. |
| 14 | 햄과 치즈 봉지를 냉장고에 넣는다. |
| 15 | 식빵 봉지를 묶어 제자리에 놓는다. |

〈표 10-3〉과 〈표 10-4〉를 비교해 보면, 〈표 10-3〉의 우산 쓰기 행동은 그 행동을 구성하는 단위행동들이 자극과 반응으로 일관되게 연결되는 행동연쇄라고 할 수 있지만, 〈표 10-4〉의 햄과 치즈 샌드위치 만들기 행동은 그렇지 않다. 〈표 10-4〉의 내용을 살펴보면 1단계부터 5단계처럼 서로 차례가 뒤섞여도 문제가 되지 않는 단계들도 있고, 각 단계의 행동(예: 식빵 봉지를 열어 빵 꺼내기, 빵에 잼 바르기 등)이 단위행동으로 각각 과제분석될 수도 있다. 이렇게 복합적인 행동을 순서에 맞게 수행하도록 단계를 분석하는 것은 엄밀히 말하면 과제분석을 포함한 시간적 행동순서의 분석이다. 그러나 양치질하기, ATM기에서 현금 인출하기, 설거지하기 등 복합적인 행동을 시간적 순서로 분석한 것을 과제분석이라고 하기도 한다.

### 3) 행동연쇄법의 종류

새로운 행동연쇄를 가르치기 위한 행동연쇄법은 어느 단계에서 시작하느냐에 따라 전진 연쇄법, 후진 연쇄법, 전체 과제 제시법으로 나눌 수 있다(Alberto & Troutman, 2006).

### (1) 전진 연쇄법

전진 연쇄법(forward chaining)은 과제분석한 행동들을 처음 단계부터 마지막 단계까지 순차적으로 가르치는 것이다. 이는 '순행 연쇄법'이라고도 하는데, 과제분석한 행동이 자연스럽게 이루어지는 순서대로 가르치는 것이다. 과제분석이 3단계로 나누어졌다면, 1단계의 행동이 기준에 이르면 강화하고, 그다음에는 1단계와 2단계의 행동이 정해진 기준에 이르면 강화하고, 마지막으로 1, 2, 3단계의 모든 행동이 기준에 이르면 강화하는 방법이다. 즉, 과제분석의 첫 단계를 아동이 독립적으로 할 수 있을 때까지 가르치고 나서 첫 단계에 두 번째 단계를 붙여 수행하도록 지도하고, 나머지 단계도 같은 방식으로 하여 모든 단계를 도움 없이 할 수 있을 때까지 지도하는 것이다. 촉구만으로는 어떤 행동을 지도하기 어려울 때 그 행동을 과제분석하여 전진 연쇄법으로 가르치는 방법을 사용하면 좋다. 양말 신기, 신발 벗기, 우산 쓰기 등을 가르칠 때 앞의 [그림 10-4], 〈표 10-1〉, 〈표10-2〉, 〈표 10-3〉에 제시한 순서대로 가르치는 것이 전진 연쇄법으로 가르치는 것이다.

## (2) 후진 연쇄법

후진 연쇄법(backward chaining)은 과제분석을 통해 나누어진 행동들을 마지막 단계부터 처음 단계까지 역순으로 가르치는 것이다. 행동연쇄의 뒷부분에서 앞으로 후진하여 가르치기 때문에 '역행 연쇄법'이라고도 한다. 다시 설명하면, 마지막 단계의 행동 이전의 행동 단계들은 교사가 모두 완성해 준 상태에서 마지막 단계의 행동을 학생이 하도록 하는 방법이다. 과제분석이 3단계로 나누어졌다면, 2단계까지를 교사가 다 해 주고 촉구를 사용하여 학생이 마지막 3단계를 하도록 하고 학생이 성공하면 강화한다. 그다음에는 1단계까지 교사가 해 주고 촉구를 사용하여 학생이 2, 3단계를 하도록 하고 성공하면 강화한다. 후진 연쇄법을 사용하면 학생의 입장에서는 매 회기에 마지막 단계까지 완수하게 되고 강화를 받게 된다는 장점이 있다. 또한 후진 연쇄법을 사용하게 되면 후진 연쇄법을 사용하는 동안 계속해서 그 과제를 끝까지 여러 차례 반복할 수 있는 기회가 학생에게 주어진다는 것도 장점이다. 이러한 장점 때문에 후진 연쇄법은 구구단, 알파벳 등의 단순 암기와 같은 학습과제를 가르칠 때도 효과적으로 사용된다.

숟가락으로 밥 떠먹기를 후진 연쇄법으로 가르친다면 교사는 숟가락으로 밥을 떠서 아동의 손에 쥐어 주고 "아 하고 입 벌리자. 옳지!" 하면서 언어적 촉구를 사용하며, 이때 아동이 입을 벌린다면 입에 밥을 뜬 숟가락을 넣어 주는 신체적 촉구와 함께 "잘했어. 밥을 먹었네." 하며 강화를 한다. 정해진 기준에 도달하면 그다음 단계에서는 교사가 아동의 손에 숟가락을 쥐어 주고 아동의 손을 붙잡고 밥그릇의 밥에 숟가락을 꽂아 주는 신체적 촉구와 함께 "숟가락으로 밥을 떠 보자."라는 언어적 촉구를 하면서 숟가락으로 밥을 뜨면 "맞았어. 이렇게 밥을 뜨는 거야." 하며 강화한다. 두 번째 단계에서 기준에 도달하면 마지막 단계에서 교사는 아동에게 숟가락을 주면서 "밥 먹자."라는 변별자극만 주고 나머지 모든 행동을 아동이 하도록 하게 하는 것이다.

## (3) 전체 과제 제시법

전체 과제 제시법(total-task presentation)은 전체 과제 연쇄(total-task chaining)라고도 하며, 전진 연쇄법의 변형이라고 할 수 있다. 아동에게 과제분석을 통한 모든 단계를 시행하도록 하면서 아동이 독립적으로 수행하지 못하는 단계에 대해서는 훈련을 실시하는 방법이다. 그러므로 과제분석을 통한 모든 단계를 매 회기 가르칠 수 있다. 전체 과제 제시법은 아동이 행동연쇄에 있는 단위행동은 습득했는데 행동을 순서대로 수행하지 못할 때 사용하면 유용하다(Alberto & Troutman, 2006). 아동이 순서를 따를 수 있도록 촉구를 사용하면서 가르치고 잘 수행하게 될수록 촉구를 용암시킨다.

Martin과 Pear(2003)는 행동연쇄법의 세 가지 종류를 구별하기 쉽게 [그림 10-5]처럼 제시했다. 그림에서 S는 자극을 의미하고 R은 반응을 의미한다.

---

전진 연쇄법

$(S_1 \rightarrow R_1) \longrightarrow$ 강화제 제시

$(S_1 \rightarrow R_1) \longrightarrow (S_2 \rightarrow R_2) \longrightarrow$ 강화제 제시

$(S_1 \rightarrow R_1) \longrightarrow (S_2 \rightarrow R_2) \longrightarrow (S_3 \rightarrow R_3) \longrightarrow$ 강화제 제시

---

후진 연쇄법

$(S_3 \rightarrow R_3) \longrightarrow$ 강화제 제시

$(S_2 \rightarrow R_2) \longrightarrow (S_3 \rightarrow R_3) \longrightarrow$ 강화제 제시

$(S_1 \rightarrow R_1) \longrightarrow (S_2 \rightarrow R_2) \longrightarrow (S_3 \rightarrow R_3) \longrightarrow$ 강화제 제시

---

전체 과제 제시법

$(S_1 \rightarrow R_1) \longrightarrow (S_2 \rightarrow R_2) \longrightarrow (S_3 \rightarrow R_3) \longrightarrow$ 강화제 제시

출처: Martin & Pear (2003).

[그림 10-5] **행동연쇄법의 세 가지 종류**

6장의 [그림 6-22]나 [그림 6-23]과 같은 그래프를 사용하면 과제분석을 통한 행동연쇄로 새로운 행동을 가르칠 때 아동의 수행 정도를 측정하고 그래프로 옮기는 것을 용이하게 할 수 있을 것이다.

행동연쇄의 효과는 과제분석의 완성도, 연쇄의 길이와 복잡성, 강화 계획, 자극변이, 반응 변이에 의해 영향을 받는다(Cooper, Heron, & Heward, 2015). 과제분석의 완성도와 정확도가 높을수록 연쇄를 효과적으로 수행할 가능성이 높아진다. 그리고 연쇄의 단계가 많지 않고 단순할수록 연쇄 수행은 짧은 시간에 효과를 볼 수 있다. 또한 행동연쇄의 결과를 일반화하고자 할 때는 자극과 반응의 다양한 형태까지 소

개할 수 있어야 한다. 예를 들어, 화장실 사용하는 행동을 과제분석할 때 변기의 다양한 형태(자극의 변이)를 소개하고 그에 따른 다양한 물 내리기 방법(반응의 변이)을 소개해야 한다. 일반화에 대한 개념은 12장을 참고할 수 있다.

김윤희(2009)는 행동연쇄법을 이용하여 지적장애가 있는 초등학생과 중학생의 세 명에게 전체 과제 제시법으로 행동연쇄를 실시하여 배변처리 능력이 향상되었음을 보고했다. 손창완(2000)은 수영 기능을 학습한 경험이 없는 8명의 대학생을 선정하여 전진 연쇄 지도집단과 후진 연쇄 지도집단에 각각 4명씩 배정하여 평영 기술을 지도한 결과 후진 연쇄법이 평영 기능에 더 효율적이었음을 보고하고 있다.

## 4 | 행동형성법

아동에게 원하는 바람직한 행동이 전혀 나타나지 않는 경우에 사용할 수 있는 적절한 방법이 행동형성법이다.

### 1) 행동형성법의 정의

행동형성법(shaping)이란 현재에는 나타나지 않는 표적행동을 발생시키기 위해서 표적행동에 점진적으로 가까운 행동을 체계적으로 차별강화(어떤 특정 행동만 강화하고 다른 행동은 강화하지 않는 것)하여 새로운 행동을 형성시키는 것이다(Panyan, 1980). 동물원의 돌고래나 바다사자에게 묘기를 가르치는 것도 행동형성의 원리를 설명하는 좋은 예이지만, 행동형성의 개념을 설명할 때 가장 많이 등장하는 대표적인 예는 아기가 '엄마'라는 단어의 발음을 배워 가는 과정이므로 여기서도 그 예를 들어 행동형성을 설명해 보자. 아기는 처음에는 엄마라는 단어를 전혀 발음할 수 없다. 그런데 아기가 옹알이를 하며 불분명한 소리를 낼 때 엄마는 "아이구, 우리 애가 엄마를 알아보고 엄마를 부르네." 하면서 강화하게 된다. 조금 시간이 흐르고 아기는 '음음' 과 비슷한 소리를 낸다. 그러면 엄마는 이제부터 옹알이에는 관심을 주지 않고 '음음' 소리가 날 때마다 "응, 그래. 엄마 여기 있네. 왜 불렀니?" 하면서 강화한다. 좀 더 시간이 흐르면 아기의 입에서는 '마마마'라는 소리가 나온다. 엄마는 이제 '음음' 소리에는 전혀 강화하지 않고 아이가 '마마마'를 할 때면, "그래, 부르셨어요? 엄마 여기 있어요." 하면서 강화한다. 그러다가 조금 더 시간이 흐르면서 아기는 '음마'라고 발음하게 된다. 그러면 엄마는 이제 더 이상 '마마마'에는 강화하지 않고 '음마'에 대해서만 강화하게 된다. 드디어 아이가 '엄마'라고 발음하면 엄마는 "옳지. 엄마야, 엄마." 하면서 강화하고 '음마'라는 소리에 대해서는 강화하지 않는 것이다. 이렇게 엄마는 아기의 엄마라고 발음하는 표적행동을 형성시켜 나가는 것이다. 여기에서 보듯이 엄마는 '엄마'라는 발음에 점점 더 근접한 행동을 강화하였다. 또한 표적행동에 좀 더 근접한 행동이 나오면 이전의 행동은 더 이상 강화하지 않았다. 이 과정을 나타낸 [그림 10-6]을 보면, 시간이 지나면서 표적 행동에 근접한 행동이 발생한 것은 계단식으로 한 칸씩 위로 오르는 것으로 표현하여 가장 높은 곳에 표적행동이 위치하도록 하고, 근접 행동이 발생하면 그 때까지 강화가 주어지던 이전 행동들은 근접 행동 아래쪽에 음영처리 한 곳에 위치하도록 하여 강화하지 않음을 나타내고 있음을 알 수 있을 것이다.

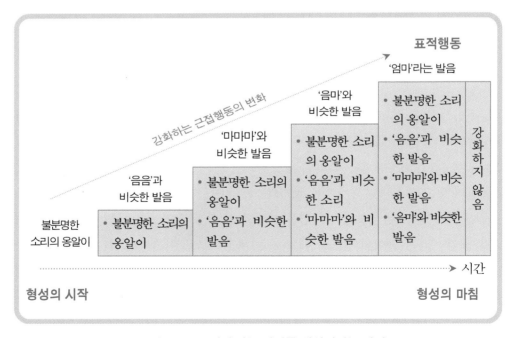

[그림 10-6] '엄마'라는 단어를 형성시키는 과정

위의 예에서 표적행동은 '엄마'라는 단어의 정확한 발음이고, 표적행동에 가까운 행동들은 시작행동이 되는 옹알이를 포함하여 '음음' '마마마' '음마'라는 발음이었다.

즉, 표적행동에 가까운 행동들이란 표적행동을 하기 위해 필요한 행동들이거나 표적행동과 같은 행동이지만 강도, 양, 혹은 기간이 표적행동과 다른 행동들이다. 그러나 행동형성법에서 표적행동에 가까운 행동은 앞에서 소개한 행동연쇄법의 과제분석의 단계들과는 조금 다르다. 과제분석의 단계는 표적행동의 수행에 반드시 필요한 단계다. 예를 들어, 바지를 입는데 왼쪽 다리를 바지의 왼쪽 구멍에 넣는 단계를 생략하고 바지 입기를 완수할 수는 없다. 그러나 행동형성에서의 표적행동에 근접한 행동은 표적행동을 하는 데 필요하기는 하지만 반드시 그 행동들을 해야만 표적행동을 완수하게 되는 것은 아니다. 예를 들어, '음음'이나 '마마마' 등의 소리는 '엄마'라는 발음에 필요하고 도움이 되는 발음이지만, 아이가 '엄마'라는 단어를 발음할 때마다 옹알이, '음음' '마마마' '음마'라는 발음들을 모두 해야만 '엄마'를 발음하게 되는 것은 아니다. 또 행동연쇄에서는 과제분석의 앞 단계가 뒤 단계의 변별자극이 되고 뒤 단계는 앞 단계의 강화가 되기 때문에 강화를 주지 않는 방법으로 소거시켜야 할 행동이 없다. 그러나 행동형성에서는 표적행동에 근접한 한 행동이 정해진 기준에 이르렀기 때문에 다음 단계로 나아갈 때는 기준에 이른 행동은 더 이상 강화하지 않는 것으로 소거시킨다. 즉, 행동형성에서 표적행동에 근접한 행동들은 표적행동을 하기 위해 반드시 모두 수행해야 하는 것이 아니다.

　행동형성법의 정의에서 표적행동에 가까운 행동을 차별강화한다고 했는데 여기서 차별강화란 자극통제에서 설명한 차별강화와는 조금 차이가 있다. 자극통제에서 차별강화는 변별자극이 제시될 때의 정반응은 강화하고 동일 반응이어도 델타자극이 제시될 때의 반응은 강화하지 않는 것으로 이루어졌다. 즉, 강화의 구별은 선행자극에 따라 이루어지는 것이다. 그런데 행동형성에서 차별강화는 어떤 준거를 충족하는 반응은 강화하고 준거를 충족하지 못한 반응은 강화하지 않는 것이다. 위의 예에서 아기가 '음마'를 하게 되었을 때 그 이전의 옹알이, '음음' '마마마' 같은 '음마'보다 훨씬 '엄마'의 발음에 가깝지 못한 발음들은 더 이상 강화 받지 못하는 것이다. 그리고 강화를 위한 준거는 표적행동에 이를 때까지 계속 변화한다. 즉, 이런 차별강화는 표적행동이 나타날 때까지 계속된다.

## 2) 행동형성법의 절차

김일제(2005)는 뇌성마비가 있는 6세의 유아에게 행동형성법을 적용하여 재킷과 바지를 입고 벗는 행동을 형성시킬 수 있었다고 보고했으며, 김미경(2002)은 자폐증이 있는 초등학교 2학년생 두 명에게 행동형성법으로 대변 보기 행동을 지도했는데, 약간의 언어적 촉구가 요구되기는 했지만 대변 보기 행동을 형성할 수 있었다고 보고했다. 이렇게 일상생활 동작에 어려움이 있는 아동들에게 행동형성법이 효과적이라는 보고는 수없이 많다.

행동형성법을 효과적으로 사용하기 위해서는 다음 단계를 따르는 것이 좋다(Becker, Engelmann, & Thomas, 1975; Miltenberger, 2009). 행동형성법을 사용하기 위해 교사는 첫째, 표적행동을 명확히 정의해야 한다. 표적행동의 정의에는 표적행동 달성 여부를 결정하는 기준이 포함되어야 한다(4장 참조). 정확한 정의가 있어야 표적행동이 아닌 행동을 강화하지 않고 정확히 표적행동을 강화할 수 있게 된다.

둘째, 표적행동의 시작행동을 정의해야 한다. 행동형성법은 표적행동의 발생이 없는 상황에서 표적행동을 형성해 가는 것이므로 표적행동을 형성해 나갈 시작행동을 찾는 것은 중요한 과정이다. 그리고 표적행동을 아동이 조금이라도 행하고 있다면 행동형성을 사용할 필요는 없다. 시작행동은 아동이 이미 행하고 있는 행동이어야 하고 표적행동과 관련이 있는 행동이어야 한다.

셋째, 표적행동에 근접한 중간행동들을 결정해야 한다. 시작행동 다음의 중간행동은 시작행동보다는 표적행동에 근접해야 하고 그다음 중간행동은 그것보다는 표적행동에 더 근접한 행동이어야 한다. 위의 아기의 예에서 보면 옹알이가 시작행동이고 '마마마' '음마'가 중간행동이라고 볼 수 있다. 친구와 이야기 나누기라는 표적행동이 있다면 친구 근처에 가기를 시작행동으로 하고, 친구와 눈 맞추기, 친구와 인사하기, 친구의 질문에 대답하기, 친구에게 말 걸기 등이 중간행동에 해당할 수 있다.

넷째, 사용할 강화제를 결정한다. 이 과정은 9장을 참고하여 아동이 쉽게 물리지 않을 강화제를 선택하여 사용한다.

다섯째, 표적행동으로의 진행 속도를 결정하여 차별강화한다. 즉, 각 단계에서 머물러야 하는 기간을 결정해야 하는 것이다. 중간행동들로 넘어가는 진행 속도는 아동이 보이는 진전에 달려 있다. 그러나 어느 한 단계에서 너무 오래 강화하면 그 행동에 머무르게 될 수도 있으므로 조심해야 한다. 이때 시작행동이 습득되면, 시작행동 다음의 중간행동을 강화하는데, 이미 습득된 시작행동은 더 이상 강화하지 않고 시작행동 다음 행동을 강화하는 차별강화를 사용하는 것이다. 즉, 표적행동의 진행 속도에 따라 표적행동에 도달할 때까지 강화의 기준을 변경하는 차별강화에 의해 표적행동을 습득시킨다.

　마지막 단계는 표적행동이 형성되었을 때 강화하는 것이다. 표적행동이 형성된 후 이를 유지하기 위한 강화가 주어져야 하고, 또 강화계획을 점점 약화시켜 가야 한다.

　행동형성의 절차 적용을 최혜승과 그 동료들(2009)은 다음과 같은 예로 설명하였다. 수줍음이 많은 진희는 국어시간에 학급친구 전체 앞에서 국어책을 읽지 못하였다. 그래서 교사는 진희의 표적행동을 '학급친구 전체 앞에서 국어책을 읽을 수 있다.'로 결정하고, 시작행동을 선택하기 위해 진희를 관찰한 결과, 진희가 혼자 있을 때는 국어책을 읽을 수 있음을 알게 되었다. 그래서 교사는 진희의 시작행동을 '혼자 국어책을 읽는 행동'으로 선택하고 진희가 혼자 작은 소리로 책을 읽을 때 칭찬하는 것을 2주일 정도 꾸준히 하였다. 그리고 중간행동으로 '짝꿍 앞에서 국어책 읽기'와 '국어책을 소그룹 친구 앞에서 읽기'로 정하고, 진희가 짝꿍과 차례로 소리 내어 책을 읽을 때만 칭찬하고 이제는 혼자서 책을 소리 내어 읽는 행동은 강화하지 않는 것을 3주일 정도 꾸준히 하였다. 진희가 짝꿍과 소리 내어 책을 읽는 것이 자연스러워졌을 때 교사는 이제 진희가 소그룹 앞에서 책을 읽을 때만 칭찬하고 짝꿍과 교대로 소리 내어 책 읽는 행동은 강화하지 않는 것을 4주일 정도 하였다. 마지막으로 교사는 진희가 학급의 전체 친구 앞에서 국어책을 읽을 때만 칭찬하는 것을 3주 정도 꾸준히 하다가 점차 간헐 강화로 강화계획을 바꾸어 갔다. 이렇게 교사는 진희가 반 아이들 전체 앞에서 책을 읽는 행동을 습득하도록 행동형성법을 사용하여 도와줄 수 있다.

　살펴본 바와 같이 행동형성은 아동 행동의 질을 점차적으로 변화시켜 나가는 과정으로, 처음에는 아주 간단한 행동을 요구하지만, 점점 강화하는 기준을 까다롭게 하여 보다 복잡하고 정교한 행동들을 습득시켜 나가는 방법이다. 즉, 기준에 맞는 행동은 강화를 받고 기준에 미치지 못한 행동은 강화받지 못하기 때문에, 이미 형성된 행동일지라도 강화받지 못한 행동은 자연스럽게 소멸되고, 표적행동에 근접한, 즉 기준에 맞는 행동은 형성되어 가는 것이다. 따라서 행동형성은 특정한 표적행동에 근접한 행동에 대한 차별강화라고 할 수 있지만, 행동형성은 엄밀한 의미에서 자극통제의 원리를 따르는 것이 아니다. 자극통제에서는 같은 행동이 델타자극에서는 강화받지 않고 변별자극에서는 강화받는 것으로, 강화는 선행자극의 차이에 따라 주어지는 것이다. 그런데 행동형성은 표적행동에 근접한 행동에만 강화하는 것으로 행동의 변화에 따라 강화가 주어지는 것이다.

행동형성법은 긍정적인 방법으로 새로운 행동을 가르치며, 행동 연쇄법과 연합하여 사용할 수 있고, 이미 습득된 행동을 변화시키는 데도 사용할 수 있다는 장점이 있다. 그러나 새로운 행동을 형성하려면 시간이 오래 걸릴 수 있고 행동형성 과정이 항상 정해진 순서를 따라 직선적으로 일어나지 않고 불규칙할 수 있다는 단점이 있다. 또한 행동형성과 관련하여 주의해야 할 것은 좋지 않은 행동을 우연히 행동형성으로 강화시켜서 점점 더 좋지 않은 행동으로 발전시킬 수 있다는 것이다. 예를 들어, 성준이는 엄마가 피아노 숙제를 하라고 지시하면 곧 순종하곤 했다. 그러던 어느 날부터인가 성준이는 피아노 숙제를 하라는 엄마의 처음 지시를 무시하고 엄마가 두 번 요구해야 순종하였다. 그러더니 두 번의 요구도 무시하고 세 번씩 요구해야 순종했다. 마침내는 서너 번씩 요구하고 목소리를 높여야 순종하게 되었다. 성준이는 엄마의 요구의 강도를 차별강화하여 소리를 지르도록 형성시킨 것이다. 거꾸로 엄마들이 요구 사항에 대해 칭얼거리며 조르는 자녀들의 행동 강도를 행동형성시켜 갈 수 있다. 이렇게 인식하지 못한 채 행동형성은 나쁜 행동을 형성하는 데 사용되기도 하므로, 바람직하지 못한 행동들이 행동형성된 것은 없는지 주의 깊은 관찰이 필요하다. 이 부분은 앞부분에서 제시한 잘못된 변별훈련의 예와 연결시켜 이해하는 것이 좋다.

행동형성법을 앞에서 살펴본 촉구의 용암과 비교하면 둘 다 행동을 점진적으로 변화시킨다는 공통점이 있지만, 차이점으로는 행동형성에서는 선행자극은 변하지 않고 학생의 반응은 점차 변하고 촉구의 용암에서는 학생의 반응은 변하지 않고 선행자극이 점진적으로 변한다는 것이다. 행동형성법과 촉구의 용암법의 비교를 〈표 10-5〉에 제시했다.

❖ 〈표 10-5〉 행동형성법과 촉구 용암법의 비교

|  | 행동형성법 | 촉구 용암법 |
|---|---|---|
| 차이점 | • 요구되는 반응이 점진적으로 변함<br>• 선행자극은 변하지 않음 | • 요구되는 반응은 변하지 않음<br>• 선행자극이 점진적으로 변함 |
| 공통점 | 행동의 점진적 변화 ||

## 5 　모방하기

### 1) 모방하기의 정의

　　모델링(modeling)이라고 불리기도 하는 모방하기는 무용이나 체육시간에 자주 볼 수 있는 것으로, 일반적으로 교사가 "선생님이 어떻게 하는지 잘 보고 따라 해 봐."라는 지시와 교사의 시범으로 이루어지곤 한다. 즉, 모방하기는 아동이 다른 사람의 행동을 관찰하고 따라 함으로써 새로운 행동의 학습이 이루어진다는 Bandura(1969)의 관찰학습이론에 의한 것이다. Bandura(1969)는 아동이 관찰학습 동안에 주의 집중 과정, 운동신경적 재생산 과정, 보유 과정, 동기유발 과정이라는 네 가지 하위 절차를 거치게 된다고 했다. 즉, 관찰을 통해 학습이 이루어지려면 먼저 관찰자가 주어진 모델 자극에 주의를 기울여야 하고, 주의 집중한 자극을 내면화하기 위해 모델의 행동을 상징적 표현 형태로 변화시켜서, 정신적으로 보유하고 있다가, 동기를 유발하는 조건을 만나면 내적 또는 외적으로 그것을 사용하게 된다는 것이다. 관찰학습 이론에 근거를 둔 모방하기 기법은 아동에게 모델의 행동과 그 행동에 대한 결과를 직접 보여 줄 수도 있고 필름에 담아 보여 줄 수도 있다. 앞에서 설명했듯이 모방하기는 촉구의 한 유형이기도 한데, 주로 빠른 시간 내에 새로운 행동을 가르치기 위해 사용되며 가르치고자 하는 행동을 아동에게 정확하게 시범 보이는 방법으로 이루어진다. 모방하기의 목적은 모델의 바람직한 행동을 모방하게 하는 데 있다. 따라서 모방하기가 성공하려면 아동이 모델의 행동을 모방할 수 있는 능력이 있어야 한다. 모방하기는 그 기법을 통하여 일단 행동이 학습되면 그 행동은 외적 강화 없이도 유지될 수 있다는 장점이 있다. 그리고 모델이 시범을 보이면서 "이렇게 해보라."는 지시는 모방에 대한 사실상의 변별자극인 것이다.

　　그런데 모델과 같은 행동을 보일지라도 그 행동이 모델의 행동 직후에 발생하지 않거나 모델의 행동과 그에 뒤따르는 행동이 통제적 관계가 아니라면 모방하기라고 할 수 없다(Cooper, Heron, & Heward, 2015). 예를 들어, 유치원에서 율동을 배운 유아가 하원하여 집에 왔는데 엄마가 "오늘 뭐 배웠니?"라는 질문에 그 율동을 수행했다면, 유아의 율동하기는 모델의 행동 없이 시간적으로 떨어져서 발생했으므로 모방하기라고 할 수 없다. 모델과 모방하는 행동은 즉각적으로 연결되어 있어야 한다.

또한, 영우가 전에 프리스비 던지기를 해본 경험이 있는 동현이에게 프리스비를 던지자 동현이가 프리스비를 받아서 바로 영우에게 던진 경우도 즉각적으로 동일한 행동이 발생했지만 모방하기라고 할 수 없다. 왜냐하면 동현이의 프리스비 던지기는 모델의 행동(영우의 프리스비 던지기) 뒤에 발생한 새로운 행동이 아니기 때문이다. 그러므로 영우의 프리스비 던지는 행동과 동현이의 프리스비 던지는 행동은 통제적 관계라고 할 수 없는 것이다.

## 2) 효과적인 모방하기를 위한 제안

모방하기를 효과적으로 적용하기 위해서는 관찰자의 특성, 모델의 특성, 모델 제시 방법 등을 살펴보아야 한다. 먼저 모델의 행동을 관찰하는 아동은 위에서 설명한 관찰학습 과정이 이루어지는 데 어려움이 없어야 한다. 즉, 주의 집중에 문제가 없어야 하고, 인지 능력이 지나치게 낮으면 안 될 것이다.

다음으로 모방하기 기법에 관한 연구들이 밝히는 최적의 모델이 갖는 세 가지 특성은 ① 관찰자와 모델의 연령과 특성의 유사성, ② 문제의 공유성, ③ 능력의 우월성 등이다(Bandura, 1969; Hosford, 1981). 즉, 모델이 관찰자와 인종, 나이, 태도, 사회적 배경 등이 비슷할수록, 또한 자신과 비슷한 관심과 문제를 나타낼수록, 관찰자보다 더 많은 자신감을 보일수록 모방하기의 최대 효과를 기대할 수 있다. 이때 모델의 능력은 관찰자보다 약간 우위를 나타낼 때가 가장 효과적임이 밝혀졌다. 이는 모델이 주어진 과제를 완벽하게 처리하는 능력을 보여 주기보다는, 관찰하는 아동처럼 약간의 걱정과 어려움을 표시하기는 하지만 적절하게 대처하는 행동을 보여 줄 때 더욱 효과적이라는 것이다.

최적의 모델 특성에 대한 연구 결과에 따라 관찰 아동과 비슷한 연령의 또래 모델을 이용하면 되겠지만, 또래-모방하기 기법은 모델을 구하여, 비슷한 행동문제를 찾아 훈련시키기가 어렵고 시간이 많이 걸린다는 단점이 있다. 또한 관찰자는 또래나 성인 모델의 행동을 볼 때는 수동적이 되거나 선입견을 갖게 되기 쉽다(Hosford, 1981). 따라서 모델이 관찰자와 특성이나 나이 등이 비슷할수록 그 행동을 더욱 잘 모방하게 되므로 최적의 모델은 자신이 될 수 있다는 주장이 등장했다(Dowrick, 1983; Hosford, 1981). 자기가 모델이 되는 방법으로는 화면을 통하여 자신의 행동을 보는 것이다. 자신의 행동을 관찰하는 것은 관찰 내용에 따라 두 가지로 나누어 볼 수 있다. 즉, 자신의 바람직한 행동과 바람직하지 못한 행동을 모두 보여 주는 경우와 자신의 적절한 행동만 보여 주는 편집된 비디오 테이프를 관찰하는 경우다(양명희, 1996; 양명희, 김황용, 1997). 흔히 전자를 '자기관찰' 또는 '비디오테이프-자기관찰'이라고 하고 후자를 '자기 모델링' 또는 '비디오 자기 모델링'이라고 한다. 그런데 자신의 바람직한 행동과 바람직하지 않은 행동을 모두 보는 경우에는 아동이 자신의 바람직하지 않은 행동은 보지 않으려고 하는 등 중재 도중에 부정적인 정서를 표출하게 되는 단점을 보인다. 그러나 아동이 자신의 바람직한 행동만 관찰하게 되면 보다 나은 자기상(self-image)을 갖게 되고 더 나은 자기 효력을 발휘하게 되어 아동행동이 더 바람직한 방향으로 변화하기 때문에 자신의 바람직한 행동과 바람직하지 않은 행동을 모두 보는 것보다 자신의 바람직한 행동만 관찰하는 것이 더 효과적이라는 것이다(양명희, 김황용, 1997). 최근의 특수교육 영역에서 모방하기 연구는 타인을 모델로 하기보다는 아동 자신의 적절한 행동을 모방하도록 하는 '자기 모델링' 연구가 계속 증가하고 있다(예: 권보은, 강영심, 2010; 김숙경, 박은실, 2007; 박지윤, 김은경, 2008; 이은영, 추연구, 2009). 이들의 연구는 비디오를 이용하여 장애아동의 의사소통 기능, 자발적 인사하기, 자동판매기 이용 기술 등을 지도하기도 하고 문제행동을 감소시키기도 하는 등 다양한 행동 영역에 모방하기 중재가 효과적임을 보고하고 있다.

그런데 모방하기에서 모델의 제시 방법이 직접 제시든지 화면을 통한 간접 제시든지, 또는 모델이 타인이든지 자신이든지, 관찰자에게는 모델의 어떤 행동을 보아야 하는지에 대한 정보가 주어져야 한다. 즉, 무엇이 바람직한 행동이며, 어떤 행동이 강화받으며, 강화받기 위해 자신이 바꾸어야 할 행동은 무엇인지 등에 관한 정보가 구체적으로 주어져야 하는 것이다. 자신의 행동을 화면으로 보는 경우에도 마찬가지로 관찰할 것에 대한 구체적 정보가 주어져야 한다. 그렇게 해야 화면 속의 자기 행동이 객관적인 자료로 인식되는 자기 인식을 통하여, 자신의 행동이 바뀌어야 하는 이상적 수준과 실제 수준 사이의 부정적 불일치를 줄일 시도를 하게 될 것이기 때문이다(Fuller & Manning, 1973; Griffiths, 1974).

위에서 살펴본 것 외에 효과적 모방하기를 위한 지침은 다음과 같다. 첫째, 모델의 행동은 분명하고 구체적이어야 한다. 둘째, 모델의 행동은 가장 쉬운 행동부터 시작하여 가장 어려운 행동으로 제시되어야 한다. 셋째, 모델의 행동은 충분히 반복해야 한다. 넷째, 모델의 행동은 가능한 한 최대한도로 불필요한 군더더기를 배제해야 한다. 다섯째, 단수의 모델보다는 여러 다른 모델을 통해 시범이 이루어지는 것이 좋다. 여섯째, 모방하기를 통해 습득할 행동의 난이도가 적절해야 한다. 일곱째, 모델의 행동을 지켜본 후 가능한 빨리 그 모델의 행동을 모방할 기회를 주어야 한다. 여덟째, 모델이 행동을 한 후에 강화가 주어지는 것을 아동이 직접 볼 수 있을 때 효과가 더 크다.

## 요약

- 새로운 행동 습득을 위한 방법은 촉구와 용암법, 행동연쇄법, 행동형성법, 모방하기 등이 있다.

- 촉구는 아동이 변별자극에 대해 바람직한 반응을 보이지 않는 경우에 바람직한 반응을 보일 수 있도록 도와주는 부가적인 자극을 제공하는 것이며, 촉구의 용암은 촉구를 점차적으로 제거함으로써 독립적으로 새로운 행동을 수행하도록 하는 방법이다.

- 행동연쇄법은 여러 단위행동이 연속적으로 연결되어 이루어지는 행동을 자극과 반응의 작은 단위행동으로 나누어 지도하는 방법으로 전진 연쇄법, 후진 연쇄법, 전체 과제 제시법 등이 있다.

- 행동형성법은 표적행동에 점진적으로 가까운 행동을 체계적으로 차별강화하여 새로운 행동을 형성하도록 하는 것이다.

- 모방하기는 아동이 다른 사람의 행동을 관찰하고 모방함으로써 학습이 이루어지게 하는 것이다.

## 토의 및 적용

- 일상생활에서 자극통제가 확립된 경우의 예를 세 가지 이상 들어 보세요.

- 자극촉구와 반응촉구의 차이점에 대해 설명해 보세요.

- 촉구의 용암을 적용한 실제 사례를 찾아서 절차의 적절성을 평가해 보세요.

- '자동 우산 펴기'와 '자판기 사용하기'를 과제분석하세요.

- 행동형성법으로 가르칠 수 있는 하나의 행동을 선택하여 행동형성법을 적용하는 모든 절차를 구체적으로 설명하세요.

# 바람직하지 않은
# 행동의 감소

## 제11장

1. 차별강화
2. 소거
3. 벌

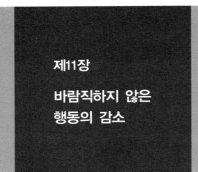

**제11장**

**바람직하지 않은
행동의 감소**

### 학습목표

- 행동을 감소시키는 중재들의 위계를 설명할 수 있다.
- 차별강화의 개념과 세 가지 차별강화 종류의 차이를 설명할 수 있다.
- 소거, 반응대가, 타임아웃의 차이를 예를 들어 설명할 수 있다.
- 벌의 장단점을 설명할 수 있다.

### 핵심용어의 정의

- **차별강화**: 바람직한 행동에는 강화를 제공하고, 바람직하지 않은 행동에는 강화를 제공하지 않음으로써 강화를 받지 못하는 행동을 감소시키는 방법이다.
- **벌**: 행동 후에 즉시 혐오자극을 제시하거나 유쾌자극을 제거하여 앞으로 그 행동의 발생 가능성을 감소시키는 것이다.
- **소거**: 예전부터 강화되어 온 행동이 발생하더라도 더 이상 강화하지 않음으로써 그 행동의 발생 가능성을 감소시키는 것이다.
- **반응대가**: 문제행동을 하였을 때 그 대가로 이미 지니고 있던 강화제를 잃게 함으로써 문제행동의 발생률을 감소시키는 절차다.
- **타임아웃**: 문제행동이 발생했을 때 정적 강화를 받지 못하도록 일정 시간 동안 강화제로의 접근을 차단하는 것이다.
- **정적연습 과잉교정**: 부적절한 행동을 대체할 수 있는 적절한 행동을 반복적으로 연습하게 하는 것이다.
- **원상회복 과잉교정**: 문제행동으로 손상된 것을 본래의 상태로 회복시키는 수준 이상으로 보상하게 하는 방법이다.

이 장에서는 바람직하지 않은 행동을 감소시키는 데 가장 기본이 되는 행동 원리인 벌의 개념과 종류를 살펴보고자 한다. 그런데 바람직하지 않은 행동을 감소시키는 방법에는 벌보다 더 긍정적인 방법인 강화의 원리를 적용하는 차별강화도 있기 때문에, 벌을 소개하기에 앞서 차별강화부터 소개하려고 한다. 행동을 감소시키는 중재의 종류를 긍정적인 것부터 순서대로 나열하면 〈표 11-1〉과 같다.

❖ 〈표 11-1〉 행동을 감소시키는 중재의 위계와 종류

| 긍정성의 정도 | 행동을 감소시키는 중재 |
|---|---|
| 가장 긍정적 <br> ↓ <br> 가장 혐오적 | 1. 강화에 근거한 중재 <br> 　　저비율 행동 차별강화 <br> 　　타행동 차별강화 <br> 　　대체행동 차별강화 <br> 　　상반행동 차별강화 <br> 2. 강화인의 철회 <br> 　　소거 <br> 3. 강화자극/ 강화기회의 제거 <br> 　　반응대가 <br> 　　타임아웃 <br> 4. 혐오자극 제시 <br> 　　정적연습 과잉교정 <br> 　　원상회복 과잉교정 <br> 　　조건/무조건 혐오자극 제시 |

출처: Alberto & Troutman (2003)

〈표 11-1〉에 소개한 대로 문제행동의 감소를 위한 중재는 가장 긍정적인 것부터 적용해야 한다. Alberto와 Troutman(2006)은 최소한의 혐오적 중재부터 적용할 것

을 주장하면서 이를 '최소 강제 대안의 원칙(the principle of the least intrusive alternative)' 이라고 했다. 이 장에서도 바람직하지 않은 행동을 감소시키는 방법을 가장 긍정적인 것부터 다음과 같은 순서로 소개하겠다: ① 강화에 근거한 중재인 차별강화, ② 강화인을 제거하는 소거, ③ 강화자극을 제거하는 반응대가, ④ 강화받을 기회를 제거하는 타임아웃, ⑤ 과잉교정과 혐오자극을 직접 제시하는 벌.

# 1 차별강화

차별강화(differential reinforcement)란 바람직한 행동에는 강화를 제공하고, 바람직하지 못한 행동에는 강화를 제공하지 않음으로써 강화를 받지 못하는 행동을 감소시키는 방법이다(Alberto & Troutman, 2003). 9장에서 강화란 행동을 증가시키고 개선시키는 데 사용되는 과정이라고 했다. 그러나 차별강화는 강화의 원리를 적용하지만 행동의 증가가 아니라 행동을 감소시키는 데 사용된다. 정적 강화나 부적 강화는 바람직한 행동을 했을 때 유쾌자극의 제시나 혐오자극의 제거로 바람직한 행동을 증가시킨다. 그런데 차별강화는 바람직하지 않은 행동을 하지 않거나 적게 하는 것에 대해 유쾌자극을 제시하여 바람직하지 않은 행동을 감소시킨다. 어떤 행동이 바람직하든지 바람직하지 않든지 행동 뒤에 강화가 주어지면 그 행동은 증가하게 된다고 9장에서 설명했기 때문에 바람직하지 않은 행동을 하지 않는 것을 강화하여 그 행동을 감소시킨다는 말이 이해되지 않을 수도 있다. 그렇다면 이렇게 생각해 보자. 차별강화에서 강화를 받는 것은 바람직하지 않은 행동이 아니라 바람직하지 않은 행동이 발생하지 않은 것이다. 그러므로 강화에 의해 증가하게 되는 것도 바람직하지 않은 행동이 아니라 바람직하지 않는 행동이 발생하지 않는 것이다. 말장난 같지만 차별강화의 원리를 이해하는 데 도움이 되었기를 바란다. 강화와 차별강화의 차이는 강화의 표적이 다른 것이다. 즉, 강화(정적 강화와 부적 강화)는 바람직한 행동을 강화하고, 차별강화는 바람직하지 않은 행동이 발생하지 않는 것을 강화한다. 따라서 강화와 차별강화의 목적도 다르다. 강화는 바람직한 행동을 발생 또는 증가시키는 것이 목적이지만, 차별강화는 바람직하지 않은 행동의 발생을 억제시키는 것이 목적이다.

어떤 행동을 감소시키기 위해서 벌이 아닌 차별강화를 사용하는 이유는 벌보다 차별강화가 같은 목적을 가지면서도 덜 혐오적인 방법이기 때문이다. 언급했듯이 차별강화는 강화의 원리를 적용하므로 차별강화를 적용할 때 강화의 장점을 그대로 살릴 수 있다. 벌과 비교할 때 강화가 갖는 장점은 다음과 같다(Drasgow, 1997). 첫째, 강화는 벌보다 교사와 학생의 관계를 증진시킨다. 벌을 사용하면 벌을 사용하는 사람이 학생에게 혐오자극이 되어 학생이 교사를 싫어하게 되는 경우가 있는데, 강화는 교사가 학생에게 유쾌자극을 제시하기 때문에 유쾌한 관계를 맺게 될 가능성이 많아진다. 둘째, 강화는 벌보다 교사와 학생의 대립 가능성을 줄여 준다. 벌을 사용하는 경우, 학생이 벌을 받지 않으려고 하면 일반적으로 교사는 더 심한 벌을 사용하게 되어 학생과 교사의 관계는 악화될 수 있다. 강화는 이러한 불필요한 대립을 막아 준다. 셋째, 강화를 통해 습득한 행동을 일반화할 가능성이 높아진다. 자신이 새로 습득한 행동이 긍정적인 결과를 가져오면 다른 장소, 다른 상황에서 다른 사람에게도 적용할 가능성이 높다. 넷째, 학생들 사이의 상호작용이 좋아질 수 있다. 강화를 사용하는 교사는 아동들과 긍정적인 상호작용을 하게 되고, 학생들과 긍정적으로 상호작용하는 교사를 보는 학생들은 교사의 그러한 행동을 모방하여 학생들끼리의 상호작용도 좋아질 가능성이 높아진다.

Cowdery와 Iwata, Pace(1990)가 지적했듯이 차별강화는 행동을 감소시키려는 다른 방법들처럼 강화를 철회하지도 않고, 강화자극을 제거하지도 않고, 혐오자극을 제시하지도 않는다는 특성 때문에 자주 사용되는 기법이기도 하다. 차별강화의 유형에는 저비율 행동 차별강화, 다른 행동 차별강화, 대체행동 차별강화, 상반행동 차별강화가 있다.

## 1) 저비율 행동 차별강화

저비율 행동 차별강화(differentail reinforcement of low rates of responding)는 표적행동이 문제행동이라기보다는 그 행동의 빈도가 지나치게 많은 것이 문제가 되는 경우에 사용하면 좋다. 저비율 행동 차별강화는 낮은 비율 행동 차별강화라고도 하는데, 표적행동의 빈도가 수용될 수 있을 만큼 감소되었을 때 강화하는 것이다. 즉, 행동이 정해진 시간 간격 동안 정한 기준만큼 또는 기준보다 적게 발생했을 때 강화하는 것으로, 발생빈도가 낮은 행동에 대해 차별강화하는 것이다. 그래서 교사가 저비율 행동 차별강화를 사용할 경우에는 표적행동의 발생빈도에 대한 기초선 자료를 근거로 해서 수용될 수 있는 표적행동 발생 기준치를 설정하는 것이 먼저 이루어져야 한다(Deitz & Repp, 1983). 그 후 그 기준치보다 표적행동이 적게 혹은 동일하게 발생할 때 강화를 제공하고 기준보다 행동 발생 횟수가 많을 경우는 강화하지 않는 것이다. 예를 들어, 수업 중 철진이가 질문을 하는 것은 그 행동 자체는 문제가 아니지만 질문이 지나치게 많은 경우에는 수업을 방해하게 된다. 즉, 철진이가 질문하는 행동을 40분 수업 동안 평균 1분에 한 번 질문을 한다면 수업에 방해가 될 수 있다. 그럴 경우, 질문하는 행동을 35번이라는 기준 이하로 하면 강화를 제공하고 점차 그 기준을 30번, 25번, 20번, 15번, 10번, 5번 등으로 낮춰 나가는 것이다.

저비율 행동 차별강화의 사용을 위해 처음 강화하기 위한 기준을 정할 때는 차별강화를 적용하기 전에 일정 시간 동안 행동을 관찰하여 관찰된 행동의 평균 양을 중심으로 평균 또는 평균보다 조금 적은 양을 기준으로 한다. 그렇게 해야 처음에 철진이가 강화받을 가능성이 높아진다. 예를 들어, 위의 철진이를 관찰하였더니 5회의 수학 수업시간에 질문을 38회, 40회, 42회, 43회, 37회 하였다면 철진이는 수학시간에 평균 40회의 질문을 한 것이다. 이 경우에는 저비율 행동 차별강화를 사용하려면 처음 기준을 38회에서 40회 사이로 정할 수 있다. 그다음에는 점차 차별강화의 기준을 원하는 수준까지 계속 낮춰 가는 것이다. 그런데 다음 기준으로 넘어가는 시기는 표적행동이 세 번 연속 정한 기준을 넘지 않을 때로 정하는 것이 좋다(Deitz & Repp, 1983). 위의 예를 들면, 철진이의 처음 차별강화 기준을 40회로 정하고 철진이가 연속 3회 동안 수학시간에 40회의 질문 수를 넘기지 않았다면 그다음 기준인 35회의 질문 수를 적용할 수 있다.

다음으로 저비율 행동 차별강화의 사용을 위해 기준치 변화의 크기를 결정해야 한다. 기준치 변화의 크기란 현재의 강화 기준과 다음 단계의 강화 기준까지의 차이를 의미한다. 철진이의 경우, 첫 강화 기준이 40회의 질문이고 다음 기준이 35회 질문이므로 기준치 변화의 크기는 5회의 질문이다. 기준치 변화의 크기는 교사가 얼마의 기간에 최종 기준치까지 도달하기 원하는지에 따라 그 폭이 달라질 수 있다.

살펴보았듯이 저비율 행동 차별강화는 행동의 발생을 제거하는 것이 목적이 아니라 발생빈도를 낮추기 위한 것이므로, 행동 자체가 문제라기보다는 너무 자주, 너무 많이, 너무 빨리 발생하는 것이 문제인 경우에 사용하기 적절한 방법이다. 또한 저비율 행동 차별강화는 변화과정이 빠르게 나타나는 것이 아니므로 위험하거나 심각한 행동에 적용하기에는 적절하지 않다. 철진이의 경우, 수업시간에 질문하는 행동이 전혀 나타나지 않는 것은 바람직하지 않기 때문에 적정 수준까지만 감소시키는 것을 목표로 해야 한다. 따라서 최종 기준치를 설정할 때는 철진이의 능력 범위 내에서 교사가 수용할 수 있는 수준으로 정해야 한다.

저비율 행동 차별강화를 적용하는 강화계획에 대해 Deitz(1977)는 세 가지 종류를 제시했다. 첫째, 전체 회기 저비율 행동 차별강화는 정해진 회기 전체 동안에 정해진 수보다 적게 행동이 발생할 경우에 강화를 제공하는 것이다. 예를 들면, 전체 수업시간 동안 자리 이탈을 8번 이하로 하면 강화하는 것이다. 둘째, 반응시간 저비율 행동 차별강화는 행동과 행동 사이에 정해진 시간 간격이 지나야 강화하는 것이다. 즉, 문제행동의 속도를 늦추고자 할 때 사용하는 방법이다. 예를 들면, 한 번 손들어 발표하고 나면 10분이 지나야 다시 손들어 발표할 수 있도록 기회를 주는 것이다. 셋째, 간격 저비율 행동 차별강화는 한 회기를 여러 시간 간격으로 나누고 각 간격에서 행동이 발생하지 않을 경우에 강화를 제공하는 방법이다. 이 세 가지 강화계획에 대한 자세한 설명은 Deitz(1977)의 논문을 참고할 수 있다.

## 2) 다른 행동 차별강화

다른 행동 차별강화(differential reinforcement of other behavior)란 일정 시간 간격 동안에 표적행동이 발생하지 않으면, 그 시간 간격 동안에 어떤 행동이 발생하든지 상관없이 강화하는 것을 뜻한다(Alberto & Troutman, 2006). 즉, 표적행동이 발생하지 않는 것에 대해 강화하는 것이다. 먼저 시간 간격을 정하고 그 시간 동안에 표적행동이 발생하지 않았다면 시간 간격이 끝나는 즉시 강화해야 한다. 이때에 정해진 시간 간격 동안에 표적행동 외에 어떤 행동이 발생했느냐 하는 것과는 아무 상관없이 강화가 주어져야 한다. 길주현, 이서정, 정경미(2007)는 공격성과 산만한 행동을 보이는 터너증후군 아동과 그 자매와의 부정적인 상호작용 문제행동이 보이지 않으면 정적 강화를 하는 다른 행동 차별강화와 정적 강화를 통해 문제행동을 감소시킨 것으로 보고했다. 또한 Knight와 McKenzie(1974)도 잠자리에 들 때 엄지손가락을 빠는 아이에게 다른 행동 차별강화를 적용하였다. 자기 전에 엄마가 책 읽어 주는 것을 좋아하는 아이에게 손가락이 입에 들어가면 책을 읽어 주지 않고 손가락을 입에서 빼면 책을 읽어 주었더니 엄지손가락을 빠는 시간이 점점 줄어들어 결국 엄지손가락 빨기가 사라지게 되었던 것이다.

　그러나 다른 행동 차별강화는 정해진 시간 간격 동안에 무슨 행동을 하든지 표적행동만 하지 않으면 강화한다는 특성 때문에 세 가지 단점을 가지고 있다. 첫째, 의도하지 않았지만 표적행동이 아닌 다른 문제행동을 강화할 수 있다. 그런 경우 학생이 다른 행동 차별강화의 특성을 이용할 수도 있다. 예를 들어, 교사가 자신의 특정 행동이 발생하지만 않으면 강화한다는 사실을 알고 표적행동 이외의 다른 부적절한 행동을 하는 경우다. 따라서 여러 종류의 문제행동을 많이 보이는 학생에게 다른 행동 차별강화를 사용하는 것은 바람직하지 않으며, 다른 행동 차별강화는 문제행동 감소를 위한 다른 기법들과 연계하여 사용하는 것이 좋다. 둘째, 교사는 다른 행동 차별강화를 통하여 바람직하지 않은 행동을 제거함으로써 '행동의 진공 상태'를 만들어 놓을 수 있다. 그렇게 되면 학생은 바람직하지 않은 행동은 하지 않겠지만 바람직한 행동을 배우지 못했기 때문에 또 다른 바람직하지 않은 행동을 시도할 수 있다. 그러므로 교사는 대체행동을 가르쳐야 한다. 셋째, 교사가 주는 강화가 학생이 바람직하지 않은 행동을 통해 얻을 수 있는 강화보다 강력하지 않으면 효과가 없다. 따라서 효과적인 강화제를 선택해야 한다.

　다른 행동 차별강화를 실행하기 위해서는 시간 간격의 길이를 결정해야 한다. 시간 간격 결정은 표적행동의 기초선 자료를 근거로 한다. 강화하기 위한 처음 시간 간격을 설정할 때는 문제행동이 발생하는 평균 시간 간격보다 약간 짧게 하여 학생이 성공적으로 강화를 받을 수 있도록 한다. 예를 들어, 영철이가 30분 동안 6번 머리를 책상에 박아서 평균 5분에 한 번씩 자해행동을 보일 경우, 처음 강화하는 시간 간격을 3분으로 정하고 영철이가 머리를 책상에 박지 않고 3분이 지날 때마다 강화를 제공하는 것이다. 영철이가 성공적으로 수행을 하면 강화하는 시간 간격을 점차 늘려 나간다. 다른 행동 차별강화에서 강화를 위한 시간 간격 길이를 결정하는 기준은 두 가지다(Lindberg et al., 1999). 첫 번째 기준은 정해진 시간 간격의 전체 시간 동안 문제행동이 없을 때 강화하느냐, 아니면 특정 시각에 문제행동이 없으면 강화하느냐에 따라 구별하는 것이다. 두 번째 기준은 시간 간격이나 특정 시각을 고정시킬 것이냐, 아니면 수시로 변화시킬 것이냐에 따라 구별하는 것이다. 두 가지 기준의 조합에 따라 나오는 강화 기준 네 가지 방법은 다음과 같다: ① 정해진 전체 시간 간격 동안 문제행동의 비발생, ② 변동하는 전체 시간 간격 동안 문제행동의 비발생, ③ 정해진 시각에 문제행동 비발생, ④ 변동하는 시각에 문제행동 비발생. 이에 대한 더 구체적인 방법과 예를 보기 원하면 Lindberg와 동료들(1999)의 논문을 참고할 수 있다.


## 3) 대체행동 차별강화

　대체행동 차별강화(differnetial reinforcement of alternative behavior)란 학생이 문제
행동을 할 때는 강화하지 않고 문제행동을 대신할 수 있는 바람직한 행동(대체행동)
을 할 때는 강화를 하는 것이다(Alberto & Troutman, 2006). 즉, 바람직한 행동에 대한
강화와 바람직하지 않은 행동에 대한 소거를 결합한 것이라고 할 수 있다. 그런데 대
체행동 차별강화에서 대체행동의 기능은 문제행동의 기능과 동일해야 한다. 또한
대체행동은 문제행동을 통해서 학생이 얻을 수 있는 것과 동일한 결과를 가져올 수
있어야 한다. 따라서 대체행동 차별강화는 바람직하지 않은 행동의 목적은 인정할
수 있으나(예: 교사의 관심 끌기) 그 표현 방법을 인정할 수 없을 때(예: 소리 지르기) 사
용한다(Drasgow, 1997). 일부 아동의 문제행동을 기능평가하면 그 기능은 의사소통
을 위한 수단임을 알 수 있다. 때문에 대체행동 차별강화는 문제행동 대신 바람직
한 의사소통 기술을 지도하는 기능적 의사소통 훈련(Functional Communication Training)
과 함께 이루어질 수 있다. 이런 이유로 대체행동 차별강화를 의사소통 차별강화
(Differential Reinforcement of Communication)라고 표현하기도 한다.

　대체행동 차별강화 혹은 의사소통 차별강화는 문제행동과 동일한 기능을 하는 대
체행동은 강화받음으로써 증가하고, 문제행동은 강화받지 못함으로써 소거되는 원
리가 적용되고 있다. 김정희(2008)는 5세의 발달지체 유아의 정리정돈하지 않는 행
동, 주의 산만한 행동, 과제불이행 행동의 대체행동인 지시 따르기, 주의 집중하기,
과제수행하기에 차별강화를 적용하여 표적행동 감소를 보고하였다. 표적행동은 무
시하고 대체행동이 발생할 때마다 스티커를 주고 공 모양의 스티커 판을 다 채우면
친구들의 박수를 받고 사탕을 받거나 원하는 활동을 선택할 수 있게 해 주었다.

　대체행동 차별강화를 사용할 때 문제행동을 대신할 대체행동을 선택하는 것이 중
요한데, 그 선택 기준은 다음과 같다(Drasgow, 1997; Horner & Day, 1991). 첫째, 대체
행동은 문제행동과 기능이 동일해야 한다. 둘째, 대체행동은 문제행동을 하는 것보
다 힘을 덜 들이고도 학생이 선호하는 결과를 즉각적으로 얻을 수 있어야 한다. 셋
째, 대체행동은 그 학생의 주위에 있는 사람들로부터 사회적으로 수용될 수 있는 것
이어야 한다. 대체행동의 선택 기준은 8장에서 '대체기술 교수'를 설명할 때도 언급

한 바 있다. 대체기술을 세분하여 교체기술, 대처 및 인내기술, 일반적 적응기술로 설명하였음을 기억할 것이다. 여기에서는 종합적으로 대체행동이라고 했다.

### 4) 상반행동 차별강화

상반행동이란 어떤 행동과 동시에 발생할 수 없는 행동을 의미한다. 예를 들어, 교실을 돌아다니는 행동과 의자에 앉아 있는 행동, 자기 얼굴 앞에서 두 손을 흔드는 행동과 두 손을 무릎 위에 올려놓는 행동, 필기를 하는 행동과 연필을 집어던지는 행동, 침묵하는 행동과 말하는 행동, 앉아 있는 행동과 서 있는 행동 등은 서로 상반되는 행동이다. 상반행동 차별강화는 대체행동 차별강화의 한 종류다. 상반행동 차별강화에서 상반행동이란 문제행동과 동시에 발생할 수 없는 바람직한 행동을 뜻하며, 상반행동 차별강화(differential reinforcement of incompatible behavior)란 문제행동의 상반행동에 대해 강화하고 문제행동에는 소거를 적용하는 것을 뜻한다(Alberto & Troutman, 2006). 그런데 상반행동 차별강화의 문제점은 문제행동과 상반되는 바람직한 행동을 찾기가 쉽지 않다는 것이다.

윤치연과 이영순(2003)은 초등학교 4학년인 자폐 아동 3명에게 미술활동을 이용한 상반행동 차별강화와 반응대가를 적용하여 상동행동을 감소시켰다. 세 아동의 상동행동은 손으로 사물 돌리기, 손뼉 치기, 양손을 눈 앞에서 흔들기였으며 그에 대한 상반행동은 손으로 물감 찍어 표현하기, 악기로 소리 내기, 종이로 꾸미기, 지점토로 만들기, 야채로 표현하기, 모양 베껴 그리기, 밀가루 반죽 놀이, 쌀과 모래로 그림 그리기였다. 연구 결과는 아동들에게 무상 토큰을 주고 상동행동에 대해서는 토큰을 회수하는 반응대가를 적용하고 상반행동에 대해서는 강화제를 주는 차별강화를 적용하여 상동행동이 감소되었다고 보고한다. 김은정(2000)은 3명의 자폐 아동에게 상반행동 차별강화와 타임아웃을 적용하여 공격적 행동인 때리거나 꼬집기, 머리카락 잡아당기기, 손으로 다른 사람 밀기 행동을 감소시켰다고 보고했다.

상반행동 차별강화는 대체행동 차별강화의 일종이라고 할 수 있는데, 이는 문제행동을 대신할 수 있는 대체행동에 문제행동의 상반행동이 포함될 수 있기 때문이다. 예를 들어, 수업 시간에 서서 돌아다니는 문제행동에 대한 대체행동은 제자리에 앉아 있는 행동인데 이 행동은 곧 서서 돌아다니는 행동에 대한 상반행동이기도 하다. 따라서 현장에서는 문제행동을 대신할 수 있는 바람직한 행동이라면 상반행동과 대체행동을 명확하게 구분하여 사용할 필요는 없다. 〈표 11−2〉에 흔히 볼 수 있는 문제행동에 대한 상반행동 또는 대체행동의 예를 제시했다.

❖ 〈표 11−2〉 일반적인 문제행동에 대한 상반행동 또는 대체행동

| 문제행동 | 상반행동 또는 대체행동 |
|---|---|
| • 책상 두드리기 | • 악기 연주하기 |
| • 손가락 빨기 | • 주머니에 손 넣기 |
| • 교실에서 서서 돌아다니기 | • 제자리에 앉아서 수업에 참여하기 |
| • 수업 중 허락 없이 말하기 | • 손을 들어 교사의 허락을 받고 말하기 |
| • 소리 지르기 | • 조용한 목소리로 이야기하기 |
| • 복도에서 뛰어 다니기 | • 두발로 걷기 |
| • 음식이 아닌 것을 먹기 | • 음식을 먹기 |
| • 물건을 던지기 | • 원하는 것을 말로 하거나 원하는 내용이 적힌 카드 들어올리기 |

　여기까지 소개한 네 종류의 차별강화는 개별적으로 사용되어야 하는 것이 아니라 목적과 특성에 따라 함께 사용되거나, 다른 행동 감소 절차들과 함께 사용될 수도 있다. 〈표 11−3〉에 각각의 차별강화 특성을 요약하여 제시하였다.

❖ 〈표 11−3〉 네 종류 차별강화의 특성

| 차별강화의 종류 | 강화받는 행동 | 목적 |
|---|---|---|
| 저비율 행동 차별강화 | 정해진 기준치 이하의 표적행동 | 표적행동 발생빈도의 감소 |
| 다른 행동 차별강화 | 표적행동 외의 모든 행동 | 표적행동이 발생하지 않는 시간의 증가 |
| 대체행동 차별강화 | 표적행동과 동일한 기능의 대체행동 | 대체행동의 강화를 통한 표적행동의 제거 |
| 상반행동 차별강화 | 표적행동의 상반행동 | 상반행동을 통한 표적행동의 제거 |

## 2 소거

### 1) 소거의 개념

소거(extinction)란 예전부터 강화되어 온 행동이 발생해도 더 이상 강화하지 않음으로써 그 행동의 미래 발생 가능성을 감소시키는 것이다. 즉, 소거란 바람직하지 못한 문제행동이 유지되게 하는 것으로 보이는 강화요인을 제거함으로써 그 문제행동을 감소시키는 기법이다. 소거는 문제행동 감소를 위해 교실에서 흔하게 사용되는 중재다(Alberto & Troutman, 2006). Skinner(1953)는 소거를 "강화제가 더 이상 주어지지 않으면 반응은 점점 줄어드는 현상"이라고 했다. Cooper와 Heron, Heward (2007)는 '소거'라는 용어가 행동이 발생하지 않거나 감소하게 된 현상을 설명하기 위해 또는 행동을 할 기회가 없어져서 점점 하지 않게 되어 잊혀지게 되는 경우를 표현하기 위해 사용된다고 하면서, 이는 본뜻에서 어긋나게 사용하는 것이라고 했다. 그들은 '소거'라는 용어가 행동을 유지하게 하는 강화요인을 제거하는 절차를 의미할 때만 사용되어야 한다고 주장했다.

일반적으로 소거는 단순히 행동을 무시하는 것이라고 생각하는 경우가 많은데 그것은 맞지 않은 생각이다. 소거는 앞서 말했듯이 행동에 대한 강화인의 제거를 의미한다. 관심이 강화인이라면 관심을 제거하는 것이 소거를 적용하는 것이 될 것이다. 하지만 강화인이 관심이 아니라면 무시하는 것은 행동을 감소시키는 데 아무런 효력을 발휘하지 못할 것이다.

소거는 강화에 의해 유지되고 있는 행동이면 어떤 경우이든 적용이 가능하다. 즉, 어떤 부적절한 행동이 정적 강화, 부적 강화, 또는 자동적 정적 강화에 의해 유지되고 있을 때 소거를 적용할 수 있다. 먼저 어떤 행동이 정적 강화에 의해 유지되고 있다면 그 행동에 대해 더 이상 이전에 주었던 강화를 하지 않음으로 그 행동을 소거시킬 수 있다. 예를 들어, 교실에서 여학생을 괴롭히는 수환이의 경우, 수환이의 괴롭힘 행동에 대해 여학생들이 짜증, 울음, 칭얼댐 등으로 반응하는 것이 수환이에게 정적 강화로 작용하여 괴롭히는 행동을 계속할 수 있다. 그런 경우에 여학생들이 수환이의 괴롭히는 행동에 대해 어떤 반응도 보이지 않게 되면(강화의 제거) 수환이의 행동은 감소될 것이다.

다음으로 어떤 행동이 부적 강화에 의해 유지되고 있다면 그 행동을 해도 더 이상 혐오자극을 제거하지 않음으로써 혐오자극을 회피하지 못하도록 하여 그 행동을 감소시킬 수 있다. 예를 들어, 음식을 거부하는 아이가 숟가락과 밥그릇을 던지는 행동을 하면 음식을 먹지 않도록 허락하고 음식을 치워 주는 것으로 음식 거부 행동이 강화된 경우, 음식 거부 행동을 해도 음식을 조금이라도 먹지 않으면 어떤 다른 활동도 허락하지 않는 등 아이에게 있어서의 혐오상황(음식을 먹어야 함)을 피할 수 없게 하여 음식 거부 행동을 감소시킬 수 있다.

마지막으로 어떤 행동이 자동적 강화에 의해 유지되고 있다면 그 행동이 가져올 수 있는 자연적인 감각적 결과를 차단하거나 제거하여 그 행동을 감소시킬 수 있다. 이런 경우를 감각적 소거(sensory extinction)라고 한다. 다시 설명하면, 감각적 소거란 아동의 문제행동이 감각적 자극(청각, 시각, 전정각 등)에 의해 강화되어 나타날 경우, 감각자극을 제거함으로써 문제행동을 감소시키는 기법을 의미한다(Bambara & Kern, 2008). 이런 경우는 그 행동을 유지하게 하는 자연적인 감각적 결과를 찾아야 한다. 자연적인 감각적 결과란 아동 본인에게 듣기 좋고, 보기 좋고, 맛이 좋고, 냄새가 좋고, 촉감이 좋고, 움직임 자체가 좋은 것이다. 이는 주관적인 것이어서 아이마다 다를 수 있기 때문에, 어떤 행동이 자연적인 감각적 결과에 의해 유지되고 있는지 알아내는 것은 주의 깊은 관찰을 요구한다. 감각적 소거를 사용한 예로, 자폐 아동이 책상 위에서 접시 돌리기 행동을 계속할 때, 접시를 천으로 감싸거나 책상 위를 부드러운 천으로 덮어 주었더니 접시를 돌릴 때 나는 청각적 자극이 주어지지 않자 접시 돌리는 행동을 멈추게 되는 경우다.

살펴본 것처럼 소거 절차는 문제행동을 유지해 온 강화인이 무엇이냐에 따라 다르게 적용되어야 한다. 실제로 Iwata와 동료들(1994)은 3명의 발달장애 아동이 모두 머리를 박는 같은 형태의 자해행동을 했지만, 기능분석을 한 결과 강화인이 서로 다르다는 것을 발견했다. 한 아동은 어른의 관심에 의해 자해행동이 강화되고 있었고, 다른 아동은 어려운 과제의 회피로 인한 자해행동이 강화되고 있었으며, 또 다른 아동은 머리 박는 행동 자체의 감각적 결과에 의해 자동강화되고 있었던 것이다. 그들은 첫째 아동에게는 아동이 머리를 박을 때는 함께 있는 어른이 어떤 반응도 주지 않고 머리를 박지 않을 때는 관심을 주도록 했으며, 둘째 아동에게는 아동이 과제를 회피할 수 없도록 신체를 직접 붙잡고 안내하는 신체 안내를 사용하였고 순응하면 칭찬해 주었으며, 셋째 아동에게는 보호 헬멧을 착용하게 하였고, 이를 통해 각자의 머리 박기 행동이 감소하였다고 보고했다. 이렇게 같은 모양의 문제행동일지라도 강화인을 확인하고 나서 그 강화인을 제거해야 한다.

그러므로 소거를 사용하기 위해서는 무엇보다도 문제행동의 기능분석을 통해 그 문제행동이 유지되게 하는 후속결과(강화요인)를 찾아내는 것이 중요하다. 예를 들어, 효순이는 수업시간 내내 부적절한 이야기와 얼굴 표정으로 급우들을 웃기는 방해행동을 보인다. 문제행동의 기능평가 결과, 급우들의 관심과 웃음이 효순이의 방해행동을 유지하게 하는 후속결과임이 밝혀졌다. 다시 말해 급우들이 웃어 주기 때문에 효순이의 웃기는 행동은 계속되었던 것이다. 따라서 교사는 효순이가 수업시간에 웃기는 표정으로 이야기를 해도 웃지 않기로 효순이를 제외한 학급의 다른 아이들과 약속했다. 효순이는 자기가 웃기는 이야기를 해도 급우들이 웃지 않으면, 더 심하게 웃겨 보려고 방해행동을 일시적으로 더 많이 할 수 있다. 그러나 지속적으로 강화가 주어지지 않으면 문제행동은 결국 감소된다. 문제행동의 강화요인은 한 가지 이상일 수도 있다. 효순이의 경우, 문제행동의 유지요인이 교사나 급우의 관심이라는 정적 강화 요인 외에도 문제행동을 하는 동안 수업 참여를 피할 수 있다는 부적 강화 요인이 있을 수도 있다. 행동의 기능평가는 이러한 행동 유지 변수를 쉽게 찾도록 도와준다.

## 2) 소거 사용의 장점과 주의점

소거 절차가 지닌 장점은 세 가지다(Sulzer-Azaroff & Mayer, 1986, 재인용). 첫째, 소거는 학생의 바람직하지 않은 행동을 감소시키는 데 매우 효과적이라는 것이다. 더불어 적절한 행동을 강화해 주는 절차들과 연계해서 사용하면 소거만 사용할 때보다 더 효과적이기도 하다. 소거의 두 번째 장점은 소거를 잘 사용하면 그 결과는 꽤 오래 지속된다는 것이다. 즉, 소거는 부적절한 행동을 감소시키는 데 다른 절차들보다 효과를 보기까지 시간은 오래 걸리지만 그 효과는 더 오래 지속된다. 세 번째 장점은 소거는 혐오자극을 직접 제시하는 것이 아니라 주어지던 강화를 제거하는 것이기 때문에 벌의 사용으로 인해 나타나는 부정적인 영향을 피할 수 있다는 것이다.

소거는 이러한 장점이 있지만 실제 적용하기가 쉽지 않은 것도 사실이다(Benoit & Mayer, 1974; Miltenberger, 2009). 그 이유는 첫째, 소거는 문제행동을 서서히 감소시

을 낮춰 준 벌(punishment)이 발생한 것이다. '물건 훔치기'라는 행동 뒤에 '체벌'이라
는 혐오자극이 주어져서 그 행동이 감소했으므로 정적 벌이 일어난 것이고, '지각하
기'라는 행동 뒤에 '쉬는 시간'이라는 유쾌자극이 철회되어 지각하기 행동이 감소했
으므로 부적 벌이 일어난 것이다. 이와 같이 정적 벌이든지 부적 벌이든지 행동이 감
소하는 결과를 가져오는 것을 벌이라고 한다. 이때 자극이 주어지면 정적(positive: 더
해졌다는 의미) 벌이라고 하고, 자극이 철회되면 부적(negative: 뺐다는 의미) 벌이라고
한다. 그러나 어떤 자극의 제시나 제거가 결과적으로 행동을 감소시키지 않았다면
벌이 적용되었다고 할 수 없다. 예를 들어, 형수의 지각행동에 대해 체벌을 했는데도
지각행동이 줄어들지 않았다면 체벌은 형수에게 벌로 작용한 것이 아니다. 일반인
들이 일상적으로 생각하는 벌과 여기에서 사용하는 벌의 의미는 다르다는 것을 기
억해야 한다.

벌의 효과에 영향을 미치는 것으로는 ① 즉시성, ② 유관성, ③ 유인력, ④ 개인차
가 있다(Miltenberger, 2009). 첫째, 즉시성이란 행동 뒤에 결과가 즉각 주어져야 한다
는 것이다. 유쾌자극이 제거되든지 혐오자극이 주어지든지 즉시 이루어질 때 효과
적이다. 행동과 결과 사이에 시간이 지체될수록 벌로서의 효과는 감소한다. 둘째,
유관성이란 행동이 발생될 때 매번 같은 결과가 주어져서 행동과 결과가 관련성이
있어야 한다는 것이다. 벌이 일관성 없이 적용되면 그 효과가 낮아질 것이다. 셋째,
유인력은 벌이 벌로서 효과가 있도록 하는 조건을 의미한다. 부적 벌의 경우에 제거
하는 것이 음식이라면 아이가 배가 고플 때 더 큰 효과를 기대할 수 있다. 넷째, 개인
차란 벌로 주어지는 결과가 벌로서 기능할 만큼 강한가는 사람에 따라 다를 수 있다
는 의미다.

## 2) 부적 벌

부적 벌과 소거는 서로 다르다. 소거에서 제거되는 강화인은 행동을 유지하고 있
던 것이지만 부적 벌에서 제거되는 유쾌자극이나 강화기회는 그 행동을 유지하고
있던 강화인일 필요는 없다. 유쾌자극을 제거하여 미래 행동 발생률을 낮추는 부적
벌에는 반응대가와 타임아웃이 있다.

돈)이든지 기본적으로 학생에게 주어지는 것(예: 쉬는 시간)에서 선택할 수 있다. 즉,
학생이 상실하게 될 강화제는 문제행동과는 관련이 없다는 점이 소거와 크게 다른
점이다. 그런데 상실하게 될 강화제가 적절하지 않은 경우에는 보너스 반응대가를
사용할 수 있다. 예를 들면, 먼저 조건 없이 보너스를 주고 바람직하지 않은 행동을
하면 보너스로 받은 강화제를 벌금으로 내게 하는 것이다. 예를 들면, 반응대가를 시
작하기 전에 일정 양의 토큰이나 점수를 주고 문제행동이 발생하면 규칙에 따라 회
수하는 것이다. 이 방법은 당연히 학생의 것으로 주어지는 강화제(예: 자유시간) 또는
이미 획득하여 가지고 있는 강화제를 제거하는 것이 아니라, 먼저 보너스로 강화제
를 주고 그 강화제를 제거하는 것이므로 긍정적인 방법이라고 볼 수 있다. 반응대가
나 보너스 반응대가를 사용할 때는 강화제를 모두 잃게 되는 경우에 대비해야 한다.
더 이상 잃을 것이 없는 경우는 잃지 않기 위해 애쓸 필요가 없어지기 때문에 적절한
행동을 하고자 하는 동기를 상실할 수 있다. 또한 상실하게 될 강화제의 양이 지나치
게 많으면 학생이 좌절하게 되고 너무 적으면 무시하게 되어 반응대가의 효과를 보
기 어려우므로, 학생에게 의미 있는 적절한 수준을 찾는 것이 필요하다. 문제행동의
대체행동에 대해 주어지는 강화의 양과 비슷하거나 좀 더 많은 것이 좋다.

주의해야 할 것은 반응대가가 일어나는 환경이나 그것을 사용하는 교사가 조건화
된 혐오자극이 될 수 있다는 점이다(Alberto & Troutman, 2003). 만일 이런 상황이 발
생한다면, 그 학생은 그 교사나 장소를 회피하기 위해 지각, 조퇴, 또는 결석을 할 수
도 있다. 이러한 경우를 감소시키기 위해서 교사는 그 학생이 바람직한 행동을 할 경
우에는 강화제를 제공하여 교사 자신이 조건화된 혐오자극이 되는 경우를 피해야
한다. 뿐만 아니라 반응대가는 학생이 가지고 있는 강화제를 제거하는 것이므로, 교
사는 학생이 한 번 주어진 강화제를 내놓지 않으려고 하는 경우에도 강화제를 제거
할 능력이 있어야 한다. 강화제 제거에 대한 저항이 있는 경우에는 반응대가에 순응
하는 경우에 강화제를 제거하는 양을 줄여 주는 등의 방법을 사용하여 해결할 수 있
다. 아니면 교사가 강화제를 쉽게 제거하는 방법을 택할 수도 있다. 예를 들어서,

### (1) 반응대가

반응대가(response cost)란 학생이 문제행동을 했을 때 그 대가로 이미 지니고 있던 강화제를 잃게 함으로써 문제행동의 발생률을 감소시키는 절차다. 학생이 이미 지니고 있던 강화제는 주로 휴식시간, 좋아하는 놀이 혹은 여가활동, 장난감, 좋아하는 음식, 원하는 물건(혹은 활동), 교환이 가능한 토큰 등이 될 수 있다. 일반적으로 돈도 강력한 강화제다. 반응대가는 일상생활에서 많이 적용되고 있는데, 예를 들면 자동차 속도나 주차를 위반하면 벌금을 지불해야 하는 것, 공과금을 늦게 내면 연체료를 지불하는 것, 수업시간에 떠들면 휴식시간이 감소하는 것, 도서관에 책 반납 기한이 넘으면 연체료를 지불하는 것 등이다.

여광응(2007)은 주의력결핍 과잉행동장애를 지닌 두 아동에게 무상으로 토큰을 주고 그들의 충동적 행동과 과잉행동에 대해 반응대가를 적용했다. 아동들의 표적행동인 충동적 행동은 교사의 질문이 끝나기 전에 대답하기, 줄 서서 차례 기다리지 못하기, 다른 친구들 방해하기, 쉽게 흥분하기, 놀이의 규칙을 무시하기였으며, 과잉행동은 분위기에 적절하지 못한 소리 내기, 의자에 얌전히 앉아 있지 못하기, 상황에 맞지 않게 뛰어다니기, 계속 흥얼거리기, 아무데나 기어오르기였다. 매 회기마다 10개의 토큰을 무상으로 주고 표적행동이 발생할 때마다 토큰을 하나씩 회수하였다. 회기가 끝날 때 남은 토큰의 개수만큼 스티커를 나누어 주고 스티커 판에 붙이게 하고, 그에 따라 후속 강화제를 주었다. 이런 방법으로 두 아동의 공격적 행동과 과잉행동이 감소했다고 보고하였다.

반응대가의 장점은 다음과 같다(Alberto & Troutman, 2006; Scheuermann & Hall, 2009).

 사용하기 쉽다.

보너스 반응대가를 사용하여 점수를 주는 경우에 교사가 말로 점수를 주거나 제거할 수도 있고, [그림 11-2]처럼 칠판의 한쪽에 점수를 의미하는 숫자를 써놓고 문제행동 발생 때 하나씩 지워갈 수도 있다.

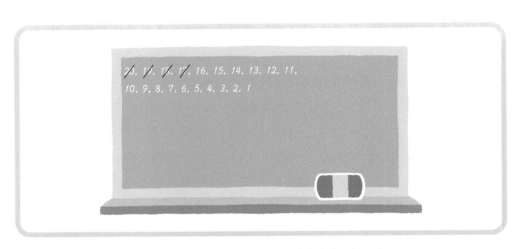

[그림 11-2] **강화제를 쉽게 제거할 수 있는 예**

반응대가는 강화 절차와 함께 사용될 수 있다. 반응대가는 문제행동의 발생에 대해 강화를 제거하는 것이기 때문에 좀 더 긍정적이고 효율적으로 반응대가를 사용하기 위해서는 강화를 제공하는 것과 연합하여 사용하는 것이 좋다. 그 좋은 예로 반응대가와 토큰제도의 연합이나 반응대가와 차별강화의 연합으로 대체행동을 증가시킬 수 있다.

반응대가의 적용 절차는 다음과 같다.

 반응대가를 적용할 문제행동을 정의한다.
 학생에게 강화제의 지속적 획득이 가능한지 확인한다. 즉, 강화제의 완전 상실을 예방할 수 있어야 한다.
 각각의 문제행동에 대해 잃게 될 강화제의 양을 결정한다. 문제행동의 수준에 따라 위계를 정한다.
 제거할 강화제는 제거하기 쉬운 것이어야 하고, 강화제 제거의 저항에 대해 대책이 있어야 한다.

■ 반응대가를 적용하기로 결정한 구체적 행동에 대해서만 적용한다. 사전에 결정하지 않은 여러 행동에 대해 즉흥적으로 강화제 상실을 적용해서는 안 된다.

■ 학생에게 반응대가 절차를 명확하게 설명한다. 어떤 행동에 대해 어느 정도의 강화제를 상실하는지 학생이 알아야 한다.

■ 반응대가를 실행하면서 문제행동의 감소를 확인하며 관찰한다.

### (2) 타임아웃

타임아웃(time-out)이란 문제행동이 발생했을 때 학생이 정적 강화를 받지 못하도록 일정 시간 동안 강화제로의 접근을 차단하는 것이다. 타임아웃이 학생을 다른 아이들과 분리시켜 고립된 장소로 보내는 의미로만 쓰이거나 학생을 격리시키는 장소로 언급되는 경우가 있는데(예: "타임아웃으로 가!"), 타임아웃은 학생에게 강화받을 기회를 제거하는 것이므로 학생을 격리시킬 수도 있고 격리시키지 않을 수도 있다. 타임아웃의 개념은 타임아웃의 완전한 용어인 '정적 강화로부터의 타임아웃'이 더 잘 나타내 준다(Scheuermann & Hall, 2009). 즉, 타임아웃이란 정적 강화를 받을 기회를 제거하는 것이다. 정의에서 볼 수 있듯이 타임아웃이 효과적으로 실행되려면 첫째, 학생이 타임아웃되어서 보내지는 장소는 (장소가 따로 있다면) 정적 강화가 주어질 가능성이 전혀 없는 곳이어야 하고, 둘째, 학생이 문제행동을 일으켜 떠나오게 된 곳은 학생이 남아 있었다면 강화받을 가능성이 매우 높은 곳이어야 한다. 뒤집어서 설명하면, 타임아웃이 효과적이지 못한 경우는 첫째, 떠나온 곳에 정적 강화가 없을 때, 둘째, 타임아웃으로 하기 싫은 것이나 어려운 문제를 피할 수 있게 될 때, 셋째, 타임아웃 장소에서 강화받을 수 있을 때다. 예를 들어, 교실에서 광필이가 수학시간에 부적절한 행동을 하자 교사가 광필이에게 복도에 있는 타임아웃 의자로 보냈다. 그런데 학생은 마침 수학 수업이 너무 힘들고 재미없었을 뿐 아니라 복도에서는 창밖으로 왕개미들의 움직임도 구경할 수 있었고 지나가시는 교장 선생님께 이야기도 하는 등의 강화가 주어졌다면, 광필이는 타임아웃된 것이 아니다. 이 경우에 타임아웃이 효과가 있으려면 수학시간은 강화받을 기회가 높고 아주 재미있어야 하며 복도에는 어떤 강화도 주어질 수 없어야 한다.

타임아웃은 강화제에 접근을 못하게 하는 방법에 따라 ① 비격리-비배제 타임아웃, ② 비격리-배제 타임아웃, ③ 격리 타임아웃으로 구분한다(Alberto & Troutman,

2006). 첫 번째로 비격리-비배제 타임아웃은 학생을 격리시키지도 않고 제외시키지도 않으면서 학생이 강화제에 접근을 못하도록 하는 것이다. 예를 들어, 정한 시간 동안 책상 위에 머리 숙이고 엎드리기, TV 끄기, 활동 자료 제거하기 등 환경의 재구성을 통한 타임아웃이 있다. 다른 예로는 다른 아이들의 활동을 그 자리에서 보고만 있을 뿐 활동에 참여하지 못하게 하는 것이나, 잠시 아이의 눈을 가리는 방법도 있다. Hops와 Walker(1988)가 제안한 비격리-비배제 타임아웃은 아이들에게 카드의 색깔로 타임아웃되었음을 알려 주는 방법이다. 한 면은 점수를 의미하는 초록색이고 다른 면은 타임아웃을 의미하는 빨간색인 카드를 아이들에게 나누어 주고, 적절한 행동에 대해서는 해당 아동의 카드를 초록색이 보이도록 뒤집어 점수를 주고 부적절한 행동에 대해서는 카드를 빨간색이 보이도록 뒤집어서 어떤 점수도 받을 수 없음을 알려 주는 방법이다. Foxx와 Shapiro(1978)가 제안한 비격리-비배제 타임아웃은 모든 아동들에게 가슴에 리본을 달거나 목에 리본을 걸게 하고 바람직하지 못한 행동이 보이면 3분 동안 리본을 빼앗고 리본이 없는 아동에게는 어떤 강화도 주지 않는 방법이다. 유아들에게 적용할 때는 각 유아의 이름이 적힌 동물 인형들을 아이들이 볼 수 있는 장소에 놔두고 어떤 유아가 문제행동을 보이면 그 유아의 이름이 적힌 인형만 다른 장소로 이동시켜 다른 인형들에게서 떨어뜨려 놓는 방법을 적용할 수도 있다. 비격리-비배제 타임아웃은 가장 덜 혐오적이고 덜 강제적인 타임아웃이다.

두 번째로 비격리-배제 타임아웃은 아동을 격리시키지는 않지만 배제시켜서 아동이 강화제에 접근을 못하도록 하는 것이다. 교실 상황이라면 교실 밖의 다른 장소로 보내지는 않지만 활동 자체에서는 제외시키는 것을 의미한다. 교실 뒷자리의 '생각하는 의자'로 보낸다든지, 교실 뒤 벽 가까이 서 있게 하는 방법 등이 여기에 해당한다. 운동장에서 놀이 시간 중이라면 건물로 들여보내지는 않지만 감독하는 선생님 곁에 서서 다른 아이들의 노는 것을 지켜보게 하는 것이 여기에 해당한다. 이런 방법을 유관 관찰(contingent observation)이라고도 한다(Cooper, Heron, & Heward, 2010).

세 번째로 격리 타임아웃은 아동을 타임아웃을 위해 따로 준비된 장소로 격리시키는 것이다. 교실을 떠나 타임아웃 장소로 보내지는 것을 의미한다. 타임아웃 장소로는 교실 내의 칸막이, 타임아웃 방, 복도 등이 사용될 수 있다. 격리 타임아웃이 가장 강제적이고 강화제 접근을 가장 어렵게 하는 방법이므로 심각한 문제행동에 대해 적용해야 한다.

　타임아웃을 끝내는 방법은 세 가지가 있다(Alberto & Troutman, 2006; Scheuermann & Hall, 2009). 첫째, 정해진 시간 동안 적절한 행동을 지속하면 끝내 준다. 예로, 타임아웃 장소에서 2분간 조용히 있으면 타임아웃을 끝내 주는 것이다. 둘째, 최소한의 타임아웃 시간이 지나고 난 후에 부적절한 행동도 모두 끝나면 끝낸다. 예를 들어, 정해진 타임아웃 시간이 지났지만 여전히 부적절한 행동을 보이면 "네가 조용히 할 때까지 타임아웃 자리에 있어야 한다."고 말해 주고 부적절한 행동이 끝났을 때 타임아웃을 끝내 주는 것이다. 셋째, 부적절한 행동이 보이지 않고 일정 시간이 지나면 끝내 준다. 예로, 정해진 타임아웃 시간이 지나고 30초간 부적절한 행동이 없으면 타임아웃을 끝내 주는 것이다.

　타임아웃의 적용 절차는 다음과 같다.

- ◣ 타임아웃을 시킬 행동을 정의한다.
- ◣ 문제행동에 대한 적절한 타임아웃 시간을 결정한다. 그 시간은 학생이 좌절을 일으키지 않을 만큼 짧은 시간이어야 한다. 타임아웃의 시간이 타임아웃의 효과를 결정하는 것은 아니라는 사실을 기억해야 한다. 어린 아동의 경우는 몇 초의 타임아웃도 효과가 있다.
- ◣ 타임아웃을 끝내는 방법을 결정한다.
- ◣ 학생에게 타임아웃 절차를 가르친다. 타임아웃 절차를 가르칠 때 학생에게 타임아웃되는 행동이 무엇인지 알려 주고, 기대하는 바람직한 행동이 무엇인지도 알려 주고, 얼마간 타임아웃되는 것인지도 알려 주어야 한다. 학생이 타임아웃에 대한 경험이 전혀 없다면 교사가 짧은 시간 동안 타임아웃 때의 모습을 보여 주고 따라 하게 하는 연습을 통해 타임아웃을 가르치는 것이 선행되어야 할 필요도 있다.
- ◣ 학생이 부적절한 행동을 보이면 "네가 ~한 행동을 했구나. 타임아웃 장소로 가거라."라고 간단하고 단호하게 말한다. 절차에 대한 더 이상의 설명은 필요 없다.
- ◣ 정해진 시간만큼 타이머를 작동시킨다. 그 시간 동안은 학생에게 어떠한 관심도 주지 않는다.

- ◣ 타이머가 울리면 "타임아웃 끝났다."라고 말하고, 타임아웃 동안의 행동에 대해 언급하지 않고 자기 자리로 돌아가도록 한다.
- ◣ 문제행동의 변화를 점검한다.

조명숙(2000)은 주의력결핍 과잉행동장애를 지닌 6세 된 아동의 자리 이탈 행동과 불순종 행동에 대해 아동의 어머니가 차별강화와 타임아웃을 적용하도록 하였다. 첫 번째 중재기간에는 자리에 착석한 행동과 순종 행동에 대해 차별강화하는 대체 행동 차별강화를 적용하였고, 두 번째 중재기간에는 대체행동에 대해서는 강화하고 표적행동에 대해서는 타임아웃을 적용하였다. 그런데 타임아웃을 적용하자 아동과 어머니가 서로 대립하는 등 첫 번째 중재기간보다 표적행동이 증가하였다. 연구자 는 부모를 훈련시키는 교육이 미흡하였다고 보고하고 있는데, 타임아웃을 적용할 때는 주의 사항을 잘 지켜서 타임아웃 동안에 아동의 부적절한 행동에 감정적으로 대하지 않도록 주의하여야 할 것이다.

위에서 유쾌자극을 제거하는 부적 벌로 반응대가와 타임아웃을 설명했는데, 두 가지 방법의 공통점과 차이점을 〈표 11−4〉에 제시했다.

❖ 〈표 11−4〉 반응대가와 타임아웃의 비교

|  | 반응대가 | 타임아웃 |
|---|---|---|
| 공통점 | 유쾌자극 제거 | |
| 차이점 | 강화제의 상실 | 강화받을 기회의 제거 (강화제로의 접근 차단) |

## 3) 정적 벌

혐오자극을 제시하는 정적 벌에는 과잉교정과 조건 또는 무조건자극의 직접 제시가 있다.

### (1) 과잉교정

과잉교정(overcorrection)이란 부적절한 행동에 대한 후속결과로 문제행동과 관련이 있는 적절한 행동을 반복적으로 하게 하는 절차다(Azrin & Foxx, 1971). 과잉교정은 부적절한 행동과 관련된 적절한 행동을 연습하게 하는 것으로 행동을 가르쳐 주는 학습의 효과가 있는 것이지만, 벌이 되는 이유는 적절한 행동을 한 번이 아니라 여러 번 반복하게 하는 방법이 노력이 들어가고 불편한 혐오자극이 되기 때문이다. 과잉교정은 일반적으로 절차를 실행하는 데 시간이 오래 걸리고, 절차를 적용할 때 학생이 순응하지 않거나 공격적이 될 수도 있다는 단점이 있기 때문에 자주 사용되는 기법은 아니다.

과잉교정에는 정적연습 과잉교정과 원상회복 과잉교정이 있다. 정적연습 과잉교정은 학생이 부적절한 행동을 하였을 경우, 부적절한 행동을 대체할 수 있는 적절한 행동을 반복적으로 연습하게 하는 것이다. 가장 흔한 예는 받아쓰기에 틀린 단어를 반복해서 다시 쓰게 하는 것이다. 또 다른 예로, 복도에서 뛰는 아이에게 복도 이 끝에서 저 끝까지 여러 차례 조용히 걷도록 시키는 것이나, 피아노를 배우는 도중 실수를 많이 하면 실수한 부분을 여러 번 반복해서 정확하게 치도록 하는 경우다.

원상회복 과잉교정은 학생이 자신의 문제행동으로 손상된 것을 보상하게 하는 것이다. 원상회복 과잉교정에서 '원상회복'이란 손상된 부분을 회복시키거나 본래의 상태로 복구시키는 것을 의미하고, '과잉교정'이란 단순히 원상태로 회복시키는 수준 이상의 보상을 의미한다. 예를 들어, 아동이 가지고 놀던 장난감들을 던져서 흩뜨려 놓았다면 자기가 던진 장난감뿐 아니라 놀이실에 있는 모든 장난감들을 원상태로 정리하게 하는 것이다. 벽에 낙서한 아동에게 자기가 한 낙서뿐 아니라 다른 벽의 낙서도 청소하게 하는 것이나, 책을 찢은 아동에게 자신이 찢은 책을 테이프로 모두 붙여 놓고 다른 찢어진 책들도 붙이도록 하는 것이 원상회복 과잉교정의 다른 예다.

김성희와 김병석(2001)은 자폐성 장애가 있으면서 이 갈기와 같은 구강을 통한 자기자극 행동이 있는 두 명의 유아에게 과잉교정을 적용하였다. 이 갈기 대신에 구강을 자극할 수 있는 양치질을 시행했으며, 장난감을 바로 가지고 놀지 못하고 이로 긁기 때문에 자동차를 굴리거나 퍼즐 조각을 맞추는 것을 연습시켰다. 이러한 과잉교정으로 아동들의 구강을 통한 자기자극 행동이 감소했다고 보고하였다. 김혜진(2005)은 네 명의 시각장애 아동들의 머리와 몸을 흔드는 상동행동에 대해 차별강화와 과잉교정을 적용하였다. 과잉교정으로는 상동행동이 나타나면 방향정위와 이동영역 지시에 따라 머리와 몸을 상하좌우로 정확히 움직이는 훈련과 인사연습(차렷─열중쉬어─차렷─경례), 고개를 똑바로 들고 있는 훈련을 하게 했다. 그 결과 상동행동이 네 아동에게서 의미 있게 감소하였다고 보고하였다.

이렇게 과잉교정이란 부적절한 행동에 대한 후속결과로 적절한 행동을 반복적으로 하게 하는 것인데, 적절한 행동을 반복하게 하는 것이 아니라 부적절한 행동을 반복하게 하여 아동을 지치게 하거나 포화 상태가 되게 하여 부적절한 행동을 감소시키려는 기법도 있는데, 이를 부적연습(negative practice)이라고 한다. 부적연습의 예로, 책을 찢는 아이에게 여러 권의 책을 주면서 모두 남김없이 찢도록 하는 경우나 실내에서 뛰는 아이에게 쉬지 않고 1시간 동안 계속 뛰도록 하는 경우가 부적연습에 해당한다. 부적연습은 부적절한 행동을 반복해서 연습하게 하는 것이므로 과잉교정이 아니며 권장할 수 없는 방법이다. 또한 아동의 부적절한 행동과 아무 관련이 없는 신체적 운동 동작을 반복하게 하는 유관 훈련(contingent exercise)도 행동을 반복하게는 하지만 적절한 행동을 반복시키는 것이 아니므로 과잉교정은 아니다. 유관 훈련의 예로는 지각 행동에 대해 운동장을 10바퀴 뛰게 하는 것이나, 친구를 때리는 행동에 대해 앉았다 일어서기를 30번 하게 하는 것이다. 유관 훈련은 오히려 혐오자극에 가깝다. 왜냐하면 유관 훈련으로 시키는 반복 동작이 혐오자극에 해당하기 때문이다. 유관 훈련과 비슷하게 신체적 어려움을 주는 것으로 신체구속(physical restraint)이 있다. 신체구속이란 아동의 문제행동과 관련된 신체 부위를 움직이지 못하도록 구속하는 방법이다. 예를 들어, 옆에 앉은 친구를 때리는 공격적 행동을 할 때 팔을 붙잡고 있는 경우가 여기에 해당한다. 움직이지 못한다는 것은 혐오적이기 때문에 벌로 작용하게 된다. Alberto와 Troutman(2006)은 부적연습, 유관 훈련, 신체구속 등을 혐오자극의 제시로 분류하였다.

## (2) 혐오자극 제시

혐오자극 제시(application of aversive stimulus)는 학생이 문제행동을 했을 때 학생이 싫어하는 자극을 제시하는 것으로 〈표 11-1〉에서 제시한 바와 같이 문제행동 관리 방법 중 가장 혐오적인 방법이라고 볼 수 있다. 혐오자극은 크게 무조건 혐오자극과 조건 혐오자극으로 나뉜다. 무조건 혐오자극은 학생에게 신체적으로 고통이나 불쾌감 또는 불편감을 주는 것으로 학습되지 않은 것이며, 대표적인 예로 체벌이 있으며 그 외에도 신체구속, 소음, 전기충격, 아주 신맛이 나는 것을 입에 넣기 등이 있다. 조건 혐오자극은 무조건 혐오자극과 중립자극을 계속해서 짝지은 결과 궁극적으로 벌 자극의 특성을 갖게 되는 것이다. 즉, 무조건 혐오자극과 연합된 결과로서 싫은 것으로 학습된 자극이다. 가장 일반적인 예가 질책인데, 질책과 함께 체벌을 짝지어 경험하게 하면 질책은 고통과 연관되어서 결국은 질책만으로도 학생에게 혐오자극이 된다.

오상윤(2007)은 학교생활에 의욕을 보이지 않고 무기력하며 수업시간에 학습활동을 거의 하지 않고 엎드려 있거나 손장난을 자주 하며 교과서에 낙서를 하거나 책을 찢는 등의 비학습행동을 보이는 5학년 아동에게 정적 강화와 혐오자극 제시를 각각 적용하였다. 아동에게 제시된 혐오자극으로는 얼굴 표정(찡그림, 불쾌한 표정, 화난 표정, 험상궂은 눈초리 등)과 언어적 질책(꾸중, 비평, 비난, 위협 등)과 자리에서 일으켜 세우는 것, 교실 뒤로 나가게 하는 것, 벽을 보고 서 있게 하는 것, 반성문을 쓰게 하는 것, 방과 후에 남기는 것 등이었다. 정적 강화를 준 기간 바로 뒤에 혐오자극을 제시하는 기간이 주어졌는데 두 기간을 비교했을 때 정적 강화를 적용했을 때보다 혐오자극 제시 때에 문제행동이 더 감소했다. 연구자는 이런 결과가 정적 강화의 경험이 없고 오래된 학습 무기력의 역사를 지닌 아동의 특성 때문일 것이라고 보고하였다. 그렇다고 할지라도 비학습행동의 감소뿐 아니라 적극적 수업 참여 행동을 끌어내기 위해서는 꾸준한 정적 강화 제공으로 정적 강화를 학습시킬 필요가 있을 것이다.

## 4) 벌의 단점

혐오자극을 제시하는 것이 일반적인 벌의 개념이다. 사람들이 문제행동에 대해서 혐오자극을 제시하는 방법을 쉽게 자주 사용하는 이유는 신속하게 행동 발생을 정지시키고, 바람직한 행동과 바람직하지 못한 행동의 변별학습을 촉진하고, 문제행동을 한 학생에게 혐오자극이 제시되는 것을 관찰한 다른 학생들이 그 행동을 할 가능성을 줄여 주기 때문이다. 그러나 벌은 효과에 비해 여러 가지 단점이 있기 때문에 학생의 안전이 위협받거나 심각한 문제행동이 만성적으로 지속되고 있을 때 사용하는 것이 적절할 것이다.

벌은 여러 가지 단점을 가지고 있다(이소현, 박은혜, 2011; Azrin & Holz, 1966; Foxx, 1982). 첫째, 교사가 벌을 자주 사용하면 교사와 학생 관계가 악화될 수 있다. 벌은 사용하기 쉽고 빠르기 때문에 교사는 문제행동을 다루는 데 가장 쉽게 벌을 사용할 수 있다. 이것은 결과적으로 교사들이 벌을 오용 또는 과용하게 한다. 교사들이 벌을 자주 사용할 때, 학생들은 부정적인 결과를 경험하게 되고, 따라서 학생들은 벌을 주는 교사나 벌을 자주 받는 환경(예: 교실) 자체를 피한다. 수업시간에 교사가 자기 옆을 지나갈 때마다 움칠거리는 학생이나 교사가 무서워서 학교에 가기 싫어하는 아동들이 있을 수 있다.

둘째, 교사가 벌을 사용할 경우에 학생들의 문제행동은 감소되지만, 학생이 교사에게 대드는 공격적 행동을 보이거나, 기물을 파괴하거나, 울음이나 두려움 등 심하게 위축되는 문제행동을 보일 수 있다. 이럴 경우에 표적하는 문제행동이 감소된다는 이점보다 부정적인 결과가 더 크게 된다.

셋째, 교사가 벌을 자주 사용할 때 부적절한 행동의 모델링 효과를 가져올 수 있다. 학생들에게 가장 기본적이고 효과적인 학습은 관찰과 모방을 통해서 일어난다. 그런데 교사는 학생들에게 성인행동을 보여 주는 모델이다. 모델이 되는 교사가 항상 야단치고, 위협하고, 때리는 모습을 자주 보여 준다면 사실상 학생들에게 다른 사람이 바람직하지 않은 행동을 할 경우 그렇게 하라고 가르치는 셈이다. 교사는 교실에서 가장 중요한 인물이기 때문에, 학생들에게 조심스럽게 행동해야 한다. 학생들이 교사의 공격적인 언행을 따라 할 수 있기 때문에 벌을 자주 사용하는 교사는 사실상 교실에서 바람직하지 않은 행동의 수위를 감소시키는 것이 아니라 자신도 모르는 사이에 학생들의 공격적 행동을 증가시키고 있을 수 있다.

넷째, 벌의 효과는 유지 및 일반화가 쉽지 않다. 벌의 효과는 일시적이고 매우 제한적이다.

다섯째, 벌을 통해서 학생들이 배우는 바람직한 행동이란 없다. 벌을 통해서는 문제행동을 감소시키기 때문에 학생들이 배우는 것은 어떤 행동을 하지 말아야 한다는 것뿐이며, 바람직한 행동을 배울 기회란 없는 것이다. 학생들은 부적절한 행동을 대체할 바람직한 행동을 배워야 한다.

여섯째, 벌을 제공하는 교사가 부적 강화될 수 있다. 학생의 문제행동에 대해 교사가 벌을 사용하면 일시적이기는 하지만 즉각적으로 문제행동이 중지되는 경험을 하게 되고, 이를 통해 교사는 학생의 문제행동을 피하기 위해 벌을 사용할 수 있다. 이때 벌을 통한 학생의 문제행동의 일시적 정지가 교사에게 부적 강화로 작용할 수 있다는 것이다. 그런 경우에는 실질적으로 학생의 문제행동이 감소하지 않을 수도 있다.

Cooper와 Heron, Heward(2007)는 벌 중재를 사용할 때 고려해야 할 윤리적 지침 세 가지를 제안하였다. 안전하고 인간적인 중재를 받을 권리, 최소강제 대안 원칙에 의해 중재받을 권리, 효과적인 중재를 적용받을 권리가 이에 해당한다. 안전하고 인간적인 중재를 받을 권리는 중재가 신체적으로 안전해야 하고 학생의 인권을 제한하거나 모욕해서는 안 된다는 것이다. 최소강제 대안 원칙은 앞에서도 언급했듯이 강제적인 중재를 사용하기 전에 덜 강제적인 중재를 먼저 시도하고 그것이 효과가 없다고 입증될 때 더 강제적인 중재를 시행하여야 한다는 뜻이다. 즉, 최소로 강제적이지만 효과적이어야 한다는 의미다. 마지막으로 효과적인 중재를 적용받을 권리는 비강제적인 모든 중재가 실패했다면 강제적이고 처벌적인 중재를 선택하는 것이 윤리적이라는 것이다. 예를 들어, 자해행동에 대해 강제적인 중재가 효과가 있음에도 불구하고 강제적이라는 이유로 사용하지 않고 자해를 하도록 내버려두는 것이 더 윤리적이지 못하다는 의미다.

결론적으로, 교사들은 문제행동을 감소시키고, 새로운 행동을 가르치기 위해서 긍정적인 전략을 가장 먼저 사용하여야 한다. 벌은 모든 전략을 다 사용해도 학생의 문제행동을 감소시키지 못할 경우에 마지막으로 사용되어야 한다. 바꾸어 말하자면, 학생이 부적절한 행동을 할 때 교사는 즉흥적으로 반응해서는 안 되고 반드시 최소한의 혐오적 절차를 적용한다는 원칙하에 체계적이고 계획된 중재를 사용해야 한다. 또한 벌 중재를 적용할 때는 문제행동의 기능을 대체할 수 있는 바람직한 행동을 가르치고 바람직한 행동을 강화하는 전략을 함께 사용해야 한다. 그리고 벌 중재를 적용할 때는 부모와 학교 행정가의 동의를 얻어야 하고, 벌은 체계적인 계획과 함께 개방적으로 사용되어야 하며, 반드시 능력 있는 전문가에 의해 시행되어야 한다.

### 요약

- 저비율 행동 차별강화는 표적행동으로 설정된 문제행동 자체는 바람직하지만 그 행동의 발생빈도가 지나치게 높아서 문제가 되는 경우, 그 문제행동의 빈도가 수용될 수 있는 기준치로 감소되었을 때 강화하는 것이다.

- 다른 행동 차별강화는 문제행동이 일정 시간 간격 동안에 발생하지 않으면, 그 시간 간격 동안에 어떤 행동이 발생하더라도 강화하는 것을 말한다.

- 대체행동 차별강화는 학생이 문제행동을 할 때는 강화하지 않고, 문제행동을 대신할 수 있는 바람직한 행동(대체행동)을 할 때는 강화함으로써 문제행동은 감소하고 대체행동은 증가하게 하는 것이다.

- 상반행동 차별강화는 문제행동과 동시에 발생할 수 없는(즉, 양립할 수 없는) 바람직한 행동을 할 때 강화하는 것을 말한다.

- 소거는 문제행동을 계속하게 하는 강화요인을 제거하는 것이고, 반응대가란 문제행동을 하면 이전에 획득한 강화제를 제거하는 것을 말하며, 타임아웃은 문제행동을 하면 강화받을 기회를 제거하는 것을 뜻한다.

- 정적 벌에는 바람직한 행동을 반복하게 하는 정적연습 과잉교정과 문제행동으로 손상된 부분을 원래 수준 이상으로 복구하는 원상회복 과잉교정, 그리고 혐오자극을 직접 제시하는 방법이 있다.

### 토의 및 적용

- 네 가지 차별강화의 공통점과 차이점을 예를 들어 설명해 보세요.
- 부적 벌과 정적 벌의 차이점을 설명해 보세요.
- 한 아동의 문제행동을 예로 들어 소거의 계획을 세워 보세요.
- 반응대가를 효율적으로 사용할 수 있는 방법은 무엇인가요?
- 타임아웃을 학생의 연령에 따라 어떻게 다르게 적용해야 하나요?
- 벌은 꼭 필요한 것인지에 대해 토의해 봅시다.

# 행동의
# 일반화 및 유지

## 제12장

1. 일반화의 의의
2. 일반화의 종류
3. 일반화와 유지를 위한 계획과 전략

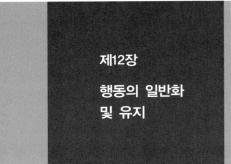

제12장

행동의 일반화
및 유지

- 일반화의 의의와 종류를 설명할 수 있다.
- 자극 일반화, 반응 일반화, 유지를 위한 전략들을 설명할 수 있다.
- 일반사례 교수법을 설명할 수 있다.

- **자극 일반화**: 학습할 때 있지 않았던 조건에서도 반응을 수행하는 것으로 훈련전이라고도 한다.
- **반응 일반화**: 목표하고 가르치지 않았던 것에 행동 변화가 일어난 것으로 부수적 행동 변화라고도 한다.
- **유지**: 유사한 환경 내에서 시간이 지나도 학습된 기술을 지속적으로 가지고 있는 것을 말한다.

● 일반화는 어떤 행동이나 기술이 가르쳐진 조건과 다른 조건에서 그 행동과 기술을 사용하는 것을 의미하며, 유지는 가르침이 끝난 후에도 행동이나 기술 사용이 계속되는 것을 의미한다. 장애를 지닌 학생들 중에는 습득한 행동기술을 일반화하고 유지하는 것이 쉽지 않은 경우가 많기 때문에 처음으로 어떤 행동이나 기술의 교수를 계획하는 단계에서부터 일반화와 유지를 고려하는 것이 바람직하다. 특히 장애를 지닌 학생이 독립적인 삶을 영위하기 위해서는 구조화된 교실이나 치료실 등에서 학습한 기술을 일상생활에 일반화하고 학습이나 치료 후에도 독립된 기술을 계속 유지하는 것이 매우 중요하다. 이 장에서는 일반화의 의의와 일반화 및 유지를 촉진할 수 있는 전략에 대해 살펴보고자 한다.

## 1 일반화의 의의

　10장에서 변별훈련을 할 때는 행동 발생에 대해 변별자극이 있을 때만 강화를 하는 과정을 통해 자극통제가 발달한다고 했다. 자극통제가 되었다는 것은 그 행동이 미래에 변별자극이 있을 때만 일어날 것을 예측할 수 있음을 의미한다. 즉, 효과적인 자극통제란 특정 자극과 특정 반응 사이에 높은 상관을 보이는 것을 뜻한다. 자극통제는 자극 변별훈련을 통해 이루어지는데, 자극 변별훈련은 변별자극이 있을 때 반응하면 강화하고 변별자극 이외의 자극인 델타자극이 있을 때 반응하면 강화하지 않는 것으로 이루어진다. 이러한 변별훈련과 자극통제는 새로운 행동을 학습할 때 반드시 필요한 과정이다. 그런데 사람들이 보통 일반화라고 부르는 자극 일반화는 자극변별과는 반대되는 개념이다. 자극 일반화는 훈련 상황에서 주어진 특정 자극이 아닌 다른 자극이 다른 상황에서 주어져도 표적행동이 일어나는 것을 뜻한다.

다시 말하자면, 두 종류의 자극을 변별하여 다르게 반응하는 것이 자극변별이라면, 두 종류의 다른 자극에 대해 같은 방식으로 반응하는 것이 자극 일반화다. 즉, 훈련 상황 밖에서 변별자극과 유사한 모든 관련 자극들이 있을 때 행동이 발생하는 것을 일반화(generalization)라고 한다(Miltenberger, 2009).

그런데 일반화를 위한 계획을 세우기 전에 교사들은 학생의 행동 수준에 대해 알아야 할 것이 있다. 먼저 일반화를 목표로 하는 행동은 학생이 이미 습득한 행동이어야 한다는 것이다. 아직 습득되지 않은 행동이라면 일반화시킬 수 없기 때문이다. 그리고 만약에 목표로 하는 그 행동을 수행하지 않고도 학생이 쉽게 강화받을 수 있다면 목표행동이 유지되게 하고 일반화시키는 것은 쉽지 않을 것임을 알아야 한다. 또한 현재 학생이 목표하는 행동의 어떤 한 부분만 수행할 수 있는 수준이라면 일반화가 아니라 재훈련이 먼저 이루어져야 할 것이다.

일반화를 계획할 때 일반화의 목표를 정하는 것도 중요한 부분이다. 즉, 훈련 상황에서 주어진 특정한 자극이 아닌 다른 자극이 다른 상황에서 주어졌을 때 표적행동을 어느 정도의 수준으로 실행해야 일반화가 되었다고 할 수 있는지 결정해야 하는 것이다. 어떤 행동에 대한 일반화 단계에서의 목표와 습득 단계에서의 목표는 행동의 수행 조건이나 기준이 달라야 한다(Haring & Liberty, 1990). 이 책의 4장에서 행동목표는 반드시 행동이 일어나는 상황의 조건과 목표가 되는 행동기준을 포함해야 한다고 한 것을 기억할 것이다. 그 두 부분이 습득과 일반화의 단계에서는 각기 달라야 한다. 일반화 상황에서는 습득 단계에서와는 달리 어떤 종류의 촉구나 계획적인 강화제도 주어지지 않는다. 그러므로 일반화에서의 조건은 촉구나 강화제가 없을 뿐 아니라 실제 생활의 조건(예: 식당에서 외식을 할 때, 은행에 가서 ATM을 이용하여 입금을 하려고 할 때 등)이 반영되어야 할 것이다. 행동의 수행 기준 또한 지나치게 계산된 정확성보다는 현실적으로 수용 가능한 수준을 요구하는 것이 바람직하다. 예를 들어, 식당에서 음식 종류를 주문하는 데 얼마나 정확한 문장을 사용할 수 있느냐보다는 식당에서 음식을 주문할 수 있느냐가 일반화 목표로는 더 적절할 것이고, 수건의 네 귀를 반듯하게 정확히 맞출 줄 아느냐보다는 빨래 후에 마른 수건을 개어서 제자리에 놓을 줄 아느냐가 더 적절한 일반화의 목표다.

## 2 일반화의 종류

일반화란 자극 일반화, 반응 일반화, 유지(시간에 대한 일반화)로 설명된다(Martin & Pear, 2003). 그런데 자극 일반화와 반응 일반화와 유지를 혼돈하는 경우가 많기 때문에 그 차이를 먼저 간단히 〈표 12-1〉에 제시하여 비교하였다.

❖ 〈표 12-1〉 일반화 종류의 비교

| 일반화 종류 | 변화되어야 하는 것 |
|---|---|
| 자극 일반화 | 학생에게 주어지는 자극 |
| 반응 일반화 | 학생이 하는 반응 |
| 유지 | 학생에게 자극이 제시되는 시간 |

〈표 12-1〉에 제시한 바와 같이 자극 일반화는 학생에게 주어지는 자극을 변화시켜도 동일한 반응을 하는 것이고, 반응 일반화는 동일 자극에 대해 학생이 다양하게 반응할 수 있는 것이며, 유지는 동일 자극에 대한 동일 반응을 시간이 지나도 할 수 있는 것이다. 다시 말하자면 자극 일반화는 훈련 상황/환경이 아닌 다른 상황/환경에서 재훈련을 받지 않고도 훈련된 행동이 발생한 것이고, 반응 일반화는 직접 훈련하지 않았는데도 목표행동과 기능적으로 관련 있는 행동을 하는 것이고, 유지는 훈련 시기가 아닌 다른 때에도 재훈련 없이 훈련된 행동을 하는 것이다. 즉, 자극 일반화는 다른 환경에서 학습한 그대로 할 수 있는 것이고, 반응 일반화는 학습한 것을 응용하는 것이며, 유지는 학습된 행동이 시간이 흘러도 여전히 지속되는 것이라고 할 수 있다. 각각의 개념 이해에 도움을 주고자 Alberto와 Troutman(2006)이 제시한 자극 일반화와 반응 일반화와 유지를 일컫는 여러 다른 용어들을 〈표 12-2〉에 제시하였다.

❖ 〈표 12-2〉 일반화를 설명하는 용어들

| 일반화 종류 | 동의어 |
| --- | --- |
| 자극 일반화 | 일반화, 훈련전이 |
| 반응 일반화 | 부수적 행동 변화, 동반적 행동 변화 |
| 유지 | 반응 유지, 소거저항, 내구성, 행동 지속성 |

## 1) 자극 일반화

　자극 일반화(stimulus generalization)란 훈련 상황에서 주어진 특정한 자극이 아닌 다른 자극이 다른 상황에서 주어져도 표적행동이 일어나는 것을 뜻한다. 말하자면 특정 자극에 대해서 어떤 반응이 조건화된 후에 그 자극과 비슷한 다른 자극에 대해서도 동일한 반응을 한다면, 자극 일반화가 일어났다고 할 수 있다. 따라서 자극 일반화는 새로운 자극이 처음에 주어지던 자극과 비슷할 때 일어나기 쉽다. 이렇게 자극 일반화란 학습할 때 있지 않던 새로운 조건에서도 반응을 수행하는 것이기 때문에 '훈련전이'라고도 한다. 훈련된 행동이 일상적인 상황으로 전이되는 것이다.

　자극 일반화는 다른 장소/상황이나 다른 대상/사람, 또는 다른 자료/사물에 대해서 일어날 수 있다. 다른 장소/상황에 대한 일반화의 예를 든다면, 유치원에서 인사하기를 배운 아이가 슈퍼마켓이나 교회에 가서도 인사를 할 수 있는 것이다. 또 아동이 학교에서 라면 끓이기를 배웠는데 집에 와서 라면을 끓일 수 있다면 장소에 대한 일반화가 일어난 것이다. 또 다른 예로 학교에서 정수기 사용법을 배웠는데 식당에 가서도 정수기 사용을 할 수 있다면 장소에 대한 일반화가 된 것이다. 다음으로, 다른 대상/사람으로의 일반화의 예를 든다면, 선생님께 인사하기를 배운 아이가 부모님이나 동네 어른들께도 인사를 할 수 있게 된 것이다. 마지막으로, 다른 자료/사물에 대한 일반화의 예를 든다면, 한 종류의 휴대 전화기 사용법을 배웠는데 다른 종류의 휴대 전화기를 사용할 수 있다면 자료에 대한 일반화가 된 것이다.

　이렇게 자극 일반화를 세 종류로 분류해 보았지만, 이는 개념의 이해를 돕기 위한 설명이고 실제로 자극 일반화를 계획하고 훈련할 때는 이를 구별할 필요가 없이 동시에 다 이루어질 수 있도록 계획할 수 있다. 예를 들어, 학교에서 선생님과 배운 덧셈과 뺄셈을 가게에서 물건을 살 때 가게 주인 앞에서 덧셈과 뺄셈 계산을 할 수 있도록 했다면 세 가지의 자극 일반화가 모두 일어난 것이다. 또 다른 예로 컴퓨터 시뮬레이션을 통해 전동 휠체어 사용법을 익힌 학생이 실제로 전동 휠체어가 주어지자 건물 밖으로 나가 능숙하게 조작할 수 있다면 자료와 장소에 대한 일반화가 동시에 일어난 것이다.

### (1) 자극 일반화에 영향을 주는 요인

보통 학생들이 일반화를 학습하지 않았는데도 자극 일반화가 되는 경우를 살펴보면, 주어진 자극이 이전에 학습할 때 주어진 자극과 물리적으로 유사하든지, 같은 범주에 속한 자극이든지, 공통된 특징을 가진 자극인 경우임을 알 수 있다(Martin & Pear, 2003). 자극 일반화에 영향을 주는 세 가지 요인을 구체적으로 나누어 설명하면, 첫째, 훈련 상황에서 주어진 자극과 물리적으로 더 유사한 자극이 주어질수록 자극 일반화는 잘 일어난다는 것이다. 새로운 상황이 이전에 행동을 배웠던 상황과 유사하다면 새로운 상황에서도 같은 행동을 할 수 있다는 의미다. 예를 들어 보면, 동네 슈퍼마켓에서 물건 사기를 학습한 아동은 재래시장보다는 대형 마트에서 물건 사는 것이 일반화가 훨씬 쉽게 잘될 것을 짐작할 수 있다. 또한 네발로 걸어 다니고, 몸에 털이 있으며, 두 귀가 있고, '멍멍'이라고 소리 내는 진돗개를 보고 '강아지'를 배운 유아는 도마뱀보다는 치와와나 슈나우저 종류의 개를 보면 더 쉽게 강아지라고 부를 수 있을 것이다. 이런 자극 일반화가 일어나지 않는다면 아이는 새로운 종류의 개를 만날 때마다 무엇이 강아지인지 다시 배우는 과정이 필요할 것이다.

둘째, 주어진 자극이 훈련 상황의 특정 자극과 동일한 개념이나 범주에 속한 것임을 학습하면 자극 일반화가 잘 일어난다. 동일 개념이나 범주에 속한다는 것은 공통된 물리적 특성을 가지고 있음을 의미한다. 예를 들어, 아동이 존댓말 하기를 배우는 경우에, 존댓말을 해야 하는 대상들이 자신보다 일정 연령 이상으로 나이가 더 많은 범주에 들어간 사람임을 알게 되면 대상의 성별이나 직업이나 옷 입는 것이 달라도 존댓말을 사용하게 되는 자극 일반화가 일어날 수 있다. 여기에서 공통점은 '일정 연령 이상'이라는 것이다. 또 다른 예로, 아이가 '빨강'이라는 색의 범주를 노랑이나 초록 등 다른 색과 구별하여 안다면, 빨간 연필, 빨간 자동차, 빨간 꽃, 빨간 우산, 빨간 신발 등을 보고 빨갛다고 말할 수 있게 되는 것이다. 이들 사물의 공통점은 '빨간색'이라는 것이다.

셋째, 주어진 자극이 훈련 상황의 특정 자극과 동일한 결과를 가져오는 기능을 한다는 것을 학습하면 자극 일반화가 잘 일어난다. 물리적으로 완전히 다른 자극들이 주어질지라도 그 자극들이 모두 동일한 반응을 통제한다는 것을 배우게 됨을 의미한다. 예를 들어, 자동판매기 사용을 배우는 경우, 돈을 넣고 원하는 물건을 선택하여 버튼을 누르는 작동 원리를 학습하면 자동판매기의 모양이 다르더라도 자판기 사용의 자극 일반화가 일어날 수 있다. 또한 수세식 변기를 사용할 때, 버튼을 작동하여 물이 나오게 할 수 있다는 원리를 배우게 되면 변기의 모양이나 물 내리는 버튼의 위치가 다르더라도 수세식 변기 사용의 자극 일반화가 일어날 수 있다. 또 다른 예로, 셋의 개념을 알고 우리말과 영어와 아라비아 숫자와 로마 숫자를 안다면 '삼'과 'three'와 '3'과 'III'이 동일하게 삼(3)을 의미하는 것인 줄 알고 반응할 수 있을 것이다. 가지와 버섯과 토마토와 오이 등을 보고 '채소'라고 명명할 수 있는 경우도 이러한 예에 해당한다.

자극 일반화가 잘못되는 경우들도 있다. 위에서 훈련 상황에서 주어진 특정한 자극이 아닌 다른 자극이 다른 상황에서 주어져도 표적행동이 일어나는 것을 자극 일반화라고 했다. 그러나 학습한 바람직한 행동이 부적절한 상황에서 발생하는 잘못된 자극 일반화가 일어날 수도 있다(Martin & Pear, 2003). 예를 들어, 안경 쓴 아빠를 둔 유아가 아빠를 보고 아빠라고 부르는 것이 학습되었는데 다른 안경 쓴 남자들을 보고도 아빠라고 부르는 경우는 자극 일반화가 잘못된 것이다. 또 다른 예로는, 주로 발달장애 아동들이 낯선 사람에게도 반가움의 표시로 껴안고 볼을 부비는 행동을 하는 경우다. 예를 들어, 반가움을 표현하는 것으로 악수하기나 포옹하기를 배운 발달장애 아동은 버스나 지하철 등에서 자신이 알지 못하는 낯선 사람에게도 가까이 다가가서 손을 잡거나 포옹을 할 수 있다. 이렇게 자극의 일부분만 보고 바람직한 행동을 부적절한 상황에서 하게 되는 경우를 과잉 자극 일반화라고 한다. 잘못된 과잉 자극 일반화가 일어나는 경우에는 학습한 행동을 실행해도 되는 적절한 상황과 적절하지 않은 상황을 변별하는 것을 가르쳐야 한다. 지적 능력이 낮은 학생들을 지도하는 교사의 고민이 바로 최대한 자극통제를 시켜서 변별자극에만 반응하도록 가르쳐야 할 뿐 아니라 지나친 자극통제를 피해서 비슷한 자극에도 반응하도록 일반화를 지도해야 한다는 점이다.

## ⑵ 자극 일반화 프로그램의 실제 예

자극 일반화 프로그램의 실제 예로는 Bakken과 Miltenberger, Schauss(1993)가 지적장애가 있는 부모들에게 부모기술을 가르쳐서 그 기술을 일반화시키고자 한 것이 있다. 그들은 부모기술을 가정에 일반화시키는 것을 돕기 위해 중재를 가정에서 실시했다. 또한 부모들이 그 상황에서 부모기술을 사용했을 때 강화를 제공했다. 즉, 일반화 상황에서 중재를 실시했으며, 일반화 상황에서 표적행동이 일어났을 때 강화했다. 그 결과 가정에서 부모기술이 일반화되는, 장소에 대한 자극 일반화가 이루어졌다.

Durand와 Carr(1992)는 교사들의 관심에 의해 강화받고 있는 문제행동을 보이는 발달장애 학생들에게 바람직한 방법으로 교사들의 관심을 얻는 방법을 가르치고자 했다. 연구자들은 학생들에게 "제가 잘하고 있나요?"라는 질문을 하도록 가르쳤다. 학생들이 이런 질문을 하자 교사들은 관심을 가지고 학생들에게 대답하게 되었다. 그렇게 하여 질문을 하는 행동은 증가하고 문제행동은 감소했다. 학생들이 이런 질문하기라는 의사소통 방법을 배웠다는 사실을 교사는 모르고 있었지만 일반화가 일어났다. 즉, 학생들의 질문이 일반화 상황에서 중재가 적용되었음을 모르는 교사로부터 주어지는 자연적 강화를 받을 수 있었기 때문에 중재 장소가 아닌 다른 장소에서도 중재 효과가 나타나는 장소에 대한 자극 일반화가 일어난 것이다.

Stokes, Baer와 Jackson(1974)은 지적장애가 있는 아동들에게 인사하는 기술을 일반화시키기 위해 다양한 사람을 중재자로 사용했다. 한 중재자가 인사반응으로 손 흔드는 것을 가르쳤을 때는 다른 학생들과 직원들에게 인사하기가 일반화되지 않았다. 그러나 두 번째 중재자가 손 흔드는 것을 가르치자, 손 흔들어 인사하기가 나머지 직원 전체에게 일반화되었다. 이 연구는 사람에 대한 자극 일반화가 일어나도록 하는 데 필요한 사람의 수가 반드시 정해져 있는 것은 아님을 보여 주었다.

김황용과 채말임(2011)은 시설에서 살고 있는 지적장애가 있는 아동들에게 사회－성 프로그램을 교육하여 바람직하지 못한 사회－성 행동을 감소시키고자 했다. 이 연구의 진행 중에 아동들은 교육이 이루어진 시설의 시청각실에서는 바람직한 사회－성 행동을 나타냈지만, 아동이 생활하고 있는 방에서는 바람직한 사회－성 행동을 나타내지 않았다. 즉, 일반화가 일어나지 않은 것이다. 그래서 연구자는 방에서 아이들과 함께 지내는 생활지도교사에게 아동들의 바람직한 사회－성 행동이 나타날 때마다 아동에게 스티커를 주는 강화를 하도록 했다. 그때에야 비로소 생활공간에서도 바람직하지 못한 사회−성 행동이 감소하고 바람직한 사회−성 행동이 증가하기 시작했던 것이다. 즉, 일반화 상황에서 표적행동을 강화하는 방법으로 장소에 대한 자극 일반화를 이룬 것이다.

의사소통 장애 영역에서도 자극 일반화에 대한 연구가 활발하게 이루어지고 있다(예: 김영태, 김영란, 박소현, 2005; 박미연, 김영태, 2007). 자극 일반화에 대한 실제 연구들을 찾아보면 다양한 영역에서 장애아동들의 자극 일반화를 위한 프로그램을 계획하는 구체적 내용을 알게 될 것이다.

## 2) 반응 일반화

반응 일반화(response generalization)란 특정 상황이나 자극에서 어떤 행동이 강화된 결과, 동일한 자극이나 상황에서 이와는 다른 행동이 일어날 가능성이 증가되는 것을 뜻한다. 그런데 이때 발생하는 다른 행동이란 훈련받은 행동과 기능은 같지만 훈련받은 적이 없는 행동을 의미한다. 즉, 반응 일반화란 목표하고 가르치지 않았던 것에 행동 변화가 일어난 것으로, '부수적 행동 변화'라고도 한다. 예를 들어, 학교에서 라면 끓이기를 배워서 라면을 끓일 줄 알게 된 학생이 국수나 칼국수, 메밀국수를 끓일 줄 알게 되는 것이 여기에 해당한다. 또 다른 예로, 덧셈을 배워 덧셈문제를 풀 줄 아는 아동이 뺄셈문제를 풀 수 있게 된 경우도 반응 일반화가 일어난 것이다. 그러나 이러한 반응 일반화는 자극 일반화에 비해 잘 발생하지 않는 편이다.

### (1) 반응 일반화가 일어나는 데 영향을 주는 요인

반응 일반화가 일어나는 데 영향을 주는 요인은 자극 일반화가 일어나는 데 영향을 주는 요인과 비슷하다. 반응 일반화에 영향을 주는 세 가지 요인은 다음과 같다(Martin & Pear, 2003). 첫째, 두 반응이 유사하면 유사할수록 반응 일반화는 더 잘 일어난다. 예를 들어, 인스턴트 음식 조리를 배우는 경우에 라면 끓이기를 배운 경우에 라면처럼 국물을 만들기 위한 소스가 있는 쌀국수 끓이기가 소스를 따로 데워서 끼얹어야 하는 스파게티나 짜장면보다 더 쉽게 일반화가 일어날 수 있다. 배드민턴을 배운 아동이 정구나 스쿼시를 수영보다 더 쉽게 배울 수 있으며, 인라인스케이트나

롤러스케이트를 배운 아이가 야구보다 스케이트를 더 쉽게 배우는 것도 같은 원리다. 즉, 반응이 서로 유사하기 때문이다.

둘째, 공통된 특징을 공유하는 반응의 범주 내에서 반응 일반화가 잘 일어난다. 예를 들어, 부모가 아이에게 존댓말을 가르치기 위해서 아이가 어른들에게 말을 하면서 높임말을 사용하지 않는 경우에 아이의 말이 끝날 때마다 '~요.'를 힘주어 말하고 따라 하도록 했다. 그랬더니 아이가 '~하자요.' 또는 '~먹자요.' '~놀자요.' 등으로 말했다면 문법적으로 틀린 반응 일반화가 나타난 것이다. 영어에서 복수를 의미하는 s 사용이 틀린 경우도, 마찬가지로 잘못된 반응 일반화가 일어난 것으로 볼 수 있는데, 예를 들어 모든 명사에 s나 es를 붙이면 복수가 되는 줄 알고 feets, tooths, knifes, childs로 쓰게 되는 경우다.

셋째, 동일한 결과를 가져오도록 기능하는 반응의 범주 내에서는 반응 일반화가 잘 일어난다. 예를 들어, 반드시 불을 피워야만 하는 상황에서는 성냥을 구해 불을 피우거나, 라이터를 이용해 불을 피우거나, 가스레인지를 이용해 막대에 불을 옮겨오는 등의 반응 일반화가 일어날 것이다. 또 다른 예로, 비가 올 때 우산이 없는데 비를 피하려면 가지고 있던 신문으로 머리를 가리거나 겉옷을 벗어 머리 위에 뒤집어쓰는 것과 같은 반응 일반화가 일어날 것이다.

### (2) 반응 일반화 프로그램의 실제 예

Neef와 동료들(1990)은 지적장애가 있는 성인에게 세탁기와 건조기를 사용하도록 가르치기 위해 다양한 방법으로 작동되는 다양한 기계를 사용하는 훈련을 하였다. 그 결과, 다양한 기계로 훈련받은 피험자들은 한 개의 기계로만 훈련받은 피험자들보다 새로운 기계를 더 성공적으로 조작하는 반응 일반화가 이루어졌다.

Sprague와 Horner(1984)는 지적장애가 있는 청소년들에게 자동판매기를 사용하도록 교육하기 위해 다양한 방법으로 작동되는 다양한 자동판매기로 훈련하였다. 그 결과, 다른 방법을 사용했을 때보다 다양한 예를 사용했을 때 일반화가 더 많이 일어났다. 피험자들은 이용 가능한 자동판매기를 사용하는 데 필요한 모든 상이한 반응들을 배운 것이다. 앞의 두 예는 기계 작동을 다양한 방법으로 할 수 있었으므로 반응 일반화가 일어난 것이다.

장미순과 김은경(2008)도 자폐성 장애가 있는 두 명의 아동에게 사회적 행동에 핵심이 되는 기술을 자기관리를 통해 가르쳤더니 중재를 하지 않았던 대화 유지 관련 행동들이 덩달아 향상되는 반응 일반화를 보였다고 했다. 즉, 대상 아동의 중심축 행동인 언어적 의식성과 눈 응시 행동의 개선이 대화 유지를 구성하는 행동 변수인 질문에 대한 언어적 반응과 요구에 대한 행동적 반응 그리고 시작하기도 증가시켰다는 것이다. 그들이 사용한 중심축반응훈련이란 핵심적인 반응 기술을 익히게 하여 더 광범위한 행동들로 긍정적 변화를 유도하는 방법으로, 자폐성 장애가 있는 아동들의 반응 일반화를 위해 효과적인 방법으로 알려져 있다. 송인혜(2010)는 자폐성 장애가 있는 두 명의 아동에게 읽기 교과서를 이용하여 감정이해 교수를 실시하였더니 자신과 타인의 기본 감정을 이해할 뿐 아니라 다섯 가지 기본 감정을 표현할 수 있는 반응 일반화가 일어났다고 보고하고 있다.

## 3) 유지

유지(maintenance)란 행동 변화를 위한 중재나 프로그램이 끝난 뒤에도 필요할 때마다 변화된 행동을 할 수 있는 것을 의미한다. 즉, 중재에서 사용된 조건들이 주어지지 않아도 변화된 행동이 오랜 시간에 걸쳐 지속되는 것이다. 유지는 시간이 지나도 한번 습득한 행동을 지속적으로 할 수 있는 것을 뜻하기 때문에, 시간에 대한 일반화라고 한다. 유지에 대한 예는, 장애아동은 훈련 상황에서 행동이 변화되었다 하더라도, 또한 훈련기간에 일상생활에서 변화된 행동을 했다고 하더라도 중재나 교육이 종료된 후에 그 행동이 지속되게 하기 위해서는 구체적인 계획과 노력이 요구된다. 그러므로 장애아동을 지도하는 사람은 행동의 변화를 위한 전략을 배워야 할 뿐 아니라 변화된 행동의 유지를 위한 전략이 필요하다는 것을 알고 이를 적용하는 법을 배워야 한다.

## 3 일반화와 유지를 위한 계획과 전략

위에서 자극 일반화는 훈련 상황에서 주어졌던 자극이 아닌 다른 자극이 일반화 상황에서 주어져도 표적행동이 일어나는 것이고, 반응 일반화는 훈련 상황에서 어떤 행동이 강화된 결과로 동일한 자극이나 상황에서 표적행동과는 다른 행동이 일어나는 것이며, 유지는 가르침이 끝난 후에도 행동이 계속되는 것을 의미한다고 했다. 보통은 이 세 가지를 구분하지 않고 일반화라고 하는 경우가 많을 뿐 아니라, 실제로 습득된 행동에 대해서 일반화와 유지를 위한 훈련이 함께 이루어지는 것이 바람직하다. 여기에서는 자극 일반화와 반응 일반화, 유지를 위한 전략을 각기 살펴보지만 실제로는 구별하여 사용할 필요는 없다. 각 전략을 살펴보기 전에 일반화와 유지를 위한 계획의 중요한 기초 단계를 먼저 설명하겠다.

## 1) 일반화와 유지 계획의 기초

일반화와 유지는 계획되어야 한다(Baer, Wolf, & Risely, 1968). 일반화와 유지가 자연스럽게 저절로 일어날 것을 기대해서는 안 된다는 뜻이다. 특별히 행동지원을 필요로 하는 아동이라면 더욱 그렇다. 일반화와 유지에 대한 최적의 효과를 얻기 위해서는 신중하고 체계적으로 계획해야 한다. 무엇보다도 일반화를 계획하기 위해서는 자연스러운 상황에서 강화받을 가능성이 높은 행동을 선택해야 한다(Baer, 1999). 일반화의 어떤 전략을 사용하든지, 자연스러운 상황에서 강화받을 가능성이 높은 행동을 선택하여 아동으로 하여금 자연스러운 상황에서 목표행동을 자주 하게한다면 아동은 자주 강화받을 것이므로 훈련받은 행동이 일반화되고 유지될 확률은 높아진다. 다음으로 아동에게 훈련시키고자 하는 목표행동의 변형과 그 목표행동이 일어나야 할 모든 환경과 자극조건을 찾아야 한다(Baer, 1999). 예를 들어, 아동에게 인사하기를 훈련하고자 한다면 아동이 해야 할 인사의 모든 유형(예: 손 흔들기, 목례, 큰절, "안녕?" "잘 가." "안녕하세요?" "안녕히 계세요." "안녕히 가세요.")과 아동이 인사할 필요가 있는 모든 상황(예: 친구를 만났을 때, 친구 집에 방문했을 때, 선생님을 만났을 때)을 조사하는 것이다. 또 다른 예로 화장실 변기의 물 내리는 법을 훈련하고자 한다면 물을 내리기 위해 필요한 다양한 동작(예: 버튼 누르기, 레버 내리기, 줄 당기기, 센서에 다가가기)과 변기의 다양한 종류(예: 양변기, 화변기, 재래식 변기, 수세식 변기)를 조사하는 것이다. 이렇게 하면 일반화의 범위를 알 수 있게 되고, 실용성과 가능성을 따져서 무엇부터 가르쳐야 할지 결정하는 데 도움이 된다. 이러한 조사를 통해 어떤 행동을 먼저 어떤 상황에서 가르칠지 결정되면 일반화와 유지를 위한 전략을 세울 수 있다.

## 2) 자극 일반화를 위한 전략

자극 일반화를 위해서는 교수 환경 변수를 바꾸어 주는 방법이 있다(Wolery, Bailey, & Sugai, 1988). 자극 일반화를 위해 교수 환경 변수를 바꾸어 주는 방법을 〈표 12-3〉에 제시하였다.

❖ **〈표 12-3〉 자극 일반화를 위한 전략**

- 자연스러운 상황에서 가르치기
- 하루 일과 속에서 가르치기
- 훈련 상황을 일반화가 일어나야 할 상황과 비슷하게 조성하기
- 여러 다양한 상황을 이용하기
- 훈련 시 광범위한 관련 자극을 통합하기

첫째, 자극 일반화를 위해서 학생을 직접 자연스러운 상황에서 가르치는 것이다. 즉, 지역사회 중심의 교수(community-based instruction)를 하는 것이다. 다시 말하면, 일반화가 일어날 수 있는 상황과 가장 유사한 훈련장소는 바로 일반화 상황이므로 훈련을 일반화 상황에서 실시하는 것이다. 지역사회 중심의 교수는 일반화를 시켜야 할 필요성을 없애기 위한 방법으로, 일반화가 가장 어려운 지적장애가 있는 학생의 경우에 더욱 필요한 방법이다. 예를 들어, 학생에게 음료수를 고르고 값을 지불하게 하는 행동을 일반화시키고자 한다면 음료수를 파는 가게에 직접 가서 훈련을 하는 것이 가장 일반화가 잘되게 하는 방법이라는 뜻이다. 또 다른 예로 학생에게 공중목욕탕 사용법을 일반화시키고자 한다면 공중목욕탕에 가서 훈련하는 것이 일반화를 쉽게 하게 한다는 것이다. 이런 방법은 새로운 행동의 습득이 아니라 일반화를 위한 것이므로 목표행동은 습득되었음을 전제로 한다는 것을 기억해야 한다. 왜냐하면 전혀 습득되지 않은 행동을 일반화 상황에서 바로 가르치는 것은 통제되지 않은 예측할 수 없는 많은 변수들 때문에 쉽지 않을 수 있기 때문이다. 예를 들어, 학생이 아직 사고자 하는 음료수를 구분할 수도 없고 지폐의 가치도 구분하지 못한다면 가게는 그런 기술을 처음 배우기에 적절한 장소가 아님을 쉽게 짐작할 수 있다.

둘째, 하루 일과 속에서 가르친다. 이것은 자극 일반화를 위해 일반화 상황에서 행동을 가르치는 것과 맥락을 같이하는 것으로, 매일 반복되는 일과 속에 가르치고자

하는 행동기술이 있을 경우에 따로 시간을 내어 그 기술을 가르치기보다는 자연스러운 일과활동 중에 기술을 가르치고 연습할 기회를 주는 것이다. 옷을 입고 벗는 기술을 가르칠 때는 실제로 옷을 입고 벗어야 하는 일과 중에 가르치고, 손가락을 이용해서 작은 물건을 잡는 기술을 가르칠 때는 간식시간에 콩이나 작은 과자를 먹게 하거나 미술활동 중에 구슬을 붙이게 하는 등, 자연적으로 발생하는 상황을 활용하면 일반화가 더 쉬워질 것이다.

셋째, 직접 자연스러운 상황에서 가르치는 것이 어려운 경우에는 훈련 상황을 일반화가 일어나야 할 상황과 비슷하게 조성하면 된다. 즉, 훈련 상황과 일반화 상황의 공통 자극을 훈련 상황으로 가져오도록 계획하여 자연적 환경에 있을 가능성이 높은 것을 변별자극으로 사용하는 것이다. 훈련 상황에서 사용한 변별자극이 일반화가 요구되는 상황의 것과 유사할수록 일반화에 더 효과적이다. 자극의 유사성은 일반화의 중요한 요소이기 때문이다. 예를 들어, 학교에서 횡단보도 건너기 훈련을 할 때 가능하면 실제 크기와 색깔의 횡단보도 건널목 표시선이나 신호등을 가지고 하도록 하는 경우다. 또 다른 예로 학생에게 가스레인지 사용법을 가르칠 때 학생이 가장 많이 가스레인지를 사용할 가능성이 많은 곳은 가정이므로, 가스레인지 사용법을 가르칠 조리교실을 일반 가정의 부엌과 비슷하게 꾸미는 경우도 이런 방법에 해당한다. 또 다른 예로, 음식점에서 주문하기를 가르친다면 "무슨 음식을 드시겠습니까?"라는 정형화된 표현보다는 실제로 음식점 직원이 사용하는 "뭐 드실래요?"라든가 "뭘 드릴까요?"라는 표현을 변별자극으로 이용하여 가르치는 것이 일반화에 더 도움이 된다.

넷째, 여러 다양한 상황을 이용하는 것이다. 앞에서 자극 일반화를 장소(상황)에 대한 일반화, 사람(대상)에 대한 일반화, 자료(사물)에 대한 일반화로 나누었던 것을 기억할 것이다. 다양한 상황을 이용한다는 것은 바로 훈련되지 않은 자극 상황에 대한 일반화를 위해 다양한 장소에서 훈련하도록 체계적으로 계획하는 것을 뜻한다. 즉, 처음 행동을 교수받은 장소 이외의 여러 환경과 장소에서 행동을 연습하게 되면 행동의 유지가 잘 이루어질 것이다. 학생에게 어떤 행동을 학교에서 훈련시킨다면 교실 외에 운동장, 강당, 급식실, 행정실, 보건실 등의 장소를 활용하는 것이다. 환경변수를 이용하는 첫 번째 방법을 설명하면서 아동에게 음료수를 사는 기술을 일반화하고자 하면 음료수를 파는 가게에 직접 가서 훈련을 하는 것이 좋다고 했는데, 이때에 항상 동일한 가게에 가서만 훈련을 반복한다면 다른 가게에 가서는 음료수 사는 것을 잘 수행하지 못할 수 있으므로 여러 종류의 다른 가게에 가서 훈련을 할 필요가 있다. 즉, 다양한 상황을 이용해야 한다. 그런데 이런 경우에 반드시 고려해야 할 문제가 있다. 여러 다른 종류의 가게(일반화 상황)에 학생을 데리고 가서 훈련을 하기 위해서는 중재자(교사)와 학생의 비율, 보험, 교통수단 등의 현실적 문제가 있기 때문에 실시하기가 언제나 반드시 쉽지만은 않다는 점이다.

다섯째, 훈련 시 광범위한 관련 자극을 통합하는 것이다. 즉, 다양한 자극 범위를 포함시키는 많은 예로 훈련시키는 것이 자극 일반화를 용이하게 한다. 훈련을 할 때 다양한 자극 범위를 포함시키면 제한된 자극통제가 일어나는 것을 막을 수 있다. 즉, 어떤 반응이 특정한 자극에만 일어나고, 다른 자극에 대해서는 일어나지 않는 현상을 방지할 수 있다. 돈을 넣고 버튼을 눌러 원하는 물건을 살 수 있는 자동판매기 사용을 예로 들어 보면, 돈을 넣는 위치나 물건을 꺼내는 위치 등이 각기 다른 자동판매기를 훈련 때 사용한다면 일반화가 쉬울 것이다. (물론 자판기에 따라서는 작동법이 달라서 반응 일반화가 요구되는 경우도 있다.) 또 다른 예로, 유괴 예방 기술을 아이들에게 가르칠 때 다양한 종류의 유혹을 가르치는 것이다. 그런데 일반화를 위해 얼마나 많은 예가 필요한지 정해져 있는 것은 아니다.

이러한 전략으로 일반화를 지도할 때 또 한 가지 고려해야 할 것은 훈련받은 행동을 언제 어디서 사용할지도 가르쳐야 하지만, 언제 어디서 사용하면 안 되는지도 구체적으로 가르쳐야 하는 경우가 있다. 목표행동을 보여야 할 변별자극과 보이지 말아야 할 델타자극을 구별하는 것이 필요하다. 일반화 상황에서는 이러한 자극들이 섞여서 제시되기 때문이다. 예를 들어, 식사 테이블을 치우는 기술을 훈련받은 학생이 실제로 일하는 식당에서 식탁을 깨끗이 치울 줄 안다고 해서 일반화가 일어났다고 보기 어려울 수 있다. 테이블에 사람이 없는 경우나 사람이 있어도 음식이 남아 있지 않은 경우는 식탁을 치워도 되지만, 손님이 식사중이거나 식사중이 아니더라도 손님이 앉아 있고 아직 식탁에 음식이 남아 있는 경우는 테이블을 치워서는 안 되는 것을 구별할 수 있어야 한다. 그러므로 자극 일반화를 위해 비슷한 상황에서 다양한 상황을 이용하여 여러 관련 자극을 통합할 때 훈련받은 기술을 사용하지 말아야 하는 경우도 포함시켜 체계적으로 가르칠 필요가 있다.

이처럼 자극 일반화를 위해 일반화를 위한 훈련 상황이라는 환경 변수를 변화시키는 방법 외에도 후속사건적인 변수를 다루는 방법이 있다. 후속사건적인 변수를 다루는 방법들은 습득된 행동을 일반화 상황에서 유지하고자 할 때 사용될 수 있는 것이므로 뒤에서 유지를 위한 전략에서 설명하겠다.

## 3) 반응 일반화를 위한 전략

반응 일반화를 위한 전략으로는 '충분한 반응사례로 훈련하기'와 '다양한 반응 수용하고 강화하기'가 있다. 먼저 충분한 반응사례로 훈련하기는 자극 일반화를 위해 다양한 상황에서 훈련하기와 비슷한 원리라고 할 수 있다. 다양한 상황에서 훈련하기는 동일한 행동을 다양한 상황에서 할 수 있도록 하기 위해 가능하면 여러 상황에서 훈련의 기회를 주라는 것이고, 충분한 예로 훈련하기는 동일한 기능을 하는 여러 다른 행동을 할 수 있도록 가능하면 다양한 방법으로 하는 훈련의 기회를 주라는 것이다. 충분한 예로 가르치기의 예로, 덧셈을 가르칠 때 숫자만 가지고 가르치는 것이 아니라 손가락 사용하기, 그림 사용하기, 숫자 사용하기, 물건 사용하기, 계산기 사용하기 등의 다양한 방법으로 가르친다면 아동은 덧셈을 해야 하는 상황에서 어떤 방법으로든 계산을 해내는 반응 일반화가 이루어질 것이다. 다른 예로, 수세식 화장실에서 배변처리하는 방법을 가르칠 때, 변기의 물 내리는 방법이 각기 다른 여러 종류의 변기를 이용하여 가르치는 것은 반응 일반화를 위한 전략이다. 변기의 물을 내리기 위해서는 변기 뒤쪽 물통에 있는 버튼 누르기, 버튼 돌리기, 줄을 아래로 잡아당기기, 꼭지를 위로 당기기, 벽에 있는 버튼 누르기, 바닥에 있는 바를 발로 밟기, 센서가 있는 곳에 손바닥 대기, 변기에서 일어서기 등 참으로 다양한 반응을 할 수 있어야 한다. 이는 모두 다른 동작이지만 동일한 기능을 하는 반응들이다. 반응 일반화를 위한 전략인 충분한 예를 사용하기는 자극 일반화를 위해 다양한 자극 범위를 포함시키는 것과 비슷하다. 다만 자극 일반화를 위한 다양한 자극 범위란 주어지는 자극의 다양성에 초점이 맞추어지고, 반응 일반화를 위한 충분한 예로 훈련하기란 반응의 다양성에 초점이 맞추어지는 것이다. 앞에서 예를 든 유괴 예방 기술을 가르칠 때 유혹의 다양한 종류를 예로 드는 것은 자극 일반화를 위한 것이겠지만, 유혹에 대해 취할 수 있는 다양한 반응을 예로 들었다면 반응 일반화를 위한 것이 된다. 실제로는 두 가지 방법이 병행되어야 할 것이다. 이렇게 일반화에 필요한 모든 자극과 반응의 다양성을 포함하도록 교수하는 방법으로 일반사례 교수(general case instruction)가 있다. 일반사례 교수는 뒤에서 따로 설명하도록 하겠다.

두 번째로 반응 일반화를 위한 전략으로 생각할 수 있는 방법은, 훈련 상황에서 의도적으로 학생의 다양한 반응을 수용하고 강화하는 것이다. 예를 들어, 몸으로 기쁨을 표현하는 다양한 방법들을 생각하고 표현하게 한다든지, 색깔 찰흙으로 다양한 주제의 물건을 만들게 하거나, 색종이로 비행기 만드는 법을 가르친 후 다양한 종류의 종이로 다양한 모양의 종이접기를 하도록 한다든지, 또 같은 음식 재료를 가지고 다양한 종류의 음식을 만들어 보도록 하는 등 다양한 반응을 하도록 요구하고 그것을 수용하는 것은 반응 일반화를 위한 전략이다.

## 4) 유지를 위한 전략

### (1) 훈련 상황에서의 유지전략

습득한 행동을 훈련 상황에서 유지하게 하기 위한 전략들을 〈표 12-4〉에 요약하여 제시하였다. 훈련 상황에서 습득된 행동을 유지하게 하기 위한 전략으로 가장 먼저 생각해 볼 수 있는 대표적 전략은 강화계획의 조정이다. 9장에서 설명한 것처럼 강화계획이란 강화해 주는 적절한 시기와 방법에 대한 규칙을 뜻한다(Ferster & Skinner, 1957). 강화계획 중에서 간헐 강화계획은 모든 표적행동이 강화되는 것이 아니라 표적행동을 했을 때 가끔씩 강화해 주는 것이다. 즉, 표적행동을 했을 때 어떤 때는 강화하고 어떤 때는 강화하지 않는 것이다. 간헐 강화계획은 습득된 행동이 자연스러운 강화제의 통제 아래 있게 될 때까지 그 행동을 계속할 가능성을 높여 주는 방법이다. 따라서 행동이 중재가 끝난 후에도 유지되도록 하기 위해서는 간헐 강화계획을 사용해야 한다. 간헐 강화계획에 의해 유지되어 왔던 행동은 더 이상 강화가 주어지지 않아도 발생할 가능성이 높다. 왜냐하면 강화가 모든 표적행동 후에 항상 주어지지

❖〈표 12-4〉 습득된 행동을 훈련 상황에서 유지하게 하기 위한 전략

| 간헐 강화계획 | 표적행동을 했을 때 가끔씩 강화하는 방법 |
|---|---|
| 과잉학습 | 적정 수준의 기술 수행 습득 후에도 계속 더 연습시키는 방법 |
| 분산연습 | 일정 시간 내에서 분산시켜 여러 차례 연습시키는 방법 |
| 학습한 기술을 기초로 새 기술 교수 | 새로 학습한 기술을 또 다른 새 기술 학습 시 계속 삽입하여 연습기회를 늘려 주는 방법 |
| 유지 스케줄 사용 | 주기적으로 연습할 기회를 주는 방법 |
| 자연적 강화의 이용 | 자연적인 환경에서 강화받을 가능성이 높은 행동을 선정해서 가르치고, 교수 상황에서 자연적 강화를 사용하는 방법 |

않았기 때문에 언제 강화가 주어질지 모르는 학생은 강화를 기대하면서 행동을 계속하게 되는 것이다. 간헐 강화계획으로 행동이 숙달될수록 점점 더 강화를 지연시키고 결국은 강화를 제거하도록 계획해야 할 것이다. 왜냐하면 실생활에서는 행동에 대한 즉각적인 후속자극이 적을 뿐 아니라 실생활은 훨씬 덜 구조화되어 있으며 강화가 주어지지 않는 경우도 많으므로 행동 유지를 위해서는 결국은 후속자극이 제거되어야 한다. 강화의 지연과 언제 강화 받을지 알 수 없게 하는 간헐 강화계획은 행동 유지를 위한 전략이다. 간헐 강화를 계획할 때는 강화를 간헐적으로 할 뿐 아니라 목표행동 발생 후에 강화를 주는 시간을 지연시키는 것도 계획할 필요가 있다. 지연된 강화를 할 때는 아동에게 아동이 그전에 행한 무슨 행동 때문에 보상 받는 것인지 알려주어야 한다. 간헐 강화계획의 구체적 내용은 9장을 참고할 수 있다.

습득된 행동을 유지하게 하는 다음 전략으로 과잉학습(overlearning)이 있다. 과잉학습이란 아동이 표적행동을 습득한 후에도 계속해서 연습시키는 것을 의미한다. Alberto와 Troutman(2006)은 과잉학습이 유지의 효과를 보기 위해서는 학생이 적절한 기준에 도달한 후 그 기준에 도달하기까지 필요했던 훈련의 50% 정도의 수준에 해당하는 만큼 더 연습시킬 것을 권하고 있다.

또 분산연습(distributed practice)도 행동의 유지를 위한 전략이다(Albin & Horner, 1988). 분산연습이란 습득된 표적행동을 하루 일과 속에 분산시켜 여러 차례 연습시키는 것이다. 한꺼번에 몰아서 연습하는 것보다, 서로 다른 시간에 나누어 연습하게 되면 초기 학습 후 유지될 가능성이 높아진다. 예를 들어, 어제 암기한 구구단을 1시간 동안 집중적으로 연습하는 것보다는 한 시간 간격으로 5분씩 8번 연습하게 하면 더 오래 기억할 것이다. 앞에서 자극 일반화를 증진시키는 방법으로 자연스러운 일과활동 중에 기술을 가르치고 연습할 기회를 주는 것을 소개했는데, 그 방법이 곧 유지를 위한 분산연습이 될 수도 있다. 예를 들어, 유치원에서 겉옷을 입고 벗는 기술을 월요일 오전에 한 시간 동안 집중적으로 배우는 것보다는 등원과 하원 시간, 야외체험 활동 시간, 바깥 놀이시간 등 실제로 겉옷을 입고 벗어야 하는 일과 중에 가르치는 것이 일반화와 유지를 촉진한다. 또한 손가락을 이용해서 작은 물건을 잡는 기술을 가르친다면 시간을 내어 그 기술만 연습하게 하기보다는 간식시간에 콩이나 작은 과자를 먹게 하거나 미술활동 중에 구슬을 붙이게 하는 등, 자연적으로 발생하는 상황을 활용하면 일반화와 유지가 더 쉬워질 것이다. 분산연습은 Alberto와 Troutman(2006)이 제시한 '느슨하게 훈련하기' 개념과 비슷하다. 느슨하게 훈련하기란 지나친 구조화를 피하고 좀 더 느슨하게 훈련하는 것을 의미한다. 훈련 상황을 지나치게 구조화하면 구조화된 상황에 의존하게 되므로 오히려 일반화에 방해가 된다는 것이다. 반면에 느슨하게 훈련하면, 즉 덜 구조화된 곳에서, 최소한의 중재를 적용하여, 자연스러운 상황에서 가르치면 일반화에 더 효과적이라는 것이다. 예를 들어, 3일 동안 10회에 걸쳐 바지 입기를 훈련하는 것보다는 15일간 아침과 저녁에 자연스러운 상황에서 바지 입기를 훈련하면 유지와 일반화에 더 효과적일 것이다. 분산연습이나 느슨하게 훈련하기처럼 덜 구조화된 활동으로 가르치는 전략으로 알려진 것에는 우발적 교수(incidental teaching), 자연적 교수(naturalistic teaching), 비집중 교수(nonintensive teaching), 최소 중재(minimal intervention) 등이 있다(Alberto & Troutman, 2006).

습득된 행동의 유지를 위한 또 다른 전략은 이미 습득된 기술을 기초로 새 기술을 가르치는 것이다. 다시 말하면 복습의 기회를 자주 주라는 뜻이다. 예를 들면, 아동이 구구단 2단을 암기했다면, 3단이나 4단을 가르칠 때 2단도 연습할 기회를 주어야 잊지 않을 수 있다는 것이다. 이와 같이 이미 할 수 있는 활동에 새로 학습한 기술을 삽입하는 것의 예를 들면, 손 씻기를 할 줄 아는 현아에게 숟가락 사용하기를 가르친다면 음식을 먹기 위해 숟가락 사용하기를 학습할 때마다 먼저 손 씻기를 하도록 요구하는 것이다. 또한 재킷을 입을 줄 아는 경찬이에게 신발 신기를 가르친다면 신발 신기를 하기 전에 재킷 입기를 하도록 요구하는 것이다. 앞의 두 예에서 현아는 손을 씻은 후 숟가락을 사용하여 좋아하는 음식을 먹게 해 주고, 경찬이는 재킷을 입은 후 신을 신고 좋아하는 놀이터에 갈 수 있게 해 준다면 자연스러운 강화를 하는 것이다.

또한 유지를 위한 전략으로 유지 스케줄을 사용하는 방법이 있다(Albin & Horner, 1988). 일상생활에서 자주 사용하지 않는 행동은 습득했다 하더라도 실제로 사용할 기회가 자주 주어지지 않기 때문에 잊어버리기 쉽다. 그런 경우에는 습득한 행동의 일반화를 기대하며 기다리기보다는 규칙적으로 연습할 기회를 주는 유지 스케줄을 계획해야 한다. 그렇지 않으면 처음부터 다시 가르쳐야 할 일이 생길 것이다. 유지 스케줄을 필요로 하는 행동으로는 생리대 사용하기, 화재경보기 사용하기, 간단한 상처에 대해 응급조치하기 등 대단히 중요하지만 일상생활에서는 자주 요구되지 않는 기술들이다. 그런 기술이 필요할 때 사용될 수 있도록 하기 위해 주기적으로 연습할 기회를 주는 것이 유지 스케줄의 목적이다.

그뿐 아니라 자연적인 강화를 받기 쉬운 행동기술을 선정하여 가르치는 것도 일반화를 위한 전략이라고 할 수 있다. 그런 행동기술을 선정하면 일반화 상황에서 주어지는 자연적 강화를 이용할 수 있기 때문이다. 습득된 행동이 일반화 상황에서 유지되게 하려면 중재자가 인위적으로 주는 강화가 아니라 그 상황에서 자신에게 주어질 수 있는 자연적 강화를 받을 수 있도록 해 주는 것이 바람직하다는 뜻이다. 따라서 교수 사례를 선정할 때 자연적인 환경에서 강화받을 가능성이 높은 행동을 선정해서 가르치는 것이 필요하다. 예를 들어, 물을 마시고 싶을 때 목적을 달성하기 위해 취할 수 있는 행동은 물컵이 든 카드를 집어 들기, 손가락으로 물컵을 가리키기, 말로 요청하기 등 여러 가지가 있겠지만 말로 요청하기가 자연적 상황에서 강화받을 가능성이 훨씬 높으므로 말로 요청하기를 가르치는 것이 더 쉽게 일반화될 것이다. 또 다른 예를 들면, 남자 중학생의 여가 기술로 골프와 축구 중에 축구가 친구들과 함께 지내는 데 더 많은 자연적 강화를 제공하는 기술이다. 그런 경우에 골프보다는 축구 기술을 가르칠 때 일반화가 더 잘된다는 의미다. 이렇게 자연적인 강화를 받기 쉬운 행동기술을 선택하여 가르치는 것도 일반화를 위한 전략이고, 장애를 지닌 아동의 독립적 생활에 도움이 되는 행동기술을 선택하여 가르치는 것도 행동기술의 특성상 유지와 일반화에 효과적이다. 예들 들어, 지적장애 학생에게 자주 이용해야 할 버스노선에 있는 정류장 이름을 이용한 읽기와 세계의 여러 나라 이름을 이용한 읽기 중에서 전자의 경우가 훨씬 일반화와 유지가 잘 될 것이다. 즉, 아동에게 실제로 유용한 행동기술은 더 쉽게 일반화되고 유지된다는 것이다.

### (2) 일반화 상황에서 유지 전략

습득된 행동은 훈련 상황뿐 아니라 일반화 상황에서도 유지되어야 할 것이다. 이를 위한 방법으로 후속사건적인 변수를 다루는 방법이 있다고 자극 일반화 전략을 설명할 때 언급했었다. 후속사건 변수를 다루는 방법은 다섯 가지가 있다(Baer & Wolf, 1970; Stokes & Baer, 1977; Stokes & Osnes, 1989). 습득된 행동을 일반화 상황에서 유지하게 하기 위한 방법 다섯 가지를 〈표 12-5〉에 요약하여 제시하였다.

❖ 〈표 12-5〉 습득한 행동을 일반화 상황에서 유지하게 하기 위한 전략

- 일반화 상황에서 주어지는 자연적 강화를 사용하기
- 일반화 상황에서 표적행동을 바르게 했을 때 강화하기
- 일반화 상황에 있는 다른 사람들에게 강화하는 방법을 가르치기
- 일반화 상황에서 간헐적으로 강화하기
- 자신의 행동에 대한 자기관리 방법을 가르치기

첫째, 일반화 상황에서 주어지는 자연적 강화를 이용하기 위해 훈련 상황에서도 자연적 강화를 사용하는 것이다. 교수할 때 사용된 강화가 자연적 환경에서의 강화와 유사할수록 일반화의 가능성은 높아지기 때문이다. 그런데 아동이 훈련 상황에서 자연적 강화를 강화로 인식하지 못한다면, 훈련 상황에서 교수할 때 자연적 강화를 강화로 인식할 수 있도록 하기 위해서 인위적 강화에서 자연적 강화로 연결시키는 과정이 요구될 수 있다.

둘째, 일반화 상황에서 표적행동을 바르게 했을 때 강화하는 것이다. 즉, 일반화의 예를 강화하는 것이다. 예를 들어, 수업시간에 허락 없이 말하는 행동으로 수업을 자주 방해했던 혜민이에게 손을 들고 교사의 허락을 받아 말하는 행동을 훈련했다면, 교사는 수업시간에 혜민이가 손을 들면 즉시 강화해 주어야 한다. 특히 행동이 습득된 직후에는 연속 강화계획으로 강화해야 한다. 혜민이가 손을 들고 허락을 받아 말하는 것을 훈련받았다 할지라도 교실(일반화 상황)에서 강화받지 못하면 그 행동이 유지될 것을 기대하기는 어려울 것이다. 그러나 모든 일반화 상황에서 언제나 표적행동에 강화를 주는 것이 어렵다는 것이 문제다.

셋째, 두 번째 전략의 문제점을 해결하는 방법이기도 한 것으로, 일반화 상황에서 강화가 주어질 수 있도록 일반화 상황에 있는 다른 사람들에게 강화하는 방법을 가르치고, 학생에게는 여러 사람들을 대상으로 배운 기술을 사용할 기회를 제공하는 것이다. 즉, 학생의 부모, 교사, 이웃, 자원봉사자, 보조 교사 등에게 어떻게 학생의 바람직한 행동을 강화하는지, 어떻게 바람직하지 못한 행동에 대한 강화를 제거하는지를 가르친다. 예를 들어, 원하는 것이 있을 때마다 울음 섞인 짜증을 내는 미란이의 짜증 내는 행동에 대해 교사가 짜증 내는 행동은 무시하고 짜증 내지 않을 때 강화하는 차별강화를 통해 짜증 내기 행동을 감소시켰다고 해 보자. 그러나 동일한 행동이 집에서는 감소되지 않을 때 교사는 부모에게도 동일한 방법을 사용하도록

가르친다면 미란이의 짜증 내기 행동이 집에서도 감소할 가능성이 높아져서 일반화 상황의 유지가 이루어지게 될 것이다. 그러므로 학생의 훈련받은 행동이 일반화되고 유지되기 위해서는 일반화 상황에 있는 주요 인물들에게 그들이 보여 주는 관심과 칭찬이 얼마나 중요한지 알려 주고 도움을 청해야 한다.

  넷째, 일반화 상황에서 간헐적으로 강화받도록 하는 것이다. 일반화 상황에서 간헐적으로 강화된 행동은 쉽게 사라지지 않을 것이다. 훈련 상황에서도 행동의 유지를 위해서 처음에는 연속 강화에서 간헐 강화로, 인위적 강화에서 자연적 강화로 전이하는 것이 필요한 것처럼, 일반화 상황에서도 동일한 강화계획의 약화가 요구된다. 일반화 상황에서도 처음에는 계획적인 강화를 주어야 하고 점차 자연스러운 강화가 계획된 스케줄 없이 간헐적으로 주어질 수 있도록 하는 전이과정이 필요하다. 예를 들어, 수업시간에 상철이의 손 들고 교사의 허락을 받아 말하기 행동이 일반화 상황에서 유지되기 위해서는 처음에는 교사의 인위적이고 연속적인 강화가 필요하겠지만 점차 간헐적으로 강화하고 나중에는 손을 들 때 손을 든 행동에 대한 칭찬 없이, 자연스럽게 상철이가 손을 들 때 가끔씩 말하도록 허락해 주는 교사의 관심만으로도 손 드는 행동은 유지될 것이다.

  다섯째, 학생이 습득된 자신의 행동에 대해 스스로 강화하도록 자기강화 기법을 비롯한 자기관리 방법을 가르치는 것이다. 자기가 매개변수를 만들어 사용할 수 있도록 가르치는 것도 일반화 증진을 위한 방법이다. 예를 들면, 과제 완성을 스스로 점검하기 위해 점검표를 사용하는 것이다. 학생이 자기관리 기법을 배우면 일반화 상황에서 다른 사람들의 강화나 도움이 없더라도 스스로 자신의 행동을 관리하며 유지할 수 있을 것이다. 자기관리 기법에 대해서는 다음 장인 13장에서 자세히 설명하도록 하겠다.

  이러한 다섯 가지 방법 외에도 훈련받은 행동을 일반화 상황에서도 할 수 있도록 하기 위해서 매개물을 사용할 수도 있다. 예를 들어, 자판기에서 음식물을 꺼내도록 훈련받은 경우에 학생이 자주 사먹는 음식이나 과자, 음료수의 사진을 부착한 카드 뒤에 해당 음식물 가격만큼의 동전 종류와 개수의 그림이나 사진을 붙여 줄 수 있다. 그러면 학생은 동네 자판기 앞에서 그 카드를 이용하여 자판기 사용을 할 수 있을 것이다.

  앞에서 자극 일반화와 반응 일반화, 유지를 위한 전략을 살펴보았다. 여기에서 다루지 못한 일반화 전략에 대해 관심이 있으면 〈표 12-6〉에 제시한 논문들을 참고할 수 있다.

❖ 〈표 12-6〉 일반화 전략에 관한 논문

- Alber, S. R., & Heward W. L. (1996). "GOTCHA!!"Twenty-five behavior traps guaranteed to extend your students' academic and social skills. *Intervention in School and Clinic, 31* (5), 285−289.
- Alber, S. R., & Heward, W. L. (2000). Teaching students to recruit positive attention: A review and recommendations. *Journal of Behavioral Education, 10,* 177−204.
- Alvin, R. W., & Horner, R. H. (1998). Generalization with precision. In R. H. Horner, G. Dunlap, & R. L. Koegal(Eds.), *Generalization and maintenance: Life-style changes in applied settings* (pp. 99−120). Baltimore: Brookes.
- Baer, D. M. (1999). *How to plan for generalization* (2nd ed.). Austin, TX: Pro-Ed.
- Horner, R. H., Dunlap, G., & Koegel, R. L. (1988). *Generalization and maintenance: Life-style changes in applied settings.* Baltimore: Paul H. Brookes.
- Osnes, P. G., & Lieblein, T. (2003). An explicit technology of generalization. *The Behavior Analyst Today, 3,* 364−374.
- Stokes, T. F., & Baer, D. M. (1997). An implicit technology of generalization. *Journal of Applied Behavior Analysis, 10,* 349−367.
- Stokes, T. F., & Osnes, P. G. (1982). Programming the generalization of children's social behavior. In P. S. Strain, M. J. Guralnick, & H. M. Walker(Eds.), *Children's social behavior: Development, assessment, and modification* (pp. 407−443) Orlando, FL: Academic Press.
- Stokes, T. F., & Osnes, P. G. (1989). An operant pursuit of generalization. *Behavior Therapy, 20,* 337−355.

## 5) 일반사례 교수법

### (1) 일반사례 교수의 정의

일반사례 교수법은 일단 학습한 행동기술은 어떠한 상황이나 조건에서도 수행할 수 있어야 한다는 목표를 가지고 Horner와 Sprague, Wilcox(1982)가 개발한 것이다. 일반사례 교수법은 일반사례 전략(general case strategy) 또는 일반사례 프로그래밍 (general case programming)이라고 불리기도 한다. 일반사례 교수법은 일반화 상황에서 볼 수 있는 자극의 변형과 그에 따른 다양한 반응 유형을 대표하는 사례를 체계적으로 선택하는 방법이다. 이는 어떤 조건이나 상황에서도 목표행동을 할 수 있도록 여러 관련 자극과 반응 유형을 포함하는 대표적인 예를 충분히 이용하여 교수하는 방법이다. 이는 교수의 전 영역, 즉 학습되어야 하는 행동기술의 일반화가 필요한 모든 자극과 모든 반응의 다양성을 포함한 교수의 예를 선정하여 교수하는 것을 의미한다. 사실 일반사례 교수법이 일반화를 위한 전혀 새로운 교수법은 아니다. 일반사례 교수법은 앞에서 일반화 전략으로 설명한 충분한 예로 가르치기와 다양한 자극 범위를 포함하기 등의 원리를 통합하여 체계적으로 정리하고, 교수 사례의 선택과 계열화에 대한 기준을 제시하여 구체적으로 적용할 수 있는 절차로 만든 것이라고 할 수 있다.

일반사례 교수의 핵심은 훈련시키는 자극의 선택이라고 할 수 있다. 동일한 반응을 일으키는 자극 집단을 자극군(stimulus class)이라고 하는데, 일반사례 교수는 자극군을 충분히 제공해서 일련의 자극에 대해서 반응을 수행할 수 있도록 가르치는 것이다. 예를 들어, 파란색을 가르칠 때 여러 종류의 파란색 물건을 제공할 수 있다. 그러나 모든 종류의 파란색 물건을 제공할 수는 없다. 그러므로 일반사례 교수법에서 사용되는 사례들은 자극군들의 공통점(자극군의 모든 것이 갖고 있는 공통된 특성)과 차이점(자극군의 다양성 범위)을 명확히 가르칠 수 있도록 표집되어야 한다(Engelmann & Carnine, 1982). 예를 들어, 학생에게 필기도구를 가르치려고 할 때 모든 필기도구들의 동일성을 가르치면서도 필기도구와 필기도구가 아닌 것의 차이점을 가르쳐야 한다는 것이다. 그렇게 해야 학생은 연필, 볼펜, 사인펜, 샤프펜슬 등에 대해서 필기도구라고 반응할 수 있고, 운동화, 사과, 안경, 공책, 의자 등에 대해서는 필기도구가 아니라고 반응할 수 있을 것이다. 이렇게 일반사례 교수법은 일반화를 위한 치밀한 계획과 정확성을 강조한다. 정확성이란 학생이 다양한 자료로 다양한 사람에게 다양한 환경에서 학습한 행동기술을 적절하게 수행할 수 있어야 할 뿐 아니라 습득한 행동기술이 일반화 상황에서 부적절하게 발생하지 않아야 함을 뜻한다. 즉, 행동기술이 요구되는 모든 상황에서 행동기술을 수행할 수 있어야 하고, 동시에 행동기술이 요구되지 않는 상황에서는 수행하지 않을 수 있어야 한다는 것이다.

일반화를 촉진하는 가장 성공적인 방법의 하나로 받아들여지고 있는 일반사례 교수법은 초기에는 학생들의 수학이나 읽기 학습 등에 적용되다가 최근에는 발달장애가 있는 학생들에게 기능적 기술을 가르치고 일반화시키는 데 활발하게 적용되고 있다. 실제로 일반사례 교수법을 이용하여 지적장애가 있는 고등학생을 대상으로 휴대폰을 통한 도움 요청하기(최윤정, 2003), 자폐성 장애가 있는 청소년을 대상으로 물건 사기(김희정, 2004), 중도장애 학생을 대상으로 길 건너기(김은영, 1998), 지적장애 학생을 대상으로 패스트푸드점 식사기술(김유리, 1998) 등을 가르치는 데 성공적이었음이 보고되고 있다. 이러한 실제 연구들을 참고하면 구체적 지도 내용을 확인할 수 있을 것이다.

### (2) 일반사례 교수의 절차

Horner와 Sprague, Wilcox(1982), Horner와 McDonnell, Bellamy(1986), O'Neill(2000) 등의 연구를 종합하면 일반사례 교수는 다음 여섯 단계로 나누어 진행된다: ① 교수할 전 영역의 정의, ② 관련된 자극과 반응의 다양성의 범위 조사, ③ 교수와 평가에 사용될 예들의 선정, ④ 교수 사례의 계열화, ⑤ 계획된 교수 사례 순서에 따른 교수, ⑥ 비교수 지역에서 훈련하지 않은 실례들의 평가.

#### ① 교수할 전 영역의 정의

첫 단계는 교수가 진행될 전 교수 영역을 결정하는 것이다. 교수 영역이란 학생이 배운 행동이 수행될 다양한 자극 상황을 포함하는 환경을 의미한다. 교수 전 영역은 자극이 주어지거나 반응이 필요한 모든 자연적인 환경을 포함해야 하는데, 그 범위는 학생의 의사소통 능력과 현행 행동기술의 수준, 그리고 행동이 수행될 환경의 특징에 따라 달라질 수 있다. 따라서 교수 영역을 정의하려면 학생의 목표행동이 기대되는 상황과 수용 가능한 목표행동의 형태가 무엇인지에 대한 정의도 이루어져야 할 것이다.

#### ② 관련된 자극과 반응의 다양성의 범위 조사

두 번째 단계는 정해진 교수 영역 내에서 관련된 자극과 반응의 다양성 범위를 조사하는 것이다. 관련 자극과 반응 변수의 범위를 정하기 위해서는, 첫째, 목표행동에 대한 일반 사람들의 유능한 수행과 관련 있는 일반적 반응에는 어떤 것이 있는지 조사하고, 둘째, 일반적 반응이 일어나도록 하는 자극 변수들을 조사하고, 셋째, 학생이 자극 변수들에 대해 어떻게 반응하는지를 서술하고, 넷째, 예상되는 문제 상황이나 오류나 예외 상황을 조사하는 작업이 요구된다(Westling & Fox, 1995). 이 과정에서 공통된 특징을 갖고 있는 자극끼리 분류하고 묶어서 일정하게 반응하는지 조사하는 것이 필요하다.

### ③ 교수와 평가에 사용될 예들의 선정

세 번째 단계는 교수와 평가에 사용될 예들을 선정하는 것이다. 예를 선정할 때 주의할 점은, 첫째, 선정한 예가 교수 영역 내의 모든 관련 자극과 모든 반응 변수가 포함되는 대표적인 예 중에서 최소한의 것이어야 한다는 것, 둘째, 예는 긍정적인 예와 부정적인 예를 모두 포함하여 선택해야 한다는 것이다. 긍정적 예와 부정적 예를 모두 선정하는 이유는 행동기술이 요구되는 모든 상황에서 행동기술을 수행할 수 있어야 하고, 동시에 행동기술이 요구되지 않는 상황에서는 수행하지 않을 수 있어야 하기 때문이다. Horner와 McDonnell, Bellamy(1986)는 긍정적 예와 부정적 예를 동시에 가르쳤을 때 목표기술의 일반화가 더 효과적으로 이루어졌다고 보고했다. 따라서 교수 사례는 긍정적인 것과 부정적인 것이 모두 포함되도록 해야 한다. 그런데 Albin과 Horner(1988)는 부정적인 예를 제시할 때 최대한 부정적인 예와 최소한 부정적인 예 두 가지가 반드시 포함되어야 한다고 했다. 최대한 부정적인 예는 긍정적인 예와 관련 있는 자극은 전혀 포함하지 않는 예다. 최소한 부정적인 예는 긍정적인 예와 한 가지 면에서만 다르고 나머지는 다 같은 관련 자극이어야 한다. 예를 들어, '연필'을 가르치고자 할 때 사과는 최대한 부정적인 예이고, 색연필은 최소한 부정적인 예다. 부정적인 예를 사용하는 것은 제시되는 긍정적인 예와 어떤 차이가 있는지 알게 하여 차별성이 요구되는 반응에서 정확한 반응을 하도록 하기 위해서다. 즉, 일반사례 교수에서 부정적인 예는 교수하지 않은 다른 예에 대한 일반화된 반응이 나타나는지를 조사하는 역할을 한다.

Engelmann과 Carnine(1982), Halle과 Chadsey―Rusch, Collet―Klingenberg(1993)가 제시한 다음 기준들은 교수와 평가에서 사용될 예를 선정할 때 좋은 지침이 될 것이다.

- 긍정적인 예는 관련된 자극과 유사해야 한다.
- 긍정적인 예는 목표행동이 기대되는 모든 자극 범위에서 수집되어야 한다.
- 부정적인 예에는 긍정적인 예와 매우 비슷한 예를 포함해야 한다.

- 긍정적인 예에는 중요한 예외가 포함되어야 한다.
- 자극과 반응의 다양성 범위에서 조사한 최소한의 예를 선정한다.
- 예에는 동일한 양의 새로운 정보가 포함되도록 한다.
- 비용, 시간, 상황 특성을 고려하여 실행 가능한 예를 선택해야 한다.

### 4 교수 사례의 계열화

네 번째 단계는 교수될 사례들의 순서를 정하는 것이다. 예가 제시되는 순서는 학습할 행동기술이 최소한의 오류로 가장 빠르게 습득되도록 도울 수 있게 계획되어야 한다. 교수의 효과를 높일 수 있도록 교수 사례를 계열화하기 위해서는 다음과 같은 지침을 따라야 한다(Horner, McDonnell, & Bellamy, 1986; Westling & Fox, 1995).

- 각 훈련회기 내에 행동기술의 모든 요소를 교수한다.
- 각 훈련회기 내에 가능한 많은 수의 다양한 난이도의 예를 제시한다.
- 변별력 증진을 위해 최대한 유사한 긍정적인 예와 부정적인 예를 연이어 제시한다.
- 모든 예를 한 회기에 교수할 수 없다면 한 번에 한두 가지를 교수하면서 매 회기마다 이전 회기의 예에 새로운 예를 추가한다.
- 일반적인 예를 먼저 제시하고 예외적인 경우를 가르친다.

### 5 계획된 교수 사례 순서에 따른 교수

다섯 번째 단계는 계열화된 순서에 따라 사례들을 교수하는 것이다. 이 단계에서는 촉구, 소거, 용암법, 강화 등의 전략이 함께 교수되어야 행동기술의 습득과 일반화에 효과가 있다.

### 6 비교수 지역에서 훈련하지 않은 실례들의 평가

일반사례 교수의 마지막 단계는 교수한 기술이 일반화되는지 여부를 알아보기 위해 비교수 지역에서 훈련하지 않은 사례들로 평가하는 것이다. 일반화 평가는 교수하는 동안 정기적으로 실시할 수도 있고 교수를 종결한 다음에 실시할 수도 있다. 비교수 지역에서의 평가는 교수 전 영역의 자극 및 반응 다양성을 포함하는 새로운 예를 선택하여 평가해야 하는데, 이는 새로운 다른 예를 통하여 교수되지 않은 동일한 조건의 다른 예에서도 성취가 이루어져 일반화되었음을 확인하려는 것이다.

앞에서 설명한 일반사례 교수의 절차를 건널목 건너기에 적용해 보자. 이 내용은 실제로 중도장애 학생을 대상으로 일반사례 교수법을 적용하여 길 건너기를 가르친 김은영(1998)의 연구내용을 참고하였다. 첫째, 교수할 전 영역을 정의해야 하므로, 아동이 사는 지역을 중심으로 어느 지역까지 포함할 것인지 한계를 정하여야 한다. 이때 정의된 전 영역의 모든 건널목을 포함시키는 것이 아니라, 아동의 능력을 고려하여 포함 여부를 결정하여야 한다. 예를 들어, 지상에 그려진 횡단보도를 건너는 것은 괜찮을 수 있지만, 육교를 건너는 것은 힘들 수 있다. 그런 경우 육교는 제외시켜야 한다. 둘째, 관련 자극과 반응의 다양성의 조사에서는, 교수할 전 영역으로 정해진 구역 내에 있는 모든 건널목 중에서 건널목에 신호등이 있는지, 건널목이 교차로에 있는지 사거리에 있는지, 교차로에 있을 경우에 교차로가 오른쪽에 위치하는지 왼쪽에 위치하는지, 건널목의 넓이(차선의 수)가 어떤지 등을 조사하여 차이를 분석해야 한다. 셋째, 두 번째 단계에서 조사된 모든 건널목에서 교수할 수 없으므로, 그중에서 교수와 평가에서 사용될 대표적인 예를 선정해야 한다. 교수할 예는 모든 관련 자극의 범위를 포함할 수 있어야 한다. 이때 부정적인 예를 포함해야 하는데, 건널목의 경우에는 횡단보도 표시가 없는 길, 또는 아동이 아직 사용하기 어려운 육교 등이 될 수 있다. 넷째, 세 번째 단계에서 선택된 예를 어떤 순서로 가르칠 것인지 결정해야 한다. 어떤 순서로 가르쳐야 오류 없이 빨리 가르칠 수 있는지 결정하는 것이다. 이때 건널목의 형태상의 특성(예: 신호등 유무, 차선의 수)뿐 아니라 교통량의 정도나 교차로가 건널목의 좌우 어느 쪽에 위치하는지 등도 고려되어야 한다. 다섯 번째, 네 번째 단계에서 정해진 순서대로 강화, 촉구 등의 여러 전략을 사용하여 가르친다. 마지막으로 첫 번째 단계에서 정한 구역이 아닌 다른 지역(비 교수 지역)으로 가서 평가해 보아야 한다. 이때 비 교수 지역에서도 세 번째 단계에서 선택된 종류의 예가 모두 포함되도록 해야 한다.

- 일반화는 기술이 교수된 조건과 다른 조건에서 기술을 사용하는 것이며, 유지는 교수가 끝난 후에도 기술 사용이 계속되는 것으로 장애학생이 독립적인 삶을 영위하기 위해서는 습득 및 숙달된 기술을 일상생활에 일반화하고 유지해야만 한다. 장애학생이 습득한 기술의 일반화 및 유지를 위한 계획은 교수 계획단계부터 고려되어야 한다.

- 자극 일반화를 위한 전략들은 다음과 같다: 자연스러운 상황에서 가르치기, 하루 일과 속에서 가르치기, 훈련 상황을 일반화가 일어나야 할 상황과 비슷하게 조성하기, 여러 다양한 상황을 이용하기, 훈련 시 광범위한 관련 자극을 통합하기

- 반응 일반화를 위한 전략으로는 충분한 반응사례로 훈련하기와 다양한 반응 수용하고 강화하기가 있다.

- 습득된 행동을 훈련 상황에서 유지하게 하기 위한 전략들은 다음과 같다: 간헐 강화계획, 과잉학습, 분산 연습, 학습한 기술을 기초로 새 기술 교수, 유지 스케줄 사용, 자연적 강화의 이용

- 습득된 행동을 일반화 상황에서 유지하게 하기 위한 전략들은 다음과 같다: 일반화 상황에서 주어지는 자연적 강화를 사용하기, 일반화 상황에서 표적행동을 바르게 했을 때 강화하기, 일반화 상황에 있는 다른 사람들에게 강화하는 방법을 가르치기, 일반화 상황에서 간헐적으로 강화하기, 자신의 행동에 대한 자기관리 방법을 가르치기

- 일반사례 교수법이란 어떤 조건이나 상황에서도 목표행동을 할 수 있도록 교수 전 영역, 즉 학습되어야 하는 목표행동의 일반화가 필요한 모든 자극과 반응의 다양성을 포함한 교수의 예를 선정하여 교수하는 것을 뜻한다. 일반사례 교수의 절차는 첫째, 교수가 진행될 전 영역을 정하기, 둘째, 정해진 영역 내에서 관련된 자극과 반응의 다양성의 범위를 조사하기, 셋째, 교수와 평가에 사용될 예들을 선정하기, 넷째, 교수 사례들의 순서를 정하기, 다섯째, 계열화된 순서에 따라 사례들을 학습시키기, 여섯째, 비교수 지역에서 훈련하지 않은 실례들로 평가하기다.

- 자극 일반화, 반응 일반화, 유지의 차이점을 예를 들어 설명해 보세요.
- 특정 행동기술을 선택하여 일반사례 교수 계획을 세워 보세요.
- 자극 일반화, 반응 일반화, 유지를 위한 전략들을 실제 행동을 예로 들어 설명해 보세요.

# 자기관리 기술과
# 인지적 행동주의 중재

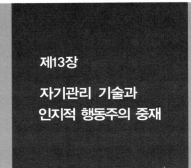

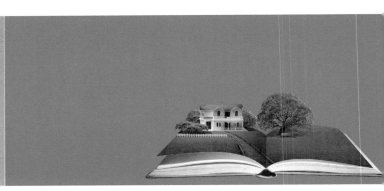

## 제13장
## 자기관리 기술과
## 인지적 행동주의 중재

### 학습목표

- 자기관리 기술의 장점과 종류를 설명할 수 있다.
- 선행사건 변화시키기, 목표설정, 자기기록, 자기평가, 자기강화, 자기교수를 예를 들어 설명할 수 있다.
- 분노조절 방법, 사회적 문제해결 방법, 긴장완화 방법을 설명할 수 있다.
- 행동주의 중재와 인지적 행동주의 중재의 차이를 설명할 수 있다.

### 핵심용어의 정의

- **자기관리**: 미래에 일어나게 될 행동의 통제를 위한 행동을 스스로 하는 것이다.
- **선행사건 변화시키기**: 변화시키고 싶은 행동에 영향을 미칠 수 있는 환경을 바꾸는 것이다.
- **목표설정**: 자신의 행동목표를 설정하는 것이다.
- **자기기록**: 자신의 문제행동을 관찰하여 그 행동의 빈도, 지속시간, 강도 등을 기록함으로써 스스로 문제행동을 통제하도록 하는 방법이다.
- **자기평가**: 자신의 행동이 특정한 기준에 부합하는지를 결정하기 위해서 사전에 선정된 준거와 자기점검 자료에 근거하여 자신의 행동을 평가하는 것이다.
- **자기강화**: 정해진 목표를 달성했을 경우에 스스로 선택한 강화를 자기에게 부여하는 것이다.
- **자기교수**: 어떤 과제의 수행 순서를 스스로에게 말해 가면서 실행하도록 하는 것이다.
- **문제해결 훈련**: 문제 상황이나 문제를 유발하는 요인들을 파악할 수 있도록 가르치고, 문제에 대한 대안적 해결 방안들을 찾고 평가한 후 대안적 방법으로 반응하게 하는 것이다.
- **분노조절 훈련**: 화가 난 상황에서 화를 조절할 수 있도록 가르치는 것이다.
- **긴장완화 훈련**: 깊은 호흡을 하거나 근육의 긴장을 이완함으로써 흥분되거나 고조되었을 때 스트레스를 완화할 수 있도록 가르치는 것이다.

● 행동중재를 하는 궁극적인 목적은 타인에 의한 행동지도 및 관리로부터 독립적인 자기관리로 바꾸어 주는 데 있다고 할 수 있다. 학생이 스스로 자기 행동을 교정할 수 있게 되도록 가르치는 것을 자기관리 기술 교수라고 한다. 자기관리(self-management)라는 용어는 자기통제(self-control)나 자기훈련(self-discipline)이라는 용어와 혼용되기도 했지만 행동을 다스릴 뿐 아니라 지속적으로 관리한다는 개념을 포함하고 있어 이 책에서는 자기관리라는 용어를 사용한다. 인지적 행동주의 원리를 적용하는 자기관리 기술에는 선행사건 변화시키기, 목표설정, 자기기록, 자기평가, 자기강화, 자기교수, 문제해결 기술, 분노조절 기술, 긴장완화 훈련 등이 있다. 연구자에 따라서는 선행사건 변화시키기, 목표설정, 자기기록, 자기평가, 자기강화, 자기교수를 자기관리 기술로 분류하고, 문제해결 기술, 분노조절 기술, 긴장완화 훈련을 인지적 행동주의 중재로 분류하는 경우가 있다. 중재에 따라서 행동주의나 인지주의 원리 중 하나가 더 많이 강조되는 것은 있겠지만 모두 다 인지주의나 행동주의 원리가 포함되어 있기 때문에, 이 책에서는 자기관리 기술과 인지적 행동주의 중재를 구분하지 않는다.

## 1 │ 자기관리 기술과 인지적 행동주의 중재의 정의

　지금까지 살펴본 행동지원 전략은 주로 외부에서 학생의 행동을 통제하여 바람직한 행동을 증가시키고 바람직하지 못한 행동을 감소시키려는 것들이었다. 자기관리의 목표도 이와 크게 다르지 않다. 궁극적으로는 바람직한 행동을 증가시키고 바람직하지 않은 행동을 감소시키는 것이다. 자기관리의 목표를 구체적으로 설명하면, 미래의 자신의 삶에 긍정적인 영향을 줄 것이지만 현재는 부족하게 하고 있는 자신의 행동을 증가시키고, 미래의 자신의 삶에 부정적인 영향을 줄 것인데도 현재 지나치게 많이 하고 있는 자신의 행동을 감소시키는 것이라고 할 수 있다(Miltenberger, 2009). 예를 들면, 운동은 미래의 건강을 위해 좋지만 운동을 한 번 한다고 해서 건강이 눈에 띄게 좋아지는 즉각적인 강화가 주어지는 것도 아니고, 즉각적인 즐거움을 주는 낮잠이나 TV 시청 등의 경쟁 행동이 운동하는 것을 방해한다. 다른 예로, 담배를 피우는 것이 미래의 건강에는 해롭지만 담배를 피우는 즉시 느껴지는 어떤 쾌감이 있기 때문에 담배를 피우는 행동을 계속하게 된다. 이런 경우에, 운동을 하거나 담배를 줄이기 위해서 자기관리가 필요하다. 요약해 보면, 미래에 일어나게 될 행동(예: 건강이 좋아지는 것 또는 건강이 나빠지는 것)의 통제를 위한 행동(예: 운동 또는 금연)을 외부 통제에 의해서가 아니라 스스로 하는 것이 자기관리인 것이다. 다시 말하자면, 자기관리는 자신의 행동을 더 바람직하게 변화시키기 위한 의도를 가지고 자신에게 행동의 원리를 적용하는 것이다. 그러므로 자기관리는 자신의 삶을 더욱 효율적으로 살고 싶거나, 좋은 습관을 갖고 싶거나, 오래 걸리고 힘든 과제를 완수하고 싶거나, 어떤 목표를 세우고 성취하고 싶을 때 적용할 수 있다.

Kazdin(2001)은 외적으로 학생의 행동을 통제하려는 여러 행동지원 전략은 자기관리 기술과 비교해 볼 때 다음과 같은 단점이 있다고 했다. 첫째, 외부 통제자는 일관성 있게 강화를 주지 못할 수 있다. 둘째, 상황에 따라 외부 통제자가 바뀔 때 학생과 의사소통이 잘 안 되고 일관성 있게 행동지원이 이루어지지 않을 수 있다. 셋째, 외부 통제자가 행동 수행에 대한 상황적 단서가 되어 외부 통제자가 없이는 행동이 수행되지 않을 수 있다. 넷째, 행동 변화 프로그램 개발에 대한 교사 개인의 공헌 정도에 따라 학생의 행동 수행이 향상될 수도 있고 그렇지 못할 수도 있다. 다섯째, 목표행동이 발생할 때 언제나 외부 통제자가 학생과 함께 있을 수 있는 것은 아니다.

그런데 외부 통제 전략의 단점에 반해 자기관리 전략은 다음과 같은 장점과 이점이 있다(Cole, 1987; Cooper, Heron, & Heward, 2015; Kim, 1994). 첫째, 자기관리 전략은 학생이 주도적으로 접근하게 한다는 점이다. 이러한 주도적 접근은 외부 통제자가 놓칠 수 있는 행동에 대해서도 스스로 통제할 수 있게 해 준다. 둘째, 자기관리 전략은 외부 통제자의 지속적인 관리 감독 없이도 보다 적절하게 행동하는 것을 학습할 수 있게 해 준다. 말하자면 외부의 통제 없이 행동을 변화시킬 수 있고, 외부의 통제자가 접근할 수 없는 행동까지 변화시킬 수 있다. 셋째, 자기관리는 행동의 일반화를 가능하게 한다. 학생이 자신의 행동을 관리할 수 있게 되면, 학습된 행동은 통제자가 없는 다양한 상황과 환경에서도 일반화될 수 있다. 넷째, 자기관리 절차에 의해 이루어진 행동 개선은 소거 절차가 적용되었을 때에도 외부 통제 절차에 의해 이루어진 행동 개선보다 더 잘 유지될 수 있다. 다섯째, 교사에게 있어서 학생이 자기 행동을 관리하게 되면 교사는 행동지원에 쏟을 시간을 학습관리에 쏟을 수 있어 교수학습 시간을 더 많이 확보할 수 있게 된다. 마지막으로 자기관리는 자기관리를 적용하는 사람을 자유롭고 기분 좋게 해 준다. 자신이 좀 더 하기를 바라거나, 좀 더 해야 한다고 생각하지만 잘 하지 못하는 행동은 대부분 즉각적 결과가 주는 강화의 덫에 걸려 있다. 담배를 줄이기 원하지만 흡연으로 인한 지연된 벌(건강을 해침)보다는 흡연이 주는 즉각적 강화의 영향을 더 받는 것이다. 그런 사람은 자신이 통제당하고 있다고 느낄 것이다. 그러나 자기관리를 하는 사람은 자신이 자신을 통제하고 있다고 느낄 것이다. 그러므로 더 자유롭다고 느끼고 자신에 대해 좋은 느낌을 가질 것이다.

자기관리 기술을 실행하기 전에 다음과 같은 부분들이 학생들에게 훈련되어 있다면 자기관리 기술을 적용하기가 더 쉬울 것이다. 먼저 학생에게 강화제를 줄 때 어떤 행동의 결과로 강화받고 있는지 설명해 준 후에 학생에게 왜 강화제를 받는지, 어떤 행동의 결과로 무엇을 받을 수 있는지를 확인하는 질문을 한다. 또한 학생에게 강화제를 선택하게 하거나 행동의 대가를 결정하게 하는 훈련이 필요한데, 이러한 훈련은 자기평가나 자기강화를 적용하는 데 기초적 기술이 된다.

자기관리 기술에는 선행사건 변화시키기, 목표설정, 자기기록, 자기평가, 자기강화, 자기교수 등이 있다. Miltenberger(2009)는 자기관리를 자신의 행동을 변화시키기 위한 행동수정 전략이라고 정의했는데, 사실 선행사건 변화시키기, 목표설정, 자기기록, 자기평가, 자기강화, 자기교수 등의 자기관리 전략을 학생이 스스로 사용하여 행동이 변화하게 되는 데는 반드시 인지의 변화가 수반된다. 그런데 Miltenberger는 인지적 행동주의 중재가 인지라고 하는 행동을 변화시키려는 전략이라고 하면서 문제해결 훈련이나 분노조절 훈련 등 인지의 재구조화를 요구하는 중재들을 인지적 행동주의 중재라고 하면서 자기관리 전략과 구분했다. 그러나 문제해결 훈련, 분노조절 훈련, 긴장완화 훈련 등은 인지를 변화시킬뿐 아니라 그런 훈련을 통해 자신의 분노 상황, 문제 상황, 긴장 상황을 스스로 헤쳐 가도록 하는 방법이므로 자기관리 기술이라고 볼 수 있다. 따라서 이 책에서는 자기관리 기술과 인지적 행동주의 중재를 구별하지 않는다. 살펴보면 선행사건 변화시키기, 목표설정, 자기기록, 자기평가, 자기강화, 자기교수, 문제해결 훈련, 분노조절 훈련, 긴장완화 훈련은 모두 인지적

행동주의 중재의 원리를 적용하고 있으며 스스로 자신의 행동을 변화시키는 데 유용한 것들이다.

　모든 인지적 행동주의 중재는 행동은 생각에 따라 바뀔 수 있기 때문에 생각이 바뀌면 행동이 바뀐다는 것과 사람은 학습에 있어 능동적인 참여자라는 기본 가정을 전제로 하고 있다(Hughes, 1988). 인지적 행동주의 중재란 행동수정과 인지심리학의 종합으로 인지주의와 행동주의의 행동 변화 전략들을 통합해 놓은 것을 의미한다(Meichenbaum, 1977). 인지주의와 행동주의의 차이를 간단히 설명하면, 행동주의에서는 어떤 행동의 선행사건이나 후속결과를 조정하여 행동을 변화시키려고 하는 반면에 인지주의에서는 사람의 생각을 변화시키는 것, 즉 인지적 조절을 통해 행동을 변화시키려고 한다. 인지주의에서는 비합리적인 생각들이 바람직하지 못한 행동을 초래한다고 보고 비합리적인 생각을 합리적인 생각으로 바꾸어 주는 인지 재구조화를 목표로 한다. 대부분의 인지적 행동주의 중재들의 공통 목표는 학생에게 인지적 자기조절을 통하여 자신의 행동을 스스로 관리하도록 하는 것, 즉 학생 자신이 변화의 주도자가 되게 하는 것에 있다. 인지적 행동주의 중재에서는 학생에게 인지적 전략을 교수하기 위해 행동주의의 강화와 벌 같은 원리를 적용한다.

## 2 선행사건 변화시키기

　선행사건 변화시키기란 자신이 변화시키고 싶은 행동에 앞서 주어지는 자극이나 사건 또는 환경을 바꾸어서 목표하는 행동에 영향을 미치는 것이다. 이는 자신이 변화시키고 싶은 행동을 보다 자주 잘 할 수 있도록 하기 위해 그 행동이 발생할 환경을 변화시키는 모든 전략을 의미한다(Cooper, Heron, & Heward, 2015). 선행사건을 변화시키는 방법 중에서 제일 먼저 생각해 볼 수 있는 것은 행동을 변화시키기 위해 사용하는 자극의 가치를 변화시키는 것이다. 예를 들어, 음식물 강화제의 경우 동일한 음식물이라 할지라도 아동이 배가 부른 상태는 별 효력이 없고 배가 고픈 상태는 그 효력이 클 것이다. 따라서 음식물 강화제의 효력을 보고 싶다면 배가 부른 상태보다는 배가 고픈 상태에서 사용하여야 효과적이다. 이처럼 자신에게 주어지는 자극(강화제나 벌칙)의 가치를 변화시키는 것은 그 자극에 의해 영향을 받는 행동의 변화에 영향을 미칠 수 있다. 이처럼 일시적으로 자극의 가치를 변화시켜서, 그 강화물로 강화된 행동을 증가 또는 감소시키는 방법을 Michael(1982, 2007)은 동기화 조작(motivating operation)이라고 했다. 동기화 조작에 대해 구체적으로 알고 싶으면 그의 논문(1982)과 책(2007)을 참고할 수 있다.

선행사건을 변화시키는 또 다른 방법은 반응촉구(10장 참고)를 제공하는 것이다. 여기에서 사용되는 반응촉구는 바람직한 목표행동을 해야 함을 기억나게 하는 단서를 의미한다. 예를 들어, 다이어트를 하고 싶은 여학생이 책상 앞에 '다 먹어본 맛이다.'라고 문구를 써 붙이는 경우에, 그런 문구는 과자가 먹고 싶은 유혹이 들 때 과자를 멀리 할 수 있는 행동을 유발시킬 수 있다. 또 다른 예로 다음 날 아침 일찍 빨래를 해야 하는 경우에, 기상 후 제일 먼저 잊지 않고 찾게 되는 장소에 '빨래'라고 크게 쓴 메모를 붙여 놓고 잠자리에 든다면, 잊지 않고 빨래를 할 수 있을 것이다.

또한 바람직하지 않은 행동을 유발시킬 수 있는 물건을 치우는 것도 선행사건 변화시키기이다. 예를 들어, 다이어트를 하기 위해 집 안에 있는 모든 군것질거리를 치우는 것이다. 컴퓨터 게임을 하지 않기 위해 집에서 컴퓨터를 치우는 것도 여기에 해당하고, 담배를 끊기 위해 집, 사무실, 자동차 등에서 모든 담배를 치우는 것도 여기에 해당한다.

그 외에도 바람직하지 않은 행동을 스스로 제한된 장소에서만 하기로 하는 것도 선행사건 변화시키기에 해당한다. 예를 들어, 담배를 피우기 위해서는 건물의 비상계단 밖의 출구처럼 사람과 상호작용할 수도 없고 찾아가기도 귀찮은 장소에서만 담배를 피우기로 한다면 흡연을 줄일 수 있을 것이다.

그와는 반대로 바람직한 행동을 할 수 있도록 주위환경, 시간표, 장소, 주변사람을 바꾸는 것도 선행사건을 변화시키는 것이다. 예를 들어, 공부를 할 때 조용하고 불필요한 시각적 자극이 적은 곳에서 집중이 잘 된다면 시험공부를 하기 위해서 책상에 칸막이를 설치하거나 그렇게 되어 있는 도서관을 찾아갈 수 있다. 또 아침에 집중이 잘된다면 자신의 시간표를 조정하여 오전에 공부하는 시간을 최대한 확보하는 것 등이 여기에 해당할 수 있다. 이처럼 특정 행동에 대해 이미 통제를 발휘하는 상황을 사용해서 행동에 영향을 주는 것을 상황 유도(situational inducement)라고 한다(Martin & Pear, 2003). 바람직한 행동을 유도할 수 있는 상황을 조성한다는 의미다.

## 3 목표설정

목표란 개인이 해내고자 하는 수행 수준을 의미하는 것이다. 그러므로 목표설정 (goal setting)은 자신이 해내고자 하는 행동의 수준 또는 행동의 결과와 행동 발생 기간을 설정하는 것이다. 목표설정은 해야 할 일의 목록을 만들고, 목록에 있는 것들에 대해 성취 가능한 수준의 목표를 설정하는 것으로 이루어질 수 있다. 이때 먼 장래에 이루어질 목표를 정하는 것보다는 짧은 기간에 이루고 싶은 목표를 구체적으로 설정하는 것이 효과적이다(Alberto & Troutman, 2006). 특히 초기단계에서는 단기목표가 아동으로 하여금 짧은 기간 안에 자신의 수행 과정을 평가하는 것을 가능하게 하기 때문에 장기목표보다 더 효과적이다. 구체적인 수행을 지시하는 목표가 일반적인 목표보다는 자기효능감과 동기를 향상시키는 데 효과적이다. 즉, '매일 책을 읽기'라는 목표보다는 '오늘 ○ ○ 책을 처음부터 100쪽까지 읽기'라고 목표를 설정하는 것이 구체적인 목표다. 또한 초기에는 달성이 가능한 목표를 설정하는 것이 더욱 필요하다. 예를 들어, 평소에 점심식사를 하는 데 평균 55분이 걸리는 학생이라면 두 달 이내로 20분 내에 식사를 마치겠다는 목표보다는 1주일 내로 연속 3일간 50분 이내로 점심식사를 마친다는 목표는 훨씬 성취 가능한 목표가 될 것이다.

Locke와 Latham(1990)은 효과적인 목표달성을 위한 방법으로 다음 다섯 가지를 지킬 것을 제안했다. 첫째, 목표는 현실적이고 구체적이어야 한다. 구체적 목표란 특정한 행동의 양, 수준 또는 수행기준과 행동이 일어나는 상황을 포함해야 한다. 둘째, 목표는 공적으로 알려야 한다. 설정한 목표를 자신만 알고 있을 때보다는 주변의 다른 사람들에게 공표했을 때 달성할 가능성이 높아지기 때문이다. 셋째, 목표달성에 대해 정해진 기한을 설정해야 하고, 장기목표의 경우에 여러 개의 단기목표로 나누는 것이 효과적이다. 기한이 없으면 목표달성을 자꾸 미루게 되지만, 정해진 기한은 학생에게 목표를 인식하도록 도와주기 때문에 적절한 긴장감을 주어 목표달성을 이루도록 도와주게 된다. 또한 장기목표는 목표달성까지 남은 기간이 너무 많아서 성취라는 강화를 받기까지 시간이 오래 걸리게 되므로 중도에 포기할 가능성이 있다. 그러나 장기목표를 여러 개의 단기목표로 나누면 각 단기목표를 달성할 때마다 성취감을 경험하게 할 수 있어 장기목표 달성을 도와줄 수 있다. 넷째, 목표 진행의 정도를 나타내는 그래프를 그려야 한다. 그래프는 목표달성까지 얼마만큼이 남았는지, 얼마나 잘하고 있는지 눈으로 직접 보며 확인할 수 있게 해 주는 피드백 역할을 한다. 다섯째, 본인이 목표설정에 참여하여 서약하는 것이 필요하다. 사람은 누구나 자신의 의지로 선택한 것에 대해 더 책임지려 하는 경향이 있기 때문이다. Martino (1993)도 목표는 구체적이고 측정 가능해야 하며, 달성할 수 있는 것이어야 하고, 아동이 향상하기 원하는 것이어야 하며, 시작하는 날짜와 끝나는 날짜를 포함하여 예상되는 성과의 견지에서 글로 진술하여야 하고, 목표의 진행 상황은 시각적으로 파악할 수 있어야 한다고 했다.

목표설정을 하는 방법으로 Rader(2005)가 제안한 것을 순서대로 밝히면, 첫째, 구체적인 목표를 글로 쓰기, 둘째, 목표를 수행할 기간을 정하기, 셋째, 목표달성을 위한 계획을 세우기, 넷째, 목표를 이루고 있는 과정을 시각화하기, 다섯째, 포기하지 않고 열심히 하기, 여섯째, 자기평가하기다. 여기에서도 보듯이 목표설정은 단독으로 사용하기보다는 다른 중재 방법들과 병행되어 사용할 것이 권장되고 있다. 즉, 목표설정은 다른 자기관리 기술의 기본이 되는 것으로서, 단독으로 사용되기보다는 자기기록, 자기평가, 자기강화 등과 함께 실시할 때 더 효과적이다. 자신의 수행 목표를 세우고 목표행동이 발생할 때마다 그 행동의 빈도, 지속시간, 강도 등에 대해 기록하면서 목표를 향한 진전을 평가하고 강화하는 것이 함께 시행될 때 가장 효과적이라고 할 수 있다.

조명애(2009)는 초등학교 특수학급에 있는 2~4학년 장애아동들에게 학습에 대한 목표를 스스로 세우는 목표설정과 선호도에 기초하여 여러 개 중에서 하나를 고르는 선택하기를 국어 수업에 적용하였다. 참여아동은 첫 번째 회기 때 배우고 싶은 것이 무엇인지 아동 스스로 그것을 할 수 있는지에 대해서 교사와 이야기를 나누었다. 교사와의 대화를 통해 아동은 적절한 목표를 설정하여 그림판에 기록하였으며, 설정한 목표와 관련하여 아동의 현행 수준은 '할 수 있어요.'라고 적힌 그림판에, 목표달성을 위한 활동 계획은 '노력할래요.'라고 적힌 그림판에, 몇 회에 걸쳐서 수행할 것인가에 대한 시간 계획은 '언제까지 할까요?'라고 적힌 그림판에 각각 기록하였다. 설정한 목표의 시간 계획에 따라 활동이 끝나는 마지막 회기 때 그동안의 학습활동에 대해 아동은 교사와 함께 평가하고, 그 결과에 따라 목표를 계속 유지할 것인지 새로운 목표를 설정할 것인지를 결정했다. 만약 아동이 계속 목표를 유지하기를 원하고 교사가 평가하기에도 아직 목표달성이 미흡할 경우에는 활동 계획이나 시간 계획을 수정하였고, 교사와 아동 모두가 목표달성이 이루어졌다고 평가하였을 때는 다시 첫 회기의 목표설정, 현행 수준 파악, 활동 계획 및 시간 계획 세우기 활동을 반복하였다. 그 결과 국어 수업에서 학업 성취도와 자기결정행동이 향상되었다.

정경선(2002)은 8명의 초등학교 2학년 수학 학습부진아에게 목표설정, 초인지 훈련, 목표설정−초인지 훈련이 문장제 문제에 대한 해결력(문제의 이해, 계획의 고안, 계획의 실행, 평가)에 어떤 효과를 미치는지 연구했다. 연구 결과, 목표설정 훈련, 초인지 훈련, 목표설정−초인지 훈련 모두 문장제 문제해결력이 향상되었는데, 가장 많은 향상을 보인 것은 목표설정 훈련의 경우로 나타났다. 연구자는 이러한 결과를 아동의 어린 연령으로 인해 초인지 훈련에 대한 어려움이 있었을 것으로 해석했다. 어쨌든 목표설정은 어린 나이에도 효과적이었음을 보여 준 연구다. 이 연구에서 목표설정은 매 회기마다 문장제 문제를 풀기 전에 자신의 현재 위치를 확인하고 변화를 위해 필요한 목표를 설정하도록 하는 것으로 이루어졌다.

## 4 자기기록

자기기록(self-recording)은 자기 행동의 양이나 질을 관찰하고 측정하여 스스로 기록하도록 하는 방법으로 자기점검(self-monitering)이라고도 하고 한다(Cole, 1987). 행동에 대한 기록은 학생과 교사에게 행동에 대한 확실하고 구체적인 피드백을 줄 수 있다. 비교적 쉽고 간단한 자기기록 기술은 반동 효과(reactive effect)가 있어서 기록 자체만으로도 바람직한 방향으로 행동이 바뀐다는 특성이 있다(Cole, 1987; Kirby, Fowler, & Baer, 1991). 이러한 특성은 자기기록이 행동 변화에 효과가 있는 이유와도 관련이 있다. 즉, 자기기록은 그 자체가 스스로 자기 행동을 감독하게 하여 자기기록이 자기가 주는 보상이나 자기가 주는 벌로서 작용하고, 자기기록이 환경 단서로 작용하여 학생에게 자기 행동의 잠정적 결과를 인식하게 하는 것을 더욱 증가시키기 때문에 행동을 변화시킬 수 있는 것이다. 이런 효과가 있는 자기기록은 시간이 좀 더 지나고 학생이 자기기록에 익숙해지면 효과가 감소할 수도 있기 때문에, 추가로 다른 자기관리 기술과 함께 쓰는 것이 더 효과적이다. 또한 자기기록의 결과를 그래프로 그리는 것은 행동의 변화를 한눈에 볼 수 있게 해 주기 때문에 더 큰 반동 효과를 가져온다.

자기기록을 적용하는 방법은 다음과 같다.

- ▣ 첫째, 목표행동을 선정하고 행동을 정의한다.
- ▣ 둘째, 행동을 기록하는 방법을 선정한다.
- ▣ 셋째, 학생에게 자기 행동을 기록하는 방법을 시범 보이며 가르친다.
- ▣ 넷째, 자기 행동을 기록하는 방법을 연습하게 하고, 연습 과정을 감독하며 피드백을 준다.
- ▣ 다섯째, 학생 스스로 자기기록 방법을 사용하게 한다. 이때 기록의 정확성은 학생의 행동 수행과 직접적 관련이 없다. 왜냐하면 부정확한 기록도 긍정적 행동 변화를 가져오기 때문이다.

자기기록을 좀 더 쉽게 하기 위해서는 행동을 측정하는 도구(예: 계수기, 타이머, 스톱워치)나 기록지를 사용하는 것이 좋다. 또한 부가적으로 청각적이거나 촉각적인 단서를 사용하면 자기기록을 잊지 않고 할 수 있을 것이다. 예를 들어, 일정한 시간 간격으로 벨소리가 나도록 타이머를 작동시키거나 MotivAider(www.habitchange.com)처럼 진동하는 도구를 사용할 수 있다. 자기 행동을 기록하는 방법으로는 5장의 '행동의 직접 관찰과 측정'에 있는 빈도 관찰기록 방법과 순간 관찰기록 방법 등을 적용할 수 있다. 빈도 관찰기록 방법은 자기 행동의 빈도를 기록하는 것으로, 예를 들어 수업시간에 욕설을 할 때마다 책상 위에 부착된 자기기록표에 표시하여 기록하게 하는 것이다. 순간 관찰기록 방법은 전체 시간을 시간 간격으로 나누어 시간 간격이 끝나는 시점에 학생이 들을 수 있는 어떤 신호를 주어 그 순간의 자신의 행동을 +표로 기록하게 하는 것이다. 예를 들어, 2분 간격으로 작은 종소리가 들리게 하고 그때마다 학생이 수업과 관련된 바람직한 행동을 하고 있는지 스스로 기록하는 것이다.

[그림 13-1]에 순간 관찰기록 방법을 이용한 자기기록 양식의 예를 제시하였다. [그림 13-1]을 사용하는 예를 든다면, 초등학교 3학년인 성학이는 국어 수업시간에 짝꿍인 민지에게 말을 걸어 민지의 수업을 자주 방해한다고 하자. 교사는 성학이가 국어 수업시간에 민지에게 말을 거는 행동을 감소시키기 위해 자기기록 용지를 만들어 성학이 책상 위에 붙이고, 40분 수업시간 동안 2분마다 소리가 울릴 때 그 순간에 민지에게 말을 걸고 있었다면 해당 시간 간격에 표시를 하게 할 수 있다.

이름: _____        날짜: _____

* 종이 울리는 순간에 선생님의 허락 없이 짝꿍에게 말을 걸고 있었으면 해당하는 시간 간격 칸에 +표를 하고, 그렇지 않으면 −표를 하세요.

| 1 | 2 | 3 | 4 | 5 | 6 | 7 | 8 | 9 | 10 |
|---|---|---|---|---|---|---|---|---|----|
| 11 | 12 | 13 | 14 | 15 | 16 | 17 | 18 | 19 | 20 |
|  |  |  |  |  |  |  |  |  |  |

[그림 13−1] 순간 관찰기록 방법을 이용한 자기기록 양식의 예

위의 같은 예를 빈도 관찰기록 방법으로 기록한다면 [그림 13−2]와 같은 기록 용지를 사용할 수 있다.

이름: _____        날짜: _____

* 수업시간에 선생님의 허락 없이 짝꿍에게 말을 걸 때마다 ✓표를 하고, 수업이 끝날 때 총 몇 번 짝꿍에게 말을 걸었는지 합계를 적으세요.

합계: _____

[그림 13−2] 빈도 관찰기록 방법을 이용한 자기기록 양식의 예

현노상(2002)은 만 5세의 청각장애 유아 3명에게 자기기록법을 적용하여 자발적인 말 시작 행동에 미치는 효과를 연구했다. 교사와 유아가 글자 없는 그림책을 보면서 이야기 나누기를 하는 동안 1분 간격으로 휴대전화의 진동이 울릴 때 유아가 자신의 말 행동의 발생 여부를 자기점검 기록지에 기록하게 했다. 유아가 진동이 울릴

때 말을 하고 있었으면 진동이 울린 지 3초 이내에 자기기록지에 있는 '말 했어요.' 칸에 동그라미를 그리고, 진동이 울릴 때 말을 하고 있지 않았으면 '말 안 했어요.' 칸에 동그라미를 그리도록 했다. 그 결과, 자연적인 상황에서는 자발적인 의사 표현이 제한되어 있던 청각장애 유아들의 자발적인 말 시작 행동이 증가하였을 뿐 아니라 중재 외 다른 상황으로까지 일반화되었다. 이처럼 자기기록은 행동변화에 효과가 있지만, 많은 경우에는 그 효과가 일시적일 수 있으므로 그 효과를 유지하기 위해서는 강화를 연결시키는 것이 필요할 수 있다.

## 5 | 자기평가

자기평가(self-evaluation)는 자기 행동을 정해진 기준을 근거로 스스로 평가하는 방법이다(Zirpoli, 2008). 학생에게 자기 행동을 평가하도록 할 때는 어떤 종류의 준거를 사용하여야 하는지 알려 주어야 한다. 자기평가가 잘 적용되기 위해서는 기준에 따라 자신의 행동을 관찰하고 비교할 수 있도록 지도하는 것이 필요하다. 즉, 자신의 적절한 행동과 부적절한 행동을 변별할 수 있는 능력이 요구된다. 자기평가의 궁극적 결과는 학생이 자신의 행동이 원하는 수준에 도달했는지를 결정하는 것이기 때문에 표적행동에 대해 자기가 점검한 기록물이 필요할 수 있다. 그럴 때에 자기평가의 선수 기술로 자기기록 기술이 요구된다.

자기평가의 가장 단순한 방법은 자기기록 용지의 아래 부분에 평가척도를 넣는 방법이라고 할 수 있다. 즉, 먼저, 학생은 표적행동을 기록한 후에 사전에 선정된 기준에 따라 자신의 행동을 평가하는 것이다. 자기기록이 완료된 후에 학생은 자신이 기록한 것을 계산하여 척도에 따라 자기 행동을 평가하면 된다. [그림 13-3]은 [그림 13-2]에 있는 자기기록을 포함한 자기평가 양식의 예다.

이름: _____ 날짜: _____

\* 수업시간에 선생님의 허락 없이 짝꿍에게 말을 걸 때마다 ✓표를 하고, 수업이 끝날 때 총 몇 번 짝꿍에게 말을 걸었는지 합계를 적으세요.

합계: _____

\* 이번 수업시간에 짝꿍에게 말을 건 자신의 행동을 수업시간에 다른 친구들의 행동과 비교하여 생각해 보고 아래의 알맞은 척도에 표시하세요.

| 못함 | 보통임 | 우수함 | 매우 우수함 |
|---|---|---|---|
| 1 | 2 | 3 | 4 |

[그림 13-3] **자기기록을 포함한 자기평가 양식의 예**

[그림 13-3]에서 자기기록과 통합하지 않고 자기평가 부분만 사용할 수도 있다. 또한 인지적 수준이 낮거나 나이가 어려서 평가 기준의 이해가 어렵다고 판단되면 척도를 숫자나 글로 설명하지 않고 그림으로 제시할 수도 있다. Kim(1994)은 지적장애 아동들에게 [그림 13-4]와 같은 그림을 제시하고 자기 행동을 평가하도록 하였다.

이름: _____ 날짜: _____

\* 나는 이번 수업시간 동안 어떻게 행동했나요?

☺ ☺ ☹

[그림 13-4] **그림으로 제시한 자기평가 척도**

자기평가를 적용하는 방법은 다음과 같다.

◣ 첫째, 목표행동을 선정하고 행동을 정의한다.

◣ 둘째, 행동을 평가하는 기준을 선정하고 기준을 설명한다. 필요하면 적절한 행동과 부적절한 행동을 변별하도록 가르친다.

◣ 셋째, 아동에게 자기 행동을 기준에 따라 평가하는 방법을 시범 보이며 가르친다. 이때 자기기록이 요구된다면 먼저 아동에게 자기기록을 정확하게 할 수 있도록 지도해야 한다.

◣ 넷째, 자기 행동을 평가하는 방법을 연습하게 하고, 연습 과정을 감독하며 피드백을 준다. 점차 교사 피드백 없이 스스로 평가하게 한다.

이소희(2008)는 정신지체 특수학교 전공과에 재학 중인 3명의 중도장애 학생에게 제과·제빵의 생산량과 제빵 기술 수행을 향상시키기 위해 자기평가를 포함한 4단계의 자기관리 기법을 적용하였다. 1단계에서는 과제 생산량에 관한 목표를 세우게 하고, 2단계에서는 자기점검표를 사용하여 제과·제빵을 하도록 했으며, 3단계에서는 자기평가지를 활용하여 과제 완성도를 평가하고 제과·제빵 생산량을 확인하게 했으며, 4단계에서는 생산량을 자신이 세운 목표량과 비교한 후 자기강화하도록 했다. 자기평가 단계에서 학생들은 제빵 완성품을 보고 자기평가지에 정해진 준거에 따라 수행과제 항목 옆에 스티커를 붙이거나 펜으로 표시를 해서 자기평가를 하게 했다. 자기평가지에 쓰여 있는 글자를 해독하기 어려운 경우, 관찰자가 평가 내용을 불러 주고 항목 옆에 표시하게 하며 과제 완성품 모형을 구체물로 제작하여 학생이 직접 만져 보고 조작해 보는 과정을 통해 평가하게 했다. 학생이 완성품을 평가할 동안 연구자도 똑같은 과제 완성도 체크리스트를 작성하여 제과·제빵 완성품을 평가했으며 학생의 평가 내용에 대해 교사(관찰자)가 피드백을 제공하여 생산량을 결정했다. 이때 사용한 자기평가지는 [그림 13-5]와 같다. 이와 같은 4단계의 자기관리 기술을 적용한 결과, 학생들의 제과·제빵 생산량과 기술 수행이 향상되었다.

〈제과 · 제빵 완성품 평가서〉

날짜: _____월 _____일  
담당자: _____  
담당교사: _____ (인)  
오늘의 생산량: _____ (개)

제품의 종류: 마들렌

| 제품평가 평가항목 | 제품 | | | | | | | | | | | | | | |
|---|---|---|---|---|---|---|---|---|---|---|---|---|---|---|
| | 1 | 2 | 3 | 4 | 5 | 6 | 7 | 8 | 9 | 10 | 11 | 12 | 13 | 14 | 15 |
| 1. 마들렌의 크기와 앞, 뒤, 옆 모습이 일정한가? | | | | | | | | | | | | | | | |
| 2. 마들렌의 모양은 일정한가? | | | | | | | | | | | | | | | |
| 3. 마들렌의 색, 외부 부피는 적절한가? | | | | | | | | | | | | | | | |
| 4. 겉면이 두껍지 않고 적절한가? | | | | | | | | | | | | | | | |
| 5. 마들렌의 겉면이 타지 않고 잘 익었는가? | | | | | | | | | | | | | | | |
| 6. 마들렌 안은 잘 익었는가? | | | | | | | | | | | | | | | |
| 7. 마들렌 안의 공기구멍의 크기가 작은가? | | | | | | | | | | | | | | | |
| 8. 마들렌의 냄새(향)가 적당한가? | | | | | | | | | | | | | | | |
| 9. 손에 들었을 때 가루가 떨어지거나 부서지는가? | | | | | | | | | | | | | | | |
| 10. 마들렌의 맛이 좋은가? (쓰거나 짜지 않은가?) | | | | | | | | | | | | | | | |
| 총점 | | | | | | | | | | | | | | | |

비고  ○(스티커 ☺): 잘함  △(스티커 ☺): 보통  ×(스티커 •): 도움을 요함

출처: 이소희 (2008).

[그림 13-5] 자기평가의 예

## 6 │ 자기강화/자기처벌

자기강화(self-reinforcement)란 학생이 정해진 목표를 달성하거나 자기가 정한 목표를 이루었을 때 스스로 선택한 강화제를 자기에게 제공하는 것이다(Wolery, Bailey, & Sugai, 1988). 자기강화는 스스로에게 '만약 내가 ~하면 나에게 ~를 줄 것이다.'라고 계약하는 내용의 진술로 요약할 수 있다. 자기처벌은 자신의 바람직하지 않은 행동에 대해 고통스럽고 혐오적인 자극을 자기에게 제공하거나 스스로 강화제를 잃게 하는 것이다. 대부분의 자기관리 중재는 자기강화나 자기처벌을 포함하고 있다.

자기강화를 적용할 때는 학생이 강화제를 선택하도록 하고, 강화제 값을 결정하도록 하며, 목표하는 행동을 선택하도록 하는 것이 좋다. 하지만 학생이 자신에게 강화를 줄 수 있는 기준을 결정할 때 쉽게 강화를 받을 수 있도록 기준을 지나치게 낮게 설정하지 않도록 좀 더 엄격한 기준을 선정하는 방법을 가르쳐야 한다. 그렇게 하기 위해서 처음에는 교사가 학생의 행동에 대해 점수를 주면서 기록하고 함께 강화를 결정하는 것이 필요하다. 그다음에는 교사가 주는 점수를 학생이 기록하게 한다. 다음 단계에서는 학생이 스스로에게 점수를 주고 교사의 점수와 비교하여 일치하면 보너스 점수를 주도록 한다. 끝으로 학생은 교사의 점수와 비교하는 것을 점차 줄이고 자기 행동을 평가하면서 독립적으로 자기강화를 하는 것이다.

자기처벌을 적용할 때는 정적 벌처럼 자신의 바람직하지 않은 행동 뒤에 혐오 자극을 스스로 제시할 수도 있고, 부적 벌처럼 자신의 바람직하지 않은 행동 뒤에 강화제를 스스로 제거할 수도 있다. 전자에 해당하는 예로는 탁구 선수가 훈련 중에 실수하는 빈도를 줄이기 위해 손목에 고무줄을 묶고 있다가 실수할 때마다 고무줄을 잡아 당겨서 자신에게 혐오자극을 주거나, 영어 단어 철자쓰기에 틀렸을 경우에 스스로 틀린 단어를 20번씩 쓰는 정적연습 과잉교정을 통해 바람직하지 못한 행동에 대해 고통을 주는 방법이 있다. 후자에 해당하는 예로는 지각을 자주하는 학생이 스스로 자신이 지각할 때마다 벌금을 내겠다고 반응대가 기법을 스스로 적용하는 것이다.

# 7 자기교수

자기교수(self-instruction)는 자기가 수행할 행동의 순서를 스스로 말해 가면서 실행하도록 하는 것이다(Meichenbaum & Goodman, 1971). 10장에서 촉구란 요구되는 반응을 일으키는 데 변별자극으로 충분하지 않을 때 사용되는 것이라고 했는데, 자기교수란 어떤 행동을 수행하기 위해 자기가 스스로에게 구어적 촉구를 제공하는 과정이라고 할 수 있다.

자기교수의 두드러진 특징은 자신이 행하고 있는 생각과 행동을 언어화시키는 것이다. 즉, 소리 내어 생각하기를 하는 것이다. Karnes와 Teska, Hodgins(1970)는 아동은 어떤 과제를 수행할 때 각 단계를 잘하고 있는지 평가하는 데 있어서 언어화가 요구된다고 했다. 그래서 교사는 아동에게 언어적 모델링을 제공하고 놀이 형태의 프로그램을 반복하면서 아동의 언어화를 도와야 한다는 것이다. 그리고 아동이 언어화 반응을 보이면 교사는 그 반응을 수정하고 확장하도록 도울 수 있다는 것이다.

자기교수는 특별히 충동적인 아동들을 위한 좋은 중재다. 왜냐하면 충동적인 아동은 반응 억제 능력과 인지적 문제해결 능력이 낮아서 어떤 자극이 주어지면 즉각적이고 거의 전 자동적인 행동 반응을 보이는데, 내적 언어화를 요구하는 자기교수는 아동에게 반응하기 전에 생각하는 것을 촉진시키기 때문이다. Meichenbaum과 Goodman(1971)은 인지적으로 충동적인 아동의 사적인 언어는 대체로 미성숙하고 자기 선동적이기 때문에 주어진 과제를 완수하지 못하거나 문제행동을 하게 되는 것을 발견하고, 충동성이 강한 아이들이 자신의 충동성을 자제할 수 있도록 돕기 위해 자신의 행동을 언어화하는 과정을 가르치는 자기교수를 개발하였다. 그들은 아동에게 어떤 선의 모양을 보고 그대로 따라 그려야 하는 과제에 대한 교사의 언어화 내용, 즉 자기교수의 진술문 예를 다음과 같이 제시했다.

> 자! 내가 이제부터 해야 할 것이 무엇이지? 나는 몇 개의 서로 다른 선들을 연필 끝으로 빗나가지 않게 그대로 따라 그려야 해. 천천히 조심스럽게 해야지. 자! 천천히 따라 그려 내려 가자, 좋아. 그다음은 오른쪽으로! 그거야. 이젠 또 밑으로 그려 내려가야지, 이번엔 왼쪽으로! 좋아. 나는 아주 잘하고 있어. 천천히 해야 한다는 것을 잊어서는 안 돼. 이번에는 위로 올라가야 해, 아니야 밑으

로 내려 그려야 해. 좋았어, 그거야, 잘못 그린 곳을 조심스럽게 지우고…… 좋
아. 내가 좀 잘못 그린 데가 있긴 해도, 천천히 조심스럽게 계속 그릴 수 있어.
난 밑으로 내려 그려야 해, 다했다. 내가 해낸 거야(Meichenbaum & Goodman,
1971, p.117).

또한 그들이 제시하는 자기교수의 훈련 절차는 다음과 같다.

- ▨ 1단계: 인지적 모방 ― 교사가 소리 내어 혼잣말을 하면서 과제를 수행하고, 아
  동은 그것을 관찰한다.
- ▨ 2단계: 외적 모방 ― 아동은 교사의 지시에 따라 교사가 말하는 자기교수의 내용
  을 그대로 소리 내어 따라 말하면서 교사가 수행하는 것과 같은 똑같은 과제를
  수행한다. 즉, 1단계에서 관찰한 내용을 지시에 따라 그대로 따라 하는 것이다.
- ▨ 3단계: 외적 자기 안내 ― 아동은 혼자서 큰 소리를 내어 교사가 한 것과 똑같은
  자기교수를 하면서 과제를 수행한다. 즉, 2단계를 교사의 모델 없이 스스로 해
  보는 것이다.
- ▨ 4단계: 외적 자기 안내의 제거 ― 아동은 자기교수를 속삭이면서 과제를 수행한
  다. 즉, 3단계를 속으로 중얼거리며 하는 것이다.
- ▨ 5단계: 내적 자기교수 ― 아동은 내적 언어로 자기에게 수행을 안내하면서 과제
  를 수행한다.

위에서 보듯이 자기교수에는 여러 행동지원 전략이 통합되어 있다. 먼저 1단계에
서 교사의 교수(instruction)와 시범이 있고, 2, 3, 4 단계에서 언어적 촉구가 주어지고
잘 따라 하면 강화가 주어진다. 그리고 단계가 발전하면서 외적인 것이 내적인 것으
로 바뀌는 것과 같은 용암법이 적용됨을 알 수 있다.

Bash와 Camp(1975)는 여러 사람들의 자기교수에 관한 연구들을 결합하여 개발한
'소리 내어 생각하기'라는 프로그램에서 자기교수 과정을 도와주는 네 가지 질문을
[그림 13-6]처럼 그림이 있는 카드와 함께 제시했다. 아이들에게 과제를 할 때마다
이 네 가지의 질문 카드를 시각적 단서로 활용하며 자기교수를 하도록 요구하는 것
이다.

내가 무엇을 해야 하지?

내 계획은 무엇인가?

나는 계획한 대로 하고 있는가?

내가 문제를 해결한 방법은 어떤 것이었지?

출처: Bash & Camp (1975).

[그림 13-6] '소리 내어 생각하기'의 네 가지 질문과 그림

그들이 제시한 네 가지 질문을 Meichenbaum과 Goodman(1971)의 자기교수 내용
과 연결하면 아래와 같이 정리된다. 즉, 자기교수 과정에서 네 가지 단계로 구분되는
진술문은 결국 이 네 가지 질문에 대한 답을 말하게 하는 것으로 볼 수 있다.

① 문제의 정의: 문제가 무엇이지? 또는 내가 할 것이 무엇이지?

② 주의 집중과 행동의 지시: 어떻게 해야 하지? 내 계획이 무엇이지?

③ 자기강화: 난 잘하고 있나? 난 계획대로 하고 있나?

④ 자기평가와 오류수정: 어떻게 끝낼 수 있었지? 내가 문제를 해결한 방법이 무엇이었지?

김혜진(2010)은 위 네 가지 종류의 질문을 [그림 13-7]과 같이 사용하여 앞에서 설명한 자기교수의 다섯 단계에 따라 지적장애 아동에게 덧셈을 가르쳤다.

---

문제: 5 + 4 = _____

- 질문: 무슨 문제지?
- 대답: 먼저 기호가 무엇인지 확인해야지!
  옳아! 기호를 보니까 더하기 문제구나!

- 질문: 이 문제를 어떻게 풀어야 하지?
- 대답: 먼저 위에 수 5에다 밑에 수 4를 더해야지

- 질문: 5에다 4를 더하면 얼마지?
- 대답: 5에다 4를 더하면 9이구나!

- 질문: 그 다음에는 어떻게 하지?
- 대답: 9를 써줘야지. 그래!

- 질문: 그러면
- 대답: 9이구나!

출처: 김혜진 (2010).

[그림 13-7] **자기교수를 하기 위한 질문과 대답의 예**

살펴보았듯이, 자기교수는 교사가 아동들에게 직접적이고 구체적으로 '생각하기'를 가르치는 전략으로서 그 핵심은 아동이 가지고 있는 자기조절 능력을 인식시키고 향상시키는 데 있다. 한마디로 자기교수의 목적은 충동적인 아동들에게 자신을 자제할 수 있는 단서를 어떤 행동의 초기단계에서 활용하도록 가르치는 것에 있다. 자기교수의 모든 내용을 요약하면, 첫째, 충동적 반응을 억제하는 것, 둘째, 과제의

적절한 단서에는 집중하고 내적이든 외적이든 무관한 자극에는 주의를 기울이지 않는 것, 셋째, 아동에게 과제목표를 상기시키는 것, 넷째, 좌절과 실패를 극복할 수 있도록 돕는 것, 다섯째, 언어적 또는 비언어적 행동을 통제하도록 도와주는 것 등으로 구성되어 있음을 알 수 있다.

전체적으로 보면, 자기교수는 아동이 과제를 하는 데 있어서 요구되는 인지를 보여 주는 교사시범 부분과 아동의 시연과 교사의 피드백 부분으로 나누어 볼 수 있다. 그런데 아동의 자기시연 부분은 새로운 과제를 배우는 초기단계에서는 필요하지만, 새 과제를 배우는 경우가 아니면서 아동의 지능이 높거나 과제수행 능력이 뛰어나다면 오히려 과제수행을 방해할 수 있기 때문에 주의가 필요하다(Meichenbaum, 1977). 또한 아이들에게는 과제수행에 필요한 인지적 모방뿐 아니라 과제의 실패나 좌절을 어떻게 다루는가에 대한 시범도 반드시 필요하다.

자기교수를 사용한 예로, 조형태(2008)는 수학학습에 어려움이 있는 아동에게 문장제 수학문제 해결을 위해 자기교수 훈련을 사용했다. 그는 학생이 수학문제를 정의하고 확인하는 과정에서, 문제는 무엇인가, 문제의 중요한 부분에 밑줄을 그었는가, 찾고자 하는 것이 무엇인가, 어떻게 풀어야 좋을까 등을 스스로에게 묻게 했다. 그 다음에 답을 탐색하는 과정에서는 다시 어떤 방법이 가장 좋을까, 계산은 어떻게 할까, 답이 얼마인가 등을 묻게 했다. 답을 검토하는 과정에서는 식과 계산이 바른가, 답이 맞았는가 등을 묻도록 했다. 마지막으로 자기강화 단계에서는 문제를 바르게 풀었는지 묻게 했다.

## 8 | 문제해결 훈련과 분노조절 훈련

아이들은 매일 해결해야 할 문제들을 직면한다. 이러한 문제를 성공적으로 해결하지 못할 때 적절하지 못한 행동을 하게 되거나 사회적 관계에 어려움을 갖게 된다. 아이들에게 형식을 갖춘 훈련을 통해 효과적으로 자신의 문제를 해결하는 방법을 가르치려는 것이 문제해결(problem solving) 훈련이다. 즉, 자신에게 주어진 과제 또는 문제를 해결하기 위해 자기교수를 적용하는 것이라고 할 수 있다. 문제해결 훈련의 공통과정은 학생이 문제 상황을 인식하고, 문제를 정의하고, 문제를 유발하는 요인들이 무엇인지 파악할 수 있도록 가르치고, 문제에 대한 잠재적 해결 방안들을 찾게 한 후, 각 해결 방안에 대해 평가하여 선택한 방법으로 반응하고 평가하게 하는 것이다(D'Zurilla & Goldfried, 1971; Goldstein, 1999).

Spivak과 Shure(1974)는 문제해결 훈련 과정을 통해서 아이들이 문제해결 전략의 순서만 익히는 것이 아니라, 다음과 같은 능력들을 획득하게 하는 것이 문제해결 훈련의 궁극적 목적이 되어야 한다고 했다. 첫째, 문제를 해결할 가능성이 있는 여러 다양한 해결책을 생각해 낼 수 있는 능력이다. 둘째, 어떤 행동이 가져올 수 있는 결과를 볼 줄 아는 능력이다. 즉, 다양한 해결책의 결과들을 예측할 수 있는 능력이다. 셋째, 어떤 행동 발생의 원인을 생각하는 능력, 즉 하나의 사건과 다른 사건을 연관시킬 줄 아는 능력이다. 넷째, 사람들 사이에는 문제가 있을 수 있음을 인식하는 능력이다. 다섯째, 수단과 결과를 연결 짓고 예측하는 능력으로, 문제를 해결하기 위한 각 단계를 계획하는 데 필요한 능력이다. 여섯째, 사람들은 서로 다른 동기를 가지고 다르게 행동할 수 있음을 알고, 그 사실을 설명할 수 있는 능력이다.

D'Zurilla와 Goldfried(1971), Spivak과 Shure(1974), Goldstein(1999) 등이 제시한 문제해결 훈련 프로그램을 종합해 보면 문제해결 훈련은 사회적 기술 훈련과 같이 설명, 시범, 시연, 피드백, 연습의 과정이 필요하고, 문제 상황은 학생들의 실생활과 밀접한 관련이 있는 것들이어야 함을 알 수 있다. 또한 문제해결 훈련 프로그램은 모두 ① 문제의 인식과 정의, ② 대안적 해결 방안의 모색과 평가, ③ 문제해결 계획의 수립과 실행과 평가라는 공통된 구성 요소를 가지고 있다. 문제해결 훈련이 효과적으로 이루어지려면 학생에게 문제해결을 연습할 기회가 많이 주어져야 하고, 교사가 평소에 자신의 문제에 대해 문제해결의 시범자가 되어 학생들로 하여금 문제해결하는 모습을 볼 수 있게 하는 것이 바람직하다.

분노조절 훈련(anger control training)이란 화가 난 상황에서 화를 조절하고 공격적 행동을 자제할 수 있도록 가르치는 것이다. 분노조절은 문제해결 훈련과 크게 다르지 않다. 다만 해결해야 할 문제가 분노라는 것이다. 8장에서 사회성 기술 훈련을 소개하면서 예로 들었던 기술도 분노 다스리기였다. 이와 같이 분노를 조절하는 것은 긍정적 상호작용을 높이기 위한 사회성 기술 훈련이나 갈등과 같은 대인관계 문제를 해결하는 문제해결 훈련에서 반드시 다루어야 하는 주제다. 분노를 조절하는 단계를 Bambara와 Kern(2008)이 제안한 방법으로 간단한 예와 함께 [그림 13-8]에 제시했다. [그림 13-8]은 Novaco(1975)가 제안하는 촉발요인, 단서, 암시, 이완, 자기평가라는 다섯 요소가 포함되어 있음을 알 수 있다. 촉발요인이란 화가 나게 하는 사건을 뜻한다. 단서란 분노를 일으키는 신체적 신호를 알아차리는 것을 의미한다. 암시는 분노의 각성 상태를 줄이기 위해 사용하는 자기 교수이다. 이완은 자기 교수를 하면서 사용할 수 있는 기법들이다. 자기 평가란 자기가 사용한 기법에 대한 평가와 그를 통한 수정의 기회를 의미한다.

분노조절 훈련에서도 문제해결 훈련 과정과 같이 분노 상황을 인식하고, 분노를 일으키는 요인을 찾고, 여러 대안적인 대처 전략을 생각하여 하나를 선택하고 실행한 후 평가하는 것을 배운다. 분노조절 훈련도 설명, 시범, 시연, 실행, 피드백 같은 과정을 통해 배우게 된다. [그림 13-8]에서 소개한 예도 문제해결 훈련의 단계와 비슷한 것을 알 수 있다. 1단계와 2단계는 문제의 인식과 정의에 해당하며, 3단계는 대안적 해결 방안의 모색과 평가에 해당하고, 4단계와 5단계는 문제해결 계획의 수립과 실행과 평가 부분이라고 할 수 있다.

---

1단계: 화를 유발하는 요인들을 파악한다.
　　　예) '경일이가 내가 가지고 놀고 있는 장난감을 건드렸다.'
2단계: 신체적 단서를 알아낸다.
　　　예) '내 주먹에 힘이 들어감을 느낀다.'
3단계: 혼잣말을 한다.
　　　예) "가만히 있자. 아니면 밖에 나가 걸을 수도 있어. 그런데 ~하는 것은 ~니까,
　　　　　~하는 게 좋겠다."
4단계: 화를 감소시킬 수 있는 방법들을 사용한다.
　　　예) 걷기, 휴식시간 요청하기, 10까지 세기, 심호흡 하기, 근육 이완하기
5단계: 자기평가를 한다.
　　　예) "나는 너무 화가 났지만 심호흡을 하고 싸우지 않았어. 잘했어."

출처: Bamnara & Kern (2008)을 재구성함

---

[그림 13-8] **분노조절 단계의 예**

분노조절 훈련에서는 분노 각성을 감소시킬 수 있는 자기교수적 진술이 중요한데, Novaco(1975)이 Meichenbaum과 Goodman(1971)이 제시한 자기교수 방법에 근거하여 분노조절에서 배워야 할 자기교수 진술 내용을 다섯 종류로 나누어 제안한 것을 〈표 13-3〉에 제시하였다. 아동들이 실제로 화가 나는 상황에서 이러한 자기교

수를 스스로 사용할 수 있도록 지도하는 것이 필요하다. 그러한 기술이 습득되도록 지도하기 위해서 설명, 시범, 시연(역할놀이), 실행과 피드백이라는 훈련과정이 필요한 것이다.

❖ 〈표 13-1〉 분노조절 훈련을 위한 자기교수 내용

| 분노 촉발요인에 대한 준비 | • 이것은 어려운 상황일 수 있으나 나는 이것을 다룰 수 있는 방법을 안다. 나는 이 문제를 다루는 계획을 세울 수 있다.<br>• 너무 서두르지 말고 문제만을 보며 개인적으로 받아들이지 않는다.<br>• 논쟁할 필요가 없다. 나는 어떻게 해야 할지를 알고 있다. |
|---|---|
| 충돌과 대면 | • 이성을 유지하고 있는 한, 나는 이 상황을 조절할 수 있다.<br>• 나는 나를 시험할 필요가 없다.<br>• 내가 해야만 하는 것 이상을 생각하지 않는다.<br>• 화를 낼 만한 요소는 없다. 내가 무엇을 해야만 하는지를 생각한다.<br>• 긍정적으로 보고 결론으로 건너뛰지 않는다. |
| 각성에 대처하기 | • 나는 근육이 경직되고 있다. 긴장을 풀고 몸의 움직임을 줄인다.<br>• 숨을 깊게 쉰다.<br>• 그는 아마도 내가 화를 내기를 원하고 있을 것이다. 그러나 나는 적극적으로 이 것에 대처할 것이다. |
| 해결되지 않는 갈등에 대한 생각 | • 화를 더 나게 하는 것에 대해서는 잊는다.<br>• 나는 화나게 하는 것만을 생각한다.<br>• 그것을 없애 버리도록 시도하고 긴장을 푸는 것을 잊지 않는다.<br>• 화를 내는 것보다 이것이 훨씬 쉽다.<br>• 개인적으로 받아들이지 않는다.<br>• 내가 생각하는 것만큼 심각한 것이 아닐지도 모른다. |
| 해결된 갈등에 대한 생각 | • 나는 그것을 매우 잘 처리했다. 그것은 잘 해결되고 있다.<br>• 나는 실제로 화낼 만한 가치보다 더 많이 화가 났었는지도 모른다.<br>• 나의 만족이 나를 곤경에 빠뜨리게 할 수 있으나 나는 언제나 더 잘하고 있다.<br>• 나는 화를 내지 않고 이 일을 해결했다. |

출처: Novaco (1975, 재인용).

분노조절 훈련을 〈표 13-1〉의 단계와 똑같이 가르칠 필요는 없다. 그 예로, 안동현, 김세실, 한은선(2004)의 『주의력결핍 장애아동의 사회기술훈련』의 185쪽에서 소개하고 있는 분노조절과 관련된 프로그램 중 일부를 〈표 13-2〉에 소개했다. 여기에서는 화를 참는 방법을 지도할 때, 마음속으로 다섯까지 세고, '난 괜찮아.'라고

말하고, 왜 이런 기분이 드는지 생각해 보고, 기분 좋은 일을 상상하고, 다른 사람에게 이야기하는 순서로 분노를 조절하도록 하고 있다. 지도 방법은 설명, 시범, 시연, 실행, 피드백이다.

❖ 〈표 13-2〉 분노조절 프로그램의 예

| 화를 참으려면 어떻게 해야 할까요? | |
| --- | --- |
| 분노조절 단계 | 지도 내용 |
| 마음속으로 '다섯'을 센다 | 아동들에게 마음속으로 천천히 다섯까지 세는 것은 마음을 진정시키고 생각하는 시간을 갖기 위함이라고 설명한다. 다섯을 셀 때에는 절대로 소리 내어 세지 말고 다른 사람들에게 들리지 않게 마음속으로만 세라고 말한다. 단, 손을 늘어뜨린 상태에서 주먹만 펴서 손가락 수를 헤아릴 때처럼 하나씩 꼽아 가며 세는 것은 괜찮다고 한다. 그렇게 하면 수를 더 천천히 세어 진정할 시간을 많이 갖는 데 도움이 된다. |
| "난 괜찮아." 라고 이야기한다 | 아동들에게 마음속으로 계속해서 '난 괜찮아.'라는 말을 하라고 지시하는데, 이는 결국 자기교수를 사용하는 방법이다. 감정은 혼자서 작동하는 게 아니라 우리가 하는 생각의 영향을 받는다. 우리가 슬프고 화가 나는 것은 '슬프다, 화가 난다.'라는 생각의 탓이며, 여기서 '난 괜찮아.'라는 자기교수를 시키는 것은 그런 부정적인 생각을 긍정적으로 바꾸어 감정을 진정시키기 위한 것이다. |
| 왜 이런 기분이 드는지 생각한다 | 위에서 언급한 내용이 감정을 진정시키는 것을 목적으로 한다면 이 과정은 아동들에게 자기 감정의 원인을 명확히 알 수 있게 하기 위함이다. 대부분 화가 날 때는 '분노'라는 감정에 얽매여 감정의 원인이나 해결 방안은 생각하지 못하게 마련이다. 또한 '분노' 감정만을 자꾸만 되새김으로써 더 화가 나게 되기도 한다. 그러나 감정의 원인을 생각하게 되면 사실은 그리 화낼 일만도 아니었음을 알 수 있으며 좀 더 냉정해질 수 있다. |
| 기분 좋은 일을 상상한다 | 기분을 바꾸는 것을 목적으로 아동들에게 기분 좋은 상상을 해 보게 하면 도움이 된다. 누구에게나 생각을 떠올리면 웃음이 나오는 일이 있게 마련이다. 그런 일들을 한두 가지씩 정해서 화가 날 때마다 머릿속에 떠올려 보면 감정을 정화하는 데 효과가 있다. |
| 다른 사람에게 이야기한다 | 좋지 못한 기분이나 분노를 해결하는 좋은 방법은 바로 누군가에게 이야기를 하는 것이다. 문제해결을 위한 도움을 얻지 못한다 하더라도 단순히 이야기하는 것만으로도 마음이 풀릴 수 있다. 아동들에게 털어놓기에 적합한 사람을 말해 보라고 하며(대부분 엄마, 아빠) 앞으로 화가 날 때는 그 사람들과 이야기를 해 보면 화가 풀어질 수 있다고 말해 준다. |

출처: 안동현, 김세실, 한은선 (2004).

여러 연구에서 사용된 분노조절 프로그램들은 앞에서 설명한 내용 외에도 호흡하기, 긴장완화훈련, 합리적 사고 등 여러 전략을 종합적으로 사용하고 있다(박윤아, 박지연, 2008).

## 9 긴장완화 훈련

긴장완화 훈련(relaxation training)은 긴장된 상황에서 일어나는 자율적 각성 상태와는 반대되는 신체반응을 훈련시키는 것이다. 긴장과 불안은 근육을 긴장시키고, 심장을 빠르게 뛰게 하고, 호흡을 빠르게 하고, 손이 차가워지는 등의 자율적 각성 상태를 일으킨다. 그런데 근육을 이완하고 천천히 호흡을 하게 하면 손이 따뜻해지고 신체적 긴장이 감소하면서 편안하고 이완된 느낌을 갖게 되어 불안이 감소되는 것이다.

불안과 긴장을 자주 경험하는 학생들에게는 긴장완화 훈련을 통해서 실제로 긴장된 상황에서도 이러한 기법을 사용할 수 있도록 하는 것이 필요하다. 이를 위해서는 긴장감이 없는 평소 상황에서 규칙적으로 습관이 될 때까지 연습하는 것이 필요하다. 긴장을 완화해 주는 것에는 평화로운 음악 듣기, 명상하기, 편안한 것 상상하기, 요가, 마사지 등 여러 가지가 있는데, 가장 대표적인 것으로는 심호흡하기(Davis, Eshelman, & McKay, 1988)와 근육 이완법(Bernstein & Borkovec, 1973)이 있다.

심호흡하기는 횡격막 호흡(diaphragmatic breathing)이라고도 하는데, 횡격막을 이용해서 산소를 최대한 깊이 폐 속으로 들이마시도록 가르치는 것이다(Davis, Eshelman, & McKay, 1988). 횡격막까지 호흡을 하는 깊은 호흡은 긴장 상태에서 하는 얕고 빠른 호흡과 동시에 할 수 없기 때문에 긴장완화에 도움이 되는 것이다. 심호흡을 위해서는 편한 자세로 앉거나 누워서 손을 갈비뼈 바로 아래쪽의 들어간 부분 위에 두고 숨을 들이쉰다. 이때 어깨가 움직이지 않아야 하고, 3~5초 동안 천천히 코로 숨을 들이쉬면서 배가 바깥쪽으로 나오게 하고 다시 3~5초 동안 천천히 코로 숨을 내쉬면서 배가 안쪽으로 들어가게 해야 한다.

심호흡을 통해 긴장을 완화하는 훈련을 받게 되면, 학생이 실제로 긴장을 경험하는 상황에서 단서만 주어지면 스스로 심호흡을 할 수 있게 될 것이다. 예를 들어, '너

긴장하고 있구나. 차분해지도록 깊은 숨을 쉬어 보렴. 내가 숫자를 세어 줄 테니 따라서 숨을 쉬어라. 하나~(호흡), 두울~(호흡), 세엣~(호흡)'이라고 하면서 천천히 숫자를 세는 것으로 단서를 제공할 수 있다. 또는 학생이 무엇 때문에 화가 났는지 파악하게 하고 스스로 침착해질 수 있는 심호흡법을 실행하도록 할 수 있다. 예를 들어, 소란스러운 장소를 견디기 힘들어할 때 무엇이 힘들게 하는지 찾아보게 하고, '여기는 너무 시끄러워. 나가서 잠시 심호흡을 해야겠어.'라는 자기교수를 하게 한 다음, 시끄러운 상황을 피해서 심호흡을 하기 위해 밖으로 나가도록 연습시킬 수 있다.

점진적 근육 이완법(progressive muscle relxation)은 주로 공포나 불안을 감소시키기 위해 신체의 주요 근육들을 체계적으로 긴장시키고 이완하는 것이다(Bernstein & Borkovec, 1973). 점진적 근육 이완법은 습관이 되도록 매일 일정한 시간을 내어 규칙적으로 연습해야 한다. 처음에는 짧은 시간 동안 간단한 것부터 가르치고, 좀 더 잘 되면 좀 더 복잡한 이완법을 가르친다. 연습 장소는 조용하고 방해받지 않는 곳을 선택하고, 침대나 안락의자 등을 사용할 수 있으며, 활동하기 좋고 편안한 옷을 입고 하는 것이 좋다. 어떻게 근육을 이완하는지 설명만 하지 말고 직접 보여 주는 것이 좋으며, 무엇을 하는지, 왜 그렇게 하는지 설명해 주어야 한다. 점차 학생이 스스로에게 지시 사항을 말할 수 있도록 훈련하고 결국 이완법을 스스로 할 수 있도록 자기교수를 할 수 있게 훈련시킨다. 최종목표는 학생이 두렵거나 어려운 상황을 만났을 때 자신을 편안하게 할 수 있는 근육 이완법을 스스로 사용할 수 있게 하는 것이다.

점진적 근육 이완법은 5단계로 나누어 볼 수 있다(Rapee et al., 2004). 1단계에서는 근육을 긴장하는 것과 이완하는 것의 차이를 익히기 위해 팔을 이완하는 것을 연습한다. 실제 행동으로도 보여 주면서 부드럽지만 분명한 목소리로 설명한다. 1단계에서 설명하는 내용은 다음과 같다.

> 우선, 오른팔을 들어서, 주먹을 앞으로 하세요. 정말로 근육이 긴장하고 조여지면 어떤 느낌이 드는지 알아 보려는 것이에요. 손에 테니스공을 쥐고 정말로 세게 꽉 쥔다고 상상해 보세요. 자, 이제 진짜 주먹을 쥐는데, 할 수 있는 만큼 꽉 쥐어 보세요. 꽉 쥔 상태에서 다섯을 세는 거예요. (1초에 하나씩) 하나~ 둘~ 셋~ 넷~ 다섯~ 그만! 힘을 빼세요. 완전히 긴장했을 때, 손에 어떤 느낌이 들었나요? (아이들에게 '조이는' '딱딱한' '꽉 잡은 듯한'과 같은 표현이 생각나도록 도와준다.)

자, 다시 한 번 연습합니다. 이번에는 왼팔을 들어 주먹을 앞으로 하고 주먹을 꽉 쥐고, 조일 수 있는 만큼 최선을 다해 힘을 주세요. 꽉 쥔 후에, 천천히 다섯을 세는 거예요. 하나~ 둘~ 셋~ 넷~ 다섯~ 그만! 내려놓으세요. 손과 손가락에서 힘이 빠지고 편안하게 펴지도록 내려 보세요. 모든 손가락이 완전히 늘어지고, 손이 가만히 있을 때 늘어지듯이 내버려두는 거예요. 이완했을 때, 손에 어떤 느낌이 들었는지 말해 볼 수 있어요? (아이들이 '축 처진' '힘이 쭉 빠진' '흐물흐물 늘어진'과 같은 표현이 생각나도록 돕는다.)

좋아요. 이제 근육이 긴장되었을 때와 이완되었을 때를 비교해서 그 차이를 알 수 있을 거예요. 이 연습의 목적은 우리가 아주 긴장했을 때 편안해질 수 있도록 몸의 근육들을 이완하는 방법을 배우는 거예요. 우리가 긴장하게 되는 때는 아주 많은데, 예를 들면 겁이 나거나, 신경이 곤두서거나, 걱정이 많거나, 화가 났을 때지요. 이완하는 것은 우리가 힘들 때 좀 더 편안하게 느낄 수 있도록 도와줘요. 이완하기를 배우는 것은 자전거 타기나 수영하기를 배우는 것과 비슷해요. 연습을 꼭 해야 하고, 그러다 보면 조금씩 조금씩 쉬워지게 된답니다. 자, 이제 팔을 좀 더 깊이 이완해 보도록 해요……. (Rapee et al., 2004, pp. 90-91)

학생이 자기 팔을 제대로 이완할 수 있게 되었다면, 점진적 근육 이완법의 2단계에서는 신체의 다른 부분을 긴장시키고 이완하는 것을 시작한다. 이 단계에서는 다양한 근육들을 이용해서 신체의 모든 부분에서 긴장과 이완을 잘할 수 있을 때까지 연습하는 것이 중요하다. 학생이 차례대로 신체 각 부분을 이완할 수 있게 되면, 3단계에서는 몸 전체를 한번에 이완하는 단계로 나아간다. 4단계에서는 더 깊이 이완하는 법을 연습시킨다. 더 깊이 이완하기 위해서 심호흡을 더하거나 편안한 장면을 상상하게 할 수 있다. 이때 상상할 수 있는 장면으로는 해질 때 저녁 노을이 펼쳐진 하늘 풍경, 밤하늘의 반짝이는 별, 평온한 해변가를 걷는 장면 등이 있다. 5단계에서는 4단계까지 연습한 것을 실생활 속에서 연습해 보는 것이다. 실생활 속에서 다른 사람들이 눈치채지 못하도록 매우 빠르게 긴장했다가 신속히 이완하는 것이다. 실생활 속이란 자동차 안, 집 안, 교실, 마트 등 불안이 생길 수 있는 여러 장소를 의미한다.

근육 이완 훈련은 신체가 완전히 이완된 상태에서 학생에게 점진적으로 불안한 상황을 상상하도록 요구하는 체계적 둔감법(systematic desensitization)에서도 사용된다(Wolpe, 1961). 학생에게 가장 낮은 수준부터 시작하여 점점 더 불안한 상황을 상상하게 하면서 이완 상태를 유지하도록 하는 것이다. 체계적 둔감법으로 불안이 감소하는 이유는 이완 상태와 두려움의 상태는 양립할 수 없으므로 신체가 이완된 상태에서는 불안이 점차 사라지게 되는 것이기 때문이다. 말하자면 원하지 않는 공포나 두려움을 근육이 이완되는 행동으로 대체하는 것이다. 체계적 둔감법을 적용하기 위해서는, 먼저 학생은 근육 이완이나 심호흡의 훈련이 되어 있어야 한다. 그다음에는 학생에게 불안과 두려움을 유발하는 자극들을 불안 야기의 정도에 따라 위계적으로 순서를 정해야 한다. 불안하고 두려움을 야기하는 자극의 종류를 찾아보고, 각각의 상태에 대해서도 전혀 불안하지 않은 수준에서부터 가장 불안한 수준까지 위계표를 만든다. 예를 들어, 어두운 곳에 혼자 있는 것, 집을 떠나는 것, 높은 곳에 오르는 것 등이 두려움을 야기하고, 앞에 있는 차례대로 덜 두려움을 느낀다면 높은 곳에 오르는 것부터 시작할 수 있다. 다시 높은 곳에 오르는 것을 2층 높이의 베란다에서 밖을 보는 것, 5층 건물 옥상에 오르는 것, 산 높이에 있는 흔들다리를 건너는 것, 비행기를 타는 것 등의 순서로 위계표를 만들 수 있다. 그리고 만들어 놓은 위계표에 따라 각 장면을 상상하게 하고 이완 훈련을 연습하는 것이다. 위계표의 모든 장면을 상상하면서도 이완 반응을 유지할 수 있을 때 체계적 둔감법 적용을 마치면 된다. 이렇게 하면서 더 이상 불안을 느끼지 않게 되면 점차 실제 상황에서 연습하면 된다.

　이처럼 체계적이고 점진적으로 근육을 이완시키는 방법을 적용할 수도 있지만 Robin과 Schneider, Dolnick(1976)처럼 아이들에게 자기가 거북이가 된 것처럼 거북이를 상상하면서 책상 앞 의자에 앉은 채로 팔과 다리를 몸 쪽으로 당기고 머리를 숙여 근육을 이완하는 연습을 시킨 후, 화가 나거나 싸움할 것 같은 상황에서 다른 친구나 교사가 "거북이 되기!"라고 외치면 거북이 자세를 실시하도록 훈련시키는 방법을 적용할 수도 있다.

## 요약

- 자기관리 기술 교수의 장점은 자신의 행동을 통제하는 것을 지도함으로써 행동문제의 발생을 예방할 수 있으며, 교사의 지속적인 관리 감독 없이도 보다 적절하게 행동을 할 수 있게 하며, 일반화를 증대시키고, 소거 절차가 적용되었을 때에도 외부 통제 중재에 의해 이루어진 행동 개선보다 더 잘 유지될 수 있다.

- 자기관리 기술에는 선행사건 변화시키기, 목표설정, 자기기록, 자기평가, 자기강화, 자기교수, 문제해결 훈련, 분노조절 훈련, 긴장완화 훈련 등이 포함된다.

- 선행사건 변화시키기는 변화시키고 싶은 행동에 앞서 주어지는 환경을 바꿔 행동에 영향을 미치는 것이고, 목표설정은 자신이 해내고자 하는 행동의 수준과 행동 발생 기간을 설정하는 것이고, 자기기록은 자기 행동의 양이나 질을 스스로 기록하는 방법이며, 자기평가는 자기 행동을 사전에 선정된 준거와 비교하는 방법이고, 자기교수는 어떤 과제의 수행 순서를 스스로 말해 가면서 실행하도록 하는 것이다.

- 자기교수 훈련은 인지적 모방 단계, 외적 모방 단계, 외적 자기 안내 단계, 외적 자기 안내의 제거 단계, 내적 자기교수 단계로 이루어진다.

- 문제해결 훈련과 분노조절 훈련은 설명, 시범, 시연, 피드백, 연습이라는 형식을 갖춘 훈련과정을 통해 효과적으로 자신의 문제나 분노를 해결하는 방법을 가르치려는 것이며, 긴장완화 훈련은 긴장된 상황에서 일어나는 자율적 각성 상태와는 반대되는 신체반응을 훈련시켜 편안하고 이완된 느낌을 갖게 하여 불안을 감소시키는 방법이다.

## 토의 및 적용

- 자기관리 기술의 장점은 무엇인가요?
- 선행사건 변화시키기, 목표설정, 자기기록, 자기평가, 자기강화를 종합적으로 적용한 자기관리의 예를 만들어 보세요.
- 자기교수 방법을 적용한 예를 들어 보세요.
- 문제해결 훈련, 분노조절 훈련, 긴장완화 훈련이 왜 인지적 행동주의 중재인지 토의해 보세요.
- 문제해결 훈련의 각 절차를 설명하세요.
- 분노조절 훈련을 적용한 예를 들어 보세요.

## 참고문헌

권보은, 강영심(2010). 비디오 자기모델링 중재가 자폐아동의 자발적 인사하기에 미치는 효과. 특수아동교육연구, 12(3), 409-426.

길주현, 이서정, 정경미(2007). 공격적이고 산만한 행동을 보이는 터너 증후군 아동에 대한 다른행동 차별강화와 보상의 효과: 증례 보고. 인지행동치료, 7(1), 67-78.

김미경(2002). 행동형성법이 자폐성 아동의 대변보기 행동에 미치는 효과. 미출판 석사학위논문, 대구대학교 특수교육대학원, 대구.

김미선(2008). 한 학교와 세 명의 아이들 이야기: 학교 차원의 긍정적 행동지원에 대한 사례연구. 서울: 학술정보(주).

김미선, 송준만. (2004). 장애학생을 위한 학교 차원에서의 긍정적 행동 지원 고찰. 특수교육, 3(1), 31-56.

김성희, 김병석(2001) 과잉교정 지속시간 변화에 따른 자폐성 장애아동의 자기자극행동 감소 효과. 교과교육연구, 1(5), 21-42.

김숙경, 박은실(2007). 자폐성 아동 의사소통 기능 향상을 위한 비디오 자기 모델링의 효과. 난청과 언어장애, 30(2), 75-92.

김영란. (2012). 특수학교차원의 긍정적 행동지원이 장애학생의 행동과 개별화교육목표 성취 및 학생 행동관리에 대한 교사의 인식에 미치는 영향. 미출판 박사학위논문, 이화여자대학교 대학원, 서울.

김영란, 이숙향(2009). 심각한 행동문제 위험 학생의 사회적 행동 증진을 위한 다층 강화 체계 내 2차 예방 중재 관련 연구 동향. 자폐성장애연구, 9(2), 111-133.

김영태, 김영란, 박소현(2005). 컴퓨터 애니메이션을 활용한 동사습득훈련이 언어지체아동의 선 그림에 대한 자극 일반화 및 발화길이에 미치는 효과. 언어치료연구, 14(4), 81-96.

김유리(1998). 일반사례 교수가 정신지체인의 패스트푸드점 식사 기술 습득 및 일반화에 미치는 효과. 미출판 석사학위논문, 이화여자대학교 대학원, 서울.

김윤옥(2005). 통합교육을 위한 직접교수의 원리와 실제. 서울: 학지사.

김윤희(2009). 행동연쇄법을 이용한 지도가 지적장애아동의 배변처리 능력에 미치는 효과. 미출판 석사학위논문, 용인대학교 교육대학원, 인천.

김은영(1998). 일반사례 교수를 이용한 중도장애 학생의 길 건너기 기술의 습득과 일반화. 미출판 석사학위논문, 이화여자대학교 대학원, 서울.

김은정(2000). 상반적 행동의 차별강화와 Time out이 자폐성 장애아동의 공격성 행동 감소 효과. 미출판 석사학위논문, 단국대학교 특수교육대학원, 서울.

김일제(2005). 행동형성법이 뇌성마비유아의 착 탈의 행동에 미치는 효과. 미출판 석사학위논문, 대구대학교 특수교육대학원, 대구.

김정권(1996). 개별화 교육의 배경. 한국정신지체아교육연구회 편. 개별화 교육 프로그램의 이론과 실제. 대구대학교 출판부.

김정희(2008). 대체행동 차별강화가 발달지체유아의 사회적 기술에 미치는 영향. 미출판 석사학위논문, 공주대학교 교육대학원, 공주.

김창호, 백은희, 박민휘, Wungu Esti(2008). 긍정적 행동지원(PBS)이 특수학교 정신지체 학생의 문제행동에 미치는 효과. 특수교육학연구, 43, 193−209.

김혜진(2005). 차별강화와 과잉교정 중재가 시각중복장애아동의 상동행동 감소에 미치는 효과. 미출판 석사학위논문, 성신여자대학교 대학원, 서울.

김황용(1996). 구두−의사표현 사회기술훈련이 경도장애 중학생의 대인행동 향상에 미치는 효과. 특수교육논총, 13(2), 33−50.

김황용, 채말임(2011). '동그라미(Circles)'를 활용한 사회−성 교육프로그램이 지적장애아동의 사회−성 행동에 미치는 효과. 한국지적장애교육학회, 13(1), 77−99.

김희정(2004). 일반사례 교수가 자폐 청소년의 물건사기 기술에 미치는 효과. 미출판 석사학위논문, 조선대학교 교육대학원, 광주.

노현정, 이소현(2003). 기능평가에 기초한 선행사건 중심의 중재가 장애 학생의 문제행동, 과제수행행동, 과제성취도에 미치는 영향. 정서·행동장애 연구, 19(4), 303−322.

박미연, 김영태(2007). 훈련 사물의 전형성 및 형용사의 유표성에 따른 2−3세 아동의 크기 관계형용사 이해와 자극 일반화에 대한 연구. 유아특수교육연구, 7(1), 117−129.

박승희(1999). 일반학급에 통합된 장애학생의 수업의 질 향상을 위한 교수적 수정의 개념과 실행방안. 특수교육학연구, 34(2), 29−71.

박윤아, 박지연(2008). 분노조절프로그램이 정서 및 행동장애 위험 아동의 공격성 및 정서적 능력에 미치는 영향. 정서·행동장애 연구, 24(1), 23−42.

박지윤, 김은경(2008). 비디오 자기모델링을 활용한 지역사회 중심교수가 자폐아동의 자동판매기 이용 기술 수행에 미치는 효과. 정서·행동장애 연구, 24(4), 93−120.

손유니(2015). 특수학교차원 긍정적 행동지원 리더십팀을 위한 전문성 향상 프로그램 개발 및 효과: 교사 효능감, 학급관리 기술, 교사 상호작용 행동을 중심으로. 미출판 박사학위논문, 이화여자대학교 대학원, 서울.

손창완(2000). 역순연쇄 지도법이 평영의 기능 학습에 미치는 영향. 미출판 석사학위논문, 인천대학교 대학원, 인천.

송인혜(2010). 읽기 교과서를 활용한 감정 이해 교수가 자폐 범주성 장애 아동의 기본 감정 이해에 미치는 효과. 미출판 석사학위논문, 단국대학교 대학원, 서울.

신현기(2004). 교육과정의 수정과 조절을 통한 통합교육 교수적합화. 서울: 학지사.

안동현, 김세실, 한은선(2004). 주의력결핍 장애아동의 사회기술훈련. 서울: 학지사.

양명희(1996). 비디오테잎을 이용한 자기관찰−자기기록법이 초등학교 저학년 아동의 교실 문제행동에 미치는 효과. 특수교육논총, 13(1), 1−18.

양명희(2012). 긍정적 행동지원에 관한 고찰. 광신논단, 21, 533−557.

양명희(2013). 교육현장에서 개별대상연구의 필요성. 광신논단, 22, 503−528.

양명희, 김미선(2002). 비디오테잎 자기관찰 기법이 초등학교 선택적 함묵아동의 말하기 행동에 미치는 효과. 정서 · 학습장애연구, 17(3), 57−77.

양명희, 김현숙(2006). 구조화된 놀이 상황에서 자극 용암법과 정적 강화기법 사용이 선택적 함묵유아의 말하기 행동에 미치는 효과. 정서 · 행동장애 연구, 22(2), 29−47.

양명희, 김황용(1997). 비디오 테잎−자기관찰 기법이 초등학교 고립아동의 사회적 행동향상에 미치는 효과. 특수교육학회지, 18(3), 263−285.

양명희, 최호승(2004). 개별 피험자 연구의 피험자 특성 기술에 관한 연구. 정서 · 행동장애연구, 20(1), 1−21.

양소정, 정경미(2007). 부모교육을 통한 섭식장애 아동의 행동치료. 정서 · 행동장애 연구, 23(4), 99−117.

여광웅(2007). 무상토큰 반응대가 적용이 ADHD아동의 충동성 및 과잉행동 감소에 미치는 효과. 특수교육 저널: 이론과 실제, 8(1), 215−234.

오상윤(2007). 비학습행동 아동의 행동수정 사례 연구: 혐오자극과 정적 강화의 효과 비교. 미출판 석사학위논문, 광주교육대학교 교육대학원, 광주.

오영림(2004). 사회기술훈련−왕따 청소년의 사회 적응력 높이기. 서울: 하나의학사.

윤상백(1994). 훈련가능 정신지체아의 학습동기 유발을 위한 정적 강화의 효과. 아동교육, 4(1), 129−147.

윤예니. (2009). 학급차원의 보편적 긍정적 행동지원이 초등학교 6학년 학생의 문제행동과 학교생활 만족도에 미치는 영향. 미출판 석사학위논문, 이화여자대학교, 서울.

윤치연, 이영순(2003). 미술활동을 이용한 상반행동 차별강화와 반응대가 기법이 자폐아동의 상동행동에 미치는 효과. 동서정신과학, 6(2) 215-226.

이관형. (2012). 학교 차원 긍정적 행동지원이 ADHD 위험학생 및 일반학생의 문제행동 감소와 교사의 생활지도 만족도에 미치는 영향. 미출판 석사학위논문, 경인교육대학교 교육대학원, 인천.

이규미, 지승희(2008). 괴롭힘 없는 교실 만들기 2: 교사와 학생의 협동 프로그램. 서울: 시그마프레스.

이대식(2003). 교사들이 지각한 초등학생들의 정서·행동 문제와 대처방안의 효과. 정서·행동장애 연구, 19(4), 283-302.

이대식(2011). 통합교육의 이해와 실제(2판): 통합학급에서의 효과적인 교육방법. 서울: 학지사.

이대식, 김수연, 이은주, 허승준(2006). 통합교육의 이해와 실제: 통합학급에서의 효과적인 교육방법. 서울: 학지사.

이소현(1995). 유치원 교사 양성 교수들의 장애유아 통합에 관한 인식 조사 연구. 특수교육논총, 12, 37-60.

이소현, 박은혜(2011). 특수아동교육. 서울: 학지사.

이소현, 박은혜, 김영태(2004). 교육 및 임상현장 적용을 위한 단일대상연구. 서울: 학지사.

이소희(2008). 자기점검표 및 자기평가지를 이용한 자기관리 중재가 전공과 중도장애 학생의 제과·제빵 생산량 및 기술 수행에 미치는 영향. 미출판 석사학위논문, 이화여자대학교 교육대학원, 서울.

이은영, 추연구(2009), 비디오 자기모델링 중재가 ADHD 아동의 문제행동에 미치는 효과. 발달장애연구, 13(2), 1-25.

이인숙(2007). 학급차원의 긍정적 행동지원(PBS)이 발달장애학생의 행동 및 또래의 상호작용행동에 미치는 효과. 특수교육연구, 14, 193-214.

이형복, 양명희(2009). 요리활동이 유아의 편식과 부적절한 식사행동의 개선에 미치는 효과. 발달장애연구, 13(2), 77-100.

이혜진, 홍준표 (2000). 체계적 촉진과 정적 강화가 유아의 학습참여행동에 미치는 효과. 한국인간발달학회, 7(2), 69-83.

이희중. (2012). 구조화된 교수가 자폐성 장애 학생의 수업 행동에 미치는 영향. 미출판 석사학위논문, 전남대학교 교육대학원, 여수.

임윤경, 이소현(2003). 시각적 일과표 사용이 초등학교 자폐 아동의 장소이동시간 문제행동 발생에 미치는 영향. 정서·행동장애 연구, 19(3), 303-321.

장미순, 김은경(2008). 자기관리를 통한 중심축반응훈련이 자폐아동의 사회적 행동 개선과 반응 일반화에 미치는 효과. 정서·행동장애연구, 24(2), 105-134.

정경선(2002). 목표설정-초인지 훈련이 수학 학습부진아의 문장제 문제해결력에 미치는 효과. 미출판 석사학위논문, 인천교육대학교 교육대학원, 인천.

정대영(2007). 발달장애 아동의 사회적 기술 훈련. 서울: 양서원.

정희진, 양명희(2014). 사회적 강화와 촉구의 용암에 의한 발달지체 유아의 착석행동 및 지시 따르기의 변화 연구. 특수교육재활과학연구, 53(1), 261−276.

조명숙(2000). 부모에 의한 차등강화와 타임아웃 전략이 주의력결핍 · 과잉행동아동의 자리이탈과 지시따르기 행동에 미치는 효과에 관한 사례연구. 미출판 석사학위논문, 공주대학교 대학원, 공주.

조명애(2009). 자기결정행동 구성 요소를 적용한 국어 수업이 장애아동의 학업성취도 및 자기결정행동에 미치는 영향: 목표설정과 선택하기를 중심으로. 미출판 석사학위논문, 이화여자대학교 교육대학원, 서울.

조형태(2008). 자기교시훈련이 수학학습장애아의 수학문장제 문제해결에 미치는 효과. 미출판 석사학위논문, 진주교육대학교 대학원, 진주.

최성규(2003). 행동주의 철학과 원리. 정서행동장애 아동의 행동수정(제24회 정서장애아 및 학습장애아 교육연수자료). 대구: 한국정서학습장애아교육학회.

최윤정(2003). 일반사례교수를 적용한 지역사회 중심 교수가 정신지체 고등학생의 휴대폰을 통한 도움 요청하기 기술 수행에 미치는 효과. 미출판 석사학위논문, 이화여자대학교 대학원, 서울.

최혜승, 김황용, 양명희, 김의정(2009). 통합학급 특수아동의 문제행동 지도. 미간행 강의 교재, 광주교육대학교 교육복지 실현사업단, 광주.

최호승(2003). 한글 자 · 모음 형상화 지도가 학습부진아동의 단어학습에 미치는 효과. 미출판 석사학위논문, 전주대학교 교육대학원, 전주.

현노상(2002). 자기점검법이 청각장애 유아의 자발적인 말 시작 행동에 미치는 영향. 미출판 석사학위논문, 이화여자대학교 교육대학원, 서울.

홍준표(2009). 응용행동분석. 서울: 학지사.


Alberto, P. A., & Schofield, P. (1979). An instructional interaction pattern for the severely handicapped. *Teaching Exceptional Children, 12,* 16−19.

Alberto, P. A., & Troutman, A. C. (2003). *Applied behavior analysis for teachers.* Englewood Cliffs, NJ: Prentice Hall.

Alberto, P. A., & Troutman, A. C. (2006). *Applied behavior analysis for teachers* (7th ed.). Englewood Cliffs, NJ: Prentice Hall.

Alberto, P. A., & Troutman, A. C. (2014). 교사를 위한 응용행동분석. (이효신 역). 서울: 학지사.

Albin, R. W., & Horner, R. H. (1988). Generalization with precision. In R. H. Horner, G. Dunlap, & R. P. Koegel (Eds.), *Generalization and maintenance: Life-style changes in applied settings* (pp. 99-120). Baltimore: Paul H. Brookes.

Ayllon, T., & Azrin, N. (1968). *The token economy: A motivational system for therapy and rehabilitation.* New York: Appleton-Century-Croft.

Azrin, N. H., & Foxx, R. M. (1971). A rapid method for toilet training the institutionalized retarded. *Journal of Applied Behavior Analysis, 4,* 89-99.

Azrin, N. H., & Holz, W. C. (1966). Punishment. In W. K. Hoing (Ed.), *Operant behavior: Areas of research and application.* New York: Appleton-Century-Crofts.

Baer, D. M. (1999). *How to plan for generalization* (2nd ed.). Austin, TX: Pro-Ed.

Baer, D. M., & Wolf, M. M. (1970). The entry into natural communities of reinforcement. In R. Ulrich, T. Stachnik, & J. Marby (Eds.), *Control of human behavior* (Vol. 2, pp. 319-324). Glenview, IL: Scott Foresman.

Baer, D. M., Wolf, M. M., & Risley, T. R. (1968). Some current dimensions of applied behavior analysis. *Journal of Applied Behavior Analysis, 1*(1), 91-97.

Baer, D. M., Wolf, M., & Risely, T. R. (1987). Some still-current dimensions of applied behavior analysis. *Journal of Applied Behavior Analysis, 20,* 313-327.

Bailey, D. B., Harms, T., & Clifford, R. M. (1983). Matching changes in preschool environments to desired changes in child behavior. *Journal of the Division for Early Childhood, 7,* 61-68.

Bailey, J. S., & Pyles, D. A. (1989). Behavioral diagnostics. In E. Cipani (Ed.), *The treatment of severe behavior disorders: Behavior analysis approaches* (pp. 85-107). Washington, DC: American Association on Mental Retardation.

Bakken, J., Miltenberger, R., & Schauss, S. (1993). Teaching mentally retarded parents: Knowledge versus skills. *American Journal on Mental Retardation, 97,* 405-417.

Bambara, L. M., & Kern, L. (2005). *Individualized supports for students with problem behaviors: Designing positive behavior plans.* New York: The Guilford Press.

Bambara, L. M., & Kern, L. (2008). 장애학생을 위한 개별화 행동지원: 긍정적 행동지원의 계획 및 실행. (이소현, 박지연, 박현옥, 윤선아 공역). 서울: 학지사(원저 2005년 출간).

Bambara, L. M., & Knoster, T. (1998). *Designing positive behavior support plans* (Innovations, No. 13). Washington, DC: American Association on Mental Retadation.

Bandura, A. (1969). *Principles of behavior modification.* New York: Holt, Rinehart & Winston.

Bandura, A. (1975). The ethics and social purposes of behavior modification. In C. M. Franks and G. T. Wilson (Eds.), *Annual review of behavior therapy, theory & practice* (vol. 3, pp. 13−200). New York: Brunner/Mazel.

Bandura, A. (1977). *Social learning theory*. Englewood Cliffs, NJ: Prentice Hall.

Barlow, D. H., & Hayes, S. C. (1979). Alternating treatment design: One strategy for comparing the effects of two treatments in a single subject. *Journal of Applied Behavior Analysis, 12*(2), 199−210.

Bash, M., & Camp, B. (1975). *Think aloud program: Group manual*. Unpublished manuscript, University of Colorado Medical School.

Becker, W. C., Engelmann, S. & Thomas, D. R. (1975). *Teaching 2: Cognitive learning and instruction*. Chicago: Science Research Associates.

Begun, R. W. (2002a). 바로 사용할 수 있는 사회적 기술 향상 프로그램: 유아용. (송길연, 이지연, 유애영 역). 서울: 시그마프레스(원저 1996년 출간).

Begun, R. W. (2002b). 바로 사용할 수 있는 사회적 기술 향상 프로그램: 초등학교 1−3학년용. (송길연, 이지연, 유애영 역). 서울: 시그마프레스(원저 1996년 출간).

Begun, R. W. (2002c). 바로 사용할 수 있는 사회적 기술 향상 프로그램: 초등학교 4−6학년용. (송길연, 이지연, 유애영 역). 서울: 시그마프레스(원저 1996년 출간).

Bellamy, G. T., Horner, R., & Inman, D. (1979). *Vocational habilitation of severely retarded adult: A direct technology*. Baltimore: University Park Press.

Bender, W. N. (2011). 학습장애: 특성, 판별 및 교수전략. (권현수, 서선진, 최승숙 공역). 서울: 학지사(원저 2008 출간).

Benoit, R. B., & Mayer, G. R. (1974). Extinction: Guidelines for its selection and use. *The Personal and Guidance Journal, 52*, 290−295.

Bernstein, D. A., & Borkovec, T. D. (1973). *Progressive relaxation training: A manual for helping professionals*. Champaign, IL: Research Press.

Bijou, S. W., Peterson, R. F., & Ault, M. H. (1968). A method to integrate descriptive and experimental field studies at the level of data and empirical concepts. *Journal of Applied Behavior Analysis, 1*, 175−191.

Bilingsley, F. F., & Romer, S. T. (1983). Response prompting and transfer of stimulus control: Methods, research, and a conceptual framework. *Journal of the Association for Persons with Severe Handicaps, 8*, 3−12.

Birnbrauer, J. S., Peterson, C. R., & Solnick, J. V. (1974). Design and interpretation of studies of single subjects. *American Journal of Mental Deficiency, 79*, 191−203.

Blackwell, A. J., & McLaughlin, T. F. (2005). Using guided notes, choral responding, and response cards to increase student performance. *The International Journal of Special Education*, 20(2), 1−5.

Boring, E. G. (1950). *A history of experimental psychology*. New York: Appleton−Century−Crofts.

Campbell, J. M. (2005). Statistical comparison of four effect sizes for single−subject designs. *Behavior Modification, 28*(2), 234−246.

Carr, E. G., Newsom, C. D., & Binkoff, J. A. (1980). Escape as a factor in the aggressive behavior of two retarded children. *Journal of Applied Behavior Analysis, 13*, 101−117.

Carr, E. G., Robinson, S., & Palumbo, L. W. (1990). The wrong issue: Aversive versus nonaversive treatment. The right issue: Functional versus nonfunctional treatment. In A. C. Repp & N. Singh (Eds.), *Perspectives on the use of nonaversive and aversive interventions for persons with developmental disabilities* (pp. 361−379). Sycamore, IL: Sycamore.

Carr, J. E., & Burkholder, E. O. (1998). Creating single−subject design graphs with Microsoft Excel(Tm). *Journal of Applied Behavior Analysis, 31*(2), 245−251.

Carter, D. R., & Horner, R. H. (2009). Adding functional behavioral assessment to First Step to Success: A case study. *Journal of Positive Behavior Interventions, 11*(1), 22−34.

Cheney, D., Flower, A., & Templeton, T. (2008). Applying response to intervention metrics in the social domain for students at risk of developing emotional and behavioral disorders. *Journal of Special Education, 42*(2), 108−126.

Cole, C. L. (1987). Self−management. In C. R. Reynolds & L. Mann (Eds.), *Encyclopedia of special education* (pp.1404−1405). New York: Wiley.

Collicott, J. (1991). Implementing multi−level instruction: Strategies for classroom teachers. In G. L. Proter & D. Richler (Eds.), *Changing Canadian schools* (pp. 191−218). Ontario, Canada: The Roeher Institute.

Colvin, G. (2007). *7 steps for developing a proactive schoolwide discipline plan*. Thousand Oaks, CA: Corwin Press.

Colvin, G., Sugai, G., Good, R. H.,III, & Lee, Y. (1997). Using active supervision and precorrection to improve transition behaviors in an elemntary school. *School Psychology Quarterly, 12*, 344−363.

Cone, J. D. (1997). Issues in functional analysis in behavioral assessment. *Behavior Research and Therapy, 35*, 259−275.

Cooper, J. O., Heron, T. E., & Heward, W. L. (2007). *Applied behavior analysis* (2nd Ed.). Englewood Cliffs, NJ: Prentice Hall.

Cooper, J. O., Heron, T. E., & Heward, W. L. (2010). 응용행동분석(상). (정경미, 김혜진, 양유진, 양소정, 장현숙 역). 서울: 시그마프레스 (원저 2007년 출간).

Cooper, J. O., Heron, T. E., & Heward, W. L. (2015). 응용행동분석(하). (정경미, 신나영, 홍성은 역). 서울: 시그마프레스 (원저 2007년 출간).

Cowdery, G., Iwata, B. A., & Pace, G. M. (1990). Effects and side effects of DRO as treatment for self−injurious behavior. *Journal of Applied Behavior Analysis, 23*, 497−506.

Crone, D. A., Horner, R. H., & Hawken, L. S. (2004). *Responding to problem behavior in schools.* New York: Guilford Publications.

Cunningham, E., & O'Neil, R. E. (2000). A comparison of results of functional assessment and analysis procedures with young children with autism. Education and Training in *Mental Retardation and Developmental Disabilities, 35*, 406−414.

D'Zurilla, T. J., & Goldfried, M. R. (1971). Problem solving and behavior modification. *Journal of Abnormal Psychology, 78*, 107−126.

Darch, C. B., & Kame'enui, E. J. (2004). *Instructional classroom management: Practical approach to behavioral management* (2nd ed.). Upper Saddle River, NJ: Merrill/Prentice Hall.

Dardig, J. C., & Heward, W. L. (1981). *Sign here: A constructing book for children and their parents* (2nd ed.). Bridgewater, NJ: Fournies.

Davis, M., Eshelman, E. R., & McKay, M. (1988). *The relaxation and stress reduction workbook.* Oakland, CA: New Harbinger.

Deitz, S. M. (1977). An analysis of programming DRL schedules in educational settings. *Behavior Research and Therapy, 15*, 103−111.

Deitz, S. M., & Repp, A. C. (1983). Reducing behavior through reinforcement. *Exceptional Children Quarterly, 3*, 34−46.

Deno, S. L. (2003). Developments in curriculum−based measurement. *The Journal of Special Education, 37*(3), 184−192.

Deno, S., & Jenkins, J. (1967). *Evaluating preplanning curriculum objectives.* Philadelphia: Research for Better Schools.

DeProspero, A., & Cohen, S. (1979). Inconsistent visual analyses of intrasubject data. *Journal of Applied Behavior Analysis, 12*, 573−579.

Derby, K., Wacker, D., Sasso, G., Stege, M., Northup, J., Cigrand, K. et al. (1992). Brief functional assessment techniques to evaluate aberrant behavior in an outpatient setting: A summary of 79 cases. *Journal of Applied Behavior Analysis, 25*, 713−721.

Dixon, M. R., Jackson, J.W., Small, S. L., Horner−king, M. J., Lik, N. M., Garcia, Y., & Rosales, R. (2009). Creating single−subject design graphs in Microsoft Excel™ 2007. *Journal of Applied Behavior Analysis, 42*(2), 277−293.

Dobson, K. S., & Block, L. (1988). Historical and philosophical bases of the cognitive−behavioral therapies. In K. S. Dobson (Ed.), *Handbook of cognitive−behavioral therapies* (pp. 3−38). New York: Guilford.

Dowrick, P. W. (1983). Self−modeling. In P. W. Dowrick & S. J. Biggs (Eds.), *Using video: Psychological and social applications* (pp. 105−124). Chichester, England: Wiley.

Drasgow, E. (1997). Positive approaches to reducing undesirable behavior. *Beyond Behavior, 8*, 10−13.

Dunlap, G., Kern, L., Clarke, S., & Robbins, F. R. (1991). Functional assessment, curricular revision, and severe behavior problems. *Journal of Applied Behavior Analysis, 24*, 387−397.

Durand, V. M., & Carr, E. G. (1987). Social influences on "self−stimulatory" behavior: Analysis and treatment application. *Journal of Applied Behavior Analysis, 20*, 119−132.

Durand, V. M., & Carr, E. G. (1992). An analysis of maintenance following functional communication training. *Journal of Applied Behavior Analysis, 25*, 777−794.

Durand, V. M., & Crimmins, B. (1988). Identifying the variables maintaining self−injurious behavior. *Journal of Autism and Developmental Disorders, 18*(1), 99−117.

Dwyer, K., & Osher, D. (2000). *Safeguarding our children: An action guide*. Washington, DC: U. S. Department of Education.

Dwyer, K., Osher, D., & Warger, C. (1998). *Early warning, timely response: A guide to safe schools*. Washington, DC: U. S. Department of Education.

Emmer, E. T., Evertson, C. M., & Anderson, L. M. (1980). Effevtive classroom management at the beginning of the school year. *The Elementary School Journal, 80*(5), 219−231.

Engelmann, S. E., & Carnine, D. W. (1982). *Theory of instruction.* New York: Irvington.

Engelmann, S. E., & Becker, W. C. (1978). Systems for basic instruction: Theory and applications. In A. C. Catania & T. A. Brigham (Eds.), *Handbook of applied behavior analysis* (pp. 325−377). New York: Irvington.

Evans, G. W. (2001). Environmental stress and health. In A. Baum, T. Revenson, & J. Singer (Eds.), *Handbooks of health* (Vol. 4, pp. 365−385). Hillsdale, NJ: Erbaum.

Evans, I. M., & Meyer, L. H. (1985). *An educative approach to behavior problems: A practical decision model for interventions with severely handicapped learners.* Baltimore: Paul H. Brookes.

Evertson, C., Anderson, C., Anderson, L., & Brophy, J. (1980). Relationships between classroom behaviors and student outcomes in junior high mathematics and English classes. *American Educational Research Journal, 17,* 43−60.

Fad, K. M., Patton, J. R., & Polloway, E. A. (2000). *Behavioral intervention planning: Completing a functional behavioral assessment and developing a behavioral intervention plan.* Austin, TX: PRO−ED.

Ferster, C. B., & Skinner, B. F. (1957). *Schedules of reinforcement.* New York, NY: Appleton−Century−Crofts.

Filter, K. J., McKenna, M. K., Benedict, E. A., Horner, R. H., & Todd, A. W. (2007). Check−in/check−out: A post hoc evaluation of efficient, secondary−level targeted intervention for reducing problem behaviors in schools. *Education and Treatment of Children, 30,* 69−84.

Foster, L. H., Watson, T. S., Meeks, C., & Young, S. J. (2002). Single−subject research design for school counselors: Becoming an applied researcher. *Professional School Counseling, 6*(2), 146−155.

Foxx, R. M. (1982). *Decreasing behaviors of severely retarded and autistic persons.* Champaign, IL: Research Press.

Foxx, R. M., & Shapiro, S. T. (1978). The time out ribbon: A nonexclusionary time out procedure. *Journal of Applied Behavior Analysis, 11,* 125−136.

Freeland, J., & Noell, G. (1999). Maintaining accurate math responses in elementary school students: The effects of delayed intermittent reinforcement and programming common stimuli. *Journal of Applied Behavior Analysis, 32*(2), 211−215.

Fuchs, L. S., & Fuchs, D. (2007). A model for implementing responsiveness to intervention. *Teaching Exceptional Children, 37,* 60−63.

Fuchs, L. S., & Fuchs, D. (1986). Effects of systematic formative evaluation: A meta-analysis. *Exceptional Children, 53*, 199−208.

Fuller, F., & Manning, B. (1973). Self−confrontation reviewed: A conceptualization for video playback in teacher education. *Review of Educational Research, 43*, 469−520.

Furlong, M. J., & Wampold, B. E. (1982). Intervention effects and relative variations as dimensions in experts' use of visual inference. *Journal of Applied Behavior Analysis, 15*, 415−421.

Gilbert, T. F. (1978). *Human competence: Engineering worthy performance*. New York: McGraw−Hill.

Goldstein, A. P. (1999). *The prepare curriculum: Teaching prosocial competencies* (rev. ed.). Champaign, IL: Research Press.

Gresham, F. M., & Elliott, S. N. (1984). Assessment and classification of children's social skills: A review of methods and issues. *School Psychology Review, 13*, 292−301.

Griffiths, R. D. P. (1974). Videotape feedback as a therapeutic technique: Retrospect and prospect. *Behavior Research and Therapy, 12*, 1−8.

Grossman, J. B., & Tierney, J. P. (1998). Does mentoring work? An impact study of the big brothers big sisters program. *Evaluation Review, 22*(3), 403−426.

Hall, R. V., & Hall, M. C. (1980). *How to select reinforcers*. Lawrence, KS: H&H Enterprises.

Halle, J. W., Chadsey−Rusch, J., & Collet−Klingenberg, L. (1993). Applying contextual features of general case instruction and interactive routines to enhance communication skills. In R. A. Gable, & S. F. Warren (Eds.), *Strategies for teaching students with mild to severe mental retardation* (pp. 231−267). Baltimore: Paul H. Brookes.

Halle, J., Bambara, L. M., & Reichle, J. (2008). 대체기술 교수. Bambara, L. M. & Kern, L. (2008). 장애학생을 위한 개별화 행동지원: 긍정적 행동지원의 계획 및 실행 (pp. 321−368). (이소현, 박지연, 박현옥, 윤선아 공역). 서울: 학지사(원저 2005년 출간).

Hanbury, M. (2008). 자폐 스펙트럼 장애교육: 현장 지침서. (곽승철 외 공역). 서울: 학지사(원저 2005년 출간).

Hanley, G. P., Iwata, B. A., & McCord, B. E. (2003). Functional analysis of problem behavior: A review. *Journal of Applied Behavior Analysis, 1*, 1−12.

Haring, N. G., & Liberty, K. A. (1990). Matching strategies with performance in facilitating generalization. *Focus on Exceptional Children, 22*(8), 1−16.

Haring, N. G., White, O. R., & Liberty. K. A. (1978). *An investigation of phases of learning and facilitating instructional events for the severely handicapped: Annual progress report, 1977—78.* Bureau of Education for the Handicapped, Project No. 443CH70564. Seattle: University of Washington, College of Education.

Hartmann, D. P., & Hall, R. V. (1976). The changing criterion design. *Journal of Applied Behavior Analysis, 9,* 527—532.

Hawken, L. S., & Horner, R. H. (2003). Evaluation of a targeted intervention within a schoolwide system of behavior support. *Journal of Behavioral Education, 12*(3), 225—240.

Hawken, L. S., MacLeod, K. S., & Rawlings, L. (2007). Effects of the Behavior Education Program (BEP) on problem behavior with elementary school students. *Journal of Positive Behavior Interventions, 9*(2), 94—101.

Hawken, L. S., Vincent, C. G., & Schumann, J. (2008). Response to intervention for social behavior: Challenges and opportunities. *Journal of Emotional and Behavioral Disorders, 16*(4), 213—225.

Hersen, M., & Barlow, D. H. (1976). *Single—case experimental designs: Strategies for studying behavior changes.* New York: Pergamon.

Heward, W. L., & Darding, J. C. (2001, Spring). What matters most in special education. *Education Connection,* 41—44.

Hillman, H. L., & Miller, L. K. (2004). Designing multiple baseline graphs using Microsoft Excel. *The Behavior Analyst Today, 5,* 372—387.

Homme, L., Csanyi, A., Gonzales, M., & Rechs, J. (1970). *How to use contingency contracting in the classroom.* Champaign, IL: Research Press.

Honer, A. C. (1994). Functional assessment: Contributions and future directions. *Journal of Applied Behavior Analysis, 27,* 401—404.

Hops, H., & Walker, H. M. (1988). *CLASS: Contingencies for learning academic and social skills.* Seattle, WA: Educational Achievement Systems.

Horner, R. H., & Baer, D. M. (1987). Multiple—probe technique: A variation of the multiple baseline. *Journal of Applied Behavior Analysis, 11,* 189—196.

Horner, R. H., & Day, H. M. (1991). The effects of response efficiency on functionally equivalent competing behaviors. *Journal of Applied Behavior Analysis, 24,* 719—732.

Horner, R. H., & Sugai, G. (2000). School wide behavior support: An emerging initiative.

*Journal of Positive Behavior Interventions, 2*, 231−232.

Horner, R. H., Dunlap, G., Koegel, R. L., Carr, E. G., Sailor, W., Anderson, J., et al. (1990). Toward a technology of nonaversive: Behavioral support. *Journal of The Association for Persons with Severe Handicaps, 15*, 125−132.

Horner, R. H., McDonnell, J. J., & Bellamy, G. T. (1986). Teaching generalized skills: General−case instruction in stimulation and community settings. In R. H. Horner, L. H. Meyer, & H. D. B. Fredirics (Eds.), *Education of learners with severe handicaps: Examplary service strategies* (pp. 289−315). Baltimore: Paul H. Brookes.

Horner, R. H., Sprague, T., & Wilcox, B. (1982). General case programming for community activities. In B. Wilcox & G. T. Bellamy (Eds.), *Design of high school programs for severely handicapped students* (pp. 61−98). Baltimore: Paul Brookes.

Horner, R. H., Sugai, G., & Todd, A. W. (2001). "Data" need not be a four−letter word: Using data to improve school−wide discipline. *Beyond Behavior, 11*(1), 20−22.

Horner, R. H., Vaughn, B. J., Day, H. M., & Ard, Jr., W. R. (2007). 배경사건과 문제행동 사이의 관련성. Koegel, L. K., Koegel, R. L., & Dunlap, G., 지역사회에서 행동 문제를 지닌 사람을 통합하는 긍정적 행동지원 (pp. 342− 360). 서울: 박학사(원저 1996년 출간).

Hosford, R. E. (1981). Self−as−model: A cognitive social learning technique. *The Counseling Psychologist, 9*, 45−62.

Huffman, L. C., Mehlinger, S. L., & Kervin, A. S. (2000). *Risk factors for academic and behavioral problems at the beginning of school.* Bethesda, MD: National Institute of Mental Health.

Hughes, J. N. (1988). Cognitive behavior therapy. In L. Mann & C. Reynolds (Eds.), *The encyclopedia of special education* (pp. 354−355). New York: Wiley.

Institute on Violence and Destructive Behavior (1999). *Building effective schools together.* Eugene, OR: University of Oregon.

Iwata, B. A., Dorsey, M. F., Slifer, K. J., Bauman, K. E., & Richman, G. S. (1982). Toward a functional analysis of self−injury. *Analysis and Intervention in Developmental Disabilities, 2*, 1−20.

Iwata, B. A., Pace, G. M., Cowdery, G. E., & Miltenberger, R. G. (1994). What makes extinction work: Analysis of procedural form and function. *Journal of Applied Behavior Analysis, 27*, 131−144.

Iwata, B. A., Pace, G. M., Dorsey, M. F., Zarcone, J. R., Vollmer, T. R., Smith, R. G., Rogers, T. A., Lerman, D. C., Shore, B. A., Mazaleski, J. L., Goh, H. L., Cowdery, G.

E., Kalsher, M. J., Mccosh, K. C., & Willis, K. D. (1994). The function of self—injurious behavior: An Experimental—epidemiological analysis. *Journal of Applied Behavior Analysis, 27*(2), 215—240.

Iwata, B. A., Pace, G. M., Kalsher, M. J., Cowdery, G. E., & Cataldo, M. F. (1990). Experimental analysis and extinction of self—injurious escape behavior. *Journal of applied Behavior Analysis, 23*, 11—127.

Iwata, B. A., Wong, S. E., Riordan, M. M., Dorsey, M. F., & Lau, M. M. (1982). Assessment and training of clinical interviewing skills: Analogue analysis and field replication. *Journal of Applied Behavior Analysis, 15*, 191—204.

Janney, R., & Snell, M. E. (2000). *Teachers' guides to inclusive practices: Behavioral support.* Baltimore: Paul H. Brookes.

Jensen, W. R. (1996). Reprimands and precision requests. In H. K. Reavis, M. T. Sweeten, W. R. Jensen, D. P. Morgan, D. J. Andrews, & S. Fister (Eds.), *Best practices: Behavioral and educational strategies for teachers* (pp. 107—126). Longmont, CO: Sopris West.

Jones, M. C. (1924). A laboratory study of fear: The case of Peter. *The Pedagogical Seminary and Journal of Genetic Psychology, 31*, 308—315.

Journal of Applied Behavior Analysis (1996). Manuscript preparation checklist. *Journal of Applied Behavior Analysis, 29*, 115.

Journal of Applied Behavior Analysis (2000). Manuscript preparation checklist. *Journal of Applied Behavior Analysis, 32*, 514.

Kame'enui, E. J., & Carnine, D. W. (1998). *Effective teaching strategies that accommodate diverse learners.* Upper Saddle River, NJ: Merrill/Prentice Hall.

Kame'enui, E. J., Carnine, D. W., Dixon, R. C., Simmons, D. C., & Coyne, M. D. (2005). 모든 수준의 학생들을 위한 수업설계 및 교재개발의 원리: 각 교과별 적용 예. (이대식, 이창남 역). 서울: 시그마프레스(원저 2002년 출간).

Karnes, M., Teska, J., & Hodgins, A. (1970). The effects of four programs of classroom intervention on the intellectual and language development of 4—year—old disadvantaged children. *American Journal of Orthpsychiatry, 40*, 58—76.

Kauffman, J. M. (1993). How we might achieve the radical reform of special education. *Exceptional Children, 60*, 6—16.

Kauffman, J. M. (1994). Taming aggression in the young: A call to action. *Educational Week, 13*, 43.

Kauffman, J. M. (2001). *Characteristics of behavior disorders of children and youth* (7th ed.). Upper Saddle River, NJ: Merrill/Prentice Hall.

Kazdin, A. E. (1982). *Single−case research designs*. New York: Oxford University Press.

Kazdin, A. E. (2001). *Behavior modification in applied settings* (6th ed.). Belmont, CA: Wadsworth.

Kazdin, A. E., & Hartmann, D. P. (1978). The simultaneous−treatment design. *Behavior Therapy, 9*, 812−922.

Kearney, C. A., & Silverman, W. K. (1990). A preliminary analysis of a functional assessment and treatment for school refusal behavior. *Behavior Modification, 14*, 340− 366.

Kern, L. (2008). 가설 개발. Bambara, L. M., & Kern, L. (편저), 장애학생을 위한 개별화 행동 지원: 긍정적 행동지원의 계획 및 실행. 서울: 학지사(원저 2005년 출간).

Kern, L., Dunlap, G., Clarke, S., & Childs, K. E. (1994). Student−Assisted Functional Assessment Interview. *Diagnostique, 19*, 7−20.

Kern, L., O'Neil, R. E., & Starosta, K. (2008). 기능진단을 위한 정보 수집. Bambara, L. M., & Kern, L. (편저), 장애학생을 위한 개별화 행동지원: 긍정적 행동지원의 계획 및 실행. 서울: 학지사(원저 2005년 출간).

Kerr, M. M., & Nelson, C. M. (2006). *Strategies for addressing behavior problems in the classroom* (5th ed.). Englewood Cliffs, NJ: Prentice Hall.

Kerr, M. M., & Nelson, M. C. (1989). *Strategies for managing behavior in the classroom*. Upper Saddle River, NJ: Merrill/Prentice Hall.

Kessler, J. W. (1966). *Psychopathology of childhood*. Upper Saddle River, NJ: Prentice Hall.

Kim, H. (1995). *The effects of combined self−management strategies on the generalization of social behavior changes in children with social skills deficits*. Eugene, OR: University of Oregon.

Kim, M. Y. (1994). *The effects of self−evaluation, self−observation, and self− observation plus self−recording on the occurrence of disruptive behaviors in classroom*. Eugene, OR: University of Oregon.

Kincaid, D., George, H. P., & Childs, K. (2006). Review of the positive behavior support training curriculum: Supervisory and direct support editions. *Journal of Positive Behavior Interventions, 8*(3), 183−188.

Kirby, K. C., Fowler, S. A., & Baer, D. M. (1991). Reactivity in self−recording:

Obtrusiveness of recording procedure and peer comments. *Journal of Applied Behavior Analysis, 24*(3), 487—498.

Knight, M. F., & McKenzie, H. S. (1974). Elimination of bedtime thumbsucking in home settings through contingent reading. *Journal of Applied Behavior Analysis, 7*, 33—38.

Lampi, A. R., Fenty, N. S., & Beaunae, C. (2005). Making the three Ps easier: Praise, Proximity, and Precorrection. *Beyond Behavior, 15*, 8—12.

Lane, K. L., Wehby, J., Menzies, H. M., Doukas, G. L., Munton, S. M., & Gregg, R. M. (2003). Social skills instruction for students at risk for antisocial behavior: The effects of small—group instruction. *Behavioral Disorders, 28*(3), 229—248.

Lazarus, A. A. (1971). *Behavior therapy and beyond.* New York: McGraw Hill.

Lazarus, A. A. (1976). *Multimodal behavior therapy.* New York: Springer.

Legendre, A. (2003). Environmental features influencing toddlers bioemotional reactions in day care centers. *Environmental and Behavior, 35*, 523—549.

Leitenberg, H. (1973). The use of single—case methodology in psychotherapy research. *Journal of Abnormal Psychology, 82*(1), 87—101.

Lennox, O. B., & Miltenberger, R. (1989). Conducting a functional assessment of problem behavior in applied settings. *Journal of the Association for Persons with Severe Handicaps, 14*, 304—311.

Lewin, K. (1951). *Field theory in social science.* New York: Harper & Row.

Lewis, R. B., & Doorlag, D. H. (2011). *Teaching special students in general education classrooms* (8th ed.). Englewood, NJ: Merrill.

Lewis, T. J., Barrett, S., Sugai, G., & Horner, R. H. (2010). *Blueprint for school—wide positive behavior support training and professional development.* Eugene, OR: National Technical Assistance Center on Positive Behavior Interventions and Support. www.pbis.org에서 2016. 3. 17. 인출.

Lewis, T., & Sugai, G. (1999). Effective behavior support: A systems approach to proactive schoolwide management. *Focus on Exceptional Children, 31*(6), 1—24

Lewis, T. J., Scott, T. M., & Sugai, G. M. (1994). The problem behavior questionnaire: A teacher—based instrument to develop functional hypotheses of problem behavior in general education classrooms. *Diagnostique, 19*, 103—115.

Lewis, T., Hudson, S., Richter, M., & Johnson, N. (2004). Scientifically supported practices in emotional and behavioral disorders: A proposed approach and brief review of current practices. *Behavioral Disorders, 29*, 247—259.

Lewis, T. J., Newcomer, L., Trussell, R., & Richter, M. (2006). School-wide positive behavior support: Building systems to develop and maintain appropriate social behavior. In C. S. Everston & C. M. Weinstein (Eds.), *Handbook of classroom management: Research, practice and contemporary issues* (pp. 833-854). New York: Lawrence Erlbaum.

Lewis, T. J., & Sugai, G. (1999). Effective behavior support: A systems approach to proactive school-wide management. *Focus on Exceptional Children, 31*(6), 1-24.

Liaupsin, C. J., Jolivette, K., & Scott, T. M. (2004). Schoolwide system of behavior support: Maximizing student success in schools. In R. B. Rutherford, M. M., Quinn, & S. R. Mathur (Eds.), *Handbook of research in emotional and behavioral disorders* (pp. 15-31). New York: Guilford.

Lindberg, J. S., Iwata, B. A., Khang, S. W., & DeLeon, I. G. (1999). DRO contingencies: Analysis of variable-momentary schedule. *Journal of Applied Behavior Analysis, 32*, 123-136.

Lindsley, O. R., Skinner, B. F., & Solomon, H. C. (1953). *Studies in behavior therapy: status report. I.* Waltham, MA: Metropolitan State Hospital.

Litow, L., & Pumroy, D.K. (1975). A brief review of classroom group-oriented contingencies. *Journal of Applied Behavior Analysis, 8*, 341-347.

Lo, Y., & Konard, M. (2006). A field task analysis for creating single-subject graphs using Microsoft(R) Office Excel. *Behavior Journal of Education, 16*, 155-189.

Locke, E. A., & Latham, G. P. (1990). *A theory of goal setiing and task performance.* Englewood Cliffs, NJ: Prentice Hall.

Lovaas, O. I., Schreibman, L., Koegel, R. L., & Rhen, R. (1971). Selective responding by autistic children to multiple sensory input. *Journal of Abnormal Psychology, 77*, 211-222.

Maag, J. W., & Anderson, J. M. (2006). Effects of sound-field amplication to increase compliance of students with emotional and behavior disorders. *Behavioral Disorders, 31*(4), 378-393.

Mager, R. F. (1962). *Preparing instructional objectives.* Belmont, CA: Fearon.

Malott, R. W., & Suarez, E. A. (2004). *Elementary principles of behavior* (5th ed.). Upper Saddle River, NJ: Prentice Hall.

March, R. E., Horner, R. H., Lewis-Palmer, T., Brown, D., Crone, D. A., Todd, A. W., & Carr, E. G. (2000). *Functional assessment checklist for teachers and staff* (FACTS).

Eugene, OR: University of Oregon.

Martella, R. C., Marchand−Martella, N. E., Miller, T. L., Young, K. R., & Macfarlane, C. A. (1995). Teaching instructional aides and peer tutors to decrease problem behaviors in the classroom. *Teaching Exceptional Children, 27*, 53−56.

Martellar, R. C., Nelson, J. R., & Marchand−Martellar, N. E. (2003). *Managing disruptive behaviors in the schools.* Boston: Allyn & Bacon.

Martin, D. W. (1985). *Doing psychology experiments* (2nd ed.). Pacific Grove, CA: Brooks/Cole.

Martin, G., & Pear, J. (2003). 행동수정. (이임순, 이은영, 임선아 공역). 서울: 학지사(원저 1999년 출간).

Martin, G., & Pear, J. (2012). 행동수정. (임선아, 김종남 공역). 서울: 학지사(원저 2011년 출간).

Martino, L. R. (1993). A goal−setting model for young adolescent at risk students. *Middle School Journal, 24*(5), 19−22.

Mayer, G. R. (2009). 학급행동관리. (조미현 역). 서울: 한국행동분석연구소(원저 2006년 출간).

McCurdy, B., Kunsch, C., & Reibstein, S. (2007). Secondary prevention in the urban school: Implementing the Behavior Education Program. *Preventing School Failure, 51*(3), 12−19.

McIntosh, K., Campbell, A. L., Carter, D. R., & Dickey, C. R. (2009). Differential effects of a tier two behavior intervention based on function of problem behavior. *Journal of Positive Behavior Interventions, 11*(2), 82−93.

Meichenbaum, D. H. (1977). *Cognitive−behavior modification: An integrative approach.* New York: Plenum Press.

Meichenbaum, D. H., & Goodman, J. (1971). Training impulsive children to talk to themselves: A means of developing self−control. *Journal of Abnormal Psychology, 77*, 115−126.

Meyer, L. H., & Evans, L. M. (1989). *Nonaversive intervention for behavior problems: A manual for home and community.* Batimore: Paul H. Brookes.

Michael, J. (1982). Distinguishing between discriminative and motivational functions of stimuli. *Journal of the Experimental Analysis of Behavior, 37*, 149−155.

Michael, J. (2007). Motivating operations. In J. O. Cooper, T. E. Heron, & W. L. Heward (Eds.), *Applied behavior analysis* (2nd ed., pp. 374−391). Upper Saddle River, NJ:

Prentice Hall/Merrill.

Miltenberger, G. M., (2009). 최신 행동수정. (안병환, 윤치연, 이영순, 이효신, 천성문 역). 서울: 시그마프레스(원저 2008년 출간).

Miltenberger, R. G., & Fuqua, R. W. (1985). Evaluation of a training manual for the acquisition of behavioral assessment interviewing skills. *Journal of Applied Behavior Analysis, 18*, 323–328.

Missouri Positive Behavior Support Lnitiative. (2002). *Training manual for introduction and overview of PBS.* Columbia: University of Missouri Center for Positive Behavior Supports.

Moran, D. J., & Hirschbine, B. (2002). Constructing single–subject reversal design graphs using Microsoft Excel(TM): A comprehensive tutorial. *The Behavior Analyst Today, 3*, 179–187.

Morris, R. (1976). *Behavior modification with children.* Cambridge, MA: Winthrop Publication.

Neef, N. A., Lensbower, J., Hockersmith, I., DePalma, V., & Gray, K. (1990). In vivo versus simulation training: An interactional analysis of range and type of training exemplars. *Journal of Applied Behavior Analysis, 23*, 447–458.

Nelson, C. M., Gast, D. L., & Trout, D. D. (1979). A charting system for monitoring student performance on instructional programs. *Journal of Special Education Technology, 3*(1), 43–49.

Nelson, J. R., Roberts, M. L., & Smith, D. J. (1998). *Conducting functional behavioral assessment: A practical guide.* Longmont, CO: Sopris West.

Novaco, R. W. (1975). *Anger control: The development and evaluation of an experimental treatment.* Lexington, MA: Lexington을 인용한 유재연, 임경원, 김은경, 이병혁, 박경옥. (2008), 통합교육을 위한 행동관리의 실제. 서울: 시그마프레스.

O'Neill, J. (2000). General case programming. In C. R. Reynolds & E. Fletcher–Janzen (Eds.), *Encyclopedia of special education* (2nd) (pp. 801–802). Weinheim: John Wiley & Sons.

O'Neil, R. E., Horner, R. H., Albin, R. W., Sprague, J. R., Storey, K., & Newton, J. S. (1997). *Functional assessment and program development for problem behavior: A practical handbook* (2nd ed.). Pacific Grove, CA: Brooks/Cole.

O'Neil, R. E., Horner, R. H., Albin, R. W., Storey, K., & Sprague, J. R. (1990). *Functional analysis of problem behavior: A practical guide.* Sycamore, IL: Sycamore.

Olive, M. L., & Smith, B. W. (2005). Effect size calculations and single subject designs. *Educational Psychology, 25*(2), 313–333.

OSEP Center on Positive Behavioral Interventions and Supports. (2004). *School wide positive behavior support: Implementers' blueprint and self–assessment.* Eugene, OR: University of Oregon. www.pbis.org에서 2005. 12. 20. 인출

OSEP Center on Positive Behavioral Interventions and Supports. (2014). *Schools that are implement SWPBIS.* Eugene, OR: University of Oregon. www.pbis.org에서 2014. 2. 1. 인출.

OSEP Technical Assistance Center on Positive Behavioral Interventions and Supports (October 2015a). *Positive Behavioral Interventions and Supports (PBIS) Implementation Blueprint: Part 1 – Foundations and Supporting Information.* Eugene, OR: University of Oregon. www.pbis.org에서 2016. 3. 17. 인출.

OSEP Technical Assistance Center on Positive Behavioral Interventions and Supports (October 2015b). *Positive Behavioral Interventions and Supports (PBIS) Implementation Blueprint: Part 2 – Foundations and Supporting Information.* Eugene, OR: University of Oregon. www.pbis.org에서 2016. 3. 17. 인출.

Paclarwskyi, T., Matson, J., Rush, K., Smalls, Y., & Vollmer, T. (2000). Questions about behavioral function(QABF): Behavioral checklist for functional assessment of aberrant behavior. *Research in Developmental Disabilities, 21,* 223–229.

Panyan, M. P. (1980). *How to use shaping.* Lawrence, KS: H & H Enterprises.

Park, H., Marascuilo, L., & Gaylord–Ross, R. (1990). Visual inspection and statistical analysis in single–case designs. *Journal of Experimental Education, 58*(4), 311–320.

Patterson, G. R. (1982). *A social learning approach: Coercive family process.* Eugene, OR: Catalia Press.

Pavlov, I. P. (1927). *Conditioned reflexes* (G. V. Anrep 역). London: Oxford University Press.

Pianta, R. C., Hamre, B., & Stuhlman, M. (2003). Relationships between teachers and children. In W. M. Reynolds & G. E. Miller (Eds.), *Handbook of child psychology: Vol. 7.* Educational psychology. Hoboken, NJ: Wiley.

Poling, A., Methot, L., & LeSage, M. (1995). *Fundermentals of behavior analytic research.* New York: Plenum Press.

Premack, D. (1959). Toward empirical behavior laws: I. Positive reinforcement. *Psychological Review, 66,* 219–233.

Quil, K. A. (2005). 자폐아동의 하기-보기-듣기 그리고 말하기: 자폐아동의 사회성과 의사소통중재. (이정미 역). 서울: 시그마프레스(원저 2000년 출간).

Rader, L. A. (2005). Goal setting for students and teachers: Six steps to success. *The Clearing House, 78*(3), 123-126.

Rapee, R. M., Spence, S. H., Cobham, V., & Wignall, A. (2004). 불안하고 걱정 많은 아이, 어떻게 도와줄까?: 아동기 불안의 인지행동치료 지침서. (이정윤, 박중규 역). 서울: 시그마프레스(원저 2000년 출간).

Richards, S. B., Taylor, R. L., Ramasamy, R., & Richards, R. Y. (1999). *Single subject research: Applications in educational and clinical settings.* San Diego: Singular Publishing Group.

Rimm-Kauffman, S. E., Laparo, K. M., Downer, J. T., & Pianta, R. C. (2005). The contribution of classroom setting and quality of instruction to children's behavior in kindergarten classrooms. *Elementary School Journal, 105*(4), 377-394.

Robin, A., Schneider, M., & Dolnick, M. (1976). The turtle technique: An extended case study of self-control in the classroom. *Psychology in the Schools, 13*, 449-453.

Sailor, W., Dunlap, G., Sugai, G., & Horner, R. (2009). *Handbook of positive behavior support.* New York, NY: Springer.

Sandall, S., & Ostrosky, M. (2010). 도전적 행동에 대처하는 실제적 아이디어: 특별한 영유아 모노그래프 시리즈 1호. (김진희, 김호연 역). 서울: 학지사(원저 1999년 출간).

Sandomierski, T., Kincaid, D., & Algozzine, B. (June, 2007). Response to intervention and positive behavior support: Brothers from different mothers or sisters with different misters? *Positive Behavioral Interventions and Support Newsletter, 4*(2). www.pbis.org에서 2016. 3. 19 인출

Saunders, R., & Koplik, K. (1975). A multi-purpose data sheet for recording and graphing in the classroom. *AAESPH Review, 1, 1.*

Scheuermann, B. K., & Hall, J. A. (2008). *Positive behavioral supports for the classroom.* Englewood Cliffs, NJ: Prentice Hall.

Scheuermann, B. K., & Hall, J. A. (2009). 긍정적 행동지원: 행동중재를 위한 최신 이론과 실제. (김진호, 김미선, 김은경, 박지연 공역). 서울: 시그마프레스(원저 2008년 출간).

Schreibman, L. (1975). Effects of within-stimulus and extra-stimulus prompting on discrimination learning in austic children. *Journal of Applied Behavior Analysis, 8*, 91-112.

Schultz, D. P. (1969). *A history of modern psychology.* New York: Academic Press.

Scott, T. M., & Shearer—Lingo, A. (2002). The effects of reading fluency instruction on the academic and behavioral success of middle school students in a self—contained EBD classroom. *Preventing School Failure, 46*, 167—173.

Scott, T. M., & Caron, D. B. (2005). Conceptualizing functional behavior assessment as prevention practice within positive behavior support systems. *Preventing School Failure, 50*(1), 13—20.

Sidman, M. (1960). *Tactics of scientific research—Evaluating experimental data in psychology.* New York: Basic Books.

Skinner, B. F. (1938). *The behavior of organisms.* New York: Appleton—Century—Crofts.

Skinner, B. F. (1953). *Science and human behavior.* New York: MacMillan.

Smith, M. L., & Heflin, L. J. (2001). Supporting positive behavior in public schools: An intervention program in Georgia. *Journal Positive Behavior Interventions, 3*(1), 39—47.

Spivak, G., & Shure, M. B. (1974). *Social adjustment of young children.* San Francisco: Jossey—Bass.

Sprague, J. R., & Horner, R. H. (1984). The effects of single instance, multiple instance, and general case training on generalized vending machine use by moderately and severely handicapped students. *Journal of Apllied Behavior Analysis, 17*, 273—278.

Sprague, J. R., & Horner, R. H. (1995). Functional assessment and intervention in community settings. *Mental Retardation and Developmental Disabilities Research Reviews, 1*, 89—93.

Sprague, J. R., & Walker, H. M. (2005). Safe and beauty schools: Practical prevention strategies. New York: Guilford.

Stokes, T. F., & Baer, D. M. (1977). An implicit technology of generalization. *Journal of Applied Behavior Analysis, 10*, 349—367.

Stokes, T. F., & Osnes, P. G. (1989). An operant pursuit of generalization. *Behavior Therapy, 20*, 337—355.

Stokes, T. F., Baer, D. M., & Jackson, R. L. (1974). Programming the generalization of a greeting response in four retarded children. *Journal of Applied Behavior Analysis, 7*, 599—610.

Stormont, M., Lewis, T. J., Becker, R., & Johnson, N. W. (2012) 프로그램 · 학교 차원의 긍정적 행동 지원 시스템을 실행하기. (노진아, 김연하 공역) 서울: 시그마프레스(원저 2008 출간).

Sugai, G. M., & Tindal, G. A. (1993). *Effective school consultation: An interactive approach*. Pacific Grove, CA: Brooks/Cole.

Sugai, G., & Horner, R. H. (2002). Introduction to the special series on positive behavior support in schools. *Journal of Emotional and Behavioral Disorders, 10*(3), 130－135.

Sugai, G., & Horner, R. (2002). The evolution of discipline practices: Schoolwide positive behavior support. *Behavior Psychology in the Schools, 24*, 23－50.

Sugai, G., Horner, R., Lewis, T. J., & Cheney, D. (2002, July). *Positive behavioral supports*. Paper presented at the OSEP Research Project Directors' Conference, Washington, D.C.

Sugai, G., & Horner, R. (2006). A promising approach for expanding and sustaining school－wide positive behavior support. *School Psychology Review, 35*, 245－259.

Sugai, G., & Horner, R. (2009). Defining and describing schoolwide positive behavior. In W. Sailor, G. Dunlap, G. Sugai, R. H. Horner (Eds.), *Handbook of positive behavior support* (pp. 307－326). New York: Springer.

Sugai, G., Sprague, J. R., Horner, R. H., & Walker, H. M. (2000). Preventing school violence: The use of office discipline referrals to assess and monitor school－wide discipline intervention. *Journal of Emotional and Behavior Disorders, 8*, 94－101.

Sugai, G., Horner, R. H., Dunlap, G., Hieneman, M., Lewis, T. J., Nelson, C. M., et al. (2000). Applying positive behavior support and functional behavioral assessment in school. *Journal of Positive Behavior Interventions, 2*, 131－143.

Sugai, G., Lewis－Palmer, T., Todd, A., & Horner, R. H. (2001). *School－wide evaluation tool version 2.0*. www.pbis.org에서 2006. 6. 1. 인출.

Sugai, G., Horner, R. H., Dunlap, G., Hieneman, M., Lewis, T. J., Nelson, C. M., Scott, T., Liaupsin, C., Sailor, W., Turnbull, Q. P., Turnbull III, H. R., Wickham, D., Wiocox, B., & Ruef, M. (2000). Applying positive behavior support and functional behavioral assessment in schools. *Journal of Positive Behavior Interventions, 2*(3), 131－143.

Sugai, G., Horner, R. H., Algozzine, R., Barrett, S., Lewis, T., Anderson, C., . . . Simonsen, B. (2010). *School－wide positive behavior support: Implementers' blueprint and self－assessment*. Eugene, OR: OSEP Center on PBIS. www.pbis.org에서 2014. 1. 2. 인출.

Sulzer－Azaroff, B., & Mayer, G. R. (1986). *Achieving educational excellence*. New York: Holt, Rinehart & Winston을 인용한 최혜승, 김황용, 양명희, 김의정(2009), 통합학급 특

수아동의 문제행동 지도. 광주교육대학교 교육복지 실현사업단. 미간행.

Swenson, N., Lolich, E., Williams, R. L., & Mclaughlin, T. F. (2000). The effects of structured free—time on request compliance and on—task behavior of a preadolescent with ADHD. *Child & Family Behavior Therapy, 22*(1), 51−59.

Tawney, J. W., & Gast, D. L. (1984). Single subject research *in special education*. Columbus, OH: Charles E. Merrill Publishing Company.

Teolis, B. (2005). 폭력이 없는 평화로운 학교만들기: 초등학생용 갈등해결활동프로그램. (정종진, 민천식, 백욱현, 송의열 역). 서울: 시그마프레스(원저 2002년 출간).

Thomas, A., & Birch, R. (1984). Genesis and evolution of behavior disorders: From infancy to early adult life. *American Journal of Psychiatry, 141*, 1−9.

Thorndike, E. L. (1931). *Human learning*. New York: Appleton−Century−Crofts.

Todd, A. W., Campbell, A. L., Carter, D. R., & Dickey, C. R. (2009). The effect of a targeted intervention to reduce problem behaviors: Elementary school implementation of Check In−Check Out. *Journal of Positive Behavior Interventions, 10*(1), 46−55.

Touchette, P. E., McDonald, R. F., & Langer, S. N. (1985). A scatter plot for identifying stimulus control of problem behavior. *Journal of Applied Behavior Analysis, 18*, 343−351.

Tufte, E. R. (1983). *Visual display of quantitative information*. Chesire, CT: Graphics Press.

Van Houten, R., Axelrod, S., Bailey, J. S., Favell, J. E., Foxx, R. M., Iwata, B. A. et al. (1988). The right to effective behavioral treatment. *The Behavior Analysis, 11*, 111−114.

Vernon, A. (2005a). 생각하기, 느끼기, 행동하기: 초등학생을 위한 사고 및 정서교육과정. (박경애, 하진의, 윤정혜, 이유미 역). 서울: 시그마프레스(원저 1989년 출간).

Vernon, A. (2005b). 생각하기, 느끼기, 행동하기: 중ㆍ고등학생을 위한 사고 및 정서교육과정. (박경애, 신예덕, 권숙경, 김수형 역). 서울: 시그마프레스(원저 1989년 출간).

Walker, H. M., Block−Pedego A., Todis, B., & Severson, H. (1991). *School archival record search(SARS)*. Longmont, CO: Spris West.

Walker, H. M., Horner, R. H., Sugai, G., Bullis, M., Sprague, J. R, Bricker, D., & Kaufman, M. J. (1996). Integrated approaches to preventing antisocial behavior patterns among school−age children and youth. *Journal of Emotional and Behavior Disorders, 4*, 193−256.

Walker, H. M., Ramsey, E., & Gresham, F. M. (2004). *Antisocial behavior in schools: Evidence−based practices* (2nd ed.). Pacific Grove, CA: Brooks/Cole.

Watkins, C. L., & Slocum, T. A. (2004). The components of direct instruction. In N. E. Marchand—Martella, T. A. Slocum, & R. C. Martella, *Introduction to direct instruction*. Boston: Allyn & Bacon.

Watkins, M. W., & Pacheco, M. P. (2001). Interobserver agreement in behavioral research: Importance and calculation. *Journal of Behavioral Education, 10*(4), 205—212.

Watson, J. B. (1925). *Behaviorism*. New York: Norton.

Watson, R. I. (1962). The experimental tradition and clinical psychology. In A. J. Bachrach(Ed.), *Experimental foundations of clinical psychology* (pp. 3—25). New York: Basic Books.

Watson, J. B., & Raynor, R. (1920). Conditioned emotional reactions. *Journal of Experimental Psychology, 3*, 1—14.

Weinstein, C. S. (1979). The physical environment of the school: A review of research. *Review of Educational Research, 49*, 577—610.

Werry, J. S. (1986). Organic factors in childhood psychopathology. In H. G. Quay & J. S. Werry (Eds.), *Psychopathological disorders of childhood* (3rd ed.). New York: Wiley.

Westling, D. L., & Fox, L. (1995). *The students with severe disabilities*. Englewood Cliffs, NJ: Prentice Hall.

Wehby, J. H., Symons, F. J., Canale, J. A., & Go, F. J. (1998). Teaching practices in classrooms for students with emotional and behavioral disorders: Discrepancies between recommendations and observations. *Behavioral Disorders, 24*, 51—56.

White, O. R. (1977). Behaviorism in special education: An arena for debate. In R. D. Kneedler & S. G. Tarver (Eds.), *Changing perspectives in special education*. Columbus, OH: Charles E. Merrill.

White, O. R., & Haring, N. G. (1980). *Exceptional teaching* (2nd ed.). Columbus, OH: Charles E. Merrill.

Wolery, M., & Gast. D. L. (1984). Effective and efficient procedures for the transfer of stimulus control. *Topic in Early Childhood Special Education, 4*, 52—77.

Wolery, M., & Harris, S. R. (1982). Interpreting results of single—subject research designs. *Physical Therapy, 62*(4), 445—452.

Wolery, M., Bailey, D., & Sugai, G. (1988). *Effective teaching: Principles and procedures of applied behavior analysis with exceptional children*. Boston: Allyn & Bacon.

Wolpe, J. (1961). The systematic desensitization treatment of neuroses. *Journal of Nervous and Mental Disease, 132*, 189—203.

Worell, J., & Nelson, C. M. (1974). *Managing instructional problems: A case study workbook*. New York: McGraw Hill.

Wright, H. (1960). Observational study. In P. H. Musses (ed.), *Handbook of research methods in child development*. New York: Wiley.

Zionts, T. J. (2005). Examining student—teacher relationships: A potential case for attachment theory? In K. Kerns & R. Richardson (Eds.), *Attachment theory in middle childhood*. New York: Guilford Press.

Zirpoli, T. J. (2008). 통합교육을 위한 행동관리의 실제, 제5판. (유재연, 임경원, 김은경, 이병혁, 박경옥 역). 서울: 시그마프레스(원저 2008년 출간).

## 찾아보기

## 저자 소개

**양명희(Yang  Myounghee)**

현재 광신대학교에서 교수로 재직하면서 특수교육을 가르치고 있다. 전남대학교 영어영문학과를 졸업하고, 대구대학교 대학원에서 특수교육학 전공으로 석사학위를 취득하였다. 교육인적자원부 장학생으로 미국 오레곤 대학교 특수교육학과에서 정서 및 행동장애 전공으로 George Sugai 박사의 지도 아래 석 · 박사 학위를 취득했다. 유학 기간에 미국 연방정부 교육부로부터 지원을 받아 문제행동 지도방법에 관한 연구를 수행했다. 자기관리방법, 선택적 함묵아동, 개별대상연구방법, 정서장애의 명칭, 인지 · 행동주의적 기법 등에 관한 다수의 논문을 발표하였다. 문제행동 지도와 개별대상연구방법에 특별한 관심을 가지고 연구하고 있다.

행동수정이론에 기초한 행동지원 2판

Behavior Support based on the theory
of Behavior Modification

2012년 3월 12일 1판 1쇄 발행
2015년 1월 20일 1판 4쇄 발행
2016년 7월 20일 2판 1쇄 발행
2024년 7월 25일 2판 12쇄 발행

지은이 • 양 명 희
펴낸이 • 김 진 환
펴낸곳 • (주) **학지사**

04031 서울특별시 마포구 양화로 15길 20 마인드월드빌딩 5층
대표전화 • 02) 330-5114    팩스 • 02) 324-2345
등록번호 • 제313-2006-000265호
홈페이지 • http://www.hakjisa.co.kr
인스타그램 • https://www.instagram.com/hakjisabook

ISBN 978-89-997-0986-9 93370

정가 22,000원

출판미디어기업 **학지사**

간호보건의학출판 **학지사메디컬** www.hakjisamd.co.kr
심리검사연구소 **인싸이트** www.inpsyt.co.kr
학술논문서비스 **뉴논문** www.newnonmun.com
원격교육연수원 **카운피아** www.counpia.com
대학교재전자책플랫폼 **캠퍼스북** www.campusbook.co.kr